Berghaus
—
Das topographische Ich

EPISTEMATA

WÜRZBURGER WISSENSCHAFTLICHE SCHRIFTEN

Reihe Literaturwissenschaft

Band 819 — 2015

Stephan Berghaus

Das topographische Ich

Zur räumlichen Dimension der Autobiographie
in Goethes *Dichtung und Wahrheit*

Königshausen & Neumann

Stephan Berghaus studierte Germanistik und Philosophie in Marburg, Münster und Seattle. Anschließende Tätigkeit am German Dept. des Macalester College in St. Paul, Mn. Die vorliegende Arbeit entstand im Rahmen des von der DFG geförderten Projekts „Topographien der Autobiographie".

Mein herzlicher Dank gilt der Deutschen Forschungsgemeinschaft (DFG) für die Gewährung eines Druckkostenzuschusses.

Bibliografische Information der Deutschen Nationalbibliothek

Die Deutsche Nationalbibliothek verzeichnet diese Publikation in der Deutschen Nationalbibliografie; detaillierte bibliografische Daten sind im Internet über http://dnb.d-nb.de abrufbar.

D 6

© Verlag Königshausen & Neumann GmbH, Würzburg 2015
Gedruckt auf säurefreiem, alterungsbeständigem Papier
Umschlag: skh-softics / coverart
Umschlaggestaltung unter Verwendung der Fotographie *Zimmerflucht*
(Blick vom Sammlungszimmer zum Urbinozimmer in Goethes Wohnhaus)
Fotographie: Jürgen M. Pietsch, Spröda; mit freundlicher Genehmigung der Klassik Stiftung Weimar
Bindung: docupoint GmbH, Magdeburg
Alle Rechte vorbehalten
Dieses Werk, einschließlich aller seiner Teile, ist urheberrechtlich geschützt.
Jede Verwertung außerhalb der engen Grenzen des Urheberrechtsgesetzes ist
ohne Zustimmung des Verlages unzulässig und strafbar. Das gilt insbesondere
für Vervielfältigungen, Übersetzungen, Mikroverfilmungen und die Einspeicherung
und Verarbeitung in elektronischen Systemen.
Printed in Germany
ISBN 978-3-8260-5585-0
www.koenigshausen-neumann.de
www.libri.de
www.buchhandel.de
www.buchkatalog.de

Meinem Vater gewidmet

Inhalt

1.	Eingang	9
2.	Aspekte einer Theorie der Autobiographie am Leitfaden der Räumlichkeit	17

2.1 Historisch-systematische Überlegungen 17
2.2 Das autobiographische Ich 38
2.3 Das Analysekonzept im Forschungskontext 43
2.4 Autobiographische Räume und Orte 63
2.5 Autorschaft und Imagination 68

3. Topographien der Autobiographie 77

3.1 Häuser 77
3.1.1 Das Elternhaus 77
3.1.2 Das Kinderzimmer 88
3.1.3 Treppen und Flure 99
3.1.4 Fenster 110
3.1.5 Häuser von Verwandten und Freunden 123
3.1.6 Zusammenfassung 133

3.2 Gärten 137
3.2.1 Eigene Gärten 144
3.2.2 Fremde Gärten 165
3.2.3 Zusammenfassung 174

3.3 Öffentliche Räume 177
3.3.1 Straßen 177
3.3.2 Gasthöfe und Herbergen 187
3.3.3 Galerien und Museen 198
3.3.4 Kirchen 212
3.3.5 Zusammenfassung 229

3.4 Reisewege 233
3.4.1 Wanderungen 233
3.4.2 Schiffsfahrten 251

3.4.3	Ausritte und Reisen zu Pferde	263
3.4.4	Zusammenfassung	279
3.5 Landschaften		282
3.5.1	Aussichtspunkte	282
3.5.2	Wald	299
3.5.3	Berge	317
3.5.4	Zusammenfassung	336
4.	Ausgang	340
5.	Literatur	354

„In einem dieser seltsamen Räume quartierte ich mich ein [...]."¹

1. Eingang

Wie stellen wir uns unser Leben vor, wenn wir darauf zurückblicken? Als Zeitstrahl oder Zyklus? Als Reise oder Entwicklungsroman? Als Curriculum Vitae, also als Lebenslauf oder eher als Labyrinth? An Bildern und Metaphern, die das etwas unhandliche ‚Leben' greifbar machen sollen, herrscht kein Mangel. Gemein ist ihnen eine je spezifische Verknüpfung von räumlicher und zeitlicher Dimension. Damit geben sie dem Leben nicht nur eine bedeutungsvolle Struktur, sie binden es über den gewählten Begriff auch an eine bestimmte Form der Erzählung. Man könnte auch sagen: aus Leben wird Biographie. Wir befinden uns also, wenn wir über unser Leben sprechen, bereits im Modus der Narration.

Die Art der Erzählung transportiert dabei ein bestimmtes Modell nicht nur des Lebens, sondern auch des diese Geschichte über sich selbst erzählenden Ichs. Seit dem Einsetzen der modernen Autobiographie im 18. Jahrhundert ist der so entstehende Text wesentlich einer, der im Horizont seiner Zeitlichkeit geschrieben und gelesen wird. Als linear fortschreitende Entwicklungsgeschichte eines Individuums angelegt, ist er bestimmt durch die autobiographische Geste der Rückschau, die als Ausdruck einer ebenfalls zeitlich gedachten Erinnerungstätigkeit verstanden wird. Bedeutung entsteht in dieser Perspektive, gemäß einem hermeneutischen Verständnis, als ordnende Tätigkeit des Ichs entlang einer zeitlichen Achse.

Zugleich, das hat schon Kant konstatiert, können wir aber gar nicht anders, als die Welt unter den Bedingungen der zeitlichen *und* räumlichen Dimension wahrzunehmen.² Mehr noch, Räumlichkeit spielt eine wesent-

---

¹ Alle Zitate aus *Dichtung und Wahrheit* in dieser Arbeit sind der folgenden Ausgabe entnommen: Johann Wolfgang Goethe, *Sämtliche Werke. Briefe, Tagebücher und Gespräche*, Bd. 14, *Autobiographische Schriften I: Dichtung und Wahrheit*, hg. von Klaus-Detlef Müller, Frankfurt a.M. 1985, hier 269. Im Folgenden zitiere ich Textstellen aus *Dichtung und Wahrheit* im Fließtext mit der Sigle DW und der Seitenzahl.

² Beide, Raum und Zeit, bilden demnach die Bedingung der Möglichkeit von Wahrnehmung überhaupt, sind dieser also kategorial vorgelagert: „Was es für ein Bewandtnis mit den Gegenständen an sich und abgesondert von aller dieser Rezeptivität unserer Sinnlichkeit haben möge, bleibt uns gänzlich unbekannt. Wir kennen nichts, als unsere Art, sie wahrzunehmen, die uns eigentümlich ist, die auch nicht notwendig jedem Wesen, obzwar jedem Menschen, zukommen muß. Mit dieser haben wir es lediglich zu tun. Raum und Zeit sind die reinen Formen derselben, Empfindung überhaupt die Materie. Jene können wir allein a priori d.i. vor al-

liche Rolle für die Art und Weise, in der wir unser kulturelles und gesellschaftliches Zusammenleben organisieren und somit auch für unser Selbstverständnis. Damit ist eine Grundposition der kulturwissenschaftlichen Debatten bezeichnet, die um die räumliche Dimension als Erkenntnisperspektive bzw. Analysemethode kreisen und gemeinhin unter dem Titel ‚spatial turn' bzw. ‚topographical turn' subsumiert werden.³ Räume werden demnach nicht mehr als gegeben verstanden, sondern in ihrer sprachlichen Verfasstheit als Relationsbegriffe gedacht, die sich in Abhängigkeit von der jeweiligen Perspektive der Wahrnehmenden bestimmen. Wenn das der Fall ist, wovon auch die vorliegende Arbeit ausgeht, dann sind Räume immer auch an die sprachlichen Produktions- und Konstruktionsbedingungen gebunden, unter denen wir die Welt und uns selbst zu verstehen versuchen. Mit anderen Worten: Räume entstehen erst als solche in der vermittelten Bezugnahme durch ein Individuum und ermöglichen ihm hierdurch den Prozess der Selbstkonstruktion.

Ist die räumliche Dimension solchermaßen mit Prozessen der Selbstwahrnehmung und Bedeutungsgebung verknüpft, so erhält sie auch einen neuen Stellenwert für die Autobiographie. Diesen gilt es nun aber allererst in seiner analytischen Relevanz zu bestimmen. Exemplarisch unternimmt dies die vorliegende Arbeit, indem sie eine räumliche Lesart von Goethes *Dichtung und Wahrheit* vorstellt. Dabei gehe ich davon aus, dass die räumlichen Strukturen für die Organisation des Texts ebenso konstitutiv sind wie die zeitlichen, dass sie jedoch ein anderes, ein topographisches, Ich in den Blick bringen. Ein Ich, das sich wesentlich anhand räumlicher Bezüge und Positionierungen über sich selbst verständigt und, so meine These, als räumlich angelegte Bedeutungsfigur beschrieben werden kann. Dabei geht es nicht darum, die räumliche Dimension gegen die zeitliche auszuspielen, sondern vielmehr das Analysespektrum um die räumlichen Konstituierungsprozesse zu erweitern. Hierdurch falten sich

---

ler wirklichen Wahrnehmung erkennen, und sie heißet darum reine Anschauung; diese aber ist das in unserm Erkenntnis, was da macht, daß sie Erkenntnis a posteriori d.h. empirische Anschauung heißt. Jene hängen unsrer Sinnlichkeit schlechthin notwendig an, welcher Art auch unsere Empfindungen sein mögen; diese können sehr verschieden sein." Immanuel Kant, *Kritik der reinen Vernunft*, nach der ersten und zweiten Originalausgabe hg. von Jens Timmermann, Hamburg 1998, [Philosophische Bibliothek; Bd. 505], 116f.

³ Im anschließenden Theoriekapitel gehe ich auf die Wende zum Raum und das zugrundeliegende Raumverständnis detaillierter ein. Für eine grundlegende Unterscheidung der beiden vgl. zunächst den Artikel von Sigrid Weigel, „Zum ‚topographical turn', Kartographie, Topographie und Raumkonzepte in den Kulturwissenschaften", in: *Kulturpoetik* 2/2 (2002), 151-165 sowie Doris Bachmann-Medick, „Spatial Turn", in: Dies., *Cultural Turns, Neuorientierungen in den Kulturwissenschaften*, Reinbek bei Hamburg 2006, 284-328.

die Raumstrukturen als Bedeutungsträger auf, die in einer zeitlich angelegten Lektüreperspektive nicht sichtbar werden.

So ist es wesentlich über räumliche Arrangements, dass die Narration individuell-biographische Erfahrungen mit kulturell-gesellschaftlichen Deutungs- und Handlungsmustern vermittelt. Dies ist u.a. deshalb möglich, weil die Räume und Orte, die wir betreten und wahrnehmen, stets schon auf vielfache Weise semiotisch vorgeprägt sind. Zugleich bietet der Umgang mit ihnen aber auch Möglichkeiten der Veränderung und Neuausrichtung. Michel de Certeau betont in diesem Sinn den Aspekt der Praxis, wenn er das Gehen als raumkonstitutive Handlung betrachtet:

> Wenn es also zunächst richtig ist, daß die räumliche Ordnung eine Reihe von Möglichkeiten (z.B. durch einen Platz, auf dem man sich bewegen kann) oder von Verboten (z.B. durch eine Mauer, die einen am Weitergehen hindert) enthält, dann aktualisiert der Gehende bestimmte dieser Möglichkeiten. Dadurch verhilft er ihnen zur Existenz und verschafft ihnen eine Erscheinung. Aber er verändert sie auch und erfindet neue Möglichkeiten, da er durch Abkürzungen, Umwege und Improvisationen auf seinem Weg bestimmte räumliche Elemente bevorzugen, verändern oder beiseite lassen kann.[4]

Für die Autobiographie kommt es hingegen darauf an, diesen gestaltenden Umgang mit Räumen als Textpraxis zu begreifen. Diese vollzieht sich im Schreiben bzw. Lesen autobiographischer Texte als ein beständiges Konturieren von Räumen und Orten. Dabei besteht das Spezifikum autobiographischer Räumlichkeit in der Figur des autobiographischen Ichs, das in der und durch die Narration auf sich selbst und sein Leben reflektiert. Die in der Autobiographie geschilderten Räume sind daher insofern immer schon Räume des Ichs, als sie vom erzählenden Ich entworfen und vom erinnerten Ich erfahren werden. Es ist genau dieser doppelte Ich-Bezug, innerhalb dessen sich die Bedeutungsgebung autobiographischer Räume vollzieht. Wie dies sprachlich umgesetzt wird, möchte ich im Folgenden anhand des Anfangs von *Dichtung und Wahrheit* veranschaulichen. Das erste Kapitel beginnt bekanntlich mit der Geburt des Ichs:

> Am 28. August 1749, Mittags mit dem Glockenschlage zwölf, kam ich in Frankfurt am Main auf die Welt. Die Konstellation war günstig; die Sonne stand im Zeichen der Jungfrau, und kulminierte für den Tag; Jupiter und Venus blickten sie freundlich an, Merkur nicht widerwärtig; Saturn und Mars verhielten sich gleichgültig: nur der Mond, der eben noch voll ward, übte die Kraft seines Gegenscheins um so mehr, als zugleich seine Planetenstunde eingetreten war. Er widersetzte sich daher meiner Geburt, die nicht eher erfolgen konnte, als bis diese Stunde vorübergegangen. (DW 15)

---

[4] Michel de Certeau, *Kunst des Handelns*, Berlin 1988, 190.

Am Beginn des erzählten Lebens steht hier eine gleichermaßen zeitliche wie räumliche Konstellation. In ihr liefern der Weltraum, mithin das größtmögliche räumliche Bezugssystem, zusammen mit der Geburtsstadt Frankfurt und der Geburtsstunde die bedeutungsrelevanten Koordinaten. Mit diesem Beginn greift Goethe nicht nur auf den autobiographischen Topos der Nativitätsstellung zurück und verortet sich so in einer literarischen Tradition. Die Textpassage führt zugleich auch die Strukturmomente autobiographischer Orte vor. Diese entstehen, indem das Ich auf spezifische Weise mit der räumlichen und zeitlichen Dimension verschaltet wird. Diese drei Momente kommen zusammen, so dass ihre Bedeutung erst im wechselseitigen Zusammenspiel entsteht. Sowohl die raumzeitliche Struktur als auch das Ich erhalten Kontur und Position im Bezug aufeinander. Auf diese Weise setzt *Dichtung und Wahrheit* mit einer programmatischen Verortungsgeste ein, welche die denkbar größte räumliche Dimension in Anspruch nimmt. Dabei konstituiert sich das Ich mit seinen Charakteristika über die stellare Bedeutungsfigur, die seine individuelle Geburt markiert. Wesentlich ist hierbei die retrospektive Geste des erinnernden Ichs, die allererst die konstituierenden Momente in ihrer Relation bezeichnet. Sie entwirft so ein erstes biographisches Geflecht, eine räumlich begründete Narration.

Diese Form der Bedeutungsgebung, die zugleich aus den räumlichen Koordinaten und der damit korrespondierenden Ich-Position entsteht, bezeichne ich als ‚autobiographische Konstellation'. Sie verstehe ich als grundlegende Struktur, durch die Räumlichkeit in autobiographischen Texten figuriert wird. ‚Konstellation' wird dabei allerdings nicht im Sinne eines Zustands gedacht, sondern als veränderliches, durch die Narration stets neu formuliertes Bezugssystem. Entscheidend ist hier, dass die Bedeutung erst in der Zusammenschau von raum-zeitlicher Dimension und der damit verknüpften Setzung des autobiographischen Ichs entsteht.

Vor diesem Hintergrund lässt sich auch das autobiographische Ich noch einmal präziser fassen. Als reflexive Figur ist es bestimmt durch die Doppelung von erzählendem und erlebendem Ich. Bereits hieraus entsteht ein Bezugsmodus, der als zeitlicher ebenso wie als räumlicher angelegt ist. Dabei konstituiert sich das Ich, so meine Annahme, wesentlich über autobiographische Konstellationen und Raumfiguren, die das Ich positionieren und auf je unterschiedliche Weise zum umgebenden Raum und zu anderen Räumen in Bezug setzen. In der hier eingenommenen Analyseperspektive sind diese Positionierungen konkret beschriebene, räumliche Strukturen, die jeweils spezifische Perspektiven sowie Handlungs- und Äußerungsoptionen eröffnen. Von diesen ausgehend frage ich danach, inwiefern sie bedeutungskonstituierend für die autobiographische Narration, die Selbstverständigung des Ichs und damit die Art und Weise sind, in der es sich auf sein gelebtes Leben bezieht.

Zu diesem Zweck untersuche ich die tatsächlich beschriebenen Räume und Orte wie etwa Häuser, Gärten, Kirchen, Museen oder Gasthöfe im Hinblick auf ihre Strukturen und Funktionsweisen. Diese lassen sich jedoch, wie bereits das kurze Zitat aus *Dichtung und Wahrheit* gezeigt hat, nicht von den Bedingungen der autobiographischen Textproduktion selbst trennen. Daher gilt mein Blick immer auch diesen Strukturmomenten autobiographischer Tätigkeit: den Vorgängen der Erinnerung, die ich in Anlehnung an die antike Memoria wesentlich räumlich verstehe, der Imagination, die ich ebenfalls als raumordnendes Vermögen lese sowie dem damit verbundenen Konzept eines autobiographischen Innen- und Außenraums. All diese Aspekte werden zudem bei Goethe auf eine Weise in Dienst genommen, die *Dichtung und Wahrheit* als Künstler-Autobiographie ausweisen. Über die räumlichen Arrangements und Konstellationen verhandelt Goethe, so eine weitere Annahme, insbesondere die Genese der eigenen Autorschaft und deren Stationen. Aus diesem Grund wird ein beständiges Augenmerk auch auf der Konstituierung des Künstler-Ichs liegen. Es geschieht wesentlich über bestimmte räumliche Szenerien, dass das erinnerte Ich die Position des Künstlers einnimmt. Gleichzeitig dienen die Anordnungen dem erinnernden Ich aber auch zur biographischen Relativierung ästhetischer Perspektiven und erlauben eine Analyse poetologischer Setzungen.

Dichtung und Wahrheit bildet jedoch nicht nur einen Teil von Goethes autobiographischen Schriften und damit als solches schon einen Beitrag zur literarischen Bedeutung seines Autors. Das Werk kann auch autobiographiegeschichtlich als prägend gelten, insofern als es in der Folge zu einem paradigmatischen Bezugspunkt avancierte, an dem sich die anschließenden Generationen autobiographischer Texte und die Autobiographieforschung gleichermaßen abgearbeitet haben. So ist es zunächst aus diskursgeschichtlicher Perspektive sinnvoll, mit der Analyse autobiographischer Räumlichkeit an diesem Punkt anzusetzen. Dies gilt umso mehr, als Goethes autobiographisches Hauptwerk bislang noch nicht im Hinblick auf seine räumliche Dimension untersucht worden ist.[5] Trotz der Prominenz autobiographisch relevanter Orte wie Frankfurt, Leipzig oder Straßburg und der zahlreichen Reisen, die das Ich unternimmt, gibt es meines Wissens keine Publikation, die den Text einer systematischen

---

[5] So taucht die räumliche Dimension in Carsten Rohdes umfangreicher Monographie zu Goethes autobiographischem Werk weder in der Systematik auf, die sich chronologisch an den Publikationen entlang bewegt, noch kommt sie als Analyseperspektive zur Sprache. Vgl.: Carsten Rohde, *Spiegeln und Schweben, Goethes autobiographisches Schreiben*, Göttingen 2006.

Lektüre am Leitfaden des Raums unterzieht[6]. Insofern betritt diese Studie Neuland, da sie sich nicht bzw. kaum auf Vorarbeiten stützen kann.[7] Hieraus begründet sich u.a. aber auch ihre literaturwissenschaftliche Relevanz. Indem ich exemplarisch die Topographie der Goethe'schen Autobiographie erarbeite, verfolge ich daher, neben dem Schließen einer Lücke in der Goethe-Forschung, zwei Ziele. Zum einen wird die Autobiographieforschung um die Perspektive eines räumlich verfassten Ichs erweitert und damit um die Erkenntnisse und Analysewerkzeuge der aktuellen kulturwissenschaftlichen Raumkonzepte. Zum anderen wird so aber auch die Figur des auf sich selbst reflektierenden Ichs für eine räumlich argumentierende Kulturwissenschaft zugänglich.

Hierzu bedarf es zunächst einer Bestandsaufnahme der autobiographisch bedeutsamen Räume und Orte in *Dichtung und Wahrheit*. Diese wird durch textnahe Lektüren geleistet, welche detailliert die jeweils spezifischen Raumfiguren, Konstellationen und deren Funktionsweisen analysieren. Die Methode der close readings ermöglicht es dabei, kleinschrittig die jeweiligen räumlichen Setzungen und die parallel verlaufende Autogenese aufzuzeigen. Ausgehend von den konkret beschriebenen Raumstrukturen erschließen die engen Lektüren so die autobiographische Raumsemantik, die im Zusammenspiel von Ich-Bezug und Raum-Bezug entsteht. Hierdurch treten im Verlauf der Analyse die strukturellen Überlagerungen der Räume untereinander hervor, die so als kontinuierliche Strategien der Auto(r)genese lesbar werden. Die Bedeutungsorganisation des Texts lässt sich somit zwar anhand der autobiographischen Ich-Figur beschreiben. Als beständige Reflexions- und Verweisstruktur nimmt diese aber allererst über ihre räumlichen Bezüge Gestalt an.

Mit dem hier verfolgten Ansatz rücken demnach der Text und dessen rhetorisch-narrative Verfahren in den Vordergrund. Verortung, als grundlegende Geste der Selbst-Konstituierung, wird erst als räumlich-rhetorische Textpraxis möglich und beschreibbar. Sie ist damit strukturell im autobiographischen Text angelegt und zugleich auf die je individuelle Konstellation zu beziehen. Auf diese Weise sind die eng am Text arbeitenden Lektüren auch einem rhetorischen Modell der Erinnerung im Sinne der Memoria verpflichtet. Erinnerung als Selbstbe- bzw. Selbsterschreibung bedarf der Erzählung und ist konstitutiv an sie gebunden. Dabei ist sie doppelt räumlich verfasst: als beschriebener Raum der Biographie sowie als beschreibender Raum des Texts. Den bestimmenden

---

[6] Mit der Zeitlichkeit in Goethes autobiographischen Schriften setzt sich dagegen die kürzlich erschienene Monographie von Wiebke Hoheisel auseinander: *Goethes Geschichtsdenken in seinen autobiographischen Schriften*, Berlin/Boston 2013.

[7] Die diesbezüglichen Arbeiten und ihre jeweilige Anschlussfähigkeit diskutiere ich ausführlich im anschließenden Theoriekapitel.

Parameter für das Verhältnis beider Raumdimensionen bildet die Doppelfigur aus erinnerndem und erinnertem Ich. Es ist dieses autobiographische Spezifikum, das auch eine zeitliche Dynamik in den räumlich angelegten Erinnerungsprozess einschreibt. Allerdings wird im Verlauf der Lektüren deutlich, dass die zeitliche Dimension unter dieser Perspektive weniger als Chronologie und stärker als variables Gestaltungsmittel zur Inszenierung räumlicher Szenen fungiert.

Im solchermaßen konstitutiven Selbstbezug, den die close readings als Textverfahren entfalten, liegt auch die Differenz zu anderen, räumlich konzipierten Ansätzen. So geht es mir nicht um eine raumzeitliche Topik im Bachtin'schen Sinn, sondern um die jeweils konkreten, die Erinnerung und den Selbstbezug strukturierenden Räume. Hierzu nimmt die Analyse eine Neuordnung der Bezüge und Textteile anhand der räumlichen Strukturen und Szenerien vor. Dabei wird die autobiographische Ich-Figur als raum-zeitliches Selbstverhältnis zur analytischen Grundfigur, die sich über ihre räumlichen Arrangements selbst entwirft. Hier erlauben die detaillierten Raumlektüren die Herausarbeitung spezifischer Raumsemantiken, die zwischen kulturell-topischer und individuell-biographischer Sinngebung vermitteln. Indem solchermaßen Raumstrukturen und subjektive Erfahrung eine poetisch-ästhetische Qualität begründen, lässt sich mit Bachelard von einer „Poetik des Raumes"[8] sprechen, ohne dass ich jedoch seine phänomenologischen Prämissen teile. Mein Fokus liegt demgegenüber stärker auf den Funktionsweisen und der Konstituierung der Ich-Figur sowie der darin angelegten Autorschaft. Setzt sich das autobiographische Ich dergestalt anhand der räumlichen Szenen und Bühnen selbst, so eröffnet deren Analyse darüber hinaus auch eine poetologische Dimension. Der Blick auf die Figuration der räumlichen Bezugssysteme ermöglicht es, auf die Strategien und Bedingungen autobiographischer Autorschaft zu reflektieren.

Die Grundlage für diese Vorgehensweise bildet das Theoriekapitel, dem fünf Analysekapitel folgen. In der theoretischen Auseinandersetzung nehme ich zunächst eine räumliche Perspektive auf die Autobiographie ein, um so die räumliche Anlage bestimmter Strukturen, aber auch das zeitlich dominierte Gattungsverständnis einsichtig zu machen. Im Anschluss skizziere ich die Relevanz des autobiographischen Ichs und dessen räumliche Implikationen. Das führt mich zu weiteren Aspekten meines autobiographietheoretischen Ansatzes, den ich u.a. anhand räumlicher Vorarbeiten profiliere. Schließlich differenziere ich noch einmal meine räumlichen Analysebegriffe und bestimme den Zusammenhang von Autorschaft und Imagination für die räumliche Anlage des Ichs.

---

[8] Gaston Bachelard, *Poetik des Raumes*, Frankfurt a.M. ⁵1999.

In der darauf folgenden Analyse erschließt jedes Kapitel eine autobiographische Sphäre, beginnend mit den Häusern und endend mit den Landschaften.⁹ Räumlich schließen die Kapitel dabei aneinander an, wobei sie sich an biographischen Stationen orientieren. Die Analyserichtung verläuft sukzessive von geschlossenen zu offenen, von privaten zu öffentlichen Räumen und deren Durchquerung. Die Gliederung selbst ist dabei das Ergebnis einer umfassenden Kategorisierungs- bzw. Kartierungsarbeit. Sie weist diejenigen Räume und Orte aus, die sich in der vorbereitenden Analyse als in besonderer Weise autobiographisch kodiert erwiesen haben. Damit stellt die Auswahl und Gruppierung der räumlichen Analysebereiche ein so bislang nicht zur Verfügung stehende Systematik bereit.

Die Anordnung der jeweiligen Räume bzw. Kapitel zueinander arbeitet aber noch in weiterer Hinsicht der Analyse zu. So sind die zumeist aneinander anschließenden Räume geeignet, die Grenzen, Übergänge und Überschneidungen zwischen ihnen zu fokussieren. Darüber hinaus greift die Aufteilung aber auch die spezifische Verknüpfung der zeitlichen und räumlichen Dimension in der autobiographischen Narration auf. So trägt sie einerseits der Textform von *Dichtung und Wahrheit* und deren räumlicher Anlage Rechnung, indem der beschreibende Raum des Texts als räumliches Bedeutungssystem bewusst in die Analysekonzeption aufgenommen wird. Anderseits wird diese Setzung aber auch relativierend eingeholt, da sich die jeweiligen Kapitel entlang räumlicher Strukturen organisieren und so den Text in eine neue, räumlich begründete Ordnung überführen. Am Ende der Analysen fasst ein Resümee die wesentlichen Erkenntnisse noch einmal zusammen, diskutiert die Ergebnisse und nimmt mögliche Anschlusspunkte in den Blick.

---

⁹ Der Begriff der „Sphäre" ist hier bewusst gewählt, impliziert er doch die Möglichkeit von Überschneidungen und Überlappungen.

2. Aspekte einer Theorie der Autobiographie am Leitfaden der Räumlichkeit

2.1 Historisch-systematische Überlegungen

Dass der Autobiographie die Zeitlichkeit eingeschrieben ist, insofern als sich das eigene Leben stets nur in der Retrospektive fassen lässt, liegt auf der Hand. Diese zeitliche Verfasstheit, vermittelt durch die strukturierende Tätigkeit der Erinnerung, bildet seit dem Einsetzen des autobiographischen Diskurses der Moderne im 18. Jahrhundert ein wesentliches Bestimmungsmerkmal autobiographischer Texte.[10] Nicht nur legt die klassische Autobiographie die Erzählung des eigenen Lebens als chronologische Abfolge, als ‚Lebenslauf' an, auch Rezeption und Forschung bleiben bis ins 20. Jahrhundert hinein temporal-hermeneutischen Wahrnehmungs- und Deutungsmustern verpflichtet.[11]

---

[10] ‚Die Moderne' stellt bekanntlich einen ebenso zeitlich dehnbaren wie inhaltlich unterschiedlich aufzufüllenden „Passepartoutbegriff" dar (Wolfgang Welsch, *Unsere postmoderne Moderne*, Weinheim ³1991, 45). Dennoch lassen sich bestimmte Merkmale und Strukturen benennen, die sich mit der Moderne verbinden. Britta Herrmann und Barbara Thums bestimmen diese als „Zeitbewußtsein, Transitorität, Subjektivität, Kontingenz, Reflexivität, Ausdifferenzierung, Säkularisierung." Diese inhaltlichen Eingrenzungen übernehme ich hier, ebenso die zeitliche Taxierung: „Um 1800 beginnt dagegen für Hans Ulrich Gumbrecht das, was er ‚epistemologische Moderne' nennt: Kennzeichen hierfür ist die Hervorbringung von eben jenem philosophisch-ästhetischen Beobachtungsmodus zweiter Ordnung, der bis heute verantwortlich zu sein scheint für eine Form der Reflexivität, die jede Wahrnehmung und jede Setzung gleichsam zwangsläufig in Frage stellt und die bereits von Hegel als *das* zentrale philosophische Problem erkannt wird." Britta Herrmann/Barbara Thums, „Einleitung", in: Dies., (Hgg.), *Ästhetische Erfindung der Moderne? Perspektiven und Modelle 1750 – 1850*, Würzburg 2003, 7-25, hier 7 bzw. 8; vgl. zum Begriff der Moderne auch: Gerhart von Graevenitz (Hg.), *Konzepte der Moderne*, Stuttgart 1999; Jürgen Habermas, *Der philosophische Diskurs der Moderne*, Frankfurt a.M. 1985; Ders., „Konzeptionen der Moderne, Ein Rückblick auf zwei Traditionen", in: Ders., *Die postnationale Konstellation, Politische Essays*, Frankfurt a.M. 1998, 195-231; Johannes Weiß (Hg.), Mehrdeutigkeiten der Moderne, Kassel 1998 [Intervalle, 1. Schriften zur Kulturforschung]; Jörg Schönert, „Gesellschaftliche Modernisierung und Literatur der Moderne", in: Christian Wagenknecht (Hg.), *Zur Terminologie der Literaturwissenschaft, Akten des IX. Germanistischen Symposions der Deutschen Forschungsgemeinschaft, Würzburg 1986*, Stuttgart 1988, 293-413; zur Frage der Säkularisierung als integralem Bestandteil der Moderne vgl. Ulrich Willems et al. (Hgg.), *Moderne und Religion, Kontroversen um Modernität und Säkularisierung*, Bielefeld 2013.

[11] So konstatiert Wagner-Egelhaaf in Bezug auf die prägende Form der Goethe'schen Autobiographie und deren Rezeption: „Die Autobiographie der Goethezeit und des gesamten 19. Jahrhunderts, ja selbst noch des 20. Jahrhunderts, folgt daher

Wenn nun in der hier vorliegenden Arbeit der Blick auf die autobiographischen Topographien gerichtet wird, so geschieht das vor dem Hintergrund dieses, bis in die aktuellen Entwicklungen und Publikationen hinein wirksamen zeitlichen Paradigmas. Zwar haben sich, wie ich im Verlauf dieses Kapitels noch diskutieren werde, im 20. Jahrhundert und insbesondere in den letzten Dekaden der Blick auf die autobiographischen Texte ebenso wie die Texte selbst erheblich ausdifferenziert. Dennoch gründet die Relevanz des hier vorgenommenen Perspektivwechsels hin zu einer Aufmerksamkeit auf räumliche Strukturen unter anderem in dem weiterhin bestehenden Defizit autobiographischer Theoriebildung in Bezug auf die aktuellen kulturwissenschaftlichen Entwicklungen.[12] Aus diesem Grund betrachte ich im Folgenden nun zunächst einzelne Aspekte und Texte der Autobiographiegeschichte am Leitfaden des Raums, ohne jedoch den Anspruch einer umfassenden historischen Darstellung zu erheben, wie sie bereits in unterschiedlichen Ausführungen vorliegt.[13] Stattdessen wird in einem kursorischen Blick einigen autobiographiegeschichtlichen Konstanten, die bislang vornehmlich als zeitliche Phänomene wahrgenommen wurden, ihre räumliche Dimension an die Seite gestellt. Dabei wird nicht nur einsichtig, dass die Autobiographie von Beginn an immer auch räumlich organisiert ist. Die Ausführungen bilden auch den Hintergrund, vor dem anschließend neuere Entwicklungen der Autobiographieforschung auf ihre räumlichen Implikationen hin betrachtet werden können. Dies führt zu Studien und Ansätzen, die als Vorarbeiten einer räumlich orientierten Autobiographieforschung gelten können. In der Abgrenzung von den darin verfolgten Unterscheidungen und Kon-

---

dem Bildungs- und Entwicklungsromanschema, das die Geschichte eines Individuums von der frühesten Kindheit bis zu dem Zeitpunkt, zu dem es seinen Platz in der Gesellschaft findet, erzählt. Das Leben, das eine klassische Autobiographie beschreibt, verläuft also linear, teleologisch, d.h. einem vorherbestimmten Ziel folgend, und bei Goethe und den in seiner Nachfolge schreibenden Autobiographen und Autobiographinnen – zu nennen wäre hier etwa Hans Carossa – gestaltet es sich gar als Entelechie, d.h. als zielgerichtete Ausfaltung des im Keim immer schon Angelegten." Martina Wagner-Egelhaaf, „Autofiktion – Theorie und Praxis autobiographischen Schreibens", in: Johannes Berning, Nicola Keßler, Helmut H. Koch (Hgg.), *Schreiben im Kontext von Schule, Universität, Beruf und Lebensalltag*, Berlin 2006, 80-101, hier 83.

[12] Hier ist insbesondere die Auseinandersetzung mit dem ‚spatial' bzw. ‚topographical turn' zu nennen, der ich mich in den Abschnitten 2.3 und 2.4 zuwende.

[13] Ausführlich haben sich der Autobiographiegeschichte und -theorie die beiden aktuellen Standardwerke von Wagner-Egelhaaf und Holdenried gewidmet: Martina Wagner-Egelhaaf, *Autobiographie*, Stuttgart/Weimar ²2005; Michaela Holdenried, *Autobiographie*, Stuttgart 2000. Einen guten, wenn auch nicht mehr in Gänze aktuellen, Überblick liefert ebenfalls Almut Finck, „Subjektbegriff und Autorschaft. Zur Theorie und Geschichte der Autobiographie", in: Miltos Pechlivanos et al. (Hgg.), *Einführung in die Literaturwissenschaft*, Stuttgart/Weimar 1995, 283-294.

zepten konturiert sich noch einmal der dieser Arbeit zugrunde liegende autobiographietheoretische Analysefokus.

Die Anfänge der modernen Autobiographie liegen, wie bereits Georg Misch gezeigt hat, in der griechischen Gerichts- ebenso wie der antiken Grabrede.[14] Der Gestus der Apologie bzw. der stilisierenden Laudatio schreibt sich damit aus Redeanlässen her, die das sprechende oder besprochene Ich in spezifische zeitliche Strukturen einbinden. So sucht die Grabrede ein beendetes Leben retrospektiv in seinen wesentlichen Verdiensten zu würdigen. Am Anfang der Lebensbeschreibung steht somit paradoxerweise der Tod, der allererst die Endlichkeit des Lebens begründet und so die zeitliche Perspektive der Erinnerung etabliert.[15] Die beschränkte Dauer der menschlichen Existenz und die daraus resultierende Notwendigkeit der Erinnerung besitzen jedoch nicht nur zeitliche, sondern stets auch räumliche Implikationen. Vor Augen führt das der Gründungsmythos der antiken Memoria[16], der das Gedächtnis grundsätzlich an das Erinnern von räumlichen Konstellationen bindet. In diesem Sinne weist die vielzitierte Identifizierung der verschütteten und verstümmelten Leichen durch den Dichter Simonides beim Festmahl des Skopas anhand ihres Sitzplatzes die Koordinaten der Gedächtnistätigkeit aus: Bedeutung kommt den Erinnerungsinhalten aufgrund ihrer Lage im Raum sowie der Position zu anderen räumlichen Elementen zu. Transferiert in die Bildungsagenda der Rhetorik begründet die Szene die Parallelisierung von Narration und erinnernder Raumdurchquerung als Mittel der Sinngebung.[17] Mit dieser, über das Medium der Sprache bzw. Schrift vermittelten

---

[14] Georg Misch, *Geschichte der Autobiographie*, Bd. I.1, Frankfurt a.M. ⁴1976, 158-180, 224-229 sowie Bd. IV 2, 661. Vgl. auch die Ausführungen bei Stefan Goldmann, „Topos und Erinnerung, Rahmenbedingungen der Autobiographie", in: *Der ganze Mensch: Anthropologie und Literatur im 18. Jahrhundert, DFG-Symposium 1992*, hg. von Hans-Jürgen Schings, Stuttgart/Weimar 1994, [Germanistische Symposien, Berichtsbände XV], 660-675.

[15] In Goethes autobiographischen Schriften klingt dieses Motiv prominent im Motto der *Italienischen Reise* nach, das bekanntlich „Auch ich in Arkadien" lautet. Damit konnotiert es ebenso die zeitlos-idyllische Schäferwelt eines Vergil wie das barocke ‚memento mori', wie es sich in den Gemälden Poussins darstellt. Vgl: Erwin Panofsky, *Et in Arcadia ego, Poussin und die Tradition des Elegischen*, hg. von Volker Breidecker, Berlin 2002.

[16] Vgl. hierzu Frances Yates' grundlegende Studie *Gedächtnis und Erinnern, Mnemonik von Aristoteles bis Shakespeare*, Weinheim 1990 sowie „Memoria in der Literatur", Themenband der *Zeitschrift für Literaturwissenschaft und Linguistik* 105/27 (1997).

[17] Im weiteren Sinne einer Verknüpfung von körperlicher und geistiger Bewegung, Gehen und Denken, ist diese Figur bereits für die Peripatetiker namensgebend. Vgl. hierzu Angelika Wellmann, *Der Spaziergang, Stationen eines poetischen Codes*, Würzburg 1991 sowie für *Dichtung und Wahrheit* das Kap. 3.4.1 (Wanderungen) der vorliegenden Arbeit.

Verschaltung von zeitlicher und räumlicher Dimension, ist aber auch eine Grundfigur der Autobiographie bezeichnet. Wenn das autobiographische Ich sich erinnert, dann befindet es sich im Modus der Erzählung oder, mit Frauke Berndt gesprochen, „Erinnerung [ist] eine Form ästhetisch vermittelter Rede".[18] Sie ist damit immer schon an ein Text-Modell und hierüber an ein ästhetisches Konzept gebunden. Dieses gewinnt nun, so das topographische Argument, seine Bedeutung wesentlich entlang räumlicher Konstellationen. Dass in der Tradition der antiken Lehrtexte dabei das Haus zur bevorzugten räumlichen Gedächtnismetapher[19] avanciert, das auch in *Dichtung und Wahrheit* als Frankfurter Elternhaus eine zentrale Rolle spielt, ist dabei keineswegs zufällig.[20] So bedürfen die ausgelegten Erinnerungsbilder einer übergeordneten räumlichen Architektur um ihre spezifische Bedeutung zu erhalten.[21] Die Einbildungskraft fungiert dabei als räumliches Vermögen, das eine überzeugende und strukturierte Erzählung gewährleistet. Hier deutet sich bereits das Potenzial räumlich erinnerter Konstellationen zur Vermittlung individueller und gesellschaftlich-kultureller Erfahrung an. Dass auch die autobiographische Erinnerung zu ihrer Strukturierung räumlicher Arrangements bedarf, zeigt der Blick auf die ersten Abschnitte von *Dichtung und Wahrheit*. Dort reflektiert das autobiographische Ich im Anschluss an die Beschreibung seiner Geburt zunächst über die Problematik der unzuverlässigen Erinnerung, um daraufhin zu einer detaillierten Beschreibung des Elternhauses überzugehen:

> Wenn man sich erinnern will, was uns in der frühsten Zeit der Jugend begegnet ist, so kommt man oft in den Fall, dasjenige, was wir von andern gehört, mit dem zu verwechseln, was wir wirklich aus eigner anschauender Erfahrung besitzen. Ohne also hierüber eine genaue Untersuchung anzustellen, welche ohnehin zu nichts führen kann, bin ich mir bewußt, daß wir in einem alten Hause wohnten, welches eigentlich aus zwei durchgebrochnen Häusern bestand. Eine turmartige Treppe führte zu unzusammenhangenden Zimmern [...]. (DW 15)

---

[18] Frauke Berndt, *Anamnesis, Studien zur Topik der Erinnerung in der erzählenden Literatur zwischen 1800 und 1900 (Moritz – Keller – Raabe)*, Tübingen 1999, 5.
[19] Vgl. hierzu Aleida Assmann, „Raummetaphern" und „Orte", in: Dies., *Erinnerungsräume, Formen und Wandlungen des kulturellen Gedächtnisses*, München ³2006, 158-164 und 298-339.
[20] Für eine ausführliche Diskussion der häuslichen Räume und Strukturen vgl. das gesamte erste Analysekapitel 3.1 (Häuser) sowie Aleida Assmann, „Zur Metaphorik der Erinnerung", in: Dies./Dietrich Harth (Hgg.), *Mnemosyne, Formen und Funktionen der kulturellen Erinnerung*, Frankfurt a.M. 1991, 13-31.
[21] Diese werden als ‚imagines agentes' gefasst, also Bilder, die den Betrachter anzurühren, zu bewegen vermögen und daher besonders gut im Gedächtnis bleiben.

Mit dem hier konstatierten, ungewissen Ursprung der eigenen frühkindlichen Erinnerungen benennt Goethe nicht nur ein grundsätzliches Problem autobiographischer (Re-)Konstruktionsarbeit, er bedient auch einen autobiographischen Topos. Schon Augustinus thematisiert in seinen Bekenntnissen die gleiche Schwierigkeit.[22] Wo dieser sich aber noch ganz auf die letztliche Erkenntnis seiner Selbst durch Gott und damit die Wahrhaftigkeit seines Unterfangens berufen kann[23], bricht das autobiographische Ich in *Dichtung und Wahrheit* die Überlegung, „welche ohnehin zu nichts führen kann", an dieser Stelle ab. Statt letztgültiger Rückbindung folgt nun die ausführliche Beschreibung des elterlichen Hauses. Damit verankert das Ich den Ausgang seiner Erinnerungen nicht nur am entscheidenden Ort der eigenen Kindheit und so auch explizit in der Sphäre „eigner anschauender Erfahrung". Indem es seine Autobiographie mit dem Gang durch das Haus beginnt, ruft es auch die räumliche Dimension der Erinnerung im Sinne der Memoria auf, entlang welcher sich nun die Erzählung entfaltet.

Autobiographie unter den Vorzeichen der Moderne, so meine These unter Vorgriff auf die Analyse, braucht andere Selbstvergewisserungsmechanismen als noch die antike Perspektive. Diese liegen, wie meine Arbeit zu zeigen unternimmt, nicht mehr in der Transzendenz, sondern in den erfahrungsstrukturierenden Koordinaten räumlicher Selbstpositionierung.

Auch der eingangs erwähnte Bekenntnis- bzw. Rechtfertigungsgestus, der spätestens seit Augustinus' paradigmatischer Autobiographie stilbildend ist, ordnet die Narration entlang einer zeitlichen Achse. So schöpft er aus dem gegenwärtigen Bekennen vergangener Handlungen die Hoffnung auf gesellschaftliches bzw. postumes Renommee oder, in seiner christlichen Version, auf prospektives Seelenheil. Dabei gliedert sich die Narration u.a. anhand autobiographischer Wendepunkte, wie sie bei Au-

---

[22] Dort heißt es: „Dann begann ich zu lächeln, zuerst im Schlafe, dann aber auch im Wachen. So ist es mir wenigstens erzählt worden, und ich habe es geglaubt, weil wir dasselbe auch bei anderen Kindern wahrnehmen, denn meine Erinnerung reicht nicht daran." Augustinus, *Bekenntnisse*, hg. von Kurt Flasch und Burkhard Mojsisch, Stuttgart 1989, 7. Auch Rousseau ist sich der Unzuverlässigkeit bewusst, mit der die Rekonstruktion vergangener Sachverhalte behaftet ist. Dagegen macht er jedoch die Wahrhaftigkeit der eigenen Gefühle geltend, die ihm als Grundlage seiner Bekenntnisse dienen: „Ich habe nur einen treuen Führer, auf den ich zählen kann, das ist die Kette der Gefühle, die die Entwicklung meines Daseins begleitet haben, und durch sie die der Ereignisse, die ihre Ursache oder Wirkung gewesen sind. [...] Ich kann Lücken in den Tatsachen lassen, sie verschieben, mich in den Daten irren, aber ich kann mich nicht über das täuschen, was ich gefühlt habe." Jean-Jacques Rousseau, *Die Bekenntnisse*, übers. von Alfred Semerau, München 1978, 273f.

[23] „Wer immer ich sei – dir, Herr, bin ich jedenfalls durchsichtig." Augustinus, *Bekenntnisse*, hg. von Kurt Flasch und Burkhard Mojsisch, Stuttgart 1989, 251.

gustinus etwa die Conversio darstellt.[24] Diese differenzieren das eigene Leben jedoch nicht nur zeitlich in ein Vorher und Nachher, sie finden stets auch an spezifischen Orten statt bzw. werden durch sie erst ermöglicht.

Demnach braucht es beispielsweise den Garten des Mailänder Hauses um das von Augustinus beschriebene Konversionserlebnis plausibel zu machen. Jener ist zum Nachbargarten hin durch eine Mauer klar abgegrenzt und bildet nach innen einen allegorisch aufgeladenen Raum. Durch den erwähnten Feigenbaum ist er als verlorener Garten Eden präfiguriert, der die Ursünde ebenso wie die letztliche Möglichkeit der Erlösung markiert.[25] Damit wird das zeitliche Konzept von verlorenem und wiederzuerlangendem Paradies verräumlicht, das Ich zwischen zwei Fixpunkten christlicher Heilslehre positioniert. Zugleich fungiert der Garten hier aber auch als Übergangsraum zwischen Haus und öffentlicher Sphäre. Damit entsteht ein halb abgeschlossener Ort, der aufgrund seiner Privatheit Introspektion ermöglicht, aber auch bedingt von außen zugänglich ist. Erst diese räumliche Anordnung schafft die nötigen Bedingungen für Augustinus' Konversionserlebnis, das bekanntlich mit der aus dem Nachbargarten herüberschallenden Aufforderung „nimm, lies" und der sich anschließenden Bibellektüre seinen Lauf nimmt. Nur so kann die gehörte Stimme als Gottes Präsenz und deren Aufforderung als dessen Antwort auf Augustinus' Fragen verstanden werden.

Auf ähnliche Weise ist auch die berühmte Besteigung des Mont Ventoux, die Francesco Petrarca 1336 unternimmt[26], nicht nur geistiger Wendepunkt, sondern auch eine explizit räumliche Erfahrung. Erst auf dem Berggipfel kann das autobiographische Ich zwischen Panoramablick und einer der augustinischen Konversionsszene analogen Lektüre von dessen Bekenntnissen hin- und herschalten, lassen sich Weltzuwendung und -abgewandtheit als zwei Seiten einer Geste vor Augen stellen.[27] Die Herausbildung des autobiographischen Ichs verläuft dergestalt nicht nur über zeitliche Begründungsfiguren. Vielmehr bedürfen diese an ihren wesentli-

---

[24] „The literary representation of the self that originates with St. Augustine implies conversion as a logical precondition for the coherence of such a story. [...] conversion is therefore not only the subject matter of confession but also the premise that makes the telling of such a story possible." John Freccero, „Autobiography and Narrative", in: Thomas C. Heller, Morton Sosna, David E. Wellbery (Hgg.), *Reconstructing Individualism, Autonomy, Individuality, and the Self in Western Thought*, Stanford 1986, 16-29, hier 20.

[25] Ebd., 25. Für eine ausführliche Auseinandersetzung mit dem Garten als autobiographischem Ort vgl. mein zweites Analysekapitel (3.2).

[26] Francesco Petrarca, *Die Besteigung des Mont Ventoux*, Stuttgart 1995.

[27] Mit dem petrarcischen Text beschäftige ich mich insbesondere in den Kapiteln 3.5.1 (Aussichtspunkte) und 3.5.3. (Berge).

chen Schaltstellen räumlicher Konstellationen, vermittels derer sich das Ich auf sich selbst bezieht und die Narration allererst einsichtig macht.

Wendet man den Blick nun allerdings von der punktuellen Betrachtung dieser räumlichen Funktionsweisen ab und stattdessen hin auf die historische Genese des Autobiographiediskurses, so zeigt sich erwartungsgemäß ein anderes Bild. Seit der Etablierung der Autobiographie als literarisch relevantem Phänomen im 18. Jahrhundert und ihrer in der Folge einsetzenden Konzeptionalisierung wird der räumlichen Dimension autobiographischer Texte nur eine sehr begrenzte, hauptsächlich referentielle Funktion zugesprochen. Dies erklärt sich aus der spezifischen Stellung, welche die Autobiographie im Kontext der sich im 19. Jahrhundert formierenden Literatur- und Geisteswissenschaften einnimmt. Bereits in der zweiten Hälfte des 18. Jahrhunderts organisiert sich die zunehmend populäre „Selberlebensbeschreibung"[28] im Spannungsfeld religiöser, pädagogischer[29] sowie psychologisch-empirischer Diskurse.[30] Dabei rücken zunehmend individualgenetische Begründungs- und Entwicklungszusammenhänge in den Fokus. So führt die pietistisch motivierte „Selbstprüfungstätigkeit"[31] zu einer vielfältigen, zunächst ausschließlich der religiös-moralischen Introspektion dienenden Textproduktion. In der zweiten Hälfte des 18. Jahrhunderts unterliegt diese jedoch zunehmend einer typologischen wie psychologischen Säkularisierung[32], d.h. sie integriert Elemente der Berufs- und Gelehrtenautobiographie, ebenso wie kausalpsychologische Erklärungen die religiösen Bedeutungsmuster ablösen.[33] In der Folge reformpädagogisch-aufklärerischer Bemühungen[34]

---

[28] So der Titel von Jean Pauls Autobiographie. In: Paul, Jean, *Werke*, Bd. 6, hg. von Walter Höllerer, München 1963, 1037-1103.

[29] Hier sind insbesondere Rousseaus Schriften prägend.

[30] Stellvertretend sei hier nur auf das *Magazin für Erfahrungsseelenkunde* verwiesen.

[31] Holdenried, *Autobiographie*, 127.

[32] Vgl. zu dieser Unterscheidung Günter Niggl, *Geschichte der deutschen Autobiographie im 18. Jahrhundert, Theoretische Grundlegung und literarische Entfaltung*, Stuttgart 1977, 371.

[33] Damit gerät die Selbsterforschung mehr und mehr zum Selbstzweck. Nicht mehr die Verantwortung und Offenbarung vor einem strafenden Gott, sondern das wissenschaftliche Interesse an entwicklungspsychologischen Zusammenhängen rückt in den Vordergrund. Vgl. hierzu die Ausführungen von Michaela Holdenried, „Zwischen Pietismus und Säkularisation, Auf dem Weg zur literarischen Emanzipation der Autobiographik zwischen 1780 und 1830", in: Dies. *Autobiographie*, 127-139 sowie Neumanns Verortung des Übergangs zur psychologischen Diagnose in der Autobiographie von Adam Bernd (1738): Bernd Neumann, *Identität und Rollenzwang, Zur Theorie der Autobiographie*, Frankfurt a.M. 1970, 64ff.

[34] Hier spielen neben Rousseaus überaus wirkungsintensiver Schrift *Emile oder über die Erziehung* (1762) auch die Ansätze von dem Aufklärungsdenken verpflichteten Pädagogen wie etwa Basedow ein Rolle, dessen Begegnung mit Goethe sowie die

rückt zudem die Kindheit als eigenständige und für die spätere Entwicklung entscheidende Lebensphase in den Blick.[35] Und schließlich geht mit diesen Tendenzen auch eine, aus dem Verständnis des Empirismus erwachsende Verwissenschaftlichung der Selbstbeobachtung einher, die sich in Publikationen wie dem *Magazin zur Erfahrungsseelenkunde* äußert. Diese zielt nicht mehr in erster Linie auf eine religiös-geistliche Selbstvergewisserung, sondern interessiert sich für die leiblich-emotionalen Aspekte der Persönlichkeitsbildung ebenso wie ihrer Störungen.

Relevant für die hier verfolgte räumliche Perspektive werden diese Ausdifferenzierungen nun insofern, als sie wesentliche Bausteine zu der umfassenden anthropologischen Neuausrichtung liefern, die sich im 18. Jahrhundert vollzieht.[36] Die gesellschaftlich-wissenschaftlichen Bemühungen stellen fortan den Menschen selbst in den Mittelpunkt, der so zum Erkenntnissubjekt wie -objekt gleichermaßen avanciert. In dieser Position wird er zur immer wieder neu zu beschreibenden und sich selbst auslegenden Figur.[37] Damit gerät auch die Autobiographie, als „Beschreibung (graphia) des Lebens (bios) eines Einzelnen durch diesen selbst"[38] zu einer über diesen Einzelnen hinaus relevanten Form des Erkenntnisgewinnens. Als grundsätzlich auf Selbstbeobachtung und Selbsterklärung hin angelegtes Verfahren scheint sie für ebendiese Struktur einen privilegierten Zugang zu bieten. Der individuelle Text wird dabei auf zweifache Weise in Dienst genommen: er hat Bedeutung nicht mehr nur im Hinblick auf das Verständnis eines gelebten Lebens, sondern auch im Sinne eines „symbolischen, individuellen Ausdrucks des Geschichtsbewusstseins".[39]

---

gemeinsam unternommene Lahnreise in Buch 14 von *Dichtung und Wahrheit* beschrieben wird.

[35] Als frühe literarische Beispiele sind hier insbesondere die Autobiographie von Johann Heinrich Jung-Stilling (*Heinrich Stillings Jugend, Jünglingsjahre, Wanderschaft und häusliches Leben*, Stuttgart 1982; Erstpublikation des ersten Bandes 1777) und Karl Philipp Moritz' *Anton Reiser. Ein psychologischer Roman* („Anton Reiser, ein psychologischer Roman in vier Teilen", in: *Anton Reiser, ein psychologischer Roman in vier Teilen, Andreas Hartknopf, Eine Allegorie, Andreas Hartknopfs Predigerjahre*, Düsseldorf/Zürich 1996; Erstpublikation 1785-1790) zu nennen.

[36] Vgl.: Hans-Jürgen Schings (Hg.), *Der ganze Mensch, Anthropologie und Literatur im 18. Jahrhundert*, Stuttgart 1994, [Germanistische Symposien-Berichtsbände 15].

[37] Foucault spricht in diesem Zusammenhang vom Menschen als einer „empirisch-transzendentalen Dublette", Michel Foucault, *Die Ordnung der Dinge, Eine Archäologie der Humanwissenschaften*, Frankfurt am Main 1971, 384., vgl. auch meine Ausführungen im Abschnitt 2.5 dieser Einführung.

[38] Georg Misch, „Begriff und Ursprung der Autobiographie" (1907/1949), in: Günter Niggl (Hg.), *Die Autobiographie, Zu Form und Geschichte einer literarischen Gattung*, Darmstadt 1989, 33-55, hier 38.

[39] Holdenried, *Autobiographie*, 15.

Für die räumliche Dimension hat diese bis ins 20. Jahrhundert hinein wirksame Perspektivierung der Autobiographie zwei wesentliche Konsequenzen. Die eine besteht in der Reduktion räumlicher Aspekte auf ihren vermeintlich dokumentarischen Charakter, die andere in der Dominanz zeitlicher Schreib- und Deutungsverfahren. Die Marginalisierung der räumlichen Verfasstheit geht einher mit einer Auffassung von Autobiographie, die dieser den Status von Literatur abspricht. Sie schreibt sich, wie Almut Finck ausgeführt hat[40], aus den Poetiken des 18. Jahrhunderts her, in denen die „nach dem Kriterium der Fiktionalität getroffene aristotelische Unterscheidung von poetischer und historischer Erzählung"[41] vorherrscht.[42] In dieser Tradition kann Herder den autobiographisch tätigen Menschen anweisen als „treuer Geschichtsschreiber sein selbst [zu verfolgen]"[43], woraus dann – zumindest bei „denkwürdigen Personen" – als Ergebnis ein „Spiegel der Zeitumstände" entsteht.[44] Autobiographie ist somit bei Herder „nicht nur Ausdruck individueller Geistesart, sondern immer auch ein Zeitdokument".[45] Nicht Literatur, sondern historisches Zeugnis soll die Autobiographie demnach sein und unter dieser Perspektive werden die beschriebenen Räume typischerweise nicht als Teil des in-

---

[40] Almut Finck, „Vom Diskurs der Autorität zur Autorität der Diskurse? Der Wandel des Autobiographieverständnisses im Kontext einer nachhermeneutischen Metaphysikkritik", in: Dies., *Autobiographisches Schreiben nach dem Ende der Autobiographie*, Berlin 1999, 23-35.

[41] Günter Niggl, *Geschichte der deutschen Autobiographie im 18. Jahrhundert, Theoretische Grundlegung und literarische Entfaltung*, Stuttgart 1977, 36.

[42] So führt etwa Gottsched in seiner *Critischen Dichtkunst* die Einbildungskraft als wesentliches Merkmal des Dichters an, während der Geschichtsschreiber „die nackte Wahrheit zu sagen [hat], das ist, die Begebenheiten, die sich zugetragen haben. Johann Christoph Gottsched, *Versuch einer Critischen Dichtkunst* (1730), Nachdruck Darmstadt 1962, 36. Vgl. hierzu auch: Katrin Seele, „Positionen der Poetik im 18. Jahrhundert", in: Dies., *Goethes poetische Poetik*, Würzburg 2004, 23-46.

[43] Johann Gottfried Herder, „Vom Erkennen und Empfinden der menschlichen Seele, Bemerkungen und Träume", in: Ders., *Werke*, hg. von Jürgen Brummack und Martin Bollacher, Bd. 4, Frankfurt a.M. 1994, 327-393, hier 341.

[44] Johann Gottfried Herder, „Bekenntnisse merkwürdiger Männer von sich selbst, Einleitende Briefe", in: Ders., *Werke*, hg. von Jürgen Brummack und Martin Bollacher, Bd. 8, Frankfurt a.M. 1998, 11-28, hier 27. Die Wandlung von Herders Auffassung der Autobiographie im Verlauf seiner Publikationen beschreibt Oliver Sill. Er weist auch auf ein skeptisches Moment bezüglich der Möglichkeit vollständiger Selbsterkennung bei Herder hin. Vgl.: Sill, Oliver, „Von den ‚unbewußten Seelenkräften' zur ‚klaren Selbsterkenntnis': Menschenbild und Autobiographiekonzeption im Denken Herders zwischen 1768 und 1801", in: Ders., *Zerbrochene Spiegel, Studien zur Theorie und Praxis modernen autobiographischen Erzählens*, Berlin/New York 1991, 112-120.

[45] Almut Finck, *Autobiographisches Schreiben nach dem Ende der Autobiographie*, Berlin 1999, 23.

haltlichen oder formalen Gestaltungsrepertoires verstanden. Sie weisen vielmehr gerade den dokumentarischen Charakter des autobiographischen Texts aus, indem sie die Narration in einer außertextuellen Erfahrungswelt verankern. So wird die räumliche Dimension einerseits als deutungsrelevantes Kriterium ausgeschlossen, da sie als vorgängige, nicht sprachkonstituierte Struktur verstanden wird. Dass dies nicht nur der Einordnung der Autobiographie, sondern auch dem zeitgenössischen Raumverständnis insgesamt geschuldet ist, führe ich im folgenden Abschnitt über Topographien näher aus. Andererseits werden räumliche Bezüge aber auch zum Gradmesser für den Wahrheitsgehalt autobiographischer Angaben, wovon unter anderem die historiographisch orientierte Goetheforschung des 19. Jahrhunderts ein Zeugnis ablegt.[46] An der räumlichen Schnittstelle zeigt sich so bereits die systematische Sonderstellung der Autobiographie, die grundsätzliche Fragestellungen der Literaturwissenschaft aufruft:

> Aus genau diesem Dilemma, dass der autobiographische Text auf der Folie und als Funktion einer außertextuellen Realität wahrgenommen wird, aus dem Widerstreit zwischen **Referenz** und literarischer **Performanz** resultiert die eigentümliche literaturwissenschaftliche Position der Autobiographie [...].[47]

Das Bewusstsein dieser Spannung entwickelt sich allerdings erst im Durchgang und in der Überschreitung einer „repräsentationslogisch naive[n] Sprachauffassung"[48], d.h. mit der Etablierung der Autobiographie als explizit literarischer Gattung im Verlauf des 20. Jahrhunderts. Zuvor ist die Perspektive auf autobiographische Texte wesentlich eine hermeneutische und damit nicht nur am sinnstiftenden Zusammenhang von Text und Leben ausgerichtet, sondern auch grundsätzlich zeitlich verfasst. Diese chronologische Ausrichtung liegt im weiteren Zusammenhang der sich formierenden Geisteswissenschaften ebenso wie der Lebensphilosophie begründet, die Verstehen stets als historisches, an den Zusammenhang tatsächlich gelebten Lebens geknüpftes denken.[49] Insofern es also

---

[46] Diese hat sich insbesondere an Goethes *Dichtung und Wahrheit* abgearbeitet, indem sie die dortigen Angaben mit den realräumlichen Gegebenheiten verglich. Siehe hierzu beispielsweise Heinrich Düntzer, *Goethes Leben*, Leipzig 1880 sowie Ders., *Friederike von Sesenheim im Lichte der Wahrheit*, Stuttgart 1893.

[47] Wagner-Egelhaaf, *Autobiographie*, 4, Hervor. i. Orig.

[48] Almut Finck, „Vom Diskurs der Autorität zur Autorität der Diskurse? Der Wandel des Autobiographieverständnisses im Kontext einer nachhermeneutischen Metaphysikkritik", in: Dies., *Autobiographisches Schreiben nach dem Ende der Autobiographie*, Berlin 1999, 23-35, hier 26.

[49] So verfolgte Dilthey nicht ohne Grund und in Abgrenzung von Kant seine Begründung der Geisteswissenschaften als Projekt einer ‚Kritik der historischen Vernunft'. Vgl.: Hans-Ulrich Lessing, *Die Idee einer Kritik der historischen Vernunft*,

um das Verstehen des menschlichen Geistes und seiner historisch sich verändernden Lebenswelt geht, stellt die Autobiographie für die Hermeneutik den paradigmatischen Fall eines Verstehensprozesses dar. Dies deshalb, weil in dem auf sich selbst reflektierenden Subjekt das „individuell[e] Substrat der Geschichte" anschaulich wird.[50] Demnach besitzt das autobiographisch tätige Individuum aufgrund seiner eigenen Erfahrungen einen spezifisch innigen Zugang zu seinem Leben und kann daher dessen ‚Zusammenhang' als individuell ebenso wie historisch bedeutungsstiftendes ‚Erlebnis' darstellen.[51] Diese Alleinstellung geht offensichtlich mit einer beträchtlichen Aufwertung der Autobiographie einher, die sich für den Autobiographie-Diskurs in der Folge jedoch als „[e]ine schwere Hypothek" erweist.[52] An dieser Stelle soll allerdings zunächst nur die temporal angelegte Verstehensfigur der Hermeneutik betrachtet werden. Darin bilden die drei Dimensionen der Zeitlichkeit diejenige Kategorie, die es dem Subjekt ermöglicht, die Erlebnisse des eigenen Lebens nach ihrer Bedeutung zu ordnen und in einen Zusammenhang, d.h. in eine Einheit zu bringen. Wagner-Egelhaaf hat dies folgendermaßen auf den Punkt gebracht:

> Als Grundprinzip für das Verstehen des Lebens nennt Dilthey die Zeitlichkeit. „Zeit", schreibt er, „ist für uns da, vermöge der zusammenfassenden Einheit unseres Bewußtseins" (Dilthey 1981, S. 237). Die Zeit oder vielmehr das Bewusstsein von Zeit entsteht also mit dem Erkennen des Zusammenhangs im verstehenden Geist. Im Hintergrund dieser Überlegungen steht ein autobiographisches Subjekt, das sich idealerweise im Schreiben des chronologisch gestifteten Zusammenhangs seines Lebens bewusst wird.[53]

Erst die zeitliche Dimension schafft demnach den für das synthetisierende Bewusstsein nötigen Modus des Verstehens und der Bedeutungsgebung. Umgesetzt wird der solchermaßen verstandene Zusammenhang anhand einer chronologisch fortschreitende Entwicklungs- und Bildungs-

---

Wilhelm Diltheys erkenntnistheoretisch-logisch-methodologische Grundlegung der Geisteswissenschaften, Freiburg 1984.

[50] Holdenried, *Autobiographie*, 15.
[51] „Jedes Leben hat einen eigenen Sinn. Er liegt in einem Bedeutungszusammenhang, in welchem jede erinnerbare Gegenwart einen Eigenwert besitzt, doch zugleich im Zusammenhang der Erinnerung eine Beziehung zu einem Sinn des Ganzen hat. Dieser Sinn des individuellen Daseins ist ganz singular, dem Erkennen unauflösbar, und er repräsentiert doch in seiner Art, wie eine Monade von Leibniz, das geschichtliche Universum." Wilhelm Dilthey, „Das Erleben und die Selbstbiographie", in: Günter Niggl (Hg.), *Die Autobiographie, Zu Form und Geschichte einer literarischen Gattung*, Darmstadt ²1998, 21-32, hier 28.
[52] Ebd. 16.
[53] Wagner-Egelhaaf, ‚*Autobiographie*, 22.

geschichte, die zudem, wie Holdenried anmerkt[54], eine gelingende zu sein hat. Paradigmatisch hat die hermeneutische Forschung ihr Konzept an Goethes *Dichtung und Wahrheit* zu zeigen versucht, das damit zum „Ziel und Höhepunkt der Gattungsentwicklung" stilisiert wurde.[55] Dilthey beschreibt den von ihm entworfenen Konnex von Subjektivität, Geschichte, Zeitlichkeit und Bedeutung anschaulich in seinem Abschnitt über „Das Erleben und die Selbstbiographie". Dort erscheint Goethe als drittes und letztes Beispiel in einer Reihe mit Augustinus und Rousseau:

> Und nun Goethe. In *Dichtung und Wahrheit* verhält sich ein Mensch universal-historisch zu seiner eigenen Existenz. Er sieht sich durchaus im Zusammenhang mit der literarischen Bewegung seiner Epoche. Er hat das ruhige, stolze Gefühl seiner Stellung in derselben. So ist dem Greis, der zurückschaut, jeder Moment seiner Existenz im doppelten Sinn bedeutend: als genossene Lebensfülle und als in den Zusammenhang des Lebens hineinwirkende Kraft. Er fühlt jede Gegenwart, die in Leipzig, in Straßburg, in Frankfurt als erfüllt und bestimmt von Vergangenem, als sich ausstreckend zur Gestaltung der Zukunft – das heißt aber als Entwicklung.[56]

Das autobiographische Ich, das hier bezeichnenderweise nicht von Goethe selbst unterschieden wird, sichtet Dilthey zufolge in der Rückschau souverän „jede[n] Moment seiner Existenz" im Hinblick auf die gelungene biographische „Entwicklung". Diese Vorstellung wurde nicht nur für den Goethe'schen Text rezeptionsleitend, sie verhalf bekanntermaßen auch dazu, *Dichtung und Wahrheit* zum kanonischen Referenz- und Gipfelpunkt der Autobiographiegeschichte zu erheben. Allerdings, so wird in der zitierten Passage erkennbar, nimmt Dilthey zwei wesentliche Bestandteile seines Konzepts als gegeben an, die dann im Verlauf des 20. Jahrhunderts zu den bestimmenden Feldern der autobiographischen Auseinandersetzung avancieren: die sprachliche Verfasstheit der Autobiographie sowie, damit verbunden, die Frage nach der Funktionsweise von Erinnerung. Beide besitzen räumliche Implikationen.

---

[54] Vgl. Michaela Holdenried, „Zwischen Pietismus und Säkularisation, Auf dem Weg zur literarischen Emanzipation der Autobiographik", in: Dies., *Autobiographie*, 127-139.

[55] So noch die Überschrift eines Kapitels in Günter Niggls Studie zur Autobiographie des 18. Jahrhundert von 1977. Günter Niggl, *Geschichte der deutschen Autobiographie im 18. Jahrhundert, theoretische Grundlegung und literarische Entfaltung*, Stuttgart 1977, 153.

[56] Wilhelm Dilthey, „Das Erleben und die Selbstbiographie", in: Niggl, *Autobiographie*, 21-32, 28.

Dabei rücken zunächst Fragen des Stils und der Möglichkeiten bzw. Grenzen des Gedächtnisses ins Blickfeld der theoretischen Debatte.[57] Diese verlagert sich damit nach und nach von der Idee einer historisch-faktualen Korrektheit des beschriebenen Lebens hin zur sprachlichen Gestaltung und Vermittlung desselben. Zunehmend richtet sich so der Blick auf den Text als sprachliches Gebilde oder anders formuliert auf die Medialität von Sprache und Schrift. Vom Was verschiebt sich die Perspektive auf das Wie, vom Beschriebenen zum Beschreiben. Zwar trägt dies dazu bei, autobiographische Texte verstärkt als Kunstwerk wahrzunehmen. Das dieser Einschätzung zugrundeliegende Konzept von Subjektivität wird jedoch erst durch die nachhaltige Kritik erschüttert, die sich mit dem Begriff ‚linguistic turn' verbindet. In der Folge des Strukturalismus bzw. Poststrukturalismus und Dekonstruktivismus wurde die Erkenntnis der prinzipiell sprachlichen Verfasstheit der menschlichen Welt und Wahrnehmung in unterschiedlichen Richtungen ausbuchstabiert.

Dabei nehmen sowohl die räumliche Dimension als auch das Ich bzw. das Subjekt zentrale Bedeutung ein. Bereits der Strukturalismus hatte die ursächliche Verbindung von Sprache und Raum postuliert, insofern als Bedeutung ihm zufolge nicht durch die Zeichen selbst, sondern aufgrund ihrer Positionen und Differenzen im sprachlichen System hergestellt wird. Raum gerät so zu einem bedeutungskonstituierenden Element der Sprache selbst, der Text wird als Textur, Gewebe betrachtet.[58] Nicht

---

[57] Vgl.: So führen sowohl Roy Pascal als auch Wayne Shumaker bei ihrer Diskussion der Wahrheit bzw. Wahrhaftigkeit in der Autobiographie die Einschränkungen des Gedächtnisses an. Betont die ältere Forschung dabei das defizitäre Moment der unvollständigen Erinnerung, so weist bereits Pascal darauf hin, dass eben hierdurch erst die Autobiographie zum Kunstwerk wird. Erst durch die Gestaltung des Erinnerten und die dafür notwendige Imagination entsteht eine künstlerische Form der Wahrheit. Eine Aufwertung des Stils gegenüber dem Beschriebenen nimmt Starobinskis 1970 erschienene Studie vor, die den Akt des Schreibens ebenso wie die Form als Gestaltungsmittel der Erinnerung in den Blick bringt. Vgl.: Roy Pascal, *Die Autobiographie, Gehalt und Gestalt*, Stuttgart/Berlin/Köln/Mainz 1965 (im 1960 erschienenen Original betitelt *Design and Truth in Autobiography*); Wayne Shumaker, „Die englische Autobiographie, Gestalt und Aufbau", in: Niggl, *Autobiographie*, 75-120; Jean Starobinski, „Der Stil der Autobiographie", in: Niggl, *Autobiographie*, 200-213.

[58] Explizit hat dies Roland Barthes formuliert: „Text heißt Gewebe; aber während man dieses Gewebe bisher immer als ein Produkt, einen fertigen Schleier aufgefaßt hat, hinter dem sich, mehr oder weniger verborgen, der Sinn (die Wahrheit) aufhält, betonen wir jetzt bei dem Gewebe die generative Vorstellung, daß der Text durch ein ständiges Flechten entsteht und sich selbst bearbeitet; in diesem Gewebe – dieser Textur – verloren, löst sich das Subjekt auf wie eine Spinne, die selbst in die konstruktiven Sekretionen ihres Netzes aufginge." Roland Barthes, *Die Lust am Text*, Frankfurt a.M. 1986, 94.

zufällig ist es mit Jurij Lotman ein strukturalistischer Theoretiker, der ein erstes räumlich fundiertes Textanalysemodell vorstellt.[59]

In der poststrukturalistischen Theoriebildung werden Räume stärker noch unter dem Aspekt ihrer diskursiven Ordnungen betrachtet, d.h. als Bereiche eines spezifischen Zusammenspiels von Sprechweisen, räumlichen Anordnungen sowie Ein- und Ausschlussmechanismen. Damit dienen sie einerseits der Herstellung bestimmter Identitäten oder (Selbst-)Wahrnehmungsformen, bedürfen dazu aber zugleich immer auch einer Abgrenzung nach außen.[60] Solchermaßen verstanden erscheinen Räume nicht mehr als vorgängige Strukturen, sondern sie unterliegen kontinuierlichen Konstruktionsprozessen und organisieren sich wesentlich über Machtstrukturen. Bedeutung, so die Grundposition, muss als Phänomen betrachtet werden, das erst im Nachgang semiotischer Prozesse entsteht. Dies betrifft nicht nur das Konzept eines neutralen und unveränderlichen Raums, sondern der Gedanke der Nachträglichkeit fundiert ebenso die poststrukturalistische Sprach- und Subjektkritik.[61]

Diese geht von der Erkenntnis aus, dass wir die Welt und uns selbst nur vermittelt über Sprache begreifen können. Dabei zeigt sie, dass sprachlicher Sinn nicht aus der Referenz auf außersprachliche Objekte oder transzendentale Gewissheiten erwächst. Vielmehr sind es Bedeutungszuweisungen und Differenzen innerhalb der Sprache selbst und diese Sinnzuschreibungen sind aufgrund der nicht abschließbaren semiotischen Bewegung der Sprache – von Derrida als ‚Différance' bezeichnet – nie endgültig. Unter diesen Prämissen ist auch das Subjekt keineswegs mehr der souveräne und vorgängig mit Identität oder Sinn ausgestattete Fixpunkt außerhalb des Texts, ebenso wenig wie es sich auf überzeitliche Autoritäten berufen kann.[62] Diese Umkehrung transzendental begründeter Subjektvorstellungen trifft insbesondere auch die Autobiographie, insofern sie in der Tradition der Hermeneutik als Paradefall und

---

[59] Dies beschäftigt sich allerdings nicht mit der Analyse der einzelnen Zeichen, sondern der Handlungsstruktur, die Lotman anhand des Begriffs ‚Sujet' fasst. Vgl.: Jurij Lotmann, *Die Struktur des künstlerischen Textes*, Frankfurt a.M. 1973, darin insbesondere die Kap. 8.2-8.4.

[60] Vgl. Michel Foucault, „Von anderen Räumen", in: Jörg Dünne, Stephan Günzel (Hgg.), *Raumtheorie, Grundlagentexte aus Philosophie und Kulturwissenschaft*, Frankfurt a.M. 2006, 317-329.

[61] Vgl. Almut Finck, „Textualität und/oder Referentialität? Überlegungen zum postmodernen Denken" sowie „Realität und Fiktion der Erinnerung: zu Freuds Begriff der ‚Nachträglichkeit'", in: Dies. *Autobiographisches Schreiben nach dem Ende der Autobiographie*, Berlin 1999, 37-56 und 57-76.

[62] Derrida fasst diese ‚Différance' dabei, ausgehend vom französischen ‚différer', zugleich als zeitliches wie räumliches Phänomen. So wird die Festlegung eines einzigen Sinns durch die Bewegung der Differenz sowohl zeitlich aufgeschoben (temporalisiert) als auch räumlich durch die Abgrenzung von anderen Zeichen verunmöglicht. Vgl.: Jacques Derrida, *Grammatologie*, Frankfurt a.M. 1983.

Ausdrucksmittel ebendieses transzendentalen Subjekts galt. Sinn und Funktion eines autobiographischen Texts lassen sich nun nicht mehr unter Verweis auf das schreibende Individuum oder die historischen Gegebenheiten bestimmen. Sprachliche Referenz, zuvor als transparentes Medium gedacht, das den Zugriff auf Welt und Ich gewährleistet, wird dagegen an die Bedingungen der Sprache gebunden. Das heißt, sowohl die Selbsterkenntnis des Ichs als auch der Bezug auf die verschiedenen Aspekte seines gelebten Lebens beruhen auf denselben, sprachlichen Konstruktionsmechanismen. Diese Erkenntnis hat für eine textbasierte Wissenschaft offensichtlich weitreichende Konsequenzen und erforderte ein Überdenken grundsätzlicher literaturwissenschaftlicher Annahmen bezüglich des Verhältnisses von Text und Welt ebenso wie der Frage nach einem intentionalen Autorsubjekt.

Dass es hier gerade auch das Feld der Autobiographie ist, auf dem sich diese Selbstreflexion vollzieht, zeigt die Aussage Paul de Mans, entweder sei jeder Text autobiographisch oder keiner.[63] Sein Vorschlag, das autobiographische Moment nicht als autorspezifisches oder textinternes Kriterium, sondern als eine „Rede- und Verstehensfigur" zu fassen, lenkt den Blick auf die Frage, wann und warum wir einen Text als autobiographischen lesen. Dies betrifft sowohl die textuellen Produktions- und Funktionsweisen als auch die Rezeption und die diskursive Verankerung autobiographischer Texte.

Vor diesem Hintergrund hat Manfred Schneider bereits 1986 autobiographische Schreibweisen einer diskursanalytisch-dekonstruktiven Lektüre unterzogen.[64] Darin untersucht er die normierende, Innerlichkeit allererst erzeugende Funktion autobiographischer Texte im Sinne einer zunächst göttlichen, später anthropologischen „Herzensschrift", die wesentlich von den medialen Bedingungen der so entstehenden Gedächtnisarchive mit konstituiert wird. Für eine räumliche Perspektive ist diesbezüglich u.a. die Analyse des diskursiven Zusammenhangs von Innen und Außen instruktiv. Dieser wird als Prozess erkennbar, der über spezi-

---

[63] Vgl.: Paul de Man, „Autobiography as De-Facement", in: *Modern Language Notes* 94/5 (1979), 919-930.

[64] Manfred Schneider, *Die erkaltete Herzensschrift, Der autobiographische Text im 20. Jahrhundert*, München/Wien 1986. Auch sein 1993 erschienener Artikel fokussiert die normierende Kraft des autobiographischen Diskurses. Die eigene Biographie wird Schneider zufolge ab dem 18. Jahrhundert zum normierten Ausdruck von Individualität. Als gesellschaftlich geforderter, vollständiger „Lebenstext" ist der eigene Lebenslauf so an den biographischen wie gesellschaftlichen Schaltstellen vorzulegen und entscheidet über so wichtige Differenzen wie gesund/verrückt. Vgl.: Manfred Schneider, „Das Geschenk der Lebensgeschichte: die Norm, Der autobiographische Text/Test um Neunzehnhundert", in: Michael Wetzel, Jean-Michel Rabaté (Hgg.), *Ethik der Gabe, Denken nach Jacques Derrida*, Berlin 1993, 249-265.

fische Schreibweisen, also über kanonisierte textuelle Verfahren etabliert wird. Auf diese Weise konstituiert sich ein subjektimmanenter Raum, der einerseits mit einem besonderen Wahrheitsstatus versehen wird. Andererseits unterliegt er aber als Herzens*schrift* immer auch schon den Bedingungen sprachlicher Signifikationsprozesse und regelt als Text die Strukturierung dieses Innenraums anhand gesellschaftlicher Vorgaben.

Damit sind fraglos wichtige Aspekte einer an Bedeutungskonstruktion und gesellschaftlichen Machtstrukturen orientierten Lesart autobiographischer Schriften bezeichnet. Gleichwohl scheint das autobiographische Ich in Schneiders Perspektivierungen bisweilen zum bloßen Effekt von Medien- und Diskursformationen zu schrumpfen – eine Tendenz, die als zeitbedingte Absetzbewegung vom traditionellen Subjektverständnis ihre Berechtigung hatte.[65] Neuere Studien entwickeln demgegenüber Konzepte von Subjektivität und Selbstreflexivität, welche die Erkenntnisse poststrukturalistischer Ansätze integrieren, ohne die Rede vom Ich aufgeben zu müssen. Dabei wird die grundsätzliche Verwiesenheit des Ichs an die Sprache zum Ausgangspunkt genommen, um diejenigen Prozesse zu beschreiben, welche die Artikulation dieses Ichs ermöglichen und bedingen – eine Perspektive, der auch meine Studie verpflichtet ist. Dass diese Ich-Figurationen und Subjekt-Positionen nie endgültig, sondern stets kontext- und nicht zuletzt auch raumabhängig zu denken sind, haben insbesondere postkoloniale Ansätze hervorgehoben. Ausgehend von der Erkenntnis, dass sich die Organisation von Kultur wesentlich räumlich vollzieht[66], muss auch das Ich als grundsätzlich positioniert verstanden werden. Dies gilt, so eine der Grundannahmen meiner Analysen, nicht nur für das postkoloniale Subjekt, sondern auch und gerade für das autobiographische Ich. Denn nicht nur werden die Konstruktion von Räumen und die Position der Individuen darin unter dieser Perspektive zu einem bedeutungsleitenden Kriterium. Die dafür notwen-

---

[65] Als Referenzpunkte sei hier nur an Roland Barthes Text „Der Tod des Autors" erinnert sowie an Foucaults Rede davon, dass „der Mensch verschwindet wie am Meeresufer ein Gesicht im Sand". Vgl.: Roland Barthes, „Der Tod des Autors", in: Fotis Jannidis, Gerhard Lauer, Matias Martinez, Simone Winko (Hgg.), *Texte zur Theorie der Autorschaft*, Stuttgart 2000, 185-193; Michel Foucault, *Die Ordnung der Dinge, Eine Archäologie der Humanwissenschaften* Frankfurt a.M. 1971, 462; vgl. zu Vorgeschichte und Zielrichtung der Debatten: Hellmuth Vetter, „Welches Subjekt stirbt? Zur Vorgeschichte der Kritik an der These: Der Mensch ist Subjekt", in: Herta Nagl-Docekal, Hellmuth Vetter (Hgg.), *Tod des Subjekts?* Wien/München 1987, 22-42; Manfred Frank, Gérard Raulet, Willem van Reijen (Hgg.), *Die Frage nach dem Subjekt*, Frankfurt a. M. 1988; zur Subjekttheorie allgemein vgl.: Reto Luzius Fetz, Roland Hagenbüchle, Peter Schulz (Hgg.), *Geschichte und Vorgeschichte der modernen Subjektivität*, 2 Bde., Berlin/New York 1998.

[66] Hier sind grundlegend Homi K. Bhabhas und Edward Sojas Publikationen zu nennen. Ich führe diesen Aspekt im Abschnitt *Autobiographische Räume und Orte* (2.3) detaillierter aus.

digen Zuschreibungen werden auch größtenteils medial, d.h. unter anderem über Texte geregelt. Übertragen auf das autobiographische Schreiben wird dies so als Prozess der kontinuierlichen, durchaus wörtlich zu verstehenden Selbstverortung lesbar.[67] Diese kann nicht mehr an einer mimetisch verstandenen Analogie- bzw. Abbildungsbeziehung zu geographischen Räumen gemessen werden, sondern erhält ihren Eigenwert gleichermaßen aus ihrer literarischen Produktivität wie aus ihrer Funktion im Gefüge kulturell-individueller Bedeutungsvermittlung.

Stärker an autobiographischen Schreibweisen orientiert sind Arbeiten, die sich speziell mit dem reflexiven Moment der Subjektkonstituierung befassen. Ausgehend von den geschilderten Prämissen, stellen sie einzelne Aspekte selbstreferentieller Praktiken in den Vordergrund. So fokussiert der 2008 erschienene Band zur *Automedialität* auf die unhintergehbar mediale Dimension selbstbezüglicher Ausdrucksformen.[68] Die Herausgeber kritisieren darin eine weithin bestehende Medienvergessenheit autobiographischer Theoriebildung und, daraus resultierend, letztlich das Festhalten am Transparenzpostulat von Sprache und der Vorgängigkeit von Identität. Sie entwickeln demgegenüber ein an der Medialität von Kommunikationsformen ausgerichtetes Konzept von Autobiographie. Dabei soll sowohl die „Materialität des Mediums"[69] berücksichtigt werden, als auch Subjektivität als zumindest teilweise selbstbestimmter Prozess gefasst wird, in dem sich diese „gleichursprünglich mit körperlichen Praktiken und medialen Techniken konstituiert".[70] Solchermaßen ist es möglich, Autobiographie „als kulturelle und mediale Praxis zu begreifen."[71] Damit bewegen sich die Autoren gerechtfertigterweise weg von eng gefassten Definitionen wie derjenigen Lejeunes, die mit voraussetzungsreichen Vorgaben wie Retrospektive, einer Festlegung auf Prosa oder der Geschichte der Persönlichkeit operieren.[72] Auch werden die verfestigten und homogenisierenden Deutungsmuster der autobiographi-

---

[67] Diese Selbstpositionierung figuriert z.T. bereits prominent im Titel, wie etwa bei Walter Benjamins *Berliner Kindheit*. Aber auch bei Orhan Pamuk, *Istanbul, Erinnerungen an eine Stadt*, München 2006 oder Edward Said, *Am falschen Ort*, Berlin 2000 formulieren einen räumlichen Selbstbezug. Einen strukturellen Zusammenhang zwischen Leben und Räumlichkeit stellt Ulf Erdmann Ziegler her, dessen Autobiographie den Titel trägt *Wilde Wiesen, Autogeographie*, Göttingen 2007.
[68] Jörg Dünne, Christian Moser (Hgg.), *Automedialität, Subjektkonstitution in Schrift, Bild und neuen Medien*, München 2008.
[69] Ebd., 11.
[70] Ebd. Grundlage hierfür bildet Foucaults Konzept der Selbstpraxis.
[71] Ebd., 14.
[72] Vgl. die bekannte Definition der Autobiographie von Lejeune: „Rückblickende Prosaerzählung einer tatsächlichen Person über ihre eigene Existenz, wenn sie den Nachdruck auf ihr persönliches Leben und insbesondere auf die Geschichte ihrer Persönlichkeit legt." Philippe Lejeune, *Der autobiographische Pakt*, Frankfurt a.M. 1994, 13-51, hier 14.

schen Genealogie hierdurch fragwürdig. Gleichzeitig birgt die Ausrichtung des Autobiographischen an der Medialität als einzigem Definitionsmerkmal jedoch die Gefahr, die Komplexität autobiographischer Formen nicht ausreichend perspektivieren zu können. Anders ausgedrückt bedürfte das Konzept der ‚Automedialität' weiterer Leitkategorien bzw. einer erheblichen Binnendifferenzierung, um als Analyserahmen praktikabel zu werden. Dennoch bleibt der ernstzunehmende Verweis auf die vermittelnde Dimension jeden Selbstbezugs, in der sich die Konstruktion des Ichs zugleich mit der medialen Praxis ereignet. Für eine räumliche Lesart bietet dieser Fokus eine doppelte Anschlussmöglichkeit: Zum einen lenkt er den Blick auf die Räumlichkeit des Mediums selbst, d.h. im Fall von *Dichtung und Wahrheit* auf die Anordnung des Texts ebenso wie auf die räumliche Position einzelner Textteile, Paratexte und Inhalte zueinander. Zum anderen ist auch die räumliche Dimension selbst als Reflexionsmedium zu verstehen, über das sich, im Sinne einer sprachlichen Repräsentation wie Konstruktion, die Selbstvergewisserung und -positionierung des autobiographischen Ichs vollzieht.

Von einem ähnlich kritischen Impuls geleitet, aber mit anderem inhaltlichen Schwerpunkt argumentiert der 2006 erschienene Sammelband zur *Autobiofiktion*.[73] Er arbeitet mit der Kategorie der subjektiven Identität, deren Wandel in der (Post-)Moderne er anhand des Begriffs der ‚Konstruktion' zu fassen sucht. Für das anvisierte Konzept von ‚Autobiofiktion' schließen die Autoren wiederum an Foucaults Techniken der Selbstsorge im Sinne einer ästhetisch vermittelten „Selbst*formung*" an.[74] Dies wird mit den Erkenntnissen der narrativen Psychologie verschränkt um die „narrative[n] Sinnbildungsleistungen für die Identitätsbildungsprozesse von Subjekten" in den Blick nehmen zu können. Konstatieren die Herausgeber zunächst eine „rückhaltlose Textualisierung [des Selbst]"[75], so gewinnt die Autobiographie in Anbetracht eines ebenfalls textuellen Charakters von Kultur zugleich eine „pragmatische Dimension". Nicht mehr die Autobiographie als Genre, sondern das Autobiographische als Praxis und seine kulturelle wie gesellschaftliche Funktion rücken nun ins Zentrum. Im Sinne der Autobiofiktion gilt es dabei, der „Ausrichtung am Telos der Einheitlichkeit" die „Möglichkeit multipler Identitätskonstruktionen" entgegenzusetzen.[76] Grundlage hierfür bildet die „Aufmerksamkeit auf die textuellen Konstruktionsverfahren des Selbst und ihre kulturelle Bedingtheit."[77]

---

[73] Christian Moser/ Jürgen Nelles (Hgg.), *Autobiofiktion, Konstruierte Identitäten in Kunst, Literatur und Philosophie*, Bielefeld 2006.
[74] Ebd., 12, Hervorh. i. Orig.
[75] Ebd., 8.
[76] Ebd., 15.
[77] Ebd.

Auffällig ist an dem skizzierten Ansatz zunächst die offensichtliche Gleichsetzung von ‚Fiktion' mit ‚Konstruktion'. Hier wäre aus literaturwissenschaftlicher Perspektive eine differenzierte Berücksichtigung bereits erarbeiteter Perspektiven auf Fiktion/Fiktionalität nötig.[78] Für die Autobiographie ist diesbezüglich insbesondere das Konzept der ‚Autofiktion' relevant.[79] Es reflektiert neben den sprachbedingten Konstruktionsmechanismen genauso die literarischen Spielräume und damit gerade auch die bewusst gestalteten Infragestellungen der Grenzziehung zwischen autobiographischem und fiktionalem Erzählen. Hieran könnte der vorgestellte Ansatz auf fruchtbare Weise anknüpfen.

Mit der in meiner Arbeit verfolgten Argumentation teilen beide Publikationen die Aufmerksamkeit auf die narrativen Mechanismen sowie die kulturellen und gesellschaftlichen Funktionen der Autobiographie. Das narrative Moment kommt dabei – wie ich bereits im Kontext der Memoria ausgeführt habe – auf doppelte Weise zum Tragen. Zum einen erhalten die autobiographischen Räume und Orte ihre Bedeutung anhand ihrer narrativen Gestaltung und Verknüpfung. Zum anderen ist die Erinnerung selbst an narrative ebenso wie räumliche Strukturen gebunden. Indem die Narration sich solchermaßen entlang der Räume und Orte organisiert, vermittelt sie zwischen der individuellen räumlichen Erfahrung und den gesellschaftlich vorstrukturierten Wahrnehmungs- und Handlungsmustern.

Nimmt man nun die vorgestellten Ansätze insgesamt in den Blick, so ist ihnen gemein, dass sie das Ich als vermittelt, prozessual und positioniert denken. Die beiden ersten Bestimmungsmomente lassen sich, wie

---

[78] Vgl. etwa: Frank Zipfel, *Fiktion, Fiktivität, Fiktionalität, Analysen zur Fiktion in der Literatur und zum Fiktionsbegriff in der Literaturwissenschaft*, Berlin 2001; Sabine Coelsch-Foisner, (Hg.), *Fiction and Autobiography, Modes and Models of Interaction*, Frankfurt a.M. 2006 sowie die Artikel des Abschnitts „Fiktionalität und Literarizität" in: Simone Winko, Fotis Jannidis, Gerhard Lauer (Hgg.), *Grenzen der Literatur, Zu Begriff und Phänomen des Literarischen*, Berlin 2009, 223-398.

[79] Vgl.: Claudia Gronemann, „'Autofiction' und das Ich in der Signifikantenkette, Zur literarischen Konstitution des autobiographischen Subjekts bei Serge Doubrovsky", in: *Poetica* 31 (1999), 237-262; Frank Zipfel, „Autofiktion. Zwischen den Grenzen von Faktualität, Fiktionalität und Literatur?", in: Simone Winko, Fotis Jannidis, Gerhard Lauer (Hgg.), *Grenzen der Literatur, zu Begriff und Phänomen des Literarischen*, Berlin 2009, 223-314; Martina Wagner-Egelhaaf, „Autofiktion oder: Autobiographie nach der Autobiographie. Goethe – Barthes – Özdamar", in: Breuer, Ulrich, Beatrice Sandberg (Hgg.), *Autobiographisches Schreiben in der deutschsprachigen Gegenwartsliteratur*, Bd. 1: *Grenzen der Identität und der Fiktionalität*, München 2006, 353-368; Dies., „Autofiktion – Theorie und Praxis autobiographischen Schreibens", in: Johannes Berning, Nicola Kessler, Helmut H. Koch (Hgg.), *Schreiben im Kontext von Schule, Universität, Beruf und Lebensalltag*, Berlin 2006, 80-101; Dies. (Hg.), *Auto(r)fiktion, Literarische Verfahren der Selbstkonstruktion*, Bielefeld 2013.

meine Ausführungen zeigen, räumlich weiterdenken, während mit dem dritten Aspekt bereits eine explizit räumliche Beschreibungsperspektive eingenommen wird. Umso erstaunlicher ist es, dass dies für das autobiographische Ich bislang kaum produktiv gemacht wurde. So liegt zwar seit dem ‚spatial' bzw. ‚topographical turn', also der kulturwissenschaftlichen Wende zum Raum, eine beständig wachsende Anzahl von Studien vor, welche die grundsätzliche Verschränkung von Raum und Subjekt zum Ausgangspunkt wie Analysefokus machen.[80] Auch wird in der Folge dieser Erkenntnisse die räumliche Dimension in der Literatur mit erneutem Interesse ausbuchstabiert.[81] Das autobiographische Ich jedoch ist als

---

[80] Vgl. zum Spatial bzw. Topographical Turn grundlegend den bereits erwähnten Aufsatz von Weigel, „topographical turn" sowie Bachmann-Medick, „Spatial Turn"; desweiteren Mike Crang, Nigel Thrift (Hgg.), *Thinking Space*, London 2000 und Edward W. Soja, *Thirdspace. Journeys to Los Angeles and Other Real-and-Imagined Places*, Oxford 1996; eine gute Zusammenstellung relevanter Texte bieten Jörg Dünne, Stephan Günzel (Hgg.), *Raumtheorie, Grundlagentexte aus Philosophie und Kulturwissenschaften*, Frankfurt a. M. 2006; für Überblicksdarstellungen und Binnendifferenzierungen in den kulturwissenschaftlichen Disziplinen vgl.: Jörg Döring, Tristan Thielmann (Hgg.), *Spatial turn, Das Raumparadigma in den Kultur- und Sozialwissenschaften*, Bielefeld 2008; Stephan Günzel (Hg.), *Topologie, Zur Raumbeschreibung in den Kulturwissenschaften*, Bielefeld 2007; Ders. (Hg.), *Raumwissenschaften*, Frankfurt a. M. 2009; Ders. (Hg.), *Raum, Ein interdisziplinäres Handbuch*, Stuttgart/Weimar 2010; für eine geschichtswissenschaftliche Perspektive s. Karl Schlögel, *Im Raume lesen wir die Zeit: Über Zivilisationsgeschichte und Geopolitik*, München/Wien 2003; eine soziologische Raumlektüre bietet z.B. Martina Löw, *Raumsoziologie*, Frankfurt a.M. 2001; vgl. zudem auch Michael C. Frank, Bettina Gockel, Thomas Hauschild, Dorothee Kimmich, Kirsten Mahlke, (Hgg.), *Zeitschrift für Kulturwissenschaften 2/2008: Räume*, Bielefeld 2008; Sigrid Lange (Hg.), *Raumkonstruktionen in der Moderne – Kultur, Literatur, Film*, Bielefeld 2001; Robert Stockhammer (Hg.), *TopoGraphien der Moderne, Medien zur Repräsentation und Konstruktion von Räumen*, München 2005; Niels Werber, Rudolf Maresch (Hgg.), *Raum – Wissen – Macht*, Frankfurt a.M. 2002.
[81] Davon zeugt z.B. die Ausrichtung des DFG-Symposions 2004: Hartmut Böhme (Hg.), *Topographien der Literatur, Deutsche Literatur im transnationalen Kontext*, DFG-Symposion 2004, Stuttgart/Weimar 2005; vgl. auch den soeben erschienenen Band von Martin Huber, Christine Lubkoll, Steffen Martus, Yvonne Wübben (Hgg.), *Literarische Räume, Architekturen – Ordnungen – Medien*, Berlin 2012 sowie Wolfgang Hallet, Birgit Neumann (Hgg.), *Raum und Bewegung in der Literatur, Die Literaturwissenschaften und der Spatial Turn*, Bielefeld 2009; Sylvia Sasse, „Literaturwissenschaft", in: Stephan Günzel (Hg.), *Raumwissenschaften*, Frankfurt a.M. 2009, 208-224; Inka Mülder-Bach, Gerhard Neumann (Hgg.), *Räume der Romantik*, Würzburg 2007; Nicole Schröder, *Spaces and Places in Motion, Spatial Concepts in Contemporary American Literature*, Tübingen 2006; Ulrich Meurer, *Topographien, Raumkonzepte in Literatur und Film der Postmoderne*, München 2007; Oliver Simons, *Raumgeschichten, Topapien der Moderne in Philosophie, Wissenschaft und Literatur*, München 2007; Katrin Dennerlein, *Narratologie des Raumes*, Berlin 2009; eine frühe, noch vor der Auseinandersetzung mit dem Spatial Turn in den Literaturwissenschaften zu veranschlagende Studie zum Thema hat

räumlich verfasste Figur damit lediglich in Ansätzen erfasst worden. So gilt es also diesbezüglich einen konzeptionellen ebenso wie analysepraktischen Nachholbedarf zu konstatieren. Gleichwohl gibt es einige Ansätze, die als Vorarbeiten einer räumlich fundierten Autobiographieforschung gelten können. Diese werde ich im Folgenden vorstellen und dabei anhand von Unterschieden und Übereinstimmungen meine eigene Analyseposition konturieren. Mein Anliegen ist es diesbezüglich, Autobiographie von ihrer Räumlichkeit her zu denken. Aus diesem Grund ist es zunächst notwendig, eine kurze begriffliche Präzisierung der Erzählinstanz vorzunehmen, um das Ich autobiographischer Texte im Anschluss genauer fassen zu können. Damit lässt es sich auch von anderen, oft uneinheitlich gebrauchten Beschreibungsformen und den damit verbundenen, philosophisch-kulturwissenschaftlichen Diskussionszusammenhängen abgrenzen.

Elisabeth Bronfen vorgelegt: *Der Literarische Raum, Eine Untersuchung am Beispiel von Dorothy M. Richardsons Romanzyklus Pilgrimage*, Tübingen 1986.

2.2 Das autobiographische Ich

Wenn man Aussagen über Autobiographien macht, so spricht man immer auch über eine spezifische Erscheinungsform von Selbstreflexivität: das autobiographische Ich als sprachlicher Selbstbezug im Modus der Narration. Relevant für die Betrachtungen wird dieses Ich aber nicht nur als Bezeichnung der Sprecherposition, sondern auch aufgrund seiner autobiographiespezifischen zweifachen Anlage. Wagner-Egelhaaf fasst dies so:

> Das Wort ›ich‹ in der Autobiographie steht in einer doppelten sprachlogischen Funktion; es ist prädikativ, d.h. es macht eine Aussage und markiert damit die Instanz, die spricht bzw. schreibt, und es bezeichnet gleichzeitig eine zeitlich und räumlich von dieser sprechenden Instanz unterschiedene Position, das beschriebene Ich.[82]

Dieser doppelte Bezug auf sich selbst hat weitreichende Konsequenzen für die Funktions- und Bedeutungsweisen autobiographischer Texte. Es gilt demnach, die beiden Ich-Instanzen in ihrer jeweiligen Dynamik zu beschreiben, aber auch ihr Verhältnis zueinander für die Analyse zu nutzen. Um dieser Komplexität gerecht zu werden, differenzieren Watson und Smith zwischen fünf verschiedenen Aspekten des Ichs: „The ‚real' or historical ‚I'", „The narrating ‚I'", „The narrated ‚I'", „The ideological ‚I'"[83] sowie „Relationality and the Others of Autobiographical ‚I's".[84] Der erste Begriff bezeichnet die tatsächliche Person als Urheber eines Texts und kann daher aus der Analyse ausgeklammert werden, denn dieser Bereich „is unknown and unknowable by readers and is not the "I" that we gain access to in an autobiographical narrative."[85] Als zweiten Aspekt bestimmen die Autorinnen das erzählende bzw. erinnernde Ich, wobei sie darauf hinweisen, dass jedes Ich aus einem Bündel unterschiedlicher Stimmen besteht:

> These voices can include the voice of publicly acknowledged authority, the voice of innocence and wonder, the voice of cynicism, the voice of post conversion certainty, the voice of suffering and victimization, and so on. [...] So the narrator and the speaking voices are not entirely synonymous. The narrator is a composite of speaking voices, the "I" a sign of multiple voices.[86]

---

[82] Wagner-Egelhaaf, *Autobiographie*, 11.
[83] Sidonie Smith, Julia Watson, *Reading Autobiography, A Guide for interpreting Life Narratives*, Minneapolis/London 2001, 59 ff.
[84] Ebd., 64 ff.
[85] Ebd., 59.
[86] Ebd., 60.

Es geht hier demnach nicht um den narratologischen Begriff der Erzählstimme im Sinne Genettes, sondern um gesellschaftliche bzw. biographische Sprecherposition.[87] Durch sie gibt das Ich dem Erzählten eine bestimmte Rahmung und damit auch stets eine Deutungsperspektive. Im Kontext von *Dichtung und Wahrheit* aktualisiert das erzählende Ich, wie die Analysen zeigen werden, insbesondere die Stimme des Autors. Diese besitzt u.a. gewisse Implikationen in Bezug auf die räumliche und zeitliche Situation beider Ich-Positionen.

Des weiteren unterscheiden Smith/Watson das erzählte bzw. erinnerte Ich. Hierbei handelt es sich um „the object "I," the protagonist of the narrative, the version of the self that the narrating "I" chooses to constitute through recollection for the reader."[88] Es ist dieses Ich, das im Lauf der Narration fortwährend zeitlich und räumlich positioniert und konstituiert wird. Sein Horizont bestimmt sich aus der jeweils aktuell beschriebenen Szene, wobei sich deren Semantik allerdings erst im Zusammenspiel mit dem erzählenden Ich ergibt.

Als die letzten beiden Dimensionen des Ichs bestimmen die Autorinnen „The ideological ‚I'" und „Relationality and the Others of Autobiographical ‚I's". Mit dem ersten Begriff umschreiben sie die dem Erzähler zur Verfügung stehenden und in den Text einfließenden Personen- und Subjektivitätskonzepte, seine historisch-kulturelle Situierung und die damit einhergehenden diskursiven Prägungen. Dies betrifft ebenso Vorstellungen von Autorschaft und von der Verschriftlichung gelebten Lebens, mithin auch die raum-zeitliche Gestaltung der Narration.

Mit der Perspektive der Relationalität und der autobiographischen Anderen gehen Smith/Watson über das autobiographische Ich hinaus, insofern als sie die Konstruktion von Identität an reale und idealisierte Andere binden. Erst in der Bezugnahme, Abgrenzung und Spiegelung mit Anderen positioniert sich demnach das Ich. Dessen Schilderung kann vor diesem Hintergrund nicht mehr als isolierte, in sich geschlossene Geschichte eines einzelnen Individuums verstanden werden:

> The routing of a self known through its relational others undermines the understanding of life narrative as a bounded story of the unique, individuated narrating subject. What these examples suggest is that no "I" speaks except as and through its others."[89]

Die Konstituierung des Ichs wird hier als grundsätzlich relationaler Prozess gefasst. Für die Perspektive dieser Arbeit ist dabei zunächst relevant, dass solche Beziehungen stets durch die räumlichen Settings, in denen sie

---

[87] Zu Genette und seiner Unterteilung der Erzählstimme in Zeit, Person und Ebene vgl.: Genette, Gérard, *Die Erzählung*, München ³2010.
[88] Smith/Watson, *Reading Autobiography*, 61.
[89] Ebd., 67.

stattfinden, mitgestaltet werden. Das Verhältnis zu den autobiographisch Anderen lässt sich also nicht von der räumlichen Situation lösen, sondern muss im Gegenteil von ihr ausgehend gedacht werden.

Das gilt umso mehr für diejenige Relation, durch die sich die autobiographische Struktur allererst etabliert: die Beziehung zwischen dem erzählenden und dem erinnerten Ich. Ermöglicht wird diese von dem, was Joachimsthaler als die „memoriale Differenz" bezeichnet hat, also die mit der Erinnerung einhergehende Distanz zu sich selbst.[90] Die Entstehung eines ‚Vorher' in Abgrenzung zum ‚Jetzt' wird demnach meist auf eine Form der Wandlung oder des Bruches zurückgeführt, wie etwa „eine Schwellenerfahrung, einen Sündenfall oder eine Befreiung aus falschen Paradiesen".[91] Damit wird zunächst ein zeitlicher Abstand benannt, der sich an biographisch einschneidenden Ereignissen festmacht. Greifbar werden diese Einschnitte jedoch erst – hier werden die räumlichen Implikationen von Joachimthalers Konzept deutlich – durch ihre szenische Konkretisierung, etwa als Gang über die Schwelle oder Austritt aus dem Paradies. Dass es sich bei diesen Vorgängen nicht nur um metaphorische, sondern im Kontext der Narration auch ganz konkrete räumliche Szenarien handelt, werden die Analysen im Weiteren zeigen. Die selbstreflexive Beziehung geht aber über eine bloß konstatierte Differenz hinaus, indem sie sich als wechselseitiges Bedingungsverhältnis erweist:

> Die Distanz zwischen Erinnerungsrahmen und erinnertem Ich ist deshalb nie nur die eines in Jahren zählbaren biographischen Altersunterschieds allein. Sie beschreibt die Kluft zwischen ‚Jetzt' und einem unzugänglich gewordenen ‚Anderen', das als (einstiges) Eigenstes zugleich alles jetzt Eigene verunsichert und gerade aufgrund seiner Unbeherrschbarkeit bereichert um assoziationsreich fluktuierende Stör-, Befreiungs- und Entgrenzungsbilder aus anderer Zeit, die das Bewusstsein aus jedem gerade gegenwärtigen Zustand heraus entrücken in die (jeweils gegenwärtige) Einsicht, nie nur das gewesen zu sein, was man im jeweils aktuellen ‚Jetzt' gerade sein muss oder sein darf.[92]

Nicht nur die aktuelle Perspektive formt den Blick auf das vergangene Ich, sondern dieses wirkt auch zugleich auf das Selbstverständnis des er-

---

[90] Jürgen Joachimsthaler, „Die memoriale Differenz, Erinnertes und sich erinnerndes Ich", in: Judith Klinger, Gerhard Wolf (Hgg.), *Gedächtnis und kultureller Wandel, Erinnerndes Schreiben – Perspektiven und Kontroversen*, Tübingen 2009, 33-52.

[91] Ebd., 36. Hier ist noch einmal auf die Anfänge der (Auto-)Biographie in der antiken Leichenrede hinzuweisen (vgl. Kap.2.1), die mit dem Ereignis des Todes eine klare vorher – nachher Unterscheidung ermöglicht. Aber auch die Bedeutungsfiguren der Konversion und der Konfession basieren auf einer Differenz zwischen dem erinnerten und dem Jetzt-Zustand.

[92] Ebd., 35f.

zählenden Ichs. Begründet liegt diese Rückkopplung für Joachimsthaler in der Widerständigkeit der Erinnerungen, die sich nicht vollständig mit dem gegenwärtigen Eigenen vermitteln lassen. Relevant wird diese spezielle autobiographische Erinnerungsfigur nun dadurch, dass sie ein Strukturprinzip der Narration bildet, dessen Gestaltung sich wesentlich räumlich vollzieht. Dabei ist es zunächst keine neue Erkenntnis, dass sich die Bedeutung autobiographischer Texte u.a. entlang der memorialen Reflexionsbewegung organisiert. Erst mit der Ausrichtung auf ihre räumliche Anlage entsteht ein neuer Begründungszusammenhang.

Holdenried etwa führt die Selbstreferenzialität als ein autobiographisches Strukturmerkmal an, wobei sie die „innertextuelle Distanzposition als *metanarrative Ebene*" perspektiviert.[93] Sie bildet demnach eine der „nicht kenntlich gemachten Ordnungsachsen des Textes".[94] In Bezug auf Georges-Arthur Goldschmidts Autobiographie[95] wird diese dann zumindest punktuell als räumliches Verfahren gelesen:

> Selbstreferentiell ist der Text auf der strukturellen Ebene: Er wird wesentlich bestimmt von einer subnarrativen Schicht, die räumlich gegliedert ist, den Längs- und Querachsen der Bewegung in den Kindheitsräumen. Haus, Straße, Dachboden, Garten geben nicht nur das Koordinatengerüst für die Wiedergabe der an sie geknüpften Erinnerungen ab, sondern werden zum eigenwertigen Bestandteil der erzählerischen Anlage selbst. Raum wird als essentielle Erfahrungsdimension sichtbar gemacht.[96]

Das von Holdenried hier beschriebene Phänomen, bei dem die Räume „zum eigenwertigen Bestandteil der erzählerischen Anlage selbst" werden, ist jedoch keineswegs nur ein Merkmal zeitgenössischer Texte. Es ist im Gegenteil – so die Annahme meiner Analysen – in der autobiographischen Struktur selbst, in der Art und Weise, wie wir uns auf unser eigenes Leben beziehen, angelegt. Sowohl das erzählende als auch das erinnerte Ich müssen als positioniert gedacht werden und diese räumliche Konstitution wird fortlaufend im Selbstbezug produziert, aktualisiert und mit Bedeutung versehen. Sei es über narrative Mittel, texträumlich über Redeanteile und -abfolge oder anhand der beschriebenen zeit-räumlichen Konstellationen – das Verhältnis zu sich selbst organisiert sich räumlich.

Eine räumlich ausgerichtete Autobiographietheorie, so wird deutlich, muss diesen Bedingungen autobiographischer Tätigkeit Rechnung tragen. Mehr noch, der notwendige Spalt, der das erinnernde Ich vom erinnerten trennt, „should be understood as a powerful stimulant for cultural and ar-

---

[93] Holdenried, *Autobiographie*, 47.
[94] Ebd.
[95] Georges-Arthur Goldschmidt, *Ein Garten in Deutschland, Eine Erzählung*, aus dem Französ. übers. v. Eugen Helmlé, Zürich 1988.
[96] Holdenried, *Autobiographie*, 48.

tistic creativity".[97] Es ist dieses Relationsgefüge, durch dass sich das Ich in seinem zweifachen Sinn formt und durch dessen Gestaltung es immer auch schon als Autor in Erscheinung tritt. Die solchermaßen räumlich begründeten Aspekte der autobiographischen Schreib- und Erzählsituation bilden daher meine grundlegende Analysefigur. Hierfür ist es sinnvoll, das autobiographische Ich noch einmal von verwandten Begriffen abzugrenzen, die andere Konzepte und Semantiken transportieren.

So bezeichnet der Begriff des ‚Subjekts' gegenüber dem autobiographischen Ich eine philosophische Beschreibungsfigur des auf sich selbst reflektierenden Bewusstseins. Als „Zugrundeliegendes" ebenso wie als „Unterworfenes" bildet es eine der zentralen Selbstbeschreibungsmodelle der Moderne, von Descartes' ‚cogito' bis hin zu postmodernen Erklärungen zum Tod des Subjekts. So kommt es, dass „der vieldeutige Signifikant in jeder Disziplin etwas anderes bedeutet: grammatisches Subjekt, Rechtssubjekt, Protagonist im literarischen Sinn oder gar Subjekt der Geschichte."[98] Für die Analyse literarischer Selbstreflexion ist die Rede vom ‚Subjekt' dagegen, so meine These, keine notwendige Voraussetzung, sondern lädt im Gegenteil der Beschreibung unnötige und de facto auch nicht einlösbare Implikationen auf. Sinnvoll erscheint es allerdings, in einem späteren Schritt die Erkenntnisse zum autobiographischen Ich in den weiteren Kontext moderner Subjektivität zu stellen. In meiner Arbeit verwende ich den Begriff lediglich dann, wenn ich mich auf Theorien beziehe, die mit dem ‚Subjekt' als Konzept arbeiten.

‚Individuum', als vornehmlich sozialwissenschaftlicher Terminus, fokussiert wiederum das Verhältnis von Einzelnem und Gesellschaft. Ihn verwende ich in den Zusammenhängen, in denen das autobiographische Ich in der Rolle des Individuums auftritt, d.h. die wesentlich durch diese soziale Differenzierung bestimmt wird.

‚Identität', wie sie als Begriff in der Pädagogik und der Psychologie verwendet wird, nutze ich lediglich im Sinne eines Merkmalbündels, wenn ich von der ‚Autor-Identität' des auto-biographischen Ichs im Sinne einer gesellschaftlichen Rollenübernahme spreche. Den Begriff des ‚Selbst' schließlich, der z.B. in der geschichtswissenschaftlichen ‚Selbstzeugnisforschung' Anwendung findet, vermeide ich aufgrund seiner Nähe zu historischen Quellen und ‚Ego-Dokumenten' gänzlich.

---

[97] Andreas Huyssen, *Twilight Memories: Marking Time in a Culture of Amnesia*, New York 1995, 2f., hier zitiert aus: Julia Watson, „The Spaces of Autobiographical Narrative", in: Andreas Bähr, Peter Burschel, Gabriele Jancke (Hgg.), *Räume des Selbst, Selbstzeugnisforschung transkulturell*, Köln/Weimar/Wien 2007, 13-25, hier 23.

[98] Peter V. Zima, *Theorie des Subjekts, Subjektivität und Identität zwischen Moderne und Postmoderne*, Tübingen ²2007, 1.

2.3 Das Analysekonzept im Forschungskontext

Im Verlauf der Betrachtungen zur Autobiographie wurde bereits deutlich, dass meine Arbeit in mehrfacher Hinsicht an immanent räumlichen Strukturen autobiographischer Texte ansetzen kann. Ebenso wurde erkennbar, dass neuere Modelle autobiographischen Selbstbezugs wesentliche Voraussetzungen dafür liefern, das Ich räumlich zu denken. Im Folgenden möchte ich nun diejenigen Arbeiten und Konzepte vorstellen, die sich explizit mit der räumlichen Dimension autobiographischer Texte auseinandersetzen. Dabei werde ich nicht nur die Erkenntnisse benennen, auf denen eine topographische Lesart aufbauen kann. Zugleich entwickle ich in der Abgrenzung von den jeweiligen Ansätzen auch die autobiographietheoretische Perspektive, die meinen eigenen Analysen zugrunde liegt.

Vorarbeiten zu einem räumlich orientierten Autobiographiekonzept finden sich hauptsächlich auf dem Gebiet der Gedächtnisforschung[99] und der Topik. Erstere hat offensichtlich große Bedeutung für ein Genre, das klassischerweise als Erinnerungstext ausgelegt ist. Über die Bedeutung der Memoria für die Autobiographie habe ich bereits gesprochen. Darüber hinaus haben neuere kulturwissenschaftliche Forschungen zur Erinnerung auf die Verräumlichung zeitlicher Prozesse hingewiesen, wie sie sich etwa in räumlichen Gedächtnismetaphern vollzieht[100]. Ebenso lässt sich von einem „Gedächtnis der Orte"[101] sprechen, das wiederum an wahrnehmende und erinnernde Individuen geknüpft ist.[102] So zitiert Alei-

---

[99] Ich beziehe mich hier in erster Linie auf die kulturwissenschaftliche Gedächtnisforschung. Allerdings heben auch neurowissenschaftliche und kognitionspsychologische Ansätze die Sprachgebundenheit von Erinnerung und deren Konstruktionscharakter hervor. Vgl.: Astrid Erll (Hg.), *Gedächtniskonzepte der Literaturwissenschaft, Theoretische Grundlegung und Anwendungsperspektiven*, Berlin 2005; Harald Welzer, „Gedächtnis und Erinnerung", in: Friedrich Jaeger, Jörn Rüsen (Hgg.), *Handbuch der Kulturwissenschaften, Themen und Tendenzen*, Stuttgart/Weimar 2004, 155-174; Siegfrid J. Schmidt, „Gedächtnis – Erzählen – Identität", in: Aleida Assmann (Hg.), *Mnemosyne, Formen und Funktionen der kulturellen Erinnerung*, Frankfurt a.M. 1993, 378-397; Marion Gymnich, „Individuelle Identität und Erinnerung aus Sicht von Identitätstheorie und Gedächtnisforschung sowie als Gegenstand literarischer Inszenierung", in: Astrid Erll (Hg.), *Literatur, Erinnerung, Identität, Theoriekonzeptionen und Fallstudien*, Trier 2003, 29-48.
[100] Vgl.: Aleida Assmann, „Zur Metaphorik der Erinnerung: Raummetaphern", in: Dies., *Erinnerungsräume, Formen und Wandlungen des kulturellen Gedächtnisses*, München ⁴2009, 158-164.
[101] Aleida Assmann, „Das Gedächtnis der Orte", in: *DvjS* 1994, Sonderheft „Stimme, Figur", 17-35.
[102] Davon zu unterscheiden sind die sog. „Erinnerungsorte", also die „Lieux de memoire" im Sinne Pierre Noras. Bei ihnen handelt es sich um Stätten, die bestimmte Inhalte und Bedeutungen für ein kollektives Gedächtnis präsent halten. Vgl. Pierre

da Assmann aus einem Brief Goethes, der zwei für ihn symbolische Orte nennt:

> „der Platz auf dem ich wohne" und „der Raum meines großväterlichen Hauses, Hofes und Gartens". Die symbolische Kraft, die Goethe diesen Orten zuspricht, scheint etwas mit dem Gedächtnis zu tun zu haben. Beide Orte verkörpern für den Betrachter ein Gedächtnis, an dem er als Individuum zwar teilhat, das ihn jedoch bei weitem übersteigt. An diesen Orten verwebt sich das Gedächtnis des Einzelnen mit dem der Familie; und hier verschränkt sich die Lebenssphäre des Einzelnen mit jenen, die zu dieser Lebenssphäre dazugehören aber nicht mehr da sind. An beiden Orten geht individuelle Erinnerung auf in einer allgemeineren Erinnerung.[103]

Die beiden genannten Orte sind, so möchte ich hinzufügen, zuallererst *autobiographische* Erinnerungsorte. In diesem Sinne weist Assmann auf einen Aspekt von grundsätzlicher Bedeutung hin: die Verschränkung von individuellem und kollektivem Gedächtnis. Hierauf werde ich im Kontext der Topoi noch genauer eingehen. Wichtig ist dieser Bezug insofern, als Assmann hier räumlich argumentiert. Bedeutung entsteht demnach, indem sich die Erinnerung an Orten verankert und so das Ich mit einer unter Umständen über es selbst hinausgehenden „Lebenssphäre" verknüpft. Für den Kontext meiner Analysen lässt sich das Potential dieser Verbindung vorerst folgendermaßen fassen: die autobiographische Bedeutungsgebung vollzieht sich, so meine Annahme, genau an der Schnittstelle zwischen individuellen und überindividuellen Erinnerungsformen und dieser Prozess wird wesentlich über Räume und Orte organisiert. Fruchtbar gemacht worden ist die Räumlichkeit autobiographischer Erinnerung bislang lediglich im Hinblick auf einzelne Autoren, deren Texte explizit räumlich angelegt sind. Zu nennen ist hier insbesondere Walter Benjamin.[104] Seine *Berliner Kindheit um neunzehnhundert*[105], welche die räumli-

---

Nora, Étienne François (Hgg.), *Erinnerungsorte Frankreichs*, München 2005; Étienne François, Hagen Schulze (Hgg.), *Deutsche Erinnerungsorte*, München 2008.

[103] Aleida Assmann, „Das Gedächtnis der Orte", in: *DvjS* 1994, Sonderheft „Stimme, Figur", 17-35, hier 19.

[104] Daneben hat sich die Forschung auch intensiv mit der Räumlichkeit von Erinnerungsprozessen in den Texten von W.G. Sebald beschäftigt. Dort wird aber zumeist die autobiographische Dimension ausgeklammert. Vgl. hierzu meinen Artikel „Grenzgänge des Ich – Wanderungen zwischen Autobiographie und Autofiktion in W.G. Sebalds Die Ringe des Saturn", in: Martina Wagner-Egelhaaf (Hg.), *Auto(r)fiktion, Literarische Verfahren der Selbstkonstruktion*, Bielefeld 2013; zur Räumlichkeit bei Sebald vgl.: Anja K., Johannsen, „W.G. Sebald", in: Dies., *Kisten, Krypten, Labyrinthe, Raumfigurationen in der Gegenwartsliteratur: W.G. Sebald, Anne Duden, Herta Müller*, Bielefeld 2008, 25-108; Irene Heidelberger-Leonard, Mireille Tabah (Hgg.), *W.G. Sebald, Intertextualität und Topographie*, Berlin 2008 [Literatur: Forschung und Wissenschaft; Bd. 12]; James P. Martin, „Melancholic Wanderings: W.G. Sebald's Die Ringe des Saturn", in: *Gegenwartsliteratur, Ein*

che wie zeitliche Dimension im Titel zusammenbringt, bricht mit der klassischen, chronologischen Form der Autobiographie und ordnet die einzelnen Textminiaturen anhand räumlicher Überschriften.[106] So entstehen „Gedächtnisräume des Selbst"[107], in denen die Bewegung der Erinnerung räumlich als Durchschreiten des Berliner Stadtraums lesbar wird. Bedeutung wird dabei nicht nur, dem Modell der Memoria folgend, an die jeweiligen Orte geknüpft. Vielmehr verschiebt Benjamin im Textverlauf die durch räumliche Figuren erzeugte Bedeutung immer von neuem und vervielfältigt dabei ihren Sinngehalt. Damit folgt er dem von ihm selbst in der *Berliner Chronik* entworfenen Modell der Erinnerung:

> Wer sich der eignen verschütteten Vergangenheit zu nähern trachtet, muß sich verhalten wie ein Mann, der gräbt. Vor allem darf er sich nicht scheuen, immer wieder auf einen und denselben Sachverhalt zurückzukommen – ihn ausstreuen wie man Erde ausstreut, ihn umzuwühlen, wie man Erdreich umwühlt. Denn ‚Sachverhalte' sind nicht mehr als Schichten, die erst der sorgsamsten Durchforschung das ausliefern, um dessentwillen sich die Grabung lohnt. Die Bilder nämlich, welche, losgebrochen aus allen früheren Zusammenhängen, als Kostbarkeiten in den nüchternen Gemächern unserer späten Einsicht – wie Torsi der Galerie des Sammlers – stehen. [...] So müssen wahrhafte Erinnerungen viel weniger berich-

---

Germanistisches Jahrbuch, Bd. 6, hg. von Paul Michael Lützeler und Stephan K. Schindler, Tübingen 2007, 118-140; Eluned Summers-Bremner, „Reading, Walking, Mourning: W.G. Sebald's Peripatetic Fictions", in: *Journal of Narrative Theory* 34/3 (2004), 304-334; David Darby, „Landscape and Memory: Sebald's Redemption of History", in: Scott Denham, Mark McCulloh (Hgg.), *W.G. Sebald, History, Memory, Trauma*, Berlin 2006.

[105] Walter Benjamin, „Berliner Kindheit um neunzehnhundert", Fassung letzter Hand, in: Ders., *Gesammelte Schriften*, hg. von Rolf Tiedemann und Hermann Schweppenhäuser, Bd. VII,1, Frankfurt a.M. 1989, 385-432.

[106] Zur räumlichen Dimension von Walter Benjamins autobiographischen Schriften vgl.: Nicolas Pethes, *Mnemographie, Poetiken der Erinnerung und Destruktion nach Walter Benjamin*, Tübingen 1999; Anja Lemke, *Gedächtnisräume des Selbst, Walter Benjamins „Berliner Kindheit um neunzehnhundert"*, Würzburg 2005; Markus Steinmayr, *Mnemotechnik und Medialität, Walter Benjamins Poetik des Autobiographischen*, Frankfurt a.M. 2001; Ulrike Landfester, „Die ganze entstellte Welt der Kindheit', Walter Benjamins Berliner Labyrinthe", in: Heinz Brüggemann, Günter Oesterle (Hgg.), *Walter Benjamin und die romantische Moderne*, Würzburg 2009, 263-297; Frauke Berndt, „Die Topik der Erinnerung ‚um neunzehnhundert': Walter Benjamins ‚Berliner Kindheit'", in: Dies., *Anamnesis, Studien zur Topik der Erinnerung in der erzählenden Literatur zwischen 1800 und 1900 (Moritz – Keller – Raabe)*, Tübingen 1999, 413-426; Manfred Schneider, „Walter Benjamins Berliner Kindheit um Neunzehnhundert: Das autobiographische Inkognito", darin insbesondere „Die Poetik der Räume", in: Ders., *Herzensschrift*, 107-149 bzw. 134-142.

[107] Anja Lemke, *Gedächtnisräume des Selbst, Walter Benjamins „Berliner Kindheit um neunzehnhundert"*, Würzburg 2005.

tend verfahren als genau den Ort bezeichnen, an dem der Forscher ihrer habhaft wurde.[108]

Erinnern wird hier als archäologische Tätigkeit verstanden, die ihre Bedeutung erst anhand der räumlichen Gegebenheiten erhält, unter denen sie stattfindet. So rückt das Graben, als räumliches Modell des Erinnerns, in den Mittelpunkt. Entsprechend der so entworfenen Metaphorik verfährt die *Berliner Kindheit* und unter dieser Perspektive hat auch die räumlich orientierte Benjamin-Forschung den Text perspektiviert. Dabei stellt sie hauptsächlich auf die mnemonischen wie sprachlich-medialen Aspekte Benjamin'scher Textverfahren ab. Wiederholt ist in diesem Kontext auf die Memoria als textstrukturierendem Prinzip hingewiesen worden, anhand dessen sich die Bedeutungsmuster der *Berliner Kindheit* formieren. Benjamin setzt dabei, wie bereits die oben zitierte Passage veranschaulicht, die räumliche Bewegung der Erinnerung in eine doppelte Funktion als Textverfahren und ästhetisch-mnemonische Reflexionsfigur ein. Auf diese Weise figuriert die räumliche Architektur die Arbeitsweise des Texts und die metapoetische Selbstverständigung des Gedächtnisdiskurses „um neunzehnhundert" gleichermaßen.

Der individuelle Akt des Erinnerns wird zudem durch sprachliche Verdichtung und Distanzierung – Schneider spricht von Benjamins „autobiographische[m] Inkognito"[109] – ebenso wie durch Einflechten mythologischer Orte und Figuren für den bürgerlichen Bildungsdiskurs anschlussfähig. Indem Benjamin solchermaßen bewusst die eigene großstädtische Kindheit als paradigmatisch bürgerliche verstanden wissen will, stellt er die Frage nach der topischen Funktionsweise autobiographischer Erinnerung.[110] Eine derartige Organisation individuellen Selbstbezugs entlang gesellschaftlich-kultureller Topoi legt, der Wortbedeutung entspre-

---

[108] Walter Benjamin, „Berliner Chronik", in: Ders., *Gesammelte Schriften*, hg. von Rolf Tiedemann, Bd. VI, Frankfurt a. M. 1985, 465-519, hier 486.

[109] Manfred Schneider, „Walter Benjamins Berliner Kindheit um Neunzehnhundert: Das autobiographische Inkognito", in: Ders., *Herzensschrift*, 107-149.

[110] Benjamin selbst legt eine solche Verfasstheit nahe, wenn er im Vorwort der *Berliner Kindheit* schreibt: „Dagegen habe ich mich bemüht, der Bilder habhaft zu werden, in denen die Erfahrung der Großstadt in einem Kinde der Bürgerklasse sich niederschlägt. Ich halte es für möglich, daß solchen Bildern ein eignes Schicksal vorbehalten ist. Ihrer harren noch keine geprägten Formen, wie sie im Naturgefühl seit Jahrhunderten den Erinnerungen an eine auf dem Lande verbrachte Kindheit zu Gebote stehen. Dagegen sind die Bilder meiner Großstadtkindheit vielleicht befähigt, in ihrem Innern spätere geschichtliche Erfahrungen zu präformieren." Es geht also um die Verfertigung eines Bildarchivs, das die überindividuell bedeutsamen Erfahrungen bürgerlich-großstädtischer Kindheit in topischer Form zur Verfügung stellt. Walter Benjamin, „Berliner Kindheit um neunzehnhundert", Fassung letzter Hand, in: Ders., *Gesammelte Schriften*, hg. von Rolf Tiedemann und Hermann Schweppenhäuser, Bd. VII,1, Frankfurt a.M. 1989, 385-432, hier 385.

chend, offenbar ein räumliches Gedächtnis-, wenn nicht Kulturmodell nahe. Aufgrund der definitorischen Unschärfe des Toposbegriffs wird an dieser Stelle allerdings ein kurzer Blick auf dessen unterschiedliche Verwendungsweisen notwendig.

Seinen Anfang nimmt der Topos in der aristotelischen *Topica*. Eingeführt als formal-logisches Argumentationsverfahren[111], ermöglichen Topoi dabei als Begriffsbestimmungen die widerspruchsfreie Verwendung wahrscheinlicher Sätze. Von dort wird die Topik in die aristotelische *Rhetorik* übernommen, wo sie der Inventio, d.h. dem Auffinden von Argumenten dient. Die Topoi bilden demnach ein Archiv von Aussageformen, mithilfe derer man methodisch auf benötigte Argumente und Stilmittel zugreifen kann. Das Auffinden dieser diskussionsrelevanten Gesichtspunkte ermöglichen die ‚koinoi topoi'/‚loci communes', also die von der gesellschaftlichen Mehrheit als wahr angenommenen ‚Gemeinplätze' ebenso wie rhetorische Figuren und Strategien. ‚Topoi' werden damit nurmehr in ihrer metaphorischen Bedeutung als sprachlich sedimentierte ‚Findeorte' für Argumente verwendet. In der Folge lassen sich zwei für die aktuellen Begriffsverwendungen relevante Entwicklungen konstatieren, die zu einer Ausweitung bzw. situativen Pragmatisierung führen.

So sind Topoi bei Cicero als Rede über grundsätzliche Fragen und philosophische Probleme prägend für den Sensus communis.[112] Ihre Funktion besteht in der diskursiven Formung des gesellschaftlichen Selbstverständnisses. Hierdurch allerdings wird „der Topiker auch zum Kulturstifter schlechthin, auf dessen Konto Staat, Religion, Recht, Philosophie, Wissenschaft und Künste gehen".[113] An diese Auffassung schließt der Topik-Begriff an, der durch Ernst Robert Curtius für die Literaturwissenschaft prägend wurde.[114] Er untersucht Topoi als historisch invariante, feste Denk- und Ausdrucksformen und transformiert den Topos so zu einem heuristischen Begriff der Literaturrezeption. Die analytischen Schwierigkeiten eines solchen Toposbegriffs liegen auf der Hand, denn, so Baeumer,

> wenn der Topos, ganz allgemein gesprochen, eine geprägte sprachliche Ausdrucksform ist, so kann jeder sprachliche Ausdruck – sei es eine Metapher, ein Motiv, eine Redewendung, ein Bild – unter

---

[111] So werden die Topoi nach den logischen Prädikationsrelationen ‚Gattung', ‚Definition', ‚Proprium' und ‚Akzidenz' geordnet.
[112] Vgl.: Frauke Berndt, „Topik-Forschung", in: Erll, Astrid, Ansgar Nünning (Hgg.), *Gedächtniskonzepte der Literaturwissenschaft, Theoretische Grundlegung und Anwendungsperspektiven*, Berlin 2005, 31-52, 40f.
[113] Ebd., 41.
[114] Ernst Robert Curtius, „Begriff einer historischen Topik" (1938), in: Max L. Baeumer (Hg.), *Toposforschung*, Darmstadt 1973, 1-18.

bestimmten sprachlichen Gebrauchsbedingungen zu einem Topos werden.[115]

Eine inhaltliche oder formale Abgrenzung von den genannten literarischen Figuren ist unter diesen Vorgaben kaum möglich und führt dazu, dass der Toposbegriff mitunter „als konzept- und theoriefreier Wechselbegriff für eine beliebige inhaltliche Fragestellung" Verwendung findet.[116] Um zu literaturwissenschaftlich relevanten Aussagen zu gelangen, gilt es daher zumindest situative, funktionale oder formelle Kriterien zu bestimmen. Wenn Benjamin dergestalt von den „geprägten Formen" seiner Kindheit spricht, die er sich zu beschreiben vornimmt, so bezieht er diese auf „die Erfahrung der Großstadt in einem Kinde der Bürgerklasse", also auf spezifische zeit-räumliche wie soziale Gegebenheiten. Erst in ebendieser Hinsicht, also in Bezug auf die metaphorischen Umschlagplätze bürgerlicher Sozialisation des 19. Jahrhunderts kann auch Frauke Berndt davon sprechen, dass „die ikonographisch und intertextuell überdeterminierten (auto-)biographischen Topoi, vor allem die Topoi *Mutter* und *Vater*" zu „Austragungsorte[n] eines systematischen Konfliktpotentials" werden, „das sich über eingesetzte Paßforme(l)n entfaltet".[117]

Demgegenüber beruht die zweite Begriffsdimension auf einer situativen Spezifizierung, wie sie sich bereits in der römischen Rhetorik diskursspezifisch als formalisierte Rede über die eigene Person herausgebildet hat. So umfassen die für die römische Gerichtsrede relevant werdende Personentopik (loci a persona)[118] und Sachtopik (loci a re)[119] einen festen Bestand an Aspekten, die zur Bestimmung von Personen und Sachverhalten dienen. Die topischen Strukturen erhalten ihre Bedeutung hier funktionsgebunden an eine bestimmte gesellschaftliche Praxis, die Rede über sich selbst. Diese schreitet, damit analog zur antiken Fest- bzw. Grabrede, bestimmte topische Stationen ab, welche die Darstellung eines Lebens kanonisieren. Solchermaßen werden Topoi nun, wie bereits zu Beginn dieses Kapitels erwähnt, auch strukturbildend für die moderne (Auto-)Biographie. So hat Gerhart v. Graevenitz die Bedeutung der antiken Grabrede

---

[115] Max L. Baeumer, „Vorwort", in: Ders. (Hg.), *Toposforschung*, Darmstadt 1973, VII-XVII, hier XI.
[116] Vgl.: Frauke Berndt, „Topik-Forschung", in: Astrid Erll, Ansgar Nünning (Hgg.), *Gedächtniskonzepte der Literaturwissenschaft, Theoretische Grundlegung und Anwendungsperspektiven*, Berlin 2005, 31-52, hier 40.
[117] Frauke Berndt, *Anamnesis, Studien zur Topik der Erinnerung in der erzählenden Literatur zwischen 1800 und 1900 (Moritz – Keller – Raabe)*, Tübingen 1999, 12.
[118] Hierzu gehören u.a. genus/Abstammung, patria/Vaterland, sexus/Geschlecht, educatio et disciplina/Erziehung und Ausbildung, studia/Beruf, conditio/soziale Stellung, quid affectet quisque/Vorlieben und Neigungen.
[119] Diese bestehen u.a. aus den Aspekten loci a causa/nach der Ursache, loci a loco/nach dem Ort der Handlung, loci a tempore/nach den Zeitumständen, loci a modo/nach der Art und Weise.

für die Biographie des 19. Jahrhunderts dargelegt.[120] Für die Autobiographie des 18. und 19. Jahrhunderts hat dagegen Stefan Goldmann die topischen Rahmenbedingungen herausgearbeitet.[121] Dabei verortet er die „produktionsästhetische[n] Fixpunkte"[122] der Gelehrtenautobiographien rhetorisch in der topischen Tradition der ‚argumenta a persona' ebenso wie der Parentation im Umfeld der Leichenrede. Diese werden im 18. Jahrhundert jedoch zunehmend ergänzt durch Topoi in der Rede über die eigene Kindheit. Auf sie richtet sich verstärkte Aufmerksamkeit im Zuge der bereits erwähnten Wandlung des anthropologischen Verständnisses hin zu einem erfahrungsbasiert-psychologischen Entwicklungsmodell. Da der herausragenden Bedeutung frühkindlicher Erlebnisse und Prägungen zum Trotz diese jedoch später zumeist nicht oder kaum mehr erinnert werden, stellt die Topik hier die „Koordinaten und Orientierungspunkte für die Rückerinnerung bereit".[123] Auf diese Weise vermittelt sie die als wesentlich erachteten Stationen des Lebens zwischen Individuum und Gesellschaft:

> Diese aus dem Leben gegriffenen und von der Rhetorik festgehaltenen gattungskonstituierenden wie epochenspezifischen Topoi eines Lebenslaufes lassen sich in sozialanthropologischer Perspektive als Schwellensituationen auffassen. Geburt, Taufe, Heirat, Krankheit und Tod, Erziehungszeremonien und Berufspraktiken bezeichnen Stationen des Wandlungs- und Reifungsprozesses eines Individuums. [...] Topoi sind demnach diskursive Plätze sozialer Bedeutsamkeit, Prägestätten des zoon politikon.[124]

Diese topischen Episoden werden wiederum in eine übergreifende Narration eingebunden. Als bedeutungsgebendes Muster dieser Erzählung macht Goldmann mythische Formen, insbesondere den Herakles-Mythos aus. Indem das autobiographische Ich sich dergestalt zum Kulturbringer stilisiert – damit an die erwähnte Funktion des Topos bei Cicero anschließend – wendet es den Mythos ins Private. Zugleich bleiben allerdings die im Mythos verhandelten Konflikte weiterhin les- und affektiv nachvollziehbar. Auf diese Weise erfüllen die Topoi wiederum eine gesellschaftsrelevante Funktion: sie ermöglichen das Reden über konflikthafte Konstellationen und tabuisierte Themen. Als „textuelle[r] Gedächtnisraum"[125] geben sie dem Ich symbolischen Zugriff auf verdrängte Affekte und gesellschaftlich nicht auslebbare Dynamiken. Zugleich vermitteln sie

---

[120] Vgl.: Gerhart von Graevenitz, „Geschichte aus dem Geist des Nekrologs, Zur Begründung der Biographie im 19. Jahrhundert", in: *DVjS* 54 (1980), 105-170.
[121] Goldmann, „Topos und Erinnerung".
[122] Ebd., 666.
[123] Ebd., 668f.
[124] Ebd.
[125] Ebd., 672.

das individuelle mit dem kollektiven Gedächtnis, indem der autobiographische Text auf die topischen Formeln rekurriert, diese aber auch variierend weiterführt.

Mit seinem Aufsatz hat Goldmann entscheidende sprachliche Funktionsweisen autobiographischer Bedeutungsgebung benannt und zudem den Blick auf das Zusammenspiel von vorgegebenen Strukturen und individueller Sinngebung im narrativen Selbstbezug gelenkt. Autobiographische Topoi werden damit als semiotisch kodierte Text-Orte sichtbar, deren Räumlichkeit entsprechend eine metaphorische bzw. an den Textverlauf gebundene ist. Auch hier erscheint das Ich also vermittelt, in diesem Fall über rhetorische Strukturen. Für die Analyse der räumlichen Dimension in der Autobiographie lässt sich Goldmanns Ansatz allerdings nur bedingt fruchtbar machen. Zwar führt er die räumliche Anlage der Erinnerung in Bezug auf die topischen Gedächtnisplätze aus. Diese bilden jedoch, ebenso wie deren Abschreiten, lediglich eine räumliche Metaphorik, die letztlich der zeitlich formierten Struktur der Autobiographie zuarbeitet. Mir ist es dagegen um die konkreten räumlichen Strukturen zu tun, welche die Narration organisieren. Um die Ich-konstituierenden Verfahren räumlicher Konstellationen beschreiben zu können, fokussiere ich daher die tatsächlich im Text beschriebenen, wahrgenommenen und erlebten Räume und Orte. Dass einige von ihnen zusätzlich auch topische Qualitäten besitzen, wie etwa das (Eltern-)Haus, liegt auf der Hand. Als gesellschaftlich vorgeprägte Räume sind sie mit spezifischen Bedeutungen versehen und durch ortsgebundene Praktiken definiert. Meine Erkenntnisperspektive richtet sich jedoch weder darauf deren kulturell tradierte, metaphorisch gefasste Eigenschaften herauszustellen noch ihre Funktion im Sinne von „Deckerinnerungen" oder affektiv begründeten Artikulationsstrategien zu erweisen.[126] Vielmehr möchte ich durch textnahe Lektüren zeigen, wie räumliche Strukturen, Bewegungsmuster und raumbezogene Handlungsweisen, kurz, wie sprachlich konzipierte Topographien die Konstituierung des autobiographischen Ichs ins Werk setzen. Die sich dabei stets von neuem vollziehende Einnahme von Ich-Positionen beschreibe ich zudem nicht, wie Goldmann, vor dem Hintergrund psycho-analytischer Erklärungsmuster. Es geht mir also nicht um das Entschlüsseln psycho-dynamischer innerer Konflikte anhand sprachlicher Operationen – die sich im Übrigen ebenfalls räumlicher Begrifflichkeiten bedienen[127]. Im Gegenteil werden gerade auch die diesen

---

[126] Vgl.: Goldmann, „Topos und Erinnerung", 669.
[127] So legt Freud die beiden grundlegenden psychologischen Dynamiken als ‚Verschieben' und ‚Verdrängen' und damit als räumliche Vorgänge an. In der Folge hat auch Lacan die Beziehung von Realem, Imaginärem und Symbolischem, ebenso wie das für die Ich-Konstitution als grundlegend erachtete Spiegel-Stadium als topologisches Verhältnis erklärt. Vgl.: Jacques Lacan, „Die Topik des Imaginären", in:

Lesarten zugrundeliegenden Vorstellungen von (autobiographischer) Innerlichkeit und Äußerlichkeit als räumliche Konzepte in die Analyse einbezogen.[128] Sie organisieren die Erinnerung des autobiographischen Ichs sprachlich und eröffnen zugleich Möglichkeiten der Gestaltung.

Im Hinblick auf den Topos ist noch ein weiteres Konzept zu diskutieren, das die räumliche Verfasstheit von Texten explizit in den Mittelpunkt stellt. In seinem bereits 1937/38 verfassten, aber erst 1975 zum erersten Mal erschienenen Text *Formen der Zeit und des Chronotopos im Roman*[129] entwirft Bachtin den ‚Chronotopos' als den „grundlegenden wechselseitigen Zusammenhang der in der Literatur künstlerisch erfaßten Zeit-und-Raum-Beziehungen".[130] In ihm

> verschmelzen räumliche und zeitliche Merkmale zu einem sinnvollen und konkreten Ganzen. Die Zeit verdichtet sich hierbei, sie zieht sich zusammen und wird auf künstlerische Weise sichtbar; der Raum gewinnt Intensität, er wird in die Bewegung der Zeit, des Sujets, der Geschichte hineingezogen. Die Merkmale der Zeit of-

---

Das Seminar von Jacques Lacan, nach dem von Jacques-Alain Miller hergestellten französischen Text in dt. Sprache hg. von Norbert Haas, Buch I (1953-54), Freiburg 1978, 97-104; Jacques Lacan, „Das Spiegelstadium als Bildner der Ich-Funktion wie sie uns in der psychoanalytischen Erfahrung erscheint." Bericht für den 16. Internationalen Kongreß für Psychoanalyse in Zürich am 17. Juli 1949", in: Ders., *Schriften I*, ausgew. und hg. von Norbert Haas, übersetzt v. Rodolphe Gasché et al., Weinheim/Berlin ³1991, 61-70.

[128] Auf die Implikationen dieser Dichotomie gehe ich weiter unten noch einmal im Kontext des Sammelbandes *Räume des Selbst* ein, der sich die kritische Explikation dieses Konzept vornimmt. Bereits Manfred Schneider hat auf die Innerlichkeit allererst erzeugende Funktion der Autobiographie hingewiesen. Vgl.: Schneider, *Herzensschrift*.

[129] Der Text wird zuerst auf Russisch als Teil der Monographie *Fragen der Literatur und Ästhetik, Studien aus verschiedenen Jahren* publiziert, bevor er 1986 im ostdeutschen Aufbau-Verlag und schließlich 1989 auch in Westdeutschland erscheint. 2008 erfolgt die Neuauflage mit einem ausführlichen Nachwort von Michael C. Frank und Kirsten Mahlke. Die folgenden Zitate sind der Ausgabe von 1989 entnommen und werden im weiteren mit „Bachtin, *Formen der Zeit*" zitiert. Vgl.: Michail M. Bachtin, *Voprosy literatury i estetiki. Issledovanija raznych let*, Moskau 1975; Michail M., Bachtin, „Formen der Zeit und des Chronotopos im Roman, Untersuchungen zur historischen Poetik, in: Ders., *Untersuchungen zur Poetik und Theorie des Romans*, hg. v. Ewald Kowalski und Michael Wegner, übers. v. Michael Dewey, Berlin/Weimar 1986, 262-464; Michail M. Bachtin, „Formen der Zeit und des Chronotopos im Roman, Untersuchungen zur historischen Poetik, in: Ders., *Untersuchungen zur Poetik und Theorie des Romans*, hg. v. Ewald Kowalski und Michael Wegner, übers. v. Michael Dewey, Frankfurt a.M. 1989, 7-209; Michail M. Bachtin, *Chronotopos*, übers. v. Michael Dewey, mit einem Nachwort von Michael C. Frank und Kirsten Mahlke, Berlin 2008, diese Ausgabe wird im weiteren zitiert als: Bachtin, *Chronotopos*.

[130] Bachtin, *Formen der Zeit*, 7.

fenbaren sich im Raum, und der Raum wird von der Zeit mit Sinn erfüllt und dimensioniert.[131]

Es geht Bachtin demnach um die Gestaltung der raum-zeitlichen Beziehungen in literarischen Texten. Diese werden als Chronotopoi gefasst, insofern als sie in der Narration zu einem „sinnvollen und konkreten Ganzen" zusammenkommen. Hierdurch wird die Zeit räumlich erfahrbar, ebenso wie der Raum in seiner zeitlichen Dynamik sichtbar wird. Der jeweiligen Form dieses Verhältnisses spricht er eine gattungskonstitutive Funktion zu. Dabei erhalten die genrebestimmenden Chronotopoi, die Bachtin von der Antike bis ins 16. Jahrhundert nachzeichnet, im Lauf der Zeit unterschiedlichste Ausprägungen. Sie bilden damit die literarische Aneignung sich wandelnder gesellschaftlich-historischer Konstellationen und Weltsichten.

Mit Bezug auf Kant und Einstein geht Bachtin davon aus, dass wir die Welt nur chronotopisch, also unter den Bedingungen von Raum und Zeit wahrnehmen können. Die Annahmen und Kriterien, mit denen wir diese Wahrnehmung organisieren, sind allerdings der Konstruktion unterworfen und dadurch historisch variabel. In literarischen Texten werden diese impliziten Ordnungsstrukturen nun laut Bachtin in ästhetischer Verdichtung ablesbar, der äußere, reale Chronotopos erhält seine Spiegelung im inneren, literarischen. Vor diesem Hintergrund besitzt der Chronotopos zugleich eine kulturphilosophische, eine literaturhistorische sowie eine gattungstheoretische Dimension.[132]

Inwiefern lassen sich Bachtins Erkenntnisse nun für die Analyse autobiographischer Räumlichkeit produktiv machen? Gemeinsam ist Bachtins Konzept und dem von mir vorgestellten Ansatz zunächst die prinzipielle Verknüpfung von räumlicher und zeitlicher Dimension als Grundlage und Bedingung menschlicher Wahrnehmung. Auch die Vorstellung, dass die bedeutungsstiftende Organisation unserer Raumerfahrungen auf je spezifischen, sich historisch und gesellschaftlich wandelnden Annahmen beruhen und so der beständigen Konstruktion unterliegen, teile ich mit Bachtin. Das Koordinatensystem literarischer Raumbezüge vermittelt demnach die individuelle mit kollektiver Sinngebung, kulturelle Vorgabe mit künstlerischer Aneignung.

Dennoch lässt sich Bachtins, auf die Gattung ‚Roman' hin konzipiertes Modell nicht ohne weiteres auf die Autobiographie übertragen. Zwar

---

[131] Ebd., 8.
[132] Frank und Mahlke sprechen in ihrem Nachwort von sechs dominanten Funktionen des Chronotopos: Der Chronotopos als kulturtheoretische Kategorie, als gattungstheoretische Kategorie, als erzähltheoretische Kategorie, zudem die gestalterische Funktion des Chronotopos, die literarische Darstellung des Menschen sowie der Chronotopos als produktions- und rezeptionsästhetische Kategorie. Bachtin, *Chronotopos*, 205ff.

setzt Bachtin einen sehr weit gefassten Roman-Begriff an, der bereits in seinem Aufsatz *Epos und Roman* (1941) eine erste Ausarbeitung findet. Dort definiert er den Roman als „das einzige im Werden begriffene und noch nicht fertige Genre"[133], denkt ihn also – in polemischer Abgrenzung zu den Regelpoetiken der Antike und des Klassizismus – von seiner Wandelbarkeit her. Auf diese Weise kann er auch die antike Biographie und Autobiographie als Teilaspekt einer historischen Entwicklung des Roman-Genres verstehen. Autobiographische Räumlichkeit steht jedoch, das haben die bisherigen Ausführungen gezeigt, unter spezifischen Vorzeichen. Einer Analyse, die chronotopisch im Bachtin'schen Sinn angelegt ist, müssen daher wesentliche Strukturmomente autobiographischer Raumkonstellationen entgehen.

So unterscheidet Bachtin nicht trennscharf zwischen einem Chronotopos, Tropen wie der Metapher und semantischen Einheiten wie dem Motiv.[134] Die in seinem Konzept angelegte semantische Breite lässt auch eine gewisse begriffliche Unschärfe entstehen, die den Chronotopos schwer für die Analyse operationalisierbar macht. Als Chronotopoi werden beispielsweise „Familie", „Begegnung" oder „Wiedererkennen" angeführt, die zwar auch mit räumlichen Sphären einhergehen, jedoch eher soziale Strukturen und Konstellationen bezeichnen. Eine solchermaßen offene Analyseperspektive entfernt sich von der Betrachtung konkreter Räume und gerät in die Nähe einer, bereits in Bezug auf Curtius und Goldmann diskutierten, Topik bzw. Motivik.

Für die antike (Auto-)Biographie nennt Bachtin die Chronotopoi des Marktplatzes (Agora) und der Familie. Mit ersterem ist ein physikalisch eingrenzbarer Raum bezeichnet, der Bachtin zufolge die „völlige Extrovertiertheit"[135] des „durch und durch öffentlich[en]"[136] griechischen Menschen manifestiert. Damit geht er von einem realen Chronotopos aus, also der kulturhistorisch gegebenen Bedeutung des Marktplatzes für die griechische Gesellschaft. Ein zentrales Organisationsprinzip gesellschaftlicher Prozesse erscheint so auch als literarisches Ordnungsmuster. Für die römische Biographie hingegen stellt, so Bachtin, die Familie den wesentlichen Chronotopos bereit. Räumlich ordnet er diese wiederum der öffentlichen Sphäre zu, während sie zeitlich als gentiles Bindeglied zwi-

---

[133] Michail M. Bachtin, „Epos und Roman", in: Ders., *Untersuchungen zur Theorie und Poetik des Romans*, hg. v. Ewald Kowalski und Michael Wegner, übers. v. Michael Dewey, Berlin/Weimar 1986, 465-506, hier 466.
[134] „Der spezielle Sinn, den dieser Terminus innerhalb der Relativitätstheorie erhalten hat, ist für uns hier jedoch nicht von Relevanz; wir übertragen ihn auf die Literaturwissenschaft fast (wenn auch nicht ganz) wie eine Metapher." Bachtin, *Formen der Zeit*, 7.
[135] Bachtin, *Chronotopos*, 60.
[136] Ebd., 59.

schen Vorfahren und Nachkommen vermittelt. Aus sozialer Struktur wird somit eine narrative Bedeutungskategorie, aus realem Chronotopos dessen literarische Aneignung.

Geht Bachtin dergestalt von gesellschaftlich relevanten Konstellationen aus, deren Entsprechung er dann in der Narrationslogik der jeweiligen Texte aufzeigt, so nimmt mein Ansatz einen gegenteiligen Ausgang. Er setzt bei den räumlichen Arrangements selbst an und fragt zunächst nach deren Funktionsweisen. Damit trägt er in zweifacher Hinsicht der besonderen Konstitution autobiographischer Räume und Orte Rechnung. Zum einen, indem er eine räumlich fundierte Lesart ermöglicht, die nicht mehr zwangsläufig dem chronologischen Verlauf des Texts im Sinne des Sujets als Ereigniskette folgt. So diskutiere ich beispielsweise Aspekte familiärer Beziehungen im Kontext so unterschiedlicher Räume wie dem Elternhaus und der Treppe, aber auch in den Abschnitten zu Gasthöfen und Wanderungen. Dabei kommt der Familie durchaus eine wesentliche Bedeutung zu. Diese leitet sich allerdings, so meine Argumentation, aus den verschiedenen räumlichen Arrangements her, innerhalb derer sie je unterschiedliche Funktionen übernimmt. Nicht die Familie bildet demnach das organisierende Prinzip bzw. die eingenommene Erkenntnisperspektive in Bezug auf die Narration. Stattdessen entsteht der analytische Mehrwert durch die Neuordnung der narrativen Bezüge anhand ihrer räumlichen Verfasstheit. Diese, also die räumliche Dimensionalität der jeweiligen Szenen, wird so zum bedeutungstragenden Element, über das sich die Narration strukturiert. Während Bachtin demnach die narrativ-sukzessive Bedeutungsgebung eines Texts als chronotopische Abfolge verstehbar macht, löse ich diese Gesamtheit in der Analyse zunächst auf. Indem ich die einzelnen Szenen unter räumlichen Aspekten neu zusammenstelle, wird dann die Bedeutung der jeweiligen Raumkonstellation und ihres Zusammenspiels mit anderen Räumen erkennbar.

Damit wird eine weitere Akzentverschiebung gegenüber Bachtin deutlich. Dieser gibt in seinen Analysen der Zeit gegenüber dem Raum insgesamt ein stärkeres Gewicht. Auch hier geht es mir um einen Blickwechsel: Ich frage nicht vorrangig nach Verräumlichungen der Zeit, sondern danach, wie die räumlichen Arrangements die Konstruktion des Ichs ins Werk setzen. Natürlich sind damit auch zeitliche Phänomene und deren Gestaltung ursächlich verbunden. Diese werden aber stärker im Hinblick auf die Retrospektive des erzählenden Ichs und ihre Indienstnahme für die autobiographische Ich-Konstruktion betrachtet.

Hier ist nun der andere wesentliche Unterschied zu Bachtins Vorgehensweise zu finden: er liegt in der Spezifik autobiographischen Schreibens und den damit einhergehenden Raumparametern. Meine Analysen tragen dem konstitutiven Selbstbezug Rechnung, der mit dem autobiographischen Raum immer zugleich auch das Ich setzt. Wie die bisherigen

Ausführungen, insbesondere in Abschnitt 2.2, verdeutlicht haben, entsteht Raum unter autobiographischen Vorzeichen stets als Relation zwischen dem erzählenden, erinnernden Ich einerseits und dem erlebenden, erinnerten Ich andererseits. Diese autobiographiespezifische Situation lese ich nun, wie beschrieben, als raumzeitliches Verhältnis. Damit entsteht ein Bezugsmodus, der die Entstehung des Ichs an die kontinuierliche Praxis der Raumkonstruktion bindet.

Man kann nun einwenden, dass Bachtins historische Poetik dieses Strukturmoment gar nicht in den Blick nehmen kann, da sie sich ausschließlich mit den antiken Formen der (Auto-)Biographie befasst. In diesen ist, das stellt seine Analyse im Hinblick auf das antike Menschenbild heraus, noch keine Form der Privatheit bzw. Innerlichkeit vorgesehen. Gleichwohl thematisiert Bachtin die Anfänge eines veränderten Selbstbezugs, die er als fortschreitende, gesellschaftliche wie individuelle Fragmentierung beschreibt. Dieser Übergang zu moderneren Formen des Selbstverständnisses geht wiederum mit veränderten chronotopischen Konstellationen einher.

So spricht er davon, dass im Verlauf der römischen Tradition der rein öffentliche Charakter der Biographie mehr und mehr verloren geht. Öffentliches und Privates, Biographie und Autobiographie treten zunehmend auseinander und es entstehen laut Bachtin das „private Selbstbewusstsein des isolierten, einsamen Menschen und die private Sphäre seines Lebens"[137]. Diese Entwicklung macht er literarisch vor allem an rhetorischen und stilistischen Veränderungen fest, so der Ironie, der Form der „Freundesbriefe" und der „Einsame[n] Gespräche mit sich selbst"[138]. Räumlich bringt dies einen veränderten Blick auf die Natur mit sich, die nun als Teil der privaten Weltsicht, als Ausschnitt und Landschaft erscheint. Zugleich verschieben sich die literarischen Settings hin zu stärker abgeschlossenen Arrangements.

Hier gilt es Bachtins Überlegungen weiterzudenken. Dabei stellt die sich herausbildende Sphäre des Privaten und Innerlichen lediglich einen, wenn auch wesentlichen, Aspekt des autobiographischen Raumkonstituierung dar. Entsprechend betrachten meine Analysen durchgängig auch die inhaltlichen wie formalen Strategien, mit denen Innerlichkeit erzeugt, als solche markiert und von öffentlichen Bereichen abgesondert wird. Darüber hinaus ist es allerdings die Selbstreflexion als solche, die zum raumkonstitutiven Moment und damit zu einem Angelpunkt der Textorganisation wird. Dies umso mehr, als sich mit der Ich-Setzung am Beginn jeglicher autobiographischer Räumlichkeit zugleich auch immer schon ein Autor-Ich expliziert. Auf diese Weise fällt im Text der biographische Ur-

---

[137] Ebd., 70.
[138] Ebd., 72.

sprung mit dem Beginn der Selbstinszenierung als Autor zusammen. Die räumlichen Konturen dieser Auto(r)biographie bzw. Auto(r)fiktion werden nun wesentlich über die Aspekte der Erinnerung und der Imagination ins Werk gesetzt wird. Auf deren Zusammenhang werde ich im Abschnitt 2.5 (Autorschaft und Imagination) noch genauer eingehen. An dieser Stelle ging es mir zunächst darum, die konzeptuellen Überschneidungen und Unterschiede zu Bachtins Konzept zu verdeutlichen.

Die imaginären Anteile der menschlichen Raumwahrnehmung rückt auch der phänomenologische Ansatz Gaston Bachelards in den Blick. Mit seiner *Poetik des Raumes* (1957) zielt er auf eine „Phänomenologie der dichterischen Einbildungskraft".[139] Diese beruht auf der Annahme, dass die räumliche Dimension nur angemessen als Erlebnisräumlichkeit für ein Bewusstsein beschrieben werden kann. Die so zugrunde gelegte Verbindung von Subjektivität und Räumlichkeit lässt sich Bachelard zufolge insbesondere über literarische (Raum-)Bilder erfassen. Ihnen spricht er eine „transsubjektive Geltung"[140] und damit einen spezifischen Erkenntniswert zu. Die Einbildungskraft, die diese Bilder kreiert, versteht er daher als ein „erstrangiges Vermögen der menschlichen Natur".[141] Der solchermaßen von der Imagination mitgestaltete Raum beruht nun gleichermaßen auf realen wie auf imaginären Anteilen: „Zu der *Funktion des Wirklichen*, das von der Vergangenheit gelernt hat, im Sinne der klassischen Psychologie, muss eine *Funktion des Unwirklichen* hinzukommen [...]."[142] Für das menschliche Sein erhalten Räume ihre Bedeutung erst durch das Zusammenspiel beider Dimensionen. Das bedeutet auch, dass Räume immer schon an bestimmte Werte gekoppelt sind. Die realen Werte, wie z.B. ‚Schutz', werden dabei von den imaginären Werten überlagert und schließlich dominiert. Eine „Topo-Analyse"[143] in Bachelards Sinn geht daher der Frage nach, auf welche Weise die verschiedenen Werte und Funktionen im poetischen Bild zusammenkommen. Als grundlegende räumliche Bedeutungsstruktur menschlichen Seins bestimmt Bachelard das Haus, da es „für die Gedanken, Erinnerungen und Träume des Menschen eine der großen Integrationsmächte ist."[144] In den Bildern, die wir uns von den Häusern machen, in denen wir gelebt haben, verbinden sich

---

[139] Gaston Bachelard, *Poetik des Raumes*, Frankfurt a.M. ⁵1999, 220.
[140] Ebd., 9. Herausarbeiten kann diese Bedeutung lediglich die Phänomenologie: „Die Phänomenologie allein – weil sie berücksichtigt, daß der Ausgangspunkt des Bildes in einem individuellen Bewusstsein liegt – kann uns dazu verhelfen, die Subjektivität der Bilder wieder herzustellen und die Weite, die Kraft, den Sinn der transsubjektiven Geltung des Bildes zu ermessen." Ebd., 10.
[141] Ebd., 24.
[142] Ebd. (Hervorh. i. Orig.).
[143] Ebd., 18.
[144] Ebd., 33.

demnach Erinnerung und Einbildungskraft zu einer Synthese, einer *Poetik des Raumes*.

Für die hier verfolgte Analyse der Funktionsweisen autobiographischer Räumlichkeit gilt es somit zunächst eine unterschiedliche Erkenntnisperspektive festzuhalten. Im Gegensatz zu Bachelards Projekt verfolgt meine Arbeit keinen phänomenologischen Ansatz. Ihr Ziel ist nicht das Erfassen von Seinsstrukturen, sondern die Analyse räumlicher Konstellationen innerhalb eines autobiographischen Texts. Dennoch liefert die *Poetik des Raumes* zwei relevante Anknüpfungspunkte für mein Theoriekonzept. So erschließt sie zum einen die Verbindung von Raumstrukturen und Subjektivität als eine Qualität literarischer Texte. Die spezifische Art und Weise menschlicher Raumerfahrung und Bedeutungsgebung wird damit explizit an ein ästhetisches Modell als Reflexions- und Beschreibungsmodus gebunden. Als sprachlich verdichtetes Bild können die Räume in ihrer Abhängigkeit von Wahrnehmung und subjektivem Erleben, zugleich jedoch auch in ihrem überindividuellen Gehalt gezeigt werden. Auch den autobiographischen Räumen und Orten ist diese doppelte Qualität eigen. Sie bilden einerseits die Erlebnissphäre des erinnerten Ichs, organisieren aber über den Selbstbezug des erinnernden Ichs auch die Bedeutungsstränge der Narration.

Zum anderen trägt Bachelards Ansatz, wie geschildert, den imaginären Anteilen und Motivationen jeglicher Raumkonzeption Rechnung. Ausgehend von der genannten Erkenntnis, dass Räume nie neutral, sondern stets im Durchgang durch das erlebende Bewusstsein zu verstehen sind, betont er die Polysemie erfahrener bzw. erinnerter Räumlichkeit. Erst in der Überlagerung materieller und imaginärer Aspekte bildet sich die jeweils spezifische Semantik räumlicher Arrangements:

> Das Bild entsteht in einer Zusammenarbeit des Wirklichen und des Unwirklichen, im Wetteifer der Funktionen des Wirklichen und des Unwirklichen. Nicht die Alternative der Gegensätze, sondern die Vereinigung der Gegensätze gilt es zu verstehen [...]."[145]

Auch diese Perspektive ist für die Autobiographie anschlussfähig. Wie die Analysekapitel zeigen, sind autobiographische Räume und Orte stets mehrfach kodiert. Weder der alleinige Blick auf die physikalisch-materiellen Strukturen noch auf deren metaphorische Dimension vermag das Bedeutungsspektrum der jeweiligen Raumkonstellationen ausreichend zu erschließen. Stattdessen bedarf es einer Herangehensweise, die das Zusammenspiel beider erfasst. Dies zeigt sich nicht nur im ersten Analysekapitel, das sich mit den räumlichen Anordnungen des Hauses beschäftigt und daher auf Bachelards Vorarbeiten zurückgreifen kann. Die differenzierte Betrachtung unterschiedlicher Bedeutungsdimensionen und ihrer

---

[145] Ebd., 77.

Überlagerungen erweist sich insgesamt als produktives Strukturmoment der Analysen.

Neben den zwei Ansätzen von Bachtin und Bachelard, die literarische Räumlichkeit fassbar zu machen suchen, sind in den letzten Jahren auch zwei Sammelbände erschienen, die unter Einbezug der aktuellen kulturwissenschaftlichen Raumdebatten explizit die Räumlichkeit der Autobiographie zum Thema machen: das von Frédéric Regard 2003 herausgegebene *Mapping the Self: Space, Identity, Discourse in British Auto/Biography*[146] sowie der 2007 erschienene Band *Räume des Selbst, Selbstzeugnisforschung transkulturell.*[147] Beide werde ich im Folgenden kurz im Bezug auf die dort formulierten Positionen betrachten. Der Sammelband *Mapping the Self* vereint Beiträge, die von Texten der Frühmoderne bis hin zu postmodernen/postkolonialen Auto/Biographien reichen. Ihnen ist Regards theoretische Standortbestimmung *Topologies of the Self: Space and Life-Writing* vorangestellt.[148] Diese geht von der Foucault'schen Figur der ‚Autorfunktion' aus, für deren räumliche Beschreibung Regard das theoretische Instrumentarium bereitzustellen unternimmt.[149] Die Zentralstellung der Autorfunktion für die räumliche Erschließung der Autobiographie erscheint dabei methodisch nicht unproblematisch. So bleibt unklar, inwiefern Regard zwischen der von Foucault als diskursivem Referenzpunkt bestimmten Autorfunktion und dem autobiographischen Ich im Text unterscheidet, auf das er sich in seinen Textbeispielen bezieht. Die Foucault'sche Figur dient ihm dabei als Sammelbegriff für die Rede vom „Ich", „Subjekt" und vom „Selbst". Seine theoretischen Bezüge bilden in der Folge mit Lefebvre[150], Soja[151], Deleuze[152] und de Certeau[153] diejenigen Texten, die auch in den aktuellen kulturwissenschaftlichen Raumdebatten zumeist die konzeptuelle Basis legen. Vor diesem Hintergrund werden Autobiographien gefasst als gesellschaftlich ge-

---

[146] Frédéric Regard (Hg.), *Mapping the Self: Space, Identity, Discourse in British Auto/Biography*, Saint-Etiénne 2003.

[147] Andreas Bähr, Peter Burschel, Gabriele Jancke (Hgg.), *Räume des Selbst, Selbstzeugnisforschung transkulturell*, Köln/Weimar/Wien 2007 [Selbstzeugnisse der Neuzeit; Bd. 19].

[148] Frédéric Regard, „Topologies of the Self: Space and Life-Writing", in: Ders. (Hg.), *Mapping the Self: Space, Identity, Discourse in British Auto/Biography*, Saint-Etiénne 2003, 15-30.

[149] Vgl. hierzu: Michel Foucault, „Was ist ein Autor?", in: Ders., *Schriften zur Literatur*, Frankfurt a. M. 1988, 7–31.

[150] Henri Lefebvre, *The Production of Space*, Oxford 1991.

[151] Edward Soja, *Postmodern Geographies: The Reassertion of Space in Critical Social Theory*, London/New York 1989.

[152] Gilles Deleuze, Claire Parnet, *Dialogues*, New York 1987; Gilles Deleuze, Felix Guattari, *What is Philosophy?*, New York 1994.

[153] Michel de Certeau, *The Practice of Everyday Life*, Berkeley/Los Angeles 1984.

formt und an Praktiken gebunden, welche die Subjekte auf bestimmte Weisen positionieren:

> Autobiographies should then be approached as the fruit of a given societal formation characterized by determined spatial practices through which subjects would be positioned by dissociation or homogeneity. The self's integrity would no longer be invested with ontological dignity; it would be defined in regards to a primordial contextualization of topological order: there would be none but geographical ontology.[154]

Eine solche theoretische Rahmung geht von Räumlichkeit als wahrnehmungs- und praxisabhängigem Relationsbegriff aus. Entsprechend setzt sie das autobiographische Ich nicht mehr als vorgängig-ontologische Entität, sondern als generative, im Wechsel mit räumlichen Bedeutungsmustern sich entwerfende Struktur ein. Das damit skizzierte Modell geht so zunächst von den gleichen räumlichen wie autobiographietheoretischen Prämissen aus wie meine Analysen. Allerdings spricht Regard auch hier erneut von „subjects" ebenso wie „self", was die Schwierigkeiten der bereits erwähnten begrifflichen Unschärfe deutlich werden lässt. Denn die genannten Kriterien, so könnte man einwenden, gelten generell für die Art und Weise, wie Menschen sich auf Räume beziehen und sich zu ihnen ins Verhältnis setzen. Daher bringen sie die spezifisch autobiographische Räumlichkeit nicht präzise genug in den Blick.

In der Folge benennt Regard noch eine weitere Bedingung, der die Analyse Rechnung zu tragen hat: „The subject's inscription in a spatiotemporal combination rests on the use of figures; in a way, every topology necessarily implies a tropology."[155] Als sprachlich verfasst ist die Schaffung einer Topologie, d.h. einer bedeutungsstiftenden Anordnung von Dingen im Raum, demnach immer auch an den Gebrauch bestimmter Tropen, also rhetorischer Figuren gebunden. Erst deren räumliche Qualität bestimmt

> the degree to which the author spatializes himself in the process of writing his own life: metonymy initiates a passage toward the whole; metaphor substitutes one space for another; and it is the permanent articulation of one figure onto another that produces the geographical inscription of the autobiographical author.[156]

Die Arbeitsweise von Metapher (wörtlich ‚Übertragung') und Metonymie (wörtlich ‚Namensvertauschung', ‚Umbenennung') wird hier als Ver-

---

[154] Frédéric Regard, „Topologies of the Self: Space and Life-Writing", in: Ders. (Hg.), *Mapping the Self: Space, Identity, Discourse in British Auto/Biography*, Saint-Etiénne 2003, 15-30, hier 23.
[155] Ebd., 26.
[156] Ebd., 28f.

räumlichung verstanden, die in ihrer textuellen Umsetzung eine ebenfalls räumliche Konstituierung des Ichs bedingt. Dass die autobiographische Rede wesentlich von rhetorischen Figuren organisiert wird, hat bereits Paul de Man gezeigt. Er bestimmt bekanntermaßen die Prosopopöie als die konstituierende Trope der Autobiographie.[157] Man darf daher davon ausgehen, dass die autobiographische Stimme sich allererst einer rhetorischen Figuration verdankt, die sie zugleich auch wieder als unvermeidlich sprachgebunden demaskiert. In Bezug auf Regard bleibt allerdings zu fragen, inwiefern die Struktur der metaphorischen Ersetzung selbst schon die räumliche Verfassung des Ichs hervorbringt. Die so anvisierte Räumlichkeit scheint mir nur schwer greifbar. Unzweifelhaft ist dagegen die Bedeutung räumlicher Metaphern für die Rede über die räumliche ebenso wie die zeitliche Dimension, also die grundsätzlichen menschlichen Orientierungsbemühungen. Wir verständigen uns über unser Leben, dessen Struktur und Bedeutung vielfach anhand von räumlichen Bildern. Sei es der ‚Lebenslauf', die ‚Lebensreise', der ‚Wanderer' bzw. ‚Pilger', das ‚Labyrinth des Lebens' oder auch nur die viel beschworene ‚Innerlichkeit' – in einer jeweils spezifischen Verknüpfung zeit-räumlicher Vorstellungen mit einer Ich-Position perspektivieren die Metaphern das so beschriebene Leben auf unterschiedliche, räumlich ausgelegte Bedeutungsmuster hin. Für meine Analyseperspektive ist jedoch weniger die metaphorische Qualität der so konstruierten Räume und Bewegungsmodi relevant als vielmehr deren konkrete räumliche Ausbuchstabierung. So gehen die Lektüren u.a. der Frage nach, welche tatsächlichen Reisen beschrieben werden und wie sich der umgebende Raum während einer Wanderung für das Ich bzw. das Ich sich durch ihn konturiert. Dabei wird die Semantik der Metaphern nur insofern einbezogen, als sie zur Beschreibung der Funktionsweisen konkret beschriebener Räume und Orte dienlich ist.

Der Sammelband *Räume des Selbst*, der aus einer gleichnamigen Tagung der DFG-Forschergruppe „Selbstzeugnisse in transkultureller Perspektive" (2006) hervorgegangen ist, enthält hauptsächlich historiographisch ausgerichtete Beiträge. Die theoretische Perspektivierung hierfür leisten die Einleitung sowie Julia Watsons Artikel „The Spaces of Autobiographical Narrative". Der von den Herausgeber/innen verantwortete Einleitungsteil bleibt insofern grundsätzlich einer geschichtswissenschaftlichen Perspektive verpflichtet, als er autobiographische Texte als spezifisch gelagerte „Quellengruppe"[158], mithin als historiographische Dokumente definiert. Im Sinne einer transkulturellen

---

[157] Paul de Man, „Autobiography as De-Facement", in: *Modern Language Notes* 94/5 (1979), 919-930.

[158] Andreas Bähr, Peter Burschel, Gabriele Jancke, „Räume des Selbst. Eine Einleitung", in: Dies. (Hgg.), *Räume des Selbst, Selbstzeugnisforschung transkulturell*, Weimar/Wien 2007 [Selbstzeugnisse der Neuzeit; Bd. 19], 1-12.

Ausrichtung wenden sich die Verfasser und Verfasserinnen bei der Analyse autobiographischer Texte gegen ein „Konzept konzentrischer Kreise, an deren Peripherie sich die so genannte nicht-westliche Welt befindet und in deren Zentrum das Innere eines in seiner häuslichen Privatsphäre abgeschlossenen, autonomen Individuums steht."[159] Infrage gestellt wird so die Annahme einer als Wesenskern vorausgesetzten Innerlichkeit, die nicht nur mit einer bestimmten subjektphilosophischen Vorstellung, sondern auch mit eurozentristischen Bewertungsmustern einhergeht. Ihr soll eine Differenzierung „nach den in die Selbstzeugnisse eingeschriebenen Personenkonzepten" entgegengestellt werden.[160] Für eine durch den ‚linguistic turn' ebenso wie den ‚tographical turn' hindurchgegangene Literaturwissenschaft ist die Annahme einer solchen monolithischen Ich-Figur allerdings ohnehin obsolet. Instruktiver erscheint dagegen Julia Watsons Beitrag[161], der sich vornimmt, ein Panorama autobiographischer Räumlichkeit aufzuspannen. Dabei unterscheidet sie sieben unterschiedliche Aspekte: „Space as Material Surround", „The Space of Embodiment", „Social Spaces", „Geopolitical Space", „Spatial Tropes and Topoi", „Memory and the Spacialization of Temporal Distances" sowie „Peritextual Space – Life Narrative in the World". Für einen Überblicksartikel – und genau das will Watsons Beitrag sein – erscheint es durchaus sinnvoll, die möglichen räumlichen Betrachtungsperspektiven analytisch zu trennen. In der tatsächlichen Textlektüre ist eine solche Vorabunterteilung in verschiedene Räume jedoch, sofern sie nicht explizit als Untersuchungsfokus gesetzt ist, wenig zielführend. Dies deshalb, weil sich die unterschiedlichen Dimensionen von Räumlichkeit in der sprachlichen Repräsentation durchweg überlagern. Hier setzt meine Analyseperspektive an, die von den konkret beschriebenen Raumstrukturen ausgeht. In Watsons Schema korrespondieren diese in etwa mit dem Aspekt „Space as Material Surround". Die materielle räumliche Umgebung figuriert allerdings, so meine Annahme, zugleich die übrigen Raumdimensionen. Wie diese räumliche Semiotik im Text umgesetzt wird, möchte ich kurz an zwei Beispielen aus *Dichtung und Wahrheit* illustrieren.

So beschreibt das Ich gleich zu Beginn des ersten Buchs im Kontext seines Elternhauses die „turmartige Treppe", die durch das gesamte Gebäude verläuft und die „unzusammenhängenden Zimme[r]" verbindet. (DW 15) Auf diese Weise strukturiert sie den häuslichen Raum und organisiert auch den Kontakt der Familienmitglieder. Als nun im Zuge des siebenjährigen Kriegs ein französischer Königsleutnant in das elterliche

---

[159] Ebd., 4.
[160] Ebd., 5.
[161] Julia Watson, „The Spaces of Autobiographical Narrative", in: Bähr, Andreas, Peter Burschel, Gabriele Jancke (Hgg.), *Räume des Selbst, Selbstzeugnisforschung transkulturell*, Weimar/Wien 2007 [Selbstzeugnisse der Neuzeit; Bd. 19], 13-25.

Haus einquartiert wird, gerät die Treppe zugleich zu einem Raum, über den Fragen sozialer Stellung bzw. Autorität ebenso wie Privatheit/Öffentlichkeit verhandelt werden („Social Space"). Es ist genau die beschriebene durchgängige Struktur der Treppe, die das Aufeinandertreffen des Grafen mit dem Hausherrn verursacht und beide auf spezifische Weise zueinander positioniert. Schließlich kodiert die Treppe auch das väterliche Modell eines „stufenweisen, bürgerlichen Lebensgange[s]" (DW 549) („Spatial Tropes and Topoi"). Dies zeigt sich u.a. als Goethe, vom Studium in Leipzig zurückkehrend, Vorschläge zur baulichen Abänderung der Treppe im Sinne einer funktionalen Ausgliederung des Treppenhauses macht. Dies führt zu einer Auseinandersetzung zwischen Vater und Sohn, die „zwar wieder getuscht und ausgeglichen, doch meine Reise nach dem schönen Elsaß beschleunigte", also eine räumliche Trennung zur Folge hat. (DW 388f)

Desgleichen überlagern sich die Raumdimensionen nach der Ankunft Goethes im Elsass bzw. in Straßburg. Dort besteigt er als erstes das Straßburger Münster und beschreibt den Blick von der Aussichtsplattform in das umliegende Land. Anhand der räumlich detailliert beschriebenen geographischen Szenerie wird das Elsass als geschlossener und wohlgegliederter Landschaftsraum entworfen. Damit bringt die materielle Umgebung zugleich auch ästhetische wie geopolitische Aspekte in den Blick („Geopolitical Space"). Indem das Ich die so konstituierte Landschaft als „eine unbeschriebene Tafel" (DW 390) bezeichnet, auf der nach und nach die Erlebnisse und Emotionen seiner Straßburger Zeit vermerkt werden, verräumlicht es die temporalen Erfahrungsstrukturen dieser Lebensphase („Memory and the Spatialization of Temporal Distances"). Nicht zuletzt ist der Blick vom Münster aber auch an die Sphäre des Körpers gebunden, da das Ich dort vom Schwindel befallen wird („The Space of Embodiment"). Und schließlich ruft die Position auf der Spitze des Münsters auch, eingesetzt durch den Artikel *Von deutscher Baukunst*, die eigene Autorgenese sowie die Frage nach einer nationalen Kunst auf.

Das Entscheidende an der hier verfolgten Vorgehensweise ist dabei, dass die jeweiligen Prozesse anhand der räumlichen Strukturen nicht nur differenziert, sondern in ihrer Relevanz für die Konstituierung des autobiographischen Ichs einsichtig gemacht werden. Dazu stellen die letzten beiden Abschnitte dieses Kapitels das noch benötigte Instrumentarium bereit. Zunächst folgen einige Bemerkungen zu autobiographischen Räumen und Orten, die dann im letzten Teil durch Überlegungen zur Funktion von Autorschaft und Imagination für die räumliche Organisation von *Dichtung und Wahrheit* ergänzt werden.

2.4 Autobiographische Räume und Orte

Die Profilierung meiner autobiographietheoretischen Position hat ein Ich entworfen, das als vermittelt, positioniert und prozessual gedacht wird. Damit sind auch bereits die Grundzüge eines korrespondierenden Raumverständnisses bezeichnet. Im Anschluss an den ‚spatial' bzw. ‚topographical turn', also die kulturwissenschaftliche Wende zu räumlich orientierten Analyseansätzen, begreife ich auch die räumliche Dimension nicht mehr als vorgängige, ontologische oder unveränderliche Kategorie.[162] Statt von ‚dem Raum' kann im Gegenteil sinnvoll nur von ‚Räumen' im Plural gesprochen werden. Sie stellen unter dieser Perspektive einen Relationsbegriff dar, der seine Bedeutung in Abhängigkeit von der jeweiligen Wahrnehmungs- und Beschreibungsperspektive erhält. Vermittelt über sprachliche und soziale Praktiken sind Räume so stets an die handelnden und sprechenden Individuen gebunden. Diese schreiben ihnen nicht nur individuelle und gesellschaftliche Bedeutung zu und agieren über sie Fragen der Zugehörigkeit sowie Machtverteilung aus. Während sie veränderliche räumliche Positionen einnehmen und Räume auf je spezifische Weise durchqueren bzw. nutzen, konstruieren sie zudem gleichermaßen Selbstbilder wie Raumrepräsentationen.

---

[162] War mit dem ‚spatial turn' zunächst die Abkehr von einem Substanzbegriff des Raumes und die theoretische Öffnung für dessen kulturelles Gemachtsein verknüpft, richtete sich die Aufmerksamkeit mit dem ‚topographical turn' verstärkt auf die medialen Repräsentationsformen von Räumen. Der z.T. inflationäre Gebrauch dieser Begriffe führte allerdings auch zu Kritik an einer bisweilen zu undifferenzierten allgemeinen Betonung des Räumlichen sowie zu Vorschlägen der Begriffsklärung und Binnendifferenzierung. Von Sigrid Weigel stammt dabei die im deutschsprachigen Raum viel beachtete Unterscheidung zwischen den politisch orientierten cultural studies einerseits und den eher die medialen Repräsentationsformen von Räumen selbst analysierenden Kulturwissenschaften andererseits. Während die cultural studies demnach die Formation von Räumen als machtbasierte Dispositive (post-)kolonialer Diskurse und deren politische Legitimationsfunktionen untersuchen, bearbeiten die Kulturwissenschaften stärker die technischen, medialen und materiellen Bedingungen der Produktion von Räumen als Voraussetzung und bestimmenden Faktor jeglicher Repräsentation. Diese differierenden Herangehensweisen erklären sich allerdings nicht so sehr aus unterschiedlichen ideengeschichtlichen Traditionen als vielmehr aus den jeweiligen historisch-gesellschaftlichen Bedingungen im Verlauf des letzten Jahrhunderts. Vgl.: Weigel, „topographical turn"; der spatial turn wird gemeinhin mit Sojas *Postmodern Geographies* angesetzt, vgl.: Edward Soja, *Postmodern Geographies. The Reassertion of Space in Critical Social Theory*, London/New York 1989; vgl. hierzu ebenfalls: Jörg Döring, Tristan Thielmann, *Spatial Turn, Das Raumparadigma in den Kultur- und Sozialwissenschaften*, Bielefeld 2008; zur Kritik eines undifferenzierten Raumbegriffs vgl.: Bachmann-Medick, „Spatial Turn".

Kultur, verstanden als semiotische, individuelle wie gesellschaftliche Praxis, ist damit wesentlich räumlich organisiert.[163] Über die Analyse räumlicher Strukturen wird es so möglich, die komplexe Verschränkung von gesellschaftlich-kulturellen Prozessen mit individuellen Verfahren der Bedeutungsgebung und Identitätskonstituierung zu erfassen. Dies gilt insbesondere auch für autobiographische Räume, die explizit an die Sphäre des Ichs geknüpft sind. Dabei ist zunächst zwischen ‚Räumen' und ‚Orten' zu differenzieren. Beide Begriffe lassen sich allerdings nicht kategorial voneinander unterscheiden, sondern sind in ihrer Verwendung abhängig von der gewählten Beschreibungsperspektive. So sind sie in „a dialectical relation"[164] auf einander bezogen, denn „space [Raum] provides the context for places [Orte] but derives its meaning from particular places".[165] Räume, verstanden als räumliche Dimension und Ausdehnung, bilden demnach die Ermöglichungsbedingung für Orte. Gleichzeitig werden Räume erst von Orten aus wahrnehmbar, sie entstehen durch ein Bezugssystem von Orten. Damit sind Orte im Raum lokalisiert, sie eröffnen zugleich aber auch Räume.[166] Unter dieser Perspektive kann man ‚Frankfurt am Main' als Ort beschreiben. Mit dieser Setzung formiert sich zum einen der Raum außerhalb von Frankfurt. Zum anderen lässt sich aber Frankfurt in einem nächsten Schritt wiederum als (Stadt-)Raum bezeichnen, der sich durch ein Netzwerk von Orten wie etwa dem elterlichen Haus am Hirschgraben, dem großelterlichen Haus, dem Römer usw. konstituiert. Ähnlich argumentiert Michel de Certeau, wenn er davon ausgeht, dass man Räume durch Praxis „aktualisieren" kann, Orte hingegen „zu identifizieren" sind, also in ihrem Gehalt allererst zu markieren.[167] Das Spezifische eines Ortes entsteht somit zum Teil aus dem Akt seiner Benennung, die ihn als distinguierbare Einheit vom umgebenden Raum abhebt. Erst mit dieser Ausdifferenzierung nimmt auch der Raum Gestalt an, der dann wiederum in der jeweiligen Nutzung erfahrbar wird. Orte besitzen somit eine Lokalisierungs- ebenso wie eine Bezeichnungsfunktion. Auf diese Weise gibt das Zusammenspiel von Räumen und Orten der

---

[163] Ein solchermaßen räumlich fundierter Kulturbegriff ist zuerst durch die Kulturgeographie und postkoloniale Ansätze ausgearbeitet worden. Vgl.: Homi K. Bhabha, *The Location of Culture*, London 1994; Edward Soja, *Postmodern Geographies. The Reassertion of Space in Critical Social Theory*, London/New York 1989; Ders., *Thirdspace. Journeys to Los Angeles and Other Real-and-Imagined Places*, Oxford 1996.

[164] Nicole Schröder, *Spaces and Places in Motion, Spatial Concepts in Contemporary American Literature*, Tübingen 2006, 46.

[165] Edward Relph, *Place and Placelessness*. London 1976, 8.

[166] Für die gemeinsame Erarbeitung dieser raumtheoretischen Differenzierung danke ich Martina Wagner-Egelhaaf, Kerstin Wilhelms und Philipp Pabst.

[167] de Certeau, *Kunst des Handelns*, 220.

räumlichen Dimension eine semiotische Struktur, die durch Sprach- und Raumhandlungen aufgerufen, aber auch modifiziert werden kann.

Das bedeutungsgebende Wechselverhältnis von Räumen und Orten dokumentiert auch die Gliederung dieser Arbeit. Mit den Häusern wird im ersten Kapitel ein Ort bezeichnet, der dann wiederum als Raum für einzelne Orte innerhalb des Hauses dient. Zugleich etabliert sich so auch ein privater sowie, in Abgrenzung, ein halb-öffentlicher (Gärten) und öffentlicher Raum, der sich durch Orte wie die Straße oder Museen konturiert. Kapitel drei und vier transzendieren schließlich diese Grenzziehung durch eine räumliche Dialektik, die im Wechsel aus dem eigenen Stand-Ort und dem durchmessenen bzw. erblickten Raum Reisewege bzw. Landschaften bezeichnet und aktualisiert.

Damit ist zunächst grob das Analyseraster der autobiographisch kodierten Räume und Orte beschrieben. Wie aber lässt sich die Spezifik autobiographischer Räumlichkeit noch präziser für die Analyse fassen? Hierzu gilt es, die genannte Relationalität räumlicher Bezüge, also ihre Abhängigkeit von einer Beschreibungs- und Wahrnehmungsperspektive, auf die Bedingungen autobiographischen Schreibens und Erinnerns zu übertragen. Dabei zeigt sich, dass diese konstitutiv an das autobiographische Ich gebunden ist. Räume und Orte, wie sie in der Narration erscheinen, sind immer schon in die Dynamik des Ichs einbezogen und damit Teil einer kontinuierlichen Praxis der Selbstreflexion. Diese vollzieht sich im Spannungsverhältnis von Erzähler und Figur, d.h. erinnerndem und erinnertem Ich. Die räumliche Dimension wird so zum Medium der Selbstbeschreibung. Dabei bedingt es die Doppelstruktur der Ich-Bezeichnung, dass die Orte und Räume des gelebten Lebens immer auch die Konstituierung des Autors markieren, der dieses Leben erzählt. Das Ich konstruiert sich auf diese Weise, wie die Analysen im Einzelnen verdeutlichen werden, räumliche Szenen und Bühnen der auktorialen Selbstformung.

Diese Rahmenbedingungen autobiographischer Räumlichkeit bringen weitere Faktoren mit sich. Indem die räumliche Dimension nur im Durchgang durch die Perspektive des Ichs erfahrbar wird, ist sie immer schon das Ergebnis erinnernder (Re-)Konstruktion. Damit hat sie Teil an individuellen ebenso wie an gesellschaftlich-kulturellen Gedächtnisstrukturen. In ihrer narrativ verdichteten Form besitzen die Räume, die der Text zu lesen gibt, daher neben ihren physikalisch-materiellen stets auch bildlich-imaginäre Aspekte. Konkrete raum-zeitliche Konstellationen eröffnen so immer auch metaphorische Räume. Sie müssen daher, im Sinne Bachelards, in ihrer semantischen Mehrfachkodierung in den Blick genommen werden, wobei gerade auch der Anteil einer räumlich gefassten

Imagination für die Auto(r)genese zu berücksichtigen ist.[168] Nur wenn man von einer Überlagerung der verschiedenen Bedeutungsebenen ausgeht, kann die Spezifik der autobiographischen Räumlichkeit angemessen erfasst werden.

Um dies sichtbar machen zu können, habe ich eine Vorgehensweise gewählt, welche die Analyse nicht in erster Linie am Ablauf des Texts, sondern an den Räumen selbst ausrichtet. Hierzu löse ich, wie die Gliederung bereits deutlich werden lässt, die syntagmatische Reihung der Narration zunächst auf, um sie im Hinblick auf ihre konstitutiven Raumfigurationen neu zu ordnen. Es geht mir also nicht, wie es etwa Bachtin mit seinem Ansatz verfolgt, um eine chronotopische Aufschlüsselung der gegebenen Narration in ihrer linearen Abfolge. Stattdessen entwerfe ich eine alternative Lesart, die den Bedingungen autobiographischer Räumlichkeit Rechnung trägt. Der autobiographische Modus des Selbstbezugs wird dafür als raumkonstitutives und -organisierendes Moment in den Vordergrund gerückt. Hierzu bringe ich die Facetten eines jeweiligen Raumes, die im Verlauf der Narration an verschiedenen Stellen aufgerufen werden, zusammen. Dadurch wird es möglich, die Überlagerung und Bespiegelung von Bedeutungsdimensionen als Praxis der räumlichen Inszenierung, des tatsächlichen In-Szene-Setzens von Raum und Ich vorzuführen. Die Analysen erkunden dabei zunächst die Dimensionalität eines räumlichen Arrangements, also diejenigen Strukturen, die den betreffenden Raum oder Ort als solchen konturieren. Neben der Bezeichnung sind dies die Positioniertheit des Ichs und die damit verbundene Perspektive, die Art der Raumbewegung und deren Ausdehnung bzw. Grenzen sowie die das Verhältnis von erinnerndem und erzählendem Ich. Aus diesen Raumfiguren bildet sich ein Bedeutungskonnex, den ich als ‚autobiographische Konstellation' bezeichne. Bereits in der Einleitung bin ich auf die autobiographieräumliche Relevanz dieses Begriffs eingegangen, den ich aus der Anfangssequenz von *Dichtung und Wahrheit*, Goethes Geburt, entlehnt habe. Er bündelt diejenigen Faktoren, die zur Konstruktion eines autobiographischen Ortes beitragen: eine spezifische zeiträumliche Verschränkung, die in der retrospektiven wie reflexiven Geste erst als solche benannt wird und so zugleich mit der räumlichen Struktur auch das Ich setzt. Das bedeutungsgebende Moment schreibt sich dabei gleichermaßen aus der räumlichen Anlage wie der Ich-Position her. Wie genau dieses Verhältnis je nach Ort und Raum ausbuchstabiert wird untersuchen die folgenden Kapitel. Zuvor wird das Theoriekonzept jedoch noch um einen letzten Aspekt erweitert: die Funktion der Lebensge-

---

[168] Auf die Rolle von Memoria und Imagination gehe ich im folgenden Abschnitt 2.5 genauer ein.

schichte als Autor-Genese und, damit verknüpft, die Idee der Einbildungskraft als räumlichem Vermögen.

2.5 Autorschaft und Imagination

Goethes *Dichtung und Wahrheit* stellt nicht nur einen „Menschen in seinen Zeitverhältnissen" (DW 13) dar, es ist zugleich auch die Geschichte einer Selbstverständigung über den eigenen Werdegang als Autor. Bereits im Vorwort weist der fiktive Brief eines Freundes die Richtung. Er begründet den Wunsch nach autobiographischen Erklärungen damit, dass „man [...] sich daraus gern ein Bild des Autors und seines Talents entwerfen [möchte]." (DW 11). Das Interesse richtet sich also weniger auf den Menschen Goethe als vielmehr auf den „Künstler, Dichter, Schriftsteller" (DW 13). Unter diesen Vorzeichen gerät die erbetene Autobiographie zur metapoetischen Reflexion und literarischen Neuschöpfung des bereits Geschriebenen unter biographischen Vorzeichen. Dementsprechend formuliert der fiktive Brief den Wunsch an den Autor Goethe, „jenes Hervorgebrachte wieder als Stoff zu behandeln" (DW 13). Im Verlauf von *Dichtung und Wahrheit* greift Goethe die im Vorwort formulierte Ausrichtung mehrfach bekräftigend auf. So etwa, wenn er im zwölften Buch zur Entstehung des *Werther* gelangt und diesbezüglich kommentiert:

> Und indem der Verfasser zu dieser Stufe seines Unternehmens gelangt, fühlt er sich zum ersten Mal bei der Arbeit leicht ums Herz: denn von nun an wird dieses Buch erst was es eigentlich sein soll. Es hat sich nicht als selbständig angekündigt; es ist vielmehr bestimmt die Lücken eines Autorlebens auszufüllen, manches Bruchstück zu ergänzen und das Andenken verlorner und verschollener Wagnisse zu erhalten. (DW 589)

Die Legitimation der eigenen Lebenserinnerungen wird hier explizit an die Aufgabe geknüpft, „die Lücken eines Autorlebens auszufüllen". Die Genese dieses Autorlebens bzw. den Weg dorthin verzeichnet der Text. Nicht zufällig schließt *Dichtung und Wahrheit* daher mit dem Sonnenwagen-Zitat aus *Egmont*, das sowohl die Annahme der Autorrolle als auch die Entscheidung für das Leben in Weimar symbolisch verdichtet.

Die Genese des Autors oder präziser des Autor-Ichs wird nun insbesondere über zwei räumlich relevante Verfahren ins Werk gesetzt. Zum einen geschieht dies durch die Verschiebung von religiösen Bedeutungsmustern und Autoritätskonzepten ins Ästhetische und die damit ermöglichte künstlerische Aneignung. Zum anderen funktionalisiert der Text die Einbildungskraft als räumliches Vermögen ästhetischer Ich-Formung. Den ersten Aspekt hat bereits Bernd Witte in seinem Aufsatz zur *Autobiographie als Poetik* für *Dichtung und Wahrheit* geltend gemacht.[169] Dort führt er vor, inwiefern sich die theologisch-religiösen Passagen als poeto-

---

[169] Bernd Witte, „Autobiographie als Poetik, Zur Kunstgestalt von Goethes › Dichtung und Wahrheit‹", in: *Neue Rundschau* 89 (1978), 384-401.

logische Rede lesen lassen, die das grundsätzliche Verhältnis von Religion und Kunst im Hinblick auf deren gesellschaftliche Funktion problematisiert. Als System der individuellen wie kollektiven Bedeutungsgebung wird Religion demnach abgelöst von einem ästhetischen Erklärungsanspruch. In diesem Sinne

> [...] setzt sich in › Dichtung und Wahrheit‹ das ästhetische Subjekt als Grundlage von Weltverständnis und Lebensbewältigung absolut. So dient die Darstellung der Ganzheit des individuellen Lebenswerkes bei Goethe zugleich dem Nachweis, daß die bisher gültigen objektiven Systeme der Welterklärung und Gesellschaftsordnung, insbesondere die religiösen und politischen, durch das subjektive der symbolischen Dichtung ersetzt worden sind.[170]

Welt- wie Selbstverständigung gestalten sich demnach nicht mehr vornehmlich am Leitfaden der Transzendenz, sondern vollziehen sich mehr und mehr anhand ästhetischer Modelle. Die damit einhergehende gesellschaftliche Autonomisierung der ästhetischen Systeme weist dem Autor eine entscheidende Rolle zu. Seine Autorität schreibt sich aus der Übernahme einer zuvor religiös begründeten Vermittlungskompetenz her:

> Nicht mehr der Priester und die von ihm gespendeten Sakramente werden in Zukunft jene symbolischen, deutsamen Versicherungen eines höheren Lebens und einer Verbindung des Ganzen mit Gott geben – das deutet Goethe durch diesen Zusammenhang an –, sondern der Dichter und die von ihm geschaffenen poetischen Symbole.[171]

Der Grund für diese Beförderung des Autors zur systemrelevanten Figur liegt also in seiner poetischen Gestaltungsfähigkeit. Er vermag deshalb als Vermittler aufzutreten, weil er im Sinne eines ‚poeta vates' dasjenige, was vormals religiöser Wahrheitsfindung vorbehalten war, nun künstlerisch zur Anschauung bringen kann. Den Hintergrund hierfür bildet eine sich als Epistemologie etablierende, vom antiken Mimesis-Gedanken lösende Ästhetik. Für meine Argumentation wird Wittes Erkenntnis jedoch nicht in Bezug auf den Wandel ästhetischer Konzepte, sondern im Kontext räumlich begründeter Autor-Genese relevant. Dies wird insofern bedeutsam, als der Adaption religiöser Begründungs- und Deutungsmuster, über die sich die Autor-Werdung in *Dichtung und Wahrheit* u.a. vollzieht, eine spezifische Räumlichkeit eingeschrieben ist.

Diese konstituiert sich insbesondere über zwei Verfahren: so werden erstens religiöse Räume und Raumpraktiken explizit ins Ästhetische verschoben. Ihr Wert kommt ihnen damit nicht mehr aufgrund ihrer religiösen Funktion zu, sondern gründet in ihrer ästhetischen Erfassung und

---

[170] Ebd., 391.
[171] Ebd., 388.

Handhabung. Zugleich erscheinen ästhetisch bedeutsame Räume und Prozesse nun als sakralisiert, mit religiöser Bedeutung versehen. Eine solche Umkodierung lässt sich etwa beim Straßburger Münster, beim Besuch von Museen, bei der Begegnung mit Pilgern, aber auch in der Nutzung religiöser Objekte wie etwa dem Altar und dem Beichtstuhl beobachten. Die Autor-Werdung gründet so in der ästhetischen Aneignung von Räumen und in raumkonstituierenden Handlungen.

Zweitens beruht das „produktive Talent" (DW 695) des Autors, welches die ästhetische Gestaltung der Welt im künstlerischen Schaffen allererst ermöglicht, auf der Einbildungskraft.[172] Dieses Vermögen wird nun in den zeitgenössischen Bildungsdiskursen als explizit räumliches verstanden. Es handelt sich demnach um eine Instanz, die nicht nur zwischen dem angenommenen Innenraum des Ichs und der Welt zu vermitteln vermag. Sie besitzt zudem auch eine persönlichkeitsbildende Funktion: zugleich mit der Schulung der Einbildungskraft formt sich das Ich. Autor-Genese und Ich-Konstituierung fallen so in eins, indem sie eine räumlich bestimmte Selbstbeschreibungsfigur bilden. Um die Funktion der räumlichen Verfasstheit der Imagination für meine Argumentation zu verdeutlichen, ist ein Seitenblick auf die ästhetischen Diskurse im 18. Jahrhundert notwendig.

Im Verlauf des 18. Jahrhunderts erfährt die Einbildungskraft in medizinischen, philosophischen sowie den literarisch-ästhetischen Diskursen eine umfassende Aufwertung.[173] Im Zuge dessen wird sie von einem niederen, dem Materiellen verhafteten Vermögen zu einer für das anthropologische Selbstverständnis relevanten Instanz umgestaltet. So wird sie aus den medizinisch-pathologischen Diskursen herausgelöst und zu einem reinen Blickvermögen umgedeutet.[174] Für die Philosophie systematisiert

---

[172] Hier die zitierte Stelle im Kontext, der die grundlegende Relevanz dieses Vermögens verdeutlicht: „Indem ich mich also nach Bestätigung der Selbständigkeit umsah, fand ich als die sicherste Base derselben mein produktives Talent. Es verließ mich seit einigen Jahren keinen Augenblick; […]. Wie ich nun über diese Naturgabe nachdachte und fand, daß sie mir ganz eigen angehöre und durch nichts Fremdes weder begünstigt noch gehindert werden könne, so mochte ich gern hierauf mein ganzes Dasein in Gedanken gründen."

[173] Für eine umfassende Darstellung dieser Entwicklung für die Zeit zwischen 1700 und 1750 vergleiche die Studie von Gabriele Dürbeck, *Einbildungskraft und Aufklärung, Perspektiven der Philosophie, Anthropologie und Ästhetik um 1750*, Tübingen 1998 [Studien zur deutschen Literatur; Bd. 148]; ebenfalls instruktiv: Götz Müller, „Die Einbildungskraft im Wechsel der Diskurse", in: Hans-Jürgen Schings (Hg.), *Der ganze Mensch, , Anthropologie und Literatur im 18. Jahrhundert*, Stuttgart 1994, [Germanistische Symposien-Berichtsbände 15], 697-723.

[174] Vgl. hierzu: „Anatomische Struktur der Imagination und ihr Funktionswandel im medizinischen Denken der Neuzeit", in: Thomas Dewender, Thomas Welt (Hgg.), *Imagination – Fiktion – Kreation, Das kulturschaffende Vermögen der Phantasie*, München/Leipzig 2003, 229-242.

Kant deren neu gewonnene Bedeutung, indem er „die transzendentale Einbildungskraft als Bedingung der Möglichkeit der Verknüpfung zwischen Sinnlichkeit und Verstand einführt".[175] Mit ihrer Funktion „den menschlichen Blick in den Koordinaten von Raum und Zeit zu orientieren"[176], kommt ihr in den ästhetischen Debatten eine wachsende epistemische Bedeutung zu. Sie gerät zur sinnlich-geistigen Organisationsinstanz und zur Relaisstation zwischen Außen- und Innenraum. Dabei überbrückt sie nach außen hin als poietisches, auf die Zukunft ausgerichtetes „Entwurfsvermögen" den Spalt zwischen Wirklichkeit und Möglichkeit.[177] Als raum-zeitliches Orientierungsinstrument liefert sie dem Menschen Handlungsmotivationen und Zielvorstellungen, während sie den umgebenden Raum handhabbar macht. Zugleich ermöglicht die Imagination laut Locke aber auch die Wahrnehmung eines ‚internal sense' im Sinne einer körperlich-geistigen Einheitserfahrung. Sie bildet so nun einen „gleichsam inneren unsichtbaren Raum des Menschen aus, den es immer neu zu erkunden und tentativ auszuloten gilt."[178]

Dieser für das Ich konstitutive Innenraum bedarf jedoch zu seiner produktiven Nutzung einer beständigen Formung. Imagination wird nur insofern als persönlichkeitsbildend verstanden, als man über die Disziplinierung der Einbildungskraft sich selber zu einem kultivierten Individuum erzieht. So unterscheiden die Poetiken zwischen der „ausschweifenden Phantasie" (Phantasia effraenis), die zu Täuschungen und falschen Vorstellungen führt, und der „wohlgeordneten Einbildungs-

---

[175] Sabine Wettig, *Imagination im Erkenntnisprozess, Chancen und Herausforderungen im Zeitalter der Bildmedien, Eine anthropologische Perspektive*, Bielefeld 2009, 24. Kant selbst formuliert die Funktion der Einbildungskraft in der KrV so: „Das erste, was uns zum Behuf der Erkenntnis aller Gegenstände a priori gegeben sein muss, ist das Mannigfaltige der reinen Anschauung; die Synthese dieses Mannigfaltigen durch die Einbildungskraft ist das zweite, gibt aber noch keine Erkenntnis. Die Begriffe, welche dieser reinen Synthesis Einheit geben, und lediglich in der Vorstellung dieser notwendigen synthetischen Einheit bestehen, tun das dritte zum Erkenntnisse eines vorkommenden Gegenstandes und beruhen auf dem Verstande." Hier wird die synthetisierende Funktion der Einbildungskraft deutlich, die zwischen Anschauung und Verstand vermittelt. Kant, *KrV*, 155. Für eine ausführliche Auseinandersetzung vgl.: Matthias Wunsch, *Einbildungskraft und Erfahrung bei Kant*, Berlin 2007, [Kantstudien; Bd. 155].
[176] Jochen Schulte-Sasse, „Einbildungskraft/Imagination", in: *Ästhetische Grundbegriffe, Historisches Wörterbuch in sieben Bänden*, Bd. 2, hg. von Karl-Heinz Barck et al., Stuttgart/Weimar 2001, 88-120, hier 92.
[177] Ebd., 101.
[178] Rudolf Behrens, „Räumliche Dimensionen imaginativer Subjektkonstitution um 1800 (Rousseau, Senancour, Chateaubriand)", in: Inka Mülder-Bach, Gerhard Neumann (Hgg.), *Räume der Romantik*, Würzburg 2007, 27-63, hier 34.

kraft" (Phantasia subacta).[179] Für den notwendigen Bildungseffekt bedarf es dieser strukturierten Bildlichkeit, wie sie in Texten, Gemälden oder einer ästhetisch angelegten Landschaft zu finden ist. Imagination wird damit zu einem rezeptions- ebenso wie produktionsästhetischen Instrument. Als räumlich angelegtes Vermögen dient sie nicht nur zur Organisation und Verarbeitung von Wahrnehmungen, sondern bildet als synthetisierendes und produktives Moment auch ein Konstituens von Autorschaft.

Für Goethe macht sich die Ambivalenz der Einbildungskraft an ihrer notwendigen Erfahrungsgebundenheit fest.[180] Nur auf dieser Basis kann die „Integration in den Verbund von Sinnlichkeit, Verstand und Vernunft" gelingen.[181] Vor diesem Hintergrund ist die wiederholt formulierte Suche nach geeigneten Maximen des Urteils, aber auch der Gestaltung zu sehen, die sich letztlich nur aus der eigenen Erfahrung heraus bilden können:

> Denn bei der großen Beschränktheit meines Zustands, bei der Gleichgültigkeit der Gesellen, dem Zurückhalten der Lehrer, der Abgesondertheit gebildeter Einwohner, bei ganz unbedeutenden Naturgegenständen war ich genötigt, alles in mir selbst zu suchen. Verlangte ich nun zu meinen Gedichten eine wahre Unterlage, Empfindung oder Reflexion, so mußte ich in meinen Busen greifen; forderte ich zu poetischer Darstellung eine unmittelbare Anschauung des Gegenstandes, der Begebenheit, so durfte ich nicht aus dem Kreise heraustreten, der mich zu berühren, mir ein Interesse einzuflößen geeignet war. [...] Und so begann diejenige Richtung, von der ich mein ganzes Leben über nicht abweichen konnte, nämlich dasjenige, was mich erfreute oder quälte, oder sonst beschäftigte, in ein Bild, ein Gedicht zu verwandeln und dar-

---

[179] Alexander Gottlieb Baumgarten, *Metaphysica*, Nachdruck der 7. Aufl. Halle 1779, Hildesheim 1963, § 594 und §571.

[180] Zur Bedeutung der Einbildungskraft in Goethes Werk seien lediglich zwei neuere Publikationen genannt, die auch ausführliche Bibliographien bereitstellen: Die Arbeit von Shu Ching Ho, die besonders die Verbindung zu Kants Schriften untersucht sowie Kritschils Studie, welche die Entwicklung des Imaginations-Diskurses im Verlauf von Goethes Biographie detailliert nachzeichnet und seine Schriften dazu in Bezug setzt. Sie arbeitet insbesondere die Ambivalenz des Imaginationsbegriffs heraus. Keine von beiden geht jedoch auf die Funktion der Einbildungskraft in Goethes autobiographischen Werken ein. Vgl.: Shu Ching Ho, *Über die Einbildungskraft bei Goethe, System und Systemlosigkeit*, Freiburg i.Br. 1998; Larissa Kritschil, *Zwischen „schöpferischer Kraft" und „selbstgeschaffnem Wahn", Die Imagination in Goethes Romanen*, Würzburg 1999 [Epistemata: Reihe Literaturwissenschaft; Bd. 293].

[181] Hans Adler, „Einbildungskraft", in: *Goethe-Wörterbuch*, hg. von der Berlin-Brandenburgischen Akademie der Wissenschaften, der Akademie der Wissenschaften in Göttingen und der Heidelberger Akademie der Wissenschaften, Bd. 2, Stuttgart 1989, 239-242, hier 242.

über mit mir selbst abzuschließen, um sowohl meine Begriffe von
den äußeren Dingen zu berichtigen, als mich im Innern deshalb zu
beruhigen. (DW 309)

Es ist das „Bild", das „Gedicht", also die künstlerische Gestaltung anhand einer geregelten Einbildungskraft, durch die eine Vermittlung zwischen Sinnlichkeit und Verstand, aber auch zwischen Außen- und Innenraum des Ichs erfolgt. Dementsprechend ist die Einbildungskraft gleichermaßen an der ästhetischen Ich-Bildung und der Textproduktion beteiligt. So führt in *Dichtung und Wahrheit* die Beschäftigung mit hebräischen Bibeltexten das Ich zu einer Aktivierung und Strukturierung der Einbildungskraft: „Die Bemühungen um die Sprache, um den Inhalt der heiligen Schriften selbst, endigten zuletzt damit, daß von jenem schönen und vielgepriesenen Lande [...] eine lebhaftere Vorstellung in meiner Einbildungskraft hervorging." (DW 143) Im Folgenden wird nicht nur die Patriarchengeschichte unter dem Aspekt ihrer ästhetischen Wirksamkeit paraphrasiert, indem ihre bewusste Vorstellung „meinen Geist, meine Gefühle auf einen Punkt zu einer stillen Wirkung versammelte" (DW 155).[182] Neben dieser Verschiebung ins Poetische formiert sich die Einbildungskraft auch als explizit räumliche:

> Dieser kleine Raum sollte den Ursprung und das Wachstum des Menschengeschlechts sehen; von dorther sollten die ersten und einzigsten Nachrichten der Urgeschichte zu uns gelangen, und ein solches Lokal sollte zugleich so einfach und faßlich, als mannigfaltig und zu den wundersamsten Wanderungen und Ansiedelungen geeignet, vor unserer Einbildungskraft liegen. Hier, zwischen vier benannten Flüssen, war aus der ganzen zu bewohnenden Erde ein kleiner, höchst anmutiger Raum dem jugendlichen Menschen ausgesondert. (DW 143)

Einbildungskraft erscheint hier als durch die Struktur des Texts geschultes Vor-Augen-Stellen eines imaginierten Raums, das zugleich auf das Ich zurückwirkt. Neben der Formung dieses Vermögens an Texten bedarf es aber auch der ästhetischen Wahrnehmung der Natur. Programmatisch wird dies zu Beginn des neunten Buchs formuliert, das die Straßburger Zeit und damit die eigentliche literarische Tätigkeit einläutet. Bezeichnenderweise zitiert Goethe an dieser Stelle allerdings den Göttinger Altphilologen Heyne:

> [...] wir haben eine Einbildungskraft, der wir, wofern sie sich nicht der ersten besten Vorstellungen selbst bemächtigen soll, die schicklichsten und schönsten Bilder vorlegen und dadurch das

---

[182] Meine Ausführungen bleiben hier notwendig knapp, da es mir an dieser Stelle nicht um die detaillierte Analyse, sondern die generelle Perspektivierung geht. Ausführlicher diskutiere ich diese Passagen im Kapitel über das Kinderzimmer (3.1.2).

> Gemüt gewöhnen und üben müssen, das Schöne überall und in der
> Natur selbst, unter seinen bestimmten, wahren und auch in den
> feineren Zügen zu erkennen und zu lieben. (DW 386)[183]

Diesem ästhetischen Bildungsprogramm unterzieht sich das Ich, wie meine Analysen vorführen, auf vielfältige Weise anhand tatsächlicher Gemälde, Texte, aber auch Naturräume und Landschaften. Die solchermaßen geformte Einbildungskraft kann in der Folge zur Ermöglichungsbedingung der eigenen literarischen Produktion werden:

> Durch die fortdauernde Teilnahme an Shakspears Werken hatte ich
> mir den Geist so ausgeweitet, daß mir der enge Bühnenraum und
> die kurze, einer Vorstellung zugemessene Zeit keineswegs hinlänglich schienen, um etwas Bedeutendes vorzutragen. Das Leben des
> biedern Götz von Berlichingen, von ihm selbst geschrieben, trieb
> mich in die historische Behandlungsart, und meine Einbildungskraft dehnte sich dergestalt aus, daß auch meine dramatische Form
> alle Theatergrenzen überschritt, und sich den lebendigen Ereignissen mehr und mehr zu nähern suchte. (DW 620)

Hier wird noch einmal die Verzahnung von rezeptiver und produktiver Seite der Einbildungskraft deutlich, die in der Herausbildung der eigenen Autorschaft mündet.

Die hier entworfenen Zusammenhänge zwischen Imagination, räumlicher Dimension und Ich-Konstitution hat Rudolf Behrens für die Zeit um 1800 als insgesamt literarisch zu beobachtendes Phänomen der Subjektbildung geltend gemacht.[184] Dabei geht er zunächst von Foucaults These eines epistemischen Umbruchs vom zeitlos-repräsentativen Tableau der Klassik hin zu einer geschichtlich-individuellen Tiefendimension

---

[183] Damit ist zugleich eine erneute Kritik an den Plänen des Vaters verbunden, der den Sohn nicht nach Göttingen gehen lässt, sondern Leipzig und Straßburg als Studienorte festlegt. Der Konflikt um den Studienort verhandelt dabei auch den generellen Lebensentwurf: „[...] ich wollte mich mit Ernst zu jenen gründlichen Studien bekennen, um [...] mich zu einer akademischen Lehrstelle fähig machen, welche mir das Wünschenswerteste schien für einen jungen Mann, der sich selbst auszubilden und zur Bildung Anderer beizutragen gedachte. Bei diesen Gesinnungen hatte ich immer Göttingen im Auge. Auf Männern wie Heyne, Michaelis und so manchem Anderen ruhte mein ganzes Vertrauen [...]. Aber mein Vater blieb unbeweglich. [...] er bestand darauf, daß ich nach Leipzig gehen müsse. Nun hielt ich den Entschluß, daß ich, gegen seine Gesinnungen und Willen, eine eigne Studien- und Lebensweise ergreifen wollte, erst recht für Notwehr." (DW 264f.).

[184] Behrens, „Räumliche Dimensionen"; vgl. auch: Ders., Jörn Steigerwald, „Raum – Subjekt – Imagination um 1800. Einleitende Überlegungen", in: Dies. (Hgg.), *Räume des Subjekts um 1800, Zur imaginativen Selbstverortung des Individuums zwischen Spätaufklärung und Romantik*, Wiesbaden 2010 [culturae, Intermedialität und historische Anthropologie; Bd. 2], 1-14.

der Moderne aus.[185] Der Mensch, der für die sich etablierenden Humanwissenschaften zur immer neu zu beschreibenden Figur wird, konstituiert sich Behrens zufolge jedoch nicht nur als geschichtliches, sondern auch als explizit räumlich situiertes Wesen. So konstatiert er eine Verräumlichung des Subjekts anhand von Texten zum Zweck einer Stabilisierung und Selbstvergewisserung:

> Das Innewerden des sich selbst als dem diskursiven Netz fremd werdenden Subjekts artikuliert sich [...] zunächst einmal über eine räumliche Horizontale. Man könnte auch sagen: Es verläuft über ein Sich-in-Distanz- und über ein Sich-in-Nähe-Bringen zu Örtern in Raum, seien sie imaginärer oder – innerhalb der ‚Wirklichkeit' der Fiktion – faktisch erreichbarer Natur.[186]

Die Konstituierung bzw. Konsolidierung dieses Subjekts verläuft demnach über eine räumliche Figur. Als literarisches Phänomen kommt sie dabei wesentlich über die Einbildungskraft als vermittelndes und gestaltendes Vermögen zustande. Um Behrens' Einsichten für den Kontext dieser Arbeit fruchtbar zu machen, müssen sie allerdings noch einmal auf das autobiographische Ich hin präzisiert werden. Hierzu ist es nötig, den Blick erneut auf die antike Rhetorik zu richten. Dadurch wird die Verbindung zur erinnernden Gestaltung des eigenen Lebens in der Autobiographie erkennbar: Es zeigt sich, dass sowohl imaginatio als auch memoria der inventio zuzuordnen sind.[187] Beide, Erinnerung und Einbildungskraft

---

[185] Vgl.: Michel Foucault, *Die Ordnung der Dinge, Eine Archäologie der Humanwissenschaften*, Frankfurt a.M. 1971.

[186] Behrens, „Räumliche Dimensionen", 31.

[187] „Dem Haupt schrieben sie [die theologischen Dichter] alle Erkenntnisse zu; und weil diese alle phantastisch waren, so legten sie in das Haupt das Gedächtnis, welcher Ausdruck bei den Lateinern für ‚Phantasie' gebraucht wurde. [...] doch die Phantasie ist nichts anderes als ein Wiederhervorspringen von Erinnerungen und das Genie ist nichts anderes als eine Tätigkeit an den Dingen, deren man sich erinnert. [...] Daher sagten die theologischen Dichter zu Recht, das Gedächtnis sei ‚die Mutter der Musen', die, wie wir oben gefunden haben [...], die Künste der Humanität sind." Giovanni Battista Vico, *Prinzipien einer neuen Wissenschaft über die gemeinsame Natur der Völker*, Teilbd. II, übers. von Vittorio Hösle, Hamburg 1990, 397f.; Auch Aleida Assmann weist auf die seit der Antike bestehende Verbindung von Erinnern und poetischem Vermögen hin: „Das Wasser des Lebens und Erinnerns sprudelt [...] aus einer Quelle. Kastalia, die heilige Quelle Delphis, wurde in römischer Zeit zum Dichterquell und ihr Wasser als prophetisch angesehen. An diesem inspirativen Wasser verwischen sich die Gegensätze von Prophezeiung und Erinnerung. Es gibt kein kreatives Sagen ohne Erinnern, kein Dichten außerhalb der Tradition bzw. ohne Schluck aus dem Musenquell." Aleida Assmann, „Zur Metaphorik der Erinnerung", in: Dies., Dietrich Harth (Hgg.), *Mnemosyne, Formen und Funktionen der kulturellen Erinnerung*, Frankfurt a.M. 1991, 26; für eine detailliertere Darstellung von Vicos Positionen vgl. Donald Phillip Verene, *Vico's Science*

sind in dieser Perspektive, die vor allem von Vico herausgestellt wurde, als Momente ein und derselben schöpferischen Tätigkeit zu verstehen.[188]

Diesen Gedanken hat auch Goethe für den Titel und die Entstehungszusammenhänge von *Dichtung und Wahrheit* formuliert. In seinem Brief an König Ludwig von Bayern spricht er davon, dass die autobiographische Darstellung eines „Grundwahre[n]" nicht möglich ist, „ohne die Rückerinnerung und also die Einbildungskraft wirken zu lassen, und man also immer in den Fall kommt gewissermaßen das dichterische Vermögen auszuüben".[189] Auf diese Weise kommen nun die wesentlichen Konstituenten autobiographischer Ich-Bildung zusammen. Nicht nur ist die Imagination immer schon an die Erinnerung gebunden und vice versa. Auch können beide nun als räumliche Vermögen gefasst werden. Hier spannt sich auch der Bogen zurück zu Bachelard, in dessen *Poetik des Raumes* sich ebenfalls „Gedächtnis und Einbildungskraft nicht trennen [lassen]. [...] Das eine wie das andere errichten in der Ordnung der Werte eine Gemeinschaft der Erinnerung und der Bilder."[190] Aus ihrem Zusammenwirken entstehen die autobiographischen Topographien, die in den folgenden Analysen nun in den Blick genommen werden.

---

of Imagination, Ithaka 1981 sowie Paolo Fabiani, *The Philosophy of Imagination in Vico and Malebranche*, Florenz 2009.

[188] „Nicht nur werden durch die Identifizierung von memoria und Phantasie Geschichte und Poesie (die durch das rhetorische Grundvermögen des ingeniums auf ihren kreativen Kern gebracht wurden) zu einer Einheit zusammengenommen, die Vico bekanntlich ‚Philologie' nennt. Vor allem macht Vico klar, daß die Philosophie auf der ‚Philologie' aufruht, daß, bevor der Philosoph etwas dem rationalen Urteil unterwerfen kann, der ‚wilde' Poet erst einmal etwas durch memoriafantasia-ingegno erfinden muss, daß memoria und fantasia (und ingenium) den Urgrund der ratio ausmachen." Jürgen Trabant, „Memoria – Fantasia – Ingegno", in: Anselm Haverkamp, Renate Lachmann (Hgg.), *Memoria – vergessen und erinnern*, München 1993, [Poetik und Hermeneutik; Bd. 15], 406-424, hier 413.

[189] Johann Wolfgang Goethe, *Brief an König Ludwig I. von Bayern*, in: Ders., *Sämtliche Werke. Briefe, Tagebücher und Gespräche*, II. Abt., Bd. 11 (38), *Die letzten Jahre, Briefe, Tagebücher und Gespräche von 1823 bis zu Goethes Tod*, hg. von Horst Fleig, Frankfurt a.M. 1993, 208-212, 209.

[190] Gaston Bachelard, *Poetik des Raumes*, Frankfurt a.M., ^{5}1999, 32.

3. Topographien der Autobiographie

3.1 Häuser

Dichtung und Wahrheit beginnt mit einem Haus. Nach dem Paukenschlag der Geburt, die dem Ich bekanntlich eine glückliche Konstellation und dem autobiographischen Text einen symbolträchtigen Eingang beschert, ist es das Elternhaus, das in der Folge die Umgebung des Ichs wie den Text gleichermaßen strukturiert. Ihm wendet sich das autobiographische Ich als erstes zu und gibt im Verlauf des ersten Buches schrittweise eine detaillierte Beschreibung von dessen Räumen und deren Anordnung. Das Haus wird so als in mehrfacher Hinsicht grundlegende autobiographieräumliche Struktur sichtbar. Zunächst erfüllt es eine familiäre Gedächtnisfunktion, indem es die Familienmitglieder in einer räumlichen Konstellation zusammenbringt und in Bezug setzt. Anhand dieses narrativen Gerüsts erhält die Familienbiographie eine häusliche Topographie, sie wird verräumlicht. Auf diese Weise organisiert die autobiographische Erinnerung des Ichs immer auch die Biographien etwa der Großmutter, des Vaters oder der Schwester.

Zugleich figuriert das Haus bereits wesentliche autobiographische Konflikte und Entwicklungen für das Ich selbst. Diese werden durch die verschiedenen häuslichen Orte ausdifferenziert und über deren je eigene Raumdynamik verhandelt. Hierzu gehören ein bürgerliches Lebensmodell und der damit verbundene Vater-Sohn-Konflikt, der Stellenwert von Kunst, das Verhältnis von Innen- und Außenraum bzw. Privatheit und Öffentlichkeit sowie das Einüben der Autor-Rolle. Für diese Aspekte werden im und durch das Haus die räumlichen Koordinaten ausgelegt, deren Funktionsweisen ich nun im Folgenden nachzeichnen werde.

3.1.1 Das Elternhaus

Das Geburts- und Elternhaus am Hirschgraben in Frankfurt ist nicht nur einer der zentralen räumlichen Bezugspunkte, sondern stellt, wie im Weiteren deutlich wird, auch eine materielle Konkretisierung der väterlichen Weltsicht dar. Die räumliche Beschaffenheit des Hauses und deren Modifikationen sind daher eng mit den Bestrebungen des Ichs verbunden, eigenständige berufliche und private Positionen in Abgrenzung von den väterlichen Vorstellungen zu entwickeln. Die damit einhergehenden Auseinandersetzungen werden über die Räume und architektonischen Strukturen des Hauses verhandelt.

Wie bereits in der Einleitung beschrieben, beginnt der Text mit einer konkreten raum-zeitlichen Lokalisierung, die den Ort der Geburt bestimmt: „Am 28. August 1749, Mittags mit dem Glockenschlage zwölf, kam ich in *Frankfurt am Main* auf die Welt." (DW 15, Hervorh. i. Orig.) Diese bildet den Anfang einer räumlichen Annäherungsbewegung, die sich der Verschränkung von Räumen und Orten bedient. Mit seiner Benennung wird Frankfurt gegenüber dem unbezeichneten Raum nach außen abgegrenzt, während es nach innen zunächst als homogener Ort erscheint. Von dieser etablierenden Bezeichnung ausgehend differenziert sich in einem zweiten Schritt die Beschreibungsperspektive: Das Ich ist sich „bewußt, daß wir in einem alten Hause wohnten" (DW 15). Indem nun das Geburtshaus selbst ins Blickfeld rückt, wandelt sich Frankfurt vom Ort zum Stadt-Raum. Das Haus ist nun der bezeichnete Ort, der sich aber erneut binnenstrukturiert, indem verschiedene Zimmer und Bereiche ausgeführt werden. In einer innerhäuslichen Perspektive wird das Haus so zum Raum für mehrere autobiographische Orte. Zugleich wird mit der Bezeichnung des Hauses als Ort auch dessen zeitliche Persistenz benannt: die Erinnerung macht sich an einem „alten" Haus fest. Diese Zuschreibung ist, wie sich im Folgenden zeigt, stark an die Familienbiographie gebunden, sie markiert eine biographische Zeit.[191]

Eingeschoben in das schrittweise räumliche Entfalten der autobiographischen Erinnerung ist die zu Beginn des Theorieteils bereits erwähnte Reflexion auf die Unzuverlässigkeit des Gedächtnisses und spezifisch der frühkindlichen Erinnerungen. Dadurch, dass diese direkt in die Beschreibung des Hauses übergeht, erhält dessen räumliche Anordnung die Funktion einer Referenzstruktur, an der sich die Erinnerung im Weiteren entlang bewegt. Zwar bleibt auch die räumliche Dimension von diesen grundsätzlichen Bedenken letztlich nicht unberührt. Auch sie ist Teil der Erinnerung und damit ebenso von der Ungewissheit affiziert und der Konstruktion unterworfen. An dieser Stelle zu Beginn der Narration dient sie dem Ich jedoch zunächst als Gedächtnisanker, von dem die Erinnerungen ihren Ausgang nehmen können.

---

[191] Hier ist auf den Chronotopos der Familie zu verweisen, der Bachtin zufolge die antik-römische Autobiographie mitstrukturiert. Man kann nun insofern von einer Fortführung dieses autobiographischen Chronotopos' sprechen, als die Familie in *Dichtung und Wahrheit* ebenfalls eine prominente Rolle spielt. Allerdings stellt sie nicht das Strukturmoment dar, um das sich die Narration organisiert. Sie wird vielmehr in Dienst genommen, um die eigene Künstler-Genese einsichtig zu machen. Dabei werden die familiären Strukturen und Dynamiken, wie ich im weiteren zeige, insbesondere über die Architektur des Elternhauses verhandelt. Vgl.: Bachtin, *Chronotopos*, 61f.

Dementsprechend strukturiert sich der Text in der Folge über die architektonische Anlage des Hauses. Das raumbestimmende Element bildet dabei die Treppe, eine „durch alle Stockwerke unverschlossen durchgehende" Konstruktion, die zu „unzusammenhangenden Zimmern" (DW 95) führt. So entsteht eine Kombination aus nicht untereinander verbundenen räumlichen Einheiten und einem zentralen Transitbereich. Während die Zimmer in dieser Anordnung als funktional durchaus differenzierte, aber auch relativ isolierte Räume erscheinen, ermöglicht und vermittelt die Treppe durch das beständig nötige Auf- und Absteigen die Begegnungen der Hausbewohner und damit eine „Kommunikation von oben bis unten" (DW 388). Die räumliche Verbindung übersetzt sich so in einen sprachlichen Austausch, der das gesamte Haus umfasst und damit familiäre Kohärenz ermöglicht. Im Sinne Certeaus kann man davon sprechen, dass der Raum der Treppe durch Handlungen in unterschiedlicher Weise aktualisiert wird, wobei dies die körperliche Nutzung ebenso wie Sprachhandlungen umfasst.[192] Die hausbezogenen Narrationen organisieren sich aufgrund dieser spezifischen Topologie, also der Lage der Räume zueinander.

Mit der Treppe wird auch die vertikale Ordnungsstruktur benannt, die das Haus dominiert. Dieser räumlichen Ausrichtung schreibt Bachelard in seinen Betrachtungen zum Haus eine zentrale Rolle zu. Dies insofern, als er das Haus sieht als „ein[en] Verband von Bildern, die dem Menschen eine Stabilität beweisen oder vortäuschen."[193] Es bedarf nun einer räumlichen Struktur, „[u]m Ordnung in diese Bilder zu bringen" und eine solche Möglichkeit ist: „Das Haus, vorgestellt als ein vertikales Wesen. Es erhebt sich. Es differenziert sich im vertikalen Sinne. Es ist eine der Anregungen für unser Vertikalbewusstsein."[194] So schließt auch die Treppe die jeweiligen Erinnerungen und Episoden zu einem Bedeutungsverband zusammen. Gleichzeitig ist allerdings mit den „Bildern" sowie der Möglichkeit des „vortäuschen[s]" auch der imaginative bzw. konstruierte Charakter dieser Ordnungsfigur benannt.

Auf diese Weise übernimmt das Haus die Funktion einer Matrix der autobiographischen Erinnerungsarbeit oder spezifischer der individuell perspektivierten Familienbiographie. Der Beschreibung zufolge ist das Haus nicht nur „alt", sondern besteht „eigentlich auch aus zwei durchbrochenen Häusern" (DW 15), die offiziell „meines Vaters Mutter" gehören, „bei der wir eigentlich im Hause wohnten" (DW 17). Das Gebäude stellt sich demnach als eine Konstruktion dar, die von Generation zu Generation weiter vererbt und von den folgenden Besitzern jeweils neu in

---

[192] Dies wird insbesondere bei den relevanten Treppenszenen deutlich, die ich in Abschnitt 3.1.3 diskutiere.
[193] Bachelard, *Poetik des Raumes*, 43.
[194] Ebd.

Benutzung genommen wird. Aus diesem Grund geht das Haus erst nach dem Tod der Großmutter in die Verantwortung des Vaters über, der daraufhin sofort umfassende bauliche Veränderungen vornimmt. Das geschieht jedoch – zur Umgehung städtischer Bauvorschriften – nicht als kompletter Neubau, sondern wird etagenweise im weiterhin bewohnten Haus durchgeführt. Im Bestreben des Vaters, sich den familiären Ort anzueignen, soll daher nach und nach „das Neue gleichsam eingeschaltet werden", so dass „wenn zuletzt gewissermaßen nichts von dem Alten übrig blieb, der ganze neue Bau noch immer für eine Reparatur gelten konnte" (DW 21). Hier zeigt sich eine wesentliche Funktion des Hauses, die in der Vermittlung von Neuem mit bereits Bestehendem liegt. Um einen für die Bewohner angemessenen Raum zu schaffen, dem man den Wert der Intimität zusprechen kann, muss man Disparates sowohl wahrnehmen als auch verbinden. Bachelard spricht von der Notwendigkeit, „daß man das Haus zugleich in seiner Einheit und in seiner Zusammengesetztheit auffaßt".[195] Genau diesen Prozess vollzieht das erzählende Ich im Verlauf des Textes, es nimmt die betreffenden Bilder und Erinnerungen für die Narration in Anspruch, ohne deren Brüche und Verwerfungen auszublenden. Im Gegenteil, sie liefern, im Bereich der Diegese, die räumliche Basis, auf der die familiären Beziehungen verhandelt werden. Im Verlauf des Texts zeigt sich dabei, dass die architektonische Umgestaltung einen für die väterlichen Bedürfnisse maßgeschneiderte Raum kreiert, der jedoch keinen Platz für den abweichenden Lebensentwurf des Sohnes lässt.

Zunächst wird durch die baulichen Veränderungen eine weitere Funktion des Hauses relevant, die in der Vermittlung von Innen- und Außenraum, Privatheit und Öffentlichkeit besteht. Vor Beginn des Umbaus wird das Haus als familiärer Schutzraum beschrieben, dessen Zugang zur öffentlichen Sphäre der Straße durch die Gitter des Gerämses gesichert, aber auch abgeschirmt ist:

> Für uns Kinder, eine jüngere Schwester und mich, war der untere weitläufige Hausflur der liebste Raum, welcher neben der Türe ein großes hölzernes Gitterwerk hatte, wodurch man unmittelbar mit der Straße und der freien Luft in Verbindung kam. Einen solchen Vogelbauer, mit dem viele Häuser versehen waren, nannte man ein *Geräms*. (DW 16, Hervorh. i. Orig.)

In der Struktur dieses „Vogelbauer[s]" manifestiert sich das größtenteils statische Verhältnis zwischen häuslichem und städtischem Raum, das den Kindern zwar Sicherheit gewährt, aber zugleich auch den Zugang zum außerhäuslichen Bereich limitiert. Indem „man unmittelbar mit der Straße und der freien Luft in Verbindung" kommt, eröffnet sich zwar die Mög-

---

[195] Bachelard, *Poetik des Raumes*, 30.

lichkeit zu Kontakten außerhalb des Hauses. Diese sind von den Kindern auch durchaus gewünscht, erweisen sich aber als potentiell gefährlich, wie die Geschirr-Episode verdeutlicht.[196] So steht dem geregelten Raum des Hauses zunächst ein in seinen Interaktionen nicht kontrollierbarer Stadtraum gegenüber. Dieser baulich fixierte Grenzverlauf, der den Aktionsradius des Ichs auf die innerhäuslichen Räume beschränkt, gerät jedoch in Bewegung, als sich die festgefügte Ordnung des Hauses in eine Baustelle verwandelt:

> Diese neue Episode war den Kindern sehr überraschend und sonderbar. Die Zimmer, in denen man sie oft genug enge gehalten und mit wenig erfreulichem Lernen und Arbeiten geängstigt, die Gänge, auf denen sie gespielt, die Wände, für deren Reinlichkeit und Erhaltung man sonst so sehr gesorgt, alles das vor der Hacke des Maurers, vor dem Beile des Zimmermanns fallen zu sehen, und zwar von unten herauf, und indessen oben auf unterstützten Balken, gleichsam in der Luft zu schweben, und dabei immer noch zu einer gewissen Lektion, zu einer bestimmten Arbeit angehalten zu werden – diese alles brachte eine Verwirrung in den jungen Köpfen hervor, die sich so leicht nicht wieder ins Gleiche setzen ließ. (DW 21)

Die Fundamente der kindlichen Lebenswelt werden buchstäblich eingerissen, so dass eine Art von Schwebezustand entsteht. Hierbei gerät die zuvor stabile vertikale Ordnung „von unten herauf" ins Wanken. Als schließlich auch der Schlafplatz der Kinder betroffen ist, hat dies eine räumliche Verlagerung des kindlichen Alltags zur Folge. Man entschließt sich, die Kinder nicht mehr durch den Vater unterrichten zu lassen, sondern in eine öffentliche Schule zu schicken. Die zuvor ausgeprägte, sozialräumliche Abgrenzungsfunktion des Elternhauses wird so vorübergehend

---

[196] In dieser Anekdote wirft das Kind Goethe, angefeuert durch die Nachbarn, mehr und mehr Geschirr auf die Straße, wo es zerbricht (DW 16f.). Sigmund Freud hat diese Szene zum Anlass einer tiefenpsychologischen Deutung genommen, in der die Reaktion des Kindes als umgeleitete Aggression gegen den jüngeren Bruder und den damit einhergehenden Aufmerksamkeitsverlust gelesen wird. Vgl.: Sigmund Freud, „Eine Kindheitserinnerung aus *Dichtung und Wahrheit*" (1917), in: Sigmund Freud, *Studienausgabe*, hg. von Alexander Mitscherlich, Bd. 10: *Bildende Kunst und Literatur*, Frankfurt a.M. 1994, 255-266; vgl. auch die Ausführungen von Peter Matussek, der die Episode als bewusste Zerschlagung des kulturellen Gedächtnisses liest: „Goethes Lebenserinnerungen", in: Ingensiep, Hans Werner, Richard Hoppe-Sailer (Hgg.), *NaturStücke, Zur Kulturgeschichte der Natur*, Ostfildern 1996, 135-167; Zur räumlichen Dimension in der Psychoanalyse vgl. die Dissertation von Claudia Intelmann, *Der Raum in der Psychoanalyse, Zur Wirkung des Raumes auf den psychoanalytischen Prozess*, (2003), Volltextversion abrufbar auf den Seiten der LMU unter: http://edoc.ub.uni-muenchen.de/1794/ (letzter Zugriff 28.06.2014).

suspendiert und der daraus resultierende, unvermittelte Kontakt mit öffentlichen Räumen birgt für die unvorbereiteten Kinder dementsprechend

> manches Unangenehme: denn indem man die bisher zu Hause abgesondert, reinlich, edel, obgleich streng gehaltenen Kinder unter eine rohe Masse von jungen Geschöpfen hinunterstieß; so hatten sie vom Gemeinen, Schlechten, ja Niederträchtigen ganz unerwartet alles zu leiden, weil sie aller Waffen und aller Fähigkeit ermangelten, sich dagegen zu schützen. (DW 22)

Erst indem die Kinder unvermutet zum Teil einer „rohe[n] Masse" werden, zeigt sich die vorangegangene Exklusivität eines abgeschlossenen häuslichen Unterrichtsraums. Die zuvor private Unterweisung besaß eine doppelte Distinktionsfunktion, indem sie die Kinder als einzeln bedeutsame Individuen in den pädagogischen Blick nimmt und zugleich räumlich von anderen, insbesondere sozial niedriger stehenden, Kindern separiert. Das erzählende Ich nutzt nun die bereits eingeführte vertikale Orientierungsfigur und verschiebt diese ins Soziale. Die Position des erinnerten Ichs bestimmt sich damit relativ zu seiner vorherigen, wobei beiden ein bestimmter Wert zugesprochen wird. Folgerichtig wird die Veränderung als verstörender Abstieg in eine Sphäre erlebt, deren Regeln den Kindern unbekannt sein müssen.

Die Auflösung der strengen Reglementierung von familiären und außerfamiliären Räumen bietet aber auch neue Freiheiten. So genießen die Kinder nicht nur „mehr Spielraum als bisher" (DW 22), sondern es gerät auch die städtische Umgebung zum ersten Mal in den Blick: „Um diese Zeit war es eigentlich, daß ich meine Vaterstadt zuerst gewahr wurde: wie ich denn nach und nach immer freier und ungehinderter, teils allein, teils mit muntern Gespielen, darin auf und abwandelte." (DW 22) So eröffnen der vorübergehende Wegfall der geltenden räumlichen Ordnung, der mit einem Verlust von Sicherheiten, aber auch mit der Suspension der väterlichen Autorität verbunden ist, dem Kind zum ersten Mal einen Aktionsradius außerhalb des Hauses.[197] Perspektivisch wird es für das Ich im weiteren Verlauf um die Frage des Verhältnisses beider Räume gehen, d.h. um die Möglichkeit eines selbstbestimmten Raums innerhalb des Hauses oder des alternativen Auszugs.

Das Haus selbst behält jedoch auch nach dem Umbau mit der Treppe in seinem Zentrum eine linear fortschreitende Struktur, die den vom Vater favorisierten, „bürgerlichen, stufenweisen Lebensgange" (DW 549) ins architektonische Bild setzt. Treppe und Haus besitzen demnach auch eine

---

[197] Bereits hier zeigt sich auch eine geschlechtsspezifische Differenzierung. Es ist lediglich das männliche autobiographische Ich, das diesen Freiraum nutzen kann. Die Schwester hingegen bleibt an die Grenze des häuslichen Raums gebunden. Ausführlicher gehe ich auf den Gender-Aspekt im Fenster-Kapitel (3.1.4) ein.

allegorische Dimension, die immer wieder mit konkreten raum-zeitlichen Arrangements verkoppelt wird. Auf diese Weise überlagern sich die Semantiken und Bilder, das autobiographische wird überindividuell angeschlossen. Wichtig ist hierbei allerdings, dass sich die Räume und Orte nicht allein in der allegorischen, metaphorischen oder topischen Dimension erschöpfen. Vielmehr werden im Text erst durch deren Zusammenspiel explizit biographische Konstellationen modelliert.[198]

Verankert wird das durch die Treppe bezeichnete Modell des Lebensganges im biographischen Zyklus von Tod und Geburt. So wohnt die Großmutter bis zu ihrem Tod im Erdgeschoss „in einem großen Zimmer hinten hinaus, unmittelbar an der Hausflur" (DW 17). Nach ihrem Tod erinnert sich das autobiographische Ich an sie „gleichsam als eines Geistes". Hier kommen die von Bachelard beschriebenen „Funktion[en] des Unwirklichen"[199] zum Tragen, mit denen die Sphäre des Hauses in der Erinnerung aufgeladen wird. An dieser Stelle binden sie nicht nur die Zeit im Sinne der Vergänglichkeit ein, sie weisen ihr auch explizit einen Raum im Haus als einem Verbund biographisch bedeutsamer Bildern zu. Auf diese Weise wird die ebenerdige, nach hinten hinaus gelegene Stelle im Haus semantisch als Ort des Todes markiert und mit den Biographien der bereits verstorbenen Familienmitglieder verknüpft. Demgegenüber verweist der Dachboden auf Geburt und kommende Generationen: „Da überraschte ich nun einst meine Mutter, als sie in einer Bodenkammer die alten Wiegen betrachtete, worunter eine übergroße von Nußbaum, mit Elfenbein und Ebenholz eingelegt, die mich ehemals geschwenkt hatte, besonders hervorstach." (DW 723) Hier deutet sich, allerdings erst im Kontext möglicher Heiratspläne des heranwachsenden Sohnes, ein Generationswechsel und damit auch eine Inbesitznahme des häuslichen Raums an. So spannt sich zwischen Dachboden und Erdgeschoss, Geburt und Tod ein autobiographisch fest umgrenzter Bereich, der bestimmten Aspekten des Lebens Raum und Wertigkeit zuweist. Dabei wird der Raum des Hauses, ausgehend von einer vertikalen Gliederung, mit einer biographischen bzw. familialen Zeitachse versehen.

Das Haus figuriert demnach nicht nur ein bestimmtes Lebensmodell, sondern organisiert auch die dieses Konzept konstituierenden Aspekte über räumliche Arrangements. Diese Raum- und Bedeutungszuteilung wird nach erfolgtem Umbau sogleich vom Vater vorgenommen. Seinem bürgerlichen Selbstverständnis entsprechend gilt die Aufmerksamkeit insbesondere den Bereichen Kunst und Bildung:

---

[198] Es handelt sich also gerade nicht um das von Goldmann konstatierte bloße Abschreiben relevanter Stationen und Schwellensituationen. Vgl.: Goldmann, „Topos und Erinnerung", 668.
[199] Bachelard, *Poetik des Raumes*, 24.

> Das Haus war indessen fertig geworden und zwar in ziemlich kurzer Zeit, weil alles wohlüberlegt, vorbereitet und für die nötige Geldsumme gesorgt war. [...] Das erste, was man in Ordnung brachte, war die Büchersammlung des Vaters, von welcher die besten, in Franz- oder Halb-Franzband gebundenen Bücher die Wände seines Arbeits- und Studierzimmers schmücken sollten. [...] Die andere Hälfte dieser Büchersammlung, in sauberen Pergamentbänden mit sehr schön geschriebenen Titeln, ward in einem besonderen Mansardzimmer aufgestellt. (DW 33f.)

Die Ausstellung von Texten als beruflichem Handwerkszeug, ebenso wie zu Repräsentationszwecken, versteht sich als Ausdruck einer durch Arbeit und Bildung erworbenen explizit bürgerlichen Kulturleistung.[200] Diesem Kernstück bürgerlichen Bildungsdenkens wird entsprechender Raum verschafft, der sich zudem noch im positiv konnotierten oberen Teil des Hauses über den alltäglichen Wohn- und Arbeitsräumen befindet. Eine ähnliche Aufwertung erfährt die Malerei: „Zunächst aber wurden die Gemälde, die sonst in dem alten Hause zerstreut herumhangen, nunmehr zusammen an den Wänden eines freundlichen Zimmers neben der Studierstube, alle in schwarzen, mit goldenen Stäbchen verzierten Rahmen, symmetrisch angebracht." (DW 34)

Auch der Kunst wird somit ein fest umgrenzter und von der Arbeit abgesonderter Raum zugeordnet.[201] Zugleich wird ihre Bildlichkeit in eine strenge Ordnung und vereinheitlichte Rahmung überführt. Ästhetische Wahrnehmung wird damit nicht nur an ausgewiesene Räume gebunden, während sie aus den übrigen Bereichen verschwindet. Die geometrische

---

[200] Dieser Gestus eines aus Bildung erwachsenden gesellschaftlichen Status richtet sich zugleich gegen die vererbten Privilegien des Adels. So hat der Vater sich „nach seinen reichsbürgerlichen Gesinnungen [...] jederzeit von den Großen entfernt gehalten" (DW 701) und ist dementsprechend entsetzt über eine mögliche Anstellung seines Sohnes am Hof in Weimar. Aber auch dem autobiographischen Ich, das sich durch die Publikation des Götz „gegen die obern Stände sehr gut gestellt" (DW 772) sieht, ist im Kontext seiner beruflichen Zukunftsplanung „zum Credo geworden, man müsse sich einen persönlichen Adel erwerben" (DW 776). Hierzu schaltet es einen entsprechenden Brief Ulrichs von Hutten ein. Für den Vater schließen sich jedoch, anders als für den Sohn, die beiden Modelle wechselseitig aus.

[201] Diese Trennung in Arbeits- und Kunstbereich, die hier ihre räumliche Grundlegung erfährt, spiegelt das Verständnis von Kunst als eines zweckfreien ästhetischen Prozesses. Damit unterscheidet sich auch hier die grundsätzliche Überzeugung des Ichs nicht wesentlich von der seines Vaters. So überlegt es, ob es nicht Broterwerb und Kunstproduktion prinzipiell voneinander trennen sollte: „Sehr angenehm war mir zu denken, daß ich für wirkliche Dienste von den Menschen auch reellen Lohn fordern; jene liebliche Naturgabe dagegen als ein Heiliges uneigennützig auszuspenden fortfahren dürfte." (DW 735).

Struktur impliziert zudem Vergleichbarkeit und ermöglicht eine Blickschulung im Sinne einer zu regulierenden Einbildungskraft.

Dieser Bilder- und Bildungsraum des Hauses entspricht nach erfolgtem Umbau den lebensweltlichen Vorstellungen des Vaters. Das Haus verkörpert damit in seiner Anlage ein bürgerliches, vom Vater als Norm verstandenes Lebensmodell. Dessen Rigidität erzeugt allerdings im Verlauf der autobiographischen Narration Reibungen und Absetzbewegungen an den Stellen, an denen der Sohn beginnt eigene Standpunkte und Perspektiven zu entwickeln. So führt die im fünften Buch beginnende Auseinandersetzung mit einer öffentlichen Autorrolle – die im Kontrast zur vom Vater angestrebten Juristenkarriere des Sohns steht – zu einem ersten, zu diesem Zeitpunkt noch symbolisch bleibenden Auszug aus dem Elternhaus. Das erlebende Ich verbringt einen Abend im Haus von Gretchen und deren Brüdern, in dessen Verlauf es eine alternative, „hypothetisch[e] Lebensgeschichte" (DW 192) seiner selbst erzählt. Bezeichnenderweise vergisst es darüber die Zeit und muss folglich dort übernachten. Erst am folgenden Morgen schleicht es sich zurück ins Elternhaus. Diese fiktive Biographie, die mit einem gänzlich anderen beruflich-sozialen Lebensentwurf und daher auch mit Orten abseits des Elternhauses verknüpft ist, deutet bereits auf die Schwierigkeiten einer Integration eigener biographischer Dimensionen in die Sphäre des Elternhauses.

Ist die erste Auseinandersetzung mit dem Lebensplan des Vaters noch durch ein räumliches Ausweichen gekennzeichnet, so unternehmen spätere Ansätze den Versuch einer aktiven Veränderung der häuslichen Architektur. Nach seiner Rückkehr aus Leipzig erkennt Goethe mit einem durch die dortigen baulichen Verhältnisse geschulten Blick die Beschränkungen des väterlichen Wohnkonzepts:

> So hatte ich von der Baukunst, der Einrichtung und Verzierung der Häuser eine allgemeine Vorstellung gewonnen, und wendete dies nun unvorsichtig im Gespräch auf unser eigen Haus an. Mein Vater hatte die ganze Einrichtung desselben ersonnen und den Bau mit großer Standhaftigkeit durchgeführt, und es ließ sich auch, in sofern es eine Wohnung für ihn und seine Familie ausschließlich sein sollte, nichts dagegen einwenden [...]. (DW 388)

Die Schwierigkeiten beginnen allerdings, „sobald mehrere Partieen das Haus bewohnten" (DW 388). Eine solche Situation wäre gegeben, wenn Goethe selbst mit einer eigenen Familie Teile des Hauses bezöge und ist somit durchaus auf eine zukünftige biographische Perspektive hin gedacht. Der Versuch, eine Anpassung der Verhältnisse und damit letztlich auch die Möglichkeit eigener Räumlichkeiten im Elternhaus zu schaffen, endet jedoch in einer kategorischen Abweisung:

> Diese [Leipziger] Bauart rühmte ich einst höchlich und setzte ihre Vorteile heraus, zeigt dem Vater die Möglichkeit, auch seine Treppe zu verlegen, worüber er in einen unglaublichen Zorn geriet, der umso heftiger war, als ich kurz vorher einige schnörkelhafte Spiegelrahmen getadelt und gewisse chinesische Tapeten verworfen hatte. Es gab eine Szene, welche, zwar wieder vertuscht und ausgeglichen, doch meine Reise nach dem schönen Elsaß beschleunigte, die ich denn auch, auf der neu eingerichteten bequemen Diligence, ohne Aufenthalt und in kurzer Zeit vollbrachte. (DW 388f.)

Als einzige Möglichkeit zur vorläufigen Beilegung der Konfrontation bleibt nur die räumliche Trennung, der Sohn reist nach Straßburg. Da der Konflikt damit aber nicht gelöst, sondern lediglich „vertuscht" wurde, bricht er beim nächsten längeren Aufenthalt im Elternhaus erneut auf. Nach seiner in Straßburg erfolgten Promotion rücken nun der Eintritt in die Arbeitswelt, damit auch die Entscheidung für einen räumlichen Lebensmittelpunkt sowie eine mögliche Heirat als biographische Schritte für das Ich ins Blickfeld. Während die ersten beiden Aspekte zunächst um Fragen der beruflichen Möglichkeiten in Frankfurt kreisen, ist die Frage einer Heirat und Familiengründung expliziter an das elterliche Haus gebunden. Die nach der durch Demoiselle Delf erwirkten Verlobung Goethes mit Lili Schönemann auftauchenden Unstimmigkeiten zwischen den beiden Familien – „kein Familienzusammenhang, andere Religionsgebräuche, andere Sitten!" (DW 767) – werden im Text über die (un)passende Architektur des Hauses verhandelt. Während eine frühere, vom Vater gut geheißene Freundin unter dieser Perspektive in einem nicht unbedingt schmeichelhaften Vergleich als „der passende Schlußstein zu einem schon aufgemauerten Gewölbe" (DW 767) erscheint, müsste man für Lili „ein neues Gewölbe [...] zurichten" (DW 767). Die Anlage des Hauses, verbunden mit der vom Vater vehement verteidigten Ablehnung von baulichen Veränderungen, wird damit zum sichtbaren Kriterium nicht zu vereinbarender Lebensentwürfe:

> Betrachtete ich nun aber mich in meinem Hause, und gedacht' ich sie hereinzuführen, so schien sie mir nicht zu passen, wie ich ja schon in ihren Zirkeln, um gegen die Tags- und Modemenschen nicht abzustechen, meine Kleidung von Zeit zu Zeit verändern ja wieder verändern mußte. Das konnte aber doch mit einer häuslichen Einrichtung nicht geschehen, wo in einem neugebauten stattlichen Bürgerhause ein nunmehr veralteter Prunk gleichsam rückwärts die Einrichtung geleitet hatte. [...] Und wollte die Liebenswürdige einigermaßen ihre Lebensweise fortsetzen, so fand sie in dem anständig geräumigen Hause keine Gelegenheit keinen Raum. (DW 767)

Zwar ist das Haus groß genug für alle Personen, es ist jedoch nicht auf die großbürgerliche Lebensweise des Hauses Schönemann ausgelegt, die eine für entsprechenden sozialen Umgang ausgelegte Architektur verlangt.[202] So bietet das Haus zwar Platz, aber paradoxerweise dennoch „keinen Raum".[203] Die Umbaumaßnahmen des Vaters haben lediglich zu einer Modernisierung der räumlichen Aufteilung, nicht aber des Geschmacks geführt (so steht „einem neugebauten stattlichen Bürgerhause" ein „veralteter Prunk" gegenüber). Dieser Anachronismus spiegelt die familiäre Szenerie, in der die Zukunft von der Vergangenheit verstellt und verunmöglicht wird. Er zeigt aber auch die Entlastungsfunktion, die das erzählende Ich hier gegenüber dem erinnerten einnimmt, indem es die Unmöglichkeit einer Beziehung räumlich absichert.

Das Gegenmodell zur häuslichen Beschränkung bietet die von Lili im Zuge der elterlichen Widerstände gegen die Beziehung ins Spiel gebrachte Option „alle dermaligen Zustände und Verhältnisse aufzugeben und mit nach Amerika zu gehen" (DW 830). Amerika, als Paradigma unbegrenzten Raumes, böte durch eine radikale räumliche Absetzbewegung die Möglichkeit einer Verwirklichung der eigenen Lebensvorstellungen. Zugleich wäre dieser Aufbruch aber auch mit einem vollständigen Bruch, einem Zurücklassen des Bekannten im Überqueren des atlantischen Ozeans verbunden. Vor diesen Konsequenzen schreckt Goethe, wie schon zuvor in den Alpen, zurück: „Mein schönes väterliches Haus, nur wenig Hundert Schritte von dem ihrigen, war doch immer ein leidlicher zu gewinnender Zustand als die über das Meer entfernte ungewisse Umgebung" (DW 830). Die transatlantische Bühne bleibt damit, auch in der Vorstel-

---

[202] Dem Status der Schönemanns als Bankiersfamilie entsprechend ist auch das Ambiente, in dem sich Goethe und Lili das erste Mal begegnen: „Unter andern ersuchte mich ein Freund eines Abends mit ihm ein kleines Konzert zu besuchen, welches in einem angesehenen reformierten Handelshause gegeben wurde. [...] Wir treten in ein Zimmer gleicher Erde und in das eigentliche geräumige Wohnzimmer. Die Gesellschaft war zahlreich, ein Flügel stand in der Mitte an den sich sogleich die einzige Tochter des Hauses niedersetzte und mit bedeutender Fertigkeit und Anmut spielte [...]." (DW 739).

[203] Eine spiegelverkehrte Situation findet sich bemerkenswerterweise im Kontext der Beziehung zu Friederike. Auch dort spielen häusliche Umbaupläne eine Rolle. So möchte Friederikes Vater das Pfarrhaus erweitern und nimmt dankbar das Angebot Goethes zur „Fertigung eines Grundrisses" (DW 499) an. Er wird damit also, im Gegensatz zum väterlichen Haus, explizit an den Umbauplänen beteiligt und könnte perspektivisch die Räumlichkeiten mit gestalten. Diese bauliche Vergrößerung wird allerdings von Friederike abgelehnt: „Neues Haus, neues Hausgeräte! Unsern Gästen würde es bei uns nicht wohler sein, sie sind nun einmal das alte Gebäude gewohnt. Hier können wir sie reichlich bewirten, dort fänden wir uns in einem weitern Raume beengt." (DW 499) Auch hier werden also die sozialen Unterschiede über räumliche Dimensionen verhandelt. Die Tatsache, dass Friederike keine Erweiterung der häuslichen Verhältnisse wünscht, deutet damit auf das letztliche Scheitern der Beziehung.

lung der Leser, leer. Das Ich verzichtet auf ein imaginatives Ausfüllen des Raumes, das diesem eine projektive Dimension verleihen würde. Indem der somit ungreifbar bleibende amerikanische dem überfüllten häuslichen Raum gegenübergestellt wird, erweisen sich beide als gleichermaßen ungeeignet. Als dritte und folgerichtige Option erscheint dadurch Goethes Entscheidung zur Aufgabe der Beziehung und zur erneuten „Flucht" (DW 843). Hier wird nun die im Text lange vorbereitete Option ‚Weimar' als Alternative ins Spiel gebracht. Mit der Aufgabe der Beziehung zu Lili endet auch der Versuch, sich einen eigenen Raum im Elternhaus zu verschaffen. Was im fünften Buch als symbolischer Auszug vorgedacht wurde, wird nun als reale Möglichkeit aktiviert. Mit Weimar verbindet sich nicht nur die Wertschätzung seines literarischen Schaffens und damit eine Perspektive als Autor, es ist zugleich die Entscheidung gegen das bürgerliche, vom Vater für den Sohn vorgesehene Lebensmodell und dessen Adelshass.

3.1.2 Das Kinderzimmer

Manifestiert sich im Elternhaus das väterliche Lebensmodell, so gruppieren sich die Funktionen des Kinderzimmers stärker um die individuell-beruflichen Entwicklungsschritte der Ich-Figur. Räumlich wird dies über Verfahren des Ein- bzw. Ausschlusses in Szene gesetzt. So ist das Kinderzimmer einerseits ein kindlicher Rückzugsraum, der Privatheit und damit auch das Erproben von Rollen erlaubt. Diese Form der Intimität wird allerdings zugleich anhand ihrer Darstellungsweise als Stilmittel erkennbar. Sie zeigt sich damit als Teil des autobiographischen Repertoires oder, mit Schabacher gesprochen, als Element einer „Topik der Referenz".[204] Andererseits gerät das Kinderzimmer auch zum Ort des verordneten Einschlusses und damit zur Sphäre der elterlichen Autorität. Diese Funktion verkehrt sich jedoch im Zuge einer zunehmend auch öffentlich eingenommenen Autor-Rolle, so dass sich das Kinderzimmer von einem Ort der Fremd- zu einem der Selbstbestimmung wandelt.

Zu Beginn von *Dichtung und Wahrheit* spielt das Kinderzimmer jedoch zunächst keine Rolle. In der detaillierten Hausbeschreibung des ersten Buchs wird ein solcher Ort gar nicht erwähnt. Erst nach erfolgtem Umbau erfährt man in der Schlussszene des ersten Buchs von Aktivitäten des Kindes innerhalb „des Zimmers, das man ihm im neuen Hause einge-

---

[204] Gabriele Schabacher, *Topik der Referenz, Theorie der Autobiographie, die Funktion „Gattung" und Roland Barthes' Über mich selbst*, Würzburg 2007.

räumt hatte" (DW 52). Diese führen sogleich die Funktionen vor, die das Kinderzimmer im Folgenden erfüllt: es wird zum Ort einer über die Religion vermittelten ästhetischen Auseinandersetzung mit der Welt sowie der Einnahme und Einübung von gesellschaftlichen Rollen.

Der erste Aspekt wird markiert, indem das Kind das eigene Zimmer nutzt, um ungesehen von Anderen „sich dem großen Gotte der Natur, dem Schöpfer und Erhalter Himmels und der Erden [...] unmittelbar zu nähern" (DW 50f.). Auf einem Musikpult wird ein Altar errichtet, bei dem „Naturprodukte [...] die Welt im Gleichnis vorstellen, über diesen [...] eine Flamme brennen und das zu seinem Schöpfer sich aufsehende Gemüt des Menschen bedeuten [sollte]" (DW 51). Dementsprechend vorbereitet „sollte bei einem frühen Sonnenaufgang die erste Gottesverehrung angestellt werden". Es geht demnach um den ersten kindlichen Versuch eines zeichenhaften Vergegenwärtigens und Sich-in-Beziehungsetzens mit der Welt. Sich selbst hat das Ich dabei die Rolle als „junge[r] Priester" (DW 51) zugedacht.

In dieser Passage fällt zunächst die starke Stilisierung des erinnerten Ichs auf. Das erzählende Ich beschreibt die Vorgänge aus einer Position der Distanz heraus, das erinnerte Ich rückt dabei in die dritte Person. Damit wird, wie von Smith/Watson beschrieben[205], die Stimme des erwachsenen, schreibenden Ichs deutlich, das erinnerte Kind gerät zur Figur auf einer detailliert beschriebenen Bühne. Mehr noch, als „junge[r] Priester" verschwindet es hinter der inszenierten Rolle, es wird, wenn auch zunächst ironisch gebrochen, zur Chiffre des Autorschafts-Prozesses.[206]

Die übergreifende Bedeutung dieser Szene erschließt sich, wenn man die Funktionalisierung von Religion im Gesamtzusammenhang des Texts betrachtet. Wie schon erwähnt, werden im Verlauf von *Dichtung und Wahrheit* mehrmals Textpassagen eingeschaltet, die sich mit biblischen Geschichten und Aspekten der christlichen Dogmatik befassen.[207] Diese werden jedoch in einen ästhetisch-poetologischen Diskurs überführt, dienen gleichsam der Selbsteinsetzung des Dichters in die Rolle eines säkularisierten Priesters und Vermittlers von Bedeutungen. Der Prozess, der dies ermöglicht, ist eine von der Imagination geleistete Verräumlichung, die den religiösen zu einem ästhetisch form- und erfahrbaren Raum

---

[205] Vgl. Smith/Watson, *Reading Autobiography*, 60.
[206] Die Gleichsetzung von Priester und Autor zieht sich durch den gesamten Text. Hier sei lediglich auf die Goldsmiths *Landprediger von Wakefield* in Buch 10 und 11 sowie auf die erste Begegnung mit Herder verwiesen, den der junge Goethe zunächst für einen Geistlichen hält (DW 438f.).
[207] Hier ist insbesondere zu verweisen auf die Abschnitte zur Nacherzählung der Patriarchengeschichte in Buch 4 (DW 143-155), die Diskussion der katholischen Sakramente in Buch 7 (DW 316-320) sowie auf den Abschnitt über das ‚Dämonische' in Buch 20 (DW 839-842).

macht. Mit der Aneignung der christlichen Erzählung für die eigene Biographie konstituiert sich das Ich – über den Raum der Imagination, der hier konkret geographisch gedacht wird – somit zugleich auch als Autor. Diese Entwicklungsgeschichte des Autor-Ichs ist nun in Grundzügen bereits in der ersten Beschreibung des Kinderzimmers als Ort religiöser Betätigung angelegt. Zugleich wird aber ersichtlich, dass es sich hierbei um einen Lern- und Bildungsprozess handelt. Dessen Mechanik wird im Folgenden kurz ausgeführt, wobei ich an die kursorischen Bemerkungen im Theoriekapitel anschließe.

So setzt sich die Auseinandersetzung mit religiösen Inhalten im vierten Buch anhand einer Nacherzählung der alttestamentlichen Patriarchengeschichte fort. Ihre Bedeutung erhält diese aber erst, wie schon angemerkt, in einer poetologischen Perspektivierung durch die dichterische Einbildungskraft: „Die Bemühungen um die Sprache, um den Inhalt der heiligen Schriften selbst, endigten zuletzt damit, daß von jenem schönen und vielgepriesenen Lande [...] eine lebhaftere Vorstellung in meiner Einbildungskraft hervorging." (DW 143) Die biblische Narration wird im Folgenden anthropogenetischer Mythos und autobiographisches Bildungs-Material gleichermaßen, an dem sich ‚der Mensch', das Individuum und der Künstler zugleich spiegeln wie innerlich formen:

> Dieser kleine Raum sollte den Ursprung und das Wachstum des Menschengeschlechts sehen [...] und ein solches Lokal sollte zugleich so einfach und faßlich, als mannigfaltig und zu den wundersamsten Wanderungen und Ansiedlungen geeignet, vor unserer Einbildungskraft liegen. Hier, zwischen vier benannten Flüssen, war aus der ganzen zu bewohnenden Erde ein kleiner höchst anmutiger Raum dem jugendlichen Menschen ausgesondert. Hier sollte er seine ersten Fähigkeiten entwickeln, und hier sollte ihn zugleich das Los treffen, das seiner ganzen Nachkommenschaft beschieden war, seine Ruhe zu verlieren, indem er nach Erkenntnis strebte. (DW 143)

Die Bedingung für Wachstum und Entfaltung ist hier räumlich gefasst als ein „abgesondert[er], „kleine[r] Raum". In diesem ‚Kinderzimmer der Menschheit' verschränken sich nun unter Vermittlung der Einbildungskraft die individuelle Biographie und die kulturell-religiöse Entwicklung der Gattung ‚Mensch'. Dabei hat die Imagination zunächst eine poetische Funktion. Indem sie die biblischen Texte in mentale Landschaften übersetzt, kann sie diese zugleich formen und so die dichterische Gestaltungskraft üben – aus religiösen Narrationen werden literarische Bilder und Räume. Darüber hinaus besitzt dieser Prozess aber auch eine persönlichkeitsbildende und -festigende Dimension:

> Vielleicht möchte Jemand fragen, warum ich diese allgemein bekannten, so oft wiederholten und ausgelegten Geschichten hier

abermals umständlich vortrage. Diesem dürfte zur Antwort dienen, daß ich auf keine andere Weise darzustellen wüßte, wie ich bei meinem zerstreuten Leben, bei meinem zerstückelten Lernen, dennoch meinen Geist, meine Gefühle auf einen Punkt zu einer stillen Wirkung versammelte; [...]. Wenn eine stets geschäftige Einbildungskraft [...] mich bald da bald dorthin führte, wenn das Gemisch von Fabel und Geschichte, Mythologie und Religion mich zu verwirren drohte; so flüchtete ich gern nach jenen morgenländischen Gegenden, ich versenkte mich in die ersten Bücher Mosis, und fand mich dort unter den ausgebreiteten Hirtenstämmen zugleich in der größten Einsamkeit und in der größten Gesellschaft. (DW 155)

Ganz im Sinne einer Formung der imaginativen Kräfte setzt hier die geordnete Bildlichkeit des Texts der sinnlichen Zerstreuung im Umgang mit der Welt und damit der Gefahr einer „regellos herumschweifende[n] Einbildungskraft"[208] eine räumliche Struktur entgegen. Diese ermöglicht eine innere Sammlung und führt so zu einer Stabilisierung des Ichs. Entscheidend ist hierbei das reflexive Moment, wodurch es sich nicht mehr in seinen mentalen wie emotionalen Aktivitäten verliert, sondern sich im Gegenteil durch die Einbildungskraft selbst konstituiert.[209] Dieser Prozess bedarf jedoch der Einübung und misslingt dem kindlichen Ich zunächst, wie die eingangs beschriebene Gottesdienst-Szene gezeigt hat. Dort verliert sich die beabsichtigte Andacht in der Betrachtung des Sonnenaufgangs, anstatt den Agierenden durch die symbolische Anordnung innerlich zu fokussieren. Als Folge beschädigen die Räucherkerzen den Lack des Musikpults, so dass der erste Versuch eines zeichenhaften Umgangs mit der Welt ohne das gewünschte Ergebnis abgebrochen wird.

Die Rolle des Priesters ist aber, so ist hier bereits deutlich geworden, nur die Kehrseite des sich formierenden Autors. Folgerichtig wenden sich

---

[208] Kant unterscheidet in seiner Anthropologie zwischen ‚imaginatio affinitas' und ‚imaginatio plastica'. Erstere ist durch ein Denken in Affinitäten und Assoziationen gekennzeichnet, mit Foucault also dem Paradigma des Humanismus verpflichtet. Gegen diese als „zügellos oder gar regellos" (DW 484) bezeichnete Denkweise richtet sich Kant und fordert eine Einbildungskraft, die externer Führung von Seiten der Vernunft unterworfen ist und somit erzieherisch im Subjekt wirken kann (nach Foucault somit ein Übergang zum klassischen Denken der Repräsentation). Schulte-Sasse perspektiviert diese sich im 18. Jahrhundert vollziehende Differenzierung im Hinblick auf ein sich langsam etablierendes, modernes Subjektverständnis: „Die (neue) Pathologie der Zerstreuung bildet das notwendige Negativ der kreativen Einbildungskraft; beide, Positiv und Negativ, konvergieren in einem neuen Subjektivitätsideal." Schulte-Sasse, „Einbildungskraft/Imagination", 106.

[209] Schulte-Sasse sieht hierin ein entscheidendes Kriterium der Einbildungskraft: „Die Einbildungskraft erblickt nicht nur; sie reflektiert, auf der Grundlage einer Distanzierung von Subjekt und (künstlerischem) Objekt, auf dieses Verhältnis." Schulte-Sasse, „Einbildungskraft/Imagination", 104.

die Aktivitäten im Kinderzimmer verstärkt künstlerischen Produktionen in Form des (Puppen-)Theaters zu. Zeitgeschichtlicher Auslöser für diese biographisch äußerst relevante Auseinandersetzung mit dem Theater sind die herannahenden Auseinandersetzungen des 7-jährigen Krieges. Sie lassen den öffentlichen Raum unsicher werden und führen dazu, dass man „uns Kinder mehr als bisher zu Hause" hält (DW 56). Aus diesem Grund wird auch das bereits im ersten Buch erwähnte Puppenspiel wieder aufgestellt. Eingeführt wurde es zuvor als „das letzte Vermächtnis unserer guten Großmutter" (DW 20), mithin in einer explizit biographischen Wendung. Die Relevanz für das Ich wird dabei räumlich gefasst: „An einem Weihnachtabende jedoch setzte sie [die Großmutter] allen ihren Wohltaten die Krone auf, indem sie uns ein Puppenspiel vorstellen ließ, und so in dem alten Hause eine neue Welt erschuf." Es geht also um die imaginierte Verdoppelung der Welt im Werk des Künstlers. Mit dem Puppentheater wird dem realen Stadtraum außerhalb des Hauses demnach ein Raum der künstlerischen Inszenierung gegenübergestellt. Zugleich betrifft dies in einer selbstreferentiellen Wendung auch den autobiographischen Text und dessen Autor selbst, der sich im Folgenden explizit selbst als Regisseur betätigt.

Bedeutsam ist hierbei nun das räumliche Arrangement der Bühne, denn sie wird „dergestalt eingerichtet, daß die Zuschauer in meinem Giebelzimmer sitzen, die spielenden und dirigierenden Personen aber, so wie das Theater selbst vom Proscenium an, in einem Nebenzimmer Platz und Raum fanden" (DW 56). Auf diese Weise öffnet nun das Ich den vermeintlich eigenen Raum des Kinderzimmers für ein Publikum. Dies bedeutet aber zugleich den Rückzug der eigentlich dort wohnenden Person in ein „Nebenzimmer". Autobiographisch findet so, ausgehend von dem zuvor eröffneten Bedeutungsrahmen, ein kommentierendes Spiel mit den Erwartungen der Lesenden statt. Vergleichbar der autobiographischen Schreib- bzw. Lesesituation lässt der Autor das Publikum in den Raum seiner Kindheit eintreten und bedient damit zunächst dessen Erwartungshaltung. Ironischerweise wird aber gerade durch den Einlass der Zuschauer die Verschiebung des „ursprüngliche[n] Hauptdrama[s]" in den Nachbarraum notwendig, so dass das Kinderzimmer im wörtlichen Sinne zum Neben-Schauplatz wird. Was man von dort zu sehen bekommt ist nicht die ‚wirkliche Geschichte', sondern wiederum nur eine Inszenierung, die anhand der Bühne auch eindeutig als solche ausgestellt ist.[210]

---

[210] Hier sei nur auf zwei Theater-Metaphern hingewiesen, die in der Verwendung mitschwingen: zum einen das Theatrum mundi, also die Betrachtung der Welt selbst als Theater, und zum anderen das Gedächtnis-Theater. Günter Butzer weist in diesem Kontext auf das „vielfältige intermediale Potential" der Metapher vom Gedächtnis-Theater hin: „Über seine mnemotechnisch zu funktionalisierende topologische Struktur [...] hinausgehend, liefert das Theater mit dem Begriff der

Erst das Zurücktreten aus dem eigenen Raum schafft somit die Bühne, die eine probeweise Einnahme von Rollen und Identitäten ermöglicht. Dabei erschafft sich das Ich diesen Inszenierungsraum im doppelten Sinne selbst: sowohl auf der Handlungsebene, indem es das eigene Zimmer als Bühne präsentiert, als auch im Sinne einer auktorialen Differenzierung zwischen erzählendem und erinnertem Ich. Beide treten auseinander und lassen das erzählende Ich als Autor und Konstrukteur der Szenerie sichtbar werden. Das Ich präsentiert so seine autobiographischen Gestaltungsmittel.

Darüber hinaus fördert diese theatrale Perspektive „auf mannigfaltige Weise [...] das Erfindungs- und Darstellungsvermögen, die Einbildungskraft und eine gewisse Technik" (DW 57) und initiiert so auch einen – wiederum räumlich gefassten – ‚literarischen Umgang' mit sich selbst. Aus Rollen werden Geschichten, die der junge Goethe seinen Zuhörern erzählt und für die wiederum „Lokalitäten, wo nicht aus einer anderen Welt, doch gewiß aus einer anderen Gegend nötig" (DW 58) sind.

Dieser Freiraum im wörtlichen Sinne, in dem literarisch-ästhetische ebenso wie soziale Positionen durchgespielt werden, steht jedoch unter Vorbehalt, denn das Kinderzimmer bleibt der elterlichen (bzw. erwachsenen) Autorität unterstellt. Diese Fremdbestimmung äußert sich in den

---

Handlung (actio) ein Element, das von der Interaktion der Gedächtnisbilder bis hin zu einem umfassenden Illusions- und Simulationsgeschehen reicht." Es ist diese Verknüpfung von topologischen mit Handlungselementen, die der Text hier ins Konkrete wendet und als tatsächliches Theater inszeniert, das so zugleich als autobiographisches Theater des Gedächtnisses erkennbar wird. In der Tradition der christlichen Meditationen wird dann „dieses interaktive Potential der Merkbilder zu einem interiorisierten Theatergeschehen ausgeweitet – aus interagierenden Bildern entwickelt sich szenische Aktion, die wiederum textuell gesteuert wird. [...] Im 17. Jahrhundert können auf dieser inneren Bühne auch andere Spektakel aufgeführt werden, nicht zuletzt dasjenige des eigenen Lebens [...]."Günter Butzer, „Gedächtnismetaphorik", in: Astrid Erll, Ansgar Nünning, *Gedächtniskonzepte der Literaturwissenschaft, Theoretische Grundlegung und Anwendungsperspektiven*, Berlin 2005, 11-30, hier 20 bzw. 21; vgl. auch: Lina Bolzoni, *Il teatro della memoria, Studi su Giulio Camillo*, Padua 1984; zur hauptsächlich im Barock verbreiteten Metapher des Welttheaters vgl: José M. Gonzáles García, „Zwischen Literatur, Philosophie und Soziologie: Die Metapher des ‚Theatrum Mundi'", in: Christiane Schildknecht, Dieter Teichert (Hgg.), *Philosophie in Literatur*, Frankfurt a.M. 1996, 87-108; Ders., Ralf Konersmann, „Theatrum Mundi", in: *Historisches Wörterbuch der Philosophie*, Bd. 10, Darmstadt 1998, 1051-1054; Lynda G. Christian, *Theatrum Mundi, The History of an Idea*, New York 1987; Christian Weber, „Theatrum Mundi, Zur Konjunktur des Theatrum-Metapher im 16. und 17. Jahrhundert als Ort der Wissenskompilation und zu ihrer literarischen Umsetzung im *Großen Welttheater*", in: Flemming Schock (Hg.), *Dimensionen der Theatrum-Metapher in der frühen Neuzeit, Ordnung und Repräsentationen von Wissen*, Hannover 2008, 341-368.

zwei räumlichen Varianten von Ausschluss und Einschluss. So hat die Besetzung Frankfurts durch die Franzosen eine Einquartierung des französischen Königsleutnants in das Elternhaus zur Folge.[211] Da dieser nun regionale Maler für sich arbeiten lassen möchte, wird ihm „mein hübsches helles Giebelzimmer in der Mansarde eingeräumt und sogleich in ein Kabinett und Atelier umgewandelt […]." (DW 99)[212] Wiederum erhält das Zimmer des Ichs eine neue Bezeichnung, wird der Ort im Sinne Certeaus neu definiert. Mit dieser Sprachhandlung geht auch eine weitere Bedeutungsdimension einher, die zu den vorher bereits installierten – der zeichenhafte Umgang mit der Welt und die Inszenierung des eigenen Theaters – hinzukommt. Der junge Goethe tritt also, salopp formuliert, sein Zimmer an die Kunst ab, wofür er jedoch die Möglichkeit erhält, die künstlerischen Produktionsprozesse mit zu verfolgen und sein eigenes künstlerisches Urteil zu schulen. Aber auch in diesem künstlerischen Paradies gibt es verbotene Zonen und so lässt ihn die „jugendliche Neugierde […] hinter dem Ofen ein schwarzes Kästchen" (DW 100f.) finden, welches erotische Malereien enthält. Bei dieser Grenzüberschreitung wird er jedoch vom Königsleutnant entdeckt und mit einem einwöchigen Zimmerverbot belegt. Auf diese Weise figurieren die konkrete Raumkonstellation und die darin sich vollziehende Handlung eine metaphorisch-biographische Semantik. Aus dem eigenen Kinderzimmer ist ein Ort der Kunst geworden, der dem Kind nur noch bzw. bislang nur begrenzt zugänglich ist. Dieser enthält zwar die Möglichkeit, die limitierenden gesellschaftlichen Regeln und (Moral-)Vorstellungen zu überschreiten, wie der Blick in das schwarze Kästchen verspricht. Biographisch ist dies dem Kind aber noch nicht möglich, die Dimension der Sexualität bleibt ihm vorerst verschlossen. So hält ihm die Umfunktionierung des Kinderzimmers das Potential von Kunst vor Augen, um ihn aber, zumindest vorerst, nur bedingt daran teilhaben zu lassen. Die genannte „jugendliche Neugierde", die aktiv das Terrain der Kunst erforscht, weist jedoch bereits den Weg von der gesellschaftlich-familiären Fremdbestimmung zur künstlerischen Selbstbestimmung am Ende des Textes.

Zunächst steht das Kinderzimmer aber noch für die Zuweisung des gesellschaftlich (bzw. elterlich) vorgesehenen Platzes. Buch Fünf insze-

---

[211] Damit zieht eine höhere Autorität als die elterliche bzw. väterliche ins Haus ein, was zu den bekannten Konflikten zwischen Graf und Vater führt (vgl. Kap. 3.1.3). Folgerichtig meidet der ebenso kunstliebende Vater das Atelierzimmer und besucht es „bloß, wenn sich der Graf bei Tafel befand" (125).

[212] Was sich hier im privaten Raum als eine Förderung von Kunst und Kultur durch die Franzosen zeigt, geschieht parallel auch im öffentlichen Raum durch die Installierung eines Theaters. Hierdurch wird Goethe nicht nur die Möglichkeit zum Erlernen der französischen Sprache geboten, sondern es erfolgt auch eine erste Auseinandersetzung mit der Theorie des Theaters und die Produktion eines eigenen, auf Französisch verfassten Stücks.

niert dies als Reaktion auf die ersten eigenständigen Erkundungen des öffentlichen Raums. So setzt der Abschnitt ein mit der ersten Ansprache des jugendlichen Goethe als Autor in einem Übergangsbereich vom häuslichen zum städtischen Raum und der damit eröffneten Perspektive einer literarischen Existenz.[213] Diese wird verbunden mit der Beziehung zu Gretchen und dem Kontakt zu „Menschen aus dem mittlern, ja wenn man will, aus dem niedern Stande" (DW 183). Das sich mit den regelmäßigen Besuchen in Gretchens Haus entwickelnde „Märchen [...] meine[r] hypothetische[n] Lebensgeschichte" steht allerdings im völligen Kontrast zu dem väterlichen „Märchen meines künftigen Jugendganges" (DW 40).[214] Der Vater besitzt sehr genaue Vorstellungen davon, wie das Leben des Sohnes zu verlaufen hat und diese geraten nun in Gefahr.[215] Entdeckt werden Goethes Aktivitäten jedoch erst, als die räumlich-sozialen Grenzen zunehmend missachtet werden. So überschneiden sich die zunächst räumlich strikt vom städtischen und familiären Raum getrennten Beziehungen im Verlauf des Buchs zunehmend mit den familiären Räumen und diese fortschreitende Grenzauflösung kulminiert in der Nacht der Königskrönung. Während der Feierlichkeiten erlebt die Beziehung zu Gretchen ihre größte Präsenz im öffentlichen Raum, indem beide als Paar durch die Straßen der Stadt spazieren. Mit diesem Schritt wird auch die zuvor beachtete stadträumliche Grenzziehung zwischen beiden Bereichen aufgelöst. Den Höhe- und Wendepunkt dieser Bewegung bildet der Kuss Gretchens auf Goethes Stirn, der die zeitgleich stattfindende Königskrönung mit einer individuellen Dichterkrönung symbolisch parallelisiert.[216] Diesem Moment der individuell-gesellschaftlichen Freiheit, die biographisch auf dieser Stufe jeglicher Grundlage entbehrt, folgt allerdings als Gegenbewegung der strikte räumliche Einschluss:

---

[213] Hierbei handelt es sich um die zu Promenaden umgewandelten Stadtwälle. Für eine detailliertere Analyse dieses Raums s. Kap. 3.3.1.

[214] Mit der Prominenz des Märchenbegriffs in *Dichtung und Wahrheit* hat sich Gabriele Blod ausführlich befasst, die darin die zentrale Verstehensfigur des Texts sieht. Vgl.: Gabriele Blod, ‚Lebensmärchen', Goethes „Dichtung und Wahrheit" als poetischer und poetologischer Text, Würzburg 2003.

[215] Das Konzept des Vaters beruht letztlich auf der narzisstischen Vorstellung einer bestätigenden Kopie des eigenen Lebenslaufs: „Meinem Vater war sein eigner Lebensgang bis dahin ziemlich nach Wunsch gelungen; ich sollte denselben Weg gehen, aber bequemer und weiter." (DW 38).

[216] Die symbolische Dimension dieser Handlung wird im Verlauf des Kapitels schrittweise aufgebaut, wie ich in Kap. 3.3.1 näher erläutere. Sie verläuft von der Erwähnung des Dichterlorbeer am Ende des vierten Buchs, über die Begegnung mit Pylades in den Allen der Stadtwälle, die Bezeichnung des öffentlichen Raum als Bühne und des Krönungsprozedere als Theater bis hin zu dessen durch den Vater initiierten Aufzeichnung.

> Den andern Morgen lag ich noch im Bette, als meine Mutter verstört und ängstlich hereintrat. [...] ‚Steh auf, sagte sie, und mache dich auf etwas Unangenehmes gefaßt. Es ist herausgekommen, daß du sehr schlechte Gesellschaft besucht und dich in die gefährlichsten und schlimmsten Händel verwickelt hast. Der Vater ist außer sich, und wir haben nur soviel von ihm erlangt, daß er die Sache durch einen Dritten untersuchen will. Bleib auf deinem Zimmer und erwarte was bevorsteht. Der Rat Schneider wird zu dir kommen; er hat sowohl vom Vater als von der Obrigkeit den Auftrag: denn die Sache ist schon anhängig und kann eine sehr böse Wendung nehmen. (DW 229f.)

Diese in Figurenrede gestaltete Szene bringt die Position des erinnerten Ichs in den Vordergrund. Die Perspektive ist auf das Kinderzimmer als Erlebnisraum beschränkt und wird in den folgenden Abschnitten auch gleichermaßen beibehalten. Informationen gelangen lediglich über die das Zimmer betretenden Personen zum Ich. Damit gerät das Kinderzimmer erneut zur Bühne eines autobiographischen Kammerstücks, die biographischen Grenzen fallen mit der narrativen Begrenzung der Perspektive zusammen.

Im weiteren Verlauf wird auf die begangene Grenzüberschreitung nun mit einer räumlichen Sanktion reagiert, die dem Kind auf doppelte Weise seinen Platz zuweist. Zum einen lässt der verordnete Zimmerarrest keine Zweifel an der Unmündigkeit des Ichs und damit an seinem gesellschaftlich-biographischen Status als Kind. Zum anderen demonstriert der Vorgang aber auch seine herausgehobene gesellschaftlich-soziale Position. Im Gegensatz zu den übrigen Verdächtigen muss er das Elternhaus nicht verlassen und sich in Haft begeben. Sein Platz, an dem ihn kein gewöhnlicher Polizist, sondern ein befreundeter Ratsherr aufsucht, verbleibt in der Sphäre der bürgerlichen Oberschicht. Auf diese Weise werden die räumlichen Grenzen, die hier zugleich soziale Grenzen sind, erneut etabliert und der gesellschaftlich-hierarchische Ordo, der in den Festlichkeiten zur Krönung öffentlich im Frankfurter Stadtraum zelebriert wurde[217], nun auch im Familiären wieder als gültig durchgesetzt. Biographisch gesprochen bedeutet dies eine explizit verordnete Rückkehr zur väterlichen Version eines zukünftig möglichen Lebensentwurfs.

Diese Fixierung, die den extremsten Punkt elterlicher Kontrolle markiert, muss jedoch mit zunehmendem Alter und der damit verbundenen räumlichen Eigenständigkeit des Kindes sukzessive gelöst werden. Das Kinderzimmer wird dadurch zu einem nur noch phasenweise aufge-

---

[217] Auch dieser manifestiert sich explizit räumlich: „Am Vorabend des Wahltags werden alle Fremden aus der Stadt gewiesen, die Thore sind geschlossen, die Juden in ihrer Gasse eingesperrt, und der Frankfurter Bürger dünkt sich nicht wenig, daß er allein Zeuge einer so großen Feierlichkeit bleiben darf." (DW 207).

suchten und von der elterlichen Autorität mehr und mehr befreiten Ort, dessen Funktion das Ich zunehmend mitbestimmen kann. Hierdurch kommen die bereits in den ersten Lebensjahren erprobten, ästhetisch-symbolhaften Tätigkeiten erneut zum Tragen, nun aber auf einer reflektierten Ebene der künstlerischen Selbstbestimmung. Spätestens nach der Publikation des *Werthers* kehrt sich das Bestimmungsverhältnis des Ortes um, er wird zur „Künstlerwerkstatt":

> Als ich nun einst in dieser Epoche und so beschäftigt, bei gesperrtem Lichte in meinem Zimmer saß, dem wenigstens der Schein einer Künstlerwerkstatt hierdurch verliehen war, überdies auch die Wände mit halbfertigen Arbeiten besteckt und behangen das Vorurteil einer großen Tätigkeit gaben; so trat ein wohlgebildeter schlanker Mann bei mir ein, den ich zuerst in der Halbdämmerung für Fritz Jacobi hielt, bald aber meinen Irrtum erkennend als einen Fremden begrüßte. (DW 698)

Zumindest räumlich ist das Ich in die gewünschte Autorenrolle hineingewachsen und wird auch von außen so wahrgenommen. Die Verfügungsgewalt über den eigenen Raum, die Durchlässigkeit seiner Grenzen, zeigt sich auch im Gast und den zur Sprache kommenden Themen: es handelt sich um den Begleiter des Prinzen Constantin von Weimar, der eine Einladung desselben überbringt. Dieses, auf eine Alternative zum väterlich geplanten Lebenslauf hinausweisende Gespräch kann in seinem eigenen Zimmer stattfinden, es muss nicht mehr ausgelagert werden. Damit gerät nun der Lebensentwurf, den der Vater für seinen Sohn vorgesehen hat, mehr und mehr ins Wanken. Die damit verbundenen Erschütterungen werden wiederum räumlich über das Haus veranschaulicht. Wie sehr dies mit der Selbstfindung als Autor verknüpft ist (deren erster Versuch noch in der Zerstörung des Musikpults und deren zweiter im Stubenarrest endete), verdeutlicht das Bild, mit dem der Text die Situation umreißt:

> [...] so fühlte sich mein Vater gleichfalls in der Lage des Zauberlehrlings, der wohl sein Haus gerne rein gewaschen sähe, sich aber entsetzt, wenn die Flut über Schwellen und Stufen unaufhaltsam einhergestürzt kommt. Denn es ward durch das allzu viele Gute der mäßige Lebensplan, den sich mein Vater für mich ausgedacht hatte, Schritt für Schritt verrückt, verschoben und von einem Tag zum andern wider Erwarten umgestaltet. (DW 717)

In dieser Passage spricht eindeutig das erzählende Ich, das der Situation eine spezifisch auktoriale Wendung gibt. Mit dem Verweis auf den Zauberlehrling eröffnet das Ich die Autorperspektive und schreibt dem Haus damit eine doppelte, gegenläufige Zeitlichkeit ein. Während die angehende literarische Karriere des erinnerten Ichs eine für den Vater nicht mehr zu kontrollierende Dynamik entwickelt und so in die Zukunft verweist, wird eben diese Szenerie retrospektiv vom Autor-Ich als Figuration des eigenen Werkes gefasst. Das erinnerte Ich wird damit, ebenso wie der Vater, Teil einer als solcher kenntlich gemachten, autobiographischen Selbst-Inszenierung.

Die letzte Station dieses Vater-Sohn-Konflikts wird über eine Szene gestaltet, welche die erste ernsthafte Auseinandersetzung in Buch Fünf spiegelt. War es dort jedoch der verordnete Einschluss ins Zimmer als Absonderung von ungewollten Einflüssen und Zuweisung eines spezifischen Platzes, so erfolgt der Einschluss im zwanzigsten Buch als selbstbestimmter künstlerischer Rückzug, von dem aus die letztliche Ablösung vom väterlichen biographischen Modell erfolgen kann bzw. vorbereitet wird. Als die Kutsche, die Goethe nach Weimar bringen soll, nicht wie verabredet erscheint, sieht er sich nach seiner offiziellen Verabschiedung gezwungen, erneut einige Tage auf seinem Zimmer zu verbringen:

> Die Stunde verging, der Tag auch und da ich, um nicht zweimal Abschied zu nehmen und überhaupt um nicht durch Zulauf und Besuch überhäuft zu sein, mich seit dem besagten Morgen als abwesend angegeben hatte; so mußte ich mich im Hause, ja in meinem Zimmer still halten und befand mich daher in einer sonderbaren Lage. Weil aber die Einsamkeit und Enge jederzeit für mich etwas sehr günstiges hatte, indem ich solche Stunden zu nutzen gedrängt war, so schrieb ich an meinem Egmont fort und brachte ihn beinahe zu Stande. (DW 845)

Als Leser folgt man dem Ich hier in einen von der Außenwelt abgegrenzten Raum, der sich als Raum des Autors erweist. Während es für seine Umwelt „abwesend" ist, wird sein Aufenthaltsort für die Leser zur Bühne, auf welcher der autobiographische Autor nicht nur seine Handlungen be-, sondern sich seinen Status als Autor allererst erschreibt. Hierzu wird der äußere Raum ebenso ausgegrenzt wie auch die Zeit suspendiert. Die Stilisierung der Autor-Werdung steht in der Fluchtlinie des Endes von *Dichtung und Wahrheit*, das den Konstruktionscharakter des Texts betont. Daher führt der Schritt aus der Kinderstube hinaus und in die Eigenverantwortlichkeit folgerichtig über ein Zitat aus dem *Egmont*, welches das räumliche Bild der Lebensbahn aufgreift und den ersten Teil der autobiographischen Schriften beschließt:

> Kind, Kind! Nicht weiter! Wie von unsichtbaren Geistern gepeitscht gehen die Sonnenpferde der Zeit mit unsers Schicksals leichtem Wagen durch, und uns bleibt nichts, als mutig gefaßt, die Zügel festzuhalten, und bald rechts, bald links, vom Steine hier, vom Sturze da die Räder abzulenken. Wohin es geht, wer weiß es? Erinnert er sich doch kaum, woher er kam. (DW 852)

So wie *Dichtung und Wahrheit* begonnen hat, so schließt es auch mit einem Verweis auf die Unzuverlässigkeit der Erinnerung. Hier erscheint Unfähigkeit zu bestimmen, „woher er kam" allerdings bereits auktorial gebrochen, wird doch an dieser entscheidenden Stelle die Erinnerung durch das literarische (Selbst-)Zitat ersetzt.

3.1.3 Flure und Treppen

Im Gegensatz zum Zimmer, das hauptsächlich dem Aufenthalt dient, handelt es sich bei Fluren und Treppen um Durchgangsräume. Sie sind gleichermaßen durch Offenheit wie Geschlossenheit charakterisiert: Offen sind sie, insofern sie normalerweise allen Benutzern eines Gebäudes zugänglich sind. Dadurch bilden sie eine erste Form des öffentlichen Raums im Privaten. Geschlossen erscheinen sie insofern, als sie durch ihre bauliche Struktur üblicherweise von außen nicht einsehbar sind und auch während der Benutzung nur einen eingeschränkten Blick zulassen. So sind sie mit einem beständigen Perspektivwechsel und der möglichen Konfrontation mit Unbekanntem verbunden. Im Durchschreiten dieser Räume entstehen spezifische raum-zeitliche Szenen und Bühnen, die durch ihre Singularität autobiographische Bedeutung gewinnen. Flure und Treppen erhalten ihre Relevanz also anhand einer bestimmten Raumpraxis. Dabei eröffnet das Durchschreiten der Flure den Weg zu biographisch bedeutsamen Erkenntnissen und alternativen Erzählungen. Demgegenüber organisiert sich die Treppe stärker über bestimmte Positionierungen und die darüber verhandelte, räumlich-symbolische Ordnung.

Als häusliche Struktur ist der Flur ein relativ neues, der zunehmenden Urbanisierung in der Moderne geschuldetes Phänomen.[218] Waren die Flure im ländlichen Raum zumeist die größten Zimmer und zugleich auch Aufenthalts- und Arbeitsräume, während die übrigen Zimmer untereinander direkt verbunden waren, so bildet sich in der begrenzten urbanen Wohnsituation der Flur mehr und mehr als Korridor und Verbindungsraum in sich geschlossener Zimmer heraus. Goethes Elternhaus repräsentiert unter dieser Perspektive, obwohl im städtischen Raum angesiedelt, eher das ländlich-vormoderne Modell. Es verfügt über einen „weitläufigen Hausflur" (DW 16) und auf jeder Etage über „große Vorsäle, die selbst recht gut hätten Zimmer sein können; wie wir denn auch die gute Jahreszeit immer daselbst zubrachten." (DW 388) Solange diese soziale Funktion im Vordergrund steht, ist der Hausflur für die Kinder ein vertrauter Bereich und daher „der liebste Raum" (DW 16). Seine Wertung erfährt er somit aus der Perspektive des erinnerten, kindlichen Ichs, das den

---

[218] Vgl. Robin Evans, Menschen, Türen, Korridore, in *Arch+*, 134-135 (1996), 85-97, 85ff.

Bereich des Flurs affektiv positiv besetzt. Muss er dagegen des Nachts und alleine durchquert werden, so wird das Bekannte zum Unheimlichen. Verlassen die Kinder nachts ihr Zimmer, um die beruhigende Gesellschaft der Bedienten zu suchen, „so stellte sich, in umgewandtem Schlafrock und also für uns verkleidet genug, der Vater in den Weg und schreckte uns in unsere Ruhestätte zurück" (DW 19). Das Wagnis, sein sicheres Zimmer zu verlassen und sich auf den Weg zu machen, unterliegt dem Flur somit als Grunderfahrung und schwingt in späteren Erlebnissen nach. So werden beim wöchentlichen Hebräisch-Unterricht im Barfüßerkloster „die langen dunklen Gänge [...] mit schaurigem Behagen durchstrichen". (DW 139) Die Angst vor dem Unbekannten wird zu einem handhabbaren Risiko, das mit einer Steigerung der Selbstwahrnehmung verbunden ist. Dies umso mehr, als sich mit dem Flur ein Ziel verbindet:

> Diesen seltsamen Mann [Rektor Albrecht, der Hebräisch-Lehrer] fand ich mild und willig, als ich anfing meine Stunden bei ihm zu nehmen. Ich ging nun täglich Abends um sechs Uhr zu ihm, und fühlte immer ein heimliches Behagen, wenn sich die Klingeltüre hinter mir schloß, und ich nun den langen düstern Klostergang durchzuwandeln hatte. Wir saßen in seiner Bibliothek an einem mit Wachstuch beschlagenen Tische; ein sehr durchlesener Lucian kam nie von seiner Seite." (DW 140)

Die Passage wird aus der Perspektive des erinnerten Ichs geschildert. Dabei treten die Dimensionalität und Materialität des Raumes in den Vordergrund, in Kombination mit einer affektiven Färbung des Erlebten. Der Raum wird so als subjektiver Wahrnehmungsraum erschlossen. Im weiteren Verlauf des Textes bildet dies die Grundlage für eine ästhetische Formung des räumlich Erfassten, so etwa im Kontext der Kirchen und Museen. Hier führt ihn der Gang zunächst zur „Bibliothek", also dem bürgerlichen Bildungsort schlechthin.[219]

Mit zunehmendem Alter des Kindes tritt mehr und mehr dieser Bildungsaspekt in den Vordergrund. Flure und Gänge ermöglichen den Zugang zu neuen Erkenntnissen, wobei ihre räumliche Abgeschlossenheit nun nicht mehr als bedrohlich erlebt, sondern als schützend genutzt wird. Dies zeigt sich während der Zeremonien zur Königskrönung im fünften Buch, an denen der 14-jährige Goethe als Zuschauer teilnimmt. Während Fenster und Balkon eine „Vogelperspektive" (DW 218) ermöglichen, aus der die symbolisch-gesellschaftliche Ordnung räumlich ersichtlich wird, gibt man diesen Überblick beim Eintritt in Flure und Gänge auf. Mit de Certeau gesprochen wechselt damit die Perspektive von der „Karte" zur

---

[219] Später führt der Weg durch den „engen, dunklen Gang" an weitere Bildungsorte wie beispielsweise zum Atelier des Malers Oeser, bei dem Goethe in Leipzig Mal- und Zeichenunterricht nimmt. Vgl. DW 338.

„Wegstrecke".[220] Bezweckt die Karte „das Erkennen einer Ordnung der Orte", indem „sie ein *Bild* an[bietet]", so bedingt die Wegstrecke „raumbildende Handlungen" dadurch, dass sie „*Bewegungen* vor[schreibt]". Eben diesen Wechsel vollzieht das Ich während der Krönungszeremonie, indem es seinen Fensterplatz im Römer verlässt:

> Dieser wilden Belustigung sah ich nicht lange zu, sondern eilte von meinem hohen Standorte durch allerlei Treppchen und Gänge hinunter an die große Römerstiege, wo die aus der Ferne angestaunte so vornehme als herrliche Masse heraufwallen sollte. Das Gedränge war nicht groß, weil die Zugänge des Rathauses wohl besetzt waren, und ich kam glücklich unmittelbar oben an das eiserne Geländer. Nun stiegen die Hauptpersonen an mir vorüber, indem das Gefolge in den untern Gewölbgängen zurückblieb, und ich konnte sie auf der dreimal gebrochnen Treppe von allen Seiten und zuletzt ganz in der Nähe betrachten. (DW 222)

Der Raum konturiert sich hier durch die Bewegung des erinnerten Ichs, an dessen Perspektive die Szene gebunden ist. Von dem erwähnten „hohen Standorte" aus hatte sich bis dahin mit der Aufteilung des Römerplatzes, den Aussperrungen des Volkes und dem Zug der Adeligen das Bild einer symbolischen Ordnung präsentiert. Dass eine solche ‚Karte' immer auch normativen Charakter besitzt, also die postulierte Ordnung allererst herstellt, wird erst beim Verlassen dieser Perspektive deutlich. Mit dem Wechsel zur Raumpraxis der Wegstrecke wird der Raum nicht mehr aus der Distanz heraus visuell unterteilt und schematisiert, sondern anhand von Handlungen selbst erschlossen. Ein solches Begehen ermöglicht, wie der Fortgang des Texts zeigt, die Relativierung des bislang Gesehenen durch eine alternative Erzählung. Das autobiographische Ich macht sich über „allerlei Treppchen und Gänge" auf den Weg, um eine eigene Version der Geschehnisse jenseits der öffentlich zugänglichen Kulisse für sich zu erschließen. Wie zuvor in der Bibliothek wird dieser Gang mit einem Erkenntniszuwachs belohnt: aus der Zeit-Geschichte wird die individuelle Geschichte, die autobiographische Narration, die von einem ironischen Lächeln der Monarchen und einem halbleeren Festsaal berichten kann.

Ist beim Flur demnach das Durchschreiten auf ein Ziel hin und die damit verbundene Möglichkeit der Perspektiverweiterung bzw. des Blickwechsels relevant, kommt bei der Treppe stärker das topologische Moment der Positionierung zum Tragen. Die vertikale Gliederung der Stufen figuriert eine hierarchische Ordnung, die räumlich über die Frage verhandelt wird, wer sich wo auf der Treppe in Bezug auf den Anderen

---

[220] Vgl. Michel de Certeau, „Praktiken im Raum", in: Jörg Dünne, Stephan Günzel (Hgg.), *Raumtheorie. Grundlagentexte aus Philosophie und Kulturwissenschaften*, Frankfurt a.M. 2006, 343-353, hier 348 (Hervorh. i. Orig.).

befindet. Diese Dynamik wird im Text über drei unterschiedlich akzentuierte Treppenszenen umgesetzt. Die erste ereignet sich im dritten Buch zwischen Goethes Vater und dem französischen Grafen Thorane und etabliert die Treppe als Ort von Autoritätskonflikten. Die zweite Szene dagegen gibt dem Ich Gelegenheit, den zukünftigen Aufstieg als Autor zu perspektivieren, bei dem Zeitgeschichte und Biographie in eins fallen. In der letzten Szene schließlich erklimmt das Ich, an der Seite von Herder, tatsächlich die ersten Stufen seines Autorlebens.

Mit der Besetzung Frankfurts durch die Franzosen im 7-jährigen Krieg wird der Königsleutnant Graf Thorane im elterlichen Haus einquartiert.[221] Hierdurch verschiebt sich das häusliche Machtgefüge, da der Vater die Entscheidungsgewalt über Nutzung und Abläufe z.T. an den Franzosen abgeben muss. Der Ohnmacht des Vaters, der kein öffentliches Amt bekleidet und somit reiner Privatmann ist, steht nun die öffentlich im Haus betriebene Amtsausübung des Leutnants gegenüber. Dieser belegt nicht nur ein Zimmer in der Mitte des Hauses, er nutzt darüber hinaus die sich durchs ganze Haus ziehende Treppe, um Bittsteller zu empfangen. So wird die Treppe zu einer öffentlichen Kontaktzone, wobei der vormals nach außen abgeschlossene bürgerliche Privatraum zunehmend durchlässig bzw. fremdbestimmt wird.[222] Durch die Präsenz des Königsleutnants wird demnach, neben der bereits beschriebenen Bedeutung des Treppenraums für den Vater, eine weitere, abweichende Raumwahrnehmung bzw. -nutzung für den selben Raum etabliert. Beide überlagern sich in der Folge, was zu ernsthaften Konsequenzen führt. Auf die Verbindung der Treppe zum bürgerlichen Lebensmodell des Vaters habe ich bereits im Kontext des Elternhauses hingewiesen. Indem mit dem Grafen nun ein Vertreter des Adels ins Haus einzieht, wird die Treppe zum Austragungsort einer Konfrontation dieser beiden gesellschaftlichen Kräfte. Bemerkenswerterweise erscheinen für das Ich hierbei allerdings die bis dahin allein über den Vater vermittelten Rollenbilder vertauscht – damit auf spätere biographische Entwicklungen vorausweisend. So verhält sich der Graf während seines Aufenthalts im Haus „musterhaft" (DW 95) diszipliniert und arbeitsam, er besitzt einen „ernsten" und „wunderbaren Charakter" (DW 96/98). Damit gibt er ein Musterbild des Bürgers ab, dessen Gleichheitsanspruch er sogar im Bestehen auf den einfachen Gebrauch der Nachnamen beim Umgang mit Frankfurter Bürgern übernimmt. Der Vater hingegen zeigt das Verhalten eines „verdrießlichen, täglich mehr sich

---

[221] Die Relevanz dieser, in Goethes autobiographischen Schriften wiederholt auftauchenden Konstellation der ‚Einquartierung' hat Wagner-Egelhaaf beschrieben: „Goethes Einquartierungen, Zur autobiographischen Dimensionalität besetzter Räume", in: Salvatore Pisani, Elisabeth O'Marra (Hgg.), *Ein Haus wie ich, Die gebaute Autobiographie in der Moderne*, Bielefeld 2014, 103-128.

[222] So ist beispielsweise die Haustür Tag und Nacht geöffnet und mit Wachen besetzt.

hypochondrisch quälenden Hausherrn" (DW 96), der über seiner anhaltenden Empörung die Erziehung der Kinder vernachlässigt. Ohne Amt oder anderweitige Bestätigungen, ist der Vater an die Rolle des familiären Patriarchen gebunden, die er bislang auch mit der Machtfülle und Autorität eines häuslichen Fürsten ausgefüllt hat.[223] Unter dieser Perspektive erhält auch die Treppe als zentrale Struktur des Hauses eine weitere Dimension. Sie verweist nicht mehr nur auf ein bürgerlich-lineares Lebens- und Entwicklungsmodell, das einen stufenweisen Aufstieg vorsieht. In der Begegnung der beiden Männer manifestiert sich zugleich ein – in der bewertenden Differenzierung von oben und unten gründender – vormodern-vertikaler Ordo[224], bei dem jedes Individuum seinen Platz, seine ihm zustehende Stufe einnimmt. Ihren Ausgang nimmt diese allegorische Aufladung von der beschriebenen, räumlich-konkreten Situation des Hausumbaus durch den Vater einerseits sowie von dem mit der Krönungszeremonie verbundenen Aufstieg der Monarchen auf der Kaisertreppe. Im häuslichen Kontext, der sich als patriarchal begründetes Bürgertum beschreiben lässt, steht nun der Vater an der Spitze der Treppe, die den Raum seiner Verfügungsgewalt anzeigt und vertikal durchmisst. So bildet sie für den Vater einen symbolischen ebenso wie psychodynamisch aufgeladenen Raum, welcher im Gegensatz zur funktionalen Nutzung des gleichen Raums durch den Grafen steht. Aus väterlicher Perspektive folgerichtig ist die Treppe daher der Ort, an dem es zu einer direkten Konfrontation zwischen Vater und Graf kommt.

Aus einer Schlacht der Franzosen gegen die Alliierten bei Frankfurt gehen die Franzosen als Sieger hervor. Der Vater, der auf eine Niederlage der Franzosen gehofft hatte, zieht sich zunächst in sein im zweiten Stock gelegenes Zimmer zurück, während der Graf dem Rest der Familie ein Festmahl spendiert und sich anschließend um seine Bittsteller kümmert. Damit ist der räumliche Boden für die Konfrontation bereitet:

> Indessen hatte sie [die Mutter] etwas Abendbrot zurecht gemacht und hätte ihm [dem Vater] gern eine Portion auf das Zimmer geschickt; aber eine solche Unordnung litt er nie, auch nicht in den äußersten Fällen [...]. Endlich ließ er sich bewegen, ungern, und wir ahndeten nicht, welches Unheil wir ihm und uns bereiteten. Die Treppe lief frei durchs ganze Haus an allen Vorsälen vorbei. Der Vater mußte, indem er herabstieg, unmittelbar an des Grafen Zimmer vorübergehen. Sein Vorsaal stand so voller Leute, daß der

---

[223] Damit wird der Graf in dem Maße für das Ich zu einer positiv besetzten Vaterfigur, wie sich der leibliche Vater durch sein Verhalten disqualifiziert. Vgl. Bernd Witte, „Autobiographie als Poetik, Zur Kunstgestalt von Goethes ‚Dichtung und Wahrheit'", in: *Neue Rundschau* 89 (1978), 384–401.

[224] Das Festhalten und die Bestätigung dieser Perspektive zeigen sich auch im Fünften Buch, in dem der Vater Goethe die Krönungszeremonie minutiös studieren und aufschreiben lässt, ihn also zur Einübung dieses Ordos anhält. Vgl. DW 201.

> Graf sich entschloß, um mehrers auf Einmal abzutun, herauszutreten; und dies geschah leider in dem Augenblick als der Vater herabkam. Der Graf ging ihm heiter entgegen, begrüßte ihn und sagte: „Ihr werdet uns und Euch Glück wünschen, daß diese gefährliche Sache so glücklich abgelaufen ist." – Keinesweges! versetzte mein Vater, mit Ingrimm; ich wollte sie hätten Euch zum Teufel gejagt, und wenn ich hätte mitfahren sollen. – Der Graf hielt einen Augenblick inne, dann aber fuhr er mit Wut auf: „Dieses sollt Ihr büßen! rief er: Ihr sollt nicht umsonst der gerechten Sache und mir eine solche Beleidigung zugefügt haben!" (DW 112)

Am Beginn des Konflikts steht der Autoritätsanspruch des Vaters über das gesamte Haus. Räumlichen Ausdruck erhält diese Haltung durch die Treppe, die in ihrer durch das Haus gehenden Offenheit der Repräsentation dient und die Verfügungsgewalt über sämtliche Räume demonstriert. Der Vater steigt nun von oben die Treppe herab, bis er an den mittleren Vorsaal gelangt, wo sich der Graf befindet. Hier kommt es – wie zuvor schon im alltäglichen Verhalten der beiden – zu einem folgenschweren Rollentausch. Indem der Vater von einer höheren Position hinunterkommt, spiegelt er in der hierarchischen Gliederung der Treppe die Position des Grafen und nimmt symbolisch dessen Platz ein. So wie die Bittsteller auf der unteren Treppe warten, um dem Grafen entgegenzugehen, kommt nun der Graf dem Vater entgegen. Für den Grafen geschieht dies in einem neutralen, weil funktionalen Raum. Seine Anrede erfolgt daher an einen gleichwertigen Gesprächspartner, bei dem er eine gemeinsame Perspektive auf die Ereignisse voraussetzt. Für den Vater geht es in der Begegnung jedoch im wörtlichen Sinne um seine Stellung in dem für ihn semantisch aufgeladenen Raum und folglich um eine Herabstufung des Grafen. Als Reaktion auf dessen versöhnlich gemeinte, jedoch für den Vater unannehmbare Geste, bedient er sich der Sprache als der für ihn einzigen Möglichkeit ein Machtgefälle zu etablieren. Über den performativen Akt der Beleidigung stellt er kurzfristig, und unter Ausblendung der realen Machtverhältnisse, die für ihn rechtmäßige Ordnung her. In der darauf folgenden Überraschung des Grafen zeigt sich dessen Verwirrung über die beteiligten Sprach- und Handlungsebenen, da ihm die Relevanz des Treppenraums für den Vater und damit die Bedeutung der vorangegangenen Interaktion nicht bewusst sein konnte. Als ihm der Gehalt der Aussage jedoch klar wird, verweist er umgehend auf seine reale Machtposition, indem er Sanktionen gegen den Vater ankündigt. Zwar kann die Situation mithilfe eines sprachlich versierten Dolmetschers wieder entschärft werden. Dennoch ist die Frage der gesellschaftlichen wie biographischen Tauglichkeit einer auf rigiden Dichotomien bestehenden Weltsicht, wie sie vom Vater vertreten wird, mit dieser Szene zum ersten Mal in all ihrer Konflikthaftigkeit aufgeworfen.

Inszeniert wird sie als eine Art autobiographisches Lehrtheater, welches das im dritten Buch prävalente Motiv des Lernortes ‚französisches Theater' in ein französisch-deutsches Privatdrama übersetzt. Auch bei dieser familiären Bühne handelt es sich um einen autobiographischen Lern- und Bildungsort. So wie das Ich durch seine Beobachtungen im Theater zu ersten dramaturgischen Überlegungen gelangt, führt das Aufeinandertreffen von Graf und Vater zu Reflexionen über die Konsequenzen und Beschränkungen der väterlichen Lebensführung. Hierdurch werden die nunmehr im Haus vertretenen Positionen in der Auseinandersetzung erstmals als alternative Identifikationsangebote und Handlungsmodelle deutlich. Dabei zeigt sich bereits die, hier allerdings noch implizit bleibende, Ablehnung des väterlichen Modells. In diesem Sinn werden die vom Vater beklagten Veränderungen vom Ich zu Möglichkeiten des Lernens und persönlichen Wachstums umgedeutet: Es eignet sich die französische Sprache an, entdeckt das französische Theater und nimmt Teil an künstlerischen Produktionsprozessen im Haus. Ohne die väterliche Ablehnung zu übernehmen, erlebt es die Zeit der französischen Einquartierung als Förderung der lokalen Künstler und als für beide Seiten fruchtbare Kooperation, die auch seiner eigenen ästhetischen Bildung zu Gute kommt. Dadurch, dass das Kind sein eigenes Zimmer räumt, also einen Teil seiner Autonomie abgibt, gewinnt es zugleich einen größeren künstlerischen Freiraum im Sinne einer Teilhabe an Kunst. Hier deutet sich ein mögliches späteres Lebensmodell an.

Diese kritische Auseinandersetzung mit dem väterlichen Modell gewinnt an Schärfe, als Goethe studienbedingt nach Leipzig zieht und dort andere zeitgenössische Formen bürgerlich-urbanen Wohnens kennenlernt. Deren funktionale Differenzierung lässt im Vergleich die Konfliktursachen im Elternhaus deutlich hervortreten: „Denn jene ängstliche Szene mit dem Königsleutenant wäre nicht vorgefallen, ja mein Vater hätte weniger von allen Unannehmlichkeiten empfunden, wenn unsere Treppe, nach der Leipziger Art, an die Seite gedrängt, und jedem Stockwerk eine abgeschlossene Türe zugeteilt gewesen wäre." (DW 388) Das Leipziger Vergleichsmodell ermöglicht durch die Verschiebung der Treppe eine gewisse Autonomie der einzelnen Stockwerke und schafft damit mehrere, räumlich nebeneinander existierende Sphären.[225] Genau dies wird im Umkehrschluss von der Treppenkonstruktion im väterlichen Haus erschwert bzw. verhindert. Dass damit letztlich auch kein Raum für eine mögliche eigene Familie und die damit verbundene biographische Perspektive geschaffen werden kann, hat bereits der Blick auf das Elternhaus gezeigt .

---

[225] Die hier beschriebene architektonische Veränderung bringt für die Treppe einen Funktions- und Bedeutungsverlust mit sich, der dem des Flurs vergleichbar ist.

Mit der vom Sohn vorgeschlagenen Verlagerung der Treppe wird aber nicht nur das individuelle Lebensmodell des Vaters in Frage gestellt. Es findet auch eine strukturelle Verlagerung hin zu horizontalen Arrangements statt.[226] Eine solche ausgelagerte Treppe hat nicht mehr per se symbolische Bedeutung, sondern nur noch insofern sie als funktionales Element den Zugang zu einer Etage verschafft. Die architektonische Relevanz geht damit auf die Gliederung des jeweiligen Stockwerks über.

Auf diese Weise arbeitet der Text mit der Treppe als narrativem Element der Verhandlung und Abgrenzung unterschiedlicher Lebens- und Entwicklungsmodelle. Die kulturell-symbolische Bedeutung der Treppe wird dabei für das räumliche Ausagieren des Vater-Sohn-Konflikts in Dienst genommen. Zugleich geht die individuelle Auseinandersetzung damit über ihre rein autobiographische Dimension hinaus. Sie lässt die Bandbreite einer gesellschaftlichen Raumsemantik zur Organisation alltäglicher Praktiken greifbar werden.

Auch wenn das Treppenmodell in seiner väterlichen Version vom Sohn abgelehnt wird, macht er sich dennoch dessen Bedeutungspotential zu eigen. So figurieren die zweite und dritte Treppenszene im Verlauf von *Dichtung und Wahrheit* den eigenen beruflich-dichterischen Werdegang.

Die zweite steht im Kontext der Frankfurter Königskrönung von 1764, die im fünften Buch beschrieben wird. Schon im ersten Buch berichtet das autobiographische Ich allerdings von der Faszination für alles „was sich auf Wahl und Krönung der Kaiser bezog" (DW 25). Aufgrund seiner verwandtschaftlichen Beziehung zum Schultheißen gelingt es ihm und seiner Schwester im Folgenden, die „sonst durch ein Gitter verschlossene Kaisertreppe hinaufsteigen zu dürfen" (DW 25). Der repräsentative Bau im Römer bleibt ansonsten Kaiser und König bei ihrem Weg zum Festmahl im Anschluss an die Krönung vorbehalten. Sie dient damit dem zeremoniellen Aufstieg zur königlichen Macht im Verlauf des Wahl- und Inthronierungsprozesses. Ebenso wie im Elternhaus ermöglicht die Treppe somit auch hier die Verräumlichung bzw. Bestätigung eines bestimmten Gesellschaftsmodells. Während erstere dem Kind frei zugänglich ist, öffnet sich die Tür zur letzteren nur für einen einzigen Aufstieg. Gerade die Singularität dieses Treppengangs lässt allerdings eine autobiographische Konstellation entstehen, die auf den späteren literarischen Aufstieg Goethes und seine herausgehobene, künstlerisch-nationale Bedeutung vorausweist. Er verschafft sich bereits hier Zugang zu Räumen, die jenseits seines sozialen Status liegen. Auch hier eröffnet sich demnach

---

[226] Mit Schulte-Sasse kann man hier kulturgeschichtlich von Anzeichen eines „allmählichen Übergangs von vertikaler zu horizontaler Kultur" sprechen, der sich raumsemiotisch „als Verlust von Transzendenz bzw. als Prozeß ihrer Substitution durch innerweltliche Sinnorientierungen" darstellt. Schulte-Sasse, „Einbildungskraft/Imagination", 92.

eine allegorische Dimension, die aber aus der individuellen Raumpraxis hervorgeht. Durch die semantische Aufladung der beschriebenen Szene bereitet das erzählende Ich den narrativen Boden für die späteren Szenen.

Durch welche Qualitäten der Aufstieg im biographischen Verlauf gelingen kann, zeigt sich im Folgenden, wenn die Benutzung der Kaisertreppe mit der Hoffnung verknüpft wird, „wohl auch noch einmal eine Krönung mit Augen zu erleben" (DW 26). Damit legt das erzählende Ich dem erinnerten Worte in den Mund, die Bedeutungslinien für den Verlauf der Narration entwerfen. Tatsächlich bietet sich im fünften Buch im Verlauf der erwähnten Königskrönung Joseph II. die erwünschte Gelegenheit. Dort nutzt Goethe, wie oben bereits angesprochen, seine Ortskenntnis des Römers, um den Kaiser und den frischgewählten König beim Aufstieg zu beobachten:

> Das Gedräng war nicht groß, weil die Zugänge des Rathauses wohl besetzt waren, und ich kam glücklich unmittelbar oben an das eiserne Geländer. Nun stiegen die Hauptpersonen an mir vorüber, indem das Gefolge in den unteren Gewölbgängen zurückblieb, und ich konnte sie auf der dreimal gebrochnen Treppe von allen Seiten und zuletzt ganz in der Nähe betrachten. Endlich kamen auch die beiden Majestäten herauf. Vater und Sohn waren wie Menächmen überein gekleidet. Des Kaisers Hausornat von purpurfarbner Seide, mit Perlen und Steinen reich geziert, so wie die Krone, Szepter und Reichsapfel, fielen wohl in die Augen [...]. Der junge König hingegen schleppte sich in den ungeheuren Gewandstücken mit den Kleinodien Carls des großen, wie in einer Verkleidung einher, so daß er selbst, von Zeit zu Zeit seinen Vater ansehend, sich des Lächelns nicht enthalten konnte. (DW 222f.)

Die Szene wird hier in ihrer visuell-materiellen Qualität als singuläres Erlebnis beschrieben. Vermittelt über die Perspektive des erinnerten Ichs erscheint der Aufstieg der Monarchen als privater Moment. Dabei ist das erinnerte Ich gleichermaßen Teil der Szenerie wie deren Beobachter. So wird die Treppe an dieser Stelle in ihrer intendierten, politisch-symbolischen Form genutzt. Dabei nehmen allerdings nicht nur Kaiser und König ihre vorgesehene Position ein, sondern auch das Ich selbst übernimmt in dieser Konstellation eine spezifische Funktion: die des Augenzeugen (erinnertes Ich) und Autors (erzählendes Ich). Damit setzt es sich in die Position desjenigen ein, der die offiziellen Geschehnisse zu einer individuellen Erzählung verbindet und damit zu einer vermittelnden Instanz wird. Die berichtende Teilnahme an der politischen Krönungszeremonie erscheint so als erster Schritt zur Erfüllung des Wunsches nach dichterischer Krönung, den das Ich im Schlusssatz des vierten Buchs äußert: „[S]o leugne ich nicht, daß wenn ich an ein wünschenswertes Glück dachte, dieses mir am reizendsten in der Gestalt des Lorbeerkranzes erschien, der den Dichter zu zieren geflochten ist." (DW 180) Die detailliert geschilderte Krönung gewinnt dadurch eine zweifache Bedeutung: zum einen wird sie zu einem ersten eigenen Text, zu einer individualisierten, gleichermaßen literarischen wie biographischen Erzählung. So bietet sie die Möglichkeit, sich erstmals in der Rolle eines Autors zu positionieren, bei dem, ganz im Sinne des Vorworts, Zeitgeschichte und individuelle Geschichte zusammenfallen bzw. sich bedingen.

Zum anderen ist diese Binnenerzählung motiviert vom Wunsch nach Anerkennung durch Gretchen, die so in die Rolle einer ersten Muse einrückt. Die Narration zielt damit auf die zuvor erwähnte, persönliche Dichterkrönung, die im symbolischen Stirnkuss Gretchens die politische Krönung parallelisiert. Dass diese Ehrung verfrüht ist, zeigen der desaströse Ausgang der Gretchenepisode und die anschließende Krise des autobiographischen Ichs. Vor einer möglichen Krönung steht, wie im Verlauf des Texts deutlich wird, der reale literarische Aufstieg.

Der Beginn der biographischen Phase, in der das Ich tatsächlich als Autor in Erscheinung tritt, wird wiederum mit einer Treppenszene markiert. Der Anfang des zehnten Buchs setzt hierfür den Rahmen, indem es sich mit Würde und Stellung der „deutschen Dichter [...] in der bürgerlichen Welt" (DW 433) auseinandersetzt. Bezogen auf die räumliche Anordnung des Texts wird damit die Selbstreflexion als Autor, mithin der eigenen sozialen wie literarischen Position, als Deutungsfolie aktiviert. Insbesondere Klopstock und Gleim werden als Leitfiguren angeführt, welche die unehrenhafte Position des Dichters als eines „Spaßmacher[s] und Schmarutzer[s]", also einer „Figur [...], der man nach Belieben mitspielen konnte" (DW 433), entscheidend veränderten. Durch ihre Verdienste wird es möglich, dass der Schriftsteller „sich seine eignen Verhältnisse selbst schüfe und den Grund zu einer unabhängigen Würde zu legen verstünde" (DW 434). Der Status des Dichters wird so gesellschaftlich akzeptabel und kann auch individuell als mögliches Ziel in Betracht kommen. Bezeichnend ist hierbei wiederum, dass sich die gesellschaftliche Relevanz des Autors zunächst aus den moralisch gewichtigen Inhalten seiner Texte herleitet. Ausgehend von Klopstocks *Messias* legitimiert sich so die literarische aus der religiösen Autorität, erwirbt sich der Dichter Selbstwert und auratische Verehrung in der ästhetischen Formung religiöser Inhalte: „Die Würde des Gegenstands erhöhte dem Dichter das Gefühl seiner eigenen Persönlichkeit. [...] So erwarb nun Klopstock das völlige Recht, sich als eine geheiligte Person anzusehn, und so befliß er sich auch in seinem Tun der aufmerksamsten Reinlichkeit."[227]

---

[227] Im Hintergrund dieser Reflexionen stehen Konzepte der Kunstreligion, die im Kontext von Autonomisierungsbestrebungen des sich im 18. Jahrhundert zunehmend ausdifferenzierenden Kunstsystems zu sehen sind. Ausgehend von dem Gedanken eines „gleichberechtigten Zugangs zum Numinosen" schickt sich die Kunst demnach an, die Funktionen von Religion zu übernehmen. In diesem Zusammen-

(DW 434f.) Erfährt die Position des Autors auf diese Weise eine beträchtliche Aufwertung, so geht damit zugleich auch ein moralischer wie gesellschaftlicher Anspruch einher. Um diesem gerecht zu werden braucht es, zumindest anfänglich, eine literarische Ausrichtung, die Goethe schließlich durch Herder findet.

Zu Beginn seiner Straßburger Zeit hat sich Goethe im Kreis von einigen „jungen Leute[n]" literarisch eingerichtet und läuft Gefahr, in ein „wechselseitiges Schönetun, Geltenlassen, Heben und Tragen zu geraten." In dieser Situation trifft er auf Herder, durch dessen „Widersprechungsgeiste" (DW 439) er zu „höherer Tüchtigkeit gestählt" (DW 438) wird. Mit Herder setzt seine eigentliche literarische Entwicklung ein und dieser beginnende Aufstieg zweier Dichter nimmt seinen Anfang bezeichnenderweise im „Gasthof zum Geist":

> Denn das bedeutendste Ereignis, was die wichtigsten Folgen für mich haben sollte, war die Bekanntschaft und die daran sich knüpfende nähere Verbindung mit *Herder*. [...] Unsere Sozietät, sobald sie seine Gegenwart vernahm, trug ein großes Verlangen sich ihm zu nähern, und mir begegnete dies Glück zuerst ganz unvermutet und zufällig. Ich war nämlich in den Gasthof zum Geist gegangen, ich weiß nicht welchen bedeutenden Fremden aufzusuchen. Gleich unten an der Treppe fand ich einen Mann, der eben auch hinaufzusteigen im Begriff war, und den ich für einen Geistlichen halten konnte. [...] Dieses einigermaßen auffallende, aber doch im Ganzen galante und gefällige Wesen, wovon ich schon hatte sprechen hören, ließ mich keineswegs zweifeln, daß er der berühmte Ankömmling sein, und meine Anrede mußte ihn sogleich überzeugen, daß ich ihn kenne. Er fragte nach meinem Namen, der ihm von keiner Bedeutung sein konnte; allein meine Offenheit schien ihm zu gefallen, indem er sie mit großer Freundlichkeit erwiderte, und als wir die Treppe hinaufstiegen, sich sogleich zu einer lebhaften Mitteilung bereit finden ließ. (DW 438f., Hervorh. i. Orig.)

---

hang repräsentiert Klopstock exemplarisch „den Typus eines autonomen Dichters, der, durch besondere göttliche Inspiration autorisiert, verbindliche religiöse Wahrheit zu verkünden vermag und dessen Dichtung darum, als *Dichtung*, in derselben Weise heilsvermittelnd wirken kann wie das Wort der heiligen Schrift." Heinrich Detering, „Was ist Kunstreligion? Systematische und historische Bemerkungen", in: Albert Meier, Alessandro Costazza, Gérard Laudin (Hgg.), *Kunstreligion, Ein ästhetisches Konzept der Moderne in seiner historischen Entfaltung*, Bd. 1, *Der Ursprung des Konzepts um 1800*, 11-27, hier 12 und 15f.; Bernd Auerochs, „Das Bedürfnis nach Sinnlichkeit, Möglichkeiten funktionaler Äquivalenz von Religion und Poesie im 18. Jahrhundert", in: Albert Meier, Alessandro Costazza, Gérard Laudin (Hgg.), *Kunstreligion, Ein ästhetisches Konzept der Moderne in seiner historischen Entfaltung*, Bd. 1, *Der Ursprung des Konzepts um 1800*, 30-43; für einen philosophischen Überblick vgl.: Ernst Müller, *Ästhetische Religiosität und Kunstreligion, In den Philosophien von der Aufklärung bis zum Ausgang des deutschen Idealismus*, Berlin 2004.

Hier nun steigt das Ich selbst die Treppe hinauf. Wie bei der im fünften Buch geschilderten Königskrönung ist es ebenfalls nicht alleine, sondern steigt gemeinsam mit einem Mann hinauf, der ihm biographisch einen Schritt voraus ist.[228] Beide sind „hinaufzusteigen im Begriff", sie stehen am Beginn ihrer literarischen Karriere. Herder ist zu diesem Zeitpunkt allerdings der Bekanntere, er „hatte sich schon genugsam berühmt gemacht" (DW 442). Dass er vom Ich mit einem „Geistlichen" verglichen wird, verweist noch einmal auf den zeremoniellen Raum der Treppe ebenso wie auf die gesellschaftliche Funktion des Schriftstellers als Priester und Vermittler von Bedeutungen. Indem die Begegnung zudem in den Gasthof „zum Geist" gelegt wird, kreiert der Text einen geistigen ebenso wie geistlichen Bedeutungsraum. Mit der „lebhaften Mitteilung" auf der Treppe hat nun der aktive Werdegang zum Dichter begonnen.

3.1.4 Fenster

> Das Haus, ganz am Ende des Tals, wenig erhöht über dem Fluß gelegen, hatte die freie Aussicht den Strom hinabwärts. Die Zimmer waren hoch und geräumig und die Wände galerieartig mit aneinanderstoßenden Gemälden behangen. Jedes Fenster, nach allen Seiten hin, machte den Rahmen zu einem natürlichen Bilde, das durch den Glanz einer milden Sonne sehr lebhaft hervortrat [...]. (DW 606f.)

Die räumliche Grundfigur des Fensters ist die Grenze. Stets trennt es zwei Bereiche voneinander, die allerdings aufgrund seiner Durchsichtigkeit gegenseitig einsehbar bleiben. Hieraus entsteht die prinzipielle Dynamik des Fensters: es schafft einerseits Distanz, setzt die getrennten Räume aber andererseits zueinander in Beziehung. Dabei begrenzt es den Blick auf die jeweils andere Seite, indem es einen Rahmen setzt. Auf diese Weise gibt das Fenster die Sicht immer nur auf einen Ausschnitt frei, es kreiert eine spezifische Perspektive. Hierüber ist der Blick durchs Fenster immer schon als ästhetischer präformiert. Er schafft ein Bild, wie die zitierte Passage veranschaulicht und gestaltet damit das Verhältnis von Künstler und Kunstwerk. Neben dieser grundlegenden Anbindung an ästhetische Prozesse, erweist sich das räumliche Setting des Fensters auf variable Weise kodiert. So kann die Unterscheidung von innen und außen je nach Situation übersetzt werden in die Differenzen von männlich/weiblich, jung/alt sowie die Dynamik von aneignen/entsagen.

---

[228] Der fünf Jahre ältere Herder war schon durch sprachphilosophische ebenso wie literarische Publikationen hervorgetreten.

Fenster eröffnen damit eine zusätzliche Dimension des Hauses als autobiographischem Ort. Während das Zimmer als in sich geschlossener Teilbereich relevant ist und Treppen wie Flure als Durchgangsräume Bedeutung gewinnen, markieren Fenster die Grenze zum außerhäuslichen Bereich. Zwar wird dieser so noch nicht betreten, aber zumindest visuell erkundet. Dies geht biographisch zumeist einher mit einem prospektiven Moment, welches die räumliche Statik mit einer zeitlichen Struktur verschränkt. So weist der Blick hinaus zugleich voraus auf zukünftige Räume ebenso wie künstlerische Prozesse. Gleichermaßen kann aber der Blick auch von außen in das Haus hinein gerichtet werden, womit häufig eine Form der Retrospektive bzw. des Entsagens initiiert wird. Dergestalt formieren sich über das Fenster die zeit-räumlich verfassten, autobiographischen Konstellationen, die auf den folgenden Seiten in den Fokus rücken.

Die erste Erwähnung eines Fensterblicks spannt sogleich das beschriebene Panorama auf und entwirft autobiographisch relevante Fluchtlinien. So wird auf den ersten Seiten des Texts das sogenannte „Gartenzimmer" im elterlichen Haus als „liebster, zwar nicht trauriger, aber doch sehnsüchtiger Aufenthalt" (DW 18) des Kindes eingeführt.[229] Im zweiten Stock des Hauses gelegen, bietet es von seinem Fenster aus den Blick auf die Gärten der Nachbarn. In Ermangelung eines eigenen Gartens erscheinen diese als „so nah gelegen[e]", aber dennoch unerreichbare „Paradiese" (DW 18). Damit ist, in Abgrenzung zum sehnsüchtig Erblickten, auch der eigene Ort benannt: Er liegt außerhalb des Paradieses.

In dieser Sequenz werden somit zwei Orte bezeichnet und in ein räumlich ebenso wie psycho-dynamisch begründetes Verhältnis gesetzt. Zum einen das Gartenzimmer, dessen Name den häuslichen und außerhäuslichen Bereich zusammenbringt. Damit wird bereits sprachlich, anhand der Bezeichnungs- und Lokalisierungsfunktion des Ortes, eine Grenze mit der ihr innewohnenden Dynamik benannt. Das Gartenzimmer ist demnach ein affektiv aufgeladener Raum, an dem sich das Ich gerne aufhält, der aber auch ein Moment der Sehnsucht bedingt. Hier ist die Motivation zu einer räumlichen Grenzüberschreitung angelegt, die im Sinne Lotmans die Handlung in Gang setzt.[230] Dies wird durch die Bezeichnung des zweiten Ortes einsichtig, den das erzählende Ich als „Paradiese" bestimmt. Damit wird eine spezifische Deutungsperspektive etabliert: Die individuelle Szene wird zur Bühne einer anthropologischen

---

[229] Ausführlich setze ich mich mit dem Garten in Kapitel 3.2 (Gärten) auseinander. Aus diesem Grund fokussiere ich an dieser Stelle insbesondere den Blick aus dem Fenster und lasse weitere räumlich relevante Aspekte zunächst außer Acht.
[230] Vgl.: Jurij Lotmann, *Die Struktur des künstlerischen Texts*, Frankfurt a.M. 1973.

Grundkonstellation berufen, die metaphorische Semantik überlagert die materielle Dimensionalität, von der sie ausgeht.

Vor diesem Hintergrund wird das Fenster als Grenzkonstellation relevant. Das Ich selbst befindet sich wie gesagt nicht im Garten, sondern lediglich im Garten*zimmer* und damit in einem bürgerlich-kulturell konstituierten Innenraum. Auf diese Weise entwirft der Fensterblick zwei getrennte, wenn auch aufeinander bezogene Sphären mit jeweils eigenen Funktionsweisen. So ist der Aufenthalt im Zimmer für das Ich, entsprechend seiner Position außerhalb der Paradiesgärten, einerseits geprägt durch Arbeit, indem es dort seine „Lektionen" zu lernen hat. Zugleich ist durch das Fenster ein Betrachten der „untergehenden Sonne, gegen welche die Fenster gerade gerichtet waren" möglich. (DW 18).

Damit ist der Platz am Fenster für das erinnerte Ich in mehrfacher Hinsicht orientierter Raum. Zunächst im grundsätzlichen Sinn als geographische Ausrichtung im Bezug auf die untergehende Sonne, also nach Westen. Sodann aber auch als Ort der Arbeit, der die bürgerliche Lernkultur parallelisiert mit ‚cultura' im Sinne einer landwirtschaftlichen Umwandlung der Wildnis in Felder und Gärten. Das bürgerliche Paradies, so die Analogie, erschließt sich erst in der Bearbeitung und Umgestaltung der Natur in Kultur zum Zwecke der Bildung. Dies geschieht anhand von Texten ebenso wie durch die ästhetische Bildung anhand der Betrachtung von Naturphänomenen wie dem Sonnenuntergang. Die Lokalisierungsfunktion der Ortsbezeichnung setzt auf diese Weise mehrere räumlich begründete Semantiken in Gang. Mit dieser Standortbestimmung ist allerdings, und hier wendet sich die Perspektive ins Autobiographische, auch ein Moment der Einsamkeit bzw. Individuation verbunden:

> Da ich aber zu gleicher Zeit die Nachbarn in ihren Gärten wandeln und ihre Blumen besorgen, die Kinder spielen, die Gesellschaften sich ergetzen sah […]; so erregte dies frühzeitig in mir ein Gefühl der Einsamkeit und einer daraus entspringenden Sehnsucht, das dem von der Natur in mich gelegten Ernsten und Ahndungsvollen entsprechend, seinen Einfluß gar bald und in der Folge noch deutlicher zeigte. (DW 18)

Es ist der Blick aus dem Fenster, der das ersehnte, jedoch unerreichbare Andere zeigt und damit das autobiographische Ich auf sich selbst und seine Situation zurückwirft. Auch hier treten erzählendes und erinnertes Ich auseinander, indem die Stimme des erzählenden Ichs hörbar wird. Es positioniert sich insofern außerhalb der beschriebenen Szene, als es eine biographische Perspektive einnimmt. Die räumliche Situation wird dabei in einen zeitlichen Kausalzusammenhang überführt, der das „Ernste und Ahndungsvolle" als Wirkfaktor der eigenen Biographie einsichtig macht. Das melancholische Element, topischer Bestandteil der Künstlerpersönlichkeit, begründet sich so aus der initialen räumlichen Situation. Zugleich erscheint damit auch das prospektive, auf die zukünftige Biographie ausgerichtete Moment, das dem Blick durchs Fenster nach außen eignet.

Als Kind ist es an den häuslichen Raum gebunden und besitzt daher keine Möglichkeit, auf die andere Seite des Fensters zu wechseln. Zudem verfügt es noch nicht über die künstlerischen Mittel, um das Erfahrene für das eigene literarische Schaffen produktiv zu machen. Die hieraus entstehende „Sehnsucht" gewinnt „in der Folge" zunehmenden „Einfluß", sie richtet das Ich somit über die gegebene räumliche Situation hinaus auf zukünftige Veränderungen aus. Dabei geht es um nichts weniger als die individuelle Teilhabe am Paradiesgarten und diese (Wieder-)Aneignung vollzieht sich im Zeichen der Kunst. Nicht von ungefähr wird die Erfahrung der „Einsamkeit", der das Ich zuerst beim Fensterblick auf die Gärten begegnet, im Verlauf von *Dichtung und Wahrheit* zum Katalysator des eigenen Schreibens. So unternimmt das Ich im fünften Buch seine ersten zeichnerischen Bemühungen in der Einsamkeit des Waldes: „Jetzt, da ich mir selbst und der Einsamkeit überlassen war, trat diese Gabe, halb natürlich, halb erworben, hervor; wo ich hinsah, erblickte ich ein Bild, und was mir auffiel, was mich erfreute, wollte ich festhalten, und ich fing an auf die ungeschickteste Weise nach der Natur zu zeichnen." (DW 246) Auch im zwölften Buch ist der Entstehungsprozess des *Werther* an die Einsamkeit gebunden: „Der malerische Blick gesellte sich zu dem dichterischen, die schöne ländliche, durch den freundlichen Fluß belebte Landschaft vermehrte meine Neigung zur Einsamkeit, und begünstigte meine stillen nach allen Seiten hin sich ausbreitenden Betrachtungen." (DW 588) Schließlich bedarf auch das Verfassen des *Egmont* im zwanzigsten Buch, wie im vorherigen Abschnitt beschrieben, spezieller Bedingungen. Einsamkeit, die Betrachtung des äußeren oder inneren emotionalen Raums und dessen ästhetische Formung verbinden sich dabei zum künstlerischen Bild. Die künstlerische Produktivität wird damit an bestimmte räumliche Settings gebunden, die einen biographischen Begründungszusammenhang schaffen. Das autobiographische Paradies, so zeigt sich, ist zumindest für den „Künstler, Dichter, Schriftsteller" (DW 13) ein auf der Basis der eigenen Erfahrungen selbst erschriebenes und diese Erfahrungen, ebenso wie die daraus entstehende Schreibpraxis, wurzeln in spezifischen zeiträumlichen Konstellationen.

Die Möglichkeiten der eigenständigen Gestaltung des Fensterblicks und insbesondere des Wechsels zwischen Innen und Außen sind allerdings geschlechtsspezifisch unterschiedlich ausgeprägt. In diesem Kontext wird die Relationalität autobiographischer Bedeutungsgebung relevant, die Smith/Watson als Analysekategorie benannt haben.[231] Hier-

---

[231] Vgl.: Smith/Watson, *Reading Autobiography*, 64ff. sowie meine Ausführungen hierzu in Abschnitt 2.2.

bei nutzt der Text bestimmte andere, autobiographische bedeutsame Figuren um die eigene Biographie zu konturieren. Der oder die Andere wird so zum Mittel der Narration, insofern durch sie das Spezifische der eigenen Biographie erzählt werden kann. Dies ist der Fall in Bezug auf die Unterscheidung von männlichen und weiblichen Biographien, die durch das Fenster mit figuriert wird. Wie sich im Lauf des Texts zeigt, differenzieren sich diese u.a. anhand der Möglichkeit, aus dem häuslichen Raum hinauszutreten. Deutlich wird dies bereits zu Beginn des ersten Buches, in dem das ‚Geräms', eine Art vergittertes Fenster zur Straße hin, in seinen Funktionen geschildert wird: „Die Frauen saßen darin, um zu nähen und zu stricken, die Köchin las ihren Salat [...]." (DW 16) Das Fenster markiert hier deutlich die Grenze zum öffentlichen Raum der Straße. Die Frauen, denen explizit häusliche Arbeiten zugeordnet sind, nähern sich dieser Trennlinie zwar an, überschreiten sie jedoch nicht. Anders dagegen das männliche Ich, dessen kindliche ‚Geschirr-Episode' unter dieser Perspektive eine deutlich geschlechtsspezifische Dimension erhält. Zwar ist auch der Junge aufgrund seines Alters noch an die Grenze gebunden, die das Geräms verkörpert. Gleichzeitig erprobt er jedoch hier bereits seine außerhäuslichen Spielräume. Im Verlauf seines Spiels beginnt das Kind damit, Geschirr auf die Straße zu werfen und die Grenze so zumindest symbolisch außer Kraft zu setzen. Unterstützung erhält es dabei wiederum von männlicher Seite: Es sind seine Nachbarn, „jene sonst ernste und einsame Männer" (DW 16), die sein Verhalten begeistert kommentieren. So erlebt sich der Junge bereits als handlungsmächtig und zur Überschreitung gesetzter Grenzen fähig. Zudem wird die Zerstörung der häuslichen, weiblich konnotierten Gegenstände durch den Jungen von den Eltern toleriert und bleibt ohne größere Konsequenzen, womit eine negative Wertung dieses Bereichs zumindest implizit vorgenommen wird.

Das Phänomen der Begrenzung des weiblichen Raums durch das Fenster wird im Kontext der Gretchen-Episode weiter ausgeführt. Bei den Besuchen im Hause Gretchens treffen sich die männlichen Jugendlichen dort um zusammenzusitzen, zu reden und Wein zu trinken. Für Gretchen ist der häusliche Raum jedoch zeitgleich der Arbeitsplatz: „Es war nur einer von den jungen Leuten zu Hause; Gretchen saß am Fenster und spann [...]." (DW 186) Wiederum arbeitet die Frau „am Fenster", also an der Grenze zum öffentlichen Raum, an dem sie so zwar visuell teilhaben, den sie aber nicht aktiv einnehmen kann. Dies bestätigt sich bei dem kurz darauf erfolgenden Besuch des jugendlichen Goethe im Geschäft einer Putzmacherin, bei der er für seine Schwester Blumen besorgen soll:

> Ich tat ihr die Liebe und ging in den Laden, in welchem ich schon öfter mit ihr gewesen war. Kaum war ich hineingetreten und hatte die Eigentümerin begrüßt, als ich im Fenster ein Frauenzimmer

sitzen sah, das mir unter einem Spitzenhäubchen gar jung und hübsch, und unter einer seidnen Mantille sehr wohl gebaut schien. Ich konnte leicht an ihr eine Gehülfin erkennen [...] (DW 195).

Die Gehilfin entpuppt sich bei genauerem Hinsehen als Gretchen, wobei im Folgenden der geschlechtsspezifische Unterschied zwischen einer statischen weiblichen und einer flexiblen, zwischen den Räumen wechselnden männlichen Position ersichtlich wird. So nutzt das Ich in den anschließenden Tagen seine Bewegungsfreiheit um mehrmals am Geschäft vorbeizugehen und einen Blick in diesen, deutlich als weiblich gekennzeichneten Raum zu werfen.[232] Dem weiblichen Standort am Fenster korrespondiert damit ein männlicher Blick von außen durch das Fenster hinein. In ihm spielen die erotische Auflading der Erblickten, die „unter einer seidnen Mantille sehr wohl gebaut schien", ebenso eine Rolle wie die räumliche Kontrolle des weiblichen Körpers. Entsprechend irritiert zeigt sich das Ich, als Gretchen plötzlich nicht mehr im Geschäft anzutreffen ist: „Ich fragte sie, warum sie nicht mehr dorthin gehe: denn in der letzten Zeit, da ich des Abends nicht viel abkommen konnte, war ich manchmal bei Tage, ihr zu Gefallen, am Laden vorbei gegangen, um sie nur einen Augenblick zu sehen." (DW 205) Ihre Antwort verweist auf den unterschiedlichen Status, den der öffentliche Raum geschlechtsbedingt erhält: „Sie erklärte mir, daß sie in dieser unruhigen Zeit sich dort nicht hätte aussetzen wollen" (DW 205f.) Zwar ist dies auf die Wochen der Königskrönung bezogen, lässt aber die grundlegende Perspektivierung des öffentlichen Raums als ‚unsicher' deutlich werden.[233] Für das männliche Ich hingegen gelten diese Bedenken offensichtlich nicht. Im Gegenteil konstituiert es sich in dieser Zeit wesentlich über die Teilnahme am öffentlichen Geschehen. In diesem Sinne bietet ihm das Procedere der Königskrönung Gelegenheit „die meiste Zeit des Tages auf der Straße zuzubringen, um das was öffentlich zu sehen war, ins Auge zu fassen." (DW 199)

Wie alltagsbestimmend und entwicklungshemmend dagegen die weibliche Gebundenheit an den innerhäuslichen Raum ist, zeigt sich am Beispiel der unterschiedlichen jugendlichen Alltagserfahrungen Goethes

---

[232] So betritt das Ich diesen Raum, der alles für den weiblichen und häuslichen Putz bereit hält, lediglich auf Wunsch seiner Schwester. Es soll dort „italiänische Blumen" (DW 195) besorgen. Zudem sind sowohl die Verkäuferin als auch die Gehilfin weiblich.

[233] Dass Gretchen die geschlechtlich bedingten gesellschaftlichen Einschränkungen bewusst sind, die Frauen unter anderem von Bildungsräumen ausschließen, macht sie an späterer Stelle deutlich: „Sie wünschte sich ein Knabe zu sein, und wußte mit vieler Freundlichkeit anzuerkennen, daß sie mir schon manche Belehrung schuldig geworden. ‚Wenn ich ein Knabe wäre, sagte sie, so wollten wir auf Universitäten zusammen etwas rechtes lernen.'" (DW 205)

und seiner Schwester Cornelia.[234] Während ersterer ab einem Alter von etwa 15 Jahren zunehmend weitläufigere Ausflüge und Reisen unternimmt, bleibt Cornelias Erfahrungsraum auf die häusliche Sphäre beschränkt.[235] Diese geschlechtlich bedingte Absteckung des jeweiligen Aktionsradius führt in der Folge zu spezifischen Bedürfnissen und Rollenverteilungen:

> Da aber die Stunden der Eingezogenheit und Mühe sehr lang und weit waren gegen die Augenblicke der Erholung und des Vergnügens, besonders für meine Schwester, die das Haus niemals auf so lange Zeit als ich verlassen konnte; so ward ihr Bedürfnis, sich mit mir zu unterhalten, noch durch die Sehnsucht geschärft, mit der sie mich in die Ferne begleitete. (DW 250)

Die Passage entwirft eine, an die zwei Wahrnehmungspositionen gebundene, Verschränkung der räumlichen mit der zeitlichen Dimension. Auch hier wird das Haus, wie schon zuvor vom Ich im Gartenzimmer, als Sphäre der Arbeit erfahren. Diese Parallele wird noch durch die Erwähnung der Sehnsucht betont, die bereits die Situation des autobiographischen Ichs kennzeichnete. Sie ist es auch, welche die Dimension der Zeit aktiviert. So wird der eingegrenzte Raum des Hauses als temporal bestimmte Sphäre erlebt, dem die räumliche „Ferne" gegenübergestellt wird. Beide Perspektiven beziehen sich so aufeinander. Das erzählende Ich nutzt dabei den Kontrast zwischen dem Aufenthaltsort der Schwester und der eigenen Position, um zwei aufeinander ausgerichtete räumliche Referenzpunkte zu etablieren. Das jugendliche Ich wird dergestalt für seine Schwester zum imaginären Fluchtpunkt einer ihr selbst versagten „Ferne". Diese kann nur durch Unterhaltungen kompensiert werden, bei denen der Bruder zwangsläufig die Rolle des Erzählers einnimmt. Im Gegensatz zum autobiographischen Ich, das auf diese Weise den wechselseitigen Austausch von Erfahrung und deren Versprachlichung einübt, bleibt der Schwester lediglich der fremde Text, dem sie keinen eigenen entgegenstellen kann. Ebenso wie zuvor das Ich am Fenster des Gartenzimmers, erfährt zwar auch Cornelia nun eine Sehnsucht nach der Erfahrung außerhäuslicher Räume. Im Gegensatz zu ihrem Bruder gibt es für sie allerdings kaum Möglichkeiten, diese Bedürfnisse räumlich auszuagieren. Daher bleibt sie auf die Narrationen des Bruders (und später ihres Man-

---

[234] Zu Cornelias Funktion als Spiegelbild in *Dichtung und Wahrheit* vgl.: Christoph Michel, „Cornelia in »Dichtung und Wahrheit«, Kritisches zu einem ‚Spiegelbild'", in: *Jahrbuch des Freien Deutschen Hochstifts* 1979, 40-70.

[235] In *Dichtung und Wahrheit* werden solche Unternehmungen ab dem sechsten Buch geschildert, das zeitlich an die Königskrönung im März/April 1764 anschließt.

nes) verwiesen, da sie die beschriebene Grundspannung nicht, wie er, durch eigene Erfahrungen auflösen kann.[236]

Der alltägliche Handlungsrahmen des autobiographischen Ichs verlagert sich demgegenüber zunehmend in den öffentlichen Raum und sein Blick fällt damit nun von außen auf das Fenster. Dieser Perspektivwechsel wird auf den letzten Seiten des zwanzigsten Buchs noch einmal explizit vollzogen, wobei die geschlechtsspezifische und die künstlerisch-ästhetische Dimension in eins fallen. Goethe, schon offiziell nach Weimar verabschiedet, wartet noch auf die verabredete Kutsche und geht daher inkognito ein letztes Mal durch die Straßen Frankfurts:

> Schon einige Abende war es mir nicht möglich gewesen zu Hause zu bleiben. In einen großen Mantel gehüllt schlich ich in der Stadt umher, an den Häusern meiner Freunde und Bekannten vorbei, und versäumte nicht auch an Lili's Fenster zu treten. Sie wohnte im Erdgeschoß eines Eckhauses, die grünen Rouleaus waren niedergelassen, ich konnte aber recht gut bemerken, daß die Lichter am gewöhnlichen Platze standen. Bald hörte ich sie zum Klaviere singen, es war das Lied: *Ach wie ziehst du mich unwiderstehlich!* Das nicht ganz vor einem Jahr an sie gedichtet ward. Es mußte mir scheinen daß sie es ausdrucksvoller sänge als jemals, ich konnte es deutlich Wort vor Wort verstehen, ich hatte das Ohr so nahe angedrückt wie nur das auswärts gebogene Gitter erlaubte. Nachdem sie es zu Ende gesungen, sah ich an dem Schatten, der auf die Rouleaus fiel, daß sie aufgestanden war; sie ging hin und wider, aber vergebens suchte ich den Umriß ihres lieblichen Wesens durch das dichte Gewebe zu erhaschen. Nur der feste Vorsatz mich wegzubegeben, ihr nicht durch meine Gegenwart beschwerlich zu sein, ihr wirklich zu entsagen, und die Vorstellung, was für ein seltsames Aufsehen mein Wiedererscheinen machen müßte, konnte mich entscheiden die so liebe Nähe zu verlassen. (DW 846f., Hervorh. i. Orig.)

Dieser Gang zu Lilis Fenster beschließt nicht nur eine Liebesgeschichte, sondern markiert auch das Ende eines biographischen Abschnitts. Dies wird ersichtlich, wenn man die oben diskutierte erste Fensterszene hinzuzieht. Beide spiegeln sich in ihrer Struktur: Während das ersehnte Paradies in der ersten Szene jenseits des Fensters im Außenraum liegt, scheint der Sehnsuchtsort nun, da das Ich selbst draußen steht, im Haus zu liegen. Der direkte Blick hinein ist ihm jedoch dieses Mal durch die Rollos verwehrt, das Fenster damit in seiner grundlegendsten Funktion außer Kraft gesetzt. Das Auge, ansonsten Goethes wichtigstes Sinnes- und Erkenntnisorgan, scheint in dieser Situation daher nutzlos und er selbst an

---

[236] Ihre grundsätzliche Situation ändert sich auch mit ihrer Heirat nicht, nach der sie ihrem Mann nach Emmendingen „folgen [mußte]", denn dort gelangt sie „an einen Ort der ihr eine Einsamkeit, eine Einöde scheinen mußte; in eine Wohnung zwar geräumig, amtsherrlich, stattlich, aber aller Gesellschaft entbehrend." (DW 792)

das Ohr verwiesen. Was er nun zu hören bekommt ist mit „*Ach wie ziehst du mich unwiderstehlich!*" die Vertonung eines Liebesgedichts, das er selbst für Lili geschrieben hat. So führt ihn der gewünschte Kontakt zu Lili paradoxerweise zu seinem eigenen Text, der allerdings dadurch verschoben wird, dass nicht er selbst, sondern Lili ihn rezitiert.[237] Sie tritt ihm damit nur noch als Text entgegen. Und noch eine weitere Verschiebung findet hier statt: Der Titel des Gedichts verweist auf den Anfang des siebzehnten Buchs, in dem zu Beginn der Beziehung mit Lili „einige Lieder zwar bekannt, aber vielleicht besonders hier eindrücklich, eingeschaltet stehen" (DW 749). Auf diese Weise konstruiert das erzählende Ich narrative Fäden, die eine texträumlich organisierte Semantik hervorbringen. An der erwähnten Stelle findet sich nun das angesprochene Gedicht im Wortlaut als eines von zweien, welche die „Fülle glücklicher Stunden" (DW 751) zwischen Goethe und Lili veranschaulichen sollen. Mit dem Lied wird also vordergründig die glückliche Phase der Liebesbeziehung erneut aufgerufen. Die zweimalige Platzierung im siebzehnten und zwanzigsten Buch bedingt jedoch entscheidende Bedeutungsveränderungen. Nicht nur weist das zitierte Gedicht selbst bereits auf die Ursache des letztlichen Scheiterns der Beziehung. So thematisiert es die Schwierigkeiten, die sich für das Ich durch den Kontrast von vertraulicher Nähe und gesellschaftlich-repräsentativem Auftreten in der Beziehung zu Lili ergeben. Aus der Retrospektive des zwanzigsten Buchs lässt sich daraus das im Folgenden immer gravierender werdende Problem der unterschiedlichen Lebenswelten herauslesen.

Aber auch der Titel bzw. die erste Verszeile des Gedichts wird vom siebzehnten zum zwanzigsten Buch leicht abgeändert: Aus „Warum ziehst du mich unwiderstehlich" (DW 750) wird nun „*Ach wie ziehst du mich unwiderstehlich!*". War der Gedichtanfang ursprünglich als Frage formuliert und zeigte damit den Wunsch nach Auseinandersetzung und direkter Kommunikation, so trifft die Variante im zwanzigsten Buch lediglich noch eine Aussage, die zwischen Leiden und dessen Annahme changiert. Musikalisch betrachtet könnte man hier von Thema und Variation sprechen. Durch sie wird, künstlerisch verdichtet, zum einen die zeitliche Dimension als Veränderung sichtbar gemacht. Zum anderen schreibt das erzählende Ich damit der Erinnerung eine Form der Differenz ein. Durch die Abweichung stehen sich nun zwei Versionen eines Texts gegenüber. Auch dessen Reproduktion ist damit der Neuschöpfung unterworfen, es ist nicht mehr der gleiche Text.

Dabei weist die Bedeutungsverschiebung darauf hin, dass der kommunikative Austausch, der Kern der Beziehung, in der zweiten Version

---

[237] Diese ist damit in einer Goethes Schwester vergleichbaren Situation: auch sie verfügt nicht über einen eigenen Text, sondern bleibt auf denjenigen ihrer männlichen Bezugsperson angewiesen.

bereits abgerissen ist und von Lili nur noch konstatiert wird. Zwar hört Goethe das Lied noch und reagiert entsprechend emotional, doch ist diese Klage im wörtlichen Sinne nicht mehr sein Text. Lili und er befinden sich nicht mehr im selben (Sprach-)Raum, das Fenster und das Gewebe des Rollos trennen sie. So spricht er auch selbst nicht mehr mit ihr, seine Entscheidung ist bereits gefallen.

Mit seiner Betonung des Akustischen und der Unschärfe des Blicks erhält die gesamte Fensterszene den Charakter eines Echos, das die zurückliegende Beziehung noch einmal nachhallen lässt, allerdings bereits verschoben, mit neuen Konturen versehen. Bei näherem Hinsehen lässt es sich dann, wie beschrieben, präziser als ‚Textecho' fassen. Dabei zeigt sich, dass die Bezugnahme auf vergangene Zustände bzw. frühere Textteile – also die erneute Auseinandersetzung mit dem eigenen Lebenstext – eine orientierende wie handlungsleitende Funktion für Gegenwart und Zukunft gewinnt: sie ermöglicht dem Ich, diesen Abschnitt seines Lebens bewusst hinter sich zu lassen, ihm „wirklich zu entsagen" (DW 847). Konnte es dem Gefühl der Einsamkeit in der ersten Fensterszene noch nichts entgegensetzen, so ist dieser Aspekt nun in einem weiteren biographischen Kontext aufgehoben. Wie die Szene vor Lilis Fenster zeigt, trifft das Ich beim Blick durch das Fenster und dem dazugehörigen Gefühl der Sehnsucht auf sich selbst bzw. seine eigene Kunst. Der Blick durch das Fenster fällt auf „das dichte Gewebe" (DW 847) des Rollos respektive seines Texts, wobei an die Stelle von Lilis individueller Person ein „Schatten" tritt und aus ihren Worten sein Gedicht wird. Biographisch kann es nun den häuslichen Raum hinter sich lassen: Es verfügt über die nötigen Mittel, um diesen ‚Innenraum' produktiv für sich zu gestalten. Als Kunstraum ist dieser für das Ich nicht mehr von einzelnen Personen abhängig und bildet die Basis für dessen beruflich-persönliche Selbstbestimmung. Es ist sein „produktives Talent" (DW 695), das ihm den Entschluss erlaubt, den nun biographisch anstehenden Schritt in die Eigenständigkeit zu gehen. Die Möglichkeit, diesen Schritt überhaupt zu tun, liegt nicht zuletzt in seinem Status als männliches Individuum begründet. Damit besitzt es eine biographische Perspektive, die es legitimiert, weiter zu ziehen, während Lili ans Haus gebunden bleibt.

Das Lied als Text im Text eröffnet damit ein semantisches Feld. Es erweitert die begrenzte räumliche Szene um eine zeitliche Achse, welche die Dimension der literarischen bzw. autobiographischen Autorschaft ins Spiel bringt. Diese wirkt wiederum auf die materielle Dimensionalität und die Raumhandlungen des Ichs zurück, indem sie ihnen eine poetologische, selbstreflexive Struktur verleiht. Die einzelne Szene wird so in eine narrative Kontinuität eingebunden, die von der Entstehung des Lied-Texts bis hin zur Verfertigung der autobiographischen Rückschau reicht. Das erzählende Ich inszeniert sich so in doppelter Hinsicht als Autor. Zum einen über den eingeschalteten Text, zum anderen aber insbesondere auch als Autor des eigenen Lebens. Indem dieses nun als literarisch komponiert einsichtig gemacht wird und zudem explizit das eigene Autorbild kreiert, lässt sich hier gleichermaßen von Auto- und Autorfiktion sprechen. Diese differenziert sich dabei, wie gezeigt, anhand geschlechtsspezifisch konnotierter Räumlichkeit: Es handelt sich um eine Autorschaft im männlich markierten öffentlichen Raum.

Die Position vor dem Fenster bzw. der Blick hindurch organisieren jedoch nicht nur die geschlechtsspezifisch differenten Standpunkte, sondern auch die biographisch relevante Unterscheidung zwischen alt und jung. Indem das Fenster, innerhalb eines gegebenen Ausschnitts, ein Panorama eröffnet, verschafft es dem Betrachtenden einen Überblick. Dass diese Perspektive durchaus auch biographisch im Sinne eines Lebenspanoramas zu verstehen ist, das die gelebte Zeit räumlich zur Anschauung bringt, verdeutlicht der Besuch Goethes und seiner Reisegefährten bei Johann Jakob Bodmer in Zürich. Dort erhalten die jungen Männer einen kurzen Ausblick auf die Möglichkeiten, aber auch Begrenzungen des Alters:

> Der alte Bodmer ward hiebei vorzüglich geachtet und wir mußten uns auf den Weg machen ihn zu besuchen und jugendlich zu verehren. Er wohnte in einer Höhe über der am rechten Ufer, wo der See seine Wasser als Limat zusammendrängt, gelegenen größern oder alten Stadt; diese durchkreuzten wir, und erstiegen zuletzt auf immer steilern Pfaden, die Höhe hinter den Wällen [...]. Hier nun stand Bodmers Haus, der Aufenthalt seines ganzen Lebens, in der freisten heitersten Umgebung, die wir bei der Schönheit und Klarheit des Tages schon vor dem Eintritt höchst vergnüglich zu überschauen hatten. Wir wurden eine Stiege hoch in ein ringsgetäfeltes Zimmer geführt, wo uns ein munterer Greis von mittlerer Statur entgegen kam. [...] Es schien ihm nicht unangenehm, daß wir eine Übersicht aus seinem Fenster zu nehmen uns ausbaten, welche denn wirklich bei heitren Sonnenschein in der besten Jahreszeit ganz unvergleichlich erschien. Man übersah vieles von dem, was sich von der großen Stadt nach der Tiefe senkte, [...]. Rückwärts links, einen Teil des Zürchsees mit seiner glänzend bewegten Fläche und seiner unendlichen Mannigfaltigkeit von abwechselnden Berg- und Tal-Ufern [...]; worauf man denn geblendet von allem diesem in der Ferne die blaue Reihe der höheren Gebirgsrücken, deren Gipfel zu benamsen man sich getraute, mit größter Sehnsucht zu schauen hatte. (DW 796f.)

Der Besuch bei Bodmer wird explizit in einen biographischen Kontext gesetzt, indem die jungen Männer den „würdigen Patriarchen" (DW 797) "jugendlich zu verehren" gedenken.²³⁸ Die hier gewählte Bezeichnung spielt auf Bodmers Texte aus dem Bereich der biblischen Patriarchengeschichten an. Darüber hinaus handelt es sich aber auch um einen textinternen Verweis, der die biographische wie literarische Dimension der Sze-Szene betont. Wie im Zusammenhang des Kinderzimmers ausgeführt, schaltet der Text bereits im vierten Buch detaillierte Ausführungen dieses Bibelstoffs ein, wobei die Deutung der biblischen Geschichte als Lebensgeschichte der Menschheit sowie seine Betonung des alttestamentlichen Raums für die künstlerische Einbildungskraft im Vordergrund stehen. Es geht demnach beim Besuch Bodmers nicht nur um die Begegnung von Jugend und Alter, sondern ebenso um die Bildung des Autor-Ichs im Spiegel geordneter Räumlichkeit.

Dementsprechend präzise wird zunächst der Weg zu Bodmers Haus beschrieben, der „auf immer steileren Pfaden" die vertikale Dimension des Aufstiegs betont. Liest man die Stelle als beruflich-literarischen Werdegang, so wird bereits hier die Anstrengung ersichtlich, die zum Erlangen seiner jetzigen Position und Lage nötig ist. Das Haus selbst liegt an der Grenze von städtischem und ländlichem Raum auf einer Anhöhe und daher in der „freisten, heitersten Umgebung". Bodmer hat sich auch geographisch über die normalen Bürger der Stadt erhoben. Die lebenslange geistige Anstrengung hat sich gelohnt, wie die jungen Verehrer bei ihrem Eintritt ins Haus feststellen. Die Aussicht aus Bodmers Fenster erweist sich als „ganz unvergleichlich". Indem Stadt und Umgebung in die Distanz treten, werden sie in ihrer „unendlichen Mannigfaltigkeit" ersichtlich. Damit werden die einzelnen Orte in ihrem Zusammenhang dem Auge ästhetisch allererst greifbar, sie fügen sich in ein geordnetes Panorama. Von der näher gelegenen Stadt schweift der Blick so über den Zürichsee bis hin zu der „blaue[n] Reihe der höheren Gebirgsrücken", welche die Horizontlinie bezeichnen. Die Dynamik der Blickfolge in Richtung auf den Horizont als räumlicher Grenzmarkierung bringt zugleich ein zeitliches Moment in die Betrachtung ein. Hier zeigt sich die von Koschorke konstatierte doppelte Semantik des Horizonts, der immer zugleich die Grenze und Beschränkung der eigenen Perspektive darstellt wie er die Möglichkeit ihrer Überschreitung impliziert. In diesem Sinn bezeichnet der Horizont sowohl eine geographische als auch eine semantische Grenze.²³⁹ Je nach biographischem Standpunkt schließt sie entwe-

---

[238] Die Verehrung wird allerdings durch vorangegangene kritische Erwähnungen Bodmers und seines Werkes relativiert. Vgl. DW 289 und 298.

[239] Er ist damit „die anschauliche Repräsentanz des Begriffs einer immer vorläufigen, vom jeweiligen Ort des Blickträgers und dadurch zur Unendlichkeit affinen Grenze des neuzeitlichen Wahrnehmungsraums." Hierdurch enthält er auch immer ein zeitlich-prospektives Moment: „Dem geöffneten Horizont der Raumerfahrung korrespondiert ein auf die Zukunft hin offener – und das heißt: menschliche Ge-

der den überschaubaren bzw. gelebten Raum ab oder weist über ihn hinaus. So betrachten die jugendlichen Besucher die Alpen „mit größter Sehnsucht" und perspektivieren den Horizont so als zukünftig zu erreichendes und zu überschreitendes Fernziel. Wie schon zuvor beim Blick aus dem Gartenzimmer wird hier eine, von der affektiven Raumwahrnehmung ausgehende, Dialektik von räumlicher Grenze und ihrer prospektiven Überschreitung initiiert.

Demgegenüber ist Bodmer, am Ende seines Lebens stehend, „das Außerordentliche" des vor ihm ausgebreiteten Raums über „viele Jahre her täglich geworden" (DW 797), sodass es lediglich noch der Bestätigung des erreichten Zustands dient. Sein Überblick ist ein statischer, der zwar die Erscheinungen ordnet und fassbar werden lässt, aber nicht mehr auf Erweiterung des Blickfelds hin angelegt ist. Auch wenn diese Position mit großem Erfahrungswissen und gesellschaftlicher Anerkennung einhergeht, ist sie doch als Blick- und Lebensperspektive retrospektiv. Den jungen Dichtern hingegen ist die durch den Fensterblick gewonnene Wahrnehmung neu und führt zu einem gesteigerten Selbstgefühl und einer verstärkten biographischen Zielorientierung: Nach kurzer Zeit verabschiedet sich die Gruppe, da in ihren „Geistern die Sehnsucht nach jenen blauen Gebirgshöhen die Überhand gewonnen hatte", während es Bodmer nur verbleibt den Besuchern „Glück auf unsern fernern Lebensgang zu wünschen" (DW 797). Das noch am Beginn seiner beruflichen Biographie stehende Ich wechselt damit wieder auf die Außenseite des Fensters, die nicht nur räumlich vor ihm liegt, sondern mit den Schweizer Bergen auch den biographisch nächsten Schritt vorzeichnet. So wie in der oben skizzierten Szene mit Lili die weibliche Position an die Innenperspektive gebunden bleibt, trennen sich hier die Sphären entlang der Differenzlinie von jung und alt. Sein Weg führt das Ich im Anschluss bekanntermaßen tatsächlich auf die Gipfel der Alpen, wo es mit der Entscheidung nicht nach Italien weiterzuwandern seinen eigenen, vom Vater unabhängigen künstlerischen Weg einläutet.[240]

---

staltungsfreiheit ermöglichender – Horizont der Geschichte." Albrecht Koschorke, *Geschichte des Horizonts, Grenze und Grenzüberschreitung in literarischen Landschaftsbildern*, Frankfurt a.M. 1990, 76 und 77.

[240] Die Berge perspektivieren dabei auf spezielle Weise den literarischen Werdegang, sie sind im wörtlichen Sinn literarische Gipfel. Vgl. hierzu meine Ausführungen in Kap. 3.5.3 (Berge).

3.1.5 Häuser von Verwandten und Freunden

Mit den Häusern der Verwandten sowie, nach dem Auszug aus dem Elternhaus, denen von Freunden, erschließen sich biographisch die ersten Privaträume außerhalb der elterlichen Autorität. Damit eröffnen sich für Goethe neuartige Freiräume, er sieht sich aber auch mit fremden Ansprüchen konfrontiert. Auf diese Weise wirft die räumliche Differenzierung auch die Frage nach den eigenen, politischen wie ästhetischen Standpunkten auf. Die Häuser von Verwandten und Freunden ermöglichen so die Erkenntnis einer grundsätzlichen Relativität von Bewertungskriterien und befördern dadurch in der Folge die Entwicklung eigener Maßstäbe.

Dabei tritt, mit zunehmendem Alter des erinnerten Ichs, die räumliche Binnenstruktur der Häuser mehr und mehr in den Hintergrund. Stattdessen erhalten sie über die Biographien ihrer Bewohner und Bewohnerinnen eine spezifische Geschichtlichkeit, an der das Ich teilhat. Zugleich wird die Relationalität des Ichs, d.h. sein Bezogensein auf bzw. seine Abgrenzung von Anderen über den Aufenthalt in bestimmten Räumen verhandelt. Diese werden somit gleichsam zu Bühnen und bilden die räumlichen Rahmungen der Selbstreflexion.

Das erste, in diesem Kontext relevante Haus ist das der Großeltern Textor. Dort kann sich das Kind dem erzieherischen Zugriff des Vaters vorübergehend entziehen:

> Vor diesen didaktischen und pädagogischen Bedrängnissen flüchteten wir gewöhnlich zu den Großeltern. Ihre Wohnung lag auf der friedberger Gasse und schien ehmals eine Burg gewesen zu sein: denn wenn man herankam, sah man nichts als ein großes Tor mit Zinnen, welches zu beiden Seiten an zwei Nachbarhäuser stieß. Trat man hinein, so gelangte man durch einen schmalen Gang endlich in einen ziemlich breiten Hof, umgeben von ungleichen Gebäuden, welche nunmehr alle zu einer Wohnung vereinigt waren. Gewöhnlich eilten wir sogleich in den Garten, der sich ansehnlich lang und breit hinter den Gebäuden hin erstreckte und sehr gut unterhalten war; [...]. (DW 45)

Das Haus der Großeltern ist ein im positiven Sinne unpädagogischer Raum, in dem das Ich die Erfahrung macht, nicht hauptsächlich als Erziehungsobjekt der Erwachsenen betrachtet und behandelt zu werden. Dort kann es sich, im Gegensatz zum väterlichen „Erziehungs- und Unterrichtskalender" (DW 44), der im Elternhaus auf ihn wartet, unbehelligt spielend die Zeit vertreiben. Das Ich wird so als Kind mit entsprechenden Bedürfnissen wahr- und ernstgenommen. Hierfür bietet das Anwesen – auch dies im Kontrast zum Elternhaus – mit Innenhof und weiträumigem Garten die nötigen örtlichen Voraussetzungen. Das Haus der Großeltern fungiert daher von Beginn an als Entlastungsraum im Hinblick auf das als konflikthaft erlebte Verhältnis mit dem Vater: das Kind flieht aus dessen Einzugsbereich in einen Schutzraum, die „Burg" der Großeltern. Diese bildet schon architektonisch ein Monument der Beständigkeit und setzt sich damit bereits vom elterlichen Haus ab, das unentwegter baulicher Veränderung und Renovierung unterliegt. Das Textorhaus erscheint hingegen als zeitlos, unveränderlich und sicher. Dies gilt nicht nur für die Bausubstanz, sondern auch für das darin aufgehobene Wissen:

> Alles was ihn [den Großvater] umgab, war altertümlich. In seiner getäfelten Stube habe ich niemals irgend eine Neuerung wahrgenommen. Seine Bibliothek enthielt außer juristischen Werken nur die ersten Reisebeschreibungen, Seefahrten und Länder-Entdeckungen. Überhaupt erinnere ich mich keines Zustandes, der so wie dieser das Gefühl eines unverbrüchlichen Friedens und einer ewigen Dauer gegeben hätte. (DW 46)

Die Wissensbestände des Großvaters kreisen um die Erfassung und Strukturierung der Welt, die sich im Textkosmos des Großvaters in zwei Bereiche teilt, den juristischen und den geographischen. Beide lassen sich als komplementäre Wissensbereiche verstehen. So wird mit den juristischen Werken das Zusammenleben organisiert, also der politisch definierte Raum nach innen wie außen abgegrenzt und verbindlichen Regeln unterworfen. Was darüber hinausgeht, fällt in den Bereich der Geographie, also der Erschließung von neuen Räumen durch Reise- und Länderbeschreibungen. Beide Wissensbestände erscheinen dabei als unveränderlich: Sind die Gesetze verfasst und die Welt einmal bereist und entdeckt, können sie als bekannt in Texten niedergelegt und fixiert werden, ohne dass noch „irgend eine Neuerung" hinzukommen könnte. Eine solche bibliothekarische Ordnung versammelt Wissen zu einem festen, kanonisierten Korpus. Das „Gefühl eines unverbrüchlichen Friedens und einer ewigen Dauer", welches das Kind angesichts dieser Ordnung überkommt, resultiert somit aus der räumlich vermittelten Anlage eines vermeintlich überzeitlich gültigen Wissens.

Bedeutungsinhalte sind allerdings nicht ohne bedeutungsgebende Individuen zu denken, sie schreiben sich von ihrer jeweiligen Verwendung und ihren Kontexten her. Diese argumentative Fluchtlinie, die sich mit den Häusern der Verwandten und Freunde insgesamt verbindet, wird hier bereits als Textverfahren eingeführt. Der Statik eines zeitlos gedachten Wissensraums stellt der Erzählung nun die Dynamik intertextueller Bezüge entgegen. Diese werden dann im Folgenden genutzt um auktoriale Perspektiven zu etablieren. Initiiert wird diese Form der Textorganisation über die Figur des Großvaters. Als Hausherr ebenso wie als greiser Mann verkörpert er für das Ich genau jene Zeitlosigkeit, mit der er sich in seinen Räumen umgibt. In der Wahrnehmung des Kindes erscheint er mit seiner altertümlichen Tracht wie „eine mittlere Person zwischen Alcinous und

Laertes" (DW 46). Mit diesem Vergleich wird das mythologische Bild- und Textarchiv der griechischen Antike aufgerufen, das dem bürgerlichen Bildungsdenken als zeitlos-klassischer Referenzpunkt dient. Zugleich eröffnet das Ich durch die Figuren des Laertes und Alcinous aber auch eine biographische Dimension, welche die zeitliche Verfasstheit des Lebens erneut ins Spiel bringt. Die Imagination des erinnerten, kindlichen Ichs, die den Großvater in den Bereich des Mythischen rückt, erweist sich so als narratives Konstruktionselement des erzählenden Ichs. Laertes ist der Vater von Odysseus, während Alcinous als Königsfigur eine wesentliche Rolle in der *Odyssee* einnimmt. Damit sind zwei Dynamiken angesprochen: Zum Einen ist mit der *Odyssee* auf das Grundmodell der Lebensreise verwiesen, d.h. einer beständigen räumlich-biographischen Bewegung.[241] Die individuelle Biographie entsteht demnach erst im Verlauf einer lebenslangen Raumdurchquerung. In der hierdurch bedingten fortwährenden Neupositionierung des Ichs kommen die räumliche und die zeitliche Dimension zusammen. Es kann erst in der Vermittlung beider sinnvoll über das eigene Leben gesprochen werden.

Zum Anderen wird mit der Figur des Laertes eine literarische Genealogie entworfen. Sowohl in Shakespeares *Hamlet* als auch in Goethes *Wilhelm Meisters Lehrjahre* gibt es gleichnamige Figuren. Damit wird die antike Bildlichkeit in einen literarischen Diskurs eingeordnet, der von Homer über Shakespeare bis hin zu Goethe selbst führt und dabei auch ein dynamisches Modell von Autorschaft impliziert. Literarische Produktion und biographische Erfahrung verschmelzen hier zu einer autobiographischen Konstellation, deren Relevanz wesentlich aus ihrer intertextuellen Verfasstheit erwächst. Bedeutungsgebung erfolgt in dieser Perspektive als individuelle Aneignung bereits bestehender Wissensmuster. Die Aussage des erinnerten Ichs eröffnet so einen retro- ebenso wie prospektiven Textraum, in dessen Fluchtlinie das erzählende Autor-Ich sichtbar wird.

Solchermaßen ist der Boden bereitet für die schrittweise biographische Entwicklung eigener Standpunkte und Maßstäbe. Hierzu bedarf es zunächst der Einsicht in die prinzipielle Parteilichkeit von Beurteilungskriterien. Dies erfährt der Siebenjährige ebenfalls im Kontext des großelterlichen Hauses. Zu Beginn des 7-jährigen Krieges (1756) spaltet sich die Familie in Anhänger Österreichs (die Großeltern) und Vertreter der preußischen bzw. fritzischen Seite (der Vater). Das kindliche Ich übernimmt dabei unhinterfragt die Partei des Vaters, wodurch die regelmäßigen Besuche im Haus der Großeltern nachhaltig beeinflusst werden:

---

[241] Auf das Motiv der Lebensreise werde ich in den folgenden Kapiteln, insbesondere im Kontext der Reisewege (Kap. 3.4), noch ausführlicher eingehen. Vgl. hierzu grundlegend: Matthias Christen, *to the end of the line, Zu Formgeschichte und Semantik der Lebensreise*, München 1999.

> Gar bald wurden unsere Zusammenkünfte, die man seit mehrern Jahren Sonntags ununterbrochen fortgesetzt hatte, gestört. [...] Als ältester Enkel und Pate hatte ich seit meiner Kindheit jeden Sonntag bei den Großeltern gespeist: es waren meine vergnügtesten Stunden der ganzen Woche. Aber nun wollte mir kein Bissen mehr schmecken: denn ich mußte meinen Helden auf das greulichste verleumden hören. Hier wehte ein anderer Wind, hier klang ein anderer Ton als zu Hause. [...] Dadurch war ich auf mich selbst zurückgewiesen, und wie mir in meinem sechsten Jahre, nach dem Erdbeben von Lissabon, die Güte Gottes einigermaßen verdächtig geworden war, so fing ich nun, wegen Friedrichs des zweiten, die Gerechtigkeit des Publikums zu bezweifeln an. [...] Daß es Parteien geben könne, ja daß er selbst zu einer Partei gehöre, davon hatte der Knabe keinen Begriff. [...] Bedenke ich es aber jetzt genauer, so finde ich hier den Keim der Nichtachtung, ja der Verachtung des Publikums, die mir eine ganze Zeit meines Lebens anhing und nur spät durch Einsicht und Bildung ins Gleiche gebracht werden konnte. (DW 54-56)

Indem das erinnerte Ich sein Elternhaus regelmäßig verlässt und sich wöchentlich an den Mittagstisch der Großeltern begibt, erfährt es, dass der Raum des großelterlichen Hauses keineswegs durch dauerhaften Frieden gekennzeichnet ist. In den zuvor als zeitlos erlebten Ort bricht nun im Gegenteil das aktuelle Kriegsgeschehen in Form familiärer Grabenkämpfe ein. Waren die Aufenthalte bei den Großeltern bis dahin kindlich-unbeschwerte Spielstunden, gerät das Ich nun zum ersten Mal in politische Auseinandersetzungen. Dabei verschränken sich Zeitgeschichte und individuelle Biographie, politischer und privater Raum. Die innerfamiliäre Spaltung wird vom Kind dabei als eine Art zweites entwicklungsgeschichtliches Erdbeben erfahren. Mit dem ersten, tatsächlich erfolgten Erdbeben von Lissabon, ein Jahr zuvor, eröffnet sich dem Ich die ethische Problematik der Theodizee, also der Existenz böser bzw. zerstörerischer Phänomene und ihrer Vereinbarkeit mit dem Postulat eines liebenden Vatergottes.[242] Das zweite Erdbeben erschüttert nun nach der göttlichen auch die (groß)elterliche Autorität, das Kind erfährt sich erneut „auf [s]ich selbst zurückgewiesen". Indem es unterschiedlichen, miteinander

---

[242] „Durch ein außerordentliches Weltereignis wurde jedoch die Gemütsruhe des Knaben zum ersten Mal im Tiefsten erschüttert. Am ersten November 1755 ereignete sich das Erdbeben von Lissabon, und verbreitete über die in Frieden und Ruhe schon eingewohnte Welt einen ungeheuren Schrecken. [...] Der Knabe, der alles dieses wiederholt vernehmen mußte, war nicht wenig betroffen. Gott, der Schöpfer und Erhalter des Himmels und der Erden, den ihm die Erklärung des ersten Glaubens-Artikels so weise und gnädig vorstellte, hatte sich, indem er die Gerechten mit den Ungerechten gleichem Verderben preis gab, keineswegs väterlich bewiesen. Vergebens suchte das junge Gemüt sich gegen diese Eindrücke herzustellen [...]." (DW 36f.)

konkurrierenden Meinungen zwischen seinen beiden männlichen Bezugspersonen begegnet, verliert es auch seinen privaten Urteilsrahmen. Da es altersbedingt nun weder Vergleichsmaßstäbe noch Wissen um „Parteien" besitzt, kann es nur die eigene Meinung absolut setzen und daraus auf die Falschheit der anderen schließen.

Bemerkenswerterweise enthält die zitierte Passage noch eine weitere Dimension, welche den beschriebenen Vorgang zugleich kommentiert. Sie entsteht aus der Distanz zwischen dem erinnerten und dem erzählenden Ich. Der Wechsel von der einen zur anderen Stimme bezeichnet dabei zwei zeitlich weit auseinander liegende Positionen. War der Beginn der Szene als affektiv gefärbte Wahrnehmung des erinnerten Kinds gestaltet („es waren meine vergnügtesten Stunden der ganzen Woche. Aber nun wollte mir kein Bissen mehr schmecken[...]."), so verschiebt sich die Perspektive innerhalb eines Satzes vom erinnerten Ich zum erzählenden Ich, das nun aus der Retrospektive sein kindliches Ich distanzierend als „Knabe" bezeichnet („[...] davon hatte der Knabe keinen Begriff."). Die sich anschließende Phrase „Bedenke ich es aber jetzt genauer" etabliert die Position des erwachsenen Autor-Ichs und läutet einen gesamtbiographisch angelegten Kommentar der Situation ein. Es ist, so zeigt sich, nach Infragestellung der göttlichen und der elterlichen die einzig verbliebene Autorität.

Vor dem Hintergrund dieses Perspektivwechsels ist es dem erzählenden Ich nun möglich, die Szene und ihre biographischen Konsequenzen als Beginn des Verhältnisses zwischen Schriftsteller und Rezipienten zu lesen. Als Autor muss das Ich dabei im Verlauf seiner ersten Publikationen erkennen, dass es nur ein Leser seines Texts unter vielen und seine Perspektive nicht notwendigerweise mit der anderer Rezipienten vermittelbar ist. Bedeutungszuweisung lässt sich nicht abschließend festlegen, sondern erfolgt, wie die Lektüre bereits gezeigt hat, als je individuelle Aneignung des Gelesenen. Die Ablehnung, die dieses strukturbedingte gegenseitige Unverständnis beim Verfasser hervorbringt, lässt sich nur allmählich „durch Einsicht und Bildung" wieder ausgleichen. Biographisch weist das erzählende Ich damit bereits voraus auf die Schilderung der Publikationen von *Götz*[243] und *Werther*[244] im dreizehnten Buch. Dort münden

---

[243] „Da der größte Teil des Publikums mehr durch den Stoff als durch die Behandlung angeregt wird, so war die Teilnahme junger Männer an meinen Stücken meistens stoffartig. Sie glaubten daran ein Panier zu sehen, unter dessen Vorschrift alles was in der Jugend Wildes und Ungeschlachtes lebt, sich wohl Raum machen dürfe, und gerade die besten Köpfe, in denen schon vorläufig etwas ähnliches spukte, wurden davon hingerissen." (DW 625)

[244] „Man kann von dem Publikum nicht verlangen, daß es ein geistiges Werk geistig aufnehmen solle. Eigentlich ward nur der Inhalt, der Stoff beachtet, wie ich schon an meinen Freunden erfahren hatte, und daneben trat das alte Vorurteil wieder ein, entspringend aus der Würde eines gedruckten Buchs, daß es nämliche einen didak-

die kontroversen Reaktionen, die beide Texte beim Lesepublikum hervorrufen, in einer Erkenntnis, die dem kindlichen Ich als zunächst verwirrende Erfahrung zuteil wird: „Auf diese Weise bedrängt, ward er [der Verfasser des *Werther*] nur allzusehr gewahr, daß Autoren und Publikum durch eine ungeheure Kluft getrennt sind, wovon sie, zu ihrem Glück, beiderseits keinen Begriff haben." (DW 645). Es ist diese Spannung zwischen der eigenen Perspektive und ihrer unbewussten Absolutsetzung, die im Verlauf des literarischen Rezeptionsprozesses dem erwachsenen Autor-Ich überdeutlich wird. Für das heranwachsende Ich führt die Existenz widerstreitender Meinungen allerdings zu einer Phase der Orientierungslosigkeit, die erst durch die Hinwendung zu einer stärker induktiven, erfahrungsgeleiteten Arbeitsweise ein Gegengewicht erhält.

Der Ortswechsel vom Eltern- zum Großelternhaus bewirkt somit auch das Überschreiten einer biographischen Grenze: die Welt und das Sprechen (bzw. Schreiben) über sie werden nun nicht mehr kindlich als gegeben hingenommen, sondern als ein Prozess der Auseinandersetzung und Aneignung von Positionen erfahren. Damit geht auch eine Distanzierung von familiären und literarischen Autoritäten einher. Biographisch lässt sich dies als Übergang in die Phase der Jugend beschreiben, in der Goethe zunehmend eigene Standpunkte erprobt. Insbesondere die Frage nach gültigen künstlerischen Maßstäben der Erkenntnis und Produktion beschäftigt ihn im Folgenden immer stärker.

Mit der hier beginnenden Absetzbewegung verändert sich auch der Bezug zu den Gebäuden, die im weiteren biographischen Verlauf relevant werden. Die räumlichen Strukturen, die im elterlichen wie im großelterlichen Haus die Erfahrungen des Kindes organisiert und limitiert, ihm aber auch Schutz und Sicherheit vermittelt haben, treten mit zunehmender Selbständigkeit in den Hintergrund. Im Fortgang des Texts und damit im Heranwachsen des autobiographischen Ichs dienen so vermehrt Häuser von Freunden und Bekannten der eigenen beruflichen wie künstlerischen Entwicklung. Diese knüpfen sich jedoch weniger an die konkreten räumlichen Arrangements als vielmehr an die jeweils im Haus lebenden Personen. Sie dienen dem Ich als narrative Folien, vor denen die eigene Entwicklung sichtbar wird. Das Ich besitzt nun einen anderen Status als zuvor im Elternhaus, es bewohnt die Räume nicht, sondern nutzt sie lediglich als Gast. Dementsprechend sind die räumlichen Binnenstrukturen nicht mehr im gleichen Maß mit der alltäglichen Lebensführung des Ichs korreliert. Stattdessen werden die häuslichen Räume als von der öffentlichen Sphäre abgesonderte Bereiche der Auseinandersetzung auf dem Weg zum Künstler relevant.

---

tischen Zweck haben müsse. Die wahre Darstellung aber hat keinen. Sie billigt nicht, sie tadelt nicht, sondern sie entwickelt die Gesinnungen und Handlungen in ihrer Folge und dadurch erleuchtet und belehrt sie." (DW 641)

So bedeutet der Ortswechsel an den Studienort Leipzig für den jugendlichen Goethe zwar einen erheblichen Zugewinn an persönlicher Freiheit und Selbstbestimmung. Zugleich verkehrt er jedoch, auf Empfehlung des Vaters, regelmäßig im Haus eines elterlichen Freunds, des Hofrats Böhme, der ihn in Studienfragen beraten soll. Hierdurch verbleibt es, wie sich schnell zeigt, in der Sphäre elterlich-erwachsener Autorität. Diese verbindet sich, wie schon im väterlichen Haus, mit einer juristischen Agenda für den biographischen Werdegang des Ichs. So hat Böhme „als Historiker und Staatsrechtler [...] einen erklärten Haß gegen alles was nach schönen Wissenschaften schmeckte" (DW 270) und argumentiert daher vehement gegen die vom Ich vorgebrachten Pläne, Veranstaltungen im Bereich der Philologie und Poetik zu besuchen:

> Jenen Männern also einen treuen Zuhörer zuzuweisen, sich selbst aber einen zu entziehen, und noch dazu unter solchen Umständen, schien ihm ganz und gar unzulässig. Er hielt mir daher aus dem Stegreif eine gewaltige Strafpredigt, worin er beteuerte, daß er ohne Erlaubnis meiner Eltern einen solchen Schritt nicht zugeben könne, wenn er ihn auch, wie hier der Fall nicht sei, selbst billigte. Er verunglimpfte darauf leidenschaftlich Philologie und Sprachstudien, noch mehr aber die poetischen Übungen, die ich freilich im Hintergrunde hatte durchblicken lassen. (DW 270)

Auf diese Weise macht der Hofrat seinen Einfluss geltend und sorgt für eine juristische Ausrichtung der beginnenden Studien. Das Ich ist sich der Missachtung der eigenen Position wohl bewusst, fügt sich aber der vermeintlichen Autorität. Dabei bleibt es im Folgenden an den Ort und somit den Konflikt zwischen Pflicht und Neigung gebunden: Auch wenn es zunehmend wünscht „aus solchen Verhältnissen herauszutreten" und „die geselligen Pflichten der Besuche und sonstigen Attentionen zu versäumen" (DW 278), so wagt es doch letztlich aus „Scheu und Achtung" nicht sich dem Umgang im Haus Böhme zu entziehen. Kann Goethe ansonsten in Leipzig frei und ohne familiäre Aufsicht agieren, so bildet das Haus der Böhmes eine räumliche Enklave, in welcher der Student weiterhin den Status des Kindes bzw. Sohnes innehat. So bedingt der Raum des Hauses im Sinne Bachtins eine biographisch andere, anachronistische Zeit. In ihm fungieren die Böhmes als räumliche Stellvertreter der elterlichen Autorität. Vor diesem Hintergrund nutzt Frau Böhme Goethes regelmäßigen Aufenthalt in ihrem Haus um ihre Perspektive in literarischen Fragen zu vermitteln: „Worauf aber Madame Böhme den größten Einfluß bei mir hatte, war auf meinen Geschmack, freilich auf eine negative Weise." (DW 279) Als „gebildete Frau" von Goethe geschätzt, reiht sie sich in die Kritik der zeitgenössischen Dichtung ein und weist ihm fremde ebenso wie dessen eigene Texte als wertlos aus:

> Das erste, was sie mir ganz entsetzlich herunter machte, waren die *Poeten nach der Mode* von *Weiße*, welche soeben mit großem Beifall öfters wiederholt wurden, und mich ganz besonders ergetzt hatten. [...] Auch einigemal hatte ich gewagt, ihr etwas von meinen eigenen Gedichten, jedoch anonym vorzutragen, denen es denn nicht besser ging als der übrigen Gesellschaft. Und so waren mir in kurzer Zeit die schönen bunten Wiesen in den Gründen des deutschen Parnasses, wo ich so gern lustwandelte, unbarmherzig niedergemäht und ich sogar genötigt, das trocknende Heu mit umzuwenden und dasjenige als tot zu verspotten, was mir kurz vorher eine so lebendige Freude gemacht hatte. (DW 280, Hervorh. i. Orig.)

Die deutsche Dichtung, im Bild des Musenbergs Parnass als metaphorischer Raum gefasst, erfährt im Austausch mit Frau Böhme eine generelle Abwertung, der das jugendliche, erinnerte Ich nichts entgegenzusetzen hat. Zwar fängt das erzählende Ich im ironischen Gestus Frau Böhmes Absage an die Poesie im poetischen Bild wieder auf. Doch für das erlebende Ich verstärkt sich der, seit den Erfahrungen im Haus des Großvaters, ohnehin schwelende Konflikt um die Relativität eigener und fremder Standpunkte. Hier nun in den Bereich der Literatur verlagert führt er das Ich zur Frage nach dem Geltungsanspruch ästhetischer Aussagen: „Ich forderte einen Maßstab des Urteils, und glaubte gewahr zu werden, daß ihn gar Niemand besitze". (DW 281) Zwar wird dem erlebenden Ich so die letztliche Unmöglichkeit bewusst, ästhetische Urteile abschließend zu begründen. Dies wird jedoch nicht als Freiheit zur eigenen Gestaltung im Sinne einer Bewertungspluralität erfahren, sondern als genereller Verlust objektiver Produktions- wie Rezeptionskriterien. In Folge dieser ästhetischen Krise verhängt das Ich schließlich ein Autodafé über seine eigenen Schriften:

> Diese Geschmacks- und Urteilsungewißheit beunruhigte mich täglich mehr, so daß ich zuletzt in Verzweiflung geriet. [...] Nach einiger Zeit und nach manchem Kampfe warf ich jedoch eine so große Verachtung auf meine begonnenen und geendigten Arbeiten, daß ich eines Tags Poesie und Prose, Plane und Skizzen und Entwürfe sämtlich zugleich auf dem Küchenherd verbrannte, und durch den das ganze Haus erfüllenden Rauchqualm unsre gute alte Wirtin in nicht geringe Furcht und Angst versetzte. (DW 282)

Die Bücherverbrennung, die den Schluss des sechsten Buchs markiert, bildet einen autobiographisch-poetologischen Wendepunkt. So setzt das siebte Buch mit einer ausführlichen Reflexion über „den Zustand der deutschen Literatur jener Zeit" (DW 283) ein. Dabei konstatiert das Ich die Zersplitterung der literarischen Landschaft ebenso wie die Unklarheit der ästhetischen Maximen. Die Bewertungs- und Produktionskriterien erscheinen als ein „Irrgarten" (DW 287), während der deutschen Poesie

„ein Gehalt, und zwar ein nationeller"(DW 290) fehlt.[245] Diese Bestandsaufnahme bringt den jungen Künstler letztlich zu der Erkenntnis, dass er seine eigenen, von der literarischen Sphäre unabhängigen, inhaltlichen wie formalen Kriterien entwickeln muss. Der Weg führt demnach nicht über eine Verinnerlichung bereits bestehender Maßstäbe, sondern über die introspektive und erfahrungsgeleitete Herausbildung der eigenen künstlerischen Perspektive. Damit ist auch ein wesentlicher Schritt hin zu einer eigenständigen Produktionsweise bezeichnet.

Dieser Wandel des künstlerischen Selbstbezugs bedingt in der Folge auch einen veränderten, gestaltenden Umgang mit den umgebenden äußeren Räumen, der sich so „nach Verlauf weniger Zeit gar sehr verändert" (DW 314). Nicht nur meidet Goethe fortan das Haus der Böhmes, er wendet sich auch mehr und mehr der eigenen künstlerischen Erfahrung als einzig möglicher Produktionsgrundlage zu. Neben dem Besuch von Oesers Zeichenakademie und einem Aufenthalt in der Dresdner Galerie wird dabei ein weiteres Haus bedeutsam, dasjenige der Familie Breitkopf:

> Eine sehr angenehme und für mich heilsame Verbindung, zu der ich gelangte, war die mit dem Breitkopfischen Hause. Bernhard Christoph Breitkopf, der eigentliche Stifter der Familie, der als ein armer Buchdruckergesell nach Leipzig gekommen war, lebte noch und bewohnte den goldenen Bären, ein ansehnliches Gebäude auf dem neuen Neumarkt, mit Gottsched als Hausgenossen. [...] Einen Teil ihres ansehnlichen Vermögens glaubten sie nicht besser anwenden zu können, als indem sie ein großes neues Haus, zum silbernen Bären, dem ersten gegenüber errichteten, welches höher und weitläufiger als das Stammhaus selbst angelegt ward. Gerade zu der Zeit des Baues ward ich mit der Familie bekannt. (DW 355)

Der Anschluss an die Verlagsfamilie Breitkopf, die gerade den Familiensitz um ein zweites Gebäude erweitert, erweist sich in mehrfacher Hinsicht als künstlerisch produktiv.[246] Bereits als Kind hat Goethe schon einmal den Neu- bzw. Umbau des elterlichen Hauses miterlebt. Hier nun findet er eine vergleichbare Bausituation vor, jedoch unter gänzlich anderen biographischen Vorzeichen. Der Umbau des Frankfurter Elternhauses war für das kindliche Ich noch mit einer Erfahrung der existentiellen Ver-

---

[245] Damit weist der Text bereits voraus auf den Aufsatz *Von deutscher Baukunst* sowie auf *Götz von Berlichingen*, die sich auf theoretische bzw. dramatische Weise mit dieser nationalen Dimension auseinandersetzen.

[246] Die 1719 in Leipzig gegründete Verlagsbuchhandlung (ab 1795 Breitkopf und Härtel) gehörte zum Zeitpunkt von Goethes Leipzigaufenthalt zu den bedeutendsten Buchdruckereien im deutschen Sprachraum. Der Sohn des Verlagsgründers, Johann Gottlob Immanuel, erfand den Notendruck mit beweglichen Segmenten und erweiterte so das Unternehmen um einen Musikverlag. Wie im Zitat erwähnt verlegte Breitkopf auch die Schriften Gottscheds, der ein lebenslanges Wohnrecht im Hause besaß.

unsicherung verbunden, insofern als sich die bis dahin festen familiären Parameter verschoben. Zugleich zementierte der Vater, wie gezeigt, durch die Umgestaltung des Hauses architektonisch seine persönliche Version eines bürgerlich-abgeschotteten Lebensmodells. Hier nun findet das Ich eine gegenteilige Situation vor. Die baubedingte räumliche Neuausrichtung öffnet ihm nicht nur die vorhandenen Wissensräume, sondern ermöglicht ihm auch die Mitgestaltung ihrer Ordnungssysteme:

> Von einer schönen Bibliothek, die sich meistens auf den Ursprung der Buchdruckerei und ihr Wachstum bezog, erlaubte er [der Vater] mir den Gebrauch, wodurch ich mir in diesem Fache einige Kenntnis erwarb. Ingleichen fand ich daselbst gute Kupferwerke, die das Altertum darstellten, und setzte meine Studien auch von dieser Seite fort, welche dadurch noch mehr gefördert wurden, daß eine ansehnliche Schwefelsammlung beim Umziehen in Unordnung geraten war. Ich brachte sie, so gut ich konnte, wieder zurechte [...]. (DW 355f.)

Durch seinen tätigen Aufenthalt im Haus trägt das Ich hier gleichermaßen zur häuslichen Ordnung wie zur Systematisierung der eigenen Kenntnisse bei. Damit werden die Neuorganisation von Wissen im äußeren Raum und die literarisch-kognitive Neuausrichtung, die das erzählende Ich zu Beginn des Buchs reflektiert, parallelisiert. Beides wird als gestaltende und bildende Praxis vorgeführt, wobei sich die räumlich-konkrete und die metaphorische Dimension bespiegeln. Dementsprechend ist der Status des Ichs, ganz im Gegensatz zum Haus Böhme mit seiner biographisch in der Kindheit angesiedelten Zeit, der eines selbstständig und eigenverantwortlich Agierenden. Zudem bleibt es nicht bei der Wissensaufnahme. Das Haus bietet, ganz im Sinne des zuvor formulierten ästhetischen Agenda, auf zweifache Art Gelegenheit zur eigenen künstlerischen Produktion. Zum einen vertont Bernhard Theodor Breitkopf einige Gedichte Goethes und bringt so dessen erste Texte in den Druck, wenn auch noch ohne die Nennung des Autornamens: „Wir trieben manches gemeinschaftlich, und der älteste komponierte einige meiner Lieder, die, gedruckt, seinen Namen, aber nicht den meinigen führten und wenig bekanntgeworden sind." (DW 355)[247] Zwar tritt das Ich selbst hier noch nicht als Künstler hervor, aber zumindest seine Texte kursieren erstmals im öffentlichen Raum. Zum anderen wird es über den Kupferstecher Johann Michael Stock mit Technik und Praxis des Kupferstichs vertraut:

> Nun sollte ich in diesem Hause noch eine andere Art von Verbindung eingehen. Es zog nämlich in die Mansarde der Kupferstecher *Stock*. [...] So saß er an einem breiten Arbeitstisch am großen Gie-

---

[247] *Neue Lieder, in Melodien gesetzt von Bernhard Theodor Breitkopf*, Leipzig 1770.

belfenster, in einer sehr ordentlichen und reinlichen Stube, wo ihm Frau und zwei Töchter häusliche Gesellschaft leisteten. [...] Ich teilte nun meine Zeit zwischen den obern und untern Stockwerken und attachierte mich sehr an den Mann, der bei seinem anhaltenden Fleiße einen herrlichen Humor besaß und die Gutmütigkeit selbst war. Mich reizte die reinliche Technik dieser Kunstart, und ich gesellte mich zu ihm, um auch etwas dergleichen zu verfertigen. (DW 356)

Auch hier wird die biographische Relevanz im Kontrast zum Elternhaus deutlich. Dort hatte das Ich zwar ebenfalls beständig die Stiche antiker römischer Bauten vor Augen. Diese waren – neben ihrer Funktion als ästhetische Blickschule – allerdings zugleich auch Ausdruck der väterlichen Vita und des für den Sohn gewünschten Lebenslaufs. Daher blieb das Ich in Distanz zu ihnen, es war lediglich Betrachter. Im Haus Breitkopf dagegen wandelt sich das Ich vom Betrachtenden zum Kunstschaffenden, indem es selbst beginnt Kupferstiche anzufertigen. Dies ist räumlich betrachtet umso bemerkenswerter, als der künstlerische Prozess in einem Mansardenzimmer stattfindet. Auch im Frankfurter Elternhaus hatte es ein Mansardenzimmer bewohnt, das im Zuge der französischen Einquartierung zu einem Atelier umgewandelt wurde. Dort arbeiteten fortan die regionalen Maler, die der Königsleutnant beschäftigte. Damit ist das Mansardenzimmer, wie gezeigt, nicht nur als Kinderzimmer, sondern auch als Kunst-Raum ausgewiesen. Es ist allerdings erst in Leipzig, dass das Ich diesen Raum aktiv zur eigenen Kunstproduktion nutzt und ihn sich so erneut aneignet. Auf diese Weise verbindet sich im Haus Breitkopf die Systematisierung seines theoretischen bzw. Anschauungswissens mit der praktischen Erfahrung, erfährt die zuvor formulierte Agenda ihre Umsetzung. Die Häuser der Freunde wandeln sich so nach und nach zu Orten der künstlerischen Selbstbestimmung.

3.1.6 Zusammenfassung

Mit Blick auf das erste Kapitel lassen sich nun die Strukturen und Funktionen des Hauses präziser fassen. Wie die Analyse gezeigt hat, bildet es eine räumliche Grundstruktur der autobiographischen Erinnerungstätigkeit, die insbesondere die lebensweltlichen Parameter des kindlichen und heranwachsenden Ichs konstituiert. Seine räumlichen Anordnungen organisieren u.a. die Bereiche Erziehung und Bildung, die Wertigkeit verschiedener Lebensbereiche sowie kindliche Freiräume und die Kontrolle durch elterliche Autorität mit. Zudem erhalten bestimmte räumliche Arrangements wie Fensterblick oder Treppenaufgang, die für die spätere Biographie des Ichs relevant werden, im Haus ihre erste Ausprägung. Dabei wird die beständige Überlagerung unterschiedlicher Bedeutungs- und Aussagemodi deutlich. Die Raumbeschreibungen wechseln zwischen physikalisch-konkreter Dimensionalität und metaphorisch-allegorischer Verwendung, wobei die jeweiligen Semantiken zwischen singulärer Konstellation und Textorganisation vermitteln.

Auf diese Weise figuriert das Haus räumlich ein bestimmtes Lebensmodell, das sich als das vom Vater präferierte, auf einer bürgerlichen Form der Privatheit gründende, bestimmen lässt. Da das Haus seine autobiographische Bedeutung allererst als familiärer Raum gewinnt, stellt sich damit zugleich die Frage nach einer möglichen Teilhabe des autobiographischen Ichs. Auf diese Weise wird die (männliche) Generationenfolge im Sinne der Übernahme von Lebensperspektiven und Wertvorstellungen als Übergabe bzw. Aneignung des häuslichen Raums inszeniert. Die dabei entstehenden Auseinandersetzungen um das alternative Lebensmodell des Sohns als Künstler lassen sich in dieser Perspektive als Fragen der baulichen Veränderungen und des fehlenden Raums verhandeln. Der Auszug des Ichs am Ende von *Dichtung und Wahrheit* markiert dementsprechend auch räumlich die letztendliche Absage an den väterlichen Lebensentwurf.

Dessen wesentliche Aspekte differenzieren sich innerhalb des Hauses anhand unterschiedlicher Räume und Orte, die ihre Relevanz für das Ich jeweils über spezielle Raumfiguren erhalten. Entscheidend ist hierbei die Dialektik aus räumlicher Struktur – hierbei insbesondere die vertikale Differenzierung – und ihrer situativen Semantik. So ermöglichen die räumlichen Arrangements dem Ich je eigene Positionen, Perspektiven und Raumhandlungen. Deren Bedeutung wird jedoch, wie gezeigt, von ihrer individuellen Aneignung durch das Ich sowie ihrer Funktion im Zusammenhang der autobiographischen Narration mitbestimmt. Dabei dienen Verschiebungen und Spiegelungen räumlicher Anordnungen dazu, biographische Entwicklungsschritte zu markieren und die einzelnen Raumfiguren in eine übergreifende Topographie einzubinden. Die konkreten räumlichen Arrangements werden so zum Bestandteil der Textorganisation, wobei über das Verhältnis von erzählendem und erinnertem Ich autobiographische und auktoriale Bedeutungslinien entworfen werden.

So erweist sich die mit dem Kinderzimmer verbundene Figur von Ein- und Ausschluss als durchaus ambivalent. Zwar muss das Ich im Zuge der Umwandlung des Zimmers in ein Atelier seinen eigenen Raum aufgeben, erhält aber damit zugleich Einblick in künstlerische Produktionsprozesse. Erst dieses Zurücktreten, das macht auch die Aufführung des Puppenspiels im Kinderzimmer deutlich, schafft die nötigen Bedingungen für die Entstehung von Kunst und ermöglicht so die ästhetische Gestaltung dieses privaten Raums. Hieran wird auch die enge Verschränkung von erinnerndem und erinnertem Ich deutlich, die eine doppelte Raumsemantik initiiert. Durch sie lässt sich die in einer konkreten Situation gemachte Erfahrung zugleich als autobiographische Geste beschreiben, wird das Schauspiel zum kindlichen Bildungserlebnis und zur räumlichen Metapher für Innerlichkeit gleichermaßen. Durch dieses Verfahren wird der autobiographische Prozess als solcher einsichtig, die räumliche Lesart erschließt dessen narrative Werkzeuge.

Auch die komplementäre Figur des Einschlusses wandelt sich von einer autoritativen Geste der Ortszuweisung zu einem selbstbestimmten Rückzug im Hinblick auf die literarische Produktion. Ist sie zunächst Ausdruck der Unmündigkeit und einer Verpflichtung auf väterliche Vorgaben, so führt letztlich gerade die solitäre Schreibpraxis über das vom Vater vorgesehene Berufsmodell hinaus. Damit verlagern sich, wie gezeigt, auch die Gewichte im elterlichen Haus. Der autonome, ästhetisch begründete Raum, der so kurzzeitig im Kinderzimmer entsteht, ist allerdings auf Überschreitung hin angelegt und dokumentiert die Entstehung eines selbst geschaffenen, vom Elternhaus unabhängigen Ortes der Kunst. Zugleich bilden sich über den Weg der ästhetischen Formung Modelle innerer und äußerer Räumlichkeit heraus, die als Textpraxis markiert sind und so ihren Konstruktionscharakter erweisen.

Das mit den literarischen Schreibprozessen verbundene Alleinsein ist wiederum in der Raumfigur der Grenze angelegt, die durch das Fenster organisiert wird. Auch hier wird mit dem sehnsüchtigen Fensterblick vom Gartenzimmer aus eine Struktur eingeführt, die ihre autobiographische Produktivität aus der konstitutiven Spannung von Trennung und Überschreitung bezieht. Als gleichermaßen statisch wie dynamisch auf das jenseits der Grenze Liegende bezogen, schafft sie die räumlichen Bedingungen für die künstlerische Entwicklung des Ichs. Dabei lässt das Fenster soziale ebenso wie geschlechts- und altersspezifische Grenzziehungen sichtbar werden. Die grundlegende Unterscheidung von Innen und Außen geht zudem mit spezifischen pro- bzw. retrospektiven Zeitstrukturen einher, die in ihrer Spiegelung den künstlerischen Entwicklungsprozess perspektivieren.

Auch die Raumfigur der Treppe, deren Semantik die Raumhandlung des Auf- bzw. Abstiegs mit einer topologischen Ordnung kombiniert, erfährt eine autobiographische Aneignung. Als architektonische Dominante des Elternhauses bildet sie das entscheidende räumliche Verhandlungsmaterial der Vater-Sohn-Beziehung. Zwar öffnet und erschließt sie das Hausinnere, fungiert aber auch als rigide Ordnungsfigur des väterlichen Weltverständnisses. In dieser Funktion lässt sie, wie bereits erwähnt, eine aktive Teilnahme des Ichs am familiären Leben nicht zu. Dennoch versteht es die autobiographische Narration, das raumstrukturierende Potential und den Symbolgehalt der Treppe auch für die Autor-Genese zu nutzen. Hierfür wird der Treppenraum von Beginn an als individuelle Raumpraxis und als metaphorisch-allegorische Struktur parallel geführt. Aufbauend auf dieser Doppelung wandelt der Text den Treppenaufstieg anhand mehrerer Treppenszenen außerhalb des elterlichen Hauses zur Figuration des eigenen biographischen Werdegangs als Autor. Die Dimensionalität der Treppe wird dabei von Beginn an als Bühne in Szene gesetzt, auf der die autobiographischen Figuren agieren.

Der dabei sich vollziehende Prozess der künstlerischen Selbstfindung verläuft u.a. auch über die Häuser von Verwandten und Freunden. Dort wird das Ich mit der Relativität von Standpunkten und insbesondere ästhetischen Werturteilen konfrontiert. Die initiale Verunsicherung führt dabei letztlich zur Selbstverpflichtung auf eine induktive, erfahrungsgeleitete Arbeitsweise. Die Rolle des Autors, die das Ich zu erproben beginnt, erhält ihre Legitimität dabei über religiöse Begründungsmuster, die ins Ästhetisch-Poetologische verschoben werden und den Autor als Vermittlungsinstanz einsetzen. Die dabei zum Zuge kommende Einbildungskraft dient nicht nur der inneren Sammlung, sondern wird auch als Merkmal des Autors erkennbar.

Damit sind einige wichtige räumliche Koordinaten ausgelegt. Diesen werde ich nun im folgenden Kapitel, das die Gärten als autobiographische Orte fokussiert, weiter nachgehen. Biographisch gesprochen sind die Gärten zwischen dem Elternhaus und dessen Verlassen angesiedelt, sie konstituieren einen Raum, der zwischen privat und öffentlich changiert. Ihre spezifische kulturelle Kodierung nutzt das Ich dabei – wie sich zeigen wird – insbesondere für die Auseinandersetzung mit grundsätzlichen Fragen der literarischen wie autobiographischen Autorschaft.

> „Dann legte Gott, der Herr, in Eden, im Osten, einen Garten an und setzte dorthin den Menschen, den er geformt hatte." (Gen 2, 8)[248]

3.2. Gärten

Der Garten bildet eine grundlegende Selbstverständigungs- und Raumordnungsfigur der jüdisch-christlichen Kultur. Er figuriert auf mehrfache Weise den Übergang von Natur zu Kultur, von Chaos zu Kosmos und markiert den Bezugspunkt eines Selbstverständnisses, das die menschliche Existenz vorgängig als Exil versteht.[249] Wenn man über Gärten spricht, muss deren prinzipielle semantische Überformung demnach stets mitgedacht werden. Für *Dichtung und Wahrheit* wird im Folgenden insbesondere die Gestaltung der Schnittstelle zwischen Individual- und Anthropogenese relevant. Zunächst gilt es daher die grundsätzlichen Bedeutungsdimensionen des Gartens zu umreißen.

Als ‚Garten Eden' stellt er für die christliche Genesis den ersten vom Menschen bewohnten Ort dar. Hierdurch wird er zur Metapher einer ebenso ursprünglichen wie idealen Ordnung der räumlichen und metaphysischen Welt.[250] Von Gott für den Menschen angelegt, ist er zwar schon Kulturraum, aber ebenso noch gänzlich ‚Natur' wie der Mensch, der in ihm wohnt. Dieses Bild eines Schutzraums, einer nach innen geordneten und nach außen abgeschlossenen Sphäre, ist in der Etymologie des Begriffs ‚Paradies' als ‚umgrenzter Bereich' konserviert.[251] Die Reich-

---

[248] *Die Bibel, Altes und Neues Testament*, Einheitsübersetzung, Katholische Bibelanstalt, Stuttgart 1980, 6.

[249] Das Leben wird dabei als Reise des aus dem Paradies verstoßenen Menschen zurück zu Gott verstanden. Die Vorstellung der Lebensreise konnte so zu einem wesentlichen Beschreibungsmuster des christlichen Selbstverständnisses werden. Vgl. hierzu: Christen, *end of the line*.

[250] Zur biblischen Bedeutung des Gartens vgl.: Ernst-Joachim Waschke, „Die Funktion des Gartens im Alten Testament, Die Bedeutung seiner Metaphorik für die alttestamentliche Anthropologie", in: Arne Moritz, Harald Schwillus (Hgg.), *Gartendiskurse, Mensch und Garten in Philosophie und Theologie*, Frankfurt a.M. 2007 [Treffpunkt Philosophie; Bd. 7], 13-19.

[251] So die ursprüngliche Bedeutung des aus dem Altiranischen stammenden und in viele europäische Sprachen eingewanderten Begriffs. Er bezeichnete einen ummauerten Park als Teil einer persischen Repräsentationsarchitektur. Vgl. Vercelloni: „So lässt sich auch der etymologische Weg des Gartens auf stark symbolische Bedeutungen zurückführen: Das christliche Paradies nimmt nämlich den Begriff des persischen pairi-dae'-za, dann des hebräischen pardes und des griechischen parádeisos auf. An das Garten-Paradies fügt sich dann in der griechischen Kultur der kepos, lateinisch hortus, Ort abgemessenen, eingefriedeten Anbaus, der seine direkte Entwicklung zum Garten als Hortus conclusus nimmt, dessen Wurzeln im indo-

weite dieser Erzählung, mit der die christliche Genesis den Beginn der menschlichen Kultur ansetzt, ist für den Begriff und das Verständnis des Gartens kaum zu überschätzen. So sprechen Oesterle und Tauscher dem Garten eine „palimpsestartige Grundierung durch Paradiesbilder"[252] zu und Wolfgang Baumgart konstatiert diesbezüglich: „Jeder Garten des Abendlandes, soweit es vom Geist der Antike erreicht wurde, ist seit Vergil ein wenig Arkadien und, soweit der jüdisch-christliche Schöpfungsmythos drang, ein wenig Paradies."[253] Auf die arkadische Dimension des Gartens im Sinne des griechisch-römischen Elysiums werde ich weiter unter noch zu sprechen kommen. Beide Vorstellungen, Paradies und Arkadien, binden den Garten an eine kulturelle Begründungs-Erzählung und bestimmen ihn damit als Teil einer poetischen und memorialen Praxis.

Zugleich – und hier kommt die Zeit ins Spiel – kann der paradiesische Zustand stets nur als Rückschau imaginiert werden, ist er doch notwendig mit der Vertreibung des Menschen aus dem Paradiesgarten verbunden. Für den sich seiner selbst bewusst gewordenen Menschen, der ja gerade hierfür aus der göttlichen Gartenanlage verwiesen wurde, existiert letztere einzig als *Paradise Lost*, als verlorenes Paradies.[254] Der Garten figuriert somit nicht nur die räumliche Vorstellung einer ursprüngli- ursprünglichen Symbiose, er motiviert auch die unerfüllbare Sehnsucht nach Rückkehr zu ebendiesem verlorenen Ursprung.

Für die Autobiographie erweist sich die Vertreibung aus dem Paradies jedoch als ausgesprochener Glücksfall, beginnt doch erst mit ihr die Kultur- und Bewusstseinsgeschichte des Menschen. Als Folge des Sündenfalls entsteht ein auf sich selbst reflektierendes Bewusstsein und damit die Möglichkeit der biographischen Selbstbeschreibung. Jürgen Landwehr

---

germanischen Begriff ghordho, daraus zum Beispiel deutsch Garten, aufzuspüren sind, der einen abgeschlossenen, geschützten, in seiner Ausdehnung begrenzten Raum bezeichnet." Matteo Vercelloni, Virgilio Vercelloni, „Einführung: Jenseits des Zauns", in: Dies., *Geschichte der Gartenkultur, Von der Antike bis heute*, Darmstadt 2010, 7-12, hier 7.

[252] Günter Oesterle, Harald Tausch, „Einleitung", in: Dies. (Hgg.), *Der imaginierte Garten*, Göttingen 2001 [Formen der Erinnerung; Bd. 9], 9-20, 13.

[253] Wolfgang Baumgart, „Der Garten im Theater – Theater im Garten des 18. Jahrhunderts", in: *Park und Garten im 18. Jahrhundert, Colloquium der Arbeitsstelle 18. Jahrhundert, Gesamthochschule Wuppertal*, Heidelberg 1978 [Beiträge zur Geschichte der Literatur und Kunst des 18. Jahrhunderts; Bd. 2], 78-82, 78; vgl. auch: Friedrich Schnack, *Traum vom Paradies, Eine Kulturgeschichte des Gartens*, Hamburg 1962; Helga Volkmann, *Unterwegs nach Eden, Von Gärtnern und Gärten in der Literatur*, Göttingen 2000; Für die *Erzählungen aus 1001 Nacht* hat Dževad Karahasan den Garten als organisierendes Prinzip aufgezeigt. Vgl.: Dževad Karahasan, *Das Buch der Gärten, Grenzgänge zwischen Islam und Christentum*, Frankfurt a.M./Leipzig 2002.

[254] John Milton, *Paradise Lost*, Oxford 2005.

hat den Schritt aus dem Garten heraus dementsprechend als ebenso narrativ wie theologisch notwendigen Schritt perspektiviert:

> Das Verbot *muss* übertreten werden, und zwar nicht nur aus erzähllogischen Gründen. Denn ohne Sündenfall keine Geschichte der Menschheit, vor allem aber keine Heilsgeschichte: keine Erlösung, keine Aussicht auf ein erneuertes zweites Paradies auf der Stufe voller Welt-, Selbst- und Gotteserkenntnis.[255]

Mit der so einsetzenden Geschichte kommt die zweite autobiographisch grundlegende Variable zur Räumlichkeit des Paradieses hinzu: die Dimension der Zeit oder – unter individueller Perspektive – die eigene Endlichkeit.[256] Indem der Tod als existenzielle Determinante in den Blick kommt, entsteht auch die Frage nach dem ‚guten Leben' und der dauerhaften Gestaltung desselben in der Autobiographie.[257]

Die Paradies-Semantik bildet, wie sich im Folgenden zeigen wird, ein wesentliches Strukturelement der Gartenerfahrungen in *Dichtung und Wahrheit*. Daneben lässt sich aber noch ein weiteres bestimmen, das sich aus einer explizit literarisch-ästhetischen Tradition herschreibt. So kreist

---

[255] Jürgen Landwehr, „Von verlorenen und nachgeschaffenen Paradiesen, Kulturwissenschaftliche Anmerkungen zu Gartenbildern und Gartensymbolik", in: Hans-Peter Ecker, (Hg.), *Gärten als Spiegel der Seele*, Würzburg 2007, 13-38, 17 (Hervorh. i. Orig.).

[256] Vgl. hierzu: Ana-Stanca Tabarasi, „Zeit- und Todesgedanken im Garten", in: Dies., *Der Landschaftsgarten als Lebensmodell, Zur Symbolik der „Gartenrevolution" in Europa*, Würzburg 2007, 448-460; Zur naturreligiösen Aneignung des Garten-Grab-Motivs im 18. Jahrhundert vgl.: Adrian von Butlar, „Das Grab im Garten, Zur naturreligiösen Deutung eines arkadischen Gartenmotivs", in: Heinke Wunderlich, (Hg.), *„Landschaft" und Landschaften im achtzehnten Jahrhundert*, Tagung der deutschen Gesellschaft für die Erforschung des 18. Jahrhunderts, Herzog August Bibliothek Wolfenbüttel, 20.-23. November 1991, Heidelberg 1995 [Beiträge zur Geschichte der Literatur und Kunst des 18. Jahrhunderts; Bd. 13], 79-119.

[257] Hierbei denkt man zunächst an die Aristotelische Eudaimonia, die das ‚gute Leben' an das erstrebte Glück bindet. Bei Aristoteles findet sich aber auch eine formale Bestimmung, die das Leben aufgrund seiner Umgrenztheit als Gutes definiert. Auf diesen, unter räumlicher Perspektive bemerkenswerten Umstand weist Dieter Thomä hin, wenn er die folgende Passage aus Aristoteles' Nikomachischer Ethik kommentiert: „Aristoteles sagt: ‚Das Leben gehört aber zu dem an sich Guten und Angenehmen. Denn es ist umgrenzt, und das Umgrenzte (› horismenon‹) gehört zur Natur des Guten.' (NE 1170a 19ff.; Üb. Gigon) Das Kriterium für etwas, das als gut gelten darf, ergibt sich, folgt man dieser Stelle, nicht aus einem Rekurs auf die Natürlichkeit des Lebens, sondern aus einer formalen Voraussetzung, die erfüllt sein muss, damit überhaupt etwas als Gut anzuzielen ist: nämlich Umgrenztheit oder Bestimmtheit. Als Gutes kann nur gelten, was im Horizont des menschlichen Lebens bestimmbar ist." Dieter Thomä, *Erzähle dich selbst, Lebensgeschichte als philosophisches Problem*, Frankfurt a.M. ²2007, 186; Aristoteles, *Nikomachische Ethik*, auf der Grundlage der Übers. von Eugen Rolfes hg. von Günther Bien, Hamburg 2008.

bereits die antike Schäferdichtung, die ihren lateinischen Höhepunkt in Vergils Bukolik[258] findet, um den Garten als Locus Amoenus[259], als idyllischen Ort. Dazu gehört ,Arkadien' als Ort der Handlung, das sich zu einem literarischen Topos im Curtius'schen Sinne verfestigt und auch in Goethes *Italienischer Reise* an prominenter Stelle erscheint.[260] Im Durchgang durch die Landschaftsmalerei des 17. Jahrhunderts beeinflusst es zudem wesentlich die Gestaltung der englischen Landschaftsgärten.[261] Insofern als über die bewusste räumliche Komposition grundsätzliche Vorstellungen von Schönheit und des Verhältnisses von Kunst und Natur verhandelt werden, kann man – spätestens ab den Renaissance-Anlagen des sechzehnten Jahrhunderts – von „einer ästhetischen Primärfunktion"

---

[258] Als bedeutendster griechischer Vertreter der Hirtendichtung gilt in der Forschung Theokrit. Erst Vergil verlegt allerdings den Ort der Handlungen nach Arkadien. Vgl.: Bernd Effe, Gerhard Binder, *Antike Hirtendichtung, Eine Einführung*, München/Zürich ²2001; zur Landschaftsdarstellung bei Theokrit vgl. Winfried Elliger, „Theokrit", in: Ders., *Die Darstellung der Landschaft in der griechischen Dichtung*, Berlin/New York 1975 [Untersuchungen zur antiken Literatur und Geschichte; Bd. 15], 318-364.

[259] Vgl, hierzu Gerhard Schönbeck, *Der Locus Amoenus von Homer bis Horaz*, Heidelberg 1962. Zum Zusammenhang von Hirtenidylle und christlicher Paradiesvorstellung vgl.: Harald Schwillus, „Hirtenidylle und hortus conclusus, Gartenkonzepte christlicher Spiritualität und Theologie", in: Arne Moritz, Harald Schwillus (Hgg.), *Gartendiskurse, Mensch und Garten in Philosophie und Theologie*, Frankfurt a.M. 2007 [Treffpunkt Philosophie; Bd. 7], 63-73.

[260] Bekanntlich trägt Goethes zweites autobiographisches Hauptwerk in der Erstausgabe das Motto „Auch ich in Arkadien", welches dann in der Ausgabe letzter Hand wieder weggelassen wurde. Auf diese Weise verbindet Goethe den antiken Topos mit christlichen Vorstellungen der Pilgerschaft, indem er seine Reise (zunächst) auf Rom als Hauptstadt der römischen Antike wie auch dem Zentrum der katholischen Kirche ausrichtet. Zu Verwendung und Bedeutungswandel des Ausspruchs in der kunstgeschichtlichen und literarischen Rezeption vgl.: Erwin Panofsky, *Et in Arcadia ego, Poussin und die Tradition des Elegischen*, hg. von Volker Breidecker, Berlin 2002; für einen Überblick über die literarische Genese des Arkadien-Diskurses vgl. Klaus Garber, *Arkadien, Ein Wunschbild der europäischen Literatur*, München 2009; zu Goethes biographischer Aneignung vgl.: Reinhard Brandt, „Goethes Arkadien", in: Ders., *Arkadien in Kunst, Philosophie und Dichtung*, Freiburg i.Br./Berlin 2006, 113-128.

[261] Hier sind besonders Claude Lorrain (1600-1682) und Nicolas Poussin (1594-1665) zu nennen. Ihre Gemälde beeinflussten wiederum die Gestaltung der englischen Landschaftsgärten des 18. Jahrhunderts durch Landschaftsarchitekten wie etwa William Kent (1685-1748). Zum Zusammenhang von Malerei, Literatur und Landschaftsgarten vgl.: Pizzoni, Filippo, „Das 18. Jahrhundert, Die Rückkehr nach Arkadien", in: Ders., *Kunst und Geschichte des Gartens, Vom Mittelalter bis zur Gegenwart*, Stuttgart 1999, 132-183; zum Zusammenhang von Malerei und Literatur in der Darstellung Arkadiens vgl.: Reinhard Brandt, *Arkadien in Kunst, Philosophie und Dichtung*, Freiburg i.Br./Berlin 2006.

des Gartens sprechen.²⁶² Im Verlauf des 18. Jahrhunderts nimmt dann die Gartenkunst eine zunehmend bedeutende Rolle im ästhetischen Diskurs Europas ein. Hatte sich in der Folge Ludwigs XIV. der französische Garten der Grande Manière mit seiner architekturalen Strenge zum ästhetischen Leitbild entwickelt, so erfolgte seit Beginn des 18. Jahrhunderts, zunächst in England, die Abkehr vom Formalismus französischer Prägung.²⁶³ Im Zuge einer fundamentalen Neubewertung ihrer gestalterischen Prinzipien wird die Gartenkunst damit „in der europäischen Spätaufklärung im Zeichen der anthropologischen Wende zur Leitidee für die Verbindung verschiedener Künste und Erfahrungswissenschaften".²⁶⁴ Vor diesem Hintergrund versteht sich die „Gartenkritik als Gesellschaftskritik"²⁶⁵ und Ausdruck hierfür ist die zunehmende Ablehnung des französisch-absolutistischen Gartenmodells und die Befürwortung des englischen Landschaftsgartens.

Dieser bezweckt nicht mehr die rationale, sondern vielmehr die gefühlsbetonte Naturerfahrung. Ausgehend von der Beschaffenheit des jeweiligen Ortes versucht er so, den Eindruck einer größtmöglichen Natürlichkeit zu erzeugen, wobei die Wahrnehmung dieser ‚Natürlichkeit' an der bereits erwähnten Landschaftsmalerei ebenso wie der zeitgenössischen Literatur (Shaftesbury, Pope) geschult war. So verfolgt die englische Gartenkunst in der zweiten Hälfte des 18. Jahrhunderts unter Landschaftsgärtnern wie Lancelot Brown

---

[262] Stefan Schweizer, „›Funktion‹ und ›Nutzung‹ als sozialgeschichtliche Deutungsperspektive der Gartenkunstgeschichte", in: Ders. (Hg.), *Gärten und Parks als Lebens- und Erlebnisraum, funktions- und nutzungsgeschichtliche Aspekte der Gartenkunst in Früher Neuzeit und Moderne*, Worms 2008, 9-20, hier 16. Im 16. und 17. Jahrhundert sind die europäischen Gärten wesentlich bestimmt durch die italienischen Gärten der Renaissance (Deren Hauptmerkmale sind ihre geometrischen Grundformen, achsialen Ausrichtungen sowie die Unterordnung der verschiedenen Bereiche unter ein Haus und Garten umfassendes Gesamtkonzept der harmonischen, idealisierenden Gestaltung). Zum italienischen Renaissance-Garten vgl. Claudia Lazzaro, *The Italian Renaissance Garden, from the conventions of planting, design and ornament to the grand gardens of sixteenth century central Italy*, New Haven, 1990.

[263] Als Repräsentationsarchitektur, deren reinste Ausprägung im Garten von Versailles zu finden ist, beruht der französische Garten auf einer zentralen Mittelachse sowie rechten Winkeln und der geometrischen Anordnung seitlicher Areale. In Verbindung mit der großflächigen Anordnung des ‚parterre' und ebenso weitläufigen Wasserbecken eröffnen die streng formalen Gärten eine Blickachse, die von einem zentralen Punkt die gesamte Anlage überblicken lässt und symbolisch für die zentrale Gewalt des Monarchen steht.

[264] Günter Oesterle, Harald Tausch, „Einleitung", in: Dies. (Hgg.), *Der imaginierte Garten*, [Formen der Erinnerung; Bd. 9], Göttingen 2001, 9-20, 9.

[265] Dieter Hennebo, „Goethes Beziehungen zur Gartenkunst seiner Zeit", in: *Jahrbuch des Freien Deutschen Hochstifts 1979*, hg. v. Detlef Lüders, Tübingen 1979, 90-119, 91.

die Vision eines sanft gewellten Panoramas von unendlichen Ausmaßen, augenscheinlich spontan und dabei minutiös geplant. [...] Das Ergebnis war eine großartige Landschaft, in der vom Eingriff des Menschen nicht das Geringste zu spüren war, eine Landschaft, die in sich ein Garten und als solcher in seiner ganzen Natürlichkeit ein Objekt der ästhetischen Wertschätzung war.[266]

Auf diese Weise verschwimmen die Grenzen zwischen Garten, Landschaft und Malerei oder, mit den Worten Alexander Popes gesprochen: „All gardening is landscape-painting."[267]

Goethe selbst hat sich spätestens seit Beginn seiner Weimarer Zeit mit den zeitgenössischen Entwicklungen der Landschaftsgestaltung auseinandergesetzt. Dabei blieb seine Beziehung zur Gartenkunst zeitlebens „durchaus ambivalent".[268] Kurz nach seiner Übersiedelung nach Weimar erhielt Goethe im April 1776 ein Grundstück an der Ilm samt Gartenhaus vom Herzog zum Geschenk, mit dessen Gestaltung er sich in der folgenden Zeit intensiv beschäftigte.[269] Ab 1778 war er dann maßgeblich an der Gestaltung des Weimarer Ilmparks und dessen empfindsamer Landschaftsszenen beteiligt.[270] Gleichzeitig wurde 1778 auch Goethes Schauspiel *Triumph der Empfindsamkeit* erstmals aufgeführt, das eine satirische Absage an die empfindsame Ausstaffierung von Parklandschaften enthält.[271] Mit Goethes Umzug in das Haus am Frauenplan 1782 und der

---

[266] Filippo Pizzoni, „Das 18. Jahrhundert, Die Rückkehr nach Arkadien", in: Ders., *Kunst und Geschichte des Gartens, Vom Mittelalter bis zur Gegenwart*, Stuttgart 1999, 132-183, 178.

[267] Zitiert nach: Joseph Spence, *Anecdotes, Observations, and Characters of Books and Men, Collected from the Conversation of Mr. Pope, and other Eminent Persons of his Time*, hg. von Samuel Weller Singer, Bd. I, London 1820, 252.

[268] Dagmar Ottmann, „Gebändigte Natur, Gärten und Wildnis in Goethes Wahlverwandtschaften und Eichendorffs Ahnung und Gegenwart", in: Walter Hinderer, (Hg.), *Goethe und das Zeitalter der Romantik*, Würzburg 2002, 345-395, 348; vgl. auch grundlegend: Dieter Hennebo, „Goethes Beziehungen zur Gartenkunst seiner Zeit", in: *Jahrbuch des Freien Deutschen Hochstifts 1979*, hg. v. Detlef Lüders, Tübingen 1979, 90-119; Dorothee Ahrend, Gertraud Aepfler, *Goethes Gärten in Weimar*, hg. v. der Stiftung Weimarer Klassik, Leipzig 1994.

[269] Vgl.: Ernst Güse, Margarete Oppel (Hgg.), *Goethes Gartenhaus*, Weimar 2008.

[270] Zu nennen wären hier etwa die Felsentreppe und das Luisenkloster. Zur Geschichte des Parks vgl.: Jürgen Jäger, „Parkkunstwerk – Erinnerungsstäte – Naturraum, 150 Jahre Auseinandersetzung um das Bild der Weimarer Parkanlagen", in: *Weimar, Archäologie eines Ortes*, im Auftrag der Stiftung Weimarer Klassik hg. v. Georg Bollenbeck et. al., Weimar 2001, 176-184; Wolfgang Huschke, *Die Geschichte des Parkes von Weimar*, Weimar 1951; Susanne Müller-Wolff, *Ein Landschaftsgarten im Ilmtal, Die Geschichte des herzoglichen Parks in Weimar*, Köln/Weimar/Wien 2007.

[271] Vgl. hierzu insbes. Susanne Müller-Wolff, „Kritik an der Gartenmode, Der Triumph der Empfindsamkeit", in: Dies., *Ein Landschaftsgarten im Ilmtal, Die Geschichte des herzoglichen Parks in Weimar*, Köln/Weimar/Wien 2007, 64-68; in

Übernahme neuer Amtsgeschäfte im frisch erworbenen Adelsstand kommen auch seine landschaftsgärtnerischen Aktivitäten mehr und mehr zum Erliegen. Im 1799 gemeinsam mit Schiller verfassten *Schema über den Dilettantismus* folgt wiederum eine kritische Auseinandersetzung mit der Gartenkunst, der fehlende Gesetzmäßigkeit vorgeworfen wird.[272] Eine wesentliche Rolle spielt dann die Landschaftsgestaltung erneut in den 1809 erschienenen *Wahlverwandtschaften*.[273] Die darin ausgiebig beschriebenen Bemühungen der Figuren zur Umgestaltung ihrer Umgebung in einen Landschaftspark nach englischem Vorbild sind maßgeblich an der Bedeutungsorganisation der Narration beteiligt. Über die Arbeit an der Natur und deren Veränderungen werden dabei sowohl Figurenentwicklungen als auch gesellschaftliche Wandlungsprozesse transportiert.[274] Der Autor Goethe, so lässt sich resümieren, war nicht nur über die Entwicklungen der ästhetischen Gartendiskurse informiert, er hat sich ihrer auch als literarisches Mittel bedient.

Der Garten wird damit als überaus vielschichtig semantisierter, theoretisch konzeptualisierter und medial überformter Ort einsichtig. Über ihn werden gesellschaftliche ebenso wie ästhetische Positionen verhandelt. Hierdurch erhält er auch für die Autobiographie eine komplexe Bedeutung. Relevant werden vor diesem Hintergrund zunächst die generelle Art der beschriebenen Gärten und deren Binnenstruktur. Damit verbin-

---

dezidiert autobiographischer Perspektive vgl.: Carsten Rohde, „Lila und Der Triumph der Empfindsamkeit" sowie „Autobiographische Ausstattung des Ilmtals", in: Ders., *Spiegeln und Schweben*, 56-66.

[272] Ottmann konstatiert hierzu: „Nach ihren Vorstellungen kann die Gartenkunst keine Relevanz innerhalb der ästhetischen Diskursformation erlangen, solange in ihren Erzeugnissen kein objektives Gesetz walte." Dagmar Ottmann, „Gebändigte Natur, Gärten und Wildnis in Goethes Wahlverwandtschaften und Eichendorffs Ahnung und Gegenwart", in: Walter Hinderer (Hg.), *Goethe und das Zeitalter der Romantik*, Würzburg 2002, 345-395, 369.

[273] Johann Wolfgang Goethe, *Die Wahlverwandtschaften*, in: Ders., *Sämtliche Werke, Briefe, Tagebücher und Gespräche*, Bd. 8, *Die Leiden des jungen Werthers, Die Wahlverwandtschaften, Kleine Prosa, Epen*, hg. von Waltraud Wiethölter, Frankfurt a.M. 1994, 269-556; Zur Landschafts- bzw. Raumthematik vgl.: Keith A. Dickson, „Raumverdichtung in den *Wahlverwandtschaften*", in: Ewald Rösch (Hg.), *Goethes Roman „Die Wahlverwandtschaften"*, Darmstadt 1975, 325-349; Michael Niedermeier, *Das Ende der Idylle, Symbolik, Zeitbezug, ‚Gartenrevolution' in Goethes Roman „Die Wahlverwandtschaften"*, Berlin/Bern 1992; Harald Tausch, „Das unsichtbare Labyrinth", Zur Parkgestaltung und Architektur in Goethes *Wahlverwandtschaften*", in: Helmut Hühn (Hg.), *Goethes Wahlverwandtschaften, Werk und Forschung*, Berlin/New York 2010, 89-136.

[274] Vgl. Dagmar Ottmann, „Gebändigte Natur, Gärten und Wildnis in Goethes Wahlverwandtschaften und Eichendorffs Ahnung und Gegenwart", in: Walter Hinderer (Hg.), *Goethe und das Zeitalter der Romantik*, Würzburg 2002, 345-395, 367 und 372.

det sich die Frage nach ihrer Nutzung, also der bedeutungsgebenden Raumpraxis. Für das erinnerte Ich wird diese bedingt durch seine eigene Position innerhalb oder außerhalb der Gärten sowie die Durchlässigkeit der Gartengrenzen. Schließlich gilt es die ästhetisch-narrative Gestaltung der Räume durch das erzählende Ich zu berücksichtigen, mithin die Frage der Autorschaft. Biographisch zeigt sich dabei, dass die Gärten insbesondere beim Übergang von einer Lebensphase in die nächste und den damit verbundenen Positionsbestimmungen und Orientierungsbewegungen genutzt werden.

3.2.1 Eigene Gärten

Goethes Elternhaus besitzt zum Leidwesen des Kindes keinen Garten. Dies erscheint umso mehr als Mangel, als das Ich aus der oberen Etage eine Aussicht hat „über eine beinah unabsehbare Fläche von Nachbargärten, die sich bis an die Stadtmauern verbreiteten." (DW 18) Dementsprechend erlebt es Gärten zunächst, wie bereits im vorigen Kapitel erwähnt, als „nah gelegen[e]", jedoch unerreichbar[e] „Paradiese" (DW 18), von denen es „durch eine ziemlich hohe Mauer unseres Hofes [...] ausgeschlossen" ist. Der Garten wird dergestalt als umgrenzter und abgeschlossener Bereich eingeführt. Zugänglich ist er lediglich der optischen Wahrnehmung. Die Position des Ichs etabliert so von Beginn an eine Blickachse von außen in den Garten hinein. Das Ich selbst ist dabei an das sogenannte „Gartenzimmer" im zweiten Stock des Hauses verwiesen.[275] Damit wird ein zweiter geschlossener Raum bezeichnet, das andere Ende der Blickachse. Das Zimmer erhält seinen Namen von den Pflanzen vor dem Fenster, mit denen man versucht „den Mangel eines Gartens zu ersetzen". Für das Ich besteht seine wesentliche Funktion jedoch im genannten Ausblick auf die Gärten der Nachbarn, wodurch ein „zwar nicht trauriger, aber doch sehnsüchtiger Aufenthalt" bedingt wird. Diese Erfahrung erregt in ihm „frühzeitig [...] ein Gefühl der Einsamkeit und einer daraus entspringenden Sehnsucht, das dem von der Natur in mich gelegten Ernsten und Ahndungsvollen entsprechend, seinen Einfluß gar bald und in der Folge noch deutlicher zeigte." (DW 18) Mit der Raumerfahrung geht demnach eine affektive Bezogenheit auf das Erblickte einher,

---

[275] In Kapitel 3.1.4 habe ich bereits die Position am Fenster des Gartenzimmers fokussiert. Hier nun führe ich die räumlichen Strukturen dieser Konstellation im Hinblick auf den Garten selbst sowie die weiteren Gartenszenen in *Dichtung und Wahrheit* aus.

die sich in der Folge wiederum in räumliche Bewegung, in die Überwindung der wahrgenommenen Grenze umsetzt.

Auf diese Weise wird bereits zu Beginn von *Dichtung und Wahrheit* die Bedeutung des Gartens in einer räumlichen Konstellation gefasst. Als ummauerter, eingehegter Raum ist dieser als Kulturraum ausgewiesen. Zudem erhält er die explizite Bezeichnung „Paradies" und wird so als metaphorischer Ort einer Begründungs- und Entwicklungserzählung markiert. Damit ist ein spezifischer Zusammenhang benannt, den der Anblick eines Gartens evoziert:

> Er erinnert an jenen ersten Garten, bringt aber zugleich dessen Verlust ins Bewußtsein und zieht damit den Wunsch nach der Wiedergewinnung herbei. So ist der Garten als Bild von vornherein poetisch, von vornherein Bild einer möglichen Lesbarkeit der Welt.[276]

Vor dem Hintergrund dieser vom erzählenden Ich vorgenommenen Rahmung macht der stets vor Augen stehende, aber unzugängliche Raum also jenen nach-paradiesischen Zustand der Gottesferne erfahrbar, der sich biographisch im Grundgefühl der Einsamkeit manifestiert.[277] Figuriert wird dies über die gartentypische Dialektik von Teilhabe und Ausschluss. Die vom Ich zunächst als negativ empfundene Außenperspektive ermöglicht jedoch, damit in der Semantik der Vertreibung aus dem Paradies verbleibend, zugleich eine intensive Ich-Erfahrung. Sie bildet damit den Beginn der autobiographischen Aneignung des Gartens und schafft, wie im Abschnitt über die Fenster beschrieben, die nötigen Bedingungen für die späteren literarischen Produktionen des Ichs. Als Bewusstwerdung der eigenen Position in Auseinandersetzung mit dem gesellschaftlichen Umfeld antizipiert sie zudem die folgenden, mit dem Garten verbundenen Individuationserfahrungen.

Hierzu wird zunächst die Funktion des Gartens für das Ich genauer gefasst. Im erwähnten Gartenzimmer, so erfährt man, „lern[t]" es „gewöhnlich [s]eine Lektionen", wobei es gleichzeitig die Nachbarn beobachten kann, wie sie „in ihren Gärten wandeln und ihre Blumen besorgen, die Kinder spielen, die Gesellschaften sich ergetzen" (DW 18). So wie zuvor beide Räume über eine Blickachse miteinander verschaltet

---

[276] Friedmar Apel, *Die Kunst als Garten, Zur Sprachlichkeit der Welt in der deutschen Romantik und im Ästhetizismus des 19. Jahrhunderts*, Heidelberg 1983 [Beihefte zum Euphorion; H. 20], 12.

[277] Zeitgenössisch verkehrt der Text damit das Verhältnis von Haus und Garten. Insbesondere die städtischen Gärten wurden als Orte der Einsamkeit und Besinnung aufgesucht, um der Enge und Gedrängtheit der Häuser zu entfliehen. Vgl. hierzu: Andrea van Dülmen, „Der Garten als Ort der Besinnung; Einsamkeit und stille Beschäftigung", in: Dies., *Das irdische Paradies, Bürgerliche Gartenkultur der Goethezeit*, Köln/Weimar 1999, 219–228.

wurden, so sind sie nun durch komplementäre Erzählungen miteinander verknüpft. Die „Lesbarkeit der Welt", von der Apel spricht, setzt sich in dieser Konstellation in differenzierbare und innerhalb des semantischen Rahmens deutbare Raumpraktiken um. Während sich die Gartenbesucher dem Spielen und Lustwandeln hingeben können, ist das Ich zur Bildung angehalten. Der zeitenthobenen Idylle des Paradieses ist so die (Kultur-) Arbeit im Raum des Zimmers entgegengestellt. Dies hat zwar, als *Garten*zimmer, ebenfalls Anteil an der Paradieserzählung und eröffnet damit die beschriebene Perspektive von Entwicklung und möglicher Erlösung. Die Beteiligung des erinnerten Ichs an dieser kulturellen Begründungsfigur ist aber eine zweifach vermittelte: sie verläuft über das Zimmer als Raum bürgerlicher Privatheit und über die Bildungsanstrengung als zugehörige Raumpraxis. Kultur wird somit im zweifachen Wortsinn als raumbearbeitende und -strukturierende Tätigkeit vorgeführt. Während die Nachbarn „ihre Blumen besorgen", also Kultur im Sinne von ‚cultura' als Kultivierung und Verschönerung der Landschaft betreiben,[278] führt der Weg für das Ich über eine Selbstkultivierung und Formung des inneren Raums. Kultur wird damit als poetische Gartenkunst, als Heranbildung rhetorischer Blumen mit der äußerlichen Gartenpflege parallelisiert. Diese flores rhetoricales[279] stehen nicht nur am Beginn, sondern auch, wie die Analysen zeigen werden, am Ende der mit dem Garten verknüpften Entwicklung. Die Lesbarkeit der Welt ist allererst eine Sprachlichkeit der Welt und damit an Schrift bzw. Texte und deren Autoren gebunden. Der Garten als poetischer Ort wird auf diese Weise vom erzählenden Ich zunächst aufgerufen, um dann in seiner individuellen, autobiographischen Variante räumlich ausgeführt zu werden. Dabei übernimmt es den metaphorischen Verweisungszusammenhang von Garten, Kunst und Buch, um ihn im Folgenden über konkrete räumliche Konstellationen auszubuchstabieren.[280]

---

[278] Im etymologischen Sinn von Kultur als lateinisch *cultura* „Landbau; Pflege (des Körpers und des Geistes)". Der Begriff wurde seit dem 17. Jahrhundert „im Sinne von ‚Felderbau, Bodenbewirtschaftung' einerseits [...] und ‚Pflege der geistigen Güter [...] andererseits verwendet." Duden, *Herkunftswörterbuch, Etymologie der deutschen Sprache*, 3., völlig neu bearbeitete und erweiterte Auflage, Mannheim 2001, Lemma „Kultur", 459.

[279] ‚Blumen' bezeichnen als ‚flores rhetoricales' in der antiken und mittelalterlichen Rhetorik die sprachlichen Ornamente und Verzierungen. Sie sind Bestandteil der ‚elocutio', also der stilistischen Ausgestaltung einer Rede. Vgl.: „Rhetorikkonzeptionen in der Geschichte der deutschen Sprache", in: *Ein Handbuch zur Geschichte der deutschen Sprache und ihrer Erforschung*, hg. von Werner Besch et al., 2. vollständig neu bearbeitete und erweiterte Auflage, Berlin/ New York 2003, S. 2582-2599, insbes. S. 2588.; Karl-Heinz Göttert, *Einführung in die Geschichte der Rhetorik: Grundbegriffe – Geschichte – Rezeption*, Paderborn ⁴2009, S. 41f.

[280] Vgl. hierzu Apels Ausführungen sowie den Artikel von Renate Schusky: Friedmar Apel, *Die Kunst als Garten, Zur Sprachlichkeit der Welt in der deutschen Romantik*

So gründet das Verhältnis zum Garten, von dem sich das erinnerte Ich ausgeschlossen sieht, zunächst in einem Entsagungs- bzw. Sublimierungsmoment. Dieses geht jedoch mit einer räumlichen Position einher, die das Ich architektonisch über die ebenerdigen Gärten erhebt. Im Sinne der zuvor aufgerufenen Bildlichkeit erfordert der Aufenthalt im Kulturraum des Gartenzimmers damit zwar einerseits eine beständige intellektuelle Anstrengung. Er gewährt aber dafür auch einen beträchtlich erweiterten Horizont. Auf diese Weise erhält das Ich „eine sehr angenehme Aussicht" sowie die Möglichkeit, die untergehende Sonne zu betrachten. Erst durch die Distanznahme öffnet sich somit eine – durch die Lektionen verstärkte und herangebildete – ästhetische Perspektive.[281] Mit ihr wird eine zweite Blickachse installiert, die über die Gärten hinaus bis an den Horizont reicht. Sie enthält eine explizit ästhetische Qualität, die sich an der Naturwahrnehmung und deren sinnlichem Gehalt festmacht. Zudem ist sie über den räumlichen Verlauf der Sonne an das Vergehen der Zeit angebunden. Diese erscheint hier als zyklische, räumlich sichtbar in der wiederkehrenden Bahn der Sonne. Die Kreisstruktur, die damit bezeichnet ist, wird im Kontext der Gärten noch mehrmals Verwendung finden. Horst Daemmrich hat sie als eine wesentliche Bedeutungsfigur in Goethes Landschaftsdarstellungen herausgearbeitet. Dort verräumlicht sie zum einen die Zustände der Stagnation, Beschränkung und Unsicherheit: „Die zentripetale Kreisbewegung, die sich immer erneuert, weil entweder das Ich nur Ich-Spiegelungen sieht oder weil die gestaltgebende Mitte der Gesellschaft fehlt, macht die Bewußtseinslage des verunsicherten Seins sichtbar."[282] Der Kreis wirkt hier als begrenzende, eine stete Wiederholung bedingende Struktur. Zugleich ist ihm aber, wie Koschorke ausgeführt hat, als Gesichtskreis im Sinne des Horizonts eine grundlegende Überschreitungslogik eigen.[283] Als äußerster Rand des Blickfeldes konstituiert er nicht nur die Grenzen des Wissens, er ist seit der Neuzeit auch zunehmend auf deren Transzendierung hin angelegt. Eine solche Dynamik, die mit einer progressiv verlaufenden Zeiterfahrung einhergeht, findet sich auch in *Dichtung und Wahrheit*. Bezeichnenderweise markiert sie

---

und im Ästhetizismus des 19. Jahrhunderts, Heidelberg 1983 [Beihefte zum Euphorion; H. 20]; Renate Schusky, „Der Garten als Buch – das Buch als Garten", in: : *Park und Garten im 18. Jahrhundert, Colloquium der Arbeitsstelle 18. Jahrhundert, Gesamthochschule Wuppertal*, Heidelberg 1978, [Beiträge zur Geschichte der Literatur und Kunst des 18. Jahrhunderts; Bd. 2], 93-99.

[281] Dass dieser Überblick bzw. Einblick in die Lebensverhältnisse der Umwelt und speziell deren Gärten bereits eine Autorposition figuriert, wird kurz darauf bei einem Rundgang auf der Frankfurter Stadtmauer deutlich. Vgl. hierzu den folgenden Abschnitt 3.2.2 (Fremde Gärten).

[282] Horst S. Daemmrich, „Landschaftsdarstellungen im Werk Goethes, Erzählfunktion – Themenbereiche – Raumstruktur", in: *DVjS* 67 (1993), H.1, 607-624, 624.

[283] Koschorke, *Geschichte des Horizonts*, insbes.: „Logik der Überschreitung", 76-83.

das Ende des Texts, in dem das Bild des Sonnenwagens als Selbstzitat mit dem Lebenslauf des Ichs verkoppelt wird. Kreisbahn und Horizont werden darin zum Ausdruck der eigenen Bestimmung und ihres Fortschreitens. Diesen Aspekt der Transzendierung beschreibt auch Daemmrich, wenn er feststellt, dass die „Motivformel für die Erweiterung der Kreise und den Neuansatz [...] die Metamorphose [ist]."[284] Der Garten bewegt sich demnach im Spannungsfeld Begrenzung und Überschreitung, Stabilisierung und Transzendierung.

In der eingangs beschriebenen Szene bringt der Blick zum Horizont neben Gärten und Sonne noch etwas Anderes ins Sichtfeld: „Über jene Gärten hinaus, über Stadtmauern und Wälle sah man in eine schöne fruchtbare Ebene; es ist die, welche sich nach *Höchst* hinzieht." (DW 18, Hervorh. i. Orig.) Ausgehend von der etablierten Ich-Position richtet sich die Aufmerksamkeit nun auf die Grenzen und Räume jenseits des Gartens. Vor dem Hintergrund oben ausgeführten Semantik wird das räumlich Erblickte so zugleich in eine zeitliche Perspektive gestellt, in welcher das Ich biographisch vom Elternhaus über die Gärten in die dahinterliegenden, öffentlichen Räume voranschreitet. Diese bringt es in der zitierten Passage explizit mit dem Dorf Höchst in Verbindung und bezeichnet damit einen Ort, der im späteren Verlauf im Kontext eines weiteren Gartens relevant wird. Die raum-zeitlich entfaltete Gartensituation und die zugehörige Blickachse werden damit als Elemente deutlich, die den Bedeutungsverlauf der Narration mit organisieren.

Der Garten, der in Verbindung mit Hoechst relevant wird, ist derjenige des Großvaters Textor. Dessen Haus wird, wie ich in Kapitel 3.1.5 dargelegt habe, als Gegenraum zum Elternhaus konzipiert, das vornehmlich als Ort der väterlichen Erziehungsmaßnahmen erlebt wird. Der großelterliche Garten bildet demgegenüber für das Kind einen von Verpflichtungen entbundenen Spielraum, dessen paradiesähnlicher Zustand noch durch die Erfahrung von Zeitlosigkeit verstärkt wird. In der *Campagne in Frankreich*[285] beschreibt das autobiographische Ich diesen Paradiescharakter auf anschauliche Weise:

> Ich befand mich in meines Großvaters Garten, wo die reich mit Pfirsichen gesegneten Spaliere des Enkels Appetit gar lüstern ansprachen und nur die angedrohte Verweisung aus diesem Paradiese, nur die Hoffnung die reifste rotbäckigste Frucht aus des wohltätigen Ahnherrn eigner Hand zu erhalten, solche Begierde bis zum endlichen Termin einigermaßen beschwichtigen konnte.[286]

---

[284] Daemmrich, „Landschaftsdarstellungen", 621.
[285] Johann Wolfgang Goethe, *Campagne in Frankreich, Belagerung von Mainz, Reiseschriften*, in: Ders., *Sämtliche Werke, Briefe, Tagebücher und Gespräche*, Bd. 16, hg. v. Klaus-Detlef Müller, Frankfurt a. M. 1994, 386-572.
[286] Ebd., 494f.

Hier findet sich also der Lustgarten, den das Ich beim Blick vom Gartenzimmer aus so sehnsüchtig vermisst und zu dem es als Enkel auch ungehinderten Zugang hat. Allerdings, so macht das Zitat deutlich, ist dieser auch mit der Lust an der Grenzüberschreitung und damit dem drohenden Ausschluss aus dem kindlichen Garten Eden verbunden. Die Idylle des Gartens, das hat Ottmann für die *Wahlverwandtschaften* aufgezeigt, ist stets gefährdet durch die Wildnis, den Übergang zur ungebändigten Natur.[287] In den Gartenszenen von *Dichtung und Wahrheit* lässt sich eine ähnliche Struktur ausmachen. Hier sind es die ungebändigten Affekte, die den „Appetit gar lüstern ansprachen" und über die Grenzen des Gartens hinausweisen. Der Formung des äußeren Raums steht hier die Formung des inneren gegenüber, wie schon die Eingangsszene veranschaulicht hat.

Wie im Weiteren deutlich wird, spielt auch in diesem vermeintlichen Paradies die Frage nach Teilhabe und Ausschluss sowie die Einnahme einer gesellschaftlich-sozialen Position eine wesentliche Rolle. Die Wahrnehmung des Gartens als eines zweckfreien Raums ist, das macht die nähere Betrachtung deutlich, an eine spezifische Perspektive gebunden: Sie gründet im biographischen Status als ‚Kind' und modelliert so eine genealogische Differenz.

Für den Großvater ist der Garten keineswegs Natur- und Vergnügungsraum, sondern durchweg ein Ort der Kultivierung und damit eine Verlängerung des bürgerlich-ökonomischen Nützlichkeitsdenkens ins Private. Bereits der Raum seines Hauses war, wie das letzte Kapitel gezeigt hat, nach rationalen Kriterien angelegt. Diese finden sich nun auch in der Gestaltung des Gartens:

> Gewöhnlich eilten wir sogleich in den Garten, der sich ansehnlich lang und breit hinter den Gebäuden hin erstreckte und sehr gut unterhalten war; die Gänge meistens mit Rebgeländer eingefaßt, ein Teil des Raums den Küchengewächsen, ein andrer den Blumen gewidmet, die vom Frühjahr bis in den Herbst, in reichlicher Abwechslung, die Rabatten so wie die Beete schmückten. Die lange, gegen Mittag gerichtete Mauer war zu wohl gezogenen Spalier-Pfirsichbäumen genützt, von denen uns die verbotenen Früchte, den Sommer über, gar appetitlich entgegenreiften. [...] In diesem friedlichen Revier fand man jeden Abend den Großvater mit behaglicher Geschäftigkeit eigenhändig die feinere Obst- und Blumenzucht besorgend, indes ein Gärtner die gröbere Arbeit verrichtete. [...] Alle diese Arbeiten betrieb er ebenso regelmäßig und genau als seine Amtsgeschäfte: denn eh er herunterkam, hatte er immer die Registrande seiner Proponenden für den andern Tag in Ordnung gebracht und die Akten gelesen. (DW 45f.)

---

[287] Vgl.: Dagmar Ottmann, „Gebändigte Natur, Garten und Wildnis in Goethes Wahlverwandtschaften und Eichendorffs Ahnung und Gegenwart", in: Walter Hinderer (Hg.), *Goethe und das Zeitalter der Romantik*, Würzburg 2002, 345-395.

Der Garten des Großvaters zeigt sich in der Beschreibung als „sehr gut unterhalten" und nach funktionalen Verwertungskriterien organisiert. Mit „behaglicher Geschäftigkeit" unternimmt der Großvater die vielfachen Bemühungen, die zur Erhaltung und Kultivierung der Anlage nötig sind. Getragen vom bürgerlichen Gedanken der Pflichterfüllung gleicht die Gartenarbeit dabei der Ausübung seiner „Amtsgeschäfte". Naturerfahrung ist hier gleichbedeutend mit ihrer Ausrichtung an vernünftigen Prinzipien, damit der beschriebenen Einrichtung des häuslichen Raums vergleichbar. Das Schöne der Natur wird an ihren Nutzen geknüpft und so den Maximen der bürgerlichen Leistungsgesellschaft unterstellt.

Für die autobiographische Perspektivierung ist nun die Parallelführung beider Bedeutungsdimensionen entscheidend. Für die Raumwahrnehmung des erinnerten Ichs bildet der Garten einen zwar strukturierten, aber in seiner Regelhaftigkeit auch friedlichen Bereich. Zugleich verlockt der Genuss der Pfirsiche zur Übertretung der gesetzten Regeln. Indem nun die Gartenarbeit mit der beruflichen Tätigkeit des Großvaters verglichen wird, macht das erzählende Ich die genealogische Differenz deutlich. Der Garten markiert insofern biographisch eine Sphäre des Erwachsenen, als diese ihm seine Gestalt und Funktion geben.

Für das Ich wird in dem solchermaßen ausgelegten Setting die Frage nach dem Übertritt von der einen in die andere Ordnung, von der kindlichen in die erwachsene Sphäre relevant. Dieser eröffnet die Möglichkeit, eine selbstbestimmte Position im sozialen Gefüge zu definieren und einzunehmen. Eine solche Horizonterweiterung ist, wie beschrieben, bereits in der ersten Gartenszene angelegt. Dazu gilt es allerdings, zwischen den beschriebenen affektiven und rationalen Anteilen, zwischen Anerkennung und Überschreitung der vorhandenen Strukturen zu vermitteln. Anders formuliert bedarf der Eintritt in die Gesellschaft eines bewussten Austritts aus dem Paradies bzw. der Aneignung eines geeigneten Umgangs mit gesellschaftlichen Regeln.

Dieser Prozess wird über die erwähnte Fahrt nach Höchst initiiert. Der genannte Ort, zu diesem Zeitpunkt noch nicht zu Frankfurt gehörig, wird im fünften Buch zum Ziel eines mittlerweile 15-jährigen Goethe. Eingebettet ist der Ausflug in die Gretchenepisode und die Königskrönung, womit biographisch sowohl die beginnende Sexualität als auch das Hinaustreten in den öffentlichen Raum, also der Übergang von der Kindheit zur Jugend thematisiert werden. Zu Beginn des Buches wird Goethe an der Grenze zwischen städtischem und ländlichem Raum von einem Bekannten auf seine Texte und Gelegenheitsgedichte angesprochen.[288]

---

[288] Ich diskutiere diese Stelle ausführlicher in Kapitel 3.3.1 (Straßen und Plätze). Dort gehe ich auch genauer auf die Autorposition ein, die das Ich in dieser Szene zunächst durch die Fremdzuschreibung, im Folgenden jedoch auch selbst aktiv ein-

Hieraus ergibt sich ein Kontakt zu mehreren jungen „Menschen aus dem mittleren, ja wenn man will, aus dem niedern Stande" (DW 183). Die sich anschließenden Treffen ereignen sich sämtlich außerhalb der Stadt, im ländlichen Raum. Letzterer ist, wie ich in Kapitel 3.3.1 zeige, als noch auszuhandelnder Möglichkeitsraum dem für das erlebende Ich bekannten und geordneten Stadtraum entgegengesetzt. Dabei ist es erst der außerstädtische Raum des Gasthofs, dessen Zugang nicht ausschließlich sozial, sondern in erster Linie ökonomisch geregelt ist, der es ermöglicht, dass „am Tisch in Höchst sich ein junger Mann zu uns gesellte, der etwas älter als wir sein mochte." (DW 194) Dieser bittet Goethe bei ihrer Verabschiedung an der Stadtgrenze um eine Empfehlung, welche sich kurz darauf als Bittschreiben an den Großvater bezüglich einer zu besetzenden Verwaltungsstelle im Rat erweist:

> Ich entschuldigte mich anfangs, weil ich mich niemals in dergleichen Dinge gemischt hatte; allein sie setzten mir so lange zu, bis ich mich es zu tun entschloß. [...] Ich war soweit herangewachsen, um mir auch einigen Einfluß anzumaßen. Deshalb überwand ich, meinen Freunden zu lieb, welche sich auf alle Weise für eine solche Gefälligkeit verbunden erklärten, die Schüchternheit eines Enkels, und übernahm es, ein Bittschreiben das mir eingehändigt wurde, zu überreichen.
> Eines Sonntags nach Tische, als der Großvater in seinem Garten beschäftigt war, umso mehr als der Herbst herannahte, und ich ihm allenthalben behülflich zu sein suchte, rückte ich nach einigem Zögern mit meinem Anliegen und dem Bittschreiben hervor. (DW 194f.)

In dieser Passage werden zwei Aspekte deutlich, welche die biographische Entwicklung räumlich in Szene setzen. Zunächst formuliert das Ich einen Perspektivwechsel in Bezug auf seinen Status als ‚Enkel'. Indem das Ich die familiären Schutzräume verlassen und sich alleine an Orte außerhalb davon begeben hat, gewinnt es einen neuartigen Blickwinkel auf deren Funktionen. Durch die Forderungen seiner Bekannten wird ihm seine Familie zum ersten Mal als Ressource, als soziales Kapital vorgeführt. Es lernt – hier wendet sich die geographische Distanz ins Soziale – den Blick von außen kennen und wird sich bewusst, dass es als Einziger seiner Gruppe Zugang zum Schultheißen und damit zu einem der höchsten Amtsträger der Stadt besitzt. Aus der Innenperspektive des großelterlichen Gartens war dieser für das Ich bislang lediglich der Großvater. So erhält der Garten eine neue, erst durch die vorübergehende Distanznahme ermöglichte Qualität. Er wird zum Ort der ersten bewussten Auseinandersetzung mit sich selbst als einem über die Familie hinaus handlungs-

---

nimmt. Aus systematischen Gründen fokussiere ich hier lediglich den Aspekt des Gartens.

und entscheidungsfähigen Individuum. Mit dem unbegleiteten Hinaustreten in den öffentlichen, ökonomisch geprägten Raum wird das autobiographische Ich demnach mit einer neuen Außenwahrnehmung konfrontiert, die vornehmlich seine gesellschaftlich-soziale Stellung fokussiert. Damit verbunden ist auch eine geänderte Selbstwahrnehmung, die sich biographisch jenseits der Kindheit verortet: „Ich war soweit herangewachsen, um mir auch einigen Einfluß anzumaßen" (DW 194). Das an der Grenze zwischen Kind und Jugendlichem stehende Ich imaginiert sich auf diese Weise als Akteur nicht mehr nur in der familiären, sondern auch in der gesellschaftlichen Sphäre. Mit dem Begriff des ‚Anmaßens' differenziert sich dabei wiederum das erzählende Ich vom erinnerten, indem es eine nachträgliche, distanzierende Bewertung der Situation vornimmt.

Darüber hinaus lässt sich in dem zitierten Abschnitt aber auch eine veränderte Wahrnehmung des großelterlichen Gartens ausmachen. Dieser wird hier explizit verzeitlicht, indem er unter den Vorzeichen des Herbstes und damit im Verlauf der Jahreszeiten beschrieben wird. Auf diese Weise verliert er den Status des Zeitlos-Paradiesischen. Zwar wird so erneut eine zyklische Zeit mit gleichbleibenden Abläufen evoziert, doch diese wird von den Handlungen des Ichs durchkreuzt. Es beteiligt sich nun an der Gestaltung des Gartens, indem es seinem Großvater „allenthalben behülflich zu sein suchte". Damit greift es jedoch nicht nur in die Gartenarbeit, sondern auch in die, durch metaphorische Verweisung mit ihr verknüpften, „Amtsgeschäfte" des Großvaters ein.

Die Selbstermächtigung, mit der das Ich nun seinen tatsächlichen Einfluss geltend macht, erweist sich daher, wie in der Paradieserzählung, als folgenreich. Wie sich kurz darauf herausstellt, nutzt der empfohlene Bekannte seine Stelle zu „nachgemachten Handschriften, falschen Testamenten, untergeschobenen Schuldscheinen und ähnlichen Dingen" (DW 231). Nachdem das Ich durch seine Vermittlung solchermaßen gesellschaftswirksam tätig geworden ist, muss es erfahren, dass es tatsächlich nicht mehr als Kind angesehen und dementsprechend juristisch belangt wird. Der angestrebte Übergang ins Erwachsenenalter droht sich so in sein Gegenteil, den Ausschluss aus der gesellschaftlichen Sphäre, zu verkehren. Nur der soziale Status seiner Familie, in Verbindung mit einem vorübergehenden Arrest in seinem Kinderzimmer, bewahrt Goethe schließlich vor weitergehenden Sanktionen.

Der Verbleib im Paradies hat sich damit ebenso als Option disqualifiziert wie dessen Aneignung im Sinne der juristischen Familientradition. Der Zugang zum Garten, und die Bestimmung der eigenen, individuellen wie gesellschaftlichen Position darin, führt aber noch über einen dritten Weg. Es ist dies die Gestaltung des Gartenraums unter ästhetischen Vorzeichen, die sich ebenfalls bereits in der beschriebenen Eingangsszene angelegt findet. Sie trägt dem Umstand Rechnung, dass der Garten nicht nur ein sozialer und moralischer, sondern immer auch ein ästhetisch geformter Ort ist. Das Erschreiben des eigenen, literarischen Gartens vollzieht sich im Knabenmärchen *Der Neue Paris*.[289] Dabei handelt es sich um den ersten literarischen, in *Dichtung und Wahrheit* eingeschalteten Text. Dieser ist nicht nur deshalb von Belang, weil er fast ausschließlich in einem Garten spielt. Über ihn werden anhand räumlicher Konstellationen auch Fragen der eigenen Autorschaft sowie der gesellschaftlichen Teilhabe verhandelt. So dient das Knabenmärchen dem Ich zufolge dazu „frühzeitig genug jenes moderne Dichter-Talent [zu üben], welches durch eine abenteuerliche Verknüpfung der bedeutenden Zustände des menschlichen Lebens sich die Teilnahme der ganzen kultivierten Welt zu verschaffen weiß." (DW 80). Es zielt demnach auf die ordnende, bedeutungsstiftende Tätigkeit des Autors, durch welche sich das Ich den Zugang zur Welt zu erschreiben vermag.

Das Märchen selbst ist als Spiel mit mythologischen Versatzstücken angelegt, in dem das Ich zugleich die Hauptfigur des *Neue[n] Paris* darstellt. Dieser antiken Stilisierung wird aber bereits in der autobiographischen Erzählung vorgegriffen, wodurch beide Textteile in spezifischer Weise aufeinander bezogen werden. So sind dem Knabenmärchen Ausführungen zum Puppenspiel und zum Theater vorangestellt. In diesem Kontext berichtet das Ich von einem besonderen Freund, „den ich Pylades nennen will"(DW 58).[290] Dieser spielt nicht nur im fünften Buch eine wesentliche Rolle bei Goethes ersten Schritten als Autor im öffentlichen Raum.[291] Er dient auch hier bereits dazu, die Bedingungen von Autorschaft zu illustrieren. Indem das Ich ihn als Pylades bezeichnet, nimmt es selbst – entsprechend der griechischen Mythologie – die Position des Orest ein.[292] Damit wird unmittelbar vor dem Beginn des *Knabenmär-*

---

[289] Aufgrund der hier eingenommenen Perspektive wird das Knabenmärchen bzw. der Garten desselben im Folgenden keiner ausführlichen Analyse unterzogen, sondern lediglich im Hinblick auf die Autorwerdung sowie die räumlich-topologischen Aspekte betrachtet. Für eine detaillierte Lektüre des Knabenmärchens vgl. Gabriele Blod, „Das Knabenmärchen", in: Dies., *Lebensmärchen*, 101-149 sowie Karl-Heinz Kausch, „Goethes Knabenmärchen Der Neue Paris – oder Biographica und Aesthetica", in: *Jahrbuch der deutschen Schillergesellschaft* 24 (1980), 102-122.

[290] Eingeführt wird Pylades im Kontext von Puppenspiel und Theater, die in *Dichtung und Wahrheit* räumlich eng mit der Herausbildung von Identität verknüpft sind. Dies ist bereits im Abschnitt über das Kinderzimmer deutlich geworden.

[291] Vgl. dazu ausführlicher Kap. 3.3.1 (Straßen und Plätze).

[292] Die Antikisierung der Figur greift darüber hinaus dem Inhalt des Märchens voraus. Dort tritt nicht nur Hermes auf, sondern die Erzählinstanz selbst wird als ‚Paris' und ‚Narziss' bezeichnet. Diese Verwischung der Textgrenzen wird noch verstärkt, indem die theaterspielenden Freunde als „kleine[s] Hee[r]" (DW 57) beschrieben werden. Kurz darauf dirigieren die Erzählinstanz des Märchens und das Mädchen Alerte ebenfalls kleine, zudem wiederum griechische, Heere: „Sie rühmte sich, die

chens auf Goethes Bearbeitung des Iphigenie-Stoffs verwiesen. Zugleich mit dem ersten eigenen Text kommt so das klassische Drama als Fluchtlinie der literarischen Produktion in den Blick. Dies wirkt sich auch auf den Status von *Dichtung und Wahrheit* selbst aus. Durch die literarische Verfremdung werden die Grenzen zwischen autobiographischem Text und anschließendem Märchen, zwischen Wahrheit und Dichtung verwischt, bedienen sich doch beide derselben rhetorischen Mittel und inhaltlichen Topoi. Auch ersterer, so die Analogie, erzählt letztlich eine Geschichte, kreiert einen Mythos. Eine solche, den Text ins Mythische verschiebende Struktur speist sich gleichermaßen aus der autobiographischen wie der literarischen Autorschaft. Dies insofern, als das erinnerte Ich – teleologisch vorausweisend – zum Produkt seines eigenen literarischen Schaffens wird, während die literarische Textfolge zugleich zur Deutungsfolie des autobiographischen Werdegangs gerät. Damit unterscheidet sich das Goethe'sche Textverfahren durch seine selbstreflexive Wendung von der bei Goldmann konstatierten autobiographischen Grundfigur des Heraklesmythos.[293] Während letzterer den autobiographischen Text implizit am Deutungsmuster des Kulturbringers ausrichtet, setzt der Goethe'sche Text die mythischen Figuren explizit als Variablen des Ichs ein. Indem diese zugleich auch Elemente der eigenen literarischen Werke sind, erfährt der sich so herausbildende Mythos eine Selbstbegründung. Anders formuliert konstituiert sich das autobiographische Ich hier über den Bezug auf sein literarisches Œuvre und vice versa. Auf diese Weise gibt es sich seine eigene kulturgenerierende Struktur, die mit der Autor-Werdung in eins fällt, es schafft sich seine auktoriale Bühne.

Notwendigkeit und Funktion dieser Selbst-Inszenierung reflektiert Goethe in dem Abschnitt, der dem *Knabenmärchen* unmittelbar vorangeht. Darin spricht er über die Geschichten, die er für die anderen Kindern ersonnen und ihnen vorgetragen hat:

> Und wenn ich nicht nach und nach, meine Naturell gemäß, diese Luftgestalten und Windbeuteleien zu kunstmäßigen Darstellungen hätte verarbeiten lernen; so wären solche aufschneiderische Anfänge gewiß nicht ohne schlimme Folgen für mich geblieben.
> Betrachtet man diesen Trieb recht genau, so möchte man in ihm diejenige Anmaßung erkennen, womit der Dichter selbst das Unwahrscheinlichste gebieterisch ausspricht, und von einem Jeden fordert, er solle dasjenige für wirklich erkennen, was ihm, dem Erfinder, auf irgendeine Weise als wahr erscheinen konnte.

Königin der Amazonen zum Führer ihres weiblichen Heeres zu besitzen; ich dagegen fand den Achill und eine sehr stattliche griechische Reiterei. Die Heere standen gegen einander und man konnte nichts schöneres sehen" (DW 69).

[293] Vgl.: Goldmann, „Topos und Erinnerung", 670f.

> Was jedoch hier nur im Allgemeinen und betrachtungsweise vorgetragen werden worden, wird vielleicht durch ein Beispiel, durch ein Musterstück angenehmer und anschaulicher werden. Ich füge daher ein solches Märchen bei, welches mir, da ich es meinen Gespielen oft wiederholen mußte, noch ganz wohl vor der Einbildungskraft und im Gedächtnis schwebt. (DW 58f.)

Wie schon in der ersten Gartenszene so geht es auch hier um die Formung der Einbildungskraft. Von „Luftgestalten und Windbeuteleien" bildet sie sich im Verlauf der Autobiographie zu „Kunstmäßigen Darstellungen" heran. Hierzu bedarf es der narrativen Praxis, die im *Knabenmärchen* als poetische Gartenarbeit vollzogen wird. Der darin sich ausbildende „Trieb" – auch dies eine Überlagerung anthropologischer und pflanzlicher Beschreibungsebenen – ist derjenige des „Dichter[s]". Dessen notwendige Qualität bildet sich im Zusammenspiel von „Einbildungskraft" und das „Gedächtnis". Auch hier spricht das erzählende Ich, analog zur Szene im großväterlichen Garten, von „Anmaßung". Die möglichen „schlimmen Folgen" bleiben in diesem Fall jedoch aus, denn die dichterische Anmaßung besteht in der kreativen Gestaltung der narrativen Stoffe und deren Geltungsanspruch beim Publikum. Der solchermaßen wahrnehmungsformende Status des Autors findet sich – wie noch zu zeigen sein wird – im Anschluss an das Märchen noch einmal räumlich ausbuchstabiert.

Vor dem Hintergrund dieser selbstreflexiven Wendung wird auch die doppelte Semantisierung des Gartens verständlich, der den Ort der Märchenhandlung bildet: Zum einen ist er als Erzählung des Ichs literarisch derart gestaltet, dass er als mythischer Garten überhaupt erst durch die Kenntnis der antiken Erzählungen lesbar wird. Er wird so zum expliziten Kunst-Ort, der den räumlichen wie semantischen Zugang seiner Zuhörer über deren Bildung regelt. Zum anderen dient der solchermaßen konstruierte Garten aber nicht nur der Rezeptionssteuerung, er kodiert auch programmatisch die Bedingungen der eigenen Autorschaft. So ist es bemerkenswert, dass der erste in *Dichtung und Wahrheit* eingeschaltete literarische Text einen Garten ins Zentrum stellt, dient dieser doch bereits seit der Antike als poetologisches Modell, in dem Kunst und Natur auf ideale Weise verschmelzen.[294] Dabei werden die „Feder als Pflug" und der Dichter als „Gärtner und Ackermann" perspektiviert.[295] Zugleich gilt der antiken Memoria neben dem Haus insbesondere der „Garten als Lagerort, wo die Topoi (Loci) des Gedächtnisses liegen".[296] Das am Garten orien-

---

[294] Vgl.: Ana-Stanca Tabarasi, „Der Garten als poetologisches Modell", in: Dies., *Der Landschaftsgarten als Lebensmodell, Zur Symbolik der „Gartenrevolution" in Europa*, Würzburg 2007, 369-393.
[295] Ebd., 370.
[296] Ebd.

tierte Autorschaftsmodell verbindet damit die Ideen der Kultivierung bzw. Bildung mit der des organischen Wachstums und einer kulturell vermittelten, jedoch individuell adaptierten Erinnerung. Der Garten eröffnet unter dieser Perspektive das „literaturästhetische profane Paradies, ein glückseliges Abbild der Welt in der Literatur".[297] Die Teilhabe am Garten Eden, das hat bereits das letzte Kapitel gezeigt, ist für das Ich nur als eine literarische möglich.

Wie setzt sich nun die Metaphorisierung von Literatur und Autorschaft als Garten im räumlichen Arrangement des Knabenmärchens um? Zunächst wird die Frage der (Autor-)Identität in der Eingangssequenz anhand einer Spiegel-Szene, also einer räumlichen Projektion des Ichs entworfen. Darin probiert es unterschiedliche, von den Eltern bereitgestellte Kleidungsstücke an, die ihm jedoch beständig wieder vom Leib fallen, sodass sich kein vollständiges Bild einstellt. Dies ändert sich erst, als „ein junger schöner Mann" (DW 59) hereintritt, den der Ich-Erzähler sogleich als „Merkur" erkennt, da er ihn „schon oft genug abgebildet gesehen" hat. Man ist geneigt, diese Szene als Versuch der Identitätskonstitutierung im Lacan'schen Sinne zu verstehen.[298] Ich möchte demgegenüber jedoch eine Lesart vorschlagen, die weniger individualpsychologisch als vielmehr autobiographisch im Sinne der bisherigen Textanalyse argumentiert. In diesem Sinne lässt sich das Knabenmärchen zunächst als poetologische Selbst-Reflexion lesen, in welcher der Garten die literarische Tätigkeit als räumliche Strukturierung und Umarbeitung der Welt vergegenwärtigt. Zugleich wird der Schöpfergedanke, wie er der christlichen Vorstellung des Gartens Eden innewohnt, auf den Künstler übertragen.[299]

---

[297] Ebd., 374.

[298] Dies böte sich umso mehr an, als die Kleidung z.T. „aus meines Vaters Bräutigamsweste geschnitten" (DW 59) ist. Die Versatzstücke des Vaters passen nicht, der Eintritt in die väterlich konnotierte symbolische Ordnung gerät zur vergeblichen Maskerade. Für Jacques Lacan ist die Herausbildung von Identität mit einer Spiegelstruktur verbunden, über die sich das Individuum identifiziert und zugleich als „Ideal-Ich" imaginiert. Da diese imaginierte Einheit ebenso identifikatorisch besetzt und erstrebt wird wie sie unerreichbar bleibt, setzt diese Struktur dauerhafte psycho-dynamische Prozesse in Gang. Strukturelle Urszene hierfür ist das sogenannte ‚Spiegelstadium', in dem sich das Kind selbst als Ganzes im Spiegel erblickt und dabei als Einheit imaginiert. Vgl. hierzu Lacans Artikel „Das Spiegelstadium als Bildner der Ichfunktion wie sie uns in der psychoanalytischen Erfahrung erscheint. Bericht für den 16. Internationalen Kongreß für Psychoanalyse in Zürich am 17. Juli 1949", in: Ders., *Schriften I*, ausgewählt u. hg. v. Norbert Haas, übersetzt v. Rodolphe Garché u.a., 3. korr. Aufl., Weinheim/Berlin 1991, 61-70.

[299] Man denke dabei an Shaftesburys Ausspruch vom „poet as a second maker". Vgl. hierzu: „Der Poet als › second maker‹ und der sensus communis (Shaftesbury)", in: Ernst Müller, *Ästhetische Religiosität und Kunstreligion, In den Philosophien von der Aufklärung bis zum Ausgang des deutschen Idealismus*, Berlin 2004, 22-31.

Die Szene führt aber noch eine weitere, im Verlauf von *Dichtung und Wahrheit* an unterschiedlichen Stellen aktualisierte Form der räumlichen Bedeutungsvervielfältigung ein. Goethe bedient sich hier einer Technik, die Karl Richter als „poetologisches Paradigma in Goethes Alterswerk" bezeichnet hat: die der „Wiederholte[n] Spiegelungen".[300] In diesem, aus der Entoptik entlehnten Verfahren wird ein optisches Medium zwischen zwei Spiegeln angeordnet, wodurch es in die Lage versetzt wird, ein ganzes Spektrum von Farben hervorzubringen. Goethe hat diese räumlich angelegte Struktur, wie Richter zeigt, nun auf die Anlage seiner poetischen Darstellung übertragen:

> Gemeint ist ein Verfahren, das die dargestellte Welt sehr bewußt von Mehrfachbildern aus aufbaut, die wiederholen, variieren oder auch kontrastieren – eine Technik der Auffächerung und Perspektivierung, die die „wiederholten Spiegelungen" zum Prinzip der Aussage macht.[301]

Vor diesem Hintergrund stellt sich die Frage, inwieweit sich dieses poetologische Prinzip auch für die räumliche Dimension von *Dichtung und Wahrheit* geltend machen lässt. Ausgehend von den tatsächlich beschriebenen räumlichen Konstellationen gilt es demnach zu beschreiben, inwiefern Figuren der Spiegelung und der Gegenüberstellung zur Bedeutungsorganisation bzw. zur Erzeugung eines semantischen Spektrums herangezogen werden. Explizite Erwähnung findet das Verfahren bereits in einer zentralen Passage des Vorworts, in der es um die Essenz biographischen Schreibens geht. Sie sei hier noch einmal aufgeführt:

> Denn dies scheint die Hauptaufgabe der Biographie zu sein, den Menschen in seinen Zeitverhältnissen darzustellen, und zu zeigen, in wiefern ihm das Ganze, widerstrebt, in wiefern es ihn begünstigt, wie er sich eine Welt- und Menschensicht daraus gebildet, und wie er sie, wenn er Künstler, Dichter, Schriftsteller ist, wieder nach außen abgespiegelt. (DW 13)

Im Fall der Autobiographie verläuft dieses Abspiegeln, das Goethe direkt mit der Identität als Autor verknüpft, wesentlich über die fortgesetzte Inszenierung des autobiographischen Ichs. Das poetologische Prinzip wird damit selbstreflexiv, wobei unterschiedliche Spiegelungsverfahren zum

---

[300] Karl Richter, „Wiederholte Spiegelungen im »West-östlichen Divan«, Die Entoptik als poetologisches Paradigma in Goethes Alterswerk", in: *Scientia poetica, Jahrbuch für Geschichte der Literatur und der Wissenschaften 4* (2000), 115-130.
[301] Ebd., 115; vgl. auch: Walter Brednow, „Spiegel, Doppelspiegel und Spiegelungen – eine »wunderliche Symbolik« Goethes", in: *Sitzungsberichte der sächsischen Akademie der Wissenschaften zu Leipzig, Mathematisch-Naturwissenschaftliche Klasse 112* (1976), 1-26 sowie Dorothea Hölscher-Lohmeyer, „›Entoptische Farben‹ – Gedicht zwischen Biographie und Experiment", in: *Études Germaniques* 1983, H.1, 56-72.

Einsatz kommen. So habe ich bereits im ersten Kapitel mehrfach über die Bespiegelung und Kontrastierung von strukturgleichen und angrenzenden Räumen gesprochen. Dieses Mittel der Bedeutungsorganisation wird im sich anschließenden Abschnitt zu den fremden Gärten ebenfalls eine wesentliche Rolle spielen. Auch die räumliche Konstellation des Puppentheaters, das „in dem alten Haus eine neue Welt erschuf" (DW 20), habe ich bereits im Kontext des Kinderzimmers diskutiert.

Darüber hinaus lassen sich aber auch, wie in der hier diskutierten Passage des *Knabenmärchens*, Szenen der direkten Selbst-Bespiegelung finden. Ihren Ausgang nehmen diese mit der Geburtsszene, in der sich Charakter und Lebensweg des neugeborenen Kindes in der astrologischen Konstellation spiegeln. Im Fortgang des Texts zeigt sich nun, dass wiederholt an jeweils literarisch besonders verdichteten oder markierten Stellen in *Dichtung und Wahrheit* Spiegelszenen zu finden sind. Diese eröffnen je spezifische Bedeutungsräume und führen in ihrer Gesamtheit zu dem erwähnten Effekt des Farbspiels, der ästhetischen Multiplikation. Auf diese Weise kreiert Goethe ein Spektrum an Ich-Figuren, die dem autobiographischen Ich einerseits je eine Facette hinzufügen, zugleich aber das artifizielle Moment der Selbst-Bespiegelung ausstellen. Die hierdurch erzielte Distanzierung lässt das Ich als etwas Vermitteltes hervortreten, dessen Bedeutung sich erst im Zusammenspiel der verschiedenen Komponenten erhellt. Es entstehen so Szenen der autofiktionalen Selbst-Begründung, anhand derer sich das Ich im Verlauf wiederholter Spiegelungen Kontur verleiht. Darin liegt auch die Möglichkeit begründet, sich sukzessive einer spezifischen autobiographischen ,Wahrheit' zu nähern, wie Rohde in Bezug auf „das menschliche Leben als Gegenstand der Spiegelung" ausführt:

> Gerade durch das Arbeiten mit mehreren Spiegeln, mit Mehrfachbelichtungen und Perspektivierungen war dem näherzukommen, was von vornherein nur im Plural und in sich widerspruchsvoll existierte: den ,Wahrheiten' des je einzelnen menschlichen Lebens.[302]

So gilt es also zum einen, die Ausschnitthaftigkeit jeder einzelnen Spiegelszene zu berücksichtigen, zum anderen aber auch nach ihrem Mehrwert im Hinblick auf das Gesamt der autobiographischen Selbst-Inszenierung zu fragen. Dergestalt beginnt das *Knabenmärchen* mit der Erstellung eines von mehreren, sich im Textverlauf wandelnden und bespiegelnden literarischen Selbstbildern. Vor der semantischen Rahmung des Gartens sowie der soeben skizzierten poetologischen Dimension handelt es sich dabei um einen ersten Entwurf der eigenen Autorrolle. Dies geschieht bezeich-

---

[302] Carsten Rohde, „Poetik wiederholter Spiegelungen", in: Ders., *Spiegeln und Schweben*, 384-396, 386.

nenderweise als Adaption einer antiken Vermittlerfigur, des Götterboten Merkur. Durch ihn wird im Folgenden die Stimme des Autors hörbar, die zugleich auch diejenige des autobiographischen Ichs ist. Wie bereits Paul de Man anhand der Prosopopeia vorgeführt hat[303], geschieht dies durch das Aufsetzen einer Persona[304], also einer Autormaske. Als Merkur autorisiert sich das Ich nicht nur zum Mittler zwischen Numinosem und Humanem, sondern, als dessen griechisches Pendant Hermes[305], zugleich als Gott der Rhetorik und Hermeneutik. Über die drei Äpfel, welche Merkur dem Ich reicht, wird anschließend noch eine Dimension von Autorschaft fokussiert, deren Herausbildung aufs Engste mit dem Selbstbild des Ichs verknüpft ist: das ästhetische Urteilsvermögen und der angemessene Umgang mit Affekten.[306] Solchermaßen ausgestattet begibt sich das Ich an die Stadtmauer, die bis dahin auch die Grenze seiner tatsächlichen Lebenswelt markiert. Beim Zwinger, der an der Innenseite der Stadtmauer entlangläuft, stößt es auf ein unbekanntes Tor:

> Mein Weg führte mich den Zwinger hin, und ich kam in die Gegend, welche mit Recht den Namen *schlimme Mauer* führt: denn es ist dort niemals ganz geheuer. Ich ging nur langsam und dachte an meine drei Göttinnen, besonders aber an die kleine Nymphe und hielt meine Finger manchmal in die Höhe, in Hoffnung sie würde so artig sein, wieder darauf zu balancieren. In diesen Gedanken vorwärts gehend erblickte ich, linker Hand, in der Mauer ein Pförtchen, das ich mich nicht erinnerte je gesehen zu haben. [...] Bogen und Gewände waren aufs zierlichste vom Steinmetz und Bildhauer ausgemeißelt, die Türe selbst aber zog erst recht meine Aufmerksamkeit an sich. Braunes uraltes Holz, nur wenig verziert, war mit

---

[303] Vgl.: Paul de Man, „Autobiography as De-Facement", in: *Modern Language Notes* 94/5 (1979), 919-930.

[304] Der Begriff leitet sich bekanntermaßen vom lat. *personare*, also *hindurchtönen*, ab und verweist auf die Masken des antiken Schauspiels, durch welche die Stimmen der Schauspieler hindurchklangen. Vgl. das Lemma „Person" in: *Deutsches Wörterbuch von Jacob und Wilhelm Grimm*, 16 Bde. in 32 Teilbänden, Leipzig 1854-1961, Bd. 13, Spalten 1561-1565, online: http://woerterbuchnetz.de/DWB/?sigle=DWB&mode=Vernetzung&lemid=GP01991 (letzter Zugriff 23.07.2014).

[305] An dessen Erscheinung wird das Ich auch körperlich angeglichen. So stehen ihm die Haare „wie Flügelchen" vom Kopf (DW 59).

[306] Im Bild der Äpfel verschmelzen wiederum antike und christliche Symbolik. Fungiert der Apfel in der christlichen Genesis als Bild der sexuellen Lust und der Überschreitung von Grenzen, so begründet er im Paris-Mythos das individuelle ästhetische Urteil, aber auch dessen Auswirkungen im Trojanischen Krieg. Für die biographische Entwicklung wie für die ästhetische Bildung des Ichs ist die Aneignung tragfähiger literarischer Maßstäbe von großer Bedeutung. Das hat bereits der Blick auf die Häuser von Verwandten und Freunden ergeben. Aber auch in Bezug auf andere autobiographische Orte wie die Galerien (Kap. 3.3.3) und die Kirchen (Kap. 3.3.4) wird dieses Vermögen relevant.

> breiten, sowohl erhaben als vertieft gearbeiteten Bändern von Erz beschlagen, deren Laubwerk, worin die natürlichsten Vögel saßen, ich nicht genug bewundern konnte. (DW 61, Hervor. i. Orig.)

Das Ich ist nun im Begriff, über den ihm bislang bekannten Stadtraum hinauszugelangen. Die Tür führt in einen sowohl geographisch wie auch ästhetisch unbekannten Raum.[307] Das macht die zweifache Semantisierung deutlich, mit dem der Eingang zum Garten versehen wird. Zum einen richtet sich die Aufmerksamkeit des Ichs während seines Wegs auf die drei Frauenfiguren, die sich zuvor aus den Äpfeln gebildet hatten. Die Tür, die es im gleichen Moment erblickt, rückt so in einen direkten Zusammenhang mit der Wandlung des Ichs hin zum Autor. Zum anderen zeigt sich die Tür als Kunstwerk, das, ganz im Sinne des Gartens, eine perfekte Symbiose von Kultur und Natur aufweist. Tatsächlich ist es im Folgenden das Kunstverständnis des Ichs, das ihm diese neue Tür öffnet und somit Zugang zum Garten verschafft. Das Tor selbst besitzt zwar keine Klinke und kein Schlüsselloch, doch während das Ich seine Betrachtungen anstellt, öffnet es sich und ein bärtiger Mann erscheint:

> „Junger Herr, wie kommt Ihr hieher [sic], und was macht Ihr da?" sagte er mit freundlicher Stimme und Gebärde. – Ich bewundre, versetzte ich, die Arbeit dieser Pforte: denn ich habe dergleichen noch niemals gesehen; es müßte denn sein auf kleinen Stücken in den Kunstsammlungen der Liebhaber. – „Es freut mich, versetzte er darauf, daß Ihr solche Arbeit liebt: Inwendig ist die Pforte noch viel schöner: tretet herein, wenn es Euch gefällt." (DW 61)

Bekannt mit den „Kunstsammlungen der Liebhaber" ist es dem Ich möglich, den ästhetischen Wert der Pforte zu beurteilen, wodurch es sich dafür qualifiziert, auch den Rest des Gartens in Augenschein zu nehmen. Dieser ist von Beginn an als Sphäre einer durch die Kunst vermittelten Natur ausgewiesen[308] und zeigt sich in konzentrischen Kreisen angelegt.[309] Das Ich dringt nun nach und nach zum „Herz des Gartens" (DW 64), einer „Säulenhalle" (DW 66), vor. Dabei ist das Überschreiten jedes Kreises an spezifische Bekleidungsregeln geknüpft, sodass das Ich letztlich zu einer antiken bzw. paradiesischen Nacktheit gelangt, bevor es zum Austritt aus dem Garten seine ursprüngliche Kleidung wieder erhält. Hier taucht erneut der Kreis als ästhetische Ordnungsfigur auf.[310] Er grenzt, wie zu-

---

[307] Inwiefern dieser jedoch schon im Vorhinein in den Blick genommen wird, zeige ich im folgenden Abschnitt.
[308] „Nischen, mit Muscheln, Korallen und Metallstufen künstlich ausgeziert, gaben aus Tritonenmäulern reichliches Wasser in marmorne Becken." (DW 62).
[309] „[...] denn ich konnte wohl gewahr werden, daß wir in die Runde gingen, und daß dieser beschattete Raum eigentlich ein großer Kreis sei, der einen anderen viel bedeutendern umschließe." (DW 63)
[310] Vgl.: Daemmrich, „Landschaftsdarstellungen", 613 ff.

vor, spezifische Bedeutungssphären von einander ab und bedingt eine gewisse Statik. Allerdings ist es auch hier das Ich, das die Kreise sukzessive überschreitet und so letztlich in eine dynamische Ordnung überführt.

Der umgebende Raum ist angelegt als Lustgarten nach französischer Manier und wird vom Ich als eine Art künstlicher Himmel auf Erden wahrgenommen.[311] Damit gleicht er dem großväterlichen Garten, der ebenfalls nach rationalen Kriterien gestaltet ist. Dort waren es, wie gezeigt, die ungezügelten Affekte, die Ordnung und Aufenthalt im Garten-Paradies bedrohten. Im Knabenmärchen führen diese nun zur tatsächlichen Überschreitung der gesetzten Grenzen. Der Garten wird zu einem amourös aufgeladenen Raum, da es dort Alerte wiedertrifft, eine der zuvor aus den Äpfeln entstandenen Frauenfiguren. Damit wird die bereits im Apfel angelegte erotische Dimension nun innerhalb des Gartens vom Symbolischen ins Konkrete gewendet. Die Beziehung der Beiden wird als spielerischer Geschlechterkampf inszeniert, in dem sie die Rollen Achills bzw. Penthesileas einnehmen.[312] Deren Spielzeugheere treten gegen einander an, wobei das Ich letztlich mutwillig die gegnerischen Kriegerinnen zerstört und Alerte küsst. Das hat zur Folge, dass es aus dem Garten verwiesen wird. Als nun der bärtige Pförtner dem Ich aufgrund seiner Verfehlungen Strafe androht, hält es ihm entgegen:

> Hütet Euch, rief ich aus, vor solchen Worten, ja nur vor solchen Gedanken: denn sonst seid Ihr und Eure Gebieterinnen verloren! – „Wer bist denn du, fragte er trutzig, daß du so reden darfst?" – Ein Liebling der Götter, sagte ich, von dem es abhängt, ob jene Frauenzimmer würdige Gatten finden und ein glückliches Leben führen sollen, oder ob er sie will in ihrem Zauberkloster verschmachten und veralten lassen. – Der Alte trat einige Schritte zurück. „Wer hat dir das offenbart?" fragte er erstaunt und bedenklich. – Drei Äpfel sagte ich, drei Juwelen. [...] Der Alte warf sich vor mir nieder [...]. (DW 72)

In dieser Szene übernimmt das Ich nun die zuvor außerhalb des Gartens erhaltene Autorität auch innerhalb desselben, es eignet ihn sich als Verfügungsraum an. Indem es seine Eigenmächtigkeit als Autor artikuliert, etabliert es sich selbstbewusst als „Liebling der Götter". Damit verweist

---

[311] „[...] denn nun lag das bunteste Gartenparterre vor meinem Blick. Es war in verschlungene Beete geteilt, welche zusammen betrachtet ein Labyrinth von Zierarten bildeten; [...] Dieser köstliche Anblick, den ich in vollem Sonnenschein genoß, fesselte ganz meine Augen; aber ich wußte fast nicht, wo ich den Fuß hinsetze sollte: denn die schlängelnden Wege waren aufs reinlichste von blauem Sande gezogen, der einen dunklern Himmel, oder einen Himmel im Wasser, an der Erde zu bilden schien; [...]." (DW 65).

[312] „Sie rühmte sich, die Königin der Amazonen zum Führer ihres weiblichen Heers zu besitzen; ich dagegen fand den Achill und eine sehr stattliche griechischer Reiterei." (DW 69).

es nicht nur zurück auf seine Verkörperung des Achill³¹³, sondern auch voraus auf spätere literarische Selbststilisierungen.³¹⁴ Der Bezug auf die Götter verbindet das Ich des Knabenmärchens zudem explizit mit dem Beginn und dem Ende von *Dichtung und Wahrheit*³¹⁵ und markiert damit den Geltungsanspruch, den der Binnentext über die rein diegetische Dimension hinaus erhebt. So spannt sich die eigene Autorschaft zwischen mythischer Erzählung, autobiographischer Erfahrung und literarischem Selbstbezug auf.

In der Forschung ist das Knabenmärchen kontrovers diskutiert und unterschiedlich ausgelegt worden. Einig ist sich die – zumindest neuere – Forschung allerdings darüber, dass der Text als poetologische Selbstreflexion zu lesen ist: Sei es als „Poetik des Paratextes", welche Goethes „Ästhetik des schöpferischen Bruchs in ein poetologisches Bild setzt", das von dort aus „das gesamte Autobiographieprojekt erfaßt"³¹⁶, als Ausdruck eines spezifisch Goethe'schen Realitätskonzepts und damit als das „Prinzip, das seinen Kunstraum konstituiert"³¹⁷ oder schließlich als "Weg des

---

[313] Goethe selbst bezeichnet Achilles als „Liebling der Götter" im ersten Gesang seines epischen Fragments *Achilleis* (1799): „ [...] so mag denn auch fallen Achilleus, Er, der beste der Griechen, der würdige Liebling der Götter!" Mit diesem sollte die Lücke zwischen Ilias und Odyssee geschlossen werden. So schließt das Fragment direkt an den Schlussvers der Ilias an. Johann Wolfgang Goethe, *Achilleis*, in: Ders., *Sämtliche Werke nach Epochen seines Schaffens*, Bd. 6/1, Weimarer Klassik 1798-1806, hg. von Viktor Lange, München 1986, 793-815, 802.

[314] So findet sich dieselbe Bezeichnung in der letzten Strophe der *Marienbader Elegie*, dort allerdings als melancholischer Abgesang auf eine nicht mehr einholbare biographische Phase: „Mir ist das All, ich bin mir selbst verloren/Der ich noch erst den Göttern Liebling war;/Sie prüften mich, verliehen mir Pandoren,/So reich an Gütern, reicher an Gefahr;/Sie drängten mich zum gabeseligen Munde,/Sie trennen mich, und richten mich zugrunde." Der Bezug auf die Götter richtet die Selbstkonstituierung am *Knabenmärchen*, aber auch erneut am Text der *Iphigenie* aus, der bereits die Einleitung des *Knabenmärchens* perspektiviert. Johann Wolfgang Goethe, „Elegie", in: Ders., *Sämtliche Werke. Briefe, Tagebücher und Gespräche*, Bd. 2, *Gedichte 1800-1832*, hg. von Karl Eibl, Frankfurt a.M. 1988, 457-462, 462.

[315] So ruft der erste Absatz bekanntermaßen die Nativitätskonstellation Goethes in Erinnerung (DW 15). Den Schluss markiert dagegen das Selbstzitat aus *Egmont* (DW 852). Ulrike Landfester hat zudem darauf hingewiesen, dass der Götterbezug auch in Verbindung mit der einzigen Namensnennung Goethes in *Dichtung und Wahrheit* steht, die sich bezeichnenderweise im zehnten Buch, also genau in der Mitte des Texts findet. Dort zitiert das Ich ein Billet Herders an ihn, in dem es heißt: „Der du von Göttern stammst, von Goten oder vom Kote, Goethe [...]." (DW 444). Vgl. Ulrike Landfester, „»Ist fortzusetzen.)«, Goethes Poetik des Paratextes", in: Frieder von Ammon, Herfried Vögel (Hgg.), *Die Pluralisierung des Paratextes in der Frühen Neuzeit*, Münster 2008, 375-397.

[316] Ebd., 393.

[317] Eva Bartsch, „Dekonstruktion der Beziehung, Realitätskonzepte bei Johann Wolfgang von Goethe und Heinrich von Kleist", in: *RRR* 4(1998), S. 327-344, hier 335.

Helden zur Kunst".[318] Für die hier verfolgte, topographisch-autobiographische Perspektive steht zunächst der Befund im Vordergrund, dass der poetische Selbstbegründungsmythos des *Knabenmärchens* als räumliche Erfahrung in den abgegrenzten Bereich des Gartens verlegt wird.[319] Beim Verlassen des ummauerten Areals werden die bereits beim Eintritt als künstlerische ausgewiesenen Zugangsbedingungen noch einmal anhand einer räumlichen Konstellation differenziert:

> Der Pförtner sprach kein Wort weiter; aber ehe er mich über die Schwelle ließ, hielt er mich an, und deutete mir auf einige Gegenstände an der Mauer drüben über den Weg, indem er sogleich rückwärts auf das Pförtchen zeigte. Ich verstand ihn wohl; er wollte nämlich, daß ich mir die Gegenstände einprägen möchte, um das Pförtchen desto gewisser wieder zu finden, welches sich unversehens hinter mir zuschloß. Ich merkte mir nun wohl, was mir gegenüberstand. Über eine hohe Mauer ragten die Äste uralter Nußbäume herüber, und bedeckten zum Teil das Gesims, womit sie endigte. Die Zweige reichten bis an eine steinerne Tafel, deren verzierte Einfassung ich wohl erkennen, deren Inschrift ich aber nicht lesen konnte. Sie ruhte auf dem Kragstein einer Nische, in welcher ein künstlich gearbeiteter Brunnen, von Schale zu Schale, Wasser in ein großes Becken goß, das wie einen kleinen Teich bildete und sich in die Erde verlor. Brunnen, Inschrift, Nußbäume, alles stand senkrecht übereinander; ich wollte es malen, wie ich es gesehn habe. (DW 72f.)

Das ästhetische Projekt wird hier als topologische Raumordnung greifbar: Nussbaumzweige, eine Tafel mit Inschrift und ein Brunnen stehen, von der Pforte aus betrachtet, vertikal übereinander. Poetologisch gewendet ist es die bewusste Einnahme der eigenen künstlerischen Autor-Perspektive, des individuellen Standpunkts, die das Ich zu einer sinnstiftenden Kombination aus Natur (Nussbäume) und Kunst (Brunnen) in der Schrift (Tafel) führt und so den Zugang zum Garten sichert. Dass es hierbei tatsächlich um die Funktionsbedingungen von Autorschaft geht, macht die Verhandlung ebendieser räumlichen Referenzen deutlich, die sich im Kontext des *Knabenmärchens* vollzieht. Sie reflektiert die autobiographische Grundfrage danach, „was denn wohl daran für Wahrheit oder Dichtung zu halten sein möchte." (DW 674) So berichtet das Ich kurz vor Beginn des Binnentexts, dass es seine Freunde „sehr glücklich machen [konnte], wenn ich ihnen Märchen erzählte, und besonders liebten sie es, wenn ich in eigner Person sprach" (DW 58). Die entscheidende narrative Kategorie dabei ist der Raum, denn der Erzähler benötigt für seine Ge-

---

[318] Gabriele Blod, „Das Knabenmärchen", in: Dies., *Lebensmärchen*, 101-149, hier 102.
[319] Diese Sonderstellung wird auch texträumlich inszeniert, ist doch das *Knabenmärchen* der einzige eingeschaltete Textteil in *Dichtung und Wahrheit*, der mit einer eigenen Überschrift versehen ist.

schichten „Lokalitäten, wo nicht aus einer anderen Welt, doch gewiß aus einer andern Gegend". An diesen räumlichen Referenzen wird nun, wie bereits angesprochen, die wahrnehmungskonstitutive Tätigkeit des Autors sichtbar. Diese kann nun noch einmal präziser bestimmt werden. Gerade im Umgang mit realen und fiktiven Orten lässt sich demnach die bereits erwähnte „Anmaßung erkennen, womit der Dichter [...] von einem Jeden fordert, er solle dasjenige für wirklich erkennen, was ihm, dem Erfinder, auf irgend eine Weise als wahr erscheinen konnte." (DW 58) Es ist genau diese Haltung des selbstbewussten Autors als „Liebling der Götter", die sich zuvor im *Knabenmärchen* artikuliert hat. Entscheidend ist hierbei das Verhältnis von „wirklich" zu „wahr", das sich als Ableitungsbeziehung darstellt. Wirklichkeit entsteht unter dieser Perspektive als affirmative Rezeptionshaltung, indem die Leser die Vorgaben des Autors „für wirklich erkennen". Letzterer hingegen ist nicht der Wirklichkeit, sondern der eigenen Wahrheit verpflichtet, die diese Wirklichkeit für sich selbst wie für die Leser allererst herstellt. Hier steht das Goethe'sche „Grundwahre"[320] im Hintergrund und mit ihm die Legitimation eines Verfahrens, das autobiographische Wahrheit als kompositorische Aufgabe versteht.[321] Für die Raumordnung des *Knabenmärchens* hat dies eine doppelte Konsequenz: zum einen lässt sich jener Platz, von dem aus die bedeutungstragenden Elemente zur Übereinstimmung kommen, von keiner anderen Person einnehmen, bezeichnen sie doch gerade die Position des Autors. Dementsprechend erfolglos fallen die Versuche der Zuhörer aus, den exakten Platz an der Mauer aufzusuchen:

> Der Eine versicherte: die Gegenstände rückten nicht vom Fleck und blieben immer in gleicher Entfernung untereinander. Der Zweite behauptete: sie bewegten sich, aber sie entfernten sich von einander. Mit diesem war der Dritte über den ersten Punkt der Be-

---

[320] "[...] es war mein ernstestes Bestreben das eigentliche Grundwahre, das, insofern ich es einsah, in meinem Leben obwaltet hatte, möglichst darzustellen und auszudrücken. Wenn aber ein solches in späteren Jahren nicht möglich ist, ohne die Rückerinnerung und also die Einbildungskraft wirken zu lassen, und man also immer in den Fall kommt gewissermaßen das dichterische Vermögen auszuüben, so ist es klar, daß man mehr die Resultate und, wie wir uns das Vergangene jetzt denken, als die Einzelnheiten, wie sie sich damals ereigneten, aufstellen und hervorheben werde." [...] Diese alles, was dem Erzählenden und der Erzählung angehört, habe ich hier unter dem Worte: Dichtung begriffen, um mich des Wahren, dessen ich mir bewußt war, zu meinem Zweck bedienen zu können." Johann Wolfgang Goethe, *Brief an König Ludwig I. von Bayern*, in: Ders., *Sämtliche Werke. Briefe, Tagebücher und Gespräche*, II. Abt., Bd. 11 (38), *Die letzten Jahre, Briefe, Tagebücher und Gespräche von 1823 bis zu Goethes Tod*, hg. von Horst Fleig, Frankfurt a.M. 1993, 208-212, 209.

[321] Hier ordnet sich auch die im Vorwort verwendete Bezeichnung von der „halb poetische[n], halb historische[n] Behandlung" (DW 14) des autobiographischen Materials ein.

wegung einstimmig, doch schienen ihm Nußbäume, Tafel und
Brunnen sich vielmehr zu nähern. (DW 74)

Dies tut aber zum anderen der Wahrheit des Erzählten keinen Abbruch.
Diese wird, so zeigt die Reaktion des Zuhörers, zwar über räumliche Referenzen verhandelt. Die Akzeptanz des Erzählten als wahr gründet aber letztlich in der Wiederholung einer festen narrativen Struktur und der sie vermittelnden Autorität des Autors: „Ich hütete mich, an den Umständen viel zu verändern, und durch die Gleichförmigkeit meiner Erzählung verwandelte ich in den Gemütern meiner Zuhörer die Fabel in Wahrheit."
(DW 74) Mit dem solchermaßen etablierten poetologischen Prinzip erschließt sich das Ich den bereits in der Eingangsszene in seiner Dialektik entworfenen Kunstraum des Gartens. Zugleich erhält es damit auch die Möglichkeit einer gesellschaftlichen Teilhabe, die über die bürgerliche Perspektive eines räumlichen wie literarischen Privatgartens hinausweist. Im folgenden Abschnitt, der sich mit den fremden Gärten befasst, geht es daher verstärkt um den Transfer des Gelernten in den nicht mehr nur privaten Raum und die damit verbundene Anerkennung als Autor.

3.2.2 Fremde Gärten

Was die fremden Gärten von den eigenen unterscheidet ist zunächst ein konstitutives Moment der Distanz: Das Ich befindet sich nicht innerhalb, sondern außerhalb von ihnen. Aus dieser Positionierung resultieren weitere autobiographieräumliche Unterschiede. In den eigenen Gärten geht es, wie zuvor ausgeführt, zunächst darum, sich der eigenen Rolle und der Funktionsbedingungen des Raums bewusst zu werden, der das Ich innerhalb bestimmter Bezüge platziert. Bei den fremden Gärten steht dagegen die Frage des Zugangs und, in einem nächsten Schritt, die der öffentlichen künstlerischen Aneignung im Vordergrund. Autobiographisch sind damit das Verlassen des familiären Raums und eine Erweiterung des individuellen Aktionsradius verknüpft. Die fremden Gärten sind zugleich immer die eigenen Gärten der Anderen, sodass deren Erkundung stets auch eine Distanzierung von der eigenen Familie und einen Schritt hin zu individueller Selbständigkeit und neuen persönlichen Bindungen bedeutet. Dennoch verbleibt das Ich, im Unterschied etwa zum Aufenthalt im öffentlichen Raum, in einem durch Zugangsregeln personell begrenzten und nach außen hin abgeschlossenen Bereich.

Die Auseinandersetzung mit den fremden Gärten in *Dichtung und Wahrheit* beginnt als positionsbestimmendes Blickverhältnis. Wie bereits am Anfang des letzten Abschnitts dargelegt, konstituieren sich die fremden Gärten zugleich mit den eigenen, indem das Ich aus dem Gartenzimmer in die nachbarschaftlichen „Paradies[e]" (DW 18) schaut. Beide Positionen, so lässt die Szene erkennen, bedingen einander: Erst das bewusst geschaute Paradies und das damit erkannte eigene Exil schaffen Bedingungen und Antrieb zur Einrichtung des literarisch-imaginativen Pendants. Entsprechend sind für das Ich beide Räume ursächlich aufeinander bezogen. Nicht nur erscheinen die Gärten aus der Distanz ebenso unzugänglich wie der Zutritt erstrebenswert. Auch wird die Einsamkeit als Erfahrung im Gartenzimmer mit ihrer ersehnten Auflösung in der Vergesellschaftung der fremden Gärten korreliert. Die dortigen Besucher erfreuen sich an unterschiedlichen Spielen. Ästhetisch gewendet zielt die Aneignung dieses Raums damit auf eine von ökonomischem Nützlichkeitsdenken unabhängige Form der Kunst, wie sie das Ich im sechzehnten Buch formuliert: „Sehr angenehm war mir zu denken, daß ich für wirkliche Dienste von den Menschen auch reellen Lohn fordern; jene liebliche Naturgabe dagegen als ein Heiliges uneigennützig auszuspenden fortfahren dürfte." (DW 735) Zunächst sieht sich das Ich jedoch, die betreffende Stelle sei hier noch einmal angeführt, „durch eine ziemlich hohe Mauer unsres Hofes von diesen so nah gelegenen Paradiesen ausgeschlossen" (DW 18). Diese räumliche Grenzmarkierung konstituiert ebenso den Garten als eingehegten Kulturraum wie sie die Wortbedeutung von ‚Paradies' als ‚eingegrenzter Bereich' transportiert. Zugleich bezeichnet sie den äußersten Rand der häuslichen Sphäre und diese Übergangsregion zu den öffentlichen Räumen gilt es in einem ersten Schritt zugänglich zu machen. Damit beginnt erneut die bereits im vorigen Abschnitt beschriebene Transgressionsbewegung, welche die kreisförmig angelegten Bedeutungssphären durchschneidet. Sie nimmt ihren Ausgang auf der Stadtmauer:

> Eine gewisse Neigung zum Altertümlichen setzte sich beim Knaben fest, welche besonders durch alte Chroniken, Holzschnitte, wie z.B. den Grave'schen von der Belagerung von Frankfurt, genährt und begünstigt wurde; wobei noch eine andre Lust, bloß menschliche Zustände in ihrer Mannigfaltigkeit und Natürlichkeit, ohne weitern Anspruch auf Interesse oder Schönheit, zu erfassen, sich hervortat. So war es eine von unseren liebsten Promenaden, die wir uns des Jahrs ein paarmal zu verschaffen suchten, inwendig auf dem Gange der Stadtmauer herzuspazieren. (DW 24)

Über den Stadtraum wird hier zunächst eine zeitlich-chronologische Dimension eröffnet, die sich für das kindliche Ich vermittels Chroniken und Holzschnitten, also in seiner künstlerischen Aneignung konstituiert. Parallel zu dieser distanzierenden und kontextualisierenden Wahrnehmung tritt auch das erzählende Ich in die Distanz, indem es das erinnerte als „Knaben" bezeichnet. Komplementär hierzu erfolgt die persönliche räumliche Erfassung des innerstädtischen Zeitgeschehens. Vergleichbar mit der

Eingangsszene, zielt auch diese Praxis auf die Beteiligung an der sozialen Sphäre durch das Erfassen „menschliche[r] Zustände in ihrer Mannigfaltigkeit und Natürlichkeit". Ähnlich den Gärten, etabliert sich auch dieser Raum durch seine bauliche Abgrenzung. Um die Stadtmauer selbst begehen zu können, bedarf es zudem einer bestimmten sozialen Stellung. Die „Schlüssel, deren man sich auf diesem Wege bedienen mußte" (DW 24), verschaffen sich Goethe und seine Schwester durch ihre Beziehungen zu den Ratsherren. Das Spazieren auf der Stadtmauer wird so zum Grenzgang in mehrfacher Hinsicht.[322] Zunächst definiert die Befestigungsanlage die Grenze des bürgerlichen Stadtraums. Mit dem Verlauf dieses Bauwerks ist erneut eine Kreisstruktur aufgerufen, die durch die räumliche Praxis des Ichs, hier der Gang und der damit verbundene Blick, transzendiert wird. Für das kindliche Ich markiert sie jedoch auch den Radius des bislang Bekannten überhaupt, mithin die Schranken seiner Lebenswelt. Diese werden nun erweitert, indem der Blick von der Stadtmauer die Grenzen zwischen städtischem und privatem Raum visuell einebnet. Hier wird auch der Unterschied des Grenzgangs zur Raumfigur des Fensters deutlich. Zwar etablieren beide zwei getrennte Bereiche, die sie zugleich zueinander in Beziehung setzen. Aber während das Fenster das Ich stets auf einer Seite positioniert, besteht das Spezifikum des Grenzgangs in seiner Unentschiedenheit. Dem Ich sind beide Räume einsichtig, während es selbst keinem der beiden angehört.

Diese konkrete raum-zeitliche Konstellation wird nun zum Ausgangspunkt einer Bedeutungsanreicherung, durch die das erzählende Ich metaphorische und allegorische Semantiken zu lesen gibt. In diesem Sinn erhält das erinnerte Ich, vermittelt über die familiären Beziehungen und durchaus als biographische Zukunftsperspektive zu deuten, die Schlüssel zur bürgerlichen Welt Frankfurts. Bei seinem Rundgang kann es den solchermaßen erreichbaren Status in Augenschein nehmen und überschaut auf diese Weise die Gärten im gesamten Stadtgebiet:

> Gärten, Höfe, Hintergebäude ziehen sich bis an den Zwinger heran; man sieht mehreren tausend Menschen in ihre häuslichen, kleinen, abgeschlossenen, verborgenen Zustände. Von dem Putz- und Schaugarten der Reichen zu den Obstgärten des für seinen Nutzen besorgten Bürgers, von da zu Fabriken, Bleichplätzen und ähnli-

---

[322] Gerade das Spazieren auf den Stadtmauern und -wällen wird zeitgenössisch als „das ideale Terrain für die ambulatorische Praxis" gesehen, da es ein „zielloses Schweifen im Angesicht der freien Natur [erlaubt]" und dabei doch „stets auf die urbane Zivilisation als das eigentliche Zentrum menschlicher Tätigkeit bezogen [bleibt]." Christian Moser, Helmut J. Schneider, „Einleitung, Zur Kulturgeschichte und Poetik des Spaziergangs", in: Axel Gellhaus, Christian Moser, Helmut J. Schneider (Hgg.), *Kopflandschaften – Landschaftsgänge, Kulturgeschichte und Poetik des Spaziergangs*, Köln/Weimar/Wien 2007, 7-27, 9f.

> chen Anstalten, ja bis zum Gottesacker selbst – denn eine kleine Welt lag innerhalb des Bezirks der Stadt – ging man an dem mannigfaltigsten, wunderlichsten, mit jedem Schritt sich verändernden Schauspiel vorbei, an dem unsre kindische Neugier sich nicht genug ergetzen konnte. Denn fürwahr der bekannte hinkende Teufel, als er für seinen Freund die Dächer von Madrid in der Nacht abhob, hat kaum mehr für diesen geleistet, als hier vor uns unter freiem Himmel, bei hellem Sonnenschein, getan war. (DW 24)

Das Ich erblickt nun, vom Garten bis zum Friedhof, das gesamte biographische Kaleidoskop bürgerlichen Lebens, bei dem die sozial differenzierten Varianten des Gartens einen prominenten Platz einnehmen. Die Grenzübertretung, die mit dem Ausspähen dieser „abgeschlossenen, verborgenen Zustände" einhergeht, ist ihm durchaus bewusst. Dennoch ist es von dem „mannigfaltigsten, wunderlichsten, mit jedem Schritt sich verändernden Schauspiel" fasziniert. Hier wird die Perspektive ins Ästhetische verschoben, der Stadtraum gerät zur Bühne einer Aufführung. An dieser können sich die Kinder „nicht genug ergetzen". So verschafft sich das Ich den Lustgewinn, der zuvor noch in den unerreichbaren Nachbarsgärten verortet war, in der eigenen Erfahrung und verknüpft ihn zugleich mit einer ästhetisch-theatralen Dimension. Die eigene Position ist dabei allerdings insofern noch eine undefinierte, als es zwar die Gärten und Menschen erblickt, selbst aber nicht gesehen wird. Damit antizipiert es, wie sich im weiteren Verlauf dieses Kapitels zeigen wird, die tatsächliche Aneignung dieses Raums in Sesenheim und den Offenbacher Gärten.

Die neu gewonnene Übersicht zeigt allerdings auch die Begrenztheit der zuvor erstrebten Räume. Es handelt sich um eine „kleine Welt" mit ihren „kleinen [...] Zuständen" (DW 24). Da das Ich „inwendig" auf der Stadtmauer entlanggeht, bleibt die Welt jenseits der Stadtmauern ausgeblendet. Sie liegt im Rücken des Betrachtenden und liefert damit ex negativo das komplementäre Bild einer unbegrenzten Welt.

An dieser Stelle wird erneut die enge Verschränkung von eigenen und fremden Gärten deutlich, ist doch die Stadtmauer auch Ausgangspunkt des Gartenerlebnisses im *Knabenmärchen*. Ihre doppelte Raumsemantik wird noch betont durch die zweimalige, jeweils perspektivgebende Erwähnung des Zwingers.[323] In der wechselseitigen Bespiegelung beider

---

[323] So führt der Spaziergang des Ichs im Knabenmärchen vom Haus zur Stadtmauer und daran entlang, wobei der Fokus auf der Mauer selbst liegt. Der Zwinger bildet hier die Barriere nach außen: „Mein Weg führte mich den Zwinger hin, und ich kam in die Gegend, welche mit Recht den Namen *schlimme Mauer* führt: denn es ist dort niemals ganz geheuer." (DW 60f.) Beim Rundgang auf der Mauer ist der Blick dagegen nach innen gerichtet, so dass der Zwinger die eigene Position bezeichnet, von der aus sich der Blick in die Gärten öffnet: „Gärten, Höfe, Hintergebäude ziehen sich bis an den Zwinger heran; man sieht mehreren tausend

Szenen wird nun deren biographischer Zusammenhang erkennbar: Ausgehend von dem erblickten „Schauspiel" der innerstädtischen Gärten erschließt sich das Ich im *Knabenmärchen* aktiv die zuvor erkannte ästhetische Dimension und den sich so eröffnenden, unbegrenzten Raum der Kunst. Dieser wird, den Gärten entsprechend, im Textverlauf selbst ebenfalls als eigenständiger Bereich abgegrenzt. Hierin, d.h. in der literarischen Selbstbegründung, liegt der eigentliche Schlüssel, der es aus den „kleinen [...] Zustände[n]" des „für seinen Nutzen besorgten Bürgers" (DW 24) hinausführen kann.

Damit lässt die räumliche Lektüre eine weitere strukturelle Parallele sichtbar werden, durch welche der Rundgang auf der Stadtmauer und das *Knabenmärchen* sich gegenseitig kommentieren: Es ist die autobiographische Vermittlung zwischen Innen- und Außenwelt, Authentizität und Rolle, Erfahrung und Text. Sie wird vom erzählenden Ich als räumliche Unterscheidung ins Werk gesetzt. So nimmt das Ich auf der Mauer eine privilegierte Position auf der Grenze zwischen öffentlichen und „verborgenen Zuständen" ein. Dieser konstante Blickwechsel zwischen Außen- und Innenperspektive liegt auch der autobiographischen Schreibsituation zugrunde. Nicht zufällig zieht das erzählende Ich an diese Stelle den Vergleich zum Text von Lesage[324], dessen Teufel die Dächer Madrids abdeckt und damit dem Studenten Cleophas ungeahnte Einblicke eröffnet. Ebenso lässt auch das autobiographische Ich die Leser scheinbar hinter die Fassaden seines Lebens blicken. Was sich dabei zeigt ist allerdings, wie der Verweis auf das französische Vorbild deutlich macht, bereits literarisch vorkodiert. Der Blick ins Innere, so faszinierend er auch erscheint, offenbart letztlich nicht das erwartete Refugium individueller Authentizität, sondern zeigt ein „Schauspiel". Auf diese Weise wird die Innenschau als inszenierende Geste deutlich, die zugleich mit dem Sichtbarmachen auch deren theatrale Mittel hervorbringt. Diese Struktur ist, wie das vorherige Kapitel zeigen konnte, bereits im Kinderzimmer angelegt, dessen Innenraum als Puppentheater präsentiert wird. Sie erfährt nun eine Reformulierung im Hinblick auf die autobiographische Tätigkeit generell.

Mit Blick auf das *Knabenmärchen* wird nun aber zugleich ersichtlich, dass eben in dieser Praxis auch das Entstehungsmoment des Ichs als Autor liegt. Es ist die narrative Konstruktion, die sich notwendigerweise literarischer Mittel bedient, welche die Möglichkeit autobiographischer

---

Menschen in ihre häuslichen, kleinen, abgeschlossenen, verborgenen Zustände" (DW 24).

[324] Alain René Lesage, *Der hinkende Teufel*, Frankfurt a.M. 1978. Die französische Erstausgabe erschien 1707. Eine zusätzliche Relevanz erhält der Bezug an dieser Stelle durch den Umstand, dass Lesage als erster französischer Autor galt, der ausschließlich von seinen Publikationen leben konnte, d.h. literarische Unabhängigkeit erlangte.

Selbstverortung und -deutung entstehen lässt. Der Garten wird so zum Theatrum mundi en miniature, zur Bühne eines erst in der literarischen Aufführung individuell erkennbar gemachten, gelebten Lebens.[325]

Damit liefert die Verschränkung beider Gartenräume eine räumliche Skizze der autobiographischen Tätigkeit, in der das Ich immer zugleich Autor, Erzähler und Figur ist. Für die biographische wie literarische Entwicklung des jugendlichen, erinnerten Ichs gilt es dagegen, das Schauspiel vom Schauspieler zu trennen, d.h. zwischen dem Ich als Figur und dem Ich als Autor zu differenzieren. Dieser Umschlag von poetisierender Aktion zu literarischer Produktion vollzieht sich – wie schon Bernd Witte angemerkt hat[326] – u.a. im Verlauf der Sesenheim-Episode und der damit verbundenen Beziehung zu Friederike. Im Sinne der hier verfolgten Argumentation werde ich allerdings nur die Gartenszene im dortigen Pfarrhaus fokussieren.[327] Der gesamte erste Besuch in Sesenheim steht im Zeichen von Goldsmiths *Landprediger von Wakefield*, der als literarische Schablone die erste Begegnung mit Friederike strukturiert. Das erzählende Ich beschreibt dabei, wie das erinnerte Ich sich für den Ritt von Straßburg nach Sesenheim als armer Theologiestudent verkleidet, mithin als die Figur Burchel aus Goldsmiths Vorlage. Damit greift es die Verkleidungsthematik des Knabenmärchens auf, deren veränderte Vorzeichen es zugleich reflektiert. Was als „verzeihliche Grille" für „bedeutend[e] Menschen" und „verkleidete Gottheiten" gilt, lässt sich bei einem „junge[n] Mensch[en] ohne Bedeutung und Namen" „für einen unverzeihlichen Hochmut auslegen." (DW 468f.)

Was ihm bislang fehlt ist dabei nicht irgendein Name, sondern, in Analogie zur Übernahme von Goldsmiths Text und im Hinblick auf das *Knabenmärchen*, der Autor-Name.[328] Dieser verlangt eine Distanzierungsleistung, die in der Differenzierung von Autor und Figur bzw. Erfahrung und künstlerischer Umsetzung besteht. In diesem Kontext beschreibt Goethe nun eine kurze, aber bemerkenswerte Gartenszene. Zuvor ist er Friederike begegnet und hat die erste Maske gegen eine zweite, diesmal als Wirtssohn George, eingetauscht. Solchermaßen zurechtgemacht kehrt er zum Pfarrhaus zurück und begibt sich in den dortigen Garten:

> Ich ging nunmehr im Garten auf und ab; alles hatte bisher den besten Erfolg gehabt, doch holte ich tief Atem, wenn ich dachte, daß

---

[325] Zum Theatrum mundi vgl. meine Ausführungen in Kap. 3.1.2.
[326] Bernd Witte, „Autobiographie als Poetik, Zur Kunstgestalt von Goethes › Dichtung und Wahrheit‹", in: *Neue Rundschau* 89 (1978), 384-401, insbes. 395ff.
[327] In Kap. 3.4.3 (Ausritte) lege ich ausführlicher dar, inwiefern sich die Sesenheim-Episode aus der Perspektive des Reitens als autobiographische Reflexion lesen lässt.
[328] Zur Bedeutung des Autor-Namens in *Dichtung und Wahrheit* vgl. auch: Gabriele Blod, „Der Name des Autors", in: Dies., *Lebensmärchen*, 79-99.

die jungen Leute nun bald herankommen würden. Aber unvermutet trat die Mutter zu mir und wollte eben eine Frage an mich tun, als sie mir ins Gesicht sah, das ich nicht mehr verbergen konnte, und ihr das Wort im Munde stockte. – Ich suche Georgen, sagte sie nach einer Pause, und wen finde ich! Sind Sie es, junger Herr? wie viel Gestalten haben Sie denn? – Im Ernst nur Eine, versetzte ich, zum Scherz soviel Sie wollen. (DW 480)

Wie schon zuvor ist es auch hier der Garten, in dem das Ich auf sich selbst zurückgeworfen wird. Indem es dort sein Gesicht „nicht mehr verbergen" kann, ist es der Frage nach seiner Identität, genauer seiner „Gestalten" ausgesetzt. Seine Antwort besteht in einer Selbstpositionierung, deren Bedeutung sich anhand des Begriffs ‚Gestalt' erhellt. Dieser bezeichnet in der Goethe'schen Semantik sowohl das Flüchtig-Artifizielle einer „Bühnenfigur" oder „Figur im Maskenzug" als auch das „Gesetzmäßige in den Erscheinungen", das „dauerhaft Geordnete, durch organisatorische Arbeit Gesicherte".[329] Vor dem Hintergrund des Gartens wird deutlich, dass das Ich hier explizit zwischen dem Selbstbezug als Autor und der literarischen Produktion unterscheidet. Folgerichtig bildet die Gartenszene den Auftakt zur Beendigung der Maskerade und zum Auftritt des Ichs als Autor. Es beschließt seinen Besuch in Sesenheim mit der Erzählung eines weiteren „Märchen[s]" (DW 485), der *Neuen Melusine*.[330] Dieses wird in einen direkten Bezug zum *Knabenmärchen* gerückt, denn „[e]s verhält sich zum *neuen Paris* wie ohngefähr der Jüngling zum Knaben, und ich würde es hier einrücken, wenn ich nicht der ländlichen Wirklichkeit und Einfalt, die uns hier gefällig umgibt, durch wunderliche Spiele der Phantasie zu

---

[329] Stichwort ‚Gestalt', in: *Goethe-Wörterbuch*, hg. von der Berliner Akademie der Wissenschaften, der Akademie der Wissenschaften in Göttingen und der Heidelberger Akademie der Wissenschaften, Bd. 4, Stuttgart 2004, 120-129, hier 125 und 124.

[330] Darin wird eine Beziehung entworfen, die an den unterschiedlichen Lebenswelten der Partner, verhandelt über eine Größen- und Raummotivik, zerbricht. Die Frau erscheint dabei als Zwergin, die zwischenzeitlich in einem winzigen ‚Frauenzimmer' wohnt. Dieses Verschwinden der Frau im Häuslichen und Kleinen wird vom Mann als unzumutbar für ihn selbst erlebt, er bricht die Beziehung, obwohl für ihn finanziell lohnend, letztlich ab. Poetisch verschlüsselt formuliert das Ich hier bereits eine Absage an die Möglichkeit einer Beziehung zu Friederike. Für eine ausführliche Analyse des Melusine-Texts vgl. Franziska Schößler, „Aufbrechende Geschlechterrivalitäten und die ‚Verzwergung' der Frau – Zu Goethes Märchen *Die neue Melusine*", in: *Bei Gefahr des Untergangs. Phantasien des Aufbrechens. Festschrift für Irmgard Roebling*, hg. v. Ina Brueckel, Dörte Fuchs, Rita Morrien, Margarete Sander, Würzburg 2000, S. 77-90; Gabriele Blod, „Die neue Melusine", in: Dies., *Lebensmärchen*, 224-244; zum Motiv der Schatzkiste: Hellmut Ammerlahn, „‚Key' and ‚Treasure Chest' Configurations in Goethe's Works: A Comparative Overview in Poetological Perspective", in: *Monatshefte für deutschsprachige Literatur und Kultur*, Vol. 101, 1 (2009), 1-18.

schaden fürchtete." (DW 485). Nicht nur spiegelt sich die neu gewonnene biographische Reife in der Erzählung, sondern die Differenzierungsfähigkeit des Ichs setzt sich direkt im Text um: Die Erzählung wird nicht mehr, wie das *Knabenmärchen*, eingerückt, sondern es wird nur noch auf sie verwiesen. Damit wird sie in ihrem literarischen Status markiert und aus dem autobiographischen Text ausgegliedert.

Diese ästhetische Strategie der bewussten Differenzierung von Erfahrungs- und Kunstraum ermöglicht es im Folgenden, den Garten als Ort der literarischen Inszenierung zu nutzen. Dies geschieht im Zusammenhang mit der Beziehung zu Lili, bei deren Verwandten in Offenbach das Ich regelmäßig zu Gast ist. Die Umgebung des dortigen Hauses wird zunächst als ästhetisch angelegtes Idyll und emotionaler Resonanzraum geschildert:

> Anstoßende Gärten, Terassen bis an den Mayn reichend überall freien Ausgang nach der holden Umgebung erlaubend, setzten den Eintretenden und Verweilenden in ein stattliches Behagen. Der Liebende konnte für seine Gefühle keinen erwünschtern Raum finden. (DW 752)

Tatsächlich aber gestaltet sich die Beziehung zu Lili von Beginn an als problematisch und so ist es gerade die Erfahrung von räumlicher Distanz und Abwesenheit, die im Garten zur Aufführung kommt. Als Lili sich bei ihrer geplanten Geburtstagsfeier verspätet, schreibt das Ich kurzerhand ein Theaterstück mit dem Namen „Sie kommt nicht!" (DW 758), das zur Überbrückung der Wartezeit in Haus und Garten aufgeführt wird. Bereits der Titel verdeutlicht – als räumliche Dynamik gefasst – die Funktionsweise des Stücks: Er eröffnet räumliche und zeitliche Bezüge. So verweist er auf Lili, ohne ihren Namen zu nennen, sie wird gleichsam zur räumlichen Leerstelle, die das Stück ausfüllt. Gleichzeitig positioniert er Lili ebenso wie das Ich räumlich. Dabei weist er beiden unterschiedliche räumliche Sphären zu, die durch die Bewegung (‚kommen') aufeinander bezogen und gleichzeitig durch deren Unmöglichkeit (‚nicht') von einander geschieden werden.

Auf diese Weise zeigt sich das Stück auf Lili ausgerichtet, aber nur um ihre Abwesenheit zu konstatieren, aus der sich dann die Präsenz der künstlerischen Produktion legitimiert. Anders ausgedrückt nimmt das Ich den Garten nun nicht mehr als Liebender, sondern als Autor in Anspruch, wobei der Text bzw. die Aufführung in die Lücke eintritt, die im Titel formuliert wird. So überführt der dramatische Text das gartentypische Entsagungsmoment, wie schon in der ersten Gartenszene angelegt, hier nun in die literarische Produktion und damit in die Genese des Autors.

Dass die zeitliche Verzögerung und die daraus resultierende Nutzungsmöglichkeit des Gartens dem Ich durchaus willkommen sind, zeigt seine Reaktion auf die Nachricht der Verspätung.[331] So durchlebt es die anschließenden Stunden keineswegs enttäuscht, sondern geistig „gefaßt", „mit sonderbarer Selbstgefälligkeit" und einem „frohen, freien Gefühl" (DW 758). Es hat nun die Möglichkeit, den vorhandenen Raum als Autor zu gestalten und tut dies auch überaus erfolgreich. So gut füllt das Theaterstück die Lücke, dass Lili bei ihrer Ankunft „beinah betroffen [war], daß ihr Außenbleiben so viel Heiterkeit erlaube" (DW 761).

Als autobiographischer Raum hat der Garten damit seine Funktion erfüllt. Vom sehnsüchtigen Blick über das Spazieren auf der Grenze, das imaginierte Betreten und das erstmalige Zeigen des eigenen Autor-Gesichts bis hin zur selbstständigen Aneignung als künstlerischem Inszenierungsraum dient er als Szenerie der literarischen Entwicklung. Indem das Ich ihn hinter sich lässt, steht es als Autor in der Öffentlichkeit. Es weiß sich des Gartens nun als eines poetischen Raums zu bedienen, wie die Reaktionen auf seine erste Publikation, den *Götz*, zeigen:

> Noch andere hielten mich für einen grundgelehrten Mann, und verlangten, ich sollte die Originalerzählung des guten Götz neu mit Noten herausgeben; wozu ich mich keineswegs geschickt fühlte, ob ich es mir gleich gefallen ließ, daß man meinen Namen auf den Titel des frischen Abdrucks zu setzen beliebte. Man hatte, weil ich die Blumen eines großen Daseins abzupflücken verstand, mich für einen sorgfältigen Kunstgärtner gehalten. (DW 625)

Das Ich nimmt damit seinen, bereits in der ersten Gartenszene antizipierten, gesellschaftlichen Platz als poetischer Gärtner ein. Als Autor ist er derjenige, der den (rhetorischen) Garten pflegt, kultiviert und unter ästhetischen Aspekten für Andere aufbereitet.[332] Auf diese Weise setzt sich nicht nur die anfängliche Position im Gartenzimmer in eine beruflich-biographische Perspektive um. In ihrer antiken rhetorischen Bedeutung

---

[331] Gerade dieses Ausbleiben verweist dabei auf die Spannungen, denen die Beziehung von Beginn an ausgesetzt ist: „Es bedurfte keines sonderlichen Scharfsinns um zu bemerken, daß ihr Ausbleiben von dem ihr gewidmeten Feste nicht zufällig, sondern durch Hin und Herreden über unser Verhältnis verursacht war." (DW 761)

[332] Wie sehr dieses Bild zeitgenössisch mit dem Künstler verbunden ist, zeigt ein Blick auf Winckelmanns *Geschichte der Kunst des Altertums* (1764), wo es heißt: „Die Natur aber und das Gebäude der schönsten Körper ist selten ohne Mängel, und hat Formen oder Theile, die sich in andern Körpern vollkommener finden oder denken lassen, und dieser Erfahrung gemäß verfuhren diese weisen Künstler, wie ein geschickter Gärtner, welcher verschiedene Absenker von edlen Arten auf einen Stamm pfropfet; und wie eine Biene aus vielen Blumen sammelt [sic], so blieben die Begriffe der Schönheit nicht auf das individuelle einzelne Schöne eingeschränkt, [...], sondern sie suchten das Schöne aus vielen schönen Körpern zu vereinigen." Johann Joachim Winckelmann, *Geschichte der Kunst des Altertums*, unveränderter reprographischer Nachdruck der Ausgabe Wien 1934, Darmstadt 1993, hier 154.

als sprachliche Stilmittel schlagen die „Blumen" zudem den Bogen zu Hermes/Merkur als Gott der Rhetorik im *Knabenmärchen*.[333]

3.2.3 Zusammenfassung

Die autobiographische Relevanz des Gartens liegt in der Verschränkung von anthropogenetischer Bedeutung und individueller Aneignung. Er bildet, das hat der Verlauf des Kapitels gezeigt, in mehrfacher Hinsicht einen Übergangsraum, der den Weg des Ichs von den privaten Räumen der Häuser hin zu öffentlichen Orten strukturiert. Dabei positioniert er das Ich zwischen Individuation und Vergesellschaftung, Ausschluss und Teilhabe. Organisiert werden diese Prozesse über die Räumlichkeit und Semantik der Paradieserzählung. Sie wird als Deutungsschablone aktiviert und zugleich ins Autobiographische gewendet. Dies geschieht über eine Verschaltung der gesellschaftlich-moralischen mit der ästhetischen Dimension des Gartens. Möglich wird eine solche Perspektivierung deshalb, weil der Garten nicht nur religiös kodierter, sondern immer auch ästhetisch geformter Raum ist. Als solcher gewinnt er Bedeutung anhand seiner materiell-räumlichen Struktur, aber auch der daran geknüpften Erzählungen.

Dementsprechend verläuft die Auseinandersetzung des Ichs sowohl über räumliche als auch über literarische Verfahren der Aneignung. So erschließt sich der Zugang zum Garten einerseits über die eigenen, literarisch-künstlerischen Entwicklungsschritte. Das macht ihn zu einem Ort, an dem Fragen der Autorschaft thematisiert werden. Andererseits etablieren die Positionierungen des Ichs außerhalb, innerhalb oder auf der Grenze zum Garten eine je spezifische Perspektive. Diese bringt nun die soziale und literarische Dimension zusammen, indem sie stets gleichermaßen eine Autorposition und eine gesellschaftliche Stellung figuriert.

In diesem Sinn legt die erste Gartenszene die räumlichen Koordinaten aus. Nicht nur bestimmt sie zwei voneinander getrennte Bereiche, die nachbarschaftlichen Gärten und das eigene Gartenzimmer. Das Ich erhält in dieser Konstellation auch einen genau bezeichneten Platz, der sich außerhalb der in ihrer sozialen Funktion dargestellten Gärten befindet. Mit der so in Gang gesetzten Dynamik von Ausschluss und Teilhabe geht für das Ich eine Individuationserfahrung einher. Diese wirft es zwar auf seine solitäre Position zurück, zeichnet jedoch zugleich den Weg zur individuellen Aneignung der Gärten vor. So erweist sich zum einen das räumliche

---

[333] S.o. Fußnote 279 zu Herkunft und Bedeutung der flores rhetoricales.

Moment der Distanz als notwendige Bedingung für die ästhetische Wahrnehmung und damit zur späteren Einnahme einer Autorposition. Zum anderen gründet der erhöhte Aussichtspunkt im Gartenzimmer im bürgerlichen Leistungsethos, er bedarf einer beständigen Bildungsanstrengung. Damit markiert der Ort des Ichs auch eine gesellschaftliche Position.

Um diese erfahrbar zu machen, bedarf es jedoch eines Perspektivwechsels, der räumlich über den großelterlichen Garten ins Werk gesetzt wird. Zwar erscheint dieser dem Ich als paradiesisch, doch ist auch der dortige Aufenthalt der beschriebenen Dynamik verpflichtet und daher auf Überschreitung hin angelegt. Diese wird räumlich zunächst als Verlassen des Stadtraums inszeniert, wodurch das Ich eine erste Außenperspektive auf die familiären Räume erhält. Dabei erlebt es sich als ökonomisch handlungsfähiges Individuum und beginnt in der Folge nach seinem Platz im gesellschaftlichen Gefüge zu fragen. Biographisch verhandelt der Text damit den Übergang von der Kindheit zur Jugend, der hier als grenzüberschreitende Raumerfahrung gestaltet wird. Dabei münzt er die Paradieserzählung zu einem individualgenetischen rite de passage um, der jedoch scheitert und im Sündenfall gegenüber der großväterlichen Autorität endet. Der damit drohende Ausschluss aus der gesellschaftlichen Sphäre zeigt an, dass dem Ich für die tatsächliche Einnahme einer Position im öffentlichen Raum noch die individuelle Grundlage fehlt. Zum Erlangen des zuvor im Gartenzimmer prospektiv eingenommenen Überblicks bedarf es der erwähnten ästhetischen Bildung und erst die daraus entstehende literarische Produktion lässt das Ich als Autor öffentlich in Erscheinung treten.

Der Weg dorthin verläuft über die künstlerische Aneignung des Gartens, die sich zunächst im Knabenmärchen vollzieht. Im imaginierten Garten des Märchens, dessen explizit ästhetisch angelegte Raumstruktur die künstlerische Tätigkeit spiegelt, übernimmt das Ich nicht nur explizit die Position des Autors. Der Text reflektiert zudem auch Fragen der autobiographischen Autorschaft mit, die als Konnex aus mythologischer Stilisierung und teleologischer Selbstbegründung aus dem eigenen literarischen Œuvre perspektiviert wird.

Wesentlich ist hierbei, dass diese Prozesse als räumliche Konstellationen beschrieben werden. Sie konstituieren eine räumliche ebenso wie ästhetische Perspektive, die nur vom Autor eingenommen werden kann. So ist es die im Gartenzimmer erworbene ästhetische Bildung, die dem Ich den Zugang zum Garten öffnet und auch die Rückkehr anhand einer topologischen Raumstruktur regelt. Wahrheit, im Sinne literarischer Glaubhaftigkeit, aber auch des autobiographischen „Grundwahren", wird in dieser Perspektive zu einer gleichermaßen narrativen wie räumlichen Kompositionsaufgabe.

Die Vermittlung der gesellschaftlichen und der ästhetischen Perspektive als Fluchtpunkt eigener Autorschaft steht auch im Zentrum der fremden Gärten. Beide Bereiche werden zunächst über den Gang auf der Stadtmauer in Bezug gesetzt. Durch ihn bespiegeln sich, anhand der Raumfigur der Grenze, die bürgerliche Frankfurter (Garten-)Welt und der ästhetische Imaginationsraum des *Knabenmärchens*. Damit ist dem Ich zugleich der literarische Weg gewiesen, der eine permanente Vermittlung von Innen- und Außenperspektive zur Grundlage hat. Dabei führt der Text auch die literarische Innenschau als Spiel der Inszenierung vor. Das lässt sich nicht nur als autobiographischer Kommentar verstehen, sondern bringt auch Differenzierungsbemühungen in Bezug auf die eigene Autorschaft in Gang. Um diese zu etablieren bedarf es, das macht die Sesenheimer Gartenszene deutlich, einer bewussten Trennung von Kunst- und Erfahrungsraum, die erst in der literarischen Gestaltung wieder zusammengeführt werden. Auf diese Weise kann der Garten nun als Inszenierungsraum genutzt werden, in dem das Ich nurmehr als Autor auftritt. Erst dieses Zurücktreten ermöglicht letztlich die literarische Produktion und verschafft dem Ich so mit der Position des Autors auch die erhoffte gesellschaftliche Teilhabe auf Basis einer ästhetisch begründeten Autorität. Übersetzt in die Gartenmetaphorik ist das Ich so, mit der Publikation des *Götz*, zum Kunstgärtner gereift.

3.3 Öffentliche Räume

3.3.1 Straßen

Straßen bilden eine grundlegende Organisationsstruktur der öffentlichen Räume.[334] Als solche liegt ihre Funktion in der Verbindung von Waren, Menschen und Orten. Dies beinhaltet die Ermöglichung einer zielgerichteten Raumüberwindung ebenso wie die Bereitstellung einer gemeinschaftlich genutzten Sphäre. Ihre räumliche Struktur ist gekennzeichnet durch ein Nebeneinander von Offenheit und Geschlossenheit. Dieses Zusammenspiel von Begrenzung und Durchlässigkeit wird auch für die autobiographische Narration relevant.

Indem das autobiographische Ich in den öffentlichen Raum der Straße hinaustritt, wird auch diejenige Art der Raumdurchquerung bedeutsam, die in der Praxis des Gehens besteht. Michel de Certeau hat diesbezüglich von einer „Rhetorik des Gehens"[335] gesprochen, bei der die körperliche Bewegung als semiotische Praxis der Raumerschließung und -veränderung verstanden wird:

> Der Akt des Gehens ist für das urbane System das, was die Äußerung (der Sprechakt) für die Sprache oder für formulierte Aussagen ist. [...]
> Das Gehen bejaht, verdächtigt, riskiert, überschreitet, respektiert etc. die Wege, die es „ausspricht". Alle Modalitäten wirken dabei mit; sie verändern sich von Schritt zu Schritt; ihr Umfang, ihre Aufeinanderfolge und ihre Intensität verändern sich je nach den Momenten, den Wegen und den Gehenden. Diese Aussagevorgänge sind von unbestimmter Vielfalt.[336]

Die von Certeau hier vorgenommene Parallelisierung von sprachlichen Äußerungen mit der Schrittfolge lässt deren Funktionsweise deutlich werden. Erst im Prozess des Gehens wird der zuvor statische Zusammenhang des Ortes als Raum aktualisiert. In der tatsächlichen raumerschließenden Handlung können Strukturen des Ortes bestätigt und wiederholt, aber auch negiert, verändert und überschritten werden. Auf diese Weise werden beständig Orte in Räume verwandelt, die durch die jeweiligen Ar-

---

[334] Die Straße, als ‚via strata', gepflasterter Weg, ist dabei in erster Linie städtisch konnotiert im Gegensatz zum ‚Weg'. Sie bedingt ein höheres Maß an Urbanität, Organisation und Instandhaltung und rechtfertigt diesen Aufwand erst als Teil von oder Verbindungsstück zwischen fest angelegten, größeren Siedlungen, also Städten. Vgl. hierzu Maxwell G. Lay, *Die Geschichte der Straße, Vom Trampelpfad zur Autobahn*, Frankfurt/New York 1994.

[335] de Certeau, *Kunst des Handelns*, 191ff.

[336] Ebd., 189 und 192.

ten der Nutzung wiederum zu neuen Orten werden. Certeau beschreibt das Verhältnis von Räumen und Orten so:

> Insgesamt ist der Raum ein Ort, mit dem man etwas macht. So wird zum Beispiel die Straße, die der Urbanismus geometrisch festlegt, durch die Gehenden in einen Raum verwandelt. Ebenso ist die Lektüre ein Raum, der durch den praktischen Umgang mit einem Ort entsteht, den ein Zeichensystem – etwas Geschriebenes – bildet.[337]

Es ist also die Art und Weise des Umgangs mit Orten, sei dies eine Straße oder ein Text, die bestimmte Aspekte auswählt bzw. fokussiert und so ihre Bedeutung vorübergehend bestimmt. Relevant für die Analyse der autobiographischen Topographien ist dabei die von Certeau formulierte Übersetzbarkeit von Raum- und Textdurchquerung, von sprachlicher und körperlich-physischer Bedeutungsgebung. Beide werden als „Zeichensystem" mit je spezifischen Regeln gelesen, die in der Praxis zur Anwendung kommen bzw. abgeändert werden. Diese Perspektive ermöglicht es auch, die Verfahren autobiographischer Raumkonstituierung in ihrer zweifachen Semantik zu betrachten. Als Element einer autobiographischen Narration sind diese zum einen Texträume, also sprachliche Raumrepräsentationen, und damit an Autor und erzählendes Ich gebunden. In der doppelten sprachlogischen Funktion des Ichs bezeichnen sie aber zum anderen auch die konkrete Erlebnisräumlichkeit des erinnerten Ichs und dessen praktischen Umgang damit. Mit Certeau lassen sich nun die Übergänge und das Verhältnis beider zueinander einsichtig machen.

Im Hinblick auf seine biographische Entwicklung betritt das erlebende Ich mit den Straßen einen ersten öffentlichen, d.h. nicht mehr familiär definierten Bereich. Dies bedingt gegenüber dem Haus eine zweifache Offenheit: Zum einen lässt das heranwachsende Ich nun die elterliche Kontrolle über seinen Aufenthaltsort zunehmend hinter sich. Die Straße führt zu jedem beliebigen inner- und außerstädtischen Ort und weist von daher auf zukünftige biographische Räume voraus. Zum anderen geht damit auch eine soziale Offenheit einher, indem der Aufenthalt auf der Straße unvorhergesehene Begegnungen ermöglicht. In diesem Sinne bringt die beständige räumliche Neupositionierung auch eine gesellschaftliche mit sich. So stellt sich mit dem Betreten der Straße für das Ich die Frage nach der eigenen beruflichen wie privaten Rolle. Beide sind auf der Straße nicht mehr familiär festgelegt und werden nun in der Interaktion mit Anderen verhandelt und ausagiert. Dementsprechend stehen durch die Erschließung des Straßenraums auch die häuslich-privaten Maßstäbe und biographischen Vorgaben auf dem Prüfstand. Sie können

---

[337] de Certeau, *Kunst des Handelns*, 218.

nun mit eigenen Erfahrungen verglichen und relativiert werden. Die Straße besitzt damit für das autobiographische Ich eine wesentliche Vermittlungsfunktion im Hinblick auf die private und gesellschaftliche Sphäre.

Beide werden gleich zu Beginn von *Dichtung und Wahrheit* unterschiedlich semantisiert. Mit dem „Geräms" (DW 16), also dem bereits erwähnten Gitterfenster zur Straße hin, und der damit verbundenen Geschirrepisode perspektiviert der Text den Übergang zwischen beiden Räumen. Damit wird prospektiv eine Grenze verhandelt, die für das Kind zwar durchlässig, aber noch nicht überschreitbar ist. Die beschriebene Szene geht zunächst von einer konkreten räumlichen Konstellation aus, die zwei von einander baulich getrennte Orte differenziert: das innerhäusliche Geräms und die Straße. Erst durch die Handlungen des kindlichen Ichs werden beide in Beziehung gesetzt und konstituieren sich als aufeinander bezogene und mit Bewertungen versehene Räume. Im Sinne Bachelards überlagert so die erlebte Räumlichkeit mit ihren affektiven Färbungen die ursprünglichen Funktionen. Unter dieser Perspektive erscheint das Haus als Ort der Sammlung, der festen räumlichen Grenzen und sozialen Ordnung. Demgegenüber ist die Straße, auf der das Geschirr unter Anfeuerung der Nachbarn zu Bruch geht, von Beginn an durch Zerstreuung, aber auch durch unvorhersehbare soziale Interaktion gekennzeichnet. Durch die „zerbrochene Töpferware" (DW 17), wird das Betreten des öffentlichen Raums mit dem Aspekt der Gefahr, aber auch der Lust an der Regelübertretung verknüpft. Die Straße, so die initiale Perspektivierung, ist ein moralisch unsicherer Boden, womit sie Entwicklungspotential und Bedrohung zugleich birgt. Indem das erzählende Ich die erste Straßenszene nicht nur als räumliche Grenz-, sondern auch als bürgerliche Regelüberschreitung inszeniert, weist es auf die Möglichkeit hin, mit dem Betreten neuer Orte auch die bis dahin gültigen Maßstäbe hinter sich zu lassen. Um sich die Orte als autobiographische Räume anzueignen, müssen sie allerdings auch auf eine individuelle Art begangen werden. Das Ich muss, mit Certeau gesprochen, seine eigene räumliche Rhetorik entwickeln und diese mit der gesellschaftlich vorhandenen vermitteln.

Erfahrbar wird die so bezeichnete Dynamik für das Ich mit dem tatsächlichen Hinaustreten in den öffentlichen Raum. Dieser Schritt wird dort als Überschreitung bekannter Grenzen erfahren, wo er nicht mehr von elterlicher oder erwachsener Autorität begleitet ist.[338] Dazu gehört der erste Besuch Goethes in der Frankfurter Judengasse:

> Zu den ahndungsvollen Dingen, die den Knaben und auch wohl den Jüngling bedrängten, gehörte besonders der Zustand der Ju-

---

[338] So verlässt Goethe den familiären Raum u.a. auch für Reit- und Fechtunterricht, der jedoch stets der Autorität von Eltern oder Lehrern untersteht.

denstadt, eigentlich die Judengasse genannt, weil sie kaum aus etwas mehr als einer einzigen Straße besteht, welche in frühen Zeiten zwischen Stadtmauer und Graben wie einen Zwinger mochte eingeklemmt worden sein. Die Enge, der Schmutz, das Gewimmel, der Akzent einer unerfreulichen Sprache, alles zusammen machte den unangenehmsten Eindruck, wenn man auch nur am Tore vorbeigehend hineinsah. Es dauerte lange, bis ich allein mich hineinwagte, und ich kehrte nicht leicht wieder dahin zurück, wenn ich einmal den Zudringlichkeiten so vieler etwas zu schachern unermüdet fordernder oder anbietender Menschen entgangen war.[339]
(DW 165)

Die Grenzüberschreitung wird hier explizit als räumliche Erfahrung, als Betreten der Straße, beschrieben. Dabei markiert die Judengasse einen fest umgrenzten und vom bürgerlich-christlichen Stadtgebiet abgesonderten Bereich kultureller und sprachlicher Fremdheit. Die moralische Ambivalenz, die sich mit dem Raum der Straße verbindet, wird so über das religiös Andere, Ausgegrenzte erneut aufgerufen. Dem Ich ist die soziale Ächtung der Juden durchaus bewusst, die ihren bildhaften Ausdruck in einem „große[n] Spott- und Schandgemälde" findet, das „aus öffentlicher Anstalt verfertigt" an einer benachbarten Hauswand zu sehen ist. Dass das Ich dennoch zum Grenzübertritt bereit ist, liegt an einer anthropologischen Erkenntnis sowie sehr weltlichen Motivationen:

Indessen blieben sie doch das ausgewählte Volk Gottes [...]. Außerdem waren sie ja auch Menschen, tätig, gefällig, und selbst dem Eigensinn, womit sie an ihren Gebräuchen hingen, konnte man seine Achtung nicht versagen. Überdies waren die Mädchen hübsch, und mochten es wohl leiden, wenn ein Christenknabe ihnen am Sabbat auf dem Fischerfelde begegnend, sich freundlich und aufmerksam bewies. Äußerst neugierig war ich daher, ihre Zeremonien kennen zu lernen. (DW 165f.)

Es ist diese Einsicht in die gemeinsame conditio humana, die es dem Ich erlaubt, die propagierte Fremdheit und Unmoral der Juden in Frage zu stellen. Es bleibt daher weder räumlich noch in seinem Verständnis beim „Schandgemälde" stehen, das den Beginn des jüdischen innerstädtischen Raums öffentlich markiert. Stattdessen macht es sich daran, im dahinter liegenden Bereich Erfahrungswissen zu sammeln, aus dem ein eigenes Bild entstehen kann – es setzt der städtischen Rhetorik seine eigene Raumpraxis entgegen. Hierbei kommen seine individuellen Motivationen zum

---

[339] Die Judengasse war nach beiden Seiten hin durch Mauern abgeschlossen und nur durch drei Tore betretbar. Ursprünglich für ca. 100 Menschen angelegt, lebten gegen Ende des 18. Jahrhunderts ca. 3000 Juden dort. Vgl. die Informationsseiten des Jüdischen Museums Frankfurt: http://www.judengasse.de/dhtml/page817.htm (letzter Zugriff: 16.07.2014).

Tragen: Die kulturelle ebenso wie die erotische Neugier drängen zum Schritt in die unbekannte Straße. Diese erlebt er als Verkehrung der bürgerlichen Raumordnung, denn während hier die Straße zunächst chaotisch und abstoßend erscheint, erweist sich das dahinter liegende Areal als kulturell differenziert und moralisch integer: „Ich ließ nicht ab, bis ich ihre Schule öfters besucht, einer Beschneidung, einer Hochzeit beigewohnt und von dem Laubhüttenfest mir ein Bild gemacht hatte. Überall war ich wohl aufgenommen, gut bewirtet und zur Wiederkehr eingeladen [...]" (DW 166). Indem das christlich sozialisierte Ich so individuelle wie kollektive Stationen des jüdischen Lebens(-laufs) abschreitet, tritt das aus der Erfahrung gewonnene „Bild" an die Stelle des öffentlich vorgegebenen und gerinnt zur persönlichen Bildung. Dabei macht die räumliche Erkundung der jüdischen Sphäre nicht im öffentlichen Bereich der Judengasse halt. Goethe weicht von der christlichen Raumnutzung ab, welche die Judengasse meidet und höchstens eine Blickbeziehung vorsieht. Er wechselt dagegen vom öffentlichen in den privaten Bereich jenseits der Häuserfassaden (Beschneidung, Hochzeit), wodurch beide Sphären ihre Abgeschlossenheit verlieren. Sie werden Bestandteil von Goethes „Raum der Äußerung", wie sich im Folgenden zeigt. Die Skizzierung einer jüdischen Kurzbiographie im Text erscheint zudem als Spiegel der eigenen, bürgerlich-christlichen Biographie. Neben identischen Stationen wie ‚Schule' und ‚Hochzeit' ist es dabei das Motiv der Lebensreise, das beide Biographiemodelle vergleichbar werden lässt. Als eines der drei jüdischen Wallfahrts- oder Pilgerfeste erinnert das „Laubhüttenfest" an die biblische Wüstendurchquerung des Volkes Israel und damit an die Führung durch Gott während der Lebensreise. Zudem pilgerten die Juden an diesem Tag traditionellerweise aus der Umgebung nach Jerusalem. Auch für die christliche Pilger- bzw. Lebensreise ist Jerusalem „der ideale Ort, an dem Welt- und Lebenszeit ihr Ende finden sollen".[340] Für Goethe selbst wird in der *Italienischen Reise* schließlich Rom den Platz eines säkularisiert-künstlerischen, „neue[n] Jerusalem" (IR 429) einnehmen. Erst die Raumüberschreitung ermöglicht es somit, fremde und eigene Biographien in Relation zu setzen, die Syntax der jeweiligen Orte zu erkennen. Dabei macht die spezifische Topik die jüdischen Lebensläufe in ihren zeitlichen Stationen greif- und begreifbar.

Auf diese Weise wird der zuvor fremde und abgeschlossene Raum der Judengasse für das Ich durchlässig, es vermag aufgrund seines neu gewonnenen Erfahrungswissens zwischen beiden zu wechseln und zu vermitteln. Diese Position auf der Grenze zwischen zwei gesellschaftlich getrennten Räumen wird über eine weitere autobiographische Konstellation in Szene gesetzt, den Brand der Judengasse:

---

[340] Christen, *end of the line*, 25.

> In der sehr eng in einander gebauten Judengasse war ein heftiger Brand entstanden. Mein allgemeines Wohlwollen, die daraus entspringende Lust zu tätiger Hülfe, trieb mich, gut angekleidet wie ich ging und stand dahin. Man hatte von der Allerheiligen Gasse her durchgebrochen, an diesen Zugang verfügte ich mich; [...]. Ich ergriff zwei volle Eimer und blieb stehen, rief andere an mich heran, den Kommenden wurde die Last abgenommen und die Rückkehrenden reihten sich auf der andern Seite. Die Anstalt fand Beifall, mein Zureden und persönliche Teilnahme ward begünstigt und die Gasse vom Eintritt bis zum brennenden Ziele war bald vollendet und geschlossen. (DW 736f.)

Das Ich begibt sich in dieser Passage an die neu entstandene Bruchstelle zwischen den zwei Straßen und steht so genau auf der Schwelle zwischen „Allerheiligen Gasse" und „Judengasse", christlichem und jüdischem öffentlichen Raum. Damit steht sein Engagement im Gegensatz sowohl zu der „Schadenfreude" und „Verachtung" der umstehenden Bürger als auch zum Verhalten seiner schaulustigen Freunde, die auf seine Aufforderung zur Mithilfe lediglich „lachten und die Köpfe [schüttelten]" (DW 737). Das durch die erweiterte Raumerfahrung erlangte Wissen des Ichs versetzt es in eine besondere gesellschaftliche Position und führt zu ungewöhnlichen, den allgemeinen Verhaltensmustern entgegenstehenden Handlungsweisen. Durch den vorherigen Übertritt in die Sphäre jüdischen Lebens ist es dem Ich möglich, eine menschliche Perspektive jenseits religiöser Beschränkungen – die hier zugleich die räumlichen Grenzen bilden – und damit eine im positiven Sinn aufgeklärte Haltung einzunehmen.

Auch hier lässt sich die vom Ich initiierte Dialektik der Umwandlung von Räumen und Orten beobachten. Aus zwei zunächst getrennten Orten, der Judengasse und dem christlichen Stadtraum, werden zwei aufeinander bezogene und durch Raumhandlungen verbundene Räume. Dabei stellt das Ich, wie zuvor bei seinen Besuchen in der jüdischen Sphäre, aktiv eine Verbindung beider Bereiche her. Es ist in der Lage, die mit der bürgerlichen Sphäre verbundenen Raumpraktiken zumindest für sich selbst außer Kraft zu setzen. Durch sein Handeln bildet es im räumlichen, ebenso wie im kulturellen Sinn eine Brücke.[341] Mehr noch: Über diese Topologie lässt der Text das Ich die rhetorische Figur der Metapher räumlich ausagieren. Sie wird hier in ihrer Bedeutung als Übertragung von einem Bereich in einen anderen szenisch vorgeführt. In Certeaus Sinne

---

[341] de Certeau hat im Kontext seiner Analysen auch auf die ambivalente, vermittelnde ebenso wie abgrenzende Funktion der Brücke hingewiesen: „[...] mal verbindet und mal trennt sie die einzelnen Inseln. Sie unterscheidet und sie bedroht sie. Sie befreit sie von ihrer Abgeschiedenheit und zerstört ihre Autonomie." de Certeau, *Kunst des Handelns*, 235.

wird dabei die tatsächlich vollzogene Raumpraxis zugleich zur semiotischen Figur.

Diese Position auf der Grenze, die einen Blick in zwei unterschiedliche Räume zugleich erlaubt und so beide in Bezug zu setzen vermag, ist aber nicht nur für das erinnerte Ich, sondern auch für die auktoriale Textkomposition von Bedeutung. In den beiden ersten Kapiteln habe ich sie bereits mehrfach beschrieben. Sie kann einen Moment des Übergangs bezeichnen und räumliche wie zeitliche Dimension auf eine spezifische, autobiographisch bedeutsame Weise verschränken. Als narrative Systemstelle der Künstlerautobiographie verweist sie jedoch, wie gezeigt, auch auf die Position des Autors. So figuriert die Raumfigur der Grenze eine spezifische Überblicksperspektive, die in einer Distanz zu beiden Räumen gründet und dem Ich die Rolle des Vermittlers unterschiedlicher (Raum-)Semantiken ermöglicht. Auf diese Weise gestaltet der Text Strategien der autorschaftlichen Selbstlegitimierung, die u.a. in der Übersetzung religiöser in ästhetische Bedeutungsmuster bestehen. Es binden sich aber auch Verfahren der autobiographischen Ich-Konstituierung daran, die als Differenzierung der Wahrnehmungsräume von erlebendem und erinnerndem Ich lesbar werden.

Für den Raum der Straße wird die Einnahme dieser Autor-Position insbesondere anhand einer Konstellation im fünften Buch verhandelt, das mit der Königskrönung die öffentlich-gesellschaftliche Sphäre ins Zentrum rückt. Die Rolle des Ichs darin formiert sich über dessen Hinaustreten auf die Straße und die dort stattfindenden Begegnungen. Diese stehen von Beginn an im Zeichen der Autorschaft:

> Mein früheres gutes Verhältnis zu jenem Knaben, den ich oben Pylades genannt, hatte sich bis ins Jünglingsalter fortgesetzt. [...] Einst begegneten wir uns in den Alleen, die zwischen dem innern und äußern Sankt-Gallen-Tor einen sehr angenehmen Spaziergang darboten. Wir hatten uns kaum begrüßt, als er zu mir sagte: „Es geht mir mit deinen Versen noch immer wie sonst. Diejenigen die du mir neulich mitteltest, habe ich einigen lustigen Gesellen vorgelesen, und keiner will glauben, daß du sie gemacht habest." (DW 181)

Das Treffen zwischen Goethe und Pylades findet an einem räumlich klar umrissenen Ort statt: den „Alleen [...] zwischen dem innern und äußern Sankt-Gallen-Tor". Dieser Zwischenraum zwischen inner- und außerstädtischem Bereich bietet „einen sehr angenehmen Spaziergang dar". Es handelt sich also um einen bereits unter ästhetischen Aspekten gestalteten und dementsprechend wahrgenommenen Ort. Kulturgeschichtlich lässt sich die Allee als Übergang vom Garten zur Straße lesen. Ursprünglich entstanden aus angelegten Schlossgärten, markiert sie autobiographisch den Schritt vom privaten Raum des Gartens hin zum öffentlichen Areal der Straße. Als frei zugängliche Flaniermeile besitzt sie zudem sowohl bürgerliche als auch ständisch-aristokratische Konnotationen. Das erinnerte Ich wird dabei, dies auch ein Verweis auf zukünftige literarisch-berufliche Optionen, zwischen den Toren und damit auch zwischen den angesprochenen Partikulargewalten positioniert. Die etymologische Herkunft von franz. ‚aller' (gehen) verstärkt zudem noch die Perspektive auf die ‚Allee' als Allegorie des Lebenswegs. Das Ich betritt demnach einen mehrfach kodierten Ort. Dieser ist durch Tore und Alleen räumlich klar umgrenzt, wobei die Bezeichnungen seiner Strukturmerkmale zusätzliche Bedeutungen transportiert. Von der Abfolge des Texts her bildet die Passage, wie gesagt, die Eröffnungsszene des fünften Buchs, das dem Spektakel der Königskrönung gewidmet ist. Der öffentliche Raum wird darin vom Ich selbst als Bühne gefasst, auf der die „Feierlichkeiten und Funktionen" der Krönung als „Schauspiel" (DW 205) aufgeführt werden. Den Beginn dieses Kapitels inszeniert das erzählende Ich nun als auktoriale Bühne für den Schriftsteller Goethe, der hier erstmals den öffentlichen Raum betritt.

In diesem solchermaßen komponierten Grenzraum ist das Ich alleine unterwegs und daher keiner vorgegebenen familiären oder sozialen Rolle verpflichtet. Hier nun wird es erstmals als Autor angesprochen. Damit schließt die zitierte Szene direkt an das Ende des vierten Buchs an. Letzteres endet mit der Aussage, dass dem Ich das Glück „am reizendsten in der Gestalt des Lorbeerkranzes erschien, der den Dichter zu zieren geflochten ist." (DW 180) Der Weg dorthin beginnt im fünften Buch mit den ersten literarischen Schritten im öffentlichen Raum. Initiiert werden diese von Pylades, jener Figur, die bereits im Kontext des *Knabenmärchens* zwischen literarischer und autobiographischer Autorschaft vermittelt hat. Damit ist die Szene in mehrfacher Hinsicht auf den literarischen Werdegang perspektiviert.

Das dichterische Vermögen des Ichs wird dabei sprachlich über das Wortfeld des ‚Glaubens' thematisiert, wodurch der Abschnitt die Wahrheit des Geschriebenen bzw. die Wahrhaftigkeit des Schreibers fokussiert, der Auseinandersetzung zugleich aber auch eine religiöse Dimension unterliegt. So erzählt Pylades dem Ich, dass „keiner glauben [will], daß du sie [die Verse] gemacht hast" (DW 181). Als einer der Erwähnten hinzukommt, bemerkt Pylades: „Da kommt eben der Ungläubige!" (DW 181), während das Ich von ihm als einem „Zweifler" spricht (DW 182) und abwehrt: „Was hilfts, man bekehrt sie doch nicht" (DW181). Wie schon bei der Erzählung des *Knabenmärchens*, so ist auch hier die literarische Wahrheit für die Rezipienten in erster Linie Glaubenssache. Diesmal knüpft sie sich jedoch weniger an räumliche Arrangements und narrative Strukturen, sondern an die Person des Autors selbst. Es geht also um die Bewährung des Schreibenden vor seinem Publikum im öffentlichen Raum. Diese inszeniert das erzählende Ich als eine Art Prüfung, die in einem unter Zeugen vollzogenen Schreibakt das Können des Ichs erweist und ihm damit die Autorenrolle zugesteht. Hierzu soll das Ich „ein Gedicht aus dem Stegereif" (DW 182) erstellen:

> [...] [I]ch setzte mich auf eine Bank, zu schreiben. Sie gingen indes auf und ab und ließen mich nicht aus den Augen. [...] Ich begann daher ohne Anstand meine Erklärung, und führte sie in einem, zwischen dem Knittelvers und Madrigal schwebenden Sylbenmaße mit möglichster Naivetät in kurzer Zeit dergestalt aus, daß, als ich dies Gedichtchen den beiden vorlas, der Zweifler in Verwunderung und mein Freund in Entzücken versetzt wurde. (DW 182)

Erst die solchermaßen erwiesene literarische Fertigkeit vor einem, wenn auch noch minimalen, Publikum, überzeugt den „Zweifler" und erwirbt dem Ich die entsprechende Autorität. Der bei diesem ersten Auftritt des Autors Goethe entstandene Text wird so zu einem „Dokument meiner Fähigkeiten", während die „Versicherungen von Bewunderung und Neigung" (DW 182), mithin die ersten Publikumsreaktionen, den zuvor geäußerten Wunsch nach Dichterlorbeer zu bestätigen scheinen. Das erinnerte Ich erschreibt sich hier im wörtlichen Sinn seinen Status als Autor durch den performativen Akt öffentlicher Textproduktion. Zugleich wird aber auch die selbstreflexive Autor-Inszenierung durch das erzählende Ich weitergeführt. Die Perspektivierung dieser Autorposition erfolgt durch die erbetene Textsorte, handelt es sich dabei doch um einen „Liebesbrief [...], den ein verschämtes junges Mädchen an einen Jüngling schriebe, um ihre Neigung zu offenbaren" (DW 182). Damit offenbart sich das narzisstische Bestätigungsbegehren des angehenden Autors, der sogleich eine Situation imaginiert, in der er selbst den Liebesbrief erhalten würde: „ich [...] dachte mir, wie artig es sein müßte, wenn irgend ein hübsches Kind mir wirklich gewogen wäre und es mir in Prosa oder in Versen entdecken wollte." (DW 182) Hierdurch ist nicht nur auf die sich anschließende Liebesgeschichte mit Gretchen vorausgewiesen, in der das Ich sich ebenjener Täuschung hingibt. Indem es de facto einen Liebesbrief an sich selbst richtet, bei dem das Ich und der Andere in eins fallen, bringt es auch die bereits im *Knabenmärchen* getroffene Unterscheidung zwischen Paris und Narziss in Erinnerung. Die selbstbezügliche Motivation erscheint hier als Gefahr für Text und Autor und diese Perspektive wird sich im Verlauf des fünften Buchs auch bestätigen.

Mit Blick auf die autobiographische Autorschaft liest sich der Liebesbrief wiederum als Kommentar auf das vermeintliche Bekenntnis innerer Zustände. Das Zustandekommen der intimen Textsorte wird durch ihre öffentlichen Entstehungsumstände konterkariert und als funktional ausgerichteter Schreibprozess veranschaulicht. Die öffentlich einsehbare Schreibwerkstatt offenbart dabei die rhetorischen und narrativen Mittel zur Gestaltung von Innerlichkeit. Der Brief ist in einem passenden Stil gehalten, folgt einem angebbaren Silbenmaß und ist auf ein bereits wartendes Publikum hin verfasst. Als Kommentar auf den autobiographischen Schreibprozess erweist sich das intime Bekenntnis so als eine weitere, bewusst gewählte und gestaltete Autorposition.

Für das fünfte Buch, in dessen Fortgang das Ich weitere solcher Texte verfasst und damit eine Rolle als „poetischer Sekretär" (DW 184) übernimmt, kommt die bereits erwähnte moralische Ambivalenz der Straße zum Tragen. Seine Texte geraten zum Werkzeug der „selbstgefällige[n] Schadenfreude" (DW 183) und schließlich der „gefährlichsten und schlimmsten Händel" (DW 230). Der bereits geschilderte Zusammenbruch am Ende des fünften Buches entzieht Goethe daher nicht nur ein letztes Mal den öffentlichen Räumen. Indem er für einige Tage im Kinderzimmer eingeschlossen ist, verweist die versperrte Außenwelt ihn explizit an die Erkundung seiner Innenräume.[342] Es zeigt sich, dass der mehrfach geforderte „Maßstab des Urteils" (DW 281), als Kennzeichen einer gereiften (Autor-) Persönlichkeit, sich nur durch Vermittlung beider Räume und ihrer Qualitäten erreichen lässt. Es bedarf sowohl des Handlungs- und Erfahrungswissens als auch der Ausbildung moralisch und künstlerisch tragfähiger Perspektiven durch Introspektion. Diese Übersetzungsleistung wird u.a. durch die Straße möglich, die das Ich zuerst mit dem öffentlichen Raum in Kontakt bringt. Dabei sammelt es Erfahrungen, die es befähigen, zuvor Fremdes mit der eigenen Biographie in Bezug zu setzen. Zugleich übt es seine gesellschaftliche Rolle als Autor ein, die seine Präsenz im öffentlichen Raum erfordert, aber auch den regelmäßigen Rückzug aus dieser Sphäre. Autorschaft konstituiert sich dabei im Bedingungsgefüge aus Schreibpraxis, räumlichem Setting und dessen individueller Nutzung oder, mit Certeau gesprochen, sie vollzieht sich über die Umwandlung von Orten in (autobiographische) Räume.

---

[342] Folgerichtig betritt er im anschließenden sechsten Buch auch nicht erneut den städtischen Raum, sondern erkundet die umliegenden Wälder. Die Natur fungiert hierbei als Spiegel und Raum der Selbstfindung. Vgl. hierzu auch Kap. 3.5.4. Zum Wald als literarischem Motiv der Transformation und Seelenschau vgl. die Aufsätze von Ann-Kathrin Thomm, „»Mythos Wald« – Der deutsche Wald als Sehnsuchtslandschaft und Kollektivsymbol" sowie Eva Maringer, „Natur als Spiegelbild der Seele. Der Wald in der deutschen Malerei der Romantik (1790-1840)", beide in: *Mythos Wald*, hg. vom Landschaftsverband Westfalen-Lippe, Münster 2009, S.9-25 und 27-33.

3.3.2 Gasthöfe und Herbergen

Die Vermittlung von privaten und öffentlichen Räumen, Individuation und Vergesellschaftung ist auch für die Gasthöfe kennzeichnend.[343] Als vorübergehender Kreuzungspunkt unterschiedlicher Individuen und Biographien bilden sie einen halb-öffentlichen Raum. Zugang und Nutzung unterliegen dabei bestimmten, an ökonomischen Grundsätzen ausgerichteten Regeln. Für das autobiographische Ich wirft dies die Frage nach dem eigenen Lebensunterhalt und der Partizipation an ökonomischen Strukturen auf. Dementsprechend sind die Aufenthalte in Gasthöfen mehrfach an der beruflichen Perspektiv- und Entscheidungsfindung beteiligt. Diese vollzieht sich allerdings als Herausbildung einer eigenständigen raumspezifischen Wahrnehmung, die mit dem ästhetisch erfassten Raum zugleich auch das Ich modelliert. Damit setzt sich in den Gasthöfen der Prozess einer individuellen künstlerischen Perspektivbildung fort, wie er bereits in den Gärten und der Straße angelegt ist. Neben dieser prospektiven Dimension ist den Gasthöfen aber auch die retrospektive Sicht des erzählenden Ichs eingeschrieben, welche die Entwicklung autobiographisch kontextualisiert und relativiert. In dem daraus entstehenden raumzeitlichen Arrangement konstituiert sich die spezifische Bedeutung der Gasthöfe für die autobiographische Narration. Das Ich selbst erlebt die Gasthöfe allerdings zunächst nicht als eigene, sondern als Teil einer anderen biographischen Erzählung, der des Vaters:

> [...] war mir doch von meinem Vater eine äußerste Abneigung gegen alle Gasthöfe eingeflößt worden. Auf seinen Reisen durch Italien, Frankreich und Deutschland hatte sich diese Gesinnung fest bei ihm eingewurzelt. [...] so pflegte er doch manchmal zu wiederholen: in dem Tore eines Gasthofs glaube er immer ein großes Spinnengewebe ausgespannt zu sehen, so künstlich, daß die Insekten zwar hineinwärts, aber selbst die privilegierten Wespen nicht ungerupft herausfliegen könnten. Es schien ihm etwas Erschreckliches, dafür, daß man in seinen Gewohnheiten und allem, was einem

---

[343] "Gasthof" wird im Grimmschen Wörterbuch definiert als synonym mit „gasthaus, *aber als grundstück oder hof gedacht, also auch mit stallungen*", später dann ebenfalls als „*herberge, wirtshaus*". Beide Begriffe besitzen eine christlich-religiöse Dimension als ‚Gasthof des Herrn', wie sie im folgenden Luther-Zitat deutlich wird: „*LUTHER* 3, 384²; es ist je manches geengstiget .. herz, dem die geistlichen rauber allen trost genommen und mutternacket ausgezogen, in disen seligen gasthof und christliche herberge einkeret." *Deutsches Wörterbuch von Jacob Grimm und Wilhelm Grimm*, 16 Bde. in 32 Teilbänden, Leipzig 1854-1960, Bd. 4, Spalte 1481-1482, online: http://woerterbuchnetz.de/DWB/?sigle=DWB&mode=Vernetzung&lemid=GG01983 (letzter Zugriff: 16.07.2014); vgl. zur Kulturgeschichte des Gasthofs auch Gertrude Benker, *Der Gasthof, Von der Karawanserei zum Motel, vom Gastfreund zum Hotelgast*, München 1974.

lieb im Leben wäre, entsagte und nach der Weise des Wirts und der Kellner lebte, noch übermäßig bezahlen zu müssen. Er pries die Hospitalität alter Zeiten, und so ungern er sonst auch etwas Ungewohntes im Haus duldete, so übte er doch Gastfreundschaft, besonders an Künstlern und Virtuosen [...]. (DW 347f.)

Die hier vom Ich referierte väterliche Bewertung der Gasthöfe beruht im Wesentlichen auf zwei Aspekten: dem erlebten Autonomieverlust sowie den ökonomischen Strukturen. Nicht nur muss dort die bürgerliche Privatsphäre mit ihrem selbstbestimmten Tagesablauf suspendiert werden, sondern für die reglementierte Nutzung wird zudem Geld verlangt. Aus dieser Perspektive erscheint der öffentliche Raum erneut als unsicher und moralisch fragwürdig. Als positives Gegenmodell entwirft der Vater die private Gastfreundschaft, bei der das Gastrecht als eine von Tauschwerten freie Struktur den Reisenden zusteht.

Durch diese Gegenüberstellung gerät der Gasthof zu einem durchweg ungastlichen Ort, der die Entfremdungs- und Ausbeutungsstrukturen der zeitgenössischen Gesellschaft erfahrbar werden lässt. Eingekleidet wird diese modernitätskritische Perspektive in ein Bild, das die beschriebenen sozialen Strukturen naturalisiert. Durch den Vergleich mit einem „Spinnennetz", das den Eingang des Ortes markiert und ihn zugleich zur Insektenfalle werden lässt, deutet der Vater die Zustände im Sinne eines Hobbes'schen Naturzustands um.[344] Die „Hospitalität alter Zeiten" wird demgegenüber, als Ermöglichung eines uneingeschränkt bürgerlichen Lebens- und Reisestils, zum Differenzmerkmal bürgerlich-moralischen Verhaltens erhoben. Dass die Grundlage dieses bürgerlichen Lebens allererst aus einer zunehmenden marktwirtschaftlichen Ausrichtung der Gesellschaft hervorgeht, muss hier notwendigerweise ausgespart bleiben. Auf diese Weise wird der Gasthof, in der Semantisierung des Vaters, paradoxerweise auch zu einem nicht-bürgerlichen Ort und, in seiner Kombination aus geforderter Anpassung und moralischer Verwerflichkeit, zu einem strukturell der höfischen Sphäre vergleichbaren Raum. Dieser Aspekt wird in der letzten Gasthof-Szene des Texts, die ich am Ende dieses Kapitels diskutiere, auf spezifische Weise für das Ich relevant.

Mit der zitierten Passage wird allerdings noch ein wesentlicher Bedeutungsaspekt transportiert. Das erzählende Ich weist explizit auf die metaphorisch-bildliche Qualität hin, die der Vater den Gasthöfen zuschreibt. Demnach formt seine eigene Wahrnehmung die Raumerfahrung, indem sie die materiell gegebene Architektur überlagert. Erst diese Verbindung von sinnlichem Erleben einerseits und der affektiven Reaktion auf die Raumerfahrung andererseits führt dabei zur Gestaltung eines spe-

---

[344] Vgl.: Georg Geissmann, Karlfriedrich Herb (Hgg.), *Hobbes über die Freiheit. Widmungsschreiben, Vorwort an die Leser und Kapitel I-III aus „De Cive"*, Würzburg 1988; Rainer Wegen, *Naturzustand und Staat bei Thomas Hobbes*, Bonn 1984.

zifischen Bilds vom Gasthof. Die imaginativen Anteile der Raumkonstituierung treten so in den Vordergrund, sie formen die autobiographische Semantik des Raums. Die Beschreibung dieses Verfahrens wird nun keinesfalls zufällig den eigenen Erfahrungen des Ichs im Textfluss vorangestellt. Wie sich zeigt, übernimmt es die Umgangsweise mit den Gasthöfen strukturell, stellt sie jedoch in den Dienst der eigenen ästhetischen Bildung.

Die eigenständige Auseinandersetzung mit dem Gasthof beginnt für Goethe nach dem Auszug aus dem Elternhaus. Während seines Leipziger Studienaufenthalts entschließt er sich, angeregt durch die Lektüre von Lessings *Laokoon*, zu einem Besuch Dresdens, um dort „einmal bedeutende Kunstwerke in größerer Masse zu erblicken" (DW 347). Der zunächst nahe liegende Gedanke an einen dortigen Gasthof ist ihm allerdings aufgrund der väterlichen Maximen versperrt: „Wie hätte ich mich nun mit solchen Jugendeindrücken, die bisher durch nichts ausgelöscht worden, entschließen können, in einer fremden Stadt einen Gasthof zu betreten?" (DW 348) Auf der Suche nach einer Alternative verfällt Goethe auf seinen Leipziger Zimmernachbarn. Letzterer ist Theologiestudent und besitzt einen Verwandten in Dresden, der dort als Schuster arbeitet. In dessen Haus quartiert er sich, ausgestattet mit einem Empfehlungsschreiben des Theologen, bei seinem Besuch in Dresden ein:

> Ich suchte nach meinem Schuster und fand ihn bald in der Vorstadt. Auf seinem Schemel sitzend empfing er mich freundlich und sagte lächelnd, nachdem er den Brief gelesen: „Ich sehe hieraus, junger Herr, daß Ihr ein wunderlicher Christ seid." Wie das, Meister? versetzte ich. „Wunderlich ist nicht übel gemeint, fuhr er fort, man nennt jemand so, der sich nicht gleich ist, und ich nenne Sie einen wunderlichen Christen, weil Sie sich in einem Stück als den Nachfolger des Herrn bekennen, in dem anderen aber nicht. Auf meine Bitte, mich aufzuklären, sagte er weiter: „Es scheint, daß Ihre Absicht ist, eine fröhliche Botschaft den Armen und Niedrigen zu verkündigen; das ist schön, und diese Nachahmung des Herrn ist löblich; Sie sollten aber dabei bedenken, daß er lieber bei wohlhabenden und reichen Leuten zu Tische saß, wo es gut her ging, und daß er selbst den Wohlgeruch des Balsams nicht verschmähte, wovon Sie wohl bei mir das Gegenteil finden könnten." (DW 349)

Die zitierte Passage ruft explizit eine religiöse Perspektive auf, indem das Ich als „Nachfolger des Herrn" angesprochen wird. Da sein Aufenthalt in Dresden unter den Vorzeichen einer künstlerischen Wahrnehmungs- und Geschmacksbildung steht, werden über die Figur des Ichs bereits hier ästhetisches und religiöses Moment zusammengebracht. Die frohe Botschaft, die es zu verkündigen gilt, lässt sich somit poetologisch als die Tätigkeit des Künstlers lesen. Mit den „wohlhabenden und reichen Leuten" ist zudem wieder die ökonomische bzw. soziale Dimension angesprochen und damit die Frage, bei wem das Ich „zu Tische" sitzen möchte. Hierdurch wird nicht nur auf die Zukunft am Hof in Weimar verwiesen. Die Szene verhandelt zugleich auch den Stellenwert, welchen die finanziellen Aspekte in dieser Konstellation einnehmen sollen. Die Lösung des Ichs ist eindeutig:

> [...] als wir einig waren, daß ich bleiben solle, so gab ich meinen Beutel, wie er war, der Wirtin zum Aufheben und ersuchte sie, wenn etwas nötig sei, sich daraus zu versehen. Da er es ablehnen wollte [...] so entwaffnete ich ihn dadurch, daß ich sagte: und wenn es auch nur wäre, um Wasser in Wein zu verwandeln, so würde wohl, da heut zu Tage keine Wunder mehr geschehen, ein solches probates Hausmittel nicht am unrechten Ort sein. (DW 349)

Mit diesem Arrangement gestaltet das Ich nun seine individuelle Version des Gasthofs. Dabei bringt es die beiden vom Vater getrennten Raummodelle an einem Ort zusammen. So hatte der Vater die ökonomische Dimension des Gasthofs abgewertet und ihr die private Gastfreundschaft im eigenen Haus, insbesondere gegenüber Künstlern, entgegengestellt. Dies geschieht vor dem Hintergrund seines Lebensstils als Privatier. Der Sohn imitiert nun zunächst dieses Konzept, indem er keinen offiziellen Gasthof wählt, sondern sich als angehender Künstler beim Schuster einquartiert. Gleichwohl belässt er es nicht dabei, sondern erkennt die Notwendigkeit einer finanziellen Gratifikation, mithin die materielle Grundlage seines Aufenthalts dort explizit an. Der Geldbeutel wandert zur Wirtin, um dort Wunder zu wirken, d.h. einen angenehmen Aufenthalt sicherzustellen. Liest man diese, ironisch gewendete, religiöse Rede wiederum poetologisch im Hinblick auf den Künstler, so erfolgt hier die räumliche Ablösung vom väterlichen Lebensmodell des Privatmanns. Die religiösen respektive künstlerischen Vermittlungs- und Transformationsprozesse bedürfen, das macht die Wendung deutlich, einer soliden, d.h. finanziellen Grundlage. Anders ausgedrückt lassen sich berufliche und künstlerische, öffentliche und private Dimension nicht voneinander ablösen, sie bedingen sich.

Während der Vater daher, entsprechend seinem Modell der getrennten Sphären, Kunst als Privatsache betrachtet und das Einlassen auf marktwirtschaftliche Strukturen als Autonomieverlust erlebt, erfährt das Ich die Zusammenführung beider Aspekte an einem Ort als Zuwachs an Selbstbestimmung. Der Gasthof erhält so, in der Kontrastierung mit dem väterlichen Raumkonzept, ein emanzipatorisches Moment. Dies ermöglicht, wie sich im weiteren Verlauf zeigt, eine Veränderung der Raumwahrnehmung, die nun zunehmend unter ästhetischer Perspektive erfolgt.

Den folgenden Morgen verbringt das Ich in der Gemäldegalerie,[345] um gegen Mittag zum Schuster zurückzukehren:

> Als ich bei meinem Schuster wieder eintrat, um das Mittagsmahl zu genießen, trauete ich meinen Augen kaum: denn ich glaubte ein Bild von *Ostade* vor mir zu sehen, so vollkommen, daß man es nur auf die Galerie hätte hängen dürfen. Stellung der Gegenstände, Licht, Schatten, bräunlicher Teint des Ganzen, magische Haltung, alles was man in jenen Bildern bewundert, sah ich hier in der Wirklichkeit. Es war das erste Mal, daß ich auf einen so hohen Grad die Gabe gewahr wurde, die ich nachher mit mehrerem Bewusstsein übte, die Natur nämlich mit den Augen dieses oder jenes Künstlers zu sehen, dessen Werken ich so eben eine besondere Aufmerksamkeit gewidmet hatte. (DW 350f.)

Der Besuch der Galerie und das detaillierte Studium der Bildelemente haben eine Wahrnehmungsverschiebung bewirkt, die beim erneuten Eintreten in das Haus des Schusters erfahrbar wird. Das dortige Interieur gerinnt für den Betrachter zum „Bild", die Herberge selbst wird zum Stillleben, zum Kunstwerk. Die vom Vater bereits benannte, bildliche Qualität der Gasthöfe wird hier nun in einen explizit ästhetischen Rahmen gestellt. Die „Wirklichkeit" der erblickten Szene gestaltet sich demnach anhand der Wahrnehmung bestimmter Strukturprinzipien wie der Lichtverhältnisse und der Positionierung der Gegenstände. Der Wechsel zwischen Galerie und der Herberge ermöglicht es, die „Natur nämlich mit den Augen dieses oder jenes Künstlers zu sehen". Eine solche Poetisierung des Raums bedarf allerdings einer künstlerischen Sinnesschule. Erst durch den expliziten Kunstraum der Galerie wird es dem Ich möglich, seine Unterkunft unter bestimmten Regelhaftigkeiten und künstlerischen Prinzipien wahrzunehmen. Nicht der Ort selbst bzw. dessen räumliche Strukturen ändern sich demnach, sondern die Beziehung des Ichs zum Ort, die nun unter ästhetischen Vorzeichen steht. Indem das Ich zwischen Galerie und Gasthof hin- und herwechselt, entsteht eine bedeutungsstiftende Raumpraxis. Wie schon zuvor im Kontext der Judengasse setzt der Text so zwei räumlich und semantisch getrennte Bereiche zueinander in Beziehung. Er bildet, mit de Certeau gesprochen, zwischen den Orten „seltene', ‚zufällige' oder gar unzulässige räumliche ‚Wendungen' (wie Redewendungen)", die den Gasthof zum Kunstwerk werden las-

---

[345] Auch dieser Ort der Kunst wird, parallel zur Unterkunft, rhetorisch dem Sakralen angenähert: „Ich trat in dieses Heiligtum und meine Verwunderung überstieg jeden Begriff, den ich mir gemacht hatte. [...] die mehr von Schauenden betretenen als von Arbeitenden benutzten Räume gaben ein Gefühl von Feierlichkeit, einzig in seiner Art, das um so mehr der Empfindung ähnelte, womit man ein Gotteshaus betritt, als der Schmuck so manches Tempels, der Gegenstand so mancher Anbetung hier abermals, nur zu heiligen Kunstzwecken aufgestellt erschien." (DW 350) Eine detaillierte Analyse der Galerien unternehme ich im anschließenden Kapitel.

sen.[346] Die dazu notwendigen Prinzipien der Wahrnehmung müssen zuerst in der Galerie bewusst aufgenommen werden, um dann in der Unterkunft zur Anwendung kommen zu können. Dieses Verfahren der Übertragung von raumbildenden Strukturen, das eine Schulung der Imagination ermöglicht, wird vom erzählenden Ich explizit in seiner biographischen Bedeutung hervorgehoben. Es stellt einen wesentlichen Schritt auf dem Weg zur künstlerischen Geschmacksbildung und Weltwahrnehmung dar.

Zugleich ist der Wohnraum des Schusters aber auch der Ort, an dem Goethe selbst, wenn auch vorübergehend, Quartier bezogen hat. Das Bild, das er beim Betreten des Hauses wahrnimmt, ist damit nicht von ihm selbst zu trennen. Auf diese Weise bewohnt das Ich nun einen Kunst-Raum, es richtet sich, wie schon zuvor im Kinderzimmer, räumlich in der Kunst ein. Raumwahrnehmung wird so erneut als ein relationaler Prozess vorgeführt, der über die Perspektive des Ichs zugleich auch dessen Selbstverständnis, in diesem Fall als Künstler, mitgestaltet. Wie sehr es dabei um die Schaffung einer Alternative zum elterlichen Haus geht, machen auch die Besuche in der Galerie klar, die mit den Aufenthalten beim Schuster abwechseln, denn dort „fand ich mich, zu meinem Behagen, wirklich zu Hause" (DW 350). Damit knüpft die Szene räumlich an das Kinderzimmer des Ichs an, das während der französischen Einquartierung vorübergehend in eine Galerie für den Grafen Thorane umgewandelt wird. Hier nun muss es seinen Raum nicht mehr aufgeben. Stattdessen nimmt es in der Betrachtung der Gemälde und der Herberge eine reflektierte Ich-Position ein, konturiert sich zugleich mit dem wahrgenommenen Raum.

Der Gasthof wird so zu einem Ort der künstlerischen Introspektion und ästhetischen Geschmacksbildung. Diese persönlichkeitsbildende Auseinandersetzung mit Regelhaftigkeiten ist allerdings, in der Galerie ebenso wie in der Herberge, an eine feste Rahmung und einen begrenzten Raum gebunden. Dies zeigt sich im Verlauf seines Aufenthalts in Dresden. Bei einem Galeriebesuch kommt das Ich mit einem jungen Mann ins Gespräch, der es einlädt, „Abends in einen Gasthof zu kommen, wo sich eine muntere Gesellschaft versammle, und wo man, indem jeder eine mäßige Zeche bezahlte, einige ganz vergnügte Stunden zubringen ne" (DW 351). Zwar willigt das Ich ein, doch tauchen beim Betreten des Gasthofs erneut die väterlichen Bilder auf: „die Spinnenweben meines Vaters fielen mir wieder ein" (DW 352). Problematisch ist im Anschluss aber nicht der finanzielle Aspekt, denn die Zeche erweist sich als „eine sehr billige". Dagegen gestaltet sich die Teilnahme an der Tischgesell-

---

[346] de Certeau, *Kunst des Handelns*, 191.

schaft selbst als zunehmend unangenehm. Die Gruppe beginnt nach einem Toast die Gläser zu zerschmeißen und nimmt dies als „Signal zu weit größeren Torheiten" (DW 352). Hier klingt erneut das zerbrochene Geschirr der Geräms-Episode an und damit auch die Ambivalenz des öffentlichen Raums sowie der daran geknüpften sozialen Interaktionen. Aus diesem öffentlichen Raum flieht das Ich nun zurück in die vergleichsweise private Sphäre des Schusters. Der Ortswechsel geht mit einer erneuten Perspektivverschiebung einher:

> Ich hatte weit in mein Quartier, und es war nah an Mitternacht als ich es erreichte. Die Türen fand ich unverschlossen, alles war zu Bette und eine Lampe erleuchtete den enghäuslichen Zustand, wo denn mein immer mehr geübtes Auge sogleich das schönste Bild von *Schalken* erblickte, von dem ich mich nicht losmachen konnte, so daß es mir allen Schlaf vertrieb. (DW 352)

Im „enghäuslichen Zustand" seiner Herberge als einem räumlich klar begrenzten und von sozialen Kontakten abgesonderten Bereich gelingt es dem Ich wiederum, eine ästhetische Regelhaftigkeit zu etablieren. Diese wirkt auf es selbst zurück, indem die räumliche Ordnung das sie erkennende Ich in einen Zustand der Wachheit und der bewussten Selbstwahrnehmung versetzt. Durch diese Gegenüberstellung wird ein grundsätzliches biographisches Spannungsfeld deutlich, das über den öffentlichen Raum verhandelt wird: das Verhältnis von Autonomie und Vergesellschaftung, Überschreiten und Setzen von Regeln. Damit steht der Gasthof im Kontext einer umfassenderen Kritik am zeitgenössischen Verständnis des Künstlers bzw. des künstlerischen Schaffens, insbesondere im Hinblick auf den Geniegedanken.

Ersichtlich werden die unterschiedlichen Auffassungen über die beschriebene räumliche Differenzierung. So stellt der Text der Selbsterfahrung im Gasthof, die an der Überschreitung von Regeln orientiert ist, die Regeln etablierende Arbeit an den inneren und äußeren Wahrnehmungsräumen des Ichs entgegen. Über diese kontrastierende Komposition lässt der Text die unterschiedlichen Auffassungen hervortreten und arbeitet zugleich eine biographische Distanzierung ein. Genie, so zeigt sich, besteht nicht im Missachten von Grenzen oder einer reinen Steigerung emotionaler Zustände, sondern konstituiert sich über ein zunehmendes sichselbst-Geben von Regeln in Bezug auf emotionale wie materiell-räumliche Phänomene. Formuliert wird diese Erkenntnis allerdings erst im Kontext der Schweizreise und auch hier nicht vom erlebenden, sondern retrospektiv vom erzählenden Ich:

> Es war noch lange hin bis zu der Zeit wo ausgesprochen werden konnte, daß Genie diejenige Kraft des Menschen sei, welche durch Handeln und Tun, Gesetze und Regeln gibt, damals manifestierte sichs nur indem es die vorhandenen Gesetze überschritt, die einge-

> führten Regeln umwarf und sich für grenzenlos erklärte. Daher war
> es leicht genialisch zu sein, und nichts natürlicher, als daß der Miß-
> brauch in Wort und Tat alle geregelte Menschen aufrief, sich einem
> solchen Unwesen zu widersetzen. (DW 823)

Die Regelüberschreitung als Prinzip und damit die Absage an regulierende Mechanismen jeder Art wird an dieser Stelle explizit räumlich gefasst als ein „sich für grenzenlos erklär[en]". Dem wirkt das erzählende Ich entgegen, indem es konkrete räumliche Strukturen und begrenzte Arrangements inszeniert – die Wahl der räumlichen Umgebung gerät zum poetologischen Programm.

Dessen Umsetzung führen die beiden folgenden Gasthof-Szenen vor. Die erste ist in Goethes Straßburger Zeit situiert. Im Rahmen eines Spaziergangs mit einem älteren Offizier seiner Straßburger Tischgesellschaft gelangen beide zu einem Gasthof. Dort beginnt der Hauptmann, angeregt durch Alkohol, einen Streit mit einem Bekannten, den er aber kurz darauf schon wieder bedauert. Die Selbstanschuldigungen werden vom erzählenden Ich durchaus kritisch kommentiert: „Hier sah ich Reue und Buße bis zur Karikatur getrieben, und, wie alle Leidenschaft das Genie ersetzt, wirklich genialisch" (DW 416). Erneut an den Raum des Gasthofs gebunden, ist es auch hier die Abwesenheit eines emotionalen Regulativs, wodurch das Genie der Karikatur verfällt. Um Genie im positiven Sinn hervorzubringen, bedarf es dagegen angemessener Verhältnisse und klarer Grenzen. Diese Annahme wird text-räumlich gestützt durch die Beschreibung des Straßburger Münsters, die sich unmittelbar und scheinbar unvermittelt an die beschriebene Passage anschließt:

> Indem ich nun aber darauf sinne, was wohl zunächst weiter mitzuteilen wäre, so kommt mir, durch ein seltsames Spiel der Erinnerung, das ehrwürdige Münstergebäude wieder in die Gedanken, dem ich gerade in jenen Tagen eine besondere Aufmerksamkeit widmete und welches überhaupt in der Stadt sowohl als auf dem Lande sich den Augen beständig darbietet. (DW 417)

Das Münster fungiert in dieser, zunächst narrationslogisch unmotiviert erscheinenden Überleitung als räumlicher Gedächtnisanker. Seine visuelle Präsenz strukturiert das „seltsam[e] Spiel der Erinnerung", indem es der zuvor beschriebenen, unregulierten Leidenschaft eine sicht- und beschreibbare Form entgegenhält. Als markanteste Landmarke stellt es eben jene Topographie bereit, an der sich das autobiographische Ich erneut innerlich und äußerlich ausrichten kann und die auf diese Weise auch strukturbildend auf die autobiographische Narration wirkt. Das erzählende Ich positioniert sich damit raum-zeitlich im Akt der autobiographischen Textproduktion, während das erinnerte Ich über eine Blickbeziehung mit dem Münster als Straßburger Raumdominante verbunden wird.

Die Bedeutungsverknüpfung beider Bereiche wird demnach über die

Erinnerung des erzählenden Ichs ins Werk gesetzt. Dabei wird den Erfahrungen des erlebenden Ichs zugleich eine prospektive Dimension eingeschrieben: Durch die sich anschließende, ausführliche Beschreibung der Münsterfassade und die Erwähnung des Aufsatzes *Von deutscher Art und Kunst* rückt die Auseinandersetzung mit den ästhetischen Prinzipien des Gebäudes in die Fluchtlinie der eigenen literarischen Produktion. Deren Grundsätze werden en passant mit vorgeführt, indem sich der Text an dieser Stelle eines Verfahrens der relativierenden, bespiegelnden Gegenüberstellung und des stets neu zu vollziehenden Positionierens bedient.

Gleichwohl erscheinen Gasthof und Autorschaft hier noch getrennt. Dies ändert sich in der Folge, als Goethe mit Herder bekannt wird. Das erste Treffen der beiden im Gasthof zum Geist habe ich bereits im Abschnitt über die Treppen (3.1.3) diskutiert.[347] Nun kann die dort erarbeitete Relevanz der Treppenszene um den Kontext des Gasthofs erweitert werden. Über das Erscheinungsbild Herders als vermeintlicher Geistlicher wird zunächst die religiöse bzw. poetologische Dimension erneut aufgerufen, wobei sein Äußeres ihn bereits als Autor ausweist. Indem nun beide in gemeinsamer Unterhaltung die Treppe des Gasthofs hinaufsteigen, wird dieser zum Ort des künstlerischen Austauschs.[348] Auf diese Weise holt der Text die zuvor ausgelagerte Auseinandersetzung um ästhetische Inhalte in den Gasthof hinein. Anders als zuvor ist das Ich mit seinen künstlerischen Betrachtungen auch nicht mehr alleine, sondern sie vollziehen sich als produktive soziale Interaktion im Raum des Gasthofs.

---

[347] Aus diesem Grund sei an dieser Stelle nur noch einmal die betreffende Passage angeführt: „Denn das bedeutendste Ereignis, was die wichtigsten Folgen für mich haben sollte, war die Bekanntschaft und die daran sich knüpfende nähere Verbindung mit *Herder*. [...] [M]ir begegnete dies Glück zuerst ganz unvermutet und zufällig. Ich war nämlich in den Gasthof zum Geist gegangen, ich weiß nicht welchen bedeutenden Fremden aufzusuchen. Gleich unten an der Treppe fand ich einen Mann, der eben auch hinaufzusteigen im Begriff war, und den ich für einen Geistlichen halten konnte. Sein gepudertes Haar war in eine runde Locke aufgesteckt, das schwarze Kleid bezeichnete ihn gleichfalls, mehr noch aber ein langer schwarzer seidner Mantel, dessen Ende er zusammengenommen und in die Tasche gesteckt hatte. Dieses einigermaßen auffallende, aber doch im Ganzen galante und gefällige Wesen, wovon ich schon hatte sprechen hören, ließ mich keineswegs zweifeln, daß er der berühmte Ankömmling sei, und meine Anrede mußte ihn sogleich überzeugen, daß ich ihn kenne. Er fragte nach meinem Namen, der ihm von keiner Bedeutung sein konnte; allein meine Offenheit schien ihm zu gefallen, indem er sie mit großer Freundlichkeit erwiderte, und als wir die Treppe hinaufstiegen, sich sogleich zu einer lebhaften Mitteilung bereit finden ließ. Es ist mir entfallen, wen wir damals besuchten; genug, beim Scheiden bat ich mir die Erlaubnis aus, ihn bei sich zu sehen, die er mir denn auch freundlich genug erteilte." (DW 438f.)

[348] Dass das zehnte Buch zudem den Beginn der ernsthaften Auseinandersetzung mit der zeitgenössischen deutschen Literatur und der sozialen Rolle des Autors markiert, sei hier noch einmal angemerkt. Vgl. auch dazu meine Ausführungen in Kap. 3.1.3.

Zugleich verdeutlicht die Passage erneut die Abgrenzung von den Vorstellungen des Vaters. So weist die beschriebene Szene die Treppe explizit als Bestandteil des Gasthofs aus und integriert so die zentrale architektonische Figur des Elternhauses in die eigene Raumpraxis. Der Gasthof erhält dadurch zum ersten Mal eine Binnenstruktur, er wird räumlich auf einen bestimmten Ausschnitt eingegrenzt und narrativ fassbar. Dies geschieht, indem der Text diejenige Raumfigur aufgreift, die durch die eigene wie väterliche Biographie bereits semiotisch mit der Auseinandersetzung um differierende Lebensmodelle verknüpft ist.[349] In Anlehnung an und zugleich in Abgrenzung von der Treppe im elterlichen Haus wird diese nun aber nicht mehr als bürgerliche, sondern als literarische Karriereleiter inszeniert. Hier nutzt das erzählende Ich die bereits etablierte Überlagerung der konkreten Treppenstruktur und ihrer Raumpraxis mit deren allegorischer Semantik. Die damit vorgenommene Verschiebung wird umso sichtbarer, als das Ich nun nicht mehr mit seinem familiären, sondern mit seinem literarischen Mentor die Treppe hinaufsteigt. Die solchermaßen in Szene gesetzten künstlerischen Ambitionen führen in einem letzten Schritt zur nochmaligen Auseinandersetzung mit den Vorstellungen und Wünschen des Vaters.

Im zwanzigsten und letzten Buch ist Goethe von seiner Schweizreise zurückgekehrt und hat die Perspektivlosigkeit seiner Beziehung zu Lili erkannt. Seine Konsequenz besteht in einem Impuls zur erneuten räumlichen Distanzierung: „Nun kam aber noch hinzu daß ich, auf welchem Wege es wolle, vor Lili flüchten mußte, es sei nun nach Süden, wo mir die täglichen Erzählungen meines Vaters den herrlichsten Kunst- und Naturhimmel vorbildeten, oder nach Norden, wo mich ein so bedeutender Kreis vorzüglicher Menschen einlud" (DW 843). Die Himmelsrichtungen als grundlegende Koordinaten menschlicher Raumorientierung werden hier zur Folie der eigenen Biographie. Dabei erscheint der Weg in den italienischen Süden von der väterlichen Vita vorgezeichnet, während der Norden einen neuen, von den Wünschen des Vaters denkbar weit entfernten „Kreis vorzüglicher Menschen" erschließen könnte. Vor diesem Hintergrund findet nun der Besuch der adeligen Familien aus Weimar und aus Meiningen statt, die auf der Durchreise in einem Frankfurter Gasthof absteigen. Die an das Ich ergehende Bitte die Gesellschaft zu aufzusuchen ist keineswegs unbedeutend, geht es doch darum, ob es „früheren und späteren Einladungen gemäß, ihnen nach Weimar folgen sollte" (DW 843). Der Besuch nimmt allerdings einen unerwarteten Verlauf:

---

[349] Vgl. den vom Vater für Goethe vorgesehenen „stufenweisen Lebensgange" (DW 549) sowie meine Ausführungen zur Auseinandersetzung des Vaters mit dem französischen Grafen Thorane (Kap. 3.1.3).

> Die Weimarischen und Meiningischen Herrschaften wohnten in einem Gasthof. Ich ward zur Tafel gebeten. Der Weimarische Hof lag mir dergestalt im Sinne, daß mir nicht einfiel mich näher zu erkundigen, weil ich auch nicht einmal einbildisch genug war zu glauben, man wolle von Meiningischer Seite auch einige Notiz von mir nehmen. Ich gehe wohlangezogen in den römischen Kaiser, finde die Zimmer der Weimarischen Herrschaften leer, und, da es heißt, sie wären bei den Meiningischen, verfüge ich mich dorthin und werde freundlich empfangen. Ich denke dies sei ein Besuch vor Tafel oder man speise vielleicht zusammen, und erwarte den Ausgang. Allein auf einmal setzt sich die Weimarische Suite in Bewegung, der ich denn auch folge; allein sie geht nicht etwa in ihre Gemächer, sondern gerade die Treppe hinunter in ihre Wägen und ich finde mich eben allein auf der Straße. Anstatt mich nun gewandt und klug nach der Sache umzutun und irgend einen Aufschluß zu suchen, ging ich, nach meiner entschlossenen Weise, sogleich meinen Weg nach Hause, wo ich meine Eltern beim Nachtische fand. Mein Vater schüttelte den Kopf, indem meine Mutter mich so gut als möglich zu entschädigen suchte. Sie vertraute mir abends: als ich weggegangen, habe mein Vater sich geäußert, er wundre sich höchlich wie ich, doch sonst nicht auf den Kopf gefallen, nicht einsehen wollte, daß man nur von jener Seite mich zu necken und mich zu beschämen gedächte. (DW 843)

In dieser Passage, die in einer präsentischen, an das erlebende Ich geknüpften Perspektive gehalten ist, werden noch einmal die Ambivalenz der Raumerfahrung und ihre Abhängigkeit von der Selbstwahrnehmung in Szene gesetzt. Figuriert wird dies u.a. wiederum über den Auf- und Abstieg auf der Treppe. Indem das Ich der Weimarer Gesellschaft nachfolgt, landet es unerwarteter Weise wieder auf der Straße. Zwar hat sich der Raum des Gasthofs für das Ich hier noch einmal stärker differenziert, so dass sich ihm unterschiedliche Räume und soziale Kontexte eröffnen. Doch dies geschieht im Zusammenhang mit seiner Rolle als Autor und dem damit einzunehmenden, gesellschaftlichen Platz. Wie sich im Nachhinein herausstellt, hatte auch die Meiningische Familie Interesse daran, den jungen Autor kennenzulernen. So dient der Rückzug der Weimarer lediglich dazu, ihm Zeit mit der anderen Adelsfamilie zu ermöglichen. Bewusst wird dies dem Ich erst im Nachhinein durch eine Begegnung mit dem zur Meiningischen Gesellschaft gehörigen Herrn von Dürkheim. Es erkennt nun die „mir gegen mein Hoffen und Erwarten zugedachte Gnade" und fühlt sich „aus [s]einem Traum erwacht".

Hier erfolgt noch einmal eine Justierung der Eigen- gegenüber der Fremdwahrnehmung: Die Position des Autors, so wird klar, ist dem Ich bereits zugestanden worden. Der Platz an der Tafel der adeligen Gesellschaft, auf den der Schuster bereits perspektivisch verwiesen hatte, steht ihm offen. Indem es den mit Herder begonnenen Austausch nun im größeren Kreis fortsetzt, erhält es eine literarisch begründete Autorität, die ihm den Zugang zum Hof und zugleich eine gewisse Autonomie ermöglicht. Damit werden auch die Perspektive und die Ansprüche des Vaters verabschiedet, sie können das Ich „nicht mehr rühren" (DW 844). Stattdessen gibt es den „so freundlichen Anträgen aus gutem Grund nach" und trifft Absprachen und Vorbereitungen für seinen Besuch in Weimar.

Damit erweist sich der Gasthof als Vermittlungsort im mehrfachen Sinn. Im Verlauf der biographischen Auseinandersetzung hat das Ich ihn von einem Bestandteil der väterlichen Erzählung zu einem Handlungsraum der eigenen Lebenswirklichkeit umgestaltet. Auf diese Weise hat es sich einen zugleich ästhetischen wie beruflich wegweisenden Ort erschlossen. Als Kreuzungspunkt adeliger und bürgerlicher Lebensweisen wird er zur biographischen Schaltstelle für den weiteren, selbstbestimmten Lebensweg.

Dabei ist es in erster Linie die aktive Wahrnehmungsformung, welche über eine räumliche Pendelbewegung und ein In-Bezug-Setzen mit anderen Orten verläuft, die schrittweise zu einer veränderten Bedeutung und Funktion des Gasthofes führt. Die damit einsetzende ästhetische Blickschule übt das Erkennen von Strukturen und Gestaltungsprinzipien ein und ermöglicht so die Einnahme unterschiedlicher Positionen. Dieser Prozess bereitet nicht nur den Boden für die weitere künstlerische Entwicklung des autobiographischen Ichs, er befördert auch die Unabhängigkeit von väterlichen Maximen.

3.3.3 Galerien und Museen

Hatte sich das autobiographische Ich die Gasthöfe zu Bildern und somit zu ästhetischen Räumen umgestaltet, so kommt mit Galerien und Museen nun ein Raum in den Blick, der schon in seiner Anlage explizit der öffentlichen Präsentation von Kunstwerken und der ästhetischen Wahrnehmung dient, mithin ein Kunstraum im doppelten Sinne. Dabei lässt die Begriffsgeschichte der ‚Galerie' bereits wesentliche Bedeutungsfelder erkennen, die auch für Goethes Text strukturgebend werden. Laut Grimm'schem Wörterbuch leitet sich der Name vom Kirchenschiff bzw. kirchlichen Säulengang her und definiert somit ursprünglich einen sakralen Raum.[350] In seiner heutigen, ästhetisch-musealen Bedeutung bezeich-

---

[350] Vgl. das Lemma „Galerie" in: *Deutsches Wörterbuch von Jacob und Wilhelm Grimm*, 16 Bde. in 32 Teilbänden, Leipzig 1854-1961, Bd. 4, Sp. 1163-1166, online: http://woerterbuchnetz.de/DWB/?sigle=DWB&mode=Vernetzung&lemid=GG 00306 (letzter Zugriff: 28.06.2014).

net die ‚galeria' zunächst einen mit Kunstwerken versehenen Bogengang in den Uffizien und ab dem 17. Jahrhundert zunehmend auch spezielle, zur Gemäldepräsentation vorgesehene Trakte in Schlössern und Adelshäusern. Mit Ausgang des 18. Jahrhunderts wird der Begriff dann durch das Musée du Louvre im Sinne einer der Öffentlichkeit zugänglichen Gemäldegalerie popularisiert. Die Galerie vereint demnach die Sphären des Sakralen, des Feudalen und des bürgerlich-öffentlichen Lebens.

Vor diesem Hintergrund kommt der Galerie in *Dichtung und Wahrheit* als einer Künstlerautobiographie, d.h. eines auf die Beschäftigung mit Kunst und Ästhetik hin geschriebenen Lebensentwurfs, eine mehrfache Ordnungsfunktion zu: biographisch, ästhetisch und gesellschaftlich. So sammelt und bildet der räumlich geordnete Zugang zu Kunst das Individuum, legt aber auch den Standort der Kunst sowie die Maßstäbe fest, unter denen sie wahrgenommen wird. Zudem besitzen die musealen Arrangements eine distinguierende ebenso wie vermittelnde Funktion in Bezug auf die Dynamik von Adel und Bürgertum.

Alle drei Dimensionen sind bereits im Elternhaus angelegt, das über eine private Galerie verfügt. Diese schmückt zunächst „einen Vorsaal" (DW 19) und ist damit dem Kind ebenso frei zugänglich wie „täglich" vor Augen:

> Innerhalb des Hauses zog meinen Blick am meisten eine Reihe römischer Prospekte auf sich, mit welchen der Vater einen Vorsaal ausgeschmückt hatte, gestochen von einigen geschickten Vorgängern des *Piranese*, die sich auf Architektur und Perspektive wohl verstanden […]. Hier sah ich täglich die Piazza del Popolo, das Coliseo, den Petersplatz, die Peterskirche von außen und innen, die Engelsburg und so manches andere. Diese Gestalten drückten sich tief bei mir ein […]. (DW 19)

Die italienischen Stadtansichten erweisen sich als biographisch wegweisend, insofern sie das Kind von klein auf mit „Architektur und Perspektive", also künstlerischen Strukturmomenten vertraut machen. In der Abfolge des Texts sind sie an den Beginn von *Dichtung und Wahrheit* gestellt, sie werden im Zug des erinnerungsstrukturierenden Rundgangs durch das Elternhaus beschrieben. Somit bilden sie, als erste erwähnte und vom Ich bewusst wahrgenommene Kunstwerke, die Deutungsfolie für spätere ästhetische Erfahrungen. Kunst präsentiert sich hier zudem als „römisch[e]" und weist so bereits voraus auf die spätere biographische Identitätsfindung als Künstler in der *Italienischen Reise*[351] und das damit

---

[351] Wie sehr die frühkindlichen Eindrücke zur Konstruktion der eigenen Künstlergenese in Anspruch genommen werden, bezeugt auch die prominente Referenz auf sie in der *Italienischen Reise*. Dort heißt es im ersten Eintrag aus Rom: „Nun bin ich hier und ruhig und, wie es scheint, auf mein ganzes Leben beruhigt. Denn es geht, man darf wohl sagen, ein neues Leben an, wenn man das Ganze mit Augen

einhergehende, an der Antike orientierte Kunstverständnis. Auf diese Weise vollzieht sich durch die alltägliche Familiengalerie frühzeitig eine räumliche (Italien) wie zeitliche (Antike) ästhetische Orientierung. Dies legt zumindest die Textkomposition nahe, welche die frühkindliche Bilderschau zur initialen ästhetischen Prägung stilisiert: „Diese Gestalten drückten sich tief bei mir ein." (DW 19) Betrachtet man die frühe Prominentsetzung klassischer Kunst dagegen in ihrer Funktion für das Textganze, so wird sie als gestalterisches Mittel einer rückprojizierten biographischen Kontinuität erkennbar. Sie schafft nicht nur einen teleologischen Begründungszusammenhang für spätere künstlerische Entwicklungen, Reisen und Publikationen. Sie etabliert darüber hinaus auch eine für den Textverlauf äußerst produktive räumliche Koordinate, die zur beständigen abgrenzenden Auseinandersetzung mit dem Vater genutzt wird. Die Passage eröffnet damit sowohl eine zeitliche als auch eine räumliche Verweisstruktur. Vor diesem Hintergrund ist die frühe ästhetische Ausrichtung keineswegs unproblematisch, stellt sie doch die vom Vater explizit gewünschte Wiederholung der väterlichen Vita in Aussicht. Mit dem Umbau des Hauses wird der Raum, den die Kunst im elterlichen Mikrokosmos einnimmt, noch einmal architektonisch festgeschrieben:

> Zunächst aber wurden die Gemälde, die sonst in dem alten Hause zerstreut herumgehangen, nunmehr zusammen an den Wänden eines freundlichen Zimmers neben der Studierstube, alle in schwarzen, mit goldenen Stäbchen verzierten Rahmen, symmetrisch angebracht. (DW 34)

Wie bereits im Kontext des Elternhauses beschrieben, vollzieht sich hier eine räumliche Umorganisierung und Konzentration der im Haus befindlichen Gemälde. Anstatt als Einrichtungsaspekt der alltäglichen Wohnräume zu dienen, erhalten sie nun einen eigenen Kunst-Raum, in dem sie als Kunstobjekte rein ästhetisch-repräsentativen Zwecken dienen.[352] Diese

---

sieht, das man teilweise in- und auswendig kennt. Alle Träume meiner Jugend seh' ich nun lebendig; die ersten Kupferbilder, deren ich mich erinnere (mein Vater hatte die Prospekte von Rom auf einem Vorsaale aufgehängt), seh' ich nun in Wahrheit, und alles, was ich in Gemälden und Zeichnungen, Kupfern und Holzschnitten, in Gips und Kork schon lange gekannt, steht nun beisammen vor mir; wohin ich gehe, finde ich eine Bekanntschaft in einer neuen Welt; es ist alles, wie ich's mir dachte, und alles neu." Vgl. Johann Wolfgang Goethe, „Italienische Reise", in: Ders. *Goethes Werke*, Hamburger Ausgabe, hg. und kommentiert von Herbert von Einem, Bd. XI, München 1981, 126. Im Folgenden zitiere ich die *Italienische Reise* bei Zitaten im Fließtext nach dieser Ausgabe mit der Sigle IR und der Seitenzahl.

[352] Zu Umfang und Art der Sammlungen im Haus Goethe vgl.: Petra Maisak, „Die Sammlungen Johann Caspar Goethes im ‚Haus zu den drei Leyern', Goethes frühe Frankfurter Erfahrungen", in: Markus Bertsch, Johannes Grave (Hgg.), *Räume der Kunst, Blicke auf Goethes Sammlungen*, Göttingen 2005, 23-46.

Ausweitung und Bereitstellung von Raum spiegelt die Aufwertung, welche die bildende Kunst, neben der Literatur im Studierzimmer, als nun eigenständiges und gleichwertiges Bildungssegment erhält. Zugleich verschwinden die Bilder so aber auch aus dem Rest des Hauses: es etabliert sich ein ästhetisch-musealer Raum der Kunstbetrachtung, während die Kunst den alltäglichen Verrichtungen und Orten weitgehend entzogen wird.

Neben der räumlichen Abgrenzung und Sichtbarmachung der Kunstwerke als solcher spielt die „symmetrisch[e]" Anordnung eine wesentliche Rolle. Durch sie wird der künstlerischen Einbildungskraft ein strukturierender und ordnender Rahmen gesetzt. Mit dieser äußerlich-räumlichen Sammlung ist auch eine entsprechende innere Fokussierung im Prozess der Rezeption impliziert. Eine solche Bildung des Einzelnen am geordneten Kunstwerk geht in ihrer Ausrichtung allerdings über eine rein private Agenda hinaus. Ihre gesellschaftliche Bedeutung liegt in der Vorstellung eines bürgerlichen Bildungsadels, der sich in durchaus wertender Abgrenzung vom ererbten Adel der Aristokratie versteht. Vor diesem Hintergrund erhält auch der repräsentative Aspekt des privaten „Gemäldezimmers" (DW 95) eine gesellschaftsrelevante Dimension, lässt er sich doch als bewusste Präsentation bürgerlichen Selbstverständnisses lesen. Dass es sich auch bei der väterlichen Gemäldegalerie nicht bloß um einen funktionalen Raum handelt wird deutlich, als im Verlauf des siebenjährigen Kriegs ein französischer Adeliger in das elterliche Haus einquartiert wird:

> Man sprach von den verschiedenen Zimmern, welche teils abgegeben werden, teils der Familie verbleiben sollten, und als der Graf ein Gemäldezimmer erwähnen hörte, so erbat er sich gleich, ob es schon Nacht war, mit Kerzen die Bilder wenigstens flüchtig zu besehen. Er hatte an diesen Dingen eine übergroße Freude, bezeigte sich gegen den ihn begleitenden Vater auf das verbindlichste, und als er vernahm, daß die meisten Künstler noch lebten, sich in Frankfurt und in der Nachbarschaft aufhielten; so versicherte er, daß er nichts mehr wünsche, als sie baldigst kennen zu lernen und sie zu beschäftigen. Aber auch diese Annäherung von Seiten der Kunst vermochte nicht die Gesinnung meines Vaters zu ändern, noch seinen Charakter zu beugen. Er ließ geschehen was er nicht verhindern konnte, hielt sich aber in unwirksamer Entfernung, und das Außerordentliche was nun um ihn vorging, war ihm bis auf die geringste Kleinigkeit unerträglich. (DW 95)

Was für den Grafen lediglich eine Gemäldegalerie darstellt und damit von gemeinsamem Kunstinteresse zeugt, ist für den Vater Ausdruck seiner bürgerlichen ebenso wie, als Sammler regionaler Maler, deutschen Gesinnung. Des Grafen Anwesenheit in diesem Raum ist ihm dementsprechend „unerträglich". So ist es gerade die „übergroße Freude", die der Graf an den Gemälden hat, die den Vater zur desto stärkeren Abgrenzung nötigt. Die Präsentation und Rezeption von Kunst, so zeigt sich bereits hier, ist wesentlich mit dem Selbstbild der Betrachtenden verknüpft. Die damit implizierte und vom Vater auch vehement vorgetragene Ablehnung des Adels und seiner Privilegien wird für das Ich selbst erst mit Beginn seiner eigenen literarischen Produktion relevant. So reflektiert es am Ende des siebzehnten Buchs seine gesellschaftliche Stellung im Anschluss an die Publikation des *Werther* und des *Götz*:

> In dieser Zeit war meine Stellung gegen die oberen Stände sehr günstig, wenn auch im Werther die Unannehmlichkeiten an der Grenze zweier bestimmter Verhältnisse mit Ungeduld ausgesprochen sind, so ließ man das in Betracht der übrigen Leidenschaftlichkeiten gelten indem jedermann wohl fühlte daß es hier auf keine unmittelbare Wirkung angesehen sei. Durch Götz von Berlichingen aber war ich gegen die obern Stände sehr gut gestellt [...]. (DW 772)

Auch hier positionieren die Kunstwerke das Ich im gesellschaftlichen Gefüge, sie besitzen neben ihrer ästhetischen auch eine sozial differenzierende Dimension. Gleich im Anschluss an diese, auf mögliche Berufsperspektiven verweisenden Überlegungen ist ein Brief Ulrichs von Hutten eingeschaltet, der explizit eine Form des Adels durch Bildung und „eigenes Bestreben" (DW 774) propagiert. Auf diese Weise verknüpfen sich, wie schon zuvor in der Darstellung der Königskrönung, eigene Biographie und Nationalgeschichte. Ulrich von Hutten, adeliger Humanist und von Maximilian I. zum poeta laureatus gekrönter Schriftsteller, dient hier als Leitbild und Begründer einer Traditionslinie, in die sich das Ich einreiht.[353] Jener hatte mit seinem *Arminius*[354] einen Text hinterlassen, der aufgrund seiner Thematik insbesondere von der erstarkenden Nationalbewegung des 19. Jahrhunderts rezipiert wurde. Vergleichbar mit Goethes *Götz* handelt es sich dabei um einen Text, der zur Konstruktion einer Nationalgeschichte taugt und damit dem Dichter eine gemeinschaftskonstitutive Bedeutung zuschreibt. Die Notwendigkeit einer solchen literarischen Ausrichtung konstatiert das Ich bereits zu Beginn des siebten Buchs: „Betrachtet man genau, was der deutschen Poesie fehlte, so war es ein Gehalt, und zwar ein nationaler [...]." (DW 289f.)

Beginnend mit den römischen Prospekten im Elternhaus, steht die Rezeption von Kunstwerken somit immer schon in der Perspektive eigener Kunstproduktion, die wiederum als gesellschaftliche Aufgabe er-

---

[353] Vgl. auch die Wunschvorstellung von Goethes eigener Dichterkrönung am Ende des vierten Buchs und deren literarische Umsetzung im fünften Buch als Parallelisierung zur deutschen Königskrönung, Kap.3.1.2.

[354] Ulrich von Hutten, *Gedichte. Aus der Türkenrede, Arminius*, hg. von Otto Clemen, Leipzig 1938.

scheint. So ist es die Suche nach künstlerischen Maßstäben, die den Leipziger Studenten nach Dresden in die Galerie führt. Den Ausgangspunkt hierfür bildet Lessings *Laokoon*[355] mit seiner grundsätzlichen Unterscheidung der Funktionsweisen von Literatur und bildender Kunst:

> Man muß Jüngling sein, um sich zu vergegenwärtigen, welche Wirkung Lessings Laokoon auf uns ausübte, indem dieses Werk uns aus der Region eines kümmerlichen Anschauens in die freien Gefilde des Gedankens hinriß. Das so lange mißverstandene: ut pictura poesis, war auf einmal beseitigt, der Unterschied der bildenden und Redekünste klar, die Gipfel beider erschienen nun getrennt, wie nah ihre Basen auch zusammenstoßen mochten. Der bildende Künstler sollte sich innerhalb der Grenze des Schönen halten, wenn dem redenden, der die Bedeutung jeder Art nicht entbehren kann, auch darüber hinauszuschweifen vergönnt war. Jener arbeitet für den äußeren Sinn, der nur durch das Schöne befriedigt wird, dieser für die Einbildungskraft, die sich wohl mit dem Häßlichen noch abfinden mag. (DW 345f.)

Das Ziel von Lessings erstmalig 1766 veröffentlichten kunsttheoretischen Betrachtungen ist eine grundsätzliche Unterscheidung der Arbeits- und Wirkungsweisen von Literatur und Malerei. Diese wird biographisch als ästhetische Befreiung gedeutet, insofern als sie der Literatur einen eigenständigen und erweiterten Rahmen zuweist. Dabei definiert Lessing die bildende Kunst als eine Kunstform des Raums und der Gleichzeitigkeit, während die Literatur für ihn die Kunstform der Zeit und damit des Nacheinander, der sukzessiven Handlungen ist.[356] Dementsprechend bilden, Lessing zufolge, Malerei und Bildhauerei ihre Gegenstände als Körper im Raum ab, wohingegen es die Zeitlichkeit der Literatur erlaubt, Handlungsfolgen darzustellen und somit zu einer vollständigeren Illusion beizutragen. Mit dieser Unterscheidung setzt sich Lessing nicht nur von anderen zeitgenössischen Literaturtheoretikern ab, die an der Gleichartigkeit beider Kunstformen und der Nachahmung der Malerei durch die

---

[355] Gotthold Ephraim Lessing, *Laokoon: oder über die Grenzen der Malerei und Poesie*, in: Ders., Werke und Briefe, hg. von Wilfried Barner et al., Bd. 5/2, Frankfurt a.M. 1990, 11-206. Vgl. hierzu grundlegend: David E. Wellbery, *Lessing's Laocoon, Semiotics and Aesthetics in the Age of Reason*, Cambridge 1984; kritisch dazu Inka Mülder-Bach, „Bild und Bewegung, Zur Theorie bildnerischer Illusion in Lessings *Laokoon*", in: *DVjs* 66 (1992), 1-30; Vgl. auch Goethes Auseinandersetzung mit der Laokoon-Gruppe in seinem, in den Propyläen erschienenen, Aufsatz: „Über Laokoon", in: Ders., *Sämtliche Werke, Briefe, Tagebücher und Gespräche*, Bd. 18, *Ästhetische Schriften 1771-1805*, hg. von Friedmar Apel, Frankfurt a.M. 1998, 489-500.

[356] Bekanntlich stellt Lessing fest: "Die Zeitfolge ist das Gebiete des Dichters, so wie der Raum das Gebiete des Malers." Gotthold Ephraim Lessing, *Laokoon: oder über die Grenzen der Malerei und Poesie*, in: Ders., Werke und Briefe, hg. von Wilfried Barner et al., Bd. 5/2, Frankfurt a.M. 1990, 11-206, hier 130.

Dichtung festhielten.[357] Er wertet zugleich auch die Einbildungskraft als eigenständiges, genuin literarisches Vermögen auf. Als innerer Sinn wird sie allerdings zeitlich gefasst und dem „äußeren Sinn" des Raumes entgegengestellt.[358]

Wie brüchig eine solche Unterscheidung ist, zeigt nicht nur die Tatsache, dass die Gegenüberstellung der beiden Wahrnehmungsformen wiederum räumlich, als Unterscheidung von Innen und Außen, gedacht wird. Auch die Funktionsweisen der Einbildungskraft selbst, wie sie der Text vorführt, beruhen auf einer Verschränkung räumlicher und zeitlicher Wahrnehmung. Gleichwohl bleibt die biographische Relevanz für das erinnerte Ich an dieser Stelle bestehen, indem die Lessing'sche Aufteilung den Boden für eine eigenständig auftretende Literatur bereitet. Lessings Zäsur dient daher zunächst als Ausgangspunkt zur Überprüfung der dort postulierten Systematik am künstlerischen Material, d.h. in diesem Fall an Gemälden, steht doch das achte Buch ganz im Zeichen intensiver Malstudien. Goethe entschließt sich daher Dresden zu besuchen um dort „einmal bedeutende Kunstwerke in größerer Masse zu erblicken" (DW 347). Der Besuch der Dresdner Galerie wird im Folgenden als eine Form der religiösen Erfahrung beschrieben:

---

[357] Hier sind u.a. Bodmer und Breitinger als herausragende Vertreter der ut-pictura-poiesis-Tradition zu nennen. Sie betonen das Bildhafte als Grundlage und Merkmal der Dichtung, wobei das künstlerische Abbild stets auf ein Urbild verweist. Für Lessing hingegen stehen die sinnlichen Eindrücke, die durch die Illusion der Kunst erzeugt werden, für sich. Sie sind nicht mehr Abbild des Lebens, sondern das Leben selbst. Vgl.: Johann Jakob Bodmer, *Critische Betrachtungen über die Poetischen Gemählde der Dichter*, Faksimiledruck d. Ausg. Zürich 1741, Frankfurt a.M. 1971; Johann Jakob Breitinger, *Critische Dichtkunst*, Faksimiledruck d. Ausg. von 1740, hg. von Wolfgang Bender, Stuttgart 1966.

[358] Hiermit befindet sich Lessing durchaus in Übereinstimmung mit der zeitgenössisch-aktuellen Philosophie, wie ein Blick in Kants *Kritik der reinen Vernunft* (1781) zeigt. Dort heißt es: „Bei dieser Untersuchung wird sich finden, daß es zwei reine Formen sinnlicher Anschauung, als Prinzipien der Erkenntnis a priori gebe, nämlich Raum und Zeit, mit deren Erwägung wir uns jetzt beschäftigen werden. [...] Vermittelst des äußeren Sinnes (einer Eigenschaft unsres Gemüts) stellen wir uns Gegenstände als außer uns, und diese insgesamt im Raume vor. Darinnen ist ihre Gestalt, Größe und Verhältnis gegen einander bestimmt, oder bestimmbar. Der innere Sinn, vermittelst dessen das Gemüt sich selbst, oder seinen inneren Zustand anschauet, gibt zwar keine Anschauung von der Seele selbst, als einem Objekt; allein es ist doch eine bestimmte Form, unter der die Anschauung ihres innern Zustandes allein möglich ist, so, daß alles, was zu den innern Bestimmungen gehört, in Verhältnissen der Zeit vorgestellt wird." Kant, *KrV*, 96f. Für die Literaturwissenschaft hat sich Lessings Konzept als äußerst wirkungsmächtig erwiesen und eine zeitliche Perspektive auf Texte etabliert, die bis heute Literaturrezeption und -verständnis prägen. Vgl. hierzu: Sylvia Sasse, „Literaturwissenschaft", in: Stephan Günzel (Hg.), *Raumwissenschaften*, Frankfurt a.M. 2009, 225–241.

> Die Stunde, wo die Galerie eröffnet werden sollte, mit Ungeduld erwartet, erschien. Ich trat in dieses Heiligtum, und meine Verwunderung überstieg jeden Begriff, den ich mir gemacht hatte. Dieser in sich selbst wiederkehrende Saal, in welchem Pracht und Reinlichkeit bei der größten Stille herrschten, die blendenden Rahmen, alle der Zeit noch näher, in der sie verguldet wurden, der gebohnte Fußboden, die mehr von Schauenden betretenen als von Arbeitenden benutzten Räume gaben ein Gefühl von Feierlichkeit, einzig in seiner Art, das um so mehr der Empfindung ähnelte, womit man ein Gotteshaus betritt, als der Schmuck so manches Tempels, der Gegenstand so mancher Anbetung hier abermals, nur zu heiligen Kunstzwecken aufgestellt erschien. Ich ließ mir die kursorische Demonstration meines Führers gar wohl gefallen, nur erbat ich mir, in der äußeren Galerie bleiben zu dürfen. Hier fand ich mich, zu meinem Behagen, wirklich zu Hause. (DW 350)

Die Galerie erscheint hier – in Anknüpfung an ihre ursprüngliche Wortbedeutung – als der Kunst geweihtes „Gotteshaus". Vermittelt wird diese Deutung über die architektonische Anlage des Gebäudes. Die strenge Symmetrie des Johanneums, in dem sich die Galerie zu dieser Zeit befand, stellt einen ordnenden und in sich geschlossenen Rahmen für die Kunsterfahrung bereit. Dabei weisen die „Pracht und Reinlichkeit" der Räume auf die Bedeutung der Exponate, während ihre repräsentative Ausrichtung den Besucher von der Tätigkeit („Arbeit") zum Schauen bringt.[359] Die dadurch erzeugte, kontemplativ-andächtige Atmosphäre sakralisiert den Akt der sinnlich-ästhetischen Wahrnehmung, die ihr Pendant in den „zu heiligen Kunstzwecken aufgestellten" Objekten und Gemälden findet. Hier wird die bereits in den vorherigen Kapiteln konstatierte Ablösung christlicher Heilsversprechen und Deutungsmacht durch die Kunst und die damit einhergehende Aufwertung des Künstlers greifbar: sie vollzieht sich als Zusammenspiel von räumlicher Anlage und der bedeutungsgebenden Wahrnehmung des Ichs, in diesem Fall in der autobiographischen Narration. Erst die Beschreibung des Raums vor der Folie des Sakralen verleiht den Kunstwerken eine Aura des Numinosen. Das erlebende Ich, das in der autobiographischen Schreibsituation immer auch zugleich das erzählende, künstlerisch produzierende Ich ist, rückt so in die Doppelrolle des Vermittlers und des Schöpfers von Kunst ein. Die Bedeutung, die der als sakral inszenierte Raum dabei den Kunstwerken zuweist, gilt auf diese Weise auch für das Ich und seine Narration.

---

[359] Ähnlich charakterisiert auch Gernot Böhme die Atmosphäre kirchlicher Räume, die er u.a. durch „Erhabenheit und Stille" sowie „Raum als Spatium" mit den Merkmalen „Grenze, Kontur, [...] Richtung und Voluminosität" gekennzeichnet sieht. Vgl.: Gernot Böhme, „Atmosphären kirchlicher Räume", in: Ders., *Architektur und Atmosphäre*, München 2006, 139-150, hier 146.

Die bewusste Gestaltung ästhetischer Räume im Text verläuft damit über das Zusammenspiel von innerem und äußerem Sinn. Dabei ermöglicht die Blickschule der Galerie eine Ausdehnung des ästhetischen Blicks, einen Transfer der dort erlernten Wahrnehmungsmuster auf andere Räume. Wie die Analyse der Schuster-Episode gezeigt hat, ist hierbei die Einbildungskraft als synthetisierendes, zwischen räumlicher Dimension und Ich vermittelndes Vermögen beteiligt. Auf diese Weise befindet sich das Ich in einem beständigen Prozess der Rückkopplung mit seiner räumlichen Umgebung. Dieses Abgleichen der eigenen Position auf Basis der jeweils aktuellen Raumordnung erfolgt auch beim Besteigen der Frauenkirche. Dort wird das Ich mit der kriegsbedingten Zerstörung des Dresdner Stadtbilds[360] konfrontiert:

> Diese köstlichen, Geist und Sinn zur wahren Kunst vorbereitenden Erfahrungen wurden jedoch durch einen der traurigsten Anblicke unterbrochen und gedämpft, durch den zerstörten und verödeten Zustand so mancher Straße Dresdens, durch die ich meinen Weg nahm. Die Mohrenstraße in Schutt, so wie die Kreuzkirche mit ihrem geborstenen Turm drückten sich tief mir ein und stehen noch wie ein dunkler Fleck in meiner Einbildungskraft. Von der Kuppel der Frauenkirche sah ich diese leidigen Trümmern zwischen die schöne städtische Ordnung hineingesät; [...]. Der gute Sakristan deutete alsdann auf Ruinen nach allen Seiten und sagte bedenklich lakonisch: „Das hat der Feind getan!" (DW 354)

So wie durch das Matthäus-Zitat am Ende auf das Gleichnis vom Unkraut verwiesen wird,[361] in welchem der Teufel als „Feind" das Unkraut zwischen den von Gott gepflanzten Weizen streut, so finden sich hier die „leidigen Trümmern" zwischen die „schöne städtische Ordnung hineingesät". Damit werden allerdings nicht nur die preußischen Truppen als Verursacher der Kriegsschäden verteufelt. Zugleich erscheint auch die geordnete Räumlichkeit der Stadt, die mit den Eindrücken der Galerie parallelisiert wird, als Mittel zur Selbstvergewisserung und Stabilisierung des Ichs. Demgegenüber führt die Wahrnehmung chaotischer, zerstörter Raumstrukturen zu einem „dunkle[n] Fleck in meiner Einbildungskraft", mithin zu einer Minderung des imaginativen Vermögens in der Erinnerung.

Diese, von der Position des erzählenden Ichs getroffene Aussage verweist ein weiteres Mal auf den Konnex von räumlich gefasster Imagination und Memoria in der autobiographischen Narration. So dient bereits im Elternhaus die geordnete Räumlichkeit von Treppe und Zimmern als strukturgebendes Moment von Erinnerung und Erzählung gleicher-

---

[360] Die Zerstörungen rührten von der 1760 erfolgten preußischen Belagerung Dresdens her.
[361] Vgl. Matthäus 13, 24-30.

maßen. Ebenso verankert sich das Ich, wie im Kontext der Gasthöfe deutlich wurde, räumlich wie narrativ durch den klar strukturierten Baukörper des Straßburger Münsters, an dem es sich innerlich und äußerlich auszurichten vermag. Im Gegensatz dazu ist es hier nun die zerstörte Ordnung des Stadtraums, welche die Imagination und damit auch die Erinnerung negativ affiziert.

Auf diese Weise zeigt sich die biographische Entwicklung des Ichs im Positiven wie Negativen mit der von ihm erfassten Umgebung verschränkt. Da sich diese Selbst-Konstituierung im Modus des erinnernden Erzählens und somit immer schon im Medium der Literatur vollzieht, wirft sie zugleich die Frage nach dem Verhältnis von Kunst und Leben auf. Verhandelt wird dies u.a. über einen Besuch von Marie-Antoinette in Straßburg. Auf dem Weg zu ihrem künftigen Ehemann Ludwig XVI. macht sie dort 1770 Station. Das eigens hierfür errichtete Gebäude ist im Innenraum komplett mit Wandteppichen ausgeschlagen und der Öffentlichkeit gegen Eintritt zugänglich. Wiederholt besucht Goethe die Räume, um die dort galerieartig ausgestellten Teppiche zu studieren:

> Höchst erfreulich und erquicklich fand ich diese Nebensäle, desto schrecklicher aber den Hauptsaal. [...] Diese Bilder enthielten die Geschichte von Jason, Medea und Creusa, und also ein Beispiel der unglücklichsten Heirat. [...] Hier nun wurden alle Maximen, welche ich in Oesers Schule mir zu Eigen gemacht, in meinem Busen rege. Daß man Christum und die Apostel in die Seitensäle eines Hochzeitsgebäudes gebracht, war schon ohne Wahl und Einsicht geschehen, und ohne Zweifel hatte das Maß der Zimmer den königlichen Teppichverwahrer geleitet; allein das verzieh ich gern, weil es mir zu so großem Vorteil gereichte: nun aber ein Mißgriff wie der im großen Saale brachte mich ganz aus der Fassung, und ich forderte, lebhaft und heftig, meine Gefährten zu Zeugen auf eines solchen Verbrechens gegen Geschmack und Gefühl. – Was! rief ich aus, ohne mich um die Umstehenden zu bekümmern: ist es erlaubt, einer jungen Königin das Beispiel der gräßlichsten Hochzeit, die vielleicht jemals vollzogen worden, bei dem ersten Schritt in ihr Land so unbesonnen vor's Auge zu bringen! Gibt es denn unter den französischen Architekten, Dekorateuren, Tapezierern gar keinen Menschen, der begreift, daß Bilder etwas vorstellen, daß Bilder auf Sinn und Gefühl wirken, daß sie Eindrücke machen, daß sie Ahndungen erregen! (DW 395ff.)

Die Passage diskutiert die Verbindung von Biographie und Kunst anhand einer spezifischen Raumsituation: Im königlichen Festgebäude wird der biographischen Station der Heirat ihre antike Bebilderung an die Seite gestellt. Dabei kommen zwei unterschiedliche Umgangsweisen mit Kunst zur Anschauung. So verfolgt die Verwendung der Wandteppiche zu Dekorationszwecken einen an sozialer Distinktion orientierten Ansatz, der

Kunst als repräsentative Verfügungsmasse einsetzt. Indem Kunst als solche zum Signifikanten für die gesellschaftliche Stellung wird, treten ästhetische und inhaltliche Bedeutung in den Hintergrund. In diesem Sinne verweisen die Wandteppiche lediglich auf einen politischen Machtanspruch, sind die Implikationen des Medea-Mythos vom Leben der Regentin abgekoppelt. Dieser Funktionalisierung von Kunst entspricht auch die Einrichtung von Galerien. In solchermaßen abgesonderten Räumen erhalten die ausgestellten Kunstwerke einen ästhetischen Wert zugesprochen, während sie aus den übrigen Bereichen des Lebens verschwinden. Dass ein solches Distinktionsbedürfnis nicht nur adeligem, sondern auch bürgerlichem Selbstverständnis entspricht, wurde bereits bei der Einrichtung des väterlichen Gemäldezimmers und seiner Auseinandersetzung mit dem französischen Grafen ersichtlich.

Für das Ich hingegen lassen sich Kunstwerk und biographische Situation des Betrachters nicht trennen. An einem Ort zusammengebracht, bespiegeln und kommentieren sie einander, schreiben dem individuellen Ereignis die kollektiv erinnerten Bilder und Erzählungen ein. So wird, über räumliche Arrangements, gesellschaftlich-anthropologisches Wissen mit der Perspektive des Einzelnen vermittelt, wobei Deutungs- und Handlungsmuster figuriert werden. Unschwer ist hier das autobiographische Projekt zu erkennen, das in der Verquickung von realiter gemachten Erfahrungen und mythischen Elementen das eigene Leben als Kunstwerk generiert. Wie schon in dem von Goethe gewählten Titel programmatisch verknüpft, lassen sich *Dichtung und Wahrheit* in der Darstellung gerade nicht trennen, sondern formen erst zusammen das autobiographische bzw. autofiktionale Selbstbild.

Damit zielt das Kunstverständnis des Ichs nicht auf funktionale Begrenzung, sondern im Gegenteil auf die Absolutsetzung des ästhetischen Blicks. Bereits in Dresden hat sich dieser, wie geschildert, verselbständigt und über die Grenzen der Galerie hinaus als Verständnisperspektive für das Ich etabliert. Gerade das beständige Durchdringen und in Bezug setzen von Leben und Kunst bilden daher die Produktionsgrundlage der angestrebten Künstlerbiographie. Mit dieser Art der synthetisierenden Wahrnehmung von Selbst und Welt im Medium der Kunst geht allerdings ebenfalls ein Distinktionseffekt einher, wie die Reaktion der anwesenden Freunde auf die Entrüstung im Festgebäude zeigt:

> Alsdann versicherten sie [meine Gefährten] mir, es wäre nicht Jedermanns Sache, Bedeutung in den Bildern zu suchen; ihnen wenigstens wäre nichts dabei eingefallen, und auf dergleichen Grillen würde die ganze Population Straßburgs und der Gegend, wie sie auch herbeiströmen sollte, so wenig als die Königin selbst mit ihrem Hofe jemals geraten. (DW 397)

Hier kündigt sich die künstlerische Sonderstellung an, die das Ich als Autor im Begriff ist einzunehmen. Folgt man der hier inszenierten Unterscheidung, so besteht sie in der Übersetzung von Erlebtem in Kunst ebenso wie der umgekehrten Rückkopplung von Kunst mit dem eigenen Leben. Gelingt dies, so geht das Ergebnis über das rein Autobiographische hinaus, indem es das Allgemeine im Individuellen sichtbar macht. Eine solche Kunst besitzt entsprechend auch eine gesellschaftsrelevante Dimension. Dieses Konzept wird zum Abschluss von Goethes Straßburger Zeit beim Besuch des Mannheimer Antikensaals erneut aktiviert. Am Ende des elften Buchs situiert, steht er direkt im Anschluss an den Bruch mit Friederike und die Abreise aus dem Elsass. Auf dem Rückweg nach Frankfurt macht Goethe dort Station:

> In Mannheim angelangt, eilte ich mit größter Begierde, den Antikensaal zu sehn, von dem man viel Rühmens machte. [...] Hier stand ich nun, den wundersamsten Eindrücken ausgesetzt, in einem geräumigen, viereckten, bei außerordentlicher Höhe fast kubischen Saal, in einem durch Fenster unter dem Gesims von oben wohl erleuchteten Raum: die herrlichsten Statuen des Altertums nicht allein an den Wänden gereiht, sondern auch innerhalb der ganzen Fläche durch einander aufgestellt; ein Wald von Statuen, durch den man sich durchwinden, eine große ideale Volksgesellschaft, zwischen der man sich durchdrängen mußte. (DW 545f.)[362]

Die antike Kunst wird hier naturalisiert, sie erscheint als eine zweite, ideale Natur.[363] Zugleich wird der imaginierte Naturraum aber auch national

---

[362] Auch hier werden, wie zuvor bei der Beschreibung der Dresdner Galerie, die Merkmale sakraler Räume aufgezählt, wie etwa die „außerordentlich[e] Höhe", welche als Erhabenheit nach Böhme „primär eine Erfahrung am eigenen Leib ist" indem sie „das Subjekt zugleich auf seine kleine und beschränkte Präsenz zurück[wirft]." Auch das von oben einfallende Licht, das in der Kirche durch den Obergaden eintritt und gelenkt wird, verweist auf die göttliche Schöpferkraft und die Transzendenz der nicht sichtbaren Lichtquelle. Vgl. Gernot Böhme, „Atmosphären kirchlicher Räume", in: Ders., *Architektur und Atmosphäre*, München 2006, 139-150, hier 145.

[363] Hier lassen sich deutliche Bezüge zur *Italienischen Reise* erkennen. Auch dort wird die antike Baukunst unter der Perspektive einer „zweiten Natur" betrachtet, so beispielsweise in Terni: „Das ist nun das dritte Werk der Alten, das ich sehe, und immer derselbe große Sinn. Eine zweite Natur, die zu bürgerlichen Zwecken handelt, das ist ihre Baukunst, so steht das Amphitheater, der Tempel und der Aquadukt." Etwas später in Rom heißt es: „Die zweite Betrachtung beschäftigt sich ausschließlich mit der Kunst der Griechen und sucht zu erforschen, wie jene unvergleichlichen Künstler verfuhren, um aus der menschlichen Gestalt den Kreis göttlicher Bildung zu entwickeln, welcher vollkommen abgeschlossen ist und worin kein Hauptcharakter so wenig als die Übergänge und Vermittlungen fehlen. Ich habe eine Vermutung, daß sie nach eben den Gesetzen verfuhren, nach welchen die Natur verfährt und denen ich auf der Spur bin." (IR 122 und 167f.).

gedacht, als eine „Volksgesellschaft".[364] Es ist damit wiederum die Kunst, welche das Bild der idealen Gesellschaft vorgibt und diese Kunst ist am Ideal der Antike ausgerichtet. Kunst von nationaler Bedeutung muss, so die Botschaft, das persönliche Erleben zu klassischer Kunst umformen. Verstärkt wird diese Perspektivierung noch durch zwei sich ebenfalls im Mannheimer Antikensaal befindliche Stücke: eine Kopie der Laokoon-Gruppe sowie ein Säulen-Kapitel des Pantheons in Rom. Dabei zielt die Erwähnung Laokoons ebenso auf die kunsttheoretischen Grundlagen Winckelmanns[365] und die bereits erwähnte Unterscheidung von bildender Kunst und Literatur durch Lessing wie auf die eigene, biographisch spätere Publikation zu Laokoon in den Propyläen[366]. Letztere dient, genau wie das Säulenkapitell, als Korrektiv der eigenen, biographisch beschränkten Perspektive:

> Nach eifriger Betrachtung so vieler erhabenen plastischen Werke, sollte es mir auch an einem Vorgeschmack antiker Architektur nicht fehlen. Ich fand den Abguß eines Kapitäls der Rotonde, und ich leugne nicht, daß beim Anblick jener so ungeheuren als elegan-

---

[364] Diese semantische Aufladung der Natur, insbesondere des Waldes, findet sich auch am Beginn des sechsten Buchs. Darin zieht sich das jugendliche Ich nach dem Ende der Gretchen-Episode zum Zeichnen in den Wald zurück. Unter Verweis auf Tacitus' Germanenbild wird es daraufhin als „wahrer Deutscher" (DW 245) bezeichnet. Auch hier verschmelzen die autobiographische und die nationale Perspektive. Ausführlich widme ich mich dieser Szene im Kapitel über den Wald (3.5.2).

[365] Winckelmann legt bekanntermaßen am Beispiel der Laokoon-Gruppe Grundzüge seiner Kunsttheorie dar, die in der Folge nicht nur Lessing beschäftigt, sondern zu einem Fixpunkt der ästhetischen Auseinandersetzungen des 18. Jahrhunderts avanciert. Vgl.: Johann Joachim Winckelmann, *Gedanken über die Nachahmung der griechischen Werke in der Malerei und Bildhauerkunst, erste Ausgabe 1755 mit Oesers Vignetten*, Repr. Berlin/Nendeln/Liechtenstein 1968 [Deutsche Literaturdenkmale des 18. und 19. Jahrhunderts; Bd. 20] Ders., *Geschichte der Kunst des Altertums*, unveränderter reprographischer Nachdruck der Ausgabe Wien 1934, Darmstadt 1993; Für eine Überblicksdarstellung vgl.: Monika Schrader, *Laokoon – „eine vollkommene Regel der Kunst", Ästhetische Theorien der Heuristik in der zweiten Hälfte des 18. Jahrhunderts: Winckelmann, (Mendelssohn), Lessing, Herder, Schiller, Goethe*, Hildesheim/Zürich/New York 2005, darin insbes.: „J.W. von Goethe, Über Laokoon, 1798", 149-172; zu Goethes Winckelmann-Rezeption vgl.: Kim Hofmann, *Goethe und Winckelmann, Ausgewählte Aspekte von Goethes Winckelmann-Rezeption*, München 2011 sowie: Martin Dönike, „Goethes Winckelmann, Zur Bedeutung der altertumswissenschaftlichen Studien Johann Heinrich Meyers für das Antikebild des Weimarer Klassizismus", in: Barbara Naumann, Margrit Wyder (Hgg.), *Ein Unendliches in Bewegung, Künste und Wissenschaften im medialen Wechselspiel bei Goethe*, Bielefeld 2012, 69-84.

[366] Johann Wolfgang Goethe, „Über Laokoon", in: Ders., *Sämtliche Werke, Briefe, Tagebücher und Gespräche*, Bd. 18, *Ästhetische Schriften 1771-1805*, hg. von Friedmar Apel, Frankfurt a.M. 1998, 489-500.

ten Akanthblätter mein Glaube an die nordische Baukunst etwas zu wanken anfing. (DW 547)

Hier wird bereits die Überhöhung der „nordischen Baukunst", wie sie in Goethes Aufsatz *Von deutscher Baukunst*[367] zum Ausdruck kommt und für die Maximen des Sturm und Drang steht als Auffassung von begrenzter Gültigkeit deutlich. In ihrer Fluchtlinie wird als relativierender Maßstab die Kunst der römischen Antike sichtbar. Biographisch ist dadurch zugleich auf Goethes eigene *Italienische Reise* und die damit verbundenen Texte der Weimarer Klassik verwiesen.[368] Erst hier, so die Projektion, wird das bereits in den ersten künstlerischen Gehversuchen angelegte Potential erreicht. Vorerst bleiben die Eindrücke für das Ich jedoch eher irritierend:

> Wie gern hätte ich mit dieser Darstellung ein Buch angefangen, anstatt daß ich's damit ende: denn kaum war die Türe des herrlichen Saals hinter mir zugeschlossen, so wünschte ich mich selbst wieder zu finden, ja ich suchte jene Gestalten eher, als lästig, aus meiner Einbildungskraft zu entfernen, und nur erst durch einen großen Umweg sollte ich in diesen Kreis zurückgeführt werden. (DW 547)

Beginnen wird Goethe das Buch, das die Darstellung der antiken Kunst und Architektur im Spiegel seiner *Italienischen Reise* unternimmt, allerdings erst 41 Jahre später.[369] Das erlebende Ich hingegen wünscht, in Abgrenzung von den antiken Kunstwerken, sich „selbst wieder zu finden". Dementsprechend markiert das sich anschließende zwölfte Buch den Be-

---

[367] Der Artikel *Von deutscher Baukunst. D.M. Erwini a Steinach*, in dem Goethe das Straßburger Münster als Beispiel deutscher Baukunst preist, erschien 1773 als Einzeldruck und im gleichen Jahr zudem in Herders, für den Sturm und Drang programmatischen, Sammelband *Von deutscher Art und Kunst*.

[368] Dies umso mehr, als Goethe hier von der „Rotonde" spricht, die auch das Vorbild der Villa ‚La Rotonda' des Renaissance-Architekten Palladio war. Er wird in der *Italienischen Reise* von Goethe besonders zum Vorbild stilisiert, wobei er die Funktion des Architekten mit der des Autors parallelisiert, sich also in der Nachfolge Palladios sieht: „Vor einigen Stunden bin ich hier angekommen, habe schon die Stadt durchlaufen, das Olympische Theater und die Gebäude des Palladio gesehen. […] und so sag' ich vom Palladio: er ist ein recht innerlich und von innen heraus großer Mensch gewesen. Die höchste Schwierigkeit, mit der dieser Mann wie alle neuern Architekten zu kämpfen hatte, ist die schickliche Anwendung der Säulenordnungen in der bürgerlichen Baukunst; denn Säulen und Mauern zu verbinden, bleibt doch immer ein Widerspruch. Aber wie er das untereinander gearbeitet hat, wie er durch die Gegenwart seiner Werke imponiert und vergessen macht, daß er nur überredet! Es ist wirklich etwas Göttliches in seinen Anlagen, völlig wie die Force des großen Dichters, der aus Wahrheit und Lüge ein Drittes bildet, dessen erborgtes Dasein und bezaubert." (IR 52f.)

[369] Damit fallen die Arbeiten an der *Italienischen Reise*, begonnen Ende 1813, in den gleichen Zeitraum, in dem auch die zitierte Passage aus *Dichtung und Wahrheit* entsteht.

ginn eben jener „berufene[n] und verrufene[n] Literaturepoche" (DW 566) des Sturm und Drang, mithin den literarischen Karrierestart. Hierbei verbinden sich nun erneut Kunst und Biographie in den Produktionen des *Götz von Berlichingen*[370] und – im Nachgang der nächsten krisenhaften Beziehungserfahrung – des *Werthers*.

3.3.4 Kirchen

Kirchen bilden in *Dichtung und Wahrheit* in gewissem Sinne das räumliche Pendant zu den Galerien. Während letztere, wie gezeigt, in vielfacher Hinsicht mit religiöser Symbolik aufgeladen und damit Kirchenräumen angenähert werden, erscheinen die Kirchen selbst als entsakralisierte, lediglich aufgrund ihrer ästhetischen Qualität bedeutsame Orte. Räume und Praktiken religiöser wie weltlicher Macht verändern dabei ihre Bedeutung insofern, als sie zu ihrer Legitimierung und Auslegung nun des Künstlers bedürfen. Symbol dieser biographischen Auseinandersetzung ist die Krönung, in der religiöse, weltliche und ästhetisch-literarische Dimension verschmelzen.

In diesem Sinn ist auch der erste Besuch des Ichs in einer Kirche weniger als religiöse denn als politisch-ästhetische Erfahrung angelegt. So ist bereits für das Kind all das von größtem Reiz, „was sich auf Wahl und Krönung der Kaiser bezog" (DW 25). In diesem Kontext besichtigt es nicht nur den Frankfurter Römer, sondern auch den Dom:

> Wenn wir nun so einmal unsern Umgang hielten, verfehlten wir auch nicht, uns nach dem Dom zu begeben und daselbst das Grab jenes braven, von Freund und Feinden geschätzten Günther zu besuchen. Der merkwürdige Stein, der es ehmals bedeckte, ist in dem Chor aufgerichtet. (DW 26)

Der Sakralbau des Doms wird damit zunächst nicht in seiner religiösen, sondern seiner politischen Funktion erfahren, indem er das Grab des Gegenkönigs Gunther von Schwarzburg beherbergt.[371] Mehr noch, während

---

[370] „Aber zu der Zeit, als der Schmerz über Friedrikens Lage mich beängstigte, suchte ich, nach meiner alten Art, abermals Hülfe bei der Dichtkunst. Ich setzte die hergebrachte poetische Beichte wieder fort, um durch diese selbstquälerische Büßung einer inneren Absolution würdig zu werden. Die beiden Marieen in Götz und Clavigo, und die beiden schlechten Figuren, die ihre Liebhaber spielen, möchten wohl Resultate solcher reuigen Betrachtungen gewesen sein." (DW 568).

[371] Günther XXI., Graf von Schwarzburg-Blankenburg (1304-1349) ließ sich 1349 gegen den späteren Kaiser Karl IV. in Frankfurt zum König wählen. Günther begründete seine Legitimität u.a. damit, dass er in Frankfurt gewählt wurde und

die weltliche Macht umstritten und vergänglich erscheint, ist es die ästhetische Qualität der Grabplatte, die überdauert. Durch sie wird eine temporale Dimension eröffnet, die durch zwei unterschiedliche Arten der Zeit gekennzeichnet ist. Zum einen ist mit der Grabplatte auf den Tod und damit auf die biographische Lebenszeit verwiesen. Mit dem Ende dieser begrenzten Zeitspanne beginnt zum anderen eine Zeit, in der das Leben als Kunstwerk erinnert wird und überdauert. Erst durch die Übertragung der biographischen Gedächtnisinhalte auf einen „merkwürdige[n] Stein", also auf einen materiellen Erinnerungsträger, entsteht eine überindividuelle Zeit im Sinne einer fortdauernden Memoria. Hier zeigt sich bereits ein wesentlicher Aspekt, unter dem die kirchlichen Räume wahrgenommen werden: Es ist ihre Materialität, d.h. ihre räumliche Gestaltung ebenso wie ihre sinnliche Beschaffenheit. Dabei wird eine Diskrepanz zwischen politisch-symbolischem Anspruch und physischer Anmutung deutlich. Diese manifestiert sich im Zustand des kaiserlichen Wahlraums, des Konklave:

> [...] wir fanden diesen in der deutschen Geschichte so merkwürdigen Raum, wo die mächtigsten Fürsten sich zu einer Handlung von solcher Wichtigkeit zu versammeln pflegten, keineswegs würdig ausgeziert, sondern noch obenein mit Balken, Stangen, Gerüsten und anderem solchen Gesperr, das man bei Seite setzen wollte, verunstaltet. (DW 27)

Die ästhetische Repräsentationsfunktion ist hier pragmatischen Bedürfnissen gewichen und das Konklave kurzerhand zur Rumpelkammer umfunktioniert worden. Für das autobiographische Ich ist der Raum dadurch „verunstaltet", sein ästhetisches Erscheinungsbild entspricht nicht der politischen Bedeutung. Ausgehend von der konkreten, funktionalen Nutzung des Raums wird auch hier über die Raumerfahrung des Ichs eine Dimension der überindividuellen, national-historischen Zeit eröffnet. Im Sinne der Memoria wird der Raum so durch die in ihm wiederholt vollzogenen Raumhandlungen bezeichnet und mit kulturellem Wert versehen. Vor diesem Hintergrund erhält auch die aktuelle Raumpraxis einen symbolischen, zeichenhaften Charakter, der vom Ich explizit und irritiert zur Kenntnis genommen wird. Auf diese Weise zeigt der symbolträchtige Ort nicht nur den Status quo des heiligen Römischen Reichs dt. Nation an, er verweist auch auf das, was den gesellschaftlichen Zuständen fehlt: die Dimension des künstlerisch-Ästhetischen. Auf welche Weise diese integriert werden kann, wird bereits am Ende des ersten Buchs vorgeführt. Dort versucht sich das Ich, wie im Kontext des Kinderzimmers bereits diskutiert, als „junge[r] Priester", indem es ein Musikpult mit Stücken aus sei-

---

nicht, wie Karl IV., in Bonn. Vgl.: Ernst Anemüller, „Günther XXI.", in: *Allgemeine Deutsche Biographie* 10 (1879), 133-137, online: http://www.deutsche-biographie.de/pnd118698885.html?anchor=adb (letzter Zugriff: 28.06.2014).

ner Naturaliensammlung ausstattet und so zum „Altar" (DW 51) umfunktioniert. Auch hier erhält der praktische Umgang mit dem Raum eine explizit zeichenhafte Dimension. Die individuelle Handlung wird so an ein kulturelles Bedeutungssystem angeschlossen. Die religiöse Praxis wird dabei in ihrer ästhetisch-sinnlichen Qualität erfahrbar, die Perspektive auf sie bezeichnet: Priester ist wesentlich derjenige, der eine symbolische Ordnung, eine künstlerische Repräsentation der Welt erfahrbar macht. Diese Verschiebung von religiöser Welt- zu ästhetischer Selbstbegründung bestimmt die weiteren Erfahrungen des Ichs mit kirchlichen Räumen.

So wird der Kircheninnenraum von Beginn an nicht als Ort der geistigen Einkehr wahrgenommen, sondern dient im Gegenteil dem visuell-sinnlichen Genuss, dem Schauen. Dies wird relevant, als Goethe im fünften Buch Gretchen kennenlernt. Auf der Suche nach möglichen Orten der Begegnung verfällt er auf die Kirche. Weit entfernt davon, dem Gottesdienst zu folgen, erschließt er sich mit dem Kirchgang stattdessen einen erotisch aufgeladenen Betrachtungsraum:

> Die Gestalt des Mädchens verfolgte mich von dem Augenblick an auf allen Wegen und Stegen [...] und da ich einen Vorwand sie im Hause zu sehen weder finden konnte, noch suchen mochte, ging ich ihr zu Liebe in die Kirche und hatte bald ausgespürt wo sie saß; und so konnte ich während des langen protestantischen Gottesdienstes mich wohl satt an ihr sehen. Beim Herausgehen getraute ich mich nicht sie anzureden, noch weniger sie zu begleiten und war schon selig, wenn sie mich bemerkt und gegen einen Gruß genickt zu haben schien. (DW 185)

Der Kirchenraum fördert hier nicht die geistige Fokussierung im Sinne einer Innenschau, sondern erlaubt es dem Ich seinen Blick nach außen auf das begehrte Mädchen auszurichten. Ermöglicht wird dies durch die streng reglementierte Raumordnung, die jeder Person einen festen Platz zuweist und zugleich auf größtmögliche Sichtbarkeit des umgebenden Kirchenschiffs, insbesondere des Altarraums zielt. Diese Kombination aus statischer Position und Blickfreiheit lässt aber auch die vom Ich vorgenommene Verschiebung des geistlichen Begehrens auf eher weltliche Erfüllung zu. Indem es auf diese Weise die Möglichkeit nutzt, „ein Mädchen [...] von unglaublicher Schönheit" (DW 184) zu betrachten, erhält der Kirchenraum eine neue – biographisch fundierte – ästhetische Qualität. Zugleich ist dieser Begehrensstruktur jedoch ein Moment der Unverfügbarkeit eingeschrieben, denn aufgrund der religiös-moralischen Regeln des Ortes ebenso wie der Standesunterschiede kann Goethe keinen direkten Kontakt aufnehmen.[372] Positiv gewendet bedeutet dies: ästhetische Wahrnehmung verlangt eine gewisse Distanz, sie entsteht als Blickbeziehung. Strukturell gleicht diese Raumfigur der Betrachtung der nachbarschaftlichen Gärten vom Fenster des Gartenzimmers aus. Auch dort ist das ersehnte Paradies nur zu schauen, befindet es sich doch jenseits der Erreichbarkeit. Dabei etabliert die Entfernung ebenfalls eine ästhetische Perspektive und initiiert letztlich die eigene literarische Produktion. Hier wird diese Struktur, die ich als Allegorie auf die Vertreibung aus dem Paradies gelesen habe, nun in die Kirche hineinverlagert.

Damit ist der Beziehungsmodus zwischen Gretchen und dem Ich räumlich entworfen und analog zur Dynamik der Gärten sind es auch hier die eigenen Texte, welche als Medium der biographischen Auseinandersetzung dienen. Mit ihrer Hilfe vermag sich das Ich in Gretchens Umfeld zu bewegen und sich, zumindest in diesem Rahmen, als Autor zu präsentieren. Auf solche Weise verknüpft sich der Wunsch nach schriftstellerischer und persönlicher Anerkennung mit der Ausrichtung auf Gretchen. Hierbei wird erneut das Motiv der Krönung relevant, dieses Mal in einer explizit biographischen Wendung. So steht das fünfte Buch, wie erwähnt, unter dem Motto der Dichterkrönung, mit dem Goethe das vierte Buch beschließt: „so leugne ich nicht, daß wenn ich an ein wünschenswertes Glück dachte, diese mir am reizendsten in der Gestalt des Lorbeerkranzes erschien, der den Dichter zu zieren geflochten ist." (DW 180) Dieses literarische Begehren wird nun im fünften Buch mit dem Begehren zu Gretchen verbunden und mit der zeitgleich in Frankfurt stattfindenden Königskrönung parallelisiert. Anstatt der Königskrone gilt es daher für das autobiographische Ich, den Lorbeer der Dichterkrone zu erwerben.

Das Prozedere der Königskrönung wird dabei als politisches und religiöses, explizit aber auch als sinnlich-ästhetisches Spektakel, als „Schauspiel"[373] beschrieben. Damit betont das erzählende Ich den Inszenierungscharakter des Abschnitts ebenso wie die Zeichenhaftigkeit

---

[372] Diese Situation wiederholt sich, als das Ich Friederike kennenlernt, bekanntermaßen die Tochter eines Pfarrers. Zwar ist damit der Pfarrer als örtliche Autorität und Leiter des Gottesdienstes zugleich der Vater des begehrten Mädchens. Es zeigt sich aber, dass das Ich mittlerweile in einer anderen biographischen Phase seines Lebens angekommen ist. Es darf nun neben ihr sitzen: „Wir entwarfen demnach unsern Plan, was vor und nach Tische geschehn solle, machten einander wechselseitig mit neuen geselligen Spielen bekannt, waren einig und vergnügt, als uns die Glocke nach der Kirche rief, wo ich denn, an ihrer Seite, eine etwas trockene Predigt des Vaters nicht zu lang fand." (DW 496)

[373] „Ich verglich nicht unschicklich diese Feierlichkeiten und Funktionen mit einem Schauspiel, wo der Vorhang nach Belieben heruntergelassen würde, indessen die Schauspieler fortspielten, dann werde er wieder aufgezogen und der Zuschauer könne an jenen Verhandlungen einigermaßen wieder teilnehmen." (DW 205)

der vollzogenen Handlungen. Erneut überlagern sich so die semantischen Kodierungen der beschriebenen Orte. Damit sind Vorgänge wie etwa die Durchquerung des Stadtraums oder die bereits diskutierte Begegnung in den städtischen Alleen immer beides, individuelle Aktualisierung eines spezifischen Raums und Anschluss an symbolische Verweisstrukturen.

Auf diese Weise werden nicht nur die eigene Biographie und die zeitgenössische Weltgeschichte verschaltet. Die Bedeutungsvermittlung und Auslegung des Geschehens werden zudem auch einer ästhetischen Perspektive überantwortet. Im Verlauf des Buches wird nun zwar deutlich, dass es dem erlebenden Ich für die schriftstellerischen Lorbeeren noch an Erfahrung und Können fehlt. Zugleich übernimmt es aber die autobiographische Narration selbst, die literarischen Meriten ihres Verfassers auszustellen: dies geschieht durch die stark verdichtete und artifizielle Komposition des fünften Buchs ebenso wie durch die Gretchen-Figur, deren Name auf biographisch spätere literarische Erfolge verweist. Für das erlebende Ich muss die erhoffte Krönung, die mit dem Stirnkuss Gretchens außerhalb der Kirche stattfindet, dagegen noch scheitern.

Nachdem die Kirche mittels der Gretchen-Episode zu einem ästhetisch wie literarisch relevanten Raum geworden ist, stellt sich für das Ich die Frage der eigenen Position darin. In der zuvor etablierten Perspektive bedeutet das eine Auseinandersetzung mit der eigenen Autorrolle und folglich erneut mit den selbstverfassten Texten. Auch diese findet als räumliche Erfahrung im Kirchengebäude selbst statt. Anders als zuvor beim Gottesdienst, wo die Besucher auf eine rezeptive Rolle verwiesen sind, nutzt das Ich nun aktiv die räumlichen Möglichkeiten der Kirche. Hierfür begibt es sich – im theologischen wie räumlichen Sinne – ins Innerste der Kirche: Es besucht einen katholischen Beichtstuhl. Vom evangelischen Religionsunterricht enttäuscht, wählt es die katholische Beichte zur Klärung bislang unbeantwortet gebliebener Fragen:

> [...] denn ich hatte die seltsamsten religiösen Zweifel, die ich gern bei einer solchen Gelegenheit berichtiget hätte. Da nun dieses nicht sein sollte, so verfaßte ich mir eine Beichte, die, indem sie meine Zustände wohl ausdrückte, einem verständigen Manne dasjenige im Allgemeinen bekennen wollte, was mir im Einzelnen zu sagen verboten war. (DW 320)

Solchermaßen vorbereitet macht das Ich nun den Versuch, über einen im Vorhinein selbst verfassten Text in einen theologischen Dialog einzutreten. Die tatsächliche Erfahrung im Beichtstuhl nimmt jedoch einen anderen Verlauf als gedacht:

> Aber als ich in das alte Barfüßertor hineintrat, mich den wunderlichen vergitterten Schränken näherte, in welchen die geistlichen Herren sich zu diesem Akte einzufinden pflegten, als mir der Glöckner die Türe eröffnete und ich mich nun gegen meinen geist-

lichen Großvater in dem engen Raume eingesperrt sah, und er mich mit seiner schwachen, näselnden Stimme willkommen hieß, erlosch auf einmal alles Licht meines Geistes und Herzens, die wohl memorierte Beichtrede wollte mir nicht über die Lippen, ich schlug in der Verlegenheit das Buch auf, das ich in den Händen hatte, und las daraus die erste beste kurze Formel, die so allgemein war, daß ein Jeder sie ganz geruhig hätte aussprechen können. Ich empfing die Absolution und entfernte mich weder warm noch kalt [...]. (DW 320f.)

Im Innern der katholischen Kirche erwarten den jungen Protestanten die „wunderlichen vergitterten Schränke". Innerhalb des Kirchraumes bilden sie noch einmal einen eigenen, privaten Bezirk. Dessen Atmosphäre ist jedoch mit der Assoziation eines Schranks durchaus klaustrophobisch, wobei die Gitter dem Beichtstuhl etwas Zellenartiges verleihen. Wiederum ist es die materielle Anmutung des Ortes, welche die Erfahrung des Ichs figuriert. Es fühlt sich „in dem engen Raume eingesperrt". Zwar ist der Beichtstuhl per definitionem ein Ort der Sprache, doch in der erlebten Enge ist kein Platz für Dialog, er wird buchstäblich abgewürgt. Während so der Priester lediglich mit schwacher Stimme spricht, versagt dem Ich der sprachliche Ausdruck völlig. Was als theologische Erhellung gedacht war, erweist sich in der räumlichen Praxis als Verdunkelung: „alles Licht meines Geistes und Herzens [erlosch]". In diesem geist- wie herzlosen Raum geht es nicht um das Individuum mit seinen existenziellen Fragen, sondern um die mechanische Erfüllung eines vorgegebenen Redeschemas. Das erkennt auch das autobiographische Ich und greift zurück auf die institutionalisierte, allgemeine „Formel" der Beichte. Das Ergebnis ist entsprechend unbefriedigend, das Ich bleibt innerlich unbeteiligt zurück.

Im inneren Raum der Kirche, das hat das Beichtstuhlerlebnis gezeigt, kann das Ich seine eigenen Ideen, seinen persönlichen Text nicht einbringen. Die individuelle Beichte im Sinne eines Ich-konturierenden und -konstituierenden Akts hat hier keinen Platz. Diese Funktion übernimmt, auch hier eine Wendung zur ästhetischen Selbstbegründung, die autobiographische Praxis. Wie schon bei Augustinus und Rousseau, so versteht sich auch der Goethe'sche Text als „groß[e] Konfession" (DW 310), wird die Lebensbeichte in den Raum einer „halb poetische[n], halb historische[n] Behandlung" (DW 14) verlegt. Auf diese Weise erhält das Ich die zuvor verstummte Stimme zurück, wobei der private Raum des Beichtstuhls mit dem öffentlich zugänglichen Raum des Buchs vertauscht wird.[374]

---

[374] Das Prinzip der Beichte wird auch der Produktion des *Werther* unterlegt und vom Publikum entsprechend aufgenommen. Goethe ist es dabei allerdings um die kathartische Wirkung einer literarischen Formung von Erfahrungen zu tun, weshalb er die umgekehrte Ausrichtung des eigenen Lebens nach literarischen Mustern kri-

Für das erlebende, jugendliche Ich hat die Beichtstuhl-Erfahrung eine verstärkte Loslösung von religiösen Autoritäten zur Folge, indem es sich „von der kirchlichen Verbindung ganz und gar loszuwinden suchte." (DW 322) Die noch in der Gretchen-Episode spürbare Anerkennung kirchlicher Autorität weicht nun einer generellen Skepsis gegenüber moralischen und gesellschaftlichen Vorgaben: „Und so rückte nach und nach der Zeitpunkt heran, wo mir alle Autorität verschwinden und ich selbst an den größten und besten Individuen, die ich gekannt oder mir gedacht hatte, zweifeln, ja verzweifeln sollte." (DW 323) Das Innere der Kirche, der umbaute sakrale Raum mit den dort geltenden Regeln, ist unter dieser Perspektive nicht mehr von Interesse. Tatsächlich wird in der Folge – mit zwei Ausnahmen[375] – keine Szene mehr im Innern einer Kirche spielen. Stattdessen wendet sich das Ich nun mehr und mehr dem Äußeren von Kirchen zu. Dabei erfasst es zum einen deren Architektur unter ästhetischen Kriterien und nutzt zum anderen die Höhe der Gebäude für die eigene Übersicht. Die Kirchen werden so von religiösen Monumenten zu ästhetischen und geographischen Landmarken. Wiederum rückt damit ihre physische Präsenz in den Vordergrund, die dann zum Ausgangspunkt metaphorischer bzw. symbolischer Rauminszenierungen wird. So wird die Frauenkirche in Dresden, wie im vorherigen Kapitel beschrieben, lediglich aufgrund ihrer vertikalen Dimension als Aussichtspunkt aufgesucht und bestiegen. Im Gegensatz zur Dresdner Galerie bleibt hier die Architektur unerwähnt. Stattdessen dient der Kirchturm in dieser Szene als Plattform, von der aus der Dresdner Stadtraum übersehen werden kann. Der Blick geht damit von der Kirche weg und in die Stadt hinein – das Erkenntnisinteresse des Ichs richtet sich auf die Welt. Dies geschieht nun nicht mehr im Durchgang durch die religiöse Perspektive, sondern indem sich das Ich eine Position des Überblicks verschafft. Diese Geste der Selbstermächtigung ermöglicht ihm die ordnende Betrachtung räumlicher Strukturen und dadurch auch, wie sich im Folgenden zeigt, eine biographische Selbst-Verortung. So beginnt der Aufenthalt in Straßburg ebenfalls mit einer Besteigung des Kirchengebäudes:

---

tisiert: „Ich fühlte mich, wie nach einer Generalbeichte, wieder froh und frei, und zu einem neuen Leben berechtigt. Das alte Hausmittel war mir diesmal vortrefflich zu statten gekommen. Wie ich mich nun aber dadurch erleichtert und aufgeklärt fühlte, die Wirklichkeit in Poesie verwandelt zu haben, so verwirrten sich meine Freunde daran, indem sie glaubten, man müsse die Poesie in Wirklichkeit verwandeln, einen solchen Roman nachspielen und sich allenfalls selbst erschießen [...]. (DW 639f.) Hier kommt die literarische Dimension der Beichte zur Sprache, die als „Poesie" komponierte, „verwandelt[e]" Wirklichkeit präsentiert.

[375] Dies sind zum einen der bereits erwähnte Kirchgang mit Friederike sowie eine Situation während der Schweizreise im achtzehnten Buch, die zum Ende dieses Kapitels ausführlicher analysiert wird.

> Ich war im Wirtshaus zum Geist abgestiegen und eilte sogleich, das sehnlichste Verlangen zu befriedigen und mich dem Münster zu nähern, welcher durch Mitreisende mir schon lange gezeigt und eine ganze Strecke her im Auge geblieben war. Als ich nun erst durch die schmale Gasse diesen Koloß gewahrte, sodann aber auf dem freilich sehr engen Platz allzunah vor ihm stand, machte derselbe auf mich einen Eindruck ganz eigner Art, den ich aber auf der Stelle zu entwickeln unfähig, für diesmal nur dunkel mit mir nahm, indem ich das Gebäude eilig bestieg, um nicht den schönen Anblick einer hohen und heitern Sonne zu versäumen, welche mir das weite reiche Land auf einmal offenbaren sollte. (DW 389)

Auch hier wird das Münster zunächst als geographische Land- und Orientierungsmarke eingeführt, als welche es den umliegenden Raum strukturiert.[376] In Straßburg angekommen ist es dann wiederum ein räumliches Verhältnis, welches das Ich zuerst beschäftigt: die Proportion des gewaltigen Gebäudes zu seiner unmittelbaren Umgebung. Nicht nur wird die Sicht auf das Münster durch „schmale Gasse[n]" behindert, auch der umliegende, „freilich sehr eng[e] Platz" positioniert das Ich „allzunah" davor. Vorgebracht wird diese Beschwerde offensichtlich aus einer ästhetischen Perspektive, für die, wie gezeigt, eine bestimmte Distanz notwendig ist. Ohne sie bleibt der erste Eindruck vom Münster „dunkel", Strukturen und Zusammenhänge lassen sich nicht fassen. Neben der Fassade ist es aber wiederum nicht der Innenraum der Kirche, für den das Ich sich interessiert. Anstatt das Münster zu betreten, wird „das Gebäude eilig bestieg[en]". War der Turm zuvor der vertikale Orientierungspunkt bei der Durchquerung des Elsass, so bietet er dem Ich nun die komplementäre Position, er soll ihm „das weite reiche Land auf einmal offenbaren". Erst nachdem diese visuelle Landnahme explizit vollzogen wurde, bei der das Ich mit dem Raum des Elsass zugleich die dort verbrachte Zeit und die damit einhergehenden Erfahrungen reflektiert[377], wendet sich das Ich noch einmal dem Äußeren der Kirche zu:

> Herabgestiegen von der Höhe verweilte ich noch eine Zeit lang vor dem Angesicht des ehrwürdigen Gebäudes; aber was ich mir weder das erste Mal, noch in der nächsten Zeit ganz deutlich machen konnte, war, daß ich dieses Wunderwerk als ein Ungeheures ge-

---

[376] Dabei ist es nicht nur der Raum des Elsass, sondern, wie die Analysen der Gasthöfe gezeigt haben, ebenso auch der Raum der Narration und der Erinnerung: „Indem ich nun aber darauf sinne, was wohl zunächst weiter mitzuteilen wäre, so kommt mir, durch ein seltsames Spiel der Erinnerung, das ehrwürdige Münstergebäude in die Gedanken, dem ich gerade in jenen Tagen eine besondere Aufmerksamkeit widmete und welches überhaupt in der Stadt sowohl als auf dem Lande sich den Augen beständig darbietet." (DW 416f.)
[377] Auf diese Szene gehe ich ausführlich in Kap. 3.5.1 (Aussichtspunkte) ein, weshalb ich sie hier ausspare.

wahrte, das mich hätte erschrecken müssen, wenn es mir nicht zugleich als ein Geregeltes faßlich und als ein Ausgearbeitetes sogar angenehm vorgekommen wäre. Ich beschäftigte mich doch keineswegs diesem Widerspruch nachzudenken, sondern ließ ein so erstaunliches Denkmal durch seine Gegenwart ruhig auf mich wirken. (DW 390)

Bei der Betrachtung des mächtigen Gebäudes wird die Herausforderung klar, vor die sich das Ich gestellt sieht: die Erfassung und künstlerische Verarbeitung des erblickten „Wunderwerk[s]". Das Ich muss eine angemessene Position zum Münster finden und dies gestaltet sich als ästhetischer ebenso wie als räumlicher Prozess. Zu Beginn verhindert die übergroße Nähe zum Gebäude eine Aufnahme der Gesamtstruktur. Daher lässt der Betrachter zunächst lediglich die Präsenz des Bauwerks[378] „ruhig auf [s]ich wirken". Zugleich verweist er aber aus der Retrospektive des erzählenden Ichs auf die beteiligten Wahrnehmungsinstanzen. Aufgrund von dessen ungeheurer Größe müsste das Ich vor dem Münster „erschrecken". Damit deutet sich eine Komponente des Erhabenen an, die das Ich zu überwältigen droht. Diese Reaktion wird jedoch wieder eingebunden, da die Erscheinung zugleich auch den Verstand („als ein Geregeltes faßlich") und den ästhetischen Sinn („als ein Ausgearbeitetes sogar angenehm") anspricht. Damit wird in der Wahrnehmung des Münsters dessen sinnliche Präsenz betont, die sich nicht vollständig dem Verstand unterordnen lässt, sondern einen eigenständigen ästhetischen Wert erhält. Auf diese Weise kann, ausgehend von der vor Augen stehenden Materialität, der Einzigartigkeit des Gebäudes Rechnung getragen werden. Hierzu bedarf es, wie Dorothea von Mücke ausgeführt hat, allerdings auch eines Betrachters, der genau diese Originalität nicht nur zu sehen, sondern in der Rezeption aktiv zu begreifen versteht:

> Statt von der Einzigartigkeit und Unvollendetheit des Kunstwerks abgeschreckt oder eingeschüchtert zu werden, muss der Betrachter es zumindest in Gedanken in seiner kompositorischen Logik erkennen und vervollkommnen können; was wiederum heißt, dass er im Erkennen sich selbst als potentiellen Künstler, als Schaffenden, Bildenden, zur Transzendenz Fähigen erkennt.[379]

---

[378] Die profanisierte, ins Ästhetische verschobene Perspektive auf das Münster wird in dieser Passage auch sprachlich deutlich, indem Goethe religiöse Begriffe vermeidet und stattdessen Ausrücke des Geschmacks verwendet. So spricht er nicht von einer 'Kirche', sondern stattdessen von einem „ehrwürdigen Gebäude", einem „Wunderwerk", er sieht ein „Ungeheures", „Geregeltes", „Ausgearbeitetes" und schließlich ein „erstaunliches Denkmal".

[379] Dorothea von Mücke, „Architektur als Kunst und Fiktion, Baukunst und ästhetische Theorie bei Goethe", in: Jörn Steigerwald, Rudolf Behrens (Hgg.), *Räume des Subjekts um 1800, Zur imaginativen Selbstverortung des Individuums zwischen Spätaufklärung und Romantik*, Wiesbaden 2010, 16-35, 24.

Was beim ersten Blick auf das Münster lediglich als kognitiv-affektiver Prozess beobachtbar ist, wird zum Ende der Straßburger Zeit zu einem bewusst eingesetzten Mittel der ästhetischen Erkenntnisgewinnung. Damit bildet die Auseinandersetzung mit dem Münster nicht nur den narrativen Rahmen dieses biographischen Abschnitts. Durch sie gelangt das Ich auch zu einem Rezeptionsmodell, das für den aktiven Zugang zum Kunstwerk das eigene kreative Vermögen zur Grundlage macht und damit letztlich einer ästhetischen Selbstbegründung zuarbeitet. Formuliert wird dieses Verfahren am Ende des elften Buchs, das auch den Abschied vom Elsass markiert. Dort befindet sich Goethe

> auf einem Landhause, von wo man die Vorderseite des Münsters und den darüber emporsteigenden Turm gar herrlich sehn konnte. Es ist schade, sagte Jemand, daß das Ganze nicht fertig geworden und daß wir nur den einen Turm haben. Ich versetzte dagegen: es ist mir ebenso leid, diesen einen Turm nicht ganz ausgeführt zu sehn; denn die vier Schnecken setzen viel zu stumpf ab, es hätten darauf noch vier leichte Turmspitzen gesollt, so wie eine höhere auf die Mitte, wo das plumpe Kreuz steht. Als ich diese Behauptung mit gewöhnlicher Lebhaftigkeit aussprach, redete mich ein kleiner muntrer Mann an und fragte: wer hat Ihnen das gesagt? – Der Turm selbst, versetzte ich. Ich habe ihn so lange und aufmerksam betrachtet, und ihm soviel Neigung erwiesen, daß er sich zuletzt entschloß, mir dieses offenbare Geheimnis zu gestehn. [...] Aber so sollte es mir immer ergehn, daß ich durch Anschaun und Betrachten der Dinge erst mühsam zu einem Begriffe gelangen mußte, der mir vielleicht nicht so auffallend und fruchtbar gewesen wäre, wenn man mir ihn überliefert hätte. (DW 544)

Hier nun erscheint die Wahrnehmung des Münsters nicht mehr nur als Rezeptionsprozess, sondern als Form der Kommunikation zwischen Kunstwerk und Betrachter. Letzterer setzt seine Imagination ein, um den nur teilweise ausgeführten Turm des Gebäudes vor dem geistigen Auge zu vervollständigen. Ausgehend von der intensiven Betrachtung, welche die architektonische Anlage in die eigene Erfahrung übergehen lässt, wird das Ich so zum Mitschaffenden. Betrachter und Kunstwerk bzw. der sich darin manifestierende Genius stehen sich dabei als gleichwertige Instanzen des künstlerischen Prozesses gegenüber. Dorothea von Mücke spricht in diesem Kontext von der „Entdeckung und Verkündigung einer kontemplativen Selbsttechnik", bei der das „Ich der Erfahrung und der Beschreibung [...] ein individualisiertes Ich und zugleich exemplarisch [ist]".[380] Indem sich das Ich die Gesamtkomposition des Münsters anhand wiederholter Bemühungen erschließt, konstituiert es sich auch zugleich selbst als Schaffender. Dadurch profiliert es sich einerseits, in Entsprechung zur

---

[380] Mücke, „Architektur als Kunst und Fiktion", 25.

Einzigartigkeit des Kunstwerks, als Individuum. Andererseits zeigt es aber auch beispielhaft den Weg zu einer – freilich einen bestimmten Genius voraussetzenden – Autonomieästhetik. Damit gelangt das Ich zu der eigenständigen ästhetischen Position, die ihm zu Beginn seines Aufenthalts noch nicht zugänglich war. Deren künstlerische Ausarbeitung erfolgt u.a. im Aufsatz *Von deutscher Baukunst*, der 1773 als Einzeldruck ebenso wie in Herders Sammelband *Von deutscher Art und Kunst* erschien. Darin wird der Baustil der Gotik anhand des Straßburger Münsters zu „deutscher Baukunst" überhöht, mithin für eine ästhetische Begründung der deutschen Nation argumentiert.[381] In der Perspektivierung des Straßburger Münsters als Dokument eines spezifisch nationalen Architekturstils verschmelzen, wie schon zuvor beim Besuch des Frankfurter Doms und der Königskrönung, die Dimensionen des Sakralen, Ästhetischen und Politischen:

> Da ich nun an alter deutscher Stätte dieses Gebäude gegründet und in echter deutscher Zeit so weit gediehen fand, auch der Name des Meisters auf dem bescheidenen Grabstein gleichfalls vaterländischen Klanges und Ursprungs war; so wagte ich, die bisher verrufene Benennung Gotische Bauart, aufgefordert durch den Wert dieses Kunstwerks, abzuändern und sie als deutsche Baukunst unserer Nation zu vindizieren, sodann aber verfehlte ich nicht, erst mündlich, und hernach in einem kleinen Aufsatz D.M. Erwini a Steinbach gewidmet, meine patriotischen Gesinnungen an den Tag zu legen. (DW 420)

Die biographische Auseinandersetzung mit dem Münster mündet über die Publikation in eine überindividuelle Dimension, die des Nationalen.[382]

---

[381] Vgl. hierzu den bereits zitierten Artikel von Dorothea von Mücke sowie Georg Friedrich Koch, „Goethe und die Baukunst", in: Helmut Böhme, Hans-Jochen Gamm (Hgg.), *Johann Wolfgang Goethe: Versuch einer Annäherung, Ringvorlesung an der Technischen Hochschule Darmstadt im Sommersemester 1982 zum 150. Todestag von Johann Wolfgang Goethe*, Darmstadt 1984, 231-288; Klaudia Hilgers, „‚...bis aufs geringste Zäserchen, alles Gestalt, und alles zweckend zum Ganzen...', Natur und Kunst in Goethes *Von deutscher Baukunst*", in: Peter Pabisch, (Hg.), *Mit Goethe Schule machen? Akten zum internationalen Goethe-Symposium Griechenland – Neumexiko – Deutschland 1999*, Frankfurt a.M. 2002, 93-116; Jens Bisky, *Poesie der Baukunst, Architekturästhetik von Winckelmann bis Boisserée*, Weimar 2000; Erik Forssmann, „Von deutscher Baukunst, Goethe und Schinkel", in: Reinhard Wegner (Hg.), *Deutsche Baukunst um 1800*, Köln/Weimar/Wien 2000, 7-26.

[382] Relativierend muss dieser Perspektive allerdings ein Aufsatz Goethes aus dem Jahr 1795 an die Seite gestellt werden. Dieser, lediglich „Baukunst" betitelte Artikel, setzt sich nicht mit einem einzelnen Kunstwerk auseinander, sondern versucht tragfähige Urteilskriterien für die Bewertung von Architektur generell zu entwickeln. Die Betonung des Nationalen ist dabei der Frage nach der Eigenart des Ästhetischen in der Betrachtung und Wahrnehmung von Baukunst gewichen. Vgl.:

Mit der – kunstgeschichtlich unzutreffenden[383] – Umdeutung der Gotik zur genuin deutschen Baukunst wirkt Goethe wesentlich auf das zeitgenössische Verständnis dieser Epoche. Zugleich beteiligt er sich am Versuch des deutschen ‚nation building', das die fehlende politische Einheit durch die Idee einer deutschen ‚Kulturnation' zu kompensieren suchte. Die realgesellschaftlichen Konsequenzen der aufkommenden deutschen Gotik-Begeisterung finden ihren Ausdruck u.a. in den Bemühungen um die Fertigstellung des Kölner Doms (1842-1880). Dieser erfährt im 19. Jahrhundert eine dem Gestus von Goethes Aufsatz ähnliche Funktionalisierung zu einem Ort von nationaler kultureller Bedeutung.[384] Zu Goethes Lebzeiten befand er sich jedoch noch in jenem rudimentären Zustand, in dem ihn die Anfang des 16. Jahrhunderts zum Stillstand gekommenen Bauarbeiten gelassen hatten. In *Dichtung und Wahrheit* erhält er eine zweifache autobiographische Perspektivierung sowohl durch das erlebende als auch durch das erinnernde Ich. So dient der Dom dem erlebenden Ich zunächst als Vergleichsobjekt zum Straßburger Münster. Unter dieser Perspektive bleibt er notwendig hinter seinem französischen Pendant zurück und verschafft dem Ich nicht den erhofften ästhetischen Genuss:

> Die Ruine des Doms (denn ein nichtfertiges Werk ist einem zerstörten gleich) erregte die von Straßburg her gewohnten Gefühle. Kunstbetrachtungen konnte ich nicht anstellen, mir war zu viel und zu wenig gegeben, und Niemand fand sich, der mir aus dem Labyrinth des Geleisteten und Beabsichtigten, der Tat und des Vorsatzes, des Erbauten und Angedeuteten hätte heraushelfen können, wie es jetzt wohl durch unsere fleißigen beharrlichen Freunde geschieht. In Gesellschaft bewunderte ich zwar diese

---

Johann Wolfgang Goethe, „Baukunst", in: Ders., *Sämtliche Werke, Briefe, Tagebücher und Gespräche*, Bd. 18, *Ästhetische Schriften 1771-1805*, hg. von Friedmar Apel, Frankfurt a.M. 1998, 367-374.

[383] Tatsächlich entstand die Gotik bekanntermaßen Mitte des zwölften Jahrhunderts in Frankreich. Der Begriff ‚Gotik' wurde von Giorgio Vasari in der Renaissance geprägt. Gedacht war er als abwertende Bezeichnung der ‚gotischen Baukunst' im Sinne von gotisch als ‚barbarisch' im Gegensatz zur hochentwickelten Baukunst der Antike. In diesem Sinne schließt Goethe an die Abgrenzung von gotisch-nordischer und romanisch-südlicher Architektur an, nimmt aber eine Umwertung vor. Vgl.: Bruno Klein, „Beginn und Ausformung der gotischen Architektur in Frankreich und seinen Nachbarländern", in: Rolf Toman (Hg.), *Die Kunst der Gotik, Architektur, Skulptur, Malerei*, Königswinter 2007, 28-115; Bernd Nicolai, *Gotik*, Stuttgart 2007; Roland Recht, *Believing and Seeing, The Art of Gothic Cathedrals*, Chicago 2008; zu Vasari vgl.: Gerd Blum, *Vasari, der Erfinder der Renaissance*, München 2011.

[384] So war bei der Einweihungsfeier am 15.10.1880 u.a. auch der preußische König Wilhelm I. zugegen. Zur zeitgeschichtlichen Bedeutung des Doms vgl.: Otto Dann (Hg.), *Religion – Kunst – Vaterland, Der Kölner Dom im 19. Jahrhundert*, Köln 1983.

merkwürdigen Hallen und Pfeiler, aber einsam versenkte ich mich in dieses, mitten in seiner Erschaffung, fern von der Vollendung schon erstarrte Weltgebäude, immer mißmutig. Hier war abermals ein ungeheurer Gedanke nicht zur Ausführung gekommen. (DW 678f.)

Zwar wirkt die Konstruktion auf Gefühl und ästhetischen Sinn, ähnlich wie das Straßburger Münster. Die fehlende Gesamtstruktur des Doms lässt das betrachtende Ich jedoch „mißmutig" zurück, erlaubt sie ihm doch weder die architektonische Idee des Gebäudes zu erkennen noch das Verhältnis der Teile untereinander und zum Ganzen zu bestimmen. Eine ästhetische Erfahrung wird so zwar angeregt, letztlich aber nicht eingelöst. Damit erscheint der Dom auch nicht geeignet die Idee der Kulturnation zu transportieren, die der bekannte Aufsatz am zumindest fast vollendeten Straßburger Sakralbau entwickelt. Die „Ruine" steht stattdessen, vergleichbar mit der Rumpelkammer des Konklave im Frankfurter Dom, als Metapher für den zeitgenössischen, politisch zersplitterten Zustand des deutschen Sprachraums.[385]

Neben dieser, am erlebenden Ich orientierten Perspektive entwirft der Text aber auch eine Deutung, welche die eigene Biographie insgesamt in den Blick nimmt. Hierfür setzt er beide Gebäude, das Münster und den Dom, in eine zeitliche, ebenso individuelle wie nationale Entwicklungslinie. Begründet wird diese durch das Motto des zweiten Teils von *Dichtung und Wahrheit*: „Was man in der Jungend wünscht, hat man im Alter die Fülle" (DW 237). Aus der Retrospektive des erzählenden Ichs sieht es nun seine jugendlichen Bemühungen um die Gotik als ‚deutscher Kunst' und ihre Bedeutung für ein nationales Selbstverständnis in der projektierten Fertigstellung des Kölner Doms verwirklicht.[386] Wie schon zuvor in der Darstellung der Frankfurter Königskrönung, bespiegeln sich auch hier

---

[385] Wie sehr sich die Bedeutung des Kölner Doms im Verlauf des 19. Jahrhunderts hin zu einem restaurativ-konservativen Projekt verschiebt, macht die betreffende Textstelle aus Heines *Wintermärchen* deutlich. Für ihn besitzt, in Heine-typischer Manier formuliert, gerade die Unterbrechung des Dombaus Symbolcharakter: „Doch siehe! dort im Mondenschein/Den kolossalen Gesellen!/Er ragt verteufelt schwarz empor,/Das ist der Dom von Cöllen. // Er sollte des Geistes Bastille seyn,/Und die listigen Römlinge dachten:/In diesem Riesenkerker wird/Die deutsche Vernunft verschmachten! // Da kam der Luther, und er hat/Sein großes »Halt!« gesprochen –/Seit jenem Tage blieb der Bau/Des Domes unterbrochen. // Er ward nicht vollendet – und das ist gut./Denn eben die Nichtvollendung/Macht ihn zum Denkmal von Deutschlands Kraft/Und protestantischer Sendung." Heinrich Heine, *Deutschland. Ein Wintermärchen*, in: Ders., *Historisch-Kritische Gesamtausgabe der Werke*, in Verbindung mit dem Heinrich-Heine-Institut hg. von Manfred Windfuhr, Hamburg 1985, 89-160, hier: 98f.

[386] Zu dieser Fertigstellung trug wesentlich der 1842 gegründete Zentrale Dombauverein bei. Vgl.: Kathrin Pilger, *Der Kölner Zentral-Dombauverein im 19. Jahrhundert. Konstituierung des Bürgertums durch formale Organisation*, Köln 2004.

individuelle Biographie und Zeitgeschichte. Während jedoch das jugendliche Ich in Frankfurt dem Schauspiel nur beiwohnen konnte, liefert es nun entscheidende, literarische Impulse, die langfristig zur Schaffung nationaler Symbole führen. So hat es sich selbst zwar im Verlauf seiner künstlerischen Entwicklung von der Gotik ab und der antiken Kunst zugewandt. Doch gleichzeitig wird das, was ihm mit der Zeit aus dem Blick geraten ist, nun von Anderen aufgegriffen und weitergeführt:

> Sehen wir nun während unseres Lebensganges dasjenige von Andern geleistet, wozu wir selbst früher einen Beruf fühlten, ihn aber, mit manchem Andern, aufgeben mußten; dann tritt das schöne Gefühl ein, daß die Menschheit zusammen erst der wahre Mensch ist, und daß der Einzelne nur froh und glücklich sein kann, wenn er den Mut hat, sich im Ganzen zu fühlen. (DW 422)

Hier wird das Verhältnis des Einzelnen zu „seinen Zeitverhältnissen" (DW 13) fokussiert, das im Künstler eine spezifische Ausprägung erfährt. Damit setzt der Text das im Vorwort formulierte poetologische Programm um. In diesem Sinn verweist er einerseits auf die gemeinschaftliche Verwirklichung gesellschaftlicher Ideen, die es ermöglicht „sich im Ganzen zu fühlen", d.h. als integrierter Teil der Gemeinschaft. Mit dieser Formulierung überträgt der Text die bereits im Kontext der Kirchenbeschreibungen verwendete Bildlichkeit des Verhältnisses vom Teil zum Ganzen auf die Erklärung gesellschaftlicher Dynamiken. Waren die Kirchenbauten für das Ich dann stimmig, wenn grundlegende Ideen verfolgt und ausgeführt wurden, so gilt dies analog auch für soziale Architekturen. Wesentlich erscheint hierbei nun, dass es der Künstler ist, der allererst diese Gedanken formt und die nötigen Impulse gibt. Der Kölner Dom erhält für die autobiographische Argumentation der Passage somit eine doppelte Funktion. Als Ort, an dem auf besondere Weise die eigene Biographie mit politischen wie architektonischen Entwicklungen zusammenkommt, macht er die gesellschaftliche Relevanz künstlerischer Entwürfe ebenso wie den eigenen Beitrag hierzu sichtbar. Darüber hinaus ermöglicht die biographische Eingrenzung dem erzählenden Ich, sich von seiner jugendlichen Gotik-Begeisterung und der damit verbundenen Sturm und Drang-Attitüde zu distanzieren, zugleich aber deren langfristige Wirksamkeit aufzuzeigen.[387] Solchermaßen lässt der Text noch einmal die autobiographische Maxime bei der Auseinandersetzung mit Kirchenräumen erkennen: An die Stelle geistlicher Inhalte rückt die ästhetische Formgebung. Bedeutung stiften nun nicht mehr symbolische Handlungen im In-

---

[387] „Und davon sollte in der Geschichte, vorzüglich aber in der Biographie die Rede sein: denn nicht in sofern der Mensch etwas zurückläßt, sondern in sofern er wirkt und genießt und andere zu wirken und zu genießen anregt, bleibt er von Bedeutung." (DW 303)

neren, sondern die Umsetzung künstlerischer Leitbilder am Äußeren der Kirche. Der Künstler schafft dabei die Brücke zwischen Einzelnem und Gesellschaft, indem er den jeweiligen Deutungs- und Identifikationsrahmen liefert.

Die Aneignung des Kirchenraums als eines ästhetischen wird jedoch nicht nur in einer retrospektiven Geste vom erinnernden Ich vollzogen, sondern anhand einer weiteren Krönungsszene auch vom erlebenden Ich. Im achtzehnten Buch unternimmt es eine Reise durch die Schweiz, die es bis an den Gotthard-Pass und die Grenze nach Italien bringt, an der es bekanntlich umkehrt.[388] Kurz vor diesem landschaftlichen, politischen und auch biographischen „Scheidepunkt" (DW 809) gelangen Goethe und sein Begleiter zum Kloster Maria Einsiedeln. Auf dem Weg dorthin werden sie von einer „Anzahl von Wallfahrern" (DW 801) überholt, denen sie bis zum Kloster folgen. Hierdurch tritt die Praxis der Raumdurchquerung selbst in den Vordergrund. Diese erhält durch die christlichen Pilger wiederum eine symbolische Qualität. Die Wanderung wird so in die Perspektive der bereits erwähnten, christlichen Lebensreise gestellt. Diese steht bei Goethe allerdings, wie meine Lektüre deutlich gemacht hat, nicht mehr im Zeichen der religiösen Ankunft bei Gott, sondern des künstlerischen Ankommens bei sich selbst. Und so ist die Schweizreise als Versuch angesetzt, zu einer Klärung der biographischen Ausrichtung zu gelangen. Die anstehende Entscheidungsfindung ist durchaus geographisch, als räumliche Orientierung gestaltet. Zu diesem Zweck aktiviert der Text die bereits im Elternhaus angelegte Bedeutungsachse Frankfurt – Italien, die sich über eine Verknüpfung der eigenen Künstler-Genese mit der Abgrenzung gegenüber der väterlichen Vita generiert. Dementsprechend scheint einerseits die Möglichkeit einer Weiterreise nach Italien auf, während am entgegengesetzten Endpunkt der biographischen Achse der Verbleib in Frankfurt und die damit verbundene Heirat mit Lili als Option wartet. Daneben zeichnet sich allerdings, durch einen Zwischenstopp auf der Reise ins Werk gesetzt, der Umzug an den Hof in Weimar als Alternative ab.[389]

Vor dem Hintergrund dieser semantischen Rahmung gelangen das Ich und sein Begleiter zum Kloster. Den christlichen Wallfahrern verkör-

---

[388] Ausführlich analysiere ich diese Passage sowie die Bedeutung der Berglandschaft in Kapitel 3.5.3 (Berge).

[389] Bereits in Karlsruhe hat das Ich einen Zwischenstopp auf seiner Reise eingelegt und dort das sich zum Zweck der Eheschließung aufhaltende Fürstenpaar von Sachsen-Weimar besucht. Dabei konkretisiert sich die Möglichkeit eines längeren Aufenthalts in Weimar: „Meine Gespräche mit beiden hohen Personen [dem Fürsten von Sachsen-Weimar und seiner Braut] waren die gemütlichsten, und sie schlossen sich, bei der Abschieds Audienz, wiederholt mit der Versicherung: es würde ihnen beiderseits angenehm sein mich bald in Weimar zu sehen." (DW 789)

pert dort der Besuch der Gnadenkapelle Ziel und Lohn für den anstrengenden Aufstieg. Für das Ich hingegen ist der zentrale Ort des Klosters wiederum nicht sakraler, sondern ästhetischer Natur: es besichtigt die Schatzkammer, in der die klostereigenen Kunstwerke aufbewahrt werden:

> Man führte uns in die Schatzkammer, welche reich und imposant genug, vor allem lebensgroße wohl gar kolossale Büsten von Heiligen und Ordensstiftern dem staunenden Auge darbot. Doch ganz andere Aufmerksamkeit erregte der Anblick eines darauf eröffneten Schrankes; er enthielt altertümliche Kostbarkeiten, hier her gewidmet und verehrt. Verschiedene Kronen von merkwürdiger Goldschmidtsarbeit hielten meinen Blick fest, unter denen wieder eine ausschließlich betrachtet wurde. Eine Zackenkrone im Kunstsinne der Vorzeit, wie man wohl ähnliche auf den Häuptern altertümlicher Königinnen gesehen, aber von so geschmackvoller Zeichnung von solcher Ausführung einer unermüdeten Arbeit, selbst die eingefügten farbigen Steine mit solcher Wahl und Geschicklichkeit verteilt und gegeneinander gestellt – genug ein Werk der Art, daß man es bei dem ersten Anblick für vollkommen erklärte, ohne diesen Eindruck kunstmäßig entwickeln zu können. Auch ist in solchen Fällen, wo die Kunst nicht erkannt, sondern gefühlt wird, Geist und Gemüt zur Anwendung geneigt, man möchte das Kleinod besitzen um damit Freude zu machen. Ich erbat mir die Erlaubnis das Krönchen hervorzunehmen; und als ich solches in der Hand anständig haltend in die Höhe hob, dacht' ich mir nicht anders als ich müßte es Lili auf die hellglänzenden Locken aufdrücken, sie vor den Spiegel führen und ihre Freude über sich selbst und das Glück das sie verbreitet gewahr werden. Ich habe mir nachher oft gedacht, diese Szene, durch einen talentvollen Maler verwirklicht, müßte einen höchst sinn- und gemütvollen Anblick geben. Da wäre es wohl der Mühe wert der junge König zu sein, der sich auf diese Weise eine Braut und ein neues Reich erwürbe. (DW 802)

Das Ich begibt sich in dieser Passage erneut ins Innere einer katholischen Kirche und wiederum ist es – wie zuvor in der Beichtstuhlszene – ein Schrank, dessen Innenraum bedeutsam wird. Dieser enthält jedoch keinen näselnden Priester, sondern „altertümliche Kostbarkeiten". Im Gegensatz zur Beichtstuhlszene, in welcher der Innenraum als beklemmend erfahren wird und das Ich letztlich unberührt lässt, wird hier das Innere als sinnlich ansprechender Kunstraum inszeniert. Das begrenzte räumliche Arrangement wird dabei zur auktorialen Bühne, auf der die konkreten Raumhandlungen und Gegenstände wiederum symbolisch-zeichenhaften Verweischarakter annehmen. So erweist sich der beschriebene Raum tatsächlich als eine „Schatzkammer" und der Schatz, den es zu bergen gilt, ist eine „Zackenkrone". Damit schlägt der Text den Bogen zurück zum fünften Buch, in dem die Königskrönung und die ersehnte Dichterkrönung wie beschrieben parallel geführt werden. Dies umso mehr, als die Krone explizit in ihrem künstlerischen Wert gewürdigt wird. Sie ist nicht nur Zeichen der Macht, sondern in erster Linie Zeichen der Kunst. Die Vollkommenheit des Kunstwerks ähnelt dabei strukturell den zuvor beschriebenen Kirchenfassaden, insbesondere dem Straßburger Münster. Auch hier lässt sich der ästhetische Eindruck zunächst nur konstatieren, nicht aber „kunstmäßig entwickeln". Zugleich verweist das Ich auf die Harmonie der Komposition und der einzelnen Teile untereinander, so wie es auch bei der gotischen Fassade des Münsters geschieht. Anders als beim Münster identifiziert sich das Ich hier jedoch auf eine besondere Weise mit dem Kunstwerk, es „möchte das Kleinod besitzen". Aus diesem Begehren entsteht eine Krönungsszene, die mit der imaginierten Dichterkrönung des fünften Buchs korrespondiert. Die libidinös besetzte Beziehung des Ichs zur Krone verschmilzt dabei die Figur der Geliebten mit der Kunst in Form der Krone. Dies geschieht in einem Akt der künstlerischen Selbstermächtigung, indem das Ich die Krone ergreift und damit imaginär Lilli krönt. Sich selbst setzt es dadurch zugleich in die Rolle des „junge[n] König[s]" ein. Entscheidend ist hierbei, dass es sich nicht um eine real beabsichtigte Krönung handelt. Stattdessen kommt es dem Ich auf die dabei entstehende „Szene" an. Diese wünscht es sich im Nachhinein „durch einen talentvollen Maler verwirklicht", imaginiert also deren Transformation in Kunst. Damit wird deutlich, dass es hier um die künstlerische Gestaltung der Wirklichkeit geht, konkret um die Fähigkeit des Ichs, „dasjenige was mich erfreute oder quälte, oder sonst beschäftigte, in ein Bild, ein Gedicht zu verwandeln"[390] (DW 309). Diese Perspektive wird dadurch verstärkt, dass die Krönung als Spiegelszene gestaltet ist. Erst beim Blick in den Spiegel wird Lilli „ihre Freude über sich selbst und das Glück das sie verbreitet gewahr". Es wird also die Frage der Gestaltung von Realität durch Kunst und ihrer Wirkmöglichkeiten verhandelt. Bereits im Vorwort von *Dichtung und Wahrheit* verweist Goethe diesbezüglich darauf, wie die Realität durch den „Künstler, Dichter, Schriftsteller" in der Erfahrung verarbeitet und als Kunst „wieder nach außen abgespiegelt" (DW 13) wird. Gleichermaßen dient auch hier der Spiegel zur Konstituierung des Künstler-Ichs, die politische Funktion der beschriebenen Szene geht in ihrer ästhetischen auf. Damit ist auch das „neu[e] Reich", das der junge König sich erwirbt, als das der Kunst bezeichnet. Der Text schließt so an die Eingangsszene des *Knabenmärchens* an, in der das Ich ebenfalls zunächst vor einem Spiegel sein Autor-Ich konstituiert, bevor es das Reich der Imagination betritt. Der dortigen Spiegelung wird so eine weitere an die Seite gestellt. War mit der ersten

---

[390] Carsten Rohde bestimmt diese Struktur gar als „Goethes poetische Grundmaxime". Vgl. Rohde, *Spiegeln und Schweben*, insbes. 227-233.

der Beginn der Autor-Genese markiert, so wird hier die Entscheidung für die biographische Verpflichtung auf die Kunst noch einmal symbolisch bestätigt. Die „Poetik wiederholter Spiegelungen"[391] wird so um eine Facette erweitert. Das Ich schöpft hier aus der eigenen Erfahrung, die poetisch transformiert wird. Imagination und Erfahrungswirklichkeit erscheinen nun nicht mehr, wie noch im *Knabenmärchen*, als formal von einander getrennte Bereiche. Gleichwohl behält die Kunst das letzte Wort, sie gibt die Regeln vor, nach denen die Szene überhaupt erst zustande kommt. Was in der Wirklichkeit nicht zusammen findet, wird so vom erzählenden Ich als Szene, als Kunstwerk für den textuellen Moment zusammengefügt. Das Ich wird damit selbst zu dem „talentvollen Maler", durch den es sich die Szene „verwirklicht" wünscht.

Mit der Krönungsszene setzt das Ich sich somit als Protagonist einer Umdeutung religiöser in ästhetische Praxis ein, die bereits im ersten Buch perspektivisch angelegt ist. Dies bedeutet in der Folge nicht nur, dass die Beziehung zu Lili hinter den Wunsch nach künstlerischer Verwirklichung zurücktritt. Es rückt auch den sich direkt anschließenden Weg in die Perspektive einer Suche nach ästhetisch tragfähigen Leitbildern. Nicht umsonst führt die Wanderung von Maria Einsiedeln aus direkt zum „Scheidepunkt" (DW 809) des Gotthard, an dem das Ich sein Verhältnis zur väterlichen Wunsch-Vita und der damit verbundenen Italienreise definiert. Indem es dort zum Entschluss kommt nicht weiterzureisen, sondern sich erneut der Schweiz zuzuwenden, trifft es auch eine ästhetische Entscheidung. Im Geist der zeitgenössischen Naturbegeisterung zieht es die Schweiz, als dem „Land der Wunder der Natur'" nun Italien als „dem ‚Lande der Wunder der Kunst'" vor.[392] So kehrt es, wenn auch nur an diesem biographischen Punkt, Italien und dem damit verknüpften Ideal der Antike den Rücken zu. Erst elf Jahre später wird das Land südlich der Alpen zum Ort der künstlerischen „Wiedergeburt" (IR 147) werden.

3.3.5 Zusammenfassung

Öffentliche Räume sind für das autobiographische Ich Räume der Vermittlung und dies in mehrfacher Hinsicht. Am Beginn dieses biographischen Prozesses stehen die Straßen. Sie vermitteln die private Sphäre des Hauses mit dem öffentlichen Raum. Indem das Ich in diesen hinaustritt,

---

[391] Rohde, *Spiegeln und Schweben*, 384.
[392] Petra Raymond, *Von der Landschaft im Kopf zur Landschaft aus Sprache: die Romantisierung der Alpen in den Reiseschilderungen und die Literarisierung des Gebirges in der Erzählprosa der Goethezeit*, Tübingen 1993, 6.

wird es in den Stand gesetzt, den familiären Regeln und Vorgaben schrittweise eigene Erfahrungen entgegenzustellen und so auch zu neuen Maßstäben zu gelangen. Dabei ist es die Praxis der Raumdurchquerung selbst, die semiotische Bedeutungsstrukturen schafft und autobiographische Positionsbestimmungen ermöglicht. Der öffentliche Raum wird hierfür von Beginn an als ambivalent inszeniert, verspricht er doch ebenso eine Erweiterung von Wissen und Handlungsmöglichkeiten wie er Gefahr und Regellosigkeit impliziert. Gerade die Überschreitung gesetzter Normen und Regeln wird hier allerdings als entwicklungsfördernde Raumerfahrung umgesetzt, indem sie dem Ich erlaubt, neue Stand-Punkte einzunehmen. In diesem Sinn bedeutet das Betreten der Judengasse zunächst eine Konfrontation mit Fremdheit. Diese kann jedoch durch einen aktiven Wechsel zwischen öffentlichen und privaten jüdischen Räumen und die dadurch erkennbar werdende biographische Topik mit der eigenen Erfahrung vermittelt werden kann. Auf diese Weise nimmt das Ich buchstäblich ebenso wie metaphorisch einen Ort auf der Grenze zwischen verschiedenen gesellschaftlichen Räumen und Semantiken ein. Damit ist zugleich auch die Position des Autors bezeichnet, der literarisch gesellschaftliche Prozesse übersetzt und verstehbar macht, ebenso wie er autobiographisch den privaten mit dem öffentlich bekannten Lebenstext vermittelt. So steht das Hinaustreten auf die Straße im Zeichen der Autorschaft und der ersten eigenen Textproduktionen. Die dabei zum Tragen kommenden Prozesse erhalten über ihre räumliche Ausbuchstabierung eine selbstreflexive Wendung.

Gasthöfe und Herbergen führen die Perspektive der Künstler-Genese fort, allerdings unter einem anderen Gesichtspunkt. Mit ihrer Hilfe verhandelt der Text das Verhältnis von beruflich-ökonomischer und ästhetischer Ausrichtung in der Biographie des Ichs. Dabei sind Gasthöfe nicht nur Teil eines zunächst als ambivalent erfahrenen öffentlichen Raums, sondern bilden auch einen durch die väterliche Biographie festgelegten und ausgegrenzten Ort. Vor diesem Hintergrund besitzt die allmähliche Integrierung dieser Räume in die eigene Erfahrung für das Ich eine wichtige biographische Doppelfunktion: sie dient zugleich der familiären Abgrenzung wie der beruflichen Orientierung. Indem das Ich die Gasthöfe und Herbergen so schrittweise zum Bestandteil der eigenen Lebenserzählung macht, verändert sich zugleich der Blick auf sie. Ziel ist hierbei die Erprobung und Vermittlung unterschiedlicher Perspektiven, die eine je spezifische Raum- und Selbstwahrnehmung ermöglichen. Auf diese Weise werden die Gasthöfe zu ästhetisch erfassten Räumen, in denen das Ich sich zunehmend als Autor bewegt. Hierüber kommt die berufliche Frage erneut ins Spiel, wobei sich zeigt, dass das Ich bereit ist, von den Autonomievorstellungen des Vaters abzurücken, um seine literarischen Ambitionen zu verfolgen. Die Gasthöfe dienen dabei als Vermittlungsorte, an denen sich bürgerliche und adelige Lebensweise kreuzen und dem Ich so biographisch neue Räume eröffnen.

Mit den Museen und Galerien tritt die ästhetische Perspektive von Beginn an in den Vordergrund. An ihnen erfährt das Ich mit der zunehmenden Herausbildung seiner künstlerischen Wahrnehmung auch eine verstärkte gesellschaftliche Selbst-Positionierung. So vermitteln Galerien und Museen den sozialen und biographischen Status von Kunst. Dabei differenzieren sie zunächst ein adeliges von einem bürgerlichen Selbstverständnis, das wesentlich über die selbst erworbene Bildung reguliert wird. Dementsprechend verläuft die frühkindlich-familiäre Ausrichtung auf klassische Kunst, die als Grundlegung zur späteren Künstler-Genese firmiert und immer schon auf die eigene Kunstproduktion hin angelegt ist. Auf diese Weise wird mit der gesellschaftlichen Funktion von Kunst zugleich die eigene Rolle als Künstler thematisiert. Beide werden vom Text auf einer biographisch-räumlichen Achse verortet, die Frankfurt mit Italien, die Gegenwart mit der Antike und die Vita des Ichs mit der seines Vaters verbindet.

Dabei werden Präsentation und Wahrnehmung von Kunstwerken über deren räumliche Inszenierung mit der Aura des Sakralen versehen. Der Künstler erscheint so gleichermaßen als Vermittler wie Schöpfer einer vom Religiösen ins Ästhetische verschobenen, gesellschaftlichen Deutungsaufgabe. Diese fußt aber allererst in der individuellen Selbst-Begründung des Ichs, die über eine beständige Rückkopplung mit der umgebenden räumlichen Ordnung verläuft. In diesem Prozess konstituiert und vergewissert sich das (Künstler-) Ich seiner selbst entlang räumlicher Verortungs- und Abgleichungsbewegungen. Dieses Verfahren begründet auch die Sonderstellung des Künstlers, die der Text als ein spezifisches Verhältnis zwischen Kunst und Leben vorführt. So stellt das Ich der Funktionalisierung und räumlichen Eingrenzung von Kunst die eigene Absolutsetzung des ästhetischen Blicks entgegen. Indem beide, Kunst und Leben, vorderhand als verschränkt erscheinen, perspektiviert sich auch das autobiographische Projekt erneut zwischen *Dichtung und Wahrheit*. Zugleich erhebt eine so verstandene Kunst den Anspruch, individuelle Erfahrung in klassische Formen umzuwandeln und damit auch einem Bedürfnis nach nationaler Selbstbegründung in der Kunst zu entsprechen.

Die damit einhergehende Aufwertung des Künstlers spiegelt sich in der Auseinandersetzung mit kirchlichen Räumen. Im Gegensatz zu den Museen und Galerien, werden die Kirchen einer Entsakralisierung und ästhetischen Umdeutung unterzogen. Augenfällig wird die biographische wie künstlerische Übernahme religiöser Räume und Praktiken in der symbolischen Handlung der Krönung. In ihr kommen politische, religiöse und ästhetische Momente zusammen. Ausgehend von konkreten räumlichen Arrangements und Praktiken erhalten diese so einen zeichenhaften, die biographische Autorschaft insgesamt reflektierenden Charakter. Zunächst ist aber die Hinwendung zur Materialität der Kirchenräume von Bedeutung, die ihre sinnliche bzw. ästhetische Qualität erschließt. Sie werden so innerlich wie äußerlich zu Orten des Schauens und der damit verbundenen Selbst-Positionierung. Hierfür ist, wie sich im Kontext der Gretchen-Episode ebenso wie beim Straßburger Münster zeigt, eine bestimmte Distanz notwendig. Dies umso mehr, als im Inneren der Kirche kein Raum für eine eigene literarische Position des Ichs gegeben ist. Das profiliert zum einen die autobiographische Narration als Ort der Beichte, bedingt aber auch die Hinwendung zum Äußeren der Kirchen. Deren Architektur dient nun zur erfahrungsgeleiteten Entwicklung eigener ästhetischer Positionen. Aus diesen entsteht dann die literarische Produktion, die wiederum entscheidende Impulse zur Formung nationaler, nun ästhetisch begründeter Symbole setzen kann. Diese werden nicht mehr, auch hier zeigt sich der Bedeutungswandel, im Inneren, sondern am Äußeren der Kirche festgemacht. Doch auch der innere Raum der Kirche wird vom Ich letztlich im ästhetischen Sinn umgedeutet und damit zur autofiktionalen Bühne: Die eigene, imaginierte Krönung in der Kirche fungiert als biographische Bestätigung der Entscheidung für die Kunst.

Ins Werk gesetzt wird die Vermittlungsfunktion der öffentlichen Räume dabei grundlegend über eine räumliche Bildlichkeit, die aus dem Bereich der ästhetischen Anschauung in andere Felder transferiert wird: Das Verhältnis von Teil und Ganzem. In ästhetischer bzw. architektonischer Perspektive strukturiert es die Kirchenfassaden ebenso wie Gemälde und etwa die Wahrnehmung der Schusterwerkstatt. Als gesellschaftliche Differenz verhandelt sie das Verhältnis von Individuum zur Gesellschaft insgesamt, aber auch zu verschiedenen Schichten. Politisch gewendet konturiert es die Partikulargewalten von Bürgertum und Adel, während es in religiöser Hinsicht nicht nur zwischen christlicher Mehrheit und jüdisch Minderheit unterscheidet, sondern auch das Verhältnis zwischen Kunst und Religion in den Blick nimmt. All diese Aspekte formieren sich über das autobiographische Ich, das anhand dieser Bildlichkeit unterschiedliche Raumerfahrungen und die damit verknüpften Prozesse der Ich-Positionierung vermittelt.

3.4 Reisewege

3.4.1 Wanderungen

„Der Wanderer war nun endlich gesünder und froher nach Hause gelangt als das erste Mal, aber in seinem ganzen Wesen zeigte sich doch etwas Überspanntes, welches nicht völlig auf geistige Gesundheit deutete." (DW 548) Diese Selbstzuschreibung als „Wanderer" trifft Goethe zu Beginn des zwölften Buches. Nach der Beendigung seiner Promotion und der Trennung von Friederike ist er von Straßburg ins elterliche Haus nach Frankfurt zurückgekehrt. Damit hat er einen Teil der väterlichen Erwartungen erfüllt, denn „ich hatte promoviert, der erste Schritt zu dem fernern bürgerlichen, stufenweisen Lebensgange war getan." (DW 549) Gleichzeitig treiben ihn allerdings weiterhin literarisch-berufliche Fragen ebenso um wie die Verarbeitung seiner Beziehung mit Friederike. In dieser Situation greift er auf das Bild des Wanderers zurück, das eine spezifische Verknüpfung von räumlicher Bewegung und Biographie transportiert.

Mit dieser distanzierenden Bezeichnung etabliert das erzählende Ich zunächst eine Form der Selbstallegorese, bei der eine kontinuierliche Raumdurchquerung die Position des erinnerten Ichs ersetzt. Es eröffnet somit ein rhetorisch-bildliches Feld, das seine Bedeutung aus einer raumzeitlichen Figur bezieht. Beide Dimensionen, die allegorische ebenso wie die konkret-raumpraktische, überlagern sich durch diese Selbstzuschreibung und bilden ein textkompositorisches Element. Sie werden im Verlauf der Narration in verschiedenen Konstellationen ausbuchstabiert und, wie die folgenden Seiten ausführen, wechselseitig aktiviert. Auf diese Weise organisieren sie die tatsächlichen räumlichen Wanderungsbewegungen des erinnerten Ichs, steuern aber gleichzeitig auch die biographische Semantik im Hinblick auf das konstruierte Autor-Bild.

Literarisch schreibt sich das Bild des Wanderers bereits aus der Antike her, denn als klassische Verkörperung desselben gilt Odysseus[393], dessen biographische Ich-Werdung unvermeidlich an das Reisen geknüpft ist. Leben und Reisen werden hier, wie in der obigen Selbststilisierung, in eins gesetzt. Zugleich ist seine Biographie aber auch immer schon Literatur, lässt sich Odysseus nicht von der *Odyssee* und dem Namen Homers trennen. Mehr noch, seine biographische Bedeutung konstituiert sich allererst durch den überlieferten Text. Auf diese Weise figuriert das Bild der Wanderung die persönliche ebenso wie literarische Ich-Konstituierung, die bi-

---

[393] Vgl.: Aubrey de Sélincourt, *Odysseus the Wanderer*, London 1950.

ographische Reise genauso wie deren Narration. Dementsprechend wird auch beim Ich in dieser Phase seiner Biographie die äußere und innere Rastlosigkeit des Wandernden bedeutsam, die in der beständigen Bewegung angelegt ist. Wie zuvor Odysseus erscheint das Ich hier ebenfalls als ein getriebenes, als biographisch ohne feste Bezugspunkte.

In dieser Situation ist es die autobiographische Selbstreferenz, welche die entscheidenden Koordinaten aufzeigt. Distanzierend in der dritten Person gehalten, bringt sie ein temporales Moment ein, das die räumliche Aktivität des Wanderns in ein zeitliches Kontinuum stellt. Es ist explizit das erinnernde Ich, das in der Rückschau diese Zuschreibung vornimmt und damit eine Zeitachse aufruft, welche die Biographie insgesamt in den Blick rückt. Mit ihr werden die konkreten Wanderungsbewegungen des Ichs als Teil einer biographie-generierenden Praxis sichtbar. Zu diesem Zeitpunkt hat das erinnerte Ich das Elternhaus bereits für sein Studium in Leipzig verlassen und ist dann aufgrund von Krankheit zurückgekehrt, um anschließend nach Straßburg weiterzuziehen. Der erneute Aufenthalt bei den Eltern erscheint unter diesen Vorzeichen ebenfalls nur als Durchgangsstation, der weitere Etappen folgen werden. Das Wandern gerät so zum autobiographischen Deutungsmuster und das wandernde Ich entsprechend zum „Wanderer".

Dabei funktioniert die beschriebene Figur über eine Aufspaltung des Ichs und die damit einhergehende, doppelte räumliche wie zeitliche Positionierung. Goethe nutzt die zweifache sprachlogische Zuweisung seiner Textfunktion, um zwei sich überlagernde semantische Räume zu etablieren, den des sich bewegenden erinnerten Ichs und den des erzählenden, seine Erinnerungen ordnenden Ichs. Mit der Wanderungsbewegung strukturiert sich daher nicht nur der Raum, den das erinnerte Ich durchläuft. In der Raumpraxis ist zugleich die (Text-) Komposition, die Deutung immer schon enthalten. Sie ist gleichermaßen pro- wie retrospektiv, schrittweise Raumaneignung wie memoriale Konstruktionsleistung.

Durch die Aufspreizung der Ich-Funktion eröffnet der Text dergestalt auch die Perspektive der eigenen Autorschaft. Mit ihr wird die literarische Kodierung der Wanderer-Figur als biographische Folie relevant, auf der sich verschiedene Texte zeigen. Neben *Wilhelm Meister*[394] ist es vor allem Werther, der sich selbst als „Wanderer" bezeichnet, ebenso wie er

---

[394] Die enge Verknüpfung biographischer und literarischer Autorschaft hat u.a. auch Carsten Rohde konstatiert. So ordnet seine Monographie zu Goethes autobiographischem Schreiben die Wilhelm Meister-Texte in das Kapitel „Stellvertretende Lebensläufe" ein. Vgl.: Rohde, „Wilhelm Meister", in: Ders., *Spiegeln und Schweben*, 107-143; zur Raum-Thematik dort vgl. auch: Giovanni Sampaolo, „Raum-Ordnung und Zeit-Bewegung, Gespaltene Naturerkenntnis in »Wilhelm Meisters Wanderjahren«", in: *Goethe-Jahrbuch* 124 (2007), 153-160.

mehrfach den wandernden Barden aus MacPhersons *Ossian* zitiert.[395] Das Ich wird somit durch die Selbsttitulierung gleichsam literarisiert. Als erinnerndes Ich lässt es sich als der Autor des *Werther* bestimmen, während es zugleich als erlebendes Ich die Werther-Figur selbst bezeichnet. Über die räumliche Praxis des Wanderns wird so die zeitliche Perspektive der Auto(r)biographie etabliert. Vor dem Hintergrund dieser Verschaltung mit der literarischen Figur erhellt sich auch die Relevanz des Wanderns für das Ich an diesem Punkt seiner Biographie. Es ist die Frage nach dem eigenen, geographischen wie künstlerischen Platz innerhalb der gegebenen Verhältnisse. Anders aber als bei Werther, dessen Bemühungen den bekannt tragischen Ausgang nehmen, wird für die autobiographische Ich-Werdung eine Entwicklungslinie sichtbar.[396] Sie führt zum „Verfasser von Werther und Faust" (DW 731), der seinen gesellschaftlichen wie literarischen Platz eingenommen hat und von dort die Wanderung als literarischen Bildungs-Weg bestimmt. Damit ist als eine grundsätzliche Bedeutungsdimension der Wanderungen die Doppelung von konkreter

---

[395] „Ja wohl bin ich nur ein Wanderer, ein Waller auf der Erde! Seyd ihr denn mehr?" Eintrag vom 16. Junius in der Fassung von 1787. Zu Ossian vgl. den Eintrag vom 12. October: „Ossian hat in meinem Herzen den Homer verdrängt. Welch eine Welt in die der Herrliche mich führt! Zu wandern über die Haide [sic], umsaust vom Sturmwinde, der in dampfenden Nebeln die Geister der Väter im dämmernden Lichte des Mondes hinführt. [...]Wenn ich ihn denn finde, den wandelnden grauen Barden, der auf der weiten Haide die Fußstapfen seiner Väter sucht und ach! ihre Grabsteine findet." In der Perspektive der autobiographischen Wanderung tritt damit, zumindest vorübergehend, Odysseus hinter den wandelnden Barden zurück. In der *Italienischen Reise* wird sich das wieder ändern. Johann Wolfgang Goethe, *Die Leiden des jungen Werthers*, in: Ders., *Sämtliche Werke, Briefe, Tagebücher und Gespräche*, Bd. 8, *Die Leiden des jungen Werthers, Die Wahlverwandtschaften, Kleine Prosa, Epen*, hg. v. Waltraud Wiethölter, Frankfurt a.M., 1994, 11-267, 157 und 173f.

[396] In diesem Zusammenhang ist noch einmal auf die Ambivalenz hinzuweisen, die dem Vermögen der Einbildungskraft eignet und die ebenfalls mit dem Werdegang zum Autor verknüpft ist. So verfügt die Figur des Werther über durchaus positive Qualitäten, die in seiner Imaginationsfähigkeit gründen. Wie Kritschil herausgearbeitet hat, sind sowohl Werthers erinnernd-reproduktives Vermögen als auch seine im Schreibprozess nachschöpfende Fähigkeit, seine auf Ganzheit zielende Wahrnehmung sowie seine Fähigkeit zur Empathie als kreative Aspekte seiner Einbildungskraft zu beschreiben. Diese verschiebt sich im Verlauf des Texts u.a. deshalb vom Produktiven zum Pathologischen, weil es Werther nicht gelingt, die zu Extremen tendierende Polarität seiner Imagination in ein reguliertes Verhältnis, „eine ausgewogene Außen-Innen-Relation" zu überführen. Dennoch liegt hier eine notwendige Voraussetzung literarischer Autorschaft, auf deren geglückte Gestaltung der autobiographische Erzähler im Kontext der Schweizreise, nun als Autor des *Werther*, erneut Bezug nimmt. Hierauf gehe ich in Kapitel 3.5.3 detaillierter ein. Larissa Kritschil, „Die Leiden des jungen Werthers", in: Dies., *Imagination in Goethes Romanen*, 50-111, hier 108.

und allegorischer Räumlichkeit bezeichnet, welche auch die Wanderung durch die Schweizer Berge in Buch 18 und 19 wesentlich strukturiert.[397]

Im zwölften Buch steht die Wanderung allerdings zunächst im Zeichen einer Stabilisierungsbewegung. Auch diese überkreuzt die konkrete Raumpraxis mit ihrem literarischen Pendant. So dient dem erinnerten Ich hier, ebenso wie es bei Werther der Fall ist, das Durchmessen des Außen zur Entlastung des eigenen emotionalen Innenraums. Dieser räumliche Leer-Lauf besitzt dabei, wie sich zeigt, eine moralische Fundierung – nach der Trennung von Friederike wird das Ich von Schuldgefühlen getrieben:

> Die Antwort Friedrikens auf einen schriftlichen Abschied zerriß mir das Herz [...]. Gretchen hatte man mir genommen, Annette mich verlassen, hier war ich zum ersten Mal schuldig; ich hatte das schönste Herz in seinem Tiefsten verwundet, und so war die Epoche einer düsteren Reue, bei dem Mangel einer gewohnten erquicklichen Liebe, höchst peinlich, ja unerträglich. (DW 566f.)

Als Antrieb für die eigene Bewegung wird hier das Motiv der Schuld eingeführt. Damit wird die Wanderung wiederum ins Moralisch-Allegorische gewendet und an christliche Vorstellungen der Pilgerreise angeschlossen, ebenso wie an die biblische Geschichte um Kain und den wandernden Juden Ahasver.[398] In diesem Sinne signalisiert der ziellose Gang die Unmöglichkeit des Ankommens bei Gott oder – ins Individuell-

---

[397] Dort wird, wie ich in Kapitel 3.5.3 ausführe, die Autor-Werdung des Ichs weitergeführt, allerdings unter notwendigerweise veränderten biographischen Vorzeichen. Goethe ist mittlerweile Autor des *Werther* und des *Götz* und nimmt daher eine andere ästhetische Position ein. Zwar bleibt das Grundthema der Wanderungen bestehen, die veränderte Situation des Ichs ebenso wie die spezifische Dimensionalität und Kodierung der (Schweizer) Berge machen jedoch eine systematische Trennung der beiden Aspekte nötig. Inwiefern Wanderungen für das Gesamt von Goethes Œuvre aufs Engste mit der Herausbildung des Ichs und dessen Bildungsweg verbunden sind, diskutiert z.B. Christoph Przybilka, *Leben als Bildungsprozess, Eine Untersuchung über die Wandermetapher in Goethes Bildungsdenken*, Köln 1984; auch Jürgen Oelkers stellt die Vermutung auf, „die Goethesche Bildungstheorie sei von der Metaphorik des Wanderns aus zu verstehen", J.O., „Die Beschränkung des Prometheus: Zur Bildungstheorie in Goethes »Dichtung und Wahrheit«", in: Ders., *Die Herausforderung der Wirklichkeit durch das Subjekt, literarische Reflexionen in pädagogischer Absicht*, Weinheim/München 1985, 138-170, hier 163.

[398] Kain wurde nach der Ermordung seines Bruders Abel von Gott zur Wanderschaft verdammt: „Unstet und flüchtig sollst du sein auf Erden." (1. Moses 4,12). Das gleiche Motiv findet sich auch in der Geschichte des „Ewigen Juden Ahasver", der Jesus auf dem Weg zum Kreuz wahlweise geschlagen oder ihm die Rast verweigert haben soll. Daraufhin wurde er von ihm zur ewigen Wanderschaft verdammt. Goethe selbst begann 1774 mit einem Epos zu diesem Thema, das jedoch Fragment blieb. In *Dichtung und Wahrheit* referiert Goethe dessen geplanten Inhalt im fünfzehnten Buch (DW 692-694).

Autobiographische gewendet – bei sich selbst. Die fortlaufende Aktivität des Schuldbewusstseins erfordert dabei auch eine kontinuierliche Fortführung der äußeren Bewegung. Indem die Ableitung psychischer Anspannung in körperlicher Bewegung für das Ich zur Gewohnheit wird, erscheint es in dieser Zeit auch seinem Umfeld als „Wanderer":

> Man pflegte mich daher den Vertrauten zu nennen, auch, wegen meines Umherschweifens in der Gegend, den Wanderer. Dieser Beruhigung für mein Gemüt, die mir nur unter freiem Himmel, in Tälern, auf Höhen, in Gefilden und Wäldern zu Teil ward, kam die Lage von Frankfurt zu statten, das zwischen Darmstadt und Homburg mitten inne lag, zwei angenehmen Orten, die durch Verwandtschaft beider Höfe in gutem Verhältnis standen. (DW 567)

Die zuvor aktivierte metaphorische Dimension wird nun an eine konkrete Geographie zurückgebunden und damit räumlich verortet. Ermöglicht werden die Wanderungen demnach von der geographisch-politischen Lage Frankfurts, die es erlaubt, das Umland zu Fuß zu erschließen. Von Goethes innerstädtisch gelegenen Elternhaus gehen seine Wanderungen in die Natur hinaus, denn „nur unter freiem Himmel" (DW 567) findet er die nötigen Bedingungen zur Gemütsberuhigung. Diese bestehen im Alleinsein und der Distanz zur Enge der Stadt, denn mehr noch als der Spaziergang steht die Wanderung „im Zeichen der Intimität und des Privaten".[399] Das Ich lässt damit explizit den urbanen Raum hinter sich und wendet sich der Natur zu. Narrativ wird dies durch eine geographische Rahmung vollzogen, bei der Frankfurt als Mittelpunkt und Darmstadt bzw. Homburg als Radius gesetzt werden. Durch die diese Konstellation versieht das Ich seine Wanderungen mit einer durchaus zeitgenössischen Dialektik. Sie ermöglicht erst die Wanderung in ihrem eigentlichen Sinne als Ich-Erfahrung, wie sie den Wanderer-Typus der Moderne kennzeichnet:

> Seine Wanderschaft gilt ihm selbst, das Ziel liegt, so weit er auch die Räume durchmisst, nicht außerhalb, sondern in ihm. [...] Sich im Koordinatengeflecht von Raumerfahrung und Zeiterlebnis – gegen alle Konventionen – nicht nur zurechtzufinden, sondern essentiell zu finden, ist die Motivation des Aufbruchs des Wanderers an der Schwelle zur Moderne [...].[400]

---

[399] Christian Moser, Helmut J. Schneider, „Einleitung. Zur Kulturgeschichte und Poetik des Spaziergangs", in: Gellhaus/Moser/Schneider, *Kopflandschaften – Landschaftsgänge*, 10.

[400] Wilfried Lipp, „Der Wanderer, Metamorphosen der Ferne", in: Ders., *Kultur des Bewahrens, Schrägansichten zur Denkmalpflege*, Wien/Köln/Weimar 2008, 69-85, hier 70.

In der Entbindung von äußeren Zielen erklärt sich auch das oben zitierte „Umherschweife[n]" des Ichs, dem es nicht um das Erreichen geographischer Koordinaten geht. Es ist die räumliche Praxis selbst, die allerdings stets noch auf die beiden benachbarten Städte bezogen bleibt. Diese bilden, zusammen mit Frankfurt als Ausgangspunkt, ein topologisches Gerüst, das den Gegensatz ‚Stadt – Land' figuriert, indem das Ich sich von ihnen ab und dem dazwischen liegenden ländlichen Raum zuwendet. Die Bezeichnung der beiden Orte eröffnet so zugleich den Raum, in dem das erinnerte Ich nun positioniert wird. Seine Bewegungen kreieren so eine Topographie des Wanderers, die im Folgenden genauer ausgeführt und mit der Ich-Werdung als Autor verknüpft wird:

> Ich gewöhnte mich, auf der Straße zu leben, und wie ein Bote zwischen dem Gebirg und dem flachen Lande hin und her zu wandern. Oft ging ich allein oder in Gesellschaft durch meine Vaterstadt, als wenn sie mich nichts anginge, speiste in einem der großen Gasthöfe in der Fahrgasse und zog nach Tische meines Wegs weiter fort. Mehr als jemals war ich gegen offene Welt und freie Natur gerichtet. Unterwegs sang ich mir seltsame Hymnen und Dithyramben, wovon noch eine, unter dem Titel *Wanderers Sturmlied*, übrig ist. Ich sang diesen Halbunsinn leidenschaftlich vor mich hin, da mich ein schreckliches Wetter unterwegs traf, dem ich entgegen gehn mußte. (DW 567)

Das Ich stilisiert sich hier zum wandernden Boten, dessen Alltag sich von Haus und Stadt auf Straße und Land verlagert. Das Wandern wird so zu einem alternativen Lebensmodell, das den sesshaft-statischen Vorstellungen bürgerlichen Lebens entgegensteht.[401] Mit dieser Perspektivierung schließt der Text an zeitgenössische empfindsame Diskurse und Texte

---

[401] Hier klingen Vorstellungen an, die im Zuge der Romantik ihre literarische Ausprägung finden. Dort gerät die Wanderschaft zum geradezu paradigmatischen Gegenentwurf zu bürgerlicher Sesshaftigkeit und Beschränktheit. Auf diese Weise ist sie aufs Engste mit der Ich-Werdung verbunden. Für das autobiographische Ich in Goethes Text impliziert die Wanderung so – in Abgrenzung vom Vater und dessen biographischen Vorstellungen für seinen Sohn – die Suche nach dem eigenen Lebensweg jenseits gesellschaftlicher Vorgaben. Als literarisch wirkmächtige Texte sei hier nur verwiesen auf Tiecks *Franz Sternbalds Wanderungen* (Berlin 1798) und Eichendorffs *Aus dem Leben eines Taugenichts* (Berlin 1826). Die Hauptfiguren beider Texte streben ein ästhetisch-künstlerisches Lebensmodell an, das dem ökonomisch geprägten bürgerlichen entgegensteht. Zudem reisen beide im Verlauf der Erzählung nach Italien. Vgl.: Hans Jürgen Skorna, *Das Wandermotiv im Roman der Goethezeit*, Köln 1961; Andrew Cusack, *The Wanderer in 19th Century German Literature, Intellectual History and Cultural Criticism*, Rochester (NY) 2008; Gerhard Kaiser, *Wandrer und Idylle, Goethe und die Phänomenologie der Natur in der deutschen Dichtung von Geßner bis Gottfried Keller*, Göttingen 1977.

an⁴⁰², in deren Folge der Gang durch die Natur mehr und mehr zu einer „innovative[n] kulturelle[n] Praxis des Bürgertums" avancierte.⁴⁰³ Diese ist allerdings durch eine grundsätzliche Ambivalenz gekennzeichnet. Einerseits enthält sie ein „progressives Moment" in dem das „Heraustreten ins Offene [...] einen symbolischen Akt [markiert]: Er [der Spaziergänger] kehrt den bedrückenden Verhältnissen der alten feudalen Ordnung den Rücken zu und erfährt sich in der freien Natur als autonomes Subjekt, das auf seinen eigenen Füßen zu stehen vermag."⁴⁰⁴ Zugleich ist darin aber auch ein regressives Moment angelegt: „Die Landschaft, die der Spaziergänger durchwandert, stellt einen Gegenraum zur städtischen Zivilisation dar; sein Gang versteht sich als Absage an den wissenschaftlichen und technologischen Fortschritt."⁴⁰⁵

Diese Dynamik lässt sich auch beim erinnerten Ich in *Dichtung und Wahrheit* beobachten, allerdings mit einer bedeutsamen Verschiebung ins Literarische. So versteht es sich „[m]ehr als jemals [...] gegen offene Welt und freie Natur gerichtet" (DW 567). Abgelöst von jeder Zielorientierung wird die Natur zum Gegenüber und zum Begegnungsraum des Ichs mit sich selbst. Als Folge treten gesellschaftliche und soziale Beziehungen in den Hintergrund, sie werden vom Ich erlebt „als wenn sie mich nichts angingen" (DW 567). Die konjunktivische Wendung verweist hier jedoch darauf, dass die zivilisatorische Bezogenheit auf Stadt und Gesellschaft nicht ohne weiteres aufgelöst werden kann. Sie bildet, das hat die narrative Etablierung des topographischen Raums gezeigt, den Rahmen, vor dem die Wanderungen allererst ihre Bedeutung gewinnen. Auch der „Halbunsinn", den der Wanderer „leidenschaftlich vor [s]ich hin" singt, wird erst durch dieses Bezugssystem als solcher kenntlich.⁴⁰⁶ Die lyrische Produk-

---

⁴⁰² Hierzu gehören neben den Ossianischen Gedichten Macphersons (1760) bekanntlich Klopstocks Texte, insbesondere der *Messias* (1748/1772) ebenso wie Rousseaus *Julie ou la nouvelle Heloise* (1761) und Sternes *Sentimental Journey* (1768). Goethes *Werther* (1774) kann daher bereits ein gegenüber der Aufklärung gewandeltes Naturverständnis voraussetzen. Vgl. hierzu auch: Petra Raymond, „Umwertungen. Die Entstehung eines neuen Naturgefühls", in: Dies., *Landschaft im Kopf*, 4-54.

⁴⁰³ Gellhaus/Moser/Schneider, *Kopflandschaften – Landschaftsgänge*, 8. Dagegen war die Fußreise bis in die Aufklärung hinein den sozial niedersten Schichten vorbehalten und galt als Fortbewegungsmittel der Mittellosen. Erst mit dem sich wandelnden Naturverständnis im Verlauf des 18. Jahrhunderts wurden der Spaziergang und die Wanderung als subjektbildende und ästhetisch wertvolle Tätigkeit ‚entdeckt'. Vor diesem Hintergrund brachte die Fußreise immer auch eine bestimmte, aufklärungskritische Einstellung zum Ausdruck.

⁴⁰⁴ Ebd., 9.

⁴⁰⁵ Ebd.

⁴⁰⁶ Zugleich transportiert die Abwertung als „Halbunsinn" natürlich auch eine autobiographische Stilkritik. Goethe geht hier auf Distanz zur stilistisch-inhaltlichen

tion der „seltsame[n] Hymnen und Dithyramben" hat damit eine doppelte Funktion. Zum einen grenzt sie das Ich gegen die urbanen Räume ab, indem sie einen eigenen semantischen Raum schafft. Zum anderen dient die sprachliche Formung auch der Strukturierung der inneren wie äußeren Erfahrung. So werden die leidenschaftlichen Affekte ebenso in Lyrik transformiert wie der zurückgelegte Weg sich anhand der Gedichte bemisst. Aber auch die Naturerfahrung des Gewitters wird durch die sprachliche Spiegelung handhabbar. Das Ich schafft sich damit eine mediale Struktur, die in der Lage ist, die unterschiedlichen räumlichen Erfahrungen zu einer biographischen Semantik zusammenzubinden. Es ist ihm demnach um eine ästhetische Strategie zur Transformation der eigenen Erfahrungen zu tun. Diese wird, der bereits erwähnten Differenzierung des erzählenden und erinnerten Ichs entsprechend, als doppeltes Verfahren der Distanzierung deutlich. Der lyrischen Verdichtung in der Erfahrung des erinnerten Ichs wird dabei die narrative Inszenierung des erzählenden Ichs zur Seite gestellt, das den semantischen Rahmen absteckt und die räumliche Erfahrung auf die eigene Autorschaft hin perspektiviert.

Dieses räumliche Moment der Distanzierung habe ich sowohl im Kontext der Gärten als auch bei der Betrachtung der Kirchen bereits als wesentliches Strukturelement zur Ich-Bildung und Autor-Genese gleichermaßen beschrieben. Auch hier ermöglicht es eine Transzendierung der Raumerfahrung insofern, als das Ich nun selbst zur Schaltstelle der Bedeutungszusammenhänge wird. Die solchermaßen ins Werk gesetzte Selbstbegründung des topographischen Ichs ist aber nicht unabhängig von den räumlichen Konstellationen. Sie bildet sich vielmehr über eine sich ästhetisch mehr und mehr differenzierende Wahrnehmung dieser Natur heraus. Zu diesem Zweck bedarf es einer ästhetischen Blickschule, durch welche die Natur als ‚Landschaft' perspektiviert werden kann. In *Dichtung und Wahrheit* ist dieser Lernprozess eng geknüpft an die unterschiedlichen Wanderungen des Ichs, bei denen es nach und lernt ‚Landschaften' und ‚Bilder' zu sehen. Hierzu bedarf es eines kurzen Blicks auf die Genese des Landschaftsbegriffs.[407]

    Ausrichtung des Sturm und Drang, relativiert also die künstlerische Bedeutung dieser Lebensphase.

[407] Vgl. grundlegend: Manfred Smuda (Hg.), *Landschaft*, Frankfurt a.M. 1986 sowie Koschorke, *Geschichte des Horizonts* und Joachim Ritter, „Landschaft, Zur Funktion des Ästhetischen in der modernen Gesellschaft", in: Ders., *Subjektivität*, Frankfurt a.M. 1974, 141-163; Raymond, *Landschaft im Kopf*; Gellhaus/Moser/Schneider, *Kopflandschaften – Landschaftsgänge*; Erdmut Jost, *Landschaftsblick und Landschaftsbild, Wahrnehmung und Ästhetik im Reisebericht 1780-1820, Sophie von La Roche – Friederike Brun – Johanna Schopenhauer*, Berlin 2005; Norbert Miller, „Die beseelte Natur, Der literarische Garten und die Theorie

Der Begriff der Landschaft, wie er zur Goethezeit verwendet wird, hat seine Wurzeln in der Malerei. Mit dem Aufkommen des perspektivischen Zeichnens im 15. Jahrhundert etablierte sich die Landschaftsmalerei als neue Gattung neben Portrait und Stillleben. Indem man „das bisher flächenhafte Nebeneinander von Gegenständen von einem Standpunkt aus erfaßte"[408], ergab sich eine Neuorganisation sowohl der räumlichen Bildqualität als auch der Betrachterposition. Erst diese „kaleidoskopische Bündelung"[409] der dargestellten Natur brachte die ‚Landschaft' als begrenzten und bewusst wahrgenommenen Naturausschnitt hervor, die damit immer schon auf das sie ästhetisch wahrnehmende Subjekt bezogen war. Im 18. Jahrhundert wurde der Begriff dann allmählich von der dargestellten, gemalten Landschaft auf die realiter erlebte Natur selbst ausgedehnt, wobei das Aufkommen der englischen Landschaftsgärten eine wesentliche Rolle bei der Wahrnehmungsformung spielte. Natur wurde so nach dem Vorbild der Landschaftsmalerei als eine Art Gemälde rezipiert.

Entscheidend für das Erfassen von Natur als Landschaft ist demnach die Konstruktionsleistung des Subjekts: „Ästhetische Landschaft wird also nicht ‚in sich fertig' in der Welt vorgefunden, der von ihr wahrgenommene Ausschnitt wird viel mehr in eine Landschaft verwandelt, sobald der Einzelne sie sich in der Begegnung zur ästhetischen Erfahrung erschließt."[410] Landschaft stellt sich so als aktiver Prozess des aufeinander bezogen-Seins dar. Damit bezeichnet der Begriff „keinen Gegenstand [...], sondern eine Relation zwischen dem wahrnehmenden und interpretierenden Individuum einerseits und dem Stück Erdnatur in seinem Gesichtsfeld andererseits."[411] Mehr noch, Landschaft ist, wie Lobsien betont, aufs Engste mit Vorstellungen von Ganzheit und einer synthetisierenden Perspektive auf das eigene Ich verknüpft:

> Landschaft repräsentiert modelhaft ein Verhältnis zur Welt, das deshalb ideal zu nennen ist, weil es nicht über einen ständig wechselnden Objektbereich definiert ist, sondern auf die Einheit der Subjektivität zurückweist und in dieser gründet. Landschaft ist deshalb bedeutungsindifferent, weil nicht so sehr die in ihr vorhandenen Gegenstände belangvoll sind, sondern das Vorstellungsvermögen des Betrachters, das ihre Einheit garantiert. Eine solche Bedeutungsneutralität aber hat zur Folge, daß das materielle Substrat von Landschaft zwar stets beschreibbar, vielleicht nach formalen Kriterien sogar normierbar ist, etwa nach dem Modell einer Ideallandschaft; aber was Landschaft bedeutet, und das heißt, auf

---

der Landschaft nach 1800", in: Helmut Pfotenhauer (Hg.), *Kunstliteratur als Italienerfahrung*, Tübingen 1991 [Reihe der Villa Vigoni; Bd. 5], 112-191.

[408] Raymond, *Landschaft im Kopf*, 8.
[409] Ebd.
[410] Ebd., 9.
[411] Ebd., 10.

welche historischen oder theoretischen Kontexte sie jeweils bezogen werden kann, bleibt offen, es kann folglich immer wieder neu und ganz unterschiedlich festgelegt werden.[412]

Die Zusammenhänge einer Landschaft konstituieren sich demnach nur durch den synthetisierenden Blick des Betrachters. Die dabei zum Tragen kommenden Konzepte sind zwar historisch variabel, verweisen aber stets auf eine Vorstellung von Ganzheit und auf Subjektivität als ihr Bedeutungszentrum. In diesem Sinne kann man davon sprechen, dass „Landschaft [...] die Welt in einer solchen Weise [bietet], daß das Subjekt seiner selbst ansichtig wird, sich seiner zu versichern vermag, ehe es die Bedeutung der Welt außerhalb seiner zu gewärtigen oder hinzunehmen oder zu konstruieren hat."[413]

Das Einüben dieser subjektkonstituierenden Wahrnehmungs- und Blickbeziehung ist für das autobiographische Ich in *Dichtung und Wahrheit* wesentlich mit zwei Aspekten verbunden: der Auseinandersetzung mit Gemälden[414] sowie dem Wandern durch die Natur. Letzteres ist von Beginn an auf das Zeichnen hin ausgerichtet, weshalb die Wanderrouten dementsprechend ausfallen:

> Durch zufällige Anregung, so wie in zufälliger Gesellschaft stellte ich manche Wanderungen nach dem Gebirge an, das von Kindheit auf so fern und ernsthaft vor mir gestanden hatte. So besuchten wir Homburg, Kroneburg, bestiegen den Feldberg, von dem uns die weite Aussicht immer mehr in die Ferne lockte. [...] wir gelangten an den Rhein, den wir, von den Höhen herab, weit her schlängeln gesehen. (DW 248f.)

Der jugendliche Goethe erkundet hier Frankfurts nähere und fernere Umgebung. Dabei führt die Wanderung, abgesehen von den besuchten Städten, entlang geographisch markanter Punkte, die das autobiographische Ich zur umgebenden Natur in Distanz setzen und so die Wahrnehmung von ‚Landschaft' ermöglichen. Dass diese Ausflüge keineswegs einem Selbstzweck dienen, sondern Bestandteil des väterlichen Bildungsprogramms sind, ist dem Sohn durchaus bewusst:

> Diese ganze Tour, von der sich mein Vater manches Blatt versprach, wäre beinahe ohne Frucht gewesen: denn welcher Sinn, welches Talent, welche Übung gehört nicht dazu, eine weite und

---

[412] Eckhard Lobsien, *Landschaft in Texten, Zu Geschichte und Phänomenologie der literarischen Beschreibung*, Stuttgart 1981, 7.
[413] Ebd., 8.
[414] Diese beginnt, wie bereits ausgeführt, schon im elterlichen Haus anhand römischer Prospekte und setzt sich dann fort, als das eigene Zimmer zum Atelier für die regionalen Maler umfunktioniert wird. Versuche der eigenen Verfertigung von Landschaftsbildern ziehen sich durch den gesamten Text von *Dichtung und Wahrheit* und setzen sich auch in der *Italienischen Reise* fort.

breite Landschaft als Bild zu begreifen! Unmerklich wieder zog es mich jedoch ins Enge, wo ich einige Ausbeute fand: denn ich traf kein verfallenes Schloß, kein Gemäuer, das auf die Vorzeit hindeutete, daß ich es nicht für einen würdigen Gegenstand gehalten und so gut als möglich nachgebildet hätte. Selbst den Drusenstein auf dem Walle zu Maynz zeichnete ich mit einiger Gefahr und mit Unstatten, die ein jeder erleben muß, der sich von Reisen einige bildliche Erinnerungen mit nach Hause nehmen will. (DW 249)

Die Begegnung mit der Natur wird hier vom Ich zwar von vorneherein als ästhetisches Erlebnis gefasst. Im Nachklang der Raumerfahrung thematisiert es aber ausdrücklich die Herausforderung, die in der geforderten Wahrnehmung von Natur als „Bild" liegt. So versucht es sich bezeichnenderweise keineswegs an der künstlerischen Umsetzung der zuvor beschriebenen Panoramablicke. Diese setzen nicht nur ein handwerkliches Können voraus, das dem Jugendlichen fehlen muss. Sie sind auch verknüpft mit der Einnahme einer Ich-Position, die eine wesentlich größere Selbständigkeit und künstlerische Unabhängigkeit erfordert, als es dem Ich zu diesem Zeitpunkt biographisch möglich ist.[415] Ganz folgerichtig wird der ästhetisch angemessene Umgang mit Landschaft als Bildungsaufgabe begriffen, an der das junge Ich beinahe scheitert. Die Lösung besteht letztlich in einem Verfahren, das den biographischen Status des Ichs spiegelt. Zwar zeichnet es nach bzw. in der Natur, aber anstatt sich die „weite und breite Landschaft" vorzunehmen, konzentriert es sich auf das „Enge", also räumlich begrenzte Arrangements, die anteilig Natur und Gebäude enthalten. Auf diese Weise verbindet der junge Künstler das räumlich Offene der Natur mit den bildstrukturierenden Vorgaben architekturaler Elemente. Über die Wahl des Motivs wird somit räumlich die Situation vermittelt, in der sich das autobiographische Ich befindet: einerseits ist es bestrebt, den Stadtraum und die damit verbundenen Traditionen und Maßstäbe zu verlassen. Andererseits fehlen ihm noch die Erfahrung und die nötige biographische Reife, um eine eigenständige Position einzunehmen. Die „Enge" der gewählten Arrangements wird daher positiv als Struktur erfahren, die den Raum allererst fassbar werden lässt.[416] Sie erlaubt dem Ich eine biographisch angemessene Auseinandersetzung mit der Natur, bei der es sich nach und nach der Wahrnehmung

---

[415] Den Blick auf die Landschaft von einem erhöhten Standpunkt aus habe ich bereits im Kontext des Straßburger Münsters kurz angesprochen. Ausführlich diskutiere ich diese Raumfigur im Kapitel 3.5.1 (Aussichtspunkte). Sie ist eng verknüpft mit der Aneignung einer eigenständigen künstlerischen wie biographischen Perspektive auf einen bestimmten Lebensabschnitt.

[416] Eine ähnliche Struktur habe ich im Abschnitt zu den Gasthöfen beschrieben. Auch dort sind es zunächst die überschaubaren und begrenzten Zustände im Haus des Schusters, die es dem Ich erlauben, eine ästhetische Perspektive einzunehmen.

von Landschaft und so letztlich auch einer eigenständigen ästhetischen Position annähern kann. Gefördert wird es dabei vom Vater:

> Leider hatte ich abermals nur das schlechteste Konzeptpapier mitgenommen und mehrere Gegenstände unschicklich auf ein Blatt gehäuft; aber mein väterlicher Lehrer ließ sich dadurch nicht irre machen; er schnitt die Blätter aus einander, ließ das Zusammenpassende durch den Buchbinder aufziehen, faßte die einzelnen Blätter in Linien und nötigte mich dadurch wirklich, die Umrisse verschiedener Berge bis an den Rand zu ziehen und den Vordergrund mit einigen Kräutern und Steinen auszufüllen. (DW 249)

Indem der Vater auf der Singularität jeder Zeichnung und ihrer vollständigen Rahmung beharrt, bringt er die Notwendigkeit einer bewussten Konstituierung des künstlerischen Gegenstands in den Blick. Diese beruht auf der Einnahme einer spezifischen Perspektive und der Begrenzung des gewählten Ausschnitts. Hierdurch werden kompositorische Elemente wie der „Vordergrund" allererst etabliert. Meistern wird Goethe die Herausforderung offener Landschaften allerdings erst in Italien, wo er sich mit Hilfe der dortigen deutschen Landschaftsmaler intensiv dem Studium der Perspektive und der ästhetischen Komposition widmet.[417] Im Sinne

---

[417] Hier ist besonders der durch Tischbein vermittelte Kontakt zu Christoph Heinrich Kniep zu nennen. Mit ihm reiste Goethe von Neapel nach Sizilien und konnte während des gemeinsamen Reiseabschnitts detailliert dessen Perspektivierung und Komposition der Landschaft studieren. Hierfür schließt Goethe einen regelrechten Künstlerpakt mit Kniep: „Nun haben wir folgendes verabredet. Von heute an leben und reisen wir zusammen, ohne daß er weiter für etwas sorgt als zu zeichnen, wie diese Tage geschehen. Alle Konturen gehören mein, damit aber nach unserer Rückkehr daraus ein ferneres Wirken für ihn entspringe, so führt er eine Anzahl auszuwählender Gegenstände bis auf eine bestimmte Summe für mich aus; da sich denn indessen bei seiner Geschicklichkeit, bei der Bedeutsamkeit der zu erobernden Aussichten und sonst wohl das Weitere ergeben wird. Diese Einrichtung macht mich ganz glücklich [....]" (IR 218). Im Anschluss schildert Goethe u.a. den gemeinsamen Besuch in Paestum am 23. März 1787: „Das Land ward immer flacher und wüster, wenige Gebäude deuteten auf kärgliche Landwirtschaft. Endlich, ungewiß, ob wir durch Felsen oder Trümmer führen, konnten wir einige große, länglich-viereckige Massen, die wir in der Ferne schon bemerkt hatten, als überbliebene Tempel und Denkmale einer ehemals so prächtigen Stadt unterscheiden. Kniep, welcher schon unterwegs die zwei malerischen Kalkgebirge umrissen, suchte sich schnell einen Standpunkt, von wo aus das Eigentümliche dieser völlig unmalerischen Gegend aufgefaßt und dargestellt werden könnte." (IR 219) Etwas später heißt es unter dem 4. April: „Nachmittags besuchten wir das fruchtreiche und angenehme Tal, welches die südlichen Berge herab an Palermo vorbeizieht, durchschlängelt von dem Fluß Oreto. Auch hier wird ein malerisches Auge und eine geschickte Hand gefordert, wenn ein Bild soll gefunden werden, und doch erhaschte Kniep einen Standpunkt, da, wo das gestemmte Wasser von einem halbzerstörten Wehr herunterfließt, beschattet von einer fröhlichen Baumgruppe, dahinter das

Lobsiens verweist die Forderung des Vaters aber auch auf die notwendige Ganzheit landschaftlicher Wahrnehmung. Mit seiner Rahmung sorgt er dafür, dass der für die ästhetische Betrachtung unverzichtbare synthetisierende Blick vom Ich eingeübt wird.

Auf diese Weise erschließt sich das Ich nach und nach eine Dimension des Wanderns, die auf die ästhetische Erfassung des Außenraums gerichtet ist. Eine solche Raumpraxis ist aber, wie bereits zu Anfang deutlich wurde, nicht von der eigenen Innenperspektive und der Genese der Autorschaft zu trennen. Im Gegenteil, sie konstituiert allererst einen Fluchtpunkt, in dem die biographischen wie literarischen Bedeutungsachsen zusammenlaufen. Ist sie als solche erst einmal etabliert, besitzt sie einen stabilisierenden „Entlastungseffekt",[418] da sie den Wandernden aus den alltäglichen Zusammenhängen herauslöst, zugleich aber eine Ich-stärkende Rückkoppelung mit der räumlichen Umgebung erlaubt. Dementsprechend verschiebt sich die Raumerfahrung des Ichs mit zunehmendem Alter. Die Parallelisierung von Raumdurchquerung und Selbsterkundung ist nun nicht mehr in erster Linie auf eine kathartische Wirkung hin angelegt, sondern lässt die durchschrittene Natur gleichsam zum Reflexionsraum des Ichs werden. Auf diese Weise nutzt das Ich die Wanderungen zunehmend als Ressource auch für seine literarischen Produktionsprozesse:

> An einem heiteren Morgen, vor Sonnenaufgang, schritt ich daher von Wetzlar an der Lahn hin, das liebliche Tal hinauf; solche Wanderungen machten wieder mein größtes Glück. Ich erfand, verknüpfte, arbeitete durch, und war in der Stille mit mir selbst heiter und froh; ich legte mir zurecht, was die ewig widersprechende Welt mir ungeschickt und verworren aufgedrungen hatte. (DW 594f.)

Hier stehen nicht mehr die Ausblicke und Panoramen im Vordergrund, wie noch zu Beginn seiner Wanderungen. War das Einüben der ästhetischen Perspektive mit der bewussten, distanzgebenden Wahrnehmung von Strukturen verknüpft, so begibt sich das Ich nun in die Landschaften hinein. Damit vollzieht es im Sinne de Certeaus einen Wechsel vom Modus der Karte hin zur Wegstrecke, vom „*sehen* (das Erkennen einer Ordnung)" zum „*gehen* (raumbildende Handlungen)".[419] Zuvor stand das Erfassen und künstlerische Verfügbar-Machen von Landschaften als Orten im Hinblick auf die Etablierung einer eigenen Ich-Position im Vordergrund. Nun erlebt das Ich stattdessen die unter ästhetischen Gesichtspunkten geordnete Landschaftswahrnehmung als Basis der inne-

---

Tal hinaufwärts die freie Aussicht und einige landwirtschaftliche Gebäude." (IR 233)
[418] Lobsien, *Landschaft in Texten*, 3.
[419] de Certau, *Kunst des Handelns*, 221, Hervorh. i. Orig.

ren, literarischen Strukturierungsarbeit. Diese Rückkoppelungsbewegung erlaubt die Verschränkung von Raumwahrnehmung und Selbstwahrnehmung als Vermittlung von innerem und äußerem Raum.

Mit der Wanderung entlang der Lahn entwirft das erzählende Ich somit zunächst eine konkrete autobiographische Szenerie. Deren Inszenierung als Gedanken-Gang geht allerdings über die bloße Raumerschließung hinaus, indem sie diese in eine literarische Tradition stellt: die Verbindung von Gehen und Denken, von körperlicher und Textbewegung. Bereits im Platonischen Dialog *Phaidros*[420] basiert der Gang des Diskurses, wie Angelika Wellmann gezeigt hat[421], auf dem Modell des Spaziergangs. Von dort lässt sich eine Linie über die Peripatetiker und Petrarcas Besteigung des Mont Ventoux ziehen, die sich bei Montaigne und schließlich Rousseau fortsetzt, dessen „Rêveries du Promeneur Solitaire"[422] (1782) als bedeutender Motivationstext empfindsam-romantischer Wanderlust gelten kann.[423]

So bildet sich das „Konzept des Spaziergangs als eine[r] poetische[n] Handlung"[424] heraus, in welcher das Gehen selbst zum textstrukturierenden Element avanciert. Der zeitgenössischen Leserschaft dürfte der literarische ebenso wie der autobiographische Gehalt der Figur des ‚einsamen Wanderers' daher durchaus bekannt gewesen sein. In ihr verschmelzen Textgenese und literarischer Werdegang des Autors über die räumliche Metapher des Wegs. Dieser Weg wird im autobiographischen Format von *Dichtung und Wahrheit* jedoch nicht nur genutzt, um die Autor-Genese zu perspektivieren, sondern bezeichnet zunächst stets den tatsächlich räumlich zurückgelegten Lebens-Weg des Ichs. Hierdurch erhält die Wanderung im Modus der Reflexion – darin liegt die Akzentverschiebung zur Auseinandersetzung mit der Natur im Bild – ein stärker temporales Moment. Sie ist als Narration angelegt und weist von daher über den räumlich erfassten Ausschnitt hinaus auf den bereits zurückgelegten bzw.

---

[420] Platon, *Phaidros oder Vom Schönen*, Stuttgart 1998.
[421] Die folgenden Angaben lehnen sich an Wellmanns bereits erwähnte Studie zum Spaziergang an. Vgl.: Wellmann, *Der Spaziergang*. Dort findet sich auch der Hinweis auf Roland Barthes' Ausführungen zur Bewegungsdimension des Begriffs ‚Diskurs': „Dis-cursus – das meint ursprünglich die Bewegung des Hin-und-Her-Laufens, das ist Kommen und Gehen, das sind ‚Schritte', ‚Verwicklungen'." Roland Barthes, *Fragmente einer Sprache der Liebe*, Frankfurt a.M. 1984, 15.
[422] Jean-Jacques Rousseau, *Les confessions. Rêveries du promeneur solitaire*, hg. von Louis Martin-Chauffier, Paris 1951.
[423] Weiterverfolgen ließe sich diese Verflechtung von Denken und Gehen, wie gezeigt, bei Goethes *Werther* ebenso wie bei den Wanderungen und Spaziergängen der *Italienischen Reise*, später dann bei der Figur des Pariser Flaneurs um 1900 bis hin zu zeitgenössischen Ausprägungen wie etwa in W.G. Sebalds *Die Ringe des Saturn*. Vgl. hierzu Wellmann, *Der Spaziergang*; Gellhaus/Moser/Schneider, *Kopflandschaften – Landschaftsgänge*.
[424] Wellmann, *Der Spaziergang*, 11.

noch zu beschreitenden Weg. Hier spannt sich der Bogen zurück zur eingangs diskutierten Szene, in welcher über die Differenzierung der Ich-Instanzen die zeitliche Koordinate der eigenen Autorschaft entwickelt wird. Die Raumhandlungen sind so in einem doppelten Sinn zeichenhaft: Für das erinnerte Ich stehen sie in einer Verweisstruktur zu den inneren Vorgängen, während die Komposition der Szene durch das erzählende Ich die Bedingungen der eigenen Autorschaft reflektiert. Dies wird im weiteren Verlauf der Szene deutlich:

> Mit Merk war verabredet, daß wir uns zur schönen Jahreszeit in Coblenz bei Frau von Laroche treffen wollten. Ich hatte mein Gepäck nach Frankfurt, und was ich unterwegs brauchen könnte, durch eine Gelegenheit die Lahn hinunter gesendet, und wanderte nun diesen schönen, durch seine Krümmungen lieblichen, in seinen Ufern so mannigfaltigen Fluß hinunter, dem Entschluß nach frei, dem Gefühle nach befangen, in einem Zustande, in welchem uns die Gegenwart der stummlebendigen Natur so wohltätig ist. Mein Auge, geübt die malerischen und übermalerischen Schönheiten der Landschaft zu entdecken, schwelgte in Betrachtung der Nähen und Fernen, der bebuschten Felsen, der sonnigen Wipfel, der feuchten Gründe, der thronenden Schlösser und der aus der Ferne lockenden blauen Bergreihen.
> Ich wanderte auf dem rechten Ufer des Flusses, der in einiger Tiefe und Entfernung unter mir, von reichem Weidengebüsch zum Teil verdeckt, im Sonnenlicht hingleitete. Da stieg in mir der alte Wunsch wieder auf, solche Gegenstände würdig nachahmen zu können. Zufällig hatte ich ein schönes Taschenmesser in der linken Hand, und in dem Augenblicke trat aus dem tiefen Grunde der Seele gleichsam befehlshaberisch hervor: ich sollte dies Messer ungesäumt in den Fluß schleudern. Sähe ich es hineinfallen, so würde mein künstlerischer Wunsch erfüllt werden; würde aber das Eintauchen des Messers durch die überhängenden Weidenbüsche verdeckt, so sollte ich Wunsch und Bemühung fahren lassen. So schnell als diese Grille in mir aufstieg, war sie auch ausgeführt. Denn ohne auf die Brauchbarkeit des Messers zu sehen, das gar manche Gerätschaften in sich vereinigte, schleuderte ich es mit der Linken, wie ich es hielt, gewaltsam nach dem Flusse hin. Aber auch hier musste ich die trügerische Zweideutigkeit der Orakel, über die man sich im Altertum so bitter beklagt, erfahren. Des Messers Eintauchen in den Fluß ward mir durch die letzten Weidenzweige verborgen, aber das dem Sturz entgegenwirkende Wasser sprang wie eine starke Fontaine in die Höhe, und war mir vollkommen sichtbar. Ich legte diese Erscheinung nicht zu meinen Gunsten aus, und der durch sie in mir erregte Zweifel war in der Folge Schuld, daß ich diese Übungen unterbrochner und fahrlässiger anstellte, und dadurch selbst Anlaß gab, daß die Deutung des Orakels sich erfüllte. Wenigstens war mir für den Augenblick die Außenwelt verleidet, ich ergab mich meinen Einbildungen und Empfindungen, und

ließ die wohlgelegenen Schlösser und Ortschaften Weilburg, Limburg, Diez und Nassau nach und nach hinter mir, meistens allein, nur manchmal auf kurze Zeit mich zu einem andern gesellend. (DW 605f.)

Ausgangssituation ist hier weiterhin die Wanderung entlang der Lahn. Die Umgebung wird dabei mit ästhetischem Blick aufgefasst, im Bewusstsein der „malerischen und übermalerischen Schönheiten der Landschaft". Der zuvor eingeübte Bezugsmodus auf Natur als Kunstwerk steht dem Ich hier als Wahrnehmungsschema zur Verfügung, es gliedert das Erblickte in Vorder-, Mittel- und Hintergrund, Rahmen und Perspektive. Die Konstituierung der Landschaft als synthetisierender Akt wird in der Folge allerdings zurückprojiziert auf den äußeren Raum selbst, er wird zum Wunsch „solche Gegenstände würdig nachahmen zu können". So stellt sich die Frage nach dem eigenen künstlerischen Potential und, damit verbunden, dem möglichen zukünftigen Lebensweg. Anstatt einer erfahrungsbasierten Antwort, die letztlich nur retrospektiv am Ende der Schritt für Schritt zurückgelegten Biographie gegeben werden kann, verlangt das Ich nach sofortiger, d.h. schicksalhafter Gewissheit. Damit schließt die Semantik der Szene wiederum an den eingangs erwähnten Odysseus als Urbild des Wanderers an, dessen 20 Jahre dauernde Irrfahrt durch einen Orakelspruch mythisch vorgeformt wird. Das erinnerte Ich gibt damit die bereits erworbene ästhetische Gestaltungskraft, mit der auch die Verantwortung für das eigene Schaffen einhergeht, vorübergehend ab. Auf diese Weise bezweckt es, eine Position außerhalb der aktuellen Bedeutungszusammenhänge zu erlangen, biographisch gesprochen diejenige des erzählenden Ichs. Dass ein solcher Transzendierungsversuch jedoch stets innerhalb des eigenen Sinnhorizonts verbleiben muss, machen die Regeln des Orakels deutlich, die sich das Ich bezeichnenderweise selbst gibt. Als räumlichen Bedeutungsträger wählt es mit dem Fluss eine ebenfalls autobiographisch kodierte, als Fluss der (Lebens-)Zeit semantisierte Struktur.[425] Für die erwartete Erkenntnis wird, ganz in der Tradition des

---

[425] Zudem wird über das Wasser der Bezug zu Odysseus noch verstärkt. Auf die metaphorisch-autobiographische Dimension des Flusses sowohl als ‚Fluss des Lebens' wie auch als Grenzlinie zwischen Leben und Tod kann ich an dieser Stelle nicht ausgiebig eingehen. Verwiesen sei daher nur auf Aleida Assman, die das Bedeutungsfeld für die individuelle wie kulturelle Erinnerung folgendermaßen skizziert: „In der klassisch-antiken Welt verbindet sich das Bild des Trinkens mit dem Akt des Vergessens als auch des Erinnerns. Das Wasser hat eine tief ambivalente Bedeutung. Der Letheflluß ist der Strom, der alles unwiederbringlich davonschwemmt und der uns von früheren Phasen unserer Existenz abtrennt wie der Styx vom Leben selbst. Das Wasser des Lebens und Erinnerns dagegen sprudelt aus einer Quelle. Kastalia, die heilige Quelle Delphis, wurde in römischer Zeit zum Dichterquell und ihr Wasser als prophetisch angesehen. An diesem inspirativen Wasser verwischen sich die Gegensätze von Prophezeiung und Erinnerung. Was die Dichter zu

Orakels, ein Opfer in Form des Taschenmessers gebracht. Mit der Aufgabe des Messers, „das gar manche Gerätschaften in sich vereinigte", gibt das Ich allerdings auch – im wörtlichen wie übertragenen Sinn – sein Handwerkszeug preis. Dies besteht im wörtlichen Sinn in der Möglichkeit eines bearbeitenden, poietischen Zugriffs auf die Welt. Im übertragenen Sinn liegt es dagegen in der eigenen Autonomie und künstlerischen Entscheidungsfreiheit.[426] Dies ist letztlich auch die Erkenntnis, welche ihm der Ausgang des Orakels spiegelt. Die erhoffte klärende Antwort bleibt aus, stattdessen verweist die „trügerische Zweideutigkeit der Orakel" das Ich an seine eigene Deutung. Die Entscheidung über das Wahrgenommene und dessen Bedeutung, so die Botschaft, liegen ausschließlich im Wahrnehmenden selbst. Erst darin liegen letztlich der individuelle Zugang und somit das künstlerische Potential.

Das Künstler-Ich konturiert sich somit an der Grenze von Außen- und Innenwahrnehmung in Auseinandersetzung mit der Landschaft. Damit gleicht die Szenerie strukturell einem der ersten Texte explizit autobiographischer Reflexionen auf Landschaft, Petrarcas Besteigung des Mont Ventoux im Jahr 1336.[427] Auch dort nimmt das autobiographische Ich zugleich mit der Landschaft als ästhetischem Erfahrungsraum Gestalt an. Indem Petrarca das Betrachten des Landschaftspanoramas vom Gipfel des Berges zum Anlass für autobiographische Reflexionen nimmt, verschränkt er, ebenso wie Goethe, den erblickten Naturraum mit dem eigenen Lebensweg. Allerdings wendet Petrarca von da seinen Blick zurück zu Augustinus' *Confessiones,* wobei ihn die willkürlich aufgeschlagene Textstelle des Buches auf die Bedeutungslosigkeit der Welt und die Notwendigkeit der christlichen Innenschau verweist.[428] Steht Petrarcas Text damit

---

verkünden haben, empfangen sie von den Musen, den Töchtern der Erinnerung. Es gibt kein kreatives Sagen ohne Erinnern, kein Dichten außerhalb der Tradition bzw. ohne Schluck aus dem Musenquell." Aleida Assman, „Zur Metaphorik der Erinnerung", in: Dies./Dietrich Harth (Hgg.), *Mnemosyne, Formen und Funktionen der kulturellen Erinnerung*, Frankfurt a.M. 1991, 13-31, hier 26.

[426] Die grundlegende Relevanz eigener kompositorischer und perspektivischer Entscheidungen wurde bereits im Kontext der ersten Landschaftszeichnungen deutlich (s.o.).

[427] Vgl.: Petrarca, Mont Ventoux. In der von Jacob Burckhardt (*Die Kultur der Renaissance in Italien*, hg. von Werner Kaegi, Bd. 5, Basel 1930 [¹1860]) begründeten Rezeptionstradition wird Petrarcas Text als Gründungszeugnis neuzeitlicher Subjektivität gelesen, bei der sich das Subjekt von der Augustinisch-mittelalterlichen Tradition der Innenschau ab und der ästhetischen Betrachtung der Welt zuwendet. Diese etwas schematische Sichtweise des Texts lässt sich allerdings bei genauerer Betrachtung nur bedingt aufrechterhalten. Ausführlicher diskutiere ich die Parallelen und Differenzen zu Goethes Text in Kap. 3.5.1 (Aussichtspunkte).

[428] So liest er den Satz „Und es gehen die Menschen hin, zu bewundern die Höhen der Berge und die gewaltigen Fluten des Meeres und das Fließen der breitesten Ströme

auf der Grenze zwischen Mittelalter und Renaissance, göttlicher Ordnung und Entstehung des Subjekts auf Basis eigener sinnlicher Erfahrung, so weist Goethes Wendung nach Innen eine dezidiert moderne Struktur auf. Statt durch göttliche oder Textautoritäten wird sie durch eine Reflexion auf die Relativität der eigenen Wahrnehmung initiiert. Die Interaktion mit der räumlichen Umgebung bringt dem erinnerten Ich weder Erkenntnis von überzeitlichen Handlungsgeboten noch die erhoffte Klärung und Legitimation seiner biographischen Ambitionen. Auf diese Weise wird es zurückgeworfen auf seine individuelle, künstlerisch-schöpferische Perspektive. Deren Ausgestaltung bildet unter den Vorzeichen der Moderne die einzige Möglichkeit, eine immer wieder neu zu bestimmende Position in der Welt einzunehmen.[429] Die Verantwortung für die daraus entstehenden Handlungen und somit letztlich für die eigene Biographie verbleibt beim Ich.

Das Wandern als räumliche wie autobiographische Praxis erweist sich damit als Katalysator für die künstlerische Entwicklung. Einerseits rückt die Verschaltung von Außenraum und Innenraum, Gehen und Denken die Bewegung selbst, als Wanderung wie als Lebensweg in den Blick. Hierdurch wird erneut der Zusammenhang von Leben und künstlerischem Umgang damit im Sinne eines fortlaufenden Prozesses betont. Zugleich wird aber auch die Notwendigkeit einer distanzierenden Auseinandersetzung deutlich, die auf die Erarbeitung einer eigenständigen Perspektive zielt. Umgesetzt wird dies über räumliche Verfahren des In-Bezug-Setzens und der kontinuierlichen Neupositionierung. An diese Struktur knüpfen grundsätzlich auch die Schiffsfahrten an, allerdings verleiht ihr die spezifische Raumerfahrung des Schiffs eine andere Ausprägung.

---

und des Ozeans Umlauf und die Kreisbahnen der Gestirne – und verlassen dabei sich selbst." Petrarca, *Mont Ventoux*, 25.

[429] Mit Foucault könnte man hier von dem sich herausbildenden Paradigma der Moderne sprechen, in dem die Vorstellung einer objektiven Ordnung der Welt vom anthropologischen Denken abgelöst wird. Der Mensch selbst wird nun zum Schöpfer und Zentrum der Synthesen und Sinnstrukturen, in der Wissenschaft ebenso wie in der Kunst. Vgl. Michel Foucault, *Die Ordnung der Dinge, Eine Archäologie der Humanwissenschaften*, Frankfurt a.M. 1971.

3.4.2 Schiffsfahrten

„Wir schifften uns ein, und fuhren an einem glänzenden Morgen den herrlichen See hinauf. Möge ein eingeschaltetes Gedicht von jenen glücklichen Momenten einige Ahnung herüberbringen:

Und frische Nahrung, neues Blut
Saug' ich aus freier Welt;

Wie ist Natur so hold und gut,
Die mich am Busen hält!
Die Welle wieget unsern Kahn
Im Rudertakt hinauf,
Und Berge wolkig himmelan,
Begegnen unserm Lauf.

Aug' mein Aug', was sinkst du nieder?
Goldne Träume kommt ihr wieder?
Weg, du Traum! so Gold du bist;
Hier auch Lieb und Leben ist.

Auf der Welle blinken
Tausend schwebende Sterne;
Weiche Nebel trinken
Rings die türmende Ferne,
Morgenwind umflügelt
Die beschattete Bucht
Und im See bespiegelt
Sich die reifende Frucht." (DW 799)

Mit diesem Gedicht illustriert das erzählende Ich die Überfahrt über den Zürichsee während seiner Schweizreise im achtzehnten Buch von *Dichtung und Wahrheit*.[430] Es hebt den Moment nicht nur formal als besonderen hervor, indem er als eine der wenigen Passagen im Text lyrisch gestaltet ist. Zugleich führt es auch vor, wie der textuelle Raum des Gedichts unterschiedliche räumliche und zeitliche Vektoren eröffnet und zueinander in Beziehung setzt. Der Moment der Bootsfahrt wird so zu einem Kreuzungspunkt verschiedener, konkreter wie metaphorischer Bedeutungsdimensionen.

Zunächst ist es bemerkenswert, dass die Fahrt überhaupt lyrisch gestaltet ist. Diese textuelle wie semantische Markierung stellt die künstlerische Produktion in den Vordergrund. Der erlebte Moment wird nicht als

---

[430] Vgl. den Kommentar der Frankfurter Ausgabe: „Das Gedicht ist in einer ersten Fassung in Goethes *Tagebuch der Reise in die Schweiz* aufgezeichnet. 1789 wurde es in den Schriften unter dem Titel *Auf dem See* gedruckt. In dieser Fassung ist es hier wiedergegeben." (DW 1281)

solcher geschildert, sondern tritt in seiner literarischen Gestaltung an die Stelle der Raumerfahrung. Statt durch das erinnerte Ich wird die Bedeutung der Passage so durch das erzählende Autor-Ich transportiert. Mit dieser Perspektivübernahme wird eine erste temporale Achse entworfen, die vom Zeitpunkt des Erlebens zum retrospektiv erzählenden Autor-Ich führt. Sie wird innerhalb des Gedichts als Spannung von Augenblick und Dauer ausgeführt. Zugleich steht mit ihr der mediale Aspekt klar vor Augen, mithin die distanzierende Vermittlung, welche die Bootsfahrten prägt.

Die als semantischer Rahmen gesetzte temporale Dimension wird mit dem Beginn des Gedichts sprachlich weitergeführt, indem es mit „Und" einsetzt, also auf Vorhergehendes verweist bzw. daran anschließt. Diesem, zunächst nicht näher Bezeichneten, wird mit „frische[r] Nahrung, neue[m] Blut" eine Bild der (biographischen) Erneuerung entgegengestellt, das explizit räumlich begründet ist. Es wird ermöglicht durch die „frei[e] Welt". Hier nun setzt der Wechsel aus räumlicher und zeitlicher Be- und Entgrenzung ein, der ebenfalls, wie die folgenden Analysen zeigen, typischerweise der Schiffserfahrung eignet. Zunächst erscheint der Bootsaufenthalt dabei als Freiraum, der den Zugang zu Neuem ermöglicht. Die Natur wird diesbezüglich personifiziert, sie erscheint als weiblich-mütterliches Gegenüber. Diesem einerseits konkreten, andererseits metaphorisch aufgeladenen Außenraum wird im Verlauf des Gedichts ein implizit ebenfalls weiblich besetzter imaginierter Innenraum entgegengestellt.

Zuvor wird die räumliche Umgebung jedoch in eine zeitliche Kontinuität gestellt („Rudertakt"), welche auch die Horizontlinie der Berge, als äußerste Begrenzung des sichtbaren Raums, zum Teil der biographischen Bewegungslinie macht („Begegnen unserm Lauf"). Der Moment der Überfahrt wird so wiederum zeitlich in die Zukunft verlängert. Von dieser Szenerie wechselt die Perspektive – die explizit als visuelle markiert wird – nun allerdings zur Erfahrung eines emotionalen Innenraums. Der Blick geht nach Innen auf „Goldne Träume". Indem diese als wiederkommend angesprochen werden, situieren sie sich semantisch vor das „Und" des Gedichtanfangs. Solchermaßen wird ein imaginierter Raum der „Träume" eröffnet, der das Ich aus dem gegenwärtigen Erleben an einen anderen Ort versetzt. Dass es sich hierbei um die Beziehung zu Lili handelt, lässt sich nur indirekt folgern.

Neben der biographischen Situation des Ichs und der Funktion der Schweizreise als Bewegung der Distanzierung von Lili begründet der Text hier eine metonymische Verschiebung. Diese führt von den „Goldnen Träumen" über die goldene „Zackenkrone" in Maria Einsiedeln, die das Ich Lili auf „die hellglänzenden Locken aufdrücken" (DW 802) möchte bis hin zu der entscheidenden Stelle auf dem Gipfel des Gotthard, bei der ein „goldenes Herzchen, das ich in den schönsten Stunden von ihr [=Lili] erhalten hatte" (DW 811) die Entscheidung das Ichs maßgeblich beeinflusst.[431]

Dieser räumlichen und semantischen Fluktuation wird allerdings die bewusste Hinwendung zum gegenwärtigen Ort und Moment entgegengehalten, die mit einer explizit räumlichen Geste vollzogen wird („Weg, du Traum!", „Hier auch Lieb und Leben ist."). Mit ihr öffnet sich das lyrische Ich der sinnlich-produktiven Wahrnehmung der umgebenden Szenerie. Diese wird nun erst in ihrer Dynamik und ihrem ästhetischen Gehalt erfasst. Dabei folgt der Blick einer Kreisbewegung: von den im Wasser reflektierten Sternen hinauf zu den Bergen und von dort über die Morgennebel und die Bucht wiederum zu den Spiegelungen im See.

Mit der bereits diskutierten Goethe'schen Poetik des Spiegelns, welche das Gedicht beschließt, geht die Verräumlichung einer zeitlichen Dynamik einher. Es ist dies die schon mit der lyrischen Gestaltung der Passage etablierte Spannung von Augenblick und Dauer, die nun auf das Verhältnis von erlebendem und erinnerndem Ich zurückweist. Der Prozess der Reifung, der Entwicklung des eigenen Potentials („Und im See bespiegelt / Sich die reifende Frucht."), erfolgt als medialer Vorgang, als Transformation eines singulären Moments in die dauerhafte (Text-)Struktur des Gedichts. Extrapoliert auf das Gesamt der Lebenszeit bringt sich damit zugleich die autobiographische Spiegelung des eigenen Lebens- und Reifungsprozesses in den Blick.

Mit der hier allenfalls ansatzweise unternommenen Analyse des Gedichts wird deutlich, dass sich die Bedeutung der autobiographischen Narration wesentlich über solche verdichteten, raum-zeitlichen Arrangements ausdifferenziert. In ihnen werden Bedeutungslinien entworfen und zusammengezogen, womit sie gleichsam zu Nahtpunkten der Text-Organisation werden. Neben dieser strukturellen Relevanz eröffnet die hier diskutierte Passage aber auch entscheidende Einblicke in die Raumerfahrung der Schiffsfahrten. Diese ist charakterisiert durch die im Gedicht plastisch gewordenen Momente des Sich-in-Distanz-Bringens und der künstlerischen Produktivität, ebenso wie durch den Wechsel von Außen und Innen, Erfahrungs- und Imaginationsraum.

Für die individuelle Entwicklung des autobiographischen Ichs ist dabei zunächst der Freiraum bedeutend, den der Aufenthalt auf einem Schiff vorübergehend bietet. Schiffsfahrten spielen sich naturgemäß auf dem Wasser ab und konstituieren damit eine räumliche Trennung von den urbanen wie ländlichen Räumen, in denen sich das Ich bis dahin bewegt hat. Diese Distanz ermöglicht eine – zumindest teilweise – Suspendierung von Autoritäten und Regeln, indem Schiff bzw. Boot einen nach außen

---

[431] Vgl. hierzu auch meine Ausführungen in Kap. 3.5.3.

hin abgeschlossenen Raum bilden. Dies lässt an Foucaults oft zitierten Text *Von anderen Räumen* denken, in dem das Schiff als „die Heterotopie par excellence" bezeichnet wird. Foucault zufolge stellen die Schiffe „das größte Reservoir für die Phantasie" dar und sind somit explizit mit der Imagination verknüpft.[432] Für die hier verfolgte Fragestellung kann es allerdings nur darum gehen, inwiefern mögliche heterotope Qualitäten auch eine Relevanz für die Konstituierung des autobiographischen Ichs besitzen. Dabei zeigt sich, dass die Schiffsräume vom Ich durchaus zur satirischen Verkehrung der geltenden Diskurse genutzt werden. Damit steht die Darstellung einerseits in der literarischen Tradition von Sebastian Brants *Narrenschiff*.[433] Zugleich schließt sie autobiographisch an die Vorstellung der christlichen Lebensreise an, die sie allerdings mit neuen Vorzeichen versieht. Dass dabei das Religiöse als Leitmotiv der Schiffs- und Lebensreisemetapher abgedankt hat, zeigen die Schiffsfahrten im sechsten Buch. Dort unternimmt das Ich mit einigen Freunden häufige „Wasserfahrten [...], weil diese die geselligsten von allen Lustpartieen sind." (DW 255) Da die Gruppe sowohl aus einigen Paaren als auch aus nicht liierten Personen zusammengesetzt ist, schlägt einer der Freunde dabei vor, die Konstellationen neu zu mischen:

> Höchst werte Freunde und Freundinnen, Gepaarte und Ungepaarte! – Schon aus dieser Anrede erhellet, wie nötig es sei, daß ein Bußprediger auftrete und der Gesellschaft das Gewissen schärfe. Ein Teil meiner edlen Freunde ist gepaart, und mag sich dabei ganz wohl befinden, ein anderer ungepaart, der befindet sich höchst schlecht, wie ich aus eigner Erfahrung versichern kann; [...]. Ich will euch, meine Freunde, daher nicht etwa, wie ein Karwochenprediger, zur Buße und Besserung im Allgemeinen ermahnen, vielmehr wünsche ich sämtlichen liebenswürdigen Paaren das längste und dauerhafteste Glück, und um hiezu selbst auf das sicherste beizutragen, tue ich den Vorschlag, für unsere geselligen Stunden diese kleinen allerliebsten Absonderungen zu trennen und aufzuheben. [...] Hier ist ein Beutel, in dem die Namen der Herren befindlich sind; ziehen Sie nun, meine Schönen, und lassen Sie Sich's gefallen, denjenigen auf acht Tage als Diener zu begünstigen, den Ihnen das Los zuweist. Dies gilt nur innerhalb unseres Kreises; sobald er aufgehoben ist, sind auch diese Verbindungen aufgeho-

---

[432] Michel Foucault, „Von anderen Räumen", in: Jörg Dünne /Stephan Günzel (Hgg.), *Raumtheorie, Grundlagentexte aus Philosophie und Kulturwissenschaft*, Frankfurt a.M. 2006, 317-329, 327.

[433] Sebastian Brant, *Das Narrenschiff*, nach der Erstausgabe (Basel 1494) mit den Zusätzen der Ausgabe v. 1495 und 1499 sowie den Holzschnitten der dt. Originalausgaben. hg. v. Manfred Lemmer. 4., erw. Aufl., Tübingen 2004.

ben, und wer Sie nach Hause führen soll, mag das Herz entscheiden. (DW 255f.)

Hier wird der Freiraum des Schiffes genutzt um soziale Spielregeln außer Kraft zu setzen, was sich als spielerische Verkehrung restriktiver Beziehungsvorstellungen vollzieht. Diese werden unter der Maskerade kirchlicher Autorität suspendiert, indem der Redner einerseits als „Bußprediger" auftritt, die Buße aber andererseits in einer durch das Los bestimmten Liaison für Jeden und Jede besteht.

Damit wird die auf Enthaltsamkeit und Monogamie beruhende Morallehre der Kirche ins Absurde gewendet. Gültigkeit besitzt sie allein noch als parodistisches Zitat, anhand dessen die Jugendlichen Alternativen erproben können. Das umso mehr, da der Freund „die ganze Rede [...] mit Ton und Gebärde eines Kapuziners vorgetragen [hatte]" (DW 257), jenes Ordens also, der für strikte Askese eintrat. An die Stelle eines Menschenbildes, das sich an überindividuell geltenden Forderungen und religiösen Dogmen orientiert, werden nun die individuellen Bedürfnisse des einzelnen Individuums gesetzt. Geknüpft wird diese Verschiebung an den Schiffsaufenthalt, wodurch sie eine explizite raum-zeitliche Begrenzung erfährt. Es entsteht ein temporärer Raum alternativer Regeln. Auch hierbei werden liturgische Versatzstücke eingesetzt, die einen parodistischen Rahmen schaffen:

> Die Vorsteher, die sich gleich Ehre machen wollten, brachten ganz artige neue Spiele schnell in Gang, bereiteten in einiger Ferne eine Abendkost, auf die man nicht gerechnet hatte, illuminierten bei unserer nächtlichen Rückkehr die Jacht, ob es gleich, bei dem hellen Mondschein, nicht nötig gewesen wäre; [...] In dem Augenblick als wir ans Land stiegen, rief unser Solon »ite missa est!« ein Jeder führte die ihm durchs Los zugefallene Dame noch aus dem Schiffe und übergab sie alsdann ihrer eigentlichen Hälfte, wogegen er sich wieder die seinige eintauschte.[434] (DW 258)

Der Schiffsraum bildet hier die Grenze der Regelverkehrung. Mit dem Verlassen des Schiffs ist auch das Rollenspiel beendet und die gesellschaftlich geltenden Verbindungen sind wieder in Kraft gesetzt. Der Verlauf dieses letztlich folgenlosen Austestens gesellschaftlicher Vorgaben weist die Richtung, in die sich die Funktion des Schiffsraumes verschiebt: aufgrund seiner spezifischen räumlichen Abgeschlossenheit ermöglicht er eine Erkundung derjenigen Maßstäbe und Perspektiven, die für das Ich jenseits von allgemeinen Vorgaben Gültigkeit besitzen.

---

[434] „ite missa est!" (= „Gehet, die Versammlung ist geschlossen!") bildete die Schlussformel des altchristlichen Gottesdienstes.

Wie sehr die Schiffsmetapher autobiographisch zu verstehen ist, zeigt sich bei Goethes Rückkehr von seinem ersten Studienort Leipzig in das elterliche Haus. Von einer schweren Erkrankung geschwächt ist er aus Leipzig abgereist um sich in Frankfurt zu erholen und reflektiert während der Kutschfahrt seine Lage:

> Je mehr ich mich nun meiner Vaterstadt näherte, destomehr rief ich mir, bedenklicher Weise, zurück, in welchen Zuständen, Aussichten, Hoffnungen ich von zu Hause weggegangen, und es war ein sehr niederschlagendes Gefühl, daß ich nunmehr gleichsam als ein Schiffbrüchiger zurückkehrte. (DW 367)

Hier findet zum ersten Mal explizit das Modell der autobiographischen Schiffsreise Verwendung. Wie schon zuvor beim „Wanderer", so eröffnet auch hier eine allegorische Selbstzuschreibung unterschiedliche, teils reale, teils literarisch-imaginative Räume. Dass dies erst bei der Rückkehr ins Elternhaus geschieht, ist kein Zufall. Das Ich bedarf eines gewissen Alters und der damit verbundenen biographischen Erfahrungen, um eine Perspektive auf das Leben als Aneinanderreihung von Abschnitten einnehmen zu können. Dieses Bewusstsein davon, dass es so etwas wie Stationen im Leben gibt, ebenso wie die Erfahrung des Scheiterns von Plänen und Hoffnungen, ist aber im Zitat zuallererst eine räumlich motivierte Erkenntnis. Nur durch den Aufenthalt in Leipzig und die anschließende Rückkehr in die „Vaterstadt" ergeben sich für das Ich die Parameter, welche die „Zustände, Aussichten, Hoffnungen" vor und nach dem Studienaufenthalt vergleichbar werden lassen. So sind die emotionalen wie kognitiven Zustände des Ichs an den Ort 'Elternhaus' gebunden und ermöglichen durch den erneuten Aufenthalt dort eine Bestandsaufnahme. Die im Zitat angesprochene Rückkehr impliziert zudem einen heimatlichen Hafen, den zu diesem Zeitpunkt nur das elterliche Frankfurter Haus bilden kann. Das erlebende Ich selbst hat sich noch keinen eigenen Hafen geschaffen, in dem es dauerhaft bleiben könnte. Dass diesen Ort perspektivisch allerdings keinesfalls der Hafen des christlichen Glaubens einnehmen wird – wie es im religiösen Motiv der Lebensreise angelegt ist – hat sich bereits bei den oben erwähnten Wasserfahrten gezeigt. Vielmehr ist es die Kunst, genauer die Literatur, die letztlich die Funktion des Heimathafens erfüllen wird. Formuliert wird dies aber erst in der *Italienischen Reise*, die das Schiffsmotiv mehrfach aufgreift und, wie Christen[435] gezeigt hat, zur Strukturierung der Narration einsetzt. Um die fortgesetzte Bedeutung dieses Ortes, gerade auch in der perspektivierenden Rückwirkung auf *Dichtung und Wahrheit* deutlich zu machen, werden im Folgenden einige wesentliche Passagen hierzu aus der *Italienischen Reise*

---

[435] Matthias Christen, „Wanderer zwischen den Welten – Goethes italienische Reisen", in: Ders., *end of the line*, 117-153.

herangezogen. Auf diese Weise tritt das textübergreifende Spezifikum des Schiffsraums deutlicher hervor.

Eingeführt wird das Bild der Schiffsreise in der *Italienischen Reise* durch Goethes Fasanentraum[436], der den Aufenthalt in Rom als ergiebige künstlerische Beutefahrt präfiguriert. Wie schon in der lyrischen Passage zu Beginn dieses Abschnitts, so tritt auch hier der Wechsel von realräumlicher Erfahrung und deren imaginativer Überlagerung in den Vordergrund. Darin träumt er von einer Bootsfahrt zu einer Insel, auf der „die schönsten Fasanen zu haben seien" (IR 108). Diese werden für ihn dann auch eingefangen, getötet und auf Deck arrangiert. Auf der Rückfahrt zum Hafen benennt das Ich in Gedanken bereits „die Freunde, denen ich von diesen bunten Schätzen mitteilen wollte" (IR 108). Die Reise durch Italien über Land wird hier also im Sinne der christlichen Lebensreise zu einer Schiffsfahrt umgedeutet. Als Lohn der Mühen wartet zudem nicht das Seelenheil, sondern es stehen ganz konkrete und auch mitteilbare „Schätze" in Aussicht. Direkt vor seiner Ankunft in Rom greift Goethe den Traum dann erneut auf:

> Morgen abend also in Rom. Ich glaube es noch jetzt kaum, und wenn dieser Wunsch erfüllt ist, was soll ich mir nachher wünschen? Ich wüsste nichts, als daß ich mit meinem Fasanenkahn glücklich zu Hause landen und meine Freunde gesund, froh und wohlwollend antreffen möge. (IR 124)

Die christliche Lebensreise, die letztlich auf eine Überwindung der Welt und die Ankunft bei Gott, sprich: im Jenseits angelegt ist, erhält somit signifikante Verschiebungen. Nicht nur ist aus Jerusalem, dem christlichen Zentrum der Welt und daher metaphorischem Ziel der Lebensreise, nun Rom geworden. Diese „Hauptstadt der Welt" (IR 125) verbindet als Zentrum des Katholizismus und der römischen Antike nun die religiöse und künstlerische Dimension. Auch ist die Schiffsreise für das autobiographische Ich als Rundfahrt konzipiert, die nicht mit dem Erreichen der Insel bzw. Roms endet, sondern von vorne herein auf eine Rückkehr als gereifter Künstler hin angelegt ist.

Mit dem Aufenthalt in Rom verschiebt sich die ästhetische Heilserwartung bekanntermaßen auf Sizilien, eine Hoffnung, die Goethe aber-

---

[436] Meine Lektüre des Fasanentraums versucht keine umfassende Deutung, sondern beschränkt sich auf den Aspekt der Lebensreise und die Dimensionalität des Schiffsraums selbst. Zum Fasanentraum vgl. für eine allgemein kulturwissenschaftliche Perspektive: Peter-André Alt, *Der Schlaf der Vernunft: Literatur und Traum in der Kulturgeschichte der Neuzeit*, München 2002, S.190-194; Junichi Sasaki, „‚Des alten Fasanentraums gedacht', Ein metaphorischer Traum in der Italienischen Reise im autobiographischen Kontext", in: *Goethe-Jahrbuch* 45 (2003), 53-70.

mals im Bild der Schiffsreise fasst. So beschließt er den Text über den ersten römischen Aufenthalt mit der Geschichte eines „Schiffers, der, von einer stürmischen Nacht auf der See überfallen, nach Hause zu steuern trachtete." (IR 176f.) Die bevorstehende Abreise nach Sizilien vor Augen, sieht sich Goethe in vergleichbarer Situation: „Auch ich steure auf einem leidenschaftlich bewegten Meere dem Hafen zu, und halte ich die Glut des Leuchtturms nur scharf im Auge, wenn sie mir auch den Platz zu verändern scheint, so werde ich doch zuletzt am Ufer genesen." (IR 177) Der ersehnte Hafen hat sich somit nach Süden verschoben, nun mit Sizilien tatsächlich auf eine Insel. Die zwei Schiffsfahrten von Neapel nach Sizilien und wieder zurück sind literarisch dicht gestaltet und werden erneut durch den Bezug zum Fasanentraum als Station auf dem Weg des Künstlers markiert. So schließt der letzte Eintrag vor der Abreise nach Palermo mit den Worten:

> Nun sag' ich noch allen Freunden in Weimar und Gotha ein treues Lebewohl! Eure Liebe begleite mich, denn ich möchte ihrer wohl immer bedürfen. [...] Es ist denn doch, als wenn ich mein Fasanenschiff nirgends als bei euch ausladen könnte. Möge es nur erst recht stattlich geladen sein! (IR 224)

An diese erneute, explizite Verabschiedung schließt sich die Schiffsreise nach Palermo an, die folgerichtig als rite de passage gestaltet ist. Der Text wechselt somit von der metaphorischen wieder zur subjektiven Erfahrungsräumlichkeit des Ichs. Deren Strukturen eröffnen in der Folge dann wiederum imaginative Räume. So beginnt die Überfahrt mit der Loslösung vom Bekannten, das als Festland nach und nach aus dem Blick verschwindet. Schließlich ist das Ich ringsum nur noch von Wasser umgeben: „Nun war kein Land mehr zu sehen, der Horizont ringsum ein Wasserkreis, die Nacht hell und schöner Mondschein." (IR 225) Dieser Verlust der äußeren, räumlichen Orientierung bewirkt eine Erschütterung des Ichs, es wird nach wenigen Augenblicken von der „Seekrankheit" (IR 226) befallen.[437] Als Folge zieht sich das Ich ins Innere des Schiffes zurück, was zugleich auch eine Wendung der Aufmerksamkeit nach Innen bedingt:

---

[437] Es ist bemerkenswert, dass Goethe hier explizit auf den Horizont und dessen Aufgehen im „Wasserkreis" verweist. Darin zeigt sich die ambivalente Beziehung des Ichs zum Horizont. So stellt er einerseits das zu Überschreitende dar, anhand dessen sich das moderne Individuum als aktives, den Raum in Besitz nehmendes Subjekt definiert. Andererseits bezeichnet er aber auch als äußerster Rand der Wahrnehmung eine notwendige Grenze, die das Ich überhaupt erst im Raum positioniert. Ihr Verschwinden wirkt sich hier ganz konkret als Orientierungsverlust des Ichs aus. Vgl. Albrecht Koschorke, „Logik der Überschreitung", in: Ders., *Geschichte des Horizonts*, 76-83.

> Ich begab mich in meine Kammer, wählte die horizontale Lage, enthielt mich außer weißem Brot und rotem Wein aller Speisen und Getränke und fühlte mich ganz behaglich. Abgeschlossen von der äußern Welt, ließ ich die innere walten, und da eine langsame Fahrt vorauszusehen war, gab ich mir gleich zu bedeutender Unterhaltung ein starkes Pensum auf. (IR 226)

Dem Wegbrechen der „äußern Welt" begegnet das Ich nun mit einer Strategie der inneren Stabilisierung. Diese beinhaltet zunächst eine Ruhigstellung des Körpers in „horizontale[r] Lage". Nach außen hin in einem todesähnlichen Zustand, nimmt das Ich zudem nur „weiße[s] Brot und rote[n] Wein" zu sich. Dieser deutliche Bezug auf die eucharistischen Gaben der christlichen Messe verstärkt noch die Perspektive einer inneren Transformation. Diese wird allerdings vom Religiösen ins Ästhetische verschoben, indem sich das Ich selbst „ein starkes Pensum auf[gibt]" und damit beginnt den mitgebrachten Text umzuarbeiten. Auf diese Weise wird das Schiffsinnere auch zum inneren Imaginationsraum des äußerlich bewegungslosen Passagiers. Dort verbringt er die gesamte Zeit der Überfahrt, wobei er sich ebenso unermüdlich wie produktiv dem unfertigen Text des *Tasso* widmet. Der Intensität der inneren Bewegung korrespondiert das Wetter auf See, das Goethe dramatisch dicht mit dem Schaffensprozess verwebt: „Um drei Uhr morgens heftiger Sturm. Im Schlaf und Halbtraum setzte ich meine dramatischen Pläne fort, indessen auf dem Deck große Bewegung war. Die Segel mussten eingenommen werden, das Schiff schwebte auf den hohen Fluten." (IR 227) Die notwendige Stabilität kann für das Ich in dieser Situation nicht mehr aus dem völlig chaotischen Außen kommen. An dessen Stelle tritt daher eine innere Ausrichtung an der eigenen künstlerischen Schaffenskraft. Sie bildet den Leuchtturm, auf den der Künstler unabhängig von äußeren Faktoren zusteuert. Indem er seinen „dichterischen Vorsatz nicht aus dem Sinne [lässt]" (IR 228), erfährt er die Ich-stärkende Wirkung der eigenen Einbildungskraft. Auf diese Weise wird im Verlauf der Fahrt „das ganze Stück [...] um und um, durch und durch gedacht." (IR 226) so dass er an deren Ende „des ganzen Stücks so ziemlich Herr geworden [ist]." (IR 228) Aus einer Situation des Kontroll- und Orientierungsverlusts geht damit für das Ich eine geglückte Neuausrichtung anhand der eigenen Imagination hervor. Die Bewältigung dieses Transformationsprozesses führt nun auch körperlich zu einer Wiederherstellung der Kräfte und einer erneuten Wendung zum Außen:

> Der Plan meines Dramas war diese Tage im Walfischbach ziemlich gediehen. Ich befand mich wohl und konnte nun auf dem Verdeck die Küste Siziliens mit Aufmerksamkeit betrachten. [...] Völlig

hergestellt, wie ich war, empfand ich das größte Vergnügen. (IR 228)[438]

Es wird deutlich, dass Goethe hier die religiöse Dimension bewusst mit der künstlerischen verschmilzt, sodass der Weg des Künstlers zugleich als eine profanisierte Version der christlichen Pilgerreise erscheint. Erneut tritt somit die Kunst an die Stelle bedeutungsstiftender religiöser Lebensmetaphern. Das ermöglicht ihm auch eine Umdeutung gewisser, nicht mit dem Künstler-Ich verträglicher Aspekte des christlichen Modells. So bedingt die Erkenntnis von der Vergänglichkeit allen Seins in dieser Lesart der Lebensreise nicht mehr zwangsweise die Hinwendung zum Glauben und zu Gott. Vanitas-Motiv und Weltentsagung, wie sie unter anderem auch im Motto der *Italienischen Reise* anklingen[439], sind hier nicht mehr die notwendigen Konsequenzen eines an Erfahrungen gereiften Lebens. Zwar sieht sich das Ich auf der Überfahrt von Sizilien nach Palermo mit der Perspektive des historischen Verfalls und der „eitle[n] Bemühungen des Menschengeschlechts" (IR 314) konfrontiert. Vor dem Hintergrund der erworbenen inneren Stabilität kann es sie aber entschieden in den Bereich des Pathologischen verweisen: „Diese wahrhaft seekranken Betrachtungen eines auf der Woge des Lebens hin und wider Geschaukelten ließ ich nicht Herrschaft gewinnen."[440] (IR 314) Struktur und Handlungsanleitung erhält der Italienreisende dagegen erneut aus der Literatur, genauer aus der *Odyssee*. Diese liest Goethe nicht nur mit Vorliebe im öffentlichen Garten von Palermo. Zugleich fasst er dort mit seinem Nausikaa-Projekt auch deren literarische Umarbeitung ins Auge.[441] Auf diese Weise stellt sich das erzählende Ich in die Tradition Homers, während es darüber hinaus als Mittler zwischen antiker und Gegenwartskunst erscheint. Diese Aneignung des antiken Autors für die Bedeu-

---

[438] Mit dem „Walfischbauch" wird auf eine weitere rite de passage verwiesen: die biblische Erzählung von Jona, der drei Tage im Bauch des Wals betet, um anschließend wieder an Land ausgespien zu werden. In der christlichen Exegese wird dies als Bild für den Tod und die Auferstehung gelesen.

[439] Dies lautet bekanntermaßen „Auch ich in Arkadien!". Zu Herkunft und zeitgenössischer Bedeutung vgl. den ausführlichen Kommentar zu dieser Stelle, IR 582f.

[440] Zugleich liest sich dieser Satz wie ein Kommentar auf die Schlusspassage des *Tasso*, in der die Hauptfigur eben jenes Bild vom im Meer des Lebens gestrandeten Schiffer aufruft: „Zerbrochen ist das Steuer und es kracht / Das Schiff an allen Seiten. Berstend reißt / Der Boden unter meinen Füßen auf! / Ich fasse dich mit beiden Armen an! / So klammert sich der Schiffer endlich noch / am Felsen fest, an dem er scheitern sollte." Johann Wolfgang Goethe, *Torquato Tasso*, in: Ders., *Sämtliche Werke. Briefe, Tagebücher und Gespräche*, Bd. 5, *Dramen 1776-1790*, hg. von Dieter Borchmeyer, Frankfurt a.M. 1988, 731-834, 834.

[441] Auch hier ist der Raum des Gartens also, wie in *Dichtung und Wahrheit*, ebenso derjenige des Autors.

tungsgebung der eigenen Künstler-Biographie findet ihren räumlichen Ausdruck in der Schiffsreise von Sizilien zurück nach Neapel. Dabei werden Felsen der durchfahrenen Meerenge als Scylla und Charybdis beschrieben, zudem schlichtet das Ich während eines Sturms eine drohende Meuterei an Deck. Indem somit Szenen der *Odyssee* zitiert werden, zeichnet Goethe – als Autor wie als Reisender – seine eigene Route über diejenige des antiken Texts.

Der Blick auf die *Italienische Reise* macht somit deutlich, dass der Schiffsraum zwei miteinander verbundenen Zwecken dient. Er fungiert zunächst als Ort des Rückzugs und der Distanznahme. Innerhalb eines klar begrenzten und zugleich mobilen Raums ist das Individuum zwar auf der Reise, dabei aber von der Umgebung abgerückt und auf sich selbst verwiesen. Damit ermöglicht das Schiff eine individuelle Bestandsaufnahme und die Neuorientierung gegenüber gesellschaftlichen Positionen. Dies führt zur zweiten wesentlichen Funktion, der Konstituierung des (Künstler-)Ichs. Auch hier ist die Reise eine äußere wie innere zugleich – nicht umsonst dient Odysseus als biographisches Muster. So wie er lernt auch das autobiographische Ich, bedingt durch die Raumdurchquerung, neue Sichtweisen und Konventionen kennen, zu denen es sich in Beziehung setzt. Erst indem es diese Erfahrungen durchläuft, gelangt es nach und nach zu eigenen Positionen und kann erneut in bestehende gesellschaftliche Ordnungen eintreten. Dafür ist aber, wie gezeigt, eine vorübergehende Ausrichtung nach innen nötig, aus der im Anschluss wiederum die künstlerische Produktion hervorgeht. So lässt die vollzogene Raumbewegung das Ich letztlich gestärkt aus dem zwischenzeitlichen Orientierungsverlust hervorgehen.

Auf diese Weise ist die Schiffsreise eng an die Lebensreise geknüpft, wobei das religiöse Moment jedoch durch ein ästhetisches ersetzt wird. Hierdurch verschiebt sich auch das christliche Vanitas-Motiv. Nicht mehr Weltentsagung ist das Ziel, sondern die Transformation von erfahrener Welt in Kunst. Damit bleibt das Individuum der Welt auf eine ästhetisch ebenso rezeptive wie produktive Weise zugewandt. Die biographische Reise lässt sich unter dieser Perspektive letztlich nicht mehr von der literarisch-künstlerischen trennen.

Die Schiffsfahrten lassen sich somit als Baustein innerhalb der autobiographischen Topographie verorten. Wie schon bei der Auseinandersetzung mit den Galerien, so bedingen sich auch hier Kunsterfahrung und Ich-Erfahrung. Während dort allerdings stärker der Zusammenhang von Rezeption und der eigenen Maßstabsfindung entwickelt wird, steht hier die eigene Kunstproduktion im Vordergrund. Auch in Bezug auf die Wanderungen lässt sich nun die Differenz erkennen. So figurieren die Wanderungen ein beständiges Abgleichen und sich-in-Bezug-Setzen mit der Umgebung, wobei die beschriebene Distanzierung als im wörtlichen

Sinne schrittweiser Prozess verläuft. Den Schiffsfahrten ist dagegen bereits durch ihre räumliche Dimensionalität ein Moment der Distanz eingeschrieben. Das führt zu einer stärkeren Differenzierung von Phasen der Introspektion und solchen der bewussten Wendung nach außen und ermöglicht dadurch auch die Produktion von Kunst noch während der Reise.

Wie die zitierten Passagen zeigen, kommt diese Struktur zur Gänze erst in der *Italienischen Reise* zum Tragen, angelegt ist sie aber bereits in *Dichtung und Wahrheit*. Das verdeutlicht ein abschließender Blick auf eine gemeinsam mit Merk unternommene Rheinfahrt. Diese steht unter den Vorzeichen von Rezeption ebenso wie Produktion:

> Ich fuhr mit ihm [Merk] und den Seinigen auf einer nach Maynz zurückkehrenden Jacht den Rhein aufwärts, und obschon dieses an sich sehr langsam ging, so ersuchten wir noch überdies den Schiffer, sich ja nicht zu übereilen. So genossen wir mit Muße der unendlich mannigfaltigen Gegenstände, die bei dem herrlichsten Wetter, jede Stunde an Schönheit zuzunehmen und sowohl an Größe als an Gefälligkeit immer neu zu wechseln scheinen [...]. (DW 612f.)

Die bewusst entschleunigte Durchquerung des Raums ermöglicht hier eine ästhetische Wahrnehmung der umgebenden Natur. Gleichzeitig verschafft die Position auf dem Schiff dem Ich die nötige „Muße" zur Aufnahme und Verarbeitung des Gesehenen. Es ist diese Kombination aus der Verfügbarkeit von Zeit und dem Aufenthalt im Raum, die, wie in der *Italienischen Reise*, gleichzeitig auch die eigene künstlerische Produktion anregt: „Wir hatten fleißig gezeichnet und uns wenigstens dadurch die tausendfältige Abwechselung jenes herrlichen Ufers fester eingedruckt [...]." (DW 613) Diese, durch die strukturierte Naturbetrachtung und -darstellung veränderte, „geschärft[e]" Wahrnehmung wirkt nun über die Schiffsfahrt hinaus auf das künstlerische Selbstverständnis und Handeln. Das Ich versucht daher, die Situation der Schiffsreise in den Frankfurter Alltag hinein zu verlängern:

> Mein durch die Natur geschärfter Blick warf sich wieder auf die Kunstbeschauung, wozu mir die schönen Frankfurter Sammlungen an Gemälden und Kupferstichen die beste Gelegenheit gaben [...]. Die Natur in der Kunst zu sehen, ward bei mir zu einer Leidenschaft, die in ihren höchsten Augenblicken andern, selbst passionierten Liebhabern wie Wahnsinn erscheinen musste; [...]. Damit ich mich aber auch mit diesen Dingen werktätig bekannt machen möchte, räumte mir Nothnagel ein Kabinett ein, wo ich alles fand, was zur Ölmalerei nötig war, und ich malte einige einfache Stilleben nach dem Wirklichen [...]. (DW 613)

Zwar ist der künstlerische Blick für den Raum durch die Rheinreise hinreichend geschult, dem Unterfangen fehlt jedoch diejenige Ruhe, die der Aufenthalt auf dem Schiff mit sich bringt. Die Abgeschlossenheit des Schiffsraums lässt sich nicht ohne weiteres in das städtische Umfeld übertragen:

> Hätte ich geduldig fortgefahren mich an solchen Gegenständen zu üben, ihnen Licht und Schatten und die Eigenheiten ihrer Oberfläche abzugewinnen, ich hätte mir eine gewisse Praxis bilden und zum Höheren den Weg bahnen können; so aber [...] verwickelte [ich] mich bald in größere Unternehmungen, in denen ich stecken blieb, sowohl weil sie weit über meine technischen Fähigkeiten hinauslagen, als weil ich die liebevolle Aufmerksamkeit und den gelassenen Fleiß, durch den auch schon der Anfänger etwas leistet, nicht immer rein und wirksam erhalten konnte." (DW 614)

Es zeigt sich, dass die Schiffsreise eine Raumerfahrung schafft, die mit einer spezifischen, verlangsamten Zeitwahrnehmung bzw. Zeitvergessenheit verknüpft ist. Erst hierdurch erhält das Ich die Möglichkeit, das Wahrgenommene zu verarbeiten und in künstlerische Produktion umzusetzen. Gänzlich zum Erliegen kommt die eigene Malerei dann, als das Ich erneut beginnt sich mit antiker Kunst zu beschäftigen: „Auch wurde ich zu gleicher Zeit abermals in eine höhere Sphäre gerissen, indem ich einige schöne Gypsabgüsse antiker Köpfe anzuschaffen Gelegenheit hatte." (DW 614) Diese „höhere Sphäre" lenkt den Blick weg von der Gegenwartskunst auf die Ästhetik der Antike und verweist bereits auf die zukünftige Fluchtlinie der biographisch-künstlerischen Entwicklung. Die Frage nach der Berufung zum Literaten oder Maler, ebenso wie diejenige nach tragfähigen ästhetischen Maßstäben, wird erst auf der Reise durch Italien beantwortet werden.

3.4.3 Ausritte und Reisen zu Pferde

Gehen Schiffsreisen, wie gezeigt, mit einer gewissen Verlangsamung der Raumwahrnehmung und einem Rückzug des Ichs einher, so stellt das Reiten eine genau gegenteilige Raumerfahrung bereit. Sie ist geprägt durch Beschleunigung und eine entschiedene Hinwendung zum Außen. Wesentlich ist dabei, dass Reiten an sich zwar eine spezifische Dimensionalität besitzt, aber keinen eigenen, beschreibbaren Raum. Die Wahrnehmung des durchquerten Raums ist ephemer, insofern als er für den Reiter in ständiger Veränderung begriffen ist. Da der Raum sich auf diese Weise vom Ich und dessen beständig verändernder Position herschreibt, erscheint er ihm nicht als starre, sondern als formbare Struktur. Denn erst im Verlauf des Reitens wird ein definierter Weg sichtbar, entsteht eine Topographie. Diese Prozesshaftigkeit hat das Reiten zwar mit dem Wandern und den Schiffsfahrten gemeinsam, ihr kommt aber auf dem Pferd eine spezifische Relevanz zu. Bedingt wird sie durch die gegenüber den anderen Fortbewegungsmitteln beschleunigte Zeit- und damit auch Raumwahrnehmung. In Verbindung mit der räumlich erhöhten Position auf dem Pferd besitzt das Reiten ein Moment der Selbstermächtigung, das den anderen Fortbewegungsmitteln nicht in diesem Maß zu Eigen ist.

Wie alle Reisewege, so erschließt sich allerdings auch diese Topographie nicht ausschließlich in der Durchmessung des Außenraums, sondern erhält ihre Bedeutung immer auch in der Verschaltung und Überlagerung von Innen und Außen. Der auswärts gerichteten Struktur des Reitens entsprechend geschieht dies jedoch weniger als Konzentration und Sammlung, wie dies bei den Schiffsfahrten der Fall ist. Vielmehr differenzieren sich die durchrittenen Räume u.a. durch affektregulierende Projektionen und das Anlegen literarischer Schablonen.

Eingeführt wird das Reiten zunächst als Teil der bürgerlichen Bildungsagenda: „Wir waren nun heran gewachsen, und dem Schlendriane nach sollten wir neben andern Dingen fechten und reiten lernen, um uns gelegentlich unserer Haut zu wehren, und zu Pferde kein schülerhaftes Ansehen zu haben." (DW 161) Für das Goethe'sche Umfeld stellt Reiten eine kanonische Kulturtechnik ebenso wie ein am Adel orientiertes Statussignal dar, mithin ein gesellschaftliches Positionierungsmerkmal. Für das erlebende Ich selbst geht es in dieser biographischen Phase allerdings noch nicht um die praktische Funktion des Reitens als Fortbewegungsmittel, sondern zunächst lediglich um das Erlernen der Kulturtechnik als solcher. Es übt sich in der Einnahme einer bestimmten körperlichen Haltung und der damit verbundenen Raumpraxis. Dies geschieht, im Gegensatz zum späteren alltagspraktischen Einsatz, unter Aufsicht eines Stallmeisters in einer Reithalle. Für das Ich gestaltet sich dieser erste Kontakt mit dem Reiten insbesondere als negative Ortserfahrung:

> Zufälligerweise schickte man mich im Herbst auf die Bahn, so daß ich in der kühlen und feuchten Jahreszeit meinen Anfang machte. Die pedantische Behandlung dieser schönen Kunst war mir höchlich zuwider. Zum ersten und letzten war immer vom Schließen die Rede, und es konnte einem doch Niemand sagen, worin denn eigentlich der Schluß bestehe, worauf doch alles ankommen solle: denn man fuhr ohne Steigbügel auf dem Pferde hin und her. Übrigens schien der Unterricht nur auf Prellerei und Beschämung der Scholaren angelegt. Vergaß man die Kinnkette ein- oder auszuhängen, ließ man die Gerte fallen oder wohl gar den Hut, jedes Versäumnis, jedes Unglück mußte mit Geld gebüßt werden, und man ward noch obenein ausgelacht. Dies gab mir den aller-

> schlimmsten Humor, besonders da ich den Übungsort selbst ganz unerträglich fand. Der garstige, große, entweder feuchte oder staubige Raum, die Kälte, der Modergeruch, alles zusammen war mir im höchsten Grade zuwider; [...] So brachte ich die allerverdrießlichsten Stunden über einem Geschäft hin, das eigentlich das lustigste von der Welt sein sollte. Ja der Eindruck von jener Zeit, von jenen Zuständen ist mir so lebhaft geblieben, daß, ob ich gleich nachher leidenschaftlich und verwegen zu reiten gewohnt war, auch Tage und Wochen lang kaum vom Pferde kam, daß ich bedeckte Reitbahnen sorgfältig vermied, und höchstens nur wenig Augenblicke darin verweilte. (DW 162f.)

Das erzählende Ich beschreibt hier einen Ort, an dem spezifische Regeln gelten. Aus der Retrospektive des erfahrenen Reiters kreiert es einen Raum, indem „pedantische Behandlung", also geistige Enge und räumlich-sinnliche Erfahrung sich bespiegeln. So bleiben die Lerndirektiven unverständlich, werden aber zugleich genutzt, um dem Lernenden ein Gefühl der Ohnmacht und der Demütigung zu vermitteln. Auffällig ist dabei die starke sinnliche Präsenz des Ortes für das Ich. So erzeugen die visuellen, olfaktorischen wie auch haptischen Wahrnehmungen eine Atmosphäre des Unlebendigen, Toten, es werden Orte wie 'Keller' oder 'Grab' evoziert. Die Erfahrungsräumlichkeit erhält dadurch von Beginn an einen Wert zugesprochen, der emotionale Raum überlagert den materiellen. Die Stunden in der Reithalle prägen sich dem Ortsgedächtnis als so fremdbestimmt und verdrießlich ein, dass vergleichbare Orte zukünftig gemieden werden. Die Erfahrung wird demnach nicht an der Tätigkeit selbst oder den beteiligten Personen festgemacht, sondern die Erinnerung verankert sich am Ort des Geschehens. Dieser ist als expliziter Lern- und Übungsort von seiner Umgebung abgetrennt. In der Abgeschlossenheit der Reitbahn erlernt das Ich so lediglich die zur Fortbewegung notwendigen Prinzipien, bleibt aber von der eigentlichen (Raum-)Erfahrung des Reitens ausgeschlossen. Dies ändert sich erst in einer biographisch späteren Phase, in der ihm auch der öffentliche Raum zur Verfügung steht. Dadurch kehren sich die Vorzeichen des Reitens um, wie der biographische Vorgriff am Ende der zitierten Passage schon in Aussicht stellt. Statt des geschlossenen und städtischen Raums der Reitbahn nutzt Goethe während seiner Studienzeit in Straßburg nun die umliegenden ländlichen Naturräume für seine Reiterfahrungen. So macht er sich das Reiten als Medium individueller Fortbewegung zu Eigen. Die Erkundung der jeweiligen Umgebung zu Pferde wandelt sich nun von einer vormals fremdbestimmten Tätigkeit zur Ermöglichungsbedingung eigenverantwortlichen Erfahrens und Handelns. Hier ist das Ich als ganze Person involviert, es kann nun, anders als auf der Reitbahn, „leidenschaftlich und verwegen" (DW 163) reiten. Diese Selbstermächtigung geht einher mit einer Bewegung, die weg von den städtischen Lernorten der Universität und hinaus in die (ländliche) Welt führt, die sich in diesem Fall als Elsass und Lothringen präsentiert. Die zuvor erworbene Technik ermöglicht dem Ich so eine Selbstbestimmung, die auf einer erweiterten Raumerfahrung basiert. Dies zeigt sich anhand einer Reise, die es mit zwei Freunden von Straßburg aus durch Lothringen und das Elsass unternimmt. Gehörte zuvor die „bedeckte Reitbah[n]" zur Sphäre der bürgerlich-väterlichen Welt und war mit einer Erfahrung der Fremdbestimmung verknüpft, so wird das Reiten im Freien nun zum Gegenentwurf selbstbestimmten Handelns und Lernens.

Die Raumerfahrung wird dabei durch drei wesentliche Aspekte strukturiert und semantisiert: zuerst durch geographische Erkenntnisse, dann durch Erfahrungen mit den Umbrüchen hin zu industriell geprägten Lebens- und Arbeitsformen und schließlich immer wieder auch durch den, durchaus räumlichen, Bezugspunkt ‚Friederike'. Die Raumerfahrung ermöglicht damit naturwissenschaftliche, gesellschaftlich-soziale und emotionale Orientierung. So wird das autobiographische Ich durch die relativ zügige Durchquerung unterschiedlicher Landstriche zunächst auf naturräumliche Ordnungskriterien aufmerksam. Dazu gehört der Verlauf der Flüsse:

> Schon bei meinen wenigen Wanderungen durch die Welt hatte ich bemerkt, wie bedeutend es sei, sich auf Reisen nach dem Laufe der Wasser zu erkundigen, ja bei dem kleinsten Bache zu fragen, wohin er denn eigentlich laufe. Man erlangt dadurch eine Übersicht von jeder Flußregion, in der man eben befangen ist, einen Begriff von den Höhen und Tiefen, die auf einander Bezug haben, und windet sich am sichersten an diesen Leitfäden, welche sowohl dem anschauen als dem Gedächtnis zu Hülfe kommen, aus geologischem und politischem Ländergewirre. (DW 455)

Jenseits wechselvoller Kategorien wie der politischen Zugehörigkeit erschließt sich das Ich hier die grundlegende Möglichkeit, sich selbst in Bezug auf den umgebenden Raum zu positionieren.[442] Unter dieser Perspektive lässt sich auch die Zeit als Ablagerung im Raum erkennen. Phänomene wie Fossilien und Muscheln erlauben einen Blick auf die Entstehungsgeschichte der Erde und werden vom Ich zeichenhaft als „Dokumente der Vorwelt" (DW 454) gelesen. Damit legt es die Koordinaten für ein grundsätzliches (natur-)wissenschaftliches Verständnis der Lebenswelt.

---

[442] Auf die orientierende Relevanz der Wasserscheiden kommt der Text kurz darauf noch einmal explizit zu sprechen: „Den Hornbach zur Seite stiegen wir nach Bitsch, das an dem bedeutenden Platze liegt, wo die Gewässer sich scheiden, und ein Teil in die Saar, ein Teil dem Rheine zufällt; diese letztern sollten uns bald nach sich ziehn." (DW 462)

Die Fortbewegung zu Pferde ermöglicht darüber hinaus einen umfassenden Einblick in die sich verändernden Arbeits- und Sozialstrukturen. Damit sind die gesellschaftliche Dimension und der eigene Platz darin angesprochen. Die Reisenden besuchen Bergwerke, Glashütten und metallverarbeitende Betriebe und durchreiten von der Kohleförderung zerstörte Landstriche. Dabei wird der industrielle Aufbruch als „Abenteuer", als sinnliches „Feuerwerk" erlebt:

> Doch fast mehr als diese bedeutenden Erfahrungen interessierten uns junge Burschen einige lustige Abenteuer, und bei einbrechender Finsternis, ohnweit *Neukirch*, ein überraschendes Feuerwerk. Denn wie vor einigen Nächten, an den Ufern der Saar, leuchtende Wolken Johanniswürmer zwischen Fels und Busch um uns schwebten, so spielten uns nun die funkenwerfenden Essen ihr lustiges Feuerwerk entgegen. Wir betraten bei tiefer Nacht die im Talgrunde liegenden Schmelzhütten, und vergnügten uns an dem seltsamen Halbdunkel dieser Bretter-Höhlen, die nur durch des glühenden Ofens geringe Öffnung kümmerlich erleuchtet werden. Das Geräusch des Wassers und der von ihm getriebenen Blasbälge, das fürchterliche Sausen und Pfeifen des Windstroms, der in das geschmolzene Erz wütend, die Ohren betäubt und die Sinne verwirrt, trieb uns endlich hinweg, um in Neukirch einzukehren, das an dem Berg hinaufgebaut ist. (DW 460, Hervorh. i. Orig.)

Natur wie Industrie erscheinen hier gleichermaßen als Spektakel. Die Reise mit ihren sinnlichen Eindrücken wird so als kontinuierliches Schauspiel, als Abfolge räumlicher Bühnen inszeniert. In dieser Konstellation positioniert sich das Ich als Zuschauer, der von Szene zu Szene fortschreitet. Mit der Faszination für die funkensprühenden Schornsteine wird aber auch die gesellschaftliche Position des Ichs deutlich: selbst diesen Produktionszusammenhängen enthoben, kann es die ästhetische Qualität der Arbeitsstätten fokussieren. Gleichzeitig weisen die Erfahrungen auf mögliche zukünftige Betätigungsfelder:

> Präsident *von Günderode* empfing uns auf's verbindlichste und bewirtete uns drei Tage besser als wir es erwarten durften. Ich benutzte die mancherlei Bekanntschaften, zu denen wir gelangten, um mich vielseitig zu unterrichten. Das genußreiche Leben des vorigen Fürsten gab Stoff genug zur Unterhaltung, nicht weniger die mannigfaltigen Anstalten, die er getroffen, um Vorteile, die ihm die Natur seines Landes darbot, zu benutzen. Hier wurde ich nun eigentlich in das Interesse der Berggegenden eingeweiht, und die Lust zu ökonomischen und technischen Betrachtungen, welche mich einen großen Teil meines Lebens beschäftigt haben, zuerst erregt. (DW 457, Hervorh. i. Orig.)

So eignet sich der Student im Verlauf der Reise Anschauungs- und Erfahrungswissen über industrielle Produktion und ihre Fertigungsweisen an.

Mit diesen eigenständigen Schritten tritt das Ich aus der ihm bisher bekannten, akademisch-väterlichen Erfahrungswelt heraus und eröffnet biographische Perspektiven jenseits des gewünschten „bürgerlichen [...] Lebensgange[s]" (DW 549). Diese erschließen sich aufgrund der spezifischen Dimensionalität des Reitens, das die selbstbestimmte Bewegung mit einem großräumigen Radius verbindet.

Neben einer solchen, berufsperspektivischen Horizonterweiterung bilden auch die Beziehung zu Friederike und die damit verbundenen Ausflüge nach Sesenheim einen Teil der Reiterfahrung. Das Verhältnis zu Friederike ist, wie sämtliche Beziehungsepisoden in *Dichtung und Wahrheit*, zugleich literarisch kodiert und eng an Fragen der eigenen Autorschaft geknüpft.[443] Ebenso wird es – auch das gilt gleichermaßen für die Schilderungen bezüglich Gretchen und Lili – explizit räumlich angelegt.[444] Das Reiten erhält hierüber eine weitere Dimension, indem es stärker mit dem Selbstbild und der Selbstdarstellung des Ichs korreliert wird. Orientierung im Außen und Innen werden durch die Beziehungserfahrung nun auf einander bezogen, womit auch eine spezifische Darstellungsweise einhergeht.

Eingeführt wird die Doppelfigur von emotionaler und räumlicher Positionierung in einer Szene, die den Entschluss zur Reise durch das Elsass motiviert. In ihr betrachten Goethe und einige Freunde vom Turm des Straßburger Münsters aus die Umgebung:

> Hier verlor sich alles Gespräch in die Betrachtung der Gegend, alsdann wurde die Schärfe der Augen geprüft, und jeder bestrebte sich die entferntesten Gegenstände gewahr zu werden, ja deutlich zu unterscheiden. Gute Fernröhre wurden zu Hülfe genommen, und

---

[443] Mit literarischer Kodierung ist hierbei sowohl die starke Stilisierung der Schilderungen als auch die Verknüpfung mit eigener oder fremder literarischer Produktion, mithin die Autorwerdung, bezeichnet. So steht die Gretchen-Episode, wie die vorherigen Kapitel gezeigt haben, im Zeichen der Königskrönung ebenso wie der eigenen literarischen Ambitionen. Die Beziehung zu Friederike wird dagegen mit Goldsmiths *Landprediger von Wakefield* parallelisiert, während die Verbindung zu Lili u.a. im Geburtstagsdrama *Sie kommt nicht!* (vgl. Kap. 3.2.2) und in der Schweizreise des Ichs (vgl. Kap. 3.5.3) strukturbildend wirkt. Natürlich lässt sich eine solche literarische Formung auch psychologisch als biographisches Distanzierungsverfahren lesen. Unter der hier verfolgten topographischen Perspektive sind allerdings lediglich die Funktionen und Konsequenzen für das autobiographische Ich und deren räumliche Dimension im Text relevant.

[444] Wie ich in Kap. 3.3.1 (Straßen und Plätze) gezeigt habe, basiert das Verhältnis zu Gretchen auf einer Dialektik von innen und außen, Stadtraum und ländlichem Raum. Lili dagegen bildet sowohl die Abreisemotivation des Ichs in die Schweiz, die zugleich ein Versuch ist, „ob man Lili entbehren könne" (DW 785) wie sie auch den Impuls zur Umkehr auf dem Gotthard liefert. Dass diese Entscheidung zugleich auch eine für den eigenen Weg als Autor darstellt, führe ich in Kap. 3.5.3 (Berge) aus.

ein Freund nach dem anderen bezeichnete genau die Stelle, die ihm die liebste und werteste geworden; und schon fehlte es auch mir nicht an einem solchen Plätzchen, das, ob es gleich nicht bedeutend in er Landschaft hervortrat, mich doch mehr als alles Andere mit einem lieblichen Zauber an sich zog. Bei solchen Gelegenheiten ward nun durch Erzählung die Einbildungskraft angeregt und manche kleine Reise verabredet, ja oft aus dem Stegreife unternommen, von denen ich nur eine statt vieler umständlich erzählen will, da sie in manchem Sinne für mich folgenreich gewesen. (DW 452)

Die „Betrachtung der Gegend" setzt einen Prozess in Gang, in dessen Verlauf der erblickte Raum anhand verschiedener Hilfsmittel strukturiert und zugänglich gemacht wird. Führt die Betrachtung zunächst zum Verstummen der Gruppe, so bedingt dies im Folgenden das Bemühen, räumliche Strukturen zu differenzieren und damit den Raum im Sinne einer Landschaft greifbar zu machen. Im nächsten Schritt wird dann aus dem Panorama, unterstützt durch „Fernröhre", ein Ausschnitt hergestellt. Die medial bewerkstelligte Vergrößerung lässt Details und landschaftliche Eigenheiten sichtbar werden. Das räumliche Gesamt wird damit zugunsten spezifischer Orte aufgelöst, die man differenzieren und bezeichnen kann. Hier nun beginnt die gemeinsam betrachtete Landschaft in je individuelle Semantiken zu zerfallen. Jeder bezeichnet nun einen besonderen Ort, dessen Bedeutung und Wert in der Verknüpfung mit der eigenen Biographie begründet liegt. Dem geographischen Raum werden damit unterschiedliche Erzählungen eingeschrieben, die mit je eigenen zeitlichen Zusammenhängen einhergehen. Auch das Ich besitzt einen solchen Ort, der sich im Folgenden als Sesenheim erweisen wird. Entscheidend ist nun, dass es sich nicht um einen geographisch sichtbaren bzw. markierten Ort handelt, sondern um eine Stelle, die erst durch die Überlagerung des Außenraums mit der eigenen Erinnerung, mithin als memoriale Topographie sichtbar wird.[445] Der so bezeichnete Ort strukturiert zugleich auch den zwischen ihm und dem Betrachter liegenden Raum, indem er ein dynamisches Verhältnis der Anziehung etabliert. Dieses motiviert die folgende Reise und verdeutlicht bereits eine wesentliche Qualität, die auch der Raumpraxis des Reitens eignet: die Verräumlichung einer zeitlichen Projektionsbewegung im Sinne einer in den Raum projizierten Überschreitung auf die Zukunft hin. Deren Strukturmomente werden im Folgenden anhand der unterschiedlichen Reiterfahrungen ausbuchstabiert. Die Ausritte während der Straßburger Zeit orientieren sich dabei auf den einmal bezeichneten Ort hin. Dieser dient dem Ich – ausgehend von der beschriebenen Doppelung aus Zeichenhaftigkeit und individueller Erfahrung – einmal mehr zur Auseinandersetzung mit der Frage, wie sich das

---

[445] Ich werde auf die zitierte Passage und den topographischen Aspekt im folgenden Unterkapitel zu den Aussichtspunkten noch einmal zurückkommen.

Verhältnis von Literatur zu gelebtem Leben, von eigener Erfahrung zu ihrer ästhetischen Darstellung bestimmen lässt.

In der Forschungsliteratur ist bereits verschiedentlich auf die zentrale Stellung der Sesenheim-Episode innerhalb von *Dichtung und Wahrheit* sowie auf ihre literarische Stilisierung hingewiesen worden.[446] Dabei fand jedoch die spezifische Situation des auf sich selbst und seine ästhetischen Verfahrensweisen reflektierenden Ichs bislang nicht hinreichend Beachtung. Ich möchte im Folgenden eine Lesart vorschlagen, die topographische wie autobiographische Aspekte gleichermaßen berücksichtigt.

Für die Analyse werden die Besuche in Sesenheim dadurch relevant, dass sie mit dem Pferd unternommen werden. Mit einer semantischen Rahmung versehen wird der erste Aufenthalt in Sesenheim durch Herder, der Goethe „durch selbsteigne Vorlesung" (DW 464) mit Goldsmiths *Landprediger von Wakefield* bekannt macht. Der Roman figuriert nun im Anschluss als Bedeutungsfolie für die Erfahrungen mit Friederike, wie das Ich selbst konstatiert: „[...] keineswegs aber hätte ich erwartet alsobald aus dieser fingierten Welt in eine ähnliche wirkliche versetzt zu werden" (DW 468). Hier werden die beiden Räume, der fiktionale Raum des Romans und der noch nicht als solcher benannte Raum von Sesenheim, vom erzählenden Ich in Relation gesetzt. Damit greift das erzählende Ich dem Geschehen vor, es etabliert eine spezifische Leseerwartung. Indem das Verhältnis beider Bereiche als strukturelle Analogie gefasst wird, klingt erneut das poetologische Verfahren der Spiegelung an. Aber auch die Dimension des Theaters, die über das Puppenspiel ganz ähnlich als „neue Welt" (DW 20) in der alten eingeführt wurde, ruft der Text hier auf. Beide werden in der Folge als bedeutungsgenerierende Elemente eingesetzt. Als kurz nach dem Leseerlebnis ein Freund den Besuch bei einem Landgeistigen in der Umgebung vorschlägt, stimmt Goethe begeistert zu:

> Soviel bedurfte es kaum, um einen jungen Ritter anzureizen, der sich schon angewöhnt hatte, alle abzumüßigenden Tage und Stun-

---

[446] Diese nimmt texträumlich die Bücher 10 und 11 ein, womit sie eine inhaltliche Klammer zwischen dem zweiten und dritten Teil von *Dichtung und Wahrheit* schafft. Zur Komposition und Funktion im Gesamttext vgl.: Edgar Bracht, „Wakefield in Sesenheim, Zur Interpretation des 10. und 11. Buches von Goethes ‚Aus meinem Leben. Dichtung und Wahrheit'", in: *Euphorion* 83 (1989), 261-280; Stefanie Haas, „Erlesenes Idyll: mit Goldsmith in Sesenheim", in: Dies., *Text und Leben, Goethes Spiel mit inner- und außerliterarischer Wirklichkeit in Dichtung und Wahrheit*, Berlin 2006 [Schriften zur Literaturwissenschaft; Bd. 29], 67-84; Thomas Böning, „Fiktionalisierung des Faktischen und Faktifizierung der Fiktion: Anmerkungen zur Autobiographie im Hinblick auf Goethe, Stendhal und Nietzsche", in: Ders., *Alterität und Identität in literarischen Texten von Rousseau und Goethe bis Celan und Handke*, Freiburg 2001, 309-341, insbes. 328ff.; Gabriele Blod, „Das ‚Märchen von Sesenheim'", in: Dies. *Lebensmärchen*, 204-223.

den zu Pferde und in freier Luft zuzubringen. Also entschlossen wir uns auch zu dieser Partie, wobei mir mein Freund versprechen mußte, daß er bei der Einführung weder Gutes noch Böses von mir sagen, überhaupt aber mich gleichgültig behandeln wolle, sogar erlauben, wo nicht schlecht, doch etwas ärmlich und nachlässig gekleidet zu erscheinen. Er willigte darein und versprach sich selbst einigen Spaß davon. [...] Auch diesmal hatte ich mich, teils durch eigne ältere, teils durch einige geborgte Kleidungsstücke und durch die Art die Haare zu kämmen, wo nicht entstellt, doch wenigstens so wunderlich zugestutzt, daß mein Freund unterwegs sich des Lachens nicht erwehren konnte, besonders wenn ich Haltung und Gebärde solcher Figuren, wenn sie zu Pferde sitzen, und die man lateinische Reiter nennt, vollkommen nachzuahmen wußte. Die schöne Chaussee, das herrlichste Wetter und die Nähe des Rheins gaben uns den besten Humor. (DW 468f.)

Die Naturerfahrung versetzt das Ich und seinen Begleiter in eine ausgelassene Stimmung. Zugleich erfüllt das Reiten eine wichtige räumliche Funktion: Es führt die beiden Studenten aus der Stadt hinaus und so in einen Bereich jenseits ihrer alltäglichen Bezüge. Damit geht nicht nur, wie gezeigt, die Erfahrung der Selbstbestimmung einher, sondern auch die Möglichkeit zur vorübergehenden Suspendierung festgelegter Selbstbilder. Dass der außerstädtische Raum für das Ich ein Feld zur Erprobung neuer Rollen darstellt und zudem eng mit der eigenen Autorschaft verbunden ist, habe ich bereits im Zusammenhang mit der Frankfurter Königskrönung dargelegt.[447] Auch hier führt das Verlassen des Stadtraums zu einem Rollenwechsel: das Ich verkleidet sich als ein „arme[r] Studios[us] der Theologie" (DW 476), der nun „wunderlich zugestutzt" und „etwas ärmlich und nachlässig gekleidet" erscheint.[448] Diese Verfremdung wird jedoch im Kontext der vorangegangenen Goldsmith-Lektüre als Re-Inszenierung der Landprediger-Erzählung lesbar. Dort ist es die Hauptfigur William Thornhill, ein reicher Großgrundbesitzer, der sich bei der Primrose-Familie als armer Mr. Burchell vorstellt und später deren jüngste Tochter Sophie heiratet. Dass der Goldsmith'sche Text das Wahrnehmungsmuster des erinnerten Ichs bildet, ist vor diesem Hintergrund nicht verwunderlich und wird von ihm selbst im Lauf des Abends bei Friederikes Familie mehrfach reflektiert.[449] Der Text wird aber, wie beschrie-

---

[447] Auch dort liegt die Motivation in einer aufkommenden Liebesbeziehung, in diesem Fall zu Gretchen. Vgl. Kap. 3.3.1 (Straßen).
[448] Dass die Sesenheim-Episode mit der Verkleidung des Ichs als Theologiestudent ebenso wie mit Goldsmiths Landprediger als Intertext auch das Verhältnis von Religion und Literatur thematisiert, kann hier nur angemerkt werden. So beginnt das Ich als Geistlicher und literarische Figur, beendet seinen Besuch jedoch als Autor mit der Erzählung einer eigenen Geschichte, dem Märchen *Die neue Melusine*.
[449] „Meine Verwunderung war über allen Ausdruck, mich so ganz leibhaftig in der Wakefieldschen Familie zu finden." (DW 472); „Friedricken an die Stelle von

ben, bereits im Vorhinein vom erzählenden Ich als räumliche Bedeutungsfolie für die Erfahrungen in Sesenheim ausgelegt. Auf diese Weise konstituiert es einen mehrfach kodierten, von mehreren Semantiken überlagerten Raum. In ihm verbinden sich memoriale, fiktional-literarische und geographische Qualitäten zu einem autofiktionalen Setting. Das erinnerte Ich wird darin gleichsam selbst zur literarischen Figur. So etwa, wenn der Freund, als beide sich zum Ende des Abends schließlich in ihr Gästezimmer zurückziehen, konstatiert: „Fürwahr! rief er aus, das Märchen ist ganz beisammen. Die Familie vergleicht sich jener sehr gut, und der verkappte Herr da mag sich die Ehre antun, für Herrn Burchel gelten zu wollen" (DW 475). Explizit verweist der Text somit auf die Stilisierung des Ichs zu einer literarischen Figur. Diese Verfremdung darf im doppelten Sinn verstanden werden: Sowohl die Figur des Ichs als auch der Text selbst erscheinen „wo nicht entstellt, doch wenigstens [...] wunderlich zugestutzt". Der Ausritt nach Sesenheim verhandelt, so wird nun deutlich, das Verhältnis von gelebtem Leben zu Literatur bzw. von autobiographischer Erfahrung und ihrer Repräsentation auf zweifache Weise. Dazu nutzt der Text, wie die eben zitierte Passage zeigt, die doppelte Dimension autobiographischer Selbstbeschreibung: das Bemühen des erlebenden Ichs, die literarische in eine reale Erfahrung umzusetzen lässt sich zugleich als poetologische Reflexion des erinnernden Ichs über die eigene ästhetische Darstellungsweise lesen. So stellt der Text der expliziten literarischen Stilisierung der Passage eine Szene voran, die sich unter der genannten Perspektive als Metakommentar zu eben diesem Verfahren liest. Darin weist Herder das Ich aufgrund seiner naiven, undistanzierten Rezeptionshaltung bei der Goldsmith-Lektüre zurecht:

> [...] hielt [Herder] uns über unseren Stumpfsinn eine gewaltige Strafpredigt. Man sieht hieraus, daß er das Werk bloß als Kunstprodukt ansah und von uns das Gleiche verlangte, die wir noch in jenen Zuständen wandelten, wo es wohl erlaubt ist, Kunstwerke wie Naturzeugnisse auf sich wirken zu lassen. (DW 467)

Auch hier betrifft die Aussage nicht nur das erlebende Ich, das in dieser Szene explizit als Leser bzw. Zuhörer auftritt. Gleichermaßen ist auch der Leser bzw. die Leserin von *Dichtung und Wahrheit* an die Unterscheidung zwischen „Naturzeugni[s]" und „Kunstprodukt" in der folgenden autobiographischen Aneignung des Romans verwiesen. Damit nimmt der Text grundsätzliche autobiographische Fragestellungen in den Blick. Nicht nur das Was, also die Biographie des Ichs, sondern auch das Wie, d.h. die Art ihrer Darstellung und die angemessene Lesehaltung stehen zur Diskussi-

---

Primrosens Sophie zu setzen war nicht schwer: denn von jener ist wenig gesagt, man gibt nur zu, daß sie liebenswürdig sei; diese war es wirklich." (DW 473)

on. Dabei greift der Text im Folgenden gerade die Erwartungen von Intimität und Privatheit auf, die sich mit der Autobiographie verknüpfen und überführt sie in eine räumlich angelegte Dialektik von Innen und Außen, Herz und äußerer Erscheinung. Friederike und das Ich erweisen sich unter dieser Perspektive als Gegenpole oder, mit der zuvor eingeführten Bildlichkeit gesprochen: Friederike als „Naturzeugni[s]", das Ich dagegen als „Kunstprodukt":

> Es hörte sich ihr [Friederike] gar so gut zu, und da ich nur ihre Stimme vernahm, ihre Gesichtsbildung aber so wie die übrige Welt in Dämmerung schwebte, so war es mir, als ob ich in ihr Herz sähe, das ich höchst rein finden mußte, da es sich in so unbefangener Geschwätzigkeit vor mir eröffnete. (DW 474)

Indem Friederikes Erscheinung zurücktritt und ihre Präsenz nur noch durch die Stimme getragen wird, kann das Ich „in ihr Herz" sehen. Dieser Szene, die der Goldsmith'schen Textvorlage entsprechend als empfindsame Herzensbegegnung konzipiert ist[450], steht die Selbstwahrnehmung des Ichs gegenüber, das am darauffolgenden Morgen an seinem Äußeren verzweifelt:

> Das Verlangen sie [Friederike] wieder zu sehen schien unüberwindlich; allein indem ich mich anzog, erschrak ich über die verwünschte Garderobe, die ich mir so freventlich ausgesucht hatte. Je weiter ich kam, meine Kleidungsstücke anzulegen, desto niederträchtiger erschien ich mir: denn alles war ja auf diesen Effekt berechnet. Mit meinen Haaren wäre ich allenfalls noch fertig geworden; aber wie ich mich zuletzt in den geborgten, abgetragenen grauen Rock einzwängte und die kurzen Ärmel mir das abgeschmackteste Ansehen gaben, fiel ich desto entschiedener in Verzweifelung, als ich mich in einem kleinen Spiegel nur teilweise betrachten konnte; da denn immer ein Teil lächerlicher aussah als der andre. (DW 475)

Der Spiegel, in dem das Ich sich immer „nur teilweise betrachten" kann, zeigt die Funktion dieser Szene auf: Es geht um die – gebrochene – Spie-

---

[450] Die empfindsame Praxis der Mitteilung privater Gedanken und Gefühle wird an anderer Stelle ausführlich beschrieben. Beim Besuch des Ichs im Haus der Familie von La Roche ist Franz Michael Leuchsenring ebenfalls anwesend, der einige seiner Briefwechsel vorträgt. Das Ich kommentiert dies mit den Worten: „Man spähte sein eigen Herz aus und das der andern, und bei der Gleichgültigkeit der Regierungen gegen eine solche Mitteilung [...] griff dieser sittliche und literarische Verkehr bald weiter um sich." (DW 607) Vor diesem Hintergrund kann auch die Begegnung mit Friederike als empfindsam markiert gelten. Damit wird auch die vermeintliche Natürlichkeit wieder in den literarischen Diskurs eingeholt. Darüber hinaus schwingt hier auch die Platonische Tradition der lebendigen Stimme und des toten Buchstabens mit.

gelung des Ichs. Auch diese besitzt eine zweifache Semantik. Als Reflexion auf die Mechanismen autobiographischer Selbstbeschreibung stellt sie deren mediale Bedingtheit und unvermeidliche Fragmentierung aus. So wie das Ich selbst, bekommt auch der Leser bzw. die Leserin nur je einen Teil dieses Ichs zu Gesicht. Dieser ist doppelt medial perspektiviert, indem er auf literarische Vorlagen zurückgreift und zudem erst in der Spiegelung Gestalt annimmt. Er ist damit genau auf den gewünschten „Effekt berechnet". Liest man die zitierten Passagen solchermaßen als poetologische Rede, deuten sowohl das Ich als auch Friederike auf autobiographische Darstellungs- und Rezeptionsmodi. Am einen Ende der Skala liegt dabei die Vorstellung mündlicher Präsenz, die allerdings nur durch das Ausblenden der (Text-)Gestalt möglich wird. Am anderen Ende steht die bewusste Wahrnehmung und Gestaltung der äußeren Form und ihrer medialen Funktion. Beide werden hier als sprachliche Gestaltungsmittel sichtbar, die ihre Bedeutung über die räumliche Vorstellung von authentischem Innen und gestaltbarem, beliebigem Außen erhalten. Damit korrespondieren die entsprechenden Textwahrnehmungen, die, das macht bereits die vorangestellte Szene mit Herder deutlich, von der jeweils eingenommenen Rezeptionshaltung abhängen. Entscheidend ist dabei, dass diese poetologische Dimension über die räumliche Komposition des Texts transportiert wird. Sie gewinnen eine metapoetische Kommentarfunktion, durch welche die Konstruktionsmechanismen des Textes einsichtig werden.

Vor diesem Hintergrund lässt sich die Szene auch von den zwei anderen Spiegelszenen abgrenzen, die ich im Kontext des *Knabenmärchens* bzw. der Krönungsszene im Kloster Einsiedeln beschrieben habe. So gestaltet sich auch zu Beginn des *Knabenmärchens* die Konstituierung eines vollständigen Selbstbilds als schwierig. Über die Figur des Hermes wird das Äußere aber in der Folge als notwendige Aneignung eines Autor-Bildes deutlich, das dem Ich den Zugang zum imaginierten Garten eröffnet. Damit wird die Szene als Kommentar zur Autor-Genese lesbar. In der Krönungsszene hingegen weist der Spiegel auf die Gestaltung der individuellen Erfahrung in der Kunst bzw. ihr Zustandekommen erst durch diesen Prozess der Spiegelung. Die Krönungsgeste selbst markiert dabei die bewusste Einnahme einer biographischen Position als künstlerischer und somit ebenfalls eine Station der Künstler-Biographie. Die soeben beschriebene Szene in Sesenheim stellt sich demgegenüber als metapoetische Reflexion auf die Bedingungen der eigenen autobiographischen Tätigkeit dar. Sie transferiert damit die Erkenntnisse über poietische Produktionsprozesse auf den Modus der Selbstdarstellung. Dabei wird die autobiographische Rollenübernahme nicht nur als eine Form der Maskerade, sondern vielmehr als Bedingung der Möglichkeit autobiographischen Erzählens begriffen. Durch seine mediale Brechung ist das Ich solchermaßen nur vermittelt und fragmentiert zu haben. In dieser Spiegelung werden nicht zuletzt die literarischen Muster sichtbar, durch die nicht nur die Leser das Ich sehen, sondern derer sich das Ich auch selbst bedient.

Was dem Autor-Ich dergestalt eine kritische Sichtung der eigenen autobiographischen Tätigkeit ermöglicht, stellt sich für das erlebende Ich als Problem des Selbstbildes dar. Hatte es sich zuvor anhand der Verkleidung als Figur des Goldsmith-Texts imaginiert, so muss es nun feststellen, dass diese Selbstzuschreibung zur Basis einer realen Erfahrung gerät. Mit dem Übergang vom durchrittenen Raum zum Pfarrhaus verfestigt sich die zuvor theatrale Rolle und das Ich sieht sich mit der Auseinandersetzung um den Zusammenhang von Erfahrungswirklichkeit und Kunst konfrontiert. Dieser findet sich im bereits erwähnten Vorwort von *Dichtung und Wahrheit* präzise formuliert, wenn es heißt:

> Denn dieses scheint die Hauptaufgabe der Biographie zu sein, den Menschen in seinen Zeitverhältnissen darzustellen, und zu zeigen, in wiefern ihm das Ganze widerstrebt, in wiefern es ihn begünstigt, wie er sich eine Welt- und Menschenansicht daraus gebildet, und wie er sie, wenn er Künstler, Dichter, Schriftsteller ist, wieder nach außen abgespiegelt. (DW 13)

Hier werden zwei für die Goethe'sche Arbeitsweise entscheidende Aspekte benannt: Zum einen die Grundlegung von Kunst in der Erfahrung. Erst im Durchgang durch die erfahrungsbasierte Herausbildung der eigenen „Welt- und Menschenansicht" entsteht die Möglichkeit zur Produktion von Kunst. Zum anderen – und hier schließt die Szene in Sesenheim an – wird die Spiegelfunktion von Kunst angesprochen. Indem es seine Erfahrungen „wieder nach außen ab[spiegelt]", setzt sich das Ich zu ihnen und zu sich selbst in Beziehung, es positioniert sich selbst in der Welt. Vor diesem Hintergrund wird auch der Konflikt des Ichs vor dem Spiegel im Sesenheimer Pfarrhaus verständlich. Hier hat sich die Wirkrichtung des beschriebenen Verhältnisses verkehrt. Nicht die eigene Erfahrung bildet die Grundlage, aus der dann Literatur entsteht, sondern das Ich versucht im Gegenteil, die Literatur zur Grundlage der eigenen Erfahrung zu machen, sie ins Leben zu transponieren. Das solchermaßen vorgefertigte Bild kollidiert entsprechend mit der tatsächlich eintretenden Erfahrung. Das Ich, das sich dergestalt selbst seines inneren Spiegels und damit der Ich-bildenden Instanz beraubt hat, erfährt sich im äußeren Spiegel als fragmentiert.[451] Um der daraus resultierenden „Verzweiflung" zu entgehen, flieht es aus dem Pfarrhaus:

---

[451] An dieser Stelle sei noch einmal auf Richard Rortys grundlegende Studie *Der Spiegel der Natur: Eine Kritik der Philosophie* verwiesen. Darin bestimmt er das Bild des Spiegels als eines der grundlegenden epistemologischen Konzepte der westlichen Philosophietradition, das ein spezifisches, durchaus problematisches Konzept von Wahrnehmung ebenso wie von Subjektivität transportiert. Im Kontext meiner Per-

> Ich war aber schon zur Türe hinaus, die Treppe hinunter, aus Haus und Hof, nach der Schenke; im Nu war mein Pferd gesattelt und ich eilte in rasendem Unmut galoppierend nach Drusenheim, den Ort hindurch und immer weiter. Da ich mich nun in Sicherheit glaubte, ritt ich langsamer und fühlte nun erst, wie unendlich ungern ich mich entfernte. […] nun beschloss ich, schnell in die Stadt zu reiten, mich umzuziehen, ein gutes frisches Pferd zu nehmen; […]. Eben wollte ich meinem Pferd die Sporen geben, um diesen Vorsatz auszuführen, als mir ein anderer, und, wie mir deuchte, sehr glücklicher Gedanke durch den Geist fuhr. Schon gestern hatte ich im Gasthofe zu Drusenheim einen sehr sauber gekleideten Wirtssohn bemerkt […]. Er war von meiner Gestalt und hatte mich flüchtig an mich selbst erinnert. Gedacht, getan! Mein Pferd war kaum umgewendet, so befand ich mich in Drusenheim […]. (DW 476f.)

In dieser dicht gedrängten Passage, in der das Ich vor seinem eigenen Bild davoneilt, zeigt sich erneut die Spezifik des Reitens. Es besitzt eine transgressive Dynamik, insofern als es die kontinuierliche Überschreitung ineinander fließender Räume ermöglicht. So wie der Reiter sich seinem „rasende[n] Unmut galoppierend" überlässt, beschleunigt sich auch die Raumerfahrung. Das stellt nicht nur eine zunehmende Distanz zum Pfarrhaus her, es löst zugleich auch die Fixierung des Ichs auf sein Äußeres und verschafft ihm wieder Zugang zu seinem emotionalen, inneren Erleben. Damit werden Raumwahrnehmung und Ich-Wahrnehmung erneut verschaltet. Beide, Reiter und Raum befinden sich während des Ritts in beständiger Veränderung, wobei die Einfälle und emotionalen Wendungen des Ichs ihre direkte Umsetzung in räumlichen Richtungsänderungen erfahren. Diese, sich zum Teil geradezu überstürzenden Räume werden im Text durch Ellipsen („Gedacht, getan!") und räumliche Raffungen („Mein Pferd war kaum umgewendet, so befand ich mich in Drusenheim") deutlich gemacht. Es zeigt sich, dass der Reiter einerseits einen aktiven Zugriff auf seine räumliche Umgebung besitzt. Andererseits bleibt der Raum aber labil, er wird nicht greifbar. Dies korrespondiert mit der emotionalen Unruhe des autobiographischen Ichs, das gedanklich der aktuellen Raumbewegung immer schon vorauseilt.

Die Raumerfahrung des Reitens lässt sich somit als Figur der Projektion beschreiben. Das Ich entwirft sich dabei in den vor ihm liegenden Raum bzw. zeitlich in die Zukunft. Dies bedingt genauso eine Verzeitli-

---

spektive sind allerdings weniger die subjektphilosophischen als die räumlichen und literarischen Implikationen von Interesse. Insofern gehen meine Analysen davon aus, dass es sich lediglich um ein Konzept handelt, das allerdings auf je spezifische Weise räumlich ausgestaltet und mit Bedeutung versehen wird. Vgl.: Richard Rorty, *Der Spiegel der Natur: Eine Kritik der Philosophie*, Frankfurt a.M. ³1994.

chung des Raums wie auch, das wird im Folgenden noch deutlich, eine Verräumlichung der Zeit. In der oben zitierten Passage ermöglicht diese Struktur dem Ich die antizipierende Übernahme einer neuen Rolle, derjenigen des Wirtssohns. Im Folgenden übernimmt das Ich vorübergehend dessen Identität, es wird zu seinem „Ebenbild" (DW 478). Diese erneute Ich-Bildung erlaubt zwar eine Wiederannäherung an Sesenheim, löst aber die beschriebene Struktur der Verkehrung von Kunst und Erfahrung nicht auf. Sie fügt den wiederholten Spiegelungen lediglich eine neue Facette hinzu. So ist es nicht verwunderlich, dass das Ich schließlich einen weiteren Rollenwechsel vollzieht, bei dem es sich Friederike offenbart. Dieser findet bemerkenswerterweise in einer Waldlichtung statt, die explizit als Friederikes Privat- bzw. Innenraum markiert ist. Auch hier wird eine autobiographische Verstehensfigur in einem tatsächlichen räumlichen Arrangement ausbuchstabiert.[452] Die anschließend angenommene Rolle lässt sich als die des Autors beschreiben, beschließt doch das Ich seinen Besuch mit der Erzählung seines Märchens *Die neue Melusine*.

Für die poetologische Dimension der Episode bedeuten die sukzessiven Identitätswechsel nicht nur eine Fortführung der Ich-Stilisierung. Sie machen zudem deutlich, dass das Ziel der autobiographischen Selbstverschriftlichung nicht im Ablegen bestimmter Rollen und Ich-Figurationen im Hinblick auf einen wie auch immer gearteten Innenraum bestehen kann. Vielmehr gilt es die jeweiligen Erscheinungsformen des Ichs als Aspekte der Ich-Bespiegelung in ihren Ausprägungen und ihrer Abfolge nachzuvollziehen. Erst das Spektrum ihrer bedeutungsmultiplizierenden Wiederholungen lässt einen Raum entstehen, in dem eine Form des autobiographisch ‚Grundwahren' erkennbar wird. Dem Reiten kommt dabei, wie gezeigt, u.a. die Funktion eines Projektionsraums zu, in den hinein sich das Ich entwirft. Die explizit autobiographische Dimension dieser Raumfigur führt das folgende Zitat noch einmal vor Augen, welches das Ende der Beziehung zu Friederike beschreibt:

> In solchen Drang und Verwirrung konnte ich doch nicht unterlassen, Friedriken noch einmal zu sehen. Es waren peinliche Tage, deren Erinnerung mir nicht geblieben ist. Als ich ihr die Hand noch vom Pferde reichte, standen ihr die Tränen in den Augen, und mir war sehr übel zu Mute. Nun ritt ich auf dem Fußpfade gegen Dru-

---

[452] Diese Lichtung findet sich in einem dem Pfarrhaus benachbarten Wäldchen. Sie ist mit einem Schild bezeichnet, das die Aufschrift „Friedrickens Ruhe" (DW 480) trägt. Allerdings, so vermerkt das erzählende Ich, fällt es dem erlebenden Ich „nicht ein, daß ich gekommen sein könnte, diese Ruhe zu stören" (DW 480). Hier geht es, metaphorisch gesprochen, um Friederikes Herzensruhe. Damit setzt sich die Raumsemantik von Innen und Außen fort. Auch für das autobiographische Ich besitzt der Wald die Funktion eines symbolischen Herzensraums, wie ich in Kap. 3.5.2 (Wald) ausführe.

senheim, und da überfiel mich eine der sonderbarsten Ahndungen. Ich sah nämlich, nicht mit den Augen des Leibes, sondern des Geistes, mich mir selbst, denselben Weg, zu Pferde wieder entgegen kommen, und zwar in einem Kleide wie ich es nie getragen: es war hechtgrau mit etwas Gold. Sobald ich mich aus diesem Traum aufschüttelte, war die Gestalt ganz hinweg. Sonderbar ist es jedoch, daß ich nach acht Jahren, in dem Kleide das mir geträumt hatte, und das ich nicht aus Wahl sondern aus Zufall gerade trug, mich auf demselben Wege fand um Friedriken noch einmal zu besuchen. Es mag sich übrigens mit diesen Dingen wie es will verhalten, das wunderliche Trugbild gab mir in jenen Augenblicken des Scheidens einige Beruhigung. Der Schmerz das herrliche Elsaß, mit allem was ich darin erworben, auf immer zu verlassen, war gemildert, und ich fand mich, dem Taumel des Lebewohls endlich entflohn, auf einer friedlichen und erheiternden Reise so ziemlich wieder. (DW 544f.)

Das Reiten eröffnet hier im wortwörtlichen Sinn einen Projektionsraum des Ichs. Dabei entwirft es sich selbst in den vor ihm liegenden Raum, der zugleich als die eigene Zukunft verzeitlicht wird. Über diese Raum-Zeit-Verschmelzung schafft es eine autobiographische Kontinuität, die es erlaubt, die Narration über den gegebenen Moment hinaus in die eigene Zukunft zu verlängern. Ermöglicht wird dies allererst durch das erinnernde Ich, das der Vision des erlebenden Ichs einen exakten Zeitpunkt in dessen anschließender Biographie zuordnet. Auf diese Weise stellt die Selbstbegegnung die zwei Ich-Figuren nicht nur räumlich nebeneinander. Beide bespiegeln sich auch insofern, als sie das Verlassen und das Betreten des betreffenden Raums als simultane Gegenbewegung inszenieren. Hierdurch werden auch die gegenwärtigen Handlungen und Motivationen des erlebenden Ichs als bloße autobiographische, raum-zeitlich gebundene Facette sichtbar, die durch das zukünftige Ich relativiert wird. So zeigt sich, dass nicht nur die gegenwärtigen Handlungen des Ichs dessen biographischen Fortgang beeinflussen, auch die Zukunft wirkt auf die Gegenwart der autobiographischen Narration zurück. Grundlage hierfür ist das bedeutungsgenerierende Zusammenspiel von erzählendem und erinnertem Ich. Es ermöglicht erst die beschriebene Inszenierung zeitlicher Überlagerungen und Stauchungen, die räumlichen Bespiegelungen und Mehrfachkodierungen.

3.4.4 Zusammenfassung

Welche Rolle spielen Reisewege und Fortbewegungsarten für die Konstituierung und Bedeutungsgebung eines auf sich selbst reflektierenden Ichs? Die Analysen dieses Kapitels haben gezeigt, dass ihre Funktion zum einen in der Eröffnung von Verbindungen auch räumlich und zeitlich disparater Räume und Orte liegt. Dies geschieht u.a. durch narrative und rhetorische Inszenierungen, über die räumliche Arrangements in Bezug gesetzt werden. Hierzu kreiert der Text, ausgehend von der Ich-Figur, mehrfach kodierte Räume. Im Wechsel von materiell-physikalischer und literarisch-allegorischer Dimension sowie in der Differenzierung bzw. Überlagerung von imaginativem Innenraum und äußerem Wahrnehmungsraum entstehen bewegliche Systeme des autofiktionalen Selbstbezugs.

Zum anderen ist es die spezifische Form der Bewegung selbst und die damit verknüpfte Raum- wie Ich-Erfahrung, die den Reisen ihre jeweilige Bedeutung verleiht. Als spezifisch autobiographisches Moment kann dabei die konstitutive Verknüpfung von Bewegung und Biographie, Raumdurchquerung und Ich-Konstituierung gelten. Diese gestaltet sich zwar je nach Art der Fortbewegung unterschiedlich, beruht jedoch stets auf einer grundsätzlichen Ambivalenz. So bedeutet die Aufgabe eines festen Standortes und der, wenn auch nur temporäre, Wechsel in den Modus des Nomadischen, stets eine Form der Abwendung von der Gesellschaft. Indem die Sesshaftigkeit als eines der grundlegenden zivilisatorischen Merkmale verabschiedet wird, erhält das Ich einen Sonderstatus, es geht in Distanz zu gesellschaftlichen Ordnungen und kulturellen Praktiken. Hierdurch entsteht die Gefahr einer konflikthaften Entfremdung von den bestehenden Strukturen. Zugleich generiert dies jedoch auch die besondere Qualität der Reisen, da sie mit der Erfahrung von Autonomie verknüpft sind. Sie eröffnen künstlerische wie soziale Freiräume und bieten so die Möglichkeit zur Justierung der eigenen Maßstäbe. Erst das kontinuierliche Durch- und Überschreiten von Räumen erlaubt eine produktive Distanznahme und so einmal mehr die Bestimmung der individuellen wie gesellschaftlichen Position.

Etabliert wird die Koppelung von Bewegung und Narration durch die Wanderungen und das damit einhergehende Motiv des Wanderers. Ausgehend von Odysseus ist die Reise dabei immer schon mit dem Modus ihrer Erzählung verknüpft, in der sich der Weg zugleich mit dem Ich und seiner Biographie konstituiert. Hier wird die initiale Überlagerung metaphorisch-rhetorischer und leiblicher Praktiken bei der Formierung autobiographischer Bedeutungsräume deutlich. Die tatsächlich vollzogene Raumdurchmessung ist stets zugleich eine Erzählbewegung. Das kontinuierliche Fortschreiten selbst gerät so zum autobiographischen Deutungsmuster, das vom Ich aktiviert, aber auch im Hinblick auf die eigene Autor-Werdung modifiziert wird. In diesem Sinn figurieren die Wanderungen zugleich eine Entbindung von jeglicher Zweckorientierung sowie, über Strategien der Literarisierung und Verschaltung mit dem eigenen Œuvre, eine teleologische Perspektive.

Mit der Aufmerksamkeit auf die räumliche Praxis des Gehens rückt dabei die Natur in ihrer ästhetischen Formung als Landschaft in den Fokus. Ihre Erschließung verläuft als raumstrukturierende Blickschulung, als beständiger Prozess des räumlichen Sich-Beziehens, das auch für die künstlerische Ich-Bildung grundlegend ist. Dabei wird deutlich, dass sich das Ich zwar der mit der Reise verbundenen Deutungsschemata bedienen kann und dies auch tut. Sie liefern allerdings keine endgültige Entlastung im Hinblick auf die biographische Bedeutungsgebung mehr. Im Gegenteil verweisen sie das Ich letztlich an sich selbst und sein eigenes Vermögen der künstlerischen Sinnstiftung zurück. Über die Spiegelung an und in der Natur wird so ein Raum entworfen, dessen Bedeutungsgebung als Konstruktionsleistung des Autor-Ichs ersichtlich wird.

Diese Dynamik verstärkt sich bei den Schiffsfahrten, bedingt durch die spezifische Räumlichkeit des Fortbewegungsmittels. So kreiert das Schiff eine vorübergehend geschlossene und von anderen gesellschaftlichen Räumen abgerückte Sphäre. Hierdurch entsteht in mehrfacher Hinsicht ein Moment der Regelfreiheit, das vom Ich auch entsprechend genutzt wird. Das bereits für die Wanderungen bedeutungstragende Muster der Lebensreise wird dabei explizit auf die eigene Biographie übertragen und, wie ein Blick auf die *Italienische Reise* gezeigt hat, ins Ästhetische umgedeutet. Zu diesem Zweck wird die Schiffsreise zu einer künstlerischen Beutefahrt stilisiert, die das Ziel einer Ankunft bei einem gereiften Selbst verfolgt. Das Schiff gerät so zu einem Raum der künstlerischen Transformation, wobei die Überfahrt in Anlehnung an antike wie christliche Narrationen als rite de passage gestaltet wird. Diese ist gekennzeichnet durch Phasen der Introspektion und einer daraus hervorgehenden literarischen Produktion. Hier unterscheiden sich die Schiffsfahrten von den Wanderungen, die durch ein beständiges Abgleichen von Innen- und Außenraum charakterisiert sind. Den Reisen zu Schiff eignet dagegen eine Dynamik, deren vorübergehende Abwendung von der Welt eine erneute, ästhetisch transformierte Hinwendung im Medium der Kunst begründet. Darin ist auch die wesentliche Verschiebung christlicher Vanitas-Motive zu sehen, die nun statt einer Ausrichtung auf jenseitige Erlösung eine innerweltliche Selbstbegründung als Künstler erlaubt. Dabei erfährt das Ich die Zeit als verlangsamt, was in der Fokussierung auf innere Prozesse ebenso wie der Fortbewegung auf dem Wasser begründet liegt.

Im Gegensatz dazu gehen die Ausritte mit einem beschleunigten Zeiterleben einher. Dies ist gekoppelt an eine explizite Wendung nach außen und ein umfassendes lebensweltliches Orientierungsbemühen. Auf diese Weise initiiert das Reiten eine aktive Raumerschließung und ermöglicht die Aneignung von Kenntnissen u.a. über industrielle Produktionszusammenhänge und Rohstoffgewinnung. Die Erweiterung des räumlichen wie des Bildungshorizonts weist dabei auch auf zukünftige berufliche Tätigkeitsfelder. Zugleich erhalten die Ausritte ihre geo- bzw. biographische Ausrichtung aber auch durch die Liebesbeziehungen des Ichs. In der Verschaltung von innerer und äußerer Bewegung kommt dabei die transgressive Dynamik des Reitens zum Tragen. Sie ist auf beständige Überschreitung hin angelegt und dies nicht nur räumlich, sondern auch in Bezug auf die jeweiligen Selbstbilder. Fassbar wird dies u.a. durch die Raumfigur der Projektion, die als Verräumlichung der Zeit genauso wie als Verzeitlichung des Raums die Narration mitstrukturiert. Als poetologische Reflexion autobiographischer Schreibmodalitäten führt sie darüber hinaus den beständigen Rollenwechsel vor, die kontinuierliche Neupositionierung des Ichs, die es in der Narration zu gestalten bzw. nachzuvollziehen gilt. Erneut wird so die Goethe'sche Poetik des wiederholten Spiegelns als autobiographische Strategie der Selbst-Positionierung deutlich.

Blickt man auf die Analysen der Reisewege zurück, so ist bereits ansatzweise einsichtig geworden, welche Relevanz der Auseinandersetzung mit der Natur für die Konstituierung und Positionierung des Ichs zukommt. Dieses Verhältnis werde ich im anschließenden fünften Kapitel noch einmal detaillierter bestimmen. Nachdem die bisherigen Räume und Orte überwiegend städtisch-sozialer Art waren und die Reisewege eine Form der Naturerfahrung mit dem letztlichen Rückbezug auf gesellschaftliche Strukturen verbinden, wende ich mich im Folgenden der autobiographischen Dimension von Naturräumen zu. Diese formieren sich, im Durchgang durch die autobiographische Narration, als Landschaften.

3.5 Landschaften

3.5.1 Aussichtspunkte

„Den höchsten Berg dieser Gegend, den man nicht zu Unrecht Ventosus, ‚den Windigen' nennt, habe ich am heutigen Tag bestiegen, allein vom Drang beseelt, diesen außergewöhnlich hohen Ort zu sehen."[453] So lässt Petrarca seinen berühmten Brief über die Besteigung des Mont Ventoux beginnen.[454] Auf dem dortigen Gipfel widmet sich das Ich zunächst der Betrachtung der umliegenden Natur und den davon ausgelösten Reflexionen über das eigene Leben, um sich anschließend – ausgelöst durch die Lektüre von Augustinus' *Confessiones* – von der Außenwelt ab- und der eigenen Innerlichkeit zuzuwenden. Seit der Rezeption von Petrarcas Text durch Jakob Burckhardt[455] (1859) wird diese Szene auf dem Berggipfel gleichsam als eine literarische Geburtsstätte des neuzeitlichen Individuums gelesen.[456] Im erhöhten Blick auf die Natur als Landschaft, so die

---

[453] Petrarca, *Mont Ventoux*, 5.
[454] Datiert ist der Brief auf 1336, in der Forschung herrscht jedoch mittlerweile Einigkeit darüber, dass der Brief nicht vor 1342, vermutlich aber erst 1353 entstand. Vgl.: Gerhart Hoffmeister, „Mont Ventoux und Secretum", in: Ders., *Petrarca*, Stuttgart 1997, 41-48; Ruth Groh/Dieter Groh, „Petrarca und der Mont Ventoux", in: *Merkur, Deutsche Zeitschrift für europäisches Denken*, 46 (1992), H.517, 290-307.
[455] Jacob Burckhardt, „Die Kultur der Renaissance in Italien, Ein Versuch", in: Ders.: *Gesammelte Werke*, Bd. III, Darmstadt 1962 (1. Aufl. des Texts 1859).
[456] So bezeugt Petrarca für Burckhardt als „einer der frühesten völlig modernen Menschen, die Bedeutung der Landschaft für die erregbare Seele". Für Ritter hat die Besteigung „epochale Bedeutung" insofern als in „Petrarcas Deutung der eigenen Bergbesteigung das für die Natur als Landschaft in ihrer Geschichte konstitutive Prinzip wie in einer geistigen Vorwegnahme zur Sprache kommt." Auch Blumenberg sieht in Petrarcas Text eine „erstaunliche Transposition der Kategorie der Bekehrung auf die Anfänge eines neuen Natur- und Weltbewußtseins". Stierle schließlich sieht Petrarca „an der Schwelle zur neuzeitlichen ästhetischen Erfahrung der Landschaft". Jacob Burckhardt, „Die Kultur der Renaissance in Italien", 200; Joachim Ritter, *Landschaft, Zur Funktion des Ästhetischen in der modernen Gesellschaft*, Münster 1963, 13 bzw. 14; Hans Blumenberg, *Der Prozeß der theoretischen Neugierde*, Frankfurt a.M. 1973, 143; Karlheinz Stierle, *Petrarcas Landschaf-Landschaften, Zur Geschichte ästhetischer Landschaftserfahrung*, Krefeld 1979, 11; Angelika Wellmann, „Francesco Petrarca: Das Buch als der symbolische Raum des Spaziergangs", in: Dies., *Der Spaziergang*, 19-27, hier 24. Wellmann differenziert stärker als ihre Vorgänger die räumliche Anlage des Texts und verweist zum Ende ihrer Ausführungen auch auf dessen rhetorisch-intertextuelle Dimension. Eine konträre Lesart, welche Petrarcas Text stärker im Traditionszusammenhang des Mittelalters lokalisiert, bietet Guiseppe Bilanovich, „Petrarca e il Ventoso", in: *Italia mediovale e umanistica* 9 (1966), 389-401, und schließlich nimmt Andreas Kablitz eine vermittelnde Position ein, die argumentiert, dass „[w]enn dieser Text als

Idee, löst sich das Individuum zumindest kurzzeitig aus der mittelalterlichen Weltverneinung und Innenschau und öffnet sich der ästhetischen Weltaneignung, einer sinnlich-räumlichen Augenlust. Damit formt sich die Natur zur Landschaft, der gegenüber sich nun das neuzeitliche Subjekt konturiert. Die genuin neue, ästhetisch-räumliche Art der Natur- wie Selbstwahrnehmung markiert dieser Lesart zufolge eine „Epochenschwelle in der Geschichte der ästhetischen Erfahrung".[457] Der Blick von oben, ästhetische Naturwahrnehmung und damit einhergehender Selbstbezug, so scheint es, bilden ein Konstituens neuzeitlicher Subjektwerdung.

Bei aller Plausibilität dieser These – und nicht zuletzt die vorliegende Studie argumentiert für einen Konnex von Raumrepräsentation und Ich-Bezug[458] – gilt es allerdings, die Textdimension bei Analyse und Schlussfolgerungen stärker in den Blick zu nehmen. Petrarcas Brief ist eben kein Reisebericht, sondern vielmehr ein „fiktives Dokument einer idealisierten Autobiographie".[459] In diesem Sinne bringen neuere Studien Einwände gegen eine solch emphatische Deutung vor und fragen, „ob dieser Brief Petrarcas denn überhaupt eine Epochenscheide in der Geschichte der ästhetischen Naturerfahrung markiert".[460] So arbeiten sie die allegorisch-metaphorische Struktur des Texts heraus, in der die Natur keineswegs als ästhetisch eigenwertige Landschaft erfahren wird, sondern stark zeichenhaften Charakter besitzt. Sie ist Funktionsträger in einer als Conversio in der Nachfolge von Augustinus angelegten Auseinandersetzung mit dessen Moralphilosophie. Unter dieser Perspektive tritt die Natur als real-sinnliche zurück und wird zum Reflexionsraum für den inneren Konflikt des Ichs:

> Der Mont Ventoux steht uns nach dieser Lektüre in der Hauptsache als allegorischer Berg vor Augen: als Metapher für den Gipfel des Überirdischen auf der einen Seite, als Metapher für den Gipfel

---

ein Markstein auf dem Weg in die Moderne gelten kann, dann nicht als ein Dokument ihres Anbruchs, sondern als Zeugnis eines Zerfalls, auf den – freilich erst wesentlich später – die Neuzeit mit der Errichtung einer neuen Ordnung antworten wird." Vgl.: Andreas Kablitz, „Petrarcas Augustinismus und die Ecriture der Ventoux-Epistel", in: *Poetica* 26 (1994), 31-69, hier 34.

[457] Karlheinz Stierle, *Petrarcas Landschaften, Zur Geschichte ästhetischer Landschaftserfahrung*, Krefeld 1979, 11.

[458] Dieser Ich-Bezug formiert sich allerdings, wie schon mehrfach erwähnt, im Rahmen von *Dichtung und Wahrheit* über das autobiographische Ich. Es kann für meine Argumentation daher nicht um die Konstituierung des ‚Subjekts' gehen, das eine philosophische Dimension bzw. Diskussion erschließt. Erkenntnisinteresse und Geltungsanspruch beschränken sich auf den Selbstbezug des Ichs im Rahmen der Autobiographie, d.h. im Modus der Narration.

[459] Groh/Groh, „Petrarca und der Mont Ventoux", 291.

[460] Ebd. Vgl. auch: Michael O'Connell, „Authority and the Truth of Experience in Petrarch's ‚Ascent of the Mount Ventoux'", in: *Philological Quarterly* 62/1 (1983), 507-520.

> des Irdischen auf der anderen. [...] Die moralphilosophische Dialektik dieser beiden allegorischen Gipfel konstituiert im Briefbericht die Lebenskrise des Autors. Der Berg als Ort und Anlass einer metaphorischen Bekehrung, der Berg als eine Kette metaphorischer Verweisungen, schließlich der Berg als Emblem einer Lebenskrise: der Mont Ventoux wird zur Allegorie von Metaphern.[461]

Der Mont Ventoux, so wird deutlich, steht als Allegorie für die Lebenskrise des Autors, der sich im augustinischen Sinne zwischen Weltverfallenheit und Heilssorge zu entscheiden hat. Für beides stehen der Berg und die umgebende Natur, wobei sich deren Bedeutung nicht aus ihrer realen Präsenz für das sinnlich wahrnehmende Ich, sondern aus dessen innerlichem Diskurs bzw. moralphilosophischem Konflikt ergibt. Auch bleibt die Naturwahrnehmung nüchtern-schematisch und orientiert sich an den Vorgaben der später zitierten Augustinus-Passage (Berg, Meer, Fluss, Küste). Anstatt von ästhetischer Weltergriffenheit zu zeugen dient sie vielmehr dazu, biographische Reflexionen zu initiieren und den späteren literarischen Bezug zu ermöglichen.

Petrarcas Brief, so kann man konstatieren, taugt demnach nicht ohne Weiteres zum Umschlagplatz neuzeitlicher Subjektivität. Zumindest, sofern man seine rhetorisch-semantische Dimension ernst nimmt und den Text nicht als bloßen Erlebnisbericht liest. Gleichwohl bleibt *Die Besteigung des Mont Ventoux* sowohl unter räumlicher als auch unter autobiographischer Perspektive relevant. Nicht zufällig beschreibt Petrarca die Szene eines Aufstiegs- und Gipfelerlebnisses, also einer Erfahrung jenseits gesellschaftlich vorgeprägter Räume. Die solchermaßen entstehende Struktur ermöglicht auf spezifische Weise eine Verschränkung von Biographie und zurückgelegtem Weg bzw. überblicktem Raum, von Retrospektive und Standortbestimmung. Auf der diegetischen Ebene des erlebenden Ichs wird so, einer vorweggenommenen Lebensrückschau gleich, der eigene Lebensweg sichtbar.[462] Zudem ist diese reflektierende und ordnende Umschau aber immer auch Autormetapher, lässt sie sich als autobiographische Schreibsituation lesen. In dieser sind, das zeigt Petrarcas Blick auf das provenzalische Umland, Wahrnehmung und Konstruktion, Erinnerung und Deutung unauflöslich verbunden. Wenn das Ich zwischen der Beschreibung des geschauten Raums, seinen Ausblicks-Erwartungen aufgrund gelesener Literatur und den an die Region geknüpften autobiographischen Erfahrungen hin- und herschaltet, so führt

---

[461] Groh/Groh, „Petrarca und der Mont Ventoux", 301.
[462] Hier ist erneut an das Motiv der Lebensreise und das damit verknüpfte labyrinthische Lebensmodell zu erinnern. Während man zu Lebzeiten durch die Gänge des Labyrinths irrt, gewährt erst der christliche Glaube eine Orientierung und postum einen – oft als Turm verbildlichten – Überblick über die labyrinthische Anlage der Welt.

es damit auch grundsätzliche Fragen der autobiographischen Textgenese vor Augen. Anhand des räumlichen Settings werden, literaturwissenschaftlich gesprochen, die Bedingungen der Möglichkeit auf das eigene Leben bezogener Aussagen verhandelt. Epistemologisch gewendet geht es um die Frage, inwiefern man immer schon eigene Verständnis- und Deutungsanteile in seine sinnliche Wahrnehmung und damit auch in die daraus gewonnene Erkenntnis investiert.[463]

Vor dem Hintergrund dieser Annahmen werde ich im Folgenden argumentieren, dass Aussichtspunkte die Einnahme und Etablierung einer spezifischen autobiographischen Position figurieren, die sich als die des Autors bestimmen lässt. Sie formiert sich in einem Konnex aus räumlicher Wahrnehmung und Erinnerung sowie der Organisation beider in der Narration. Das Zusammenspiel von Imagination und Memoria schafft so ein räumlich begründetes Arrangement, das über den konkreten raumzeitlichen Punkt des erinnerten Ichs auf die Biographie und ihre Versprachlichung vor- und zurückweist. Das erzählende Ich kreiert sich gleichsam visuelle Bühnen, deren Formation auch die temporalen Abläufen der Biographie auf je eigene Weise kodiert. Mit den Bergen, denen ich mich in Kapitel 3.5.3 widme, erfährt diese Struktur noch einmal eine Steigerung und Wendung. Allerdings kehrt sich dort, wie zu zeigen sein wird, Petrarcas Situation auf dem Mont Ventoux unter den Bedingungen moderner Autorschaft um. Insofern kann die räumliche Struktur des Blicks vom Berggipfel oder vom Aussichtspunkt auf die umliegende Natur durchaus als eine autobiographieräumliche Grundsituation bestimmt werden.[464]

In *Dichtung und Wahrheit* taucht die Szenerie des Panoramablicks bezeichnenderweise erst mit dem Umzug nach Straßburg, also in der Zeit zunehmender „Selbstbewußtwerdung" auf.[465] In dieser, für die künstlerisch-berufliche Orientierung wichtigen Phase erweitert sich das bioebenso wie das geographische Blickfeld Goethes. Hier vollzieht er, wie gezeigt, seine persönliche wie beruflich-künstlerische Standortbestim-

---

[463] Auf diesen Aspekt hat auch bereits Wellmann verwiesen: „Der Petrarcische Brief formuliert an dieser Stelle eine erstaunliche Einsicht in ein epistemologisches Problem: Daß man nämlich nur das bewußt wahrnimmt, sieht oder erkennt, was man bereits weiß und was von daher auf eine bestimmte Verstehensdisposition des Betrachters trifft." Vgl.: Angelika Wellmann, „Francesco Petrarca, Das Buch als der symbolische Raum des Spaziergangs", in: Dies., *Der Spaziergang*, 19-27, hier 23.

[464] Verwandt hiermit ist der Blick aus dem Fenster (vgl. Kap. 3.1.4), der dem Ich ebenfalls zumeist eine erhöhte Aussicht verschafft, aber überwiegend Teil des städtischen Raums ist.

[465] *Dichtung und Wahrheit*, Stellenkommentar zum Neunten Buch, S.1169.

mung anhand räumlich ausagierter Positionierungen und Ausritte.[466] Dementsprechend beginnt auch die Ankunft in Straßburg damit, dass er sich einen Überblick über seine künftige Umgebung verschafft: er steigt auf das Münster. Von seinem neuen Lebensmittelpunkt aus, der zugleich das geistliche ebenso wie das politische Zentrum des Elsass markiert, zeichnet Goethe nun ein detailliertes Landschaftspanorama:

> Und so sah ich denn von der Platt-Form die schöne Gegend vor mir, in welcher ich eine Zeit lang wohnen und hausen durfte: die ansehnliche Stadt, die weitumherliegenden, mit herrlichen dichten Bäumen besetzten und durchflochtenen Auen, diesen auffallenden Reichtum der Vegetation, der dem Laufe des Rheins folgend, die Ufer, Inseln und Werder bezeichnet. Nicht weniger mit mannigfaltigem Grün geschmückt ist der von Süden herab sich ziehende flache Grund, welchen die Iller bewässert; selbst westwärts, nach dem Gebirge zu finden sich manche Niederungen, die einen ebenso reizenden Anblick von Wald und Wiesenwuchs gewähren, so wie der nördliche mehr hügelige Teil von unendlichen kleinen Bächen durchschnitten ist, die überall ein schnelles Wachstum begünstigen. Denkt man sich nun zwischen diesen üppig ausgestreckten Matten, zwischen diesen fröhlich ausgesäeten Hainen alles zum Fruchtbau schickliche Land trefflich bearbeitet, grünend und reifend, und die besten und reichsten Stellen desselben durch Dörfer und Meierhöfe bezeichnet, und eine solche große und unübersehliche, wie ein neues Paradies für den Menschen recht vorbereitete Fläche, näher und ferner von teils angebauten, teils waldbewachsenen Bergen begrenzt; so wird man das Entzücken begreifen, mit dem ich mein Schicksal segnete, das mir für einige Zeit einen so schönen Wohnplatz bestimmt hatte. (DW 389f.)

Das Ich umreißt hier zunächst die Horizontlinie, innerhalb derer es fortan „eine Zeit lang wohnen und hausen" darf. Die räumliche Begrenzung eröffnet und definiert damit zugleich einen bestimmten zeitlichen Ausschnitt der Biographie. Dabei orientiert sich das erzählende Ich in seiner Raumbeschreibung zunächst an geographischen Gegebenheiten und Landmarken, wie der Elsässischen Ebene, dem Rhein, der Iller, den Vogesen und dem Jura. Über diese naturräumlichen Strukturelemente erhält das Elsass den Anschein eines in sich geschlossenen Raums, einer durch „Wälder" und „Gebirge" „begrenzt[en]" „Fläche", deren Zentrum der Standpunkt des Ichs bildet. Dieser so bestimmte Ausschnitt wird durch die Kulturleistung des Menschen gegliedert und mit Bedeutung versehen. So sieht das Ich „alles zum Fruchtbau schickliche Land trefflich bearbeitet" und den Gehalt des Bodens indiziert, indem „die besten und reichsten

---

[466] Vgl. Kap. 3.4.3 (Ausritte), dort habe ich dargelegt, inwiefern die Durchquerung des umliegenden Naturraums zu Pferde einer orientierenden Autonomiebewegung folgt.

Stellen desselben durch Dörfer und Meierhöfe bezeichnet" sind. Auf diese Weise evoziert der Blick ein durchweg harmonisches Zusammenspiel von Natur- und Kulturraum, eine funktionale wie ästhetische Formung. Das Ich vollzieht damit die Konstituierung von Landschaft, es macht den erblickten Naturraum für die Wahrnehmung ebenso wie für die weitere Erzählung verfügbar. Dies geschieht, wie Lobsien ausführt,

> zunächst als Abgrenzung [...]. Aus dem unendlichen Zusammenhang der Naturphänomene wird ein Ausschnitt hergestellt. Dieser Ausschnitt wird sodann als Einheit betrachtet, er wird als ursprünglicher Teil eines Ganzen nunmehr selbst zu einem Ganzen erhoben bzw. er repräsentiert dieses Ganze.[467]

Die prinzipielle Offenheit der Natur wird so in eine begrenzte Bedeutungseinheit überführt. Diese Rahmung schafft auch die Voraussetzungen für eine biographische Raumsemantik. So erscheint Goethes Perspektive zwar zunächst vergleichbar mit Petrarcas Blick auf die Umgebung des Mont Ventoux. Anders aber als bei seinem Vorgängertext, wird hier das Gesehene explizit unter ästhetischer Perspektive rezipiert und gedeutet.[468] Zieht man nun den Beginn des Kapitels hinzu, in dem sich die Landschaftsbeschreibung findet, so erweist sich der solchermaßen konstituierte Raum als Teil eines ästhetischen Konzepts. Er setzt jene Forderungen um, die programmatisch am Beginn des neunten Buchs eingefügt sind. Das dort platzierte Zitat des Göttinger Altphilologen Heyne[469] spricht von der Notwendigkeit ästhetischer Herzensbildung und verlangt, „das Schöne überall und in der Natur selbst [...] zu erkennen und zu lieben" (DW 386). Der textuelle Moment der Raumbetrachtung wird so in eine narrative Kontinuität gestellt, welche die projizierte Einheit der Landschaft mit der ästhetischen Bildung des Ichs verbindet. Diese Verknüpfung wird in der zitierten Stelle auch sprachlich ins Werk gesetzt. Was so auf den ersten Blick als „schöne Gegend" erscheint, wird am Ende der Passage umformuliert zum „schönen Wohnplatz". Damit setzt sich das Ich zu seiner Umgebung in Bezug, erklärt diese zum Teil seines Lebens.

---

[467] Lobsien, *Landschaft in Texten*, 6. Ganz ähnlich fast Raymond die Landschaft als „individuell begrenzte[n] Ausschnitt aus dem Kontinuum der Natur, der im Anblick der Natur für einen fühlenden und empfindenden Betrachter ästhetisch gegenwärtig ist und seinerseits als Einheit angesehen wird [...]." Raymond, *Landschaft im Kopf*, 10.

[468] Davon zeugen, neben der expliziten Markierung als „schön" die vielfältigen Geschmacks- und Bewertungsbegriffe wie „die **ansehnliche** Stadt", „mit **herrlichen** dichten Bäumen", „mit mannigfaltigem Grün **geschmückt**", „einen ebenso **reizenden** Anblick von Wald und Wiesenwuchs", „alles zum Fruchtbau schickliche Land **trefflich** bearbeitet" (Hervorh. S.B.).

[469] Nicht zu übersehen ist dabei die Spitze gegen den Vater, der dem Sohn den Wunsch verwehrt nach Göttingen zu gehen und ihn stattdessen, der eigenen Vita entsprechend, nach Straßburg schickt.

Das Ich nimmt somit eine visuelle Aneignung des Gesehenen vor, es vollzieht eine biographische Landnahme. Damit einher geht auch eine emotionale Identifikation mit dem künftig bewohnten Raum, es empfindet „Entzücken".

Zugleich erhält das Panorama aber auch eine religiöse Dimension, indem es dem Betrachter „wie ein neues Paradies" vor Augen steht. Hier zeigt sich das im Vergleich zu Petrarca gewandelte Selbst- und Weltverständnis der Moderne. Während dieser an der Schwelle zur Renaissance den Gottbezug nur in der Abkehr von der äußeren Welt herstellen kann, so vermag Goethe das Göttliche gerade in der ästhetischen Anschauung der Natur zu verorten. Möglich ist ihm dies aufgrund der bereits herausgearbeiteten Ablösung von religiöser Rede durch poetische, und zwar auf zweierlei Art: Indem das Ich die Schönheit der wahrgenommenen Landschaft bewusst erfährt, festigt es sein individuelles Selbstgefühl. Und indem es diese ästhetische Erfahrung über den Text kommuniziert, wird es seiner künstlerischen Funktion als bedeutungsvermittelnde Instanz, als Autor gerecht.

Die Verschiebung vom Religiösen ins Poetische findet sich bereits im vierten Buch und wird auch dort über den Raum vermittelt. Im Kontext seiner kindlichen Bibelstudien erzählt Goethe en detail die biblische Patriarchengeschichte, die er allerdings zur Lebensgeschichte der Menschheit, zu einer Humanbiographie umdeutet. Ausführlich habe ich diese Textstelle bereits in Kapitel 3.1.2 bei der Analyse des Kinderzimmers in den Blick genommen. Daher seien hier zum Zweck des direkten Vergleichs nur noch einmal die folgenden Sätze zitiert, in denen sich die poetische Dimension an einem abgegrenzten, ästhetisch geformten Raum festmacht:

> Hier, zwischen vier benannten Flüssen, war aus der ganzen zu bewohnenden Erde ein kleiner höchst anmutiger Raum dem jugendlichen Menschen ausgesondert. Hier sollte er seine ersten Fähigkeiten entwickeln und hier sollte ihn zugleich das Los treffen, das seiner ganzen Nachkommenschaft beschieden war, seine Ruhe zu verlieren, indem er nach Erkenntnis strebte. (DW 143)

Auffällig ist hier die Funktion des fest umgrenzten Raums als Möglichkeitsbedingung der biographischen Entwicklung.[470] So wie die Menschheit zu einem bestimmten Zeitpunkt ihrer Entwicklung einen solchen Schutzraum benötigte, steht auch das Ich zu Beginn seiner Straßburger Zeit nun an einem biographischen Punkt, an dem es sich eines solchen abgezirkelten Raums versichert. Bemerkenswert ist dabei, dass das erzählende Ich mit seiner Erzählung keinen tatsächlichen Raum beschreibt, sondern ei-

---

[470] Vgl. hierzu auch meine Ausführungen zu der betreffenden Passage in der Einleitung zu Kap. 3.2 (Gärten).

nen Text referiert, also eine kulturell verfestigte Raumrepräsentation aufruft. Vor diesem Hintergrund erhält auch die Konturierung des Elsass einen zeichenhaften Charakter. So erscheint das Elsass – aufgrund seiner ästhetischen Qualität, seiner Schönheit – als „Paradies".

Damit eröffnet der Text, über die ästhetische Strukturierung des Raums hinaus, eine metaphorische Dimension. Der biographische Abschnitt, der sich im Raum des Elsass manifestiert, wird hierüber an verschiedene andere Räume und Konstellationen angeschlossen. Dabei handelt es sich zum einen um die unerreichbaren Paradiese der nachbarschaftlichen Gärten im Frankfurter Elternhaus. Sie bilden, wie die Analysen der Gärten gezeigt haben, einen Sehnsuchtsort, der auf eine zukünftige künstlerische Aneignung verweist. Zum anderen markiert auch der großväterliche Garten, der im Zusammenhang mit der Gretchenepisode wird, einen Entwicklungsschritt vom Kind hin zum Jugendlichen, vom privaten zum öffentlichen Raum. Mit der Ankunft im Elsass deutet sich daher ein weiterer Entwicklungsschritt an. Anders als bei den vorherigen Paradiesen wird die eigene biographische Situation allerdings wesentlich differenzierter beurteilt und reflektiert. So erscheint das Elsass lediglich „**wie** ein neues Paradies" (Hervorh. S.B.). Der Vergleich macht das Wissen darum deutlich, dass Paradiese stets nur aus der Außenperspektive als solche gelten können. Paradiesisch erscheint die Landschaft beim Blick von oben, als zwar mit dem Blick durchmessener und ästhetisch empfundener, aber doch letztlich noch nicht betretener Raum. Sobald sie jedoch Teil des eigenen, gelebten Lebens wird, verändert sich notwendig die Wahrnehmung. Diese Verschiebung im Verhältnis von Ich und Raum wird direkt im Anschluss an die ersten, raumkonstituierenden Betrachtungen reflektiert:

> Ein solcher frischer Anblick in ein neues Land, in welchem wir uns eine Zeit lang aufhalten sollen, hat noch das Eigne, so angenehme als ahndungsvolle, daß das Ganze wie eine unbeschriebene Tafel vor uns liegt. Noch sind keine Leiden und Freuden, die sich auf uns beziehen, darauf verzeichnet; diese heitre, bunte, belebte Fläche ist noch stumm für uns; das Auge haftet nur an den Gegenständen in sofern sie an und für sich bedeutend sind, und noch haben weder Neigung noch Leidenschaft diese oder jene Stelle besonders herauszuheben; aber eine Ahndung dessen, was kommen wird, beunruhigt schon das junge Herz, und ein unbefriedigtes Bedürfnis fordert im Stillen dasjenige, was kommen soll und mag, und welches auf alle Fälle, es sei nun Wohl oder Weh, unmerklich den Charakter der Gegend, in der wir uns befinden, annehmen wird. (DW 390)

Die Passage beschreibt die Wandlung vom ausschließlich ästhetisch, d.h. nach Kant mit „dem reinen uninteressierten Wohlgefallen"[471] wahrgenommenen hin zum autobiographischen Raum. Dies geschieht durch den Akt des ‚gráphein', also die räumliche Praxis des Einschreibens oder Einritzens von Erfahrungen und Affekten in die „unbeschriebene Tafel" des vor Augen stehenden Raums. Diese, zuvor bereits als Landschaft konstituierte Räumlichkeit, wird nun zum Material eines semiotischen Prozesses. Beide, autobiographischer Raum und autobiographischer Text, entstehen in dieser Perspektive gleichursprünglich, sie sind Effekte derselben räumlichen Bezeichnungspraxis.

Die Reflexionen dieser Passage benennen somit in nuce die Konstituierung des autobiographischen Raums/Texts. Zunächst bedarf es einer bezeichnenden Rahmung. Als ästhetische setzt diese mit dem Raum zugleich das Ich, sie etabliert eine Beziehung zwischen beiden. Daraus entsteht im Anschluss der kontinuierliche Akt der Bedeutungsgebung und Positionierung. Das räumliche Einschreiben kodiert dabei eine zweifache, sowohl pro- als auch retrospektive Zeitlichkeit. Einerseits strukturieren die Erfahrungen des erinnerten Ichs den durchmessenen Raum. Andererseits ist es die memoriale Konstituierung und Bedeutungsgebung des erzählenden Ichs, die den Raum als Text, als Bedeutungsgefüge erst entstehen lässt. Bei seinem ersten Blick auf das Land kann das erinnerte Ich daher die Dinge sehen „in sofern sie an und für sich bedeutend sind". Sie besitzen noch keinen zeichenhaften Verweischarakter auf das eigene Leben, so dass „diese heitre, bunte, belebte Fläche [...] noch stumm für uns [ist]". Der noch nicht betretene Raum erhält so – in Bezug auf den biographischen Zeitpunkt des erlebenden Ichs – den Charakter einer „unbeschriebene[n] Tafel", einer tabula rasa. Beschrieben wird die Tafel ganz im Locke'schen Sinn durch die „Leiden und Freuden", mithin also durch die eigenen, im Umgang mit dem Raum gemachten Erfahrungen.[472] Es sind diese Erfahrungen, die sich in die Landschaft und zugleich in die Wachstafel der Memoria einschreiben. Es sind also die Umgangsweisen des Ichs mit dem Raum, die diesen als autobiographischen entstehen lassen. De Certeaus Konzept einer „Rhetorik des Gehens" lässt sich vor diesem Hintergrund in seiner spezifisch autobiographischen Variante

---

[471] Immanuel Kant, *Kritik der Urteilskraft*, hg. von Karl Vorländer, Hamburg 1990, 41.

[472] „Nehmen wir also an, der Geist sei, wie man sagt, ein unbeschriebenes Blatt, ohne alle Schriftzeichen, frei von allen Ideen; wie werden ihm diese dann zugeführt? Wie gelangt er zu dem gewaltigen Vorrat an Ideen, womit ihn die geschäftige, schrankenlose Phantasie des Menschen in nahezu unendlicher Mannigfaltigkeit beschrieben hat? Woher hat er all das *Material* für seine Vernunft und für seine Erkenntnis? Ich antworte darauf mit einem einzigen Worte: aus der *Erfahrung*." John Locke, *Versuch über den menschlichen Verstand*, Buch I und II, Hamburg ^{5}2000, 107f. (Hervorh. i. Orig.).

bestimmen.[473] Nicht nur wird das Gehen hier wird zum „Raum der Äußerung" [474], erhält also rhetorische Qualität. Andersherum organisiert sich auch die autobiographische Rhetorik als textkonstitutives Verfahren entlang räumlicher Bedeutungslinien. Die auf diese Weise entstehende autobiographische Topographie löst sich von vorgegebenen geographischen Markierungen ebenso wie von einer chronologischen Zeitlichkeit. Stattdessen werden spezifische Orte mit individuellen Semantiken versehen, zeitliche Abfolgen umgekehrt und „diese oder jene Stelle besonders heraus[gehoben]".

Noch bevor dieser Prozess eingesetzt und sich eine individuelle Topographie herausgebildet hat, besteht bereits ein räumlicher Bezug in Form der „Ahndung". Diese schreibt eine prospektive Dimension in die Landschaft ein, indem sie zukünftige Erfahrungen in ebendiesem Raum antizipiert. Das erlebende Ich projiziert sich selbst als erlebendes und handelndes in die dortige Zukunft hinein. Diese zukünftigen Erfahrungen sind aber keineswegs unabhängig vom Raum, in dem sie sich ereignen. Im Gegenteil, die Ereignisse nehmen „unmerklich den Charakter der Gegend [an], in der wir uns befinden". Damit lassen sich Goethes Feststellungen über die Zeit im Vorwort von *Dichtung und Wahrheit* nun ebensolche über die räumliche Dimension an die Seite stellen. Demnach ist es nicht nur so, dass „ein Jeder, nur zehn Jahre früher oder später geboren, [...], was seine eigene Bildung und die Wirkung nach außen betrifft, ein ganz anderer geworden sein [dürfte]". Auch eine Erfahrung, an einem anderen Ort gemacht, wäre dieser Perspektive zufolge eine ganz andere, würde sie doch den jeweils spezifischen „Charakter der Gegend" annehmen. So verändert sich einerseits der Raum in seiner Repräsentation durch das Ich, das aber andererseits ebenso vom Raum geprägt wird.

Wie sehr die so entstehenden Topographien den Gang der Narration ordnen, zeigt eine weitere Ausblickszene vom Münsterturm. Ich habe sie bereits im Kontext der Ausritte angeführt, um die Raumfigur der Projektion zu illustrieren. Hier nun lässt sie sich als Spiegelung des zuvor zitierten Blicks auf das Elsass als „unbeschriebene Tafel" lesen:

> Hier verlor sich alles Gespräch in die Betrachtung der Gegend, alsdann wurde die Schärfe der Augen geprüft, und jeder bestrebte sich die entferntesten Gegenstände gewahr zu werden, ja deutlich zu unterscheiden. Gute Fernröhre wurden zu Hülfe genommen, und ein Freund nach dem anderen bezeichnete genau die Stelle, die ihm die liebste und werteste geworden; und schon fehlte es auch mir nicht an einem solchen Plätzchen, das, ob es gleich nicht bedeutend in er Landschaft hervortrat, mich doch mehr als alles Andere mit einem lieblichen Zauber an sich zog. Bei solchen Gelegenheiten

---

[473] de Certeau, *Kunst des Handelns*, 191ff.
[474] Ebd., 189.

ward nun durch Erzählung die Einbildungskraft angeregt und manche kleine Reise verabredet, ja oft aus dem Stegreife unternommen, von denen ich nur eine statt vieler umständlich erzählen will, da sie in manchem Sinne für mich folgenreich gewesen. (DW 452)

Die Raumwahrnehmung des Ichs hat sich im Vergleich zum ersten Blick auf die Umgebung grundlegend gewandelt. Orientierung geben nun nicht mehr geographisch-landschaftliche Strukturen. Die Raumerfahrung wird vielmehr durch das „Plätzchen" definiert, welches das Ich „mehr als alles Andere mit einem lieblichen Zauber an sich zog." Es ist diese ortsgebundene Erinnerung, die den Bezug des Ichs zur Landschaft begründet. Doch trotz dieser offensichtlich retrospektiven, die besagte Stelle durch affektive Bewertungen heraushebenden Beschreibung, wird der Ort in dieser Passage zwar benannt, aber noch nicht mit Namen bezeichnet. Die Erzählung löst sich so von der Chronologie der Ereignisse, indem sie die Vergangenheit ausklammert. Durch diese Ellipse wird der wahrgenommene Ort in zwei Richtungen verzeitlicht. So konserviert er einerseits die bereits gemachten Erfahrungen, unabhängig von ihrer Dauer, an einem Punkt. Auf diese Weise „speichert der Raum verdichtete Zeit."[475] Zugleich weist seine Erwähnung aber auch in die Zukunft, wie das Ende der zitierten Passage deutlich macht. Ausgehend von der beschriebenen Raumerfahrung beginnt das Ich seine Reise durch Elsass und Lothringen, die es am Ende nach Sesenheim führt. Hierdurch organisiert der zuvor ausgesparte Ort die Progression der Erzählung, die nun aber zeitlich in die Vergangenheit führt.

Dabei wird der Wechsel der Raumpraktiken und der damit verbundenen Raumwahrnehmung relevant. Von der Überblicksposition auf dem Turm des Münsters schaltet die Perspektive in der Folge um zur kleinteiligen Beschreibung der zurückgelegten Reiseroute. So ändert sich der narrative Modus von der „Karte" zur „Wegstrecke" bzw. vom „*sehen* (das Erkennen einer Ordnung der Orte)" zum „*gehen* (raumbildende Handlungen)".[476] Die Überblicks- und Aussichtssequenzen lassen sich damit als semiotische Knotenpunkte der Narration bestimmen. Sie eröffnen räumliche wie zeitliche Bedeutungslinien, die dann die weiteren Raumhandlungen koordinieren.

In der Folge zeigt sich allerdings, dass die bewusste und dauerhafte Einnahme der beschriebenen Überblicksposition nicht ohne Schwierigkeiten möglich ist. Ihrer Struktur nach ist sie einerseits aufs Engste mit dem wahrgenommenen und erinnerten Raum verschränkt, enthebt das Ich jedoch andererseits auch der direkten räumlichen Einbindung. Auf diese Weise wird es über die Raumpanoramen an die eigene Syntheseleis-

---

[475] Bachelard, *Poetik des Raumes*, 35.
[476] de Certeau, *Kunst des Handelns*, 220 bzw. 221, Hervorh. i. Orig.

tung verwiesen, die mit der Strukturierung des Raums aus der Distanz zugleich die Etablierung der eigenen Position erfordert. Das birgt die Möglichkeit einer Reorganisation bisheriger Parameter der Selbst-Konstituierung und damit auch einer Neudefinition des eigenen, biographischen wie literarischen Standpunkts. Diese will jedoch körperlich wie kognitiv erst bewältigt werden. So zeigt sich das Ich zu Beginn der Straßburger Zeit zunächst recht fragil und durch innere Auseinandersetzungen gekennzeichnet:

> [...] so hatte ich innerlich und äußerlich mit ganz andern Verhältnissen und Gegnern zu kämpfen, indem ich mit mir selbst, mit den Gegenständen, ja mit den Elementen im Streit lag. Ich befand mich in einem Gesundheitszustand, der mich bei allem was ich unternehmen wollte und sollte hinreichend förderte; nur war mir noch eine gewisse Reizbarkeit übrig geblieben, die mich nicht immer im Gleichgewicht ließ. (DW 407)

Der Text zeichnet hier das Bild eines in sich zerrissenen Individuums, dem weniger die physischen als seine psychologisch-emotionalen Dynamiken zu schaffen machen. Die Passage schließt mit dem Verweis auf das fehlende „Gleichgewicht" des Ichs. Damit ist im Zusammenhang der „Reizbarkeit" offensichtlich die emotionale Balance angesprochen, die hier gleichsam als innere Topologie gedeutet wird. Zugleich verweist der Text mit diesem vielschichtigen Begriff erneut auf die Verschaltung des Menschen mit der räumlichen Dimension als grundsätzlicher Bedingung des In-der-Welt-Seins. Erst das „Gleichgewicht" ermöglicht den aufrechten Gang, es verschafft die basale räumliche Orientierung und Selbstverortung des menschlichen Körpers im Verhältnis zu seiner Umwelt. Vor diesem Hintergrund gewinnt die sich direkt anschließende Textpassage eine spezifische Relevanz, beschreibt sie doch genau dieses lebensweltliche Orientierungsbemühen des autobiographischen Ichs:

> Ein starker Schall war mir zuwider, krankhafte Gegenstände erregten mir Ekel und Abscheu. Besonders aber ängstigte mich ein Schwindel, der mich jedesmal befiel, wenn ich von einer Höhe herunter blickte. Allen diesen Mängeln suchte ich abzuhelfen, und zwar, weil ich keine Zeit verlieren wollte, auf eine etwas heftige Weise. [...] Ich erstieg ganz allein den höchsten Gipfel des Münsterturms, und saß in dem sogenannten Hals, unter dem Knopf oder der Krone, wie man's nennt, wohl eine Viertelstunde lang, bis ich es wagte wieder heraus in die freie Luft zu treten, wo man auf einer Platte, die kaum eine Elle ins Gevierte haben wird, ohne sich sonderlich anhalten zu können, stehend das unendliche Land vor sich sieht, indessen die nächsten Umgebungen und Zierarten die Kirche und alles, worauf und worüber man steht, verbergen. Es ist völlig als wenn man sich auf einer Montgolfiere in die Luft erhoben sähe. Dergleichen Angst und Qual wiederholte ich so oft, bis der Ein-

druck mir ganz gleichgültig ward, und ich habe nachher bei Bergreisen und geologischen Studien, bei großen Bauten, wo ich mit den Zimmerleuten um die Wette über die freiliegenden Balken und über die Gesimse des Gebäudes herlief, ja in Rom, wo man eben dergleichen Wagstücke ausüben muß, um bedeutende Kunstwerke näher zu sehen, von jenen Vorübungen großen Vorteil gezogen. (DW 408)

Vordergründig befasst sich diese Szene mit der Affektregulierung des heranwachsenden und sich in die Gesellschaft integrierenden Individuums. Die übermäßigen, körperlich-affektiven Reaktionen auf seine Umwelt bringen Goethe dazu Gegenmaßnahmen zu ergreifen. Damit folgt er dem kulturanthropologischen Verständnis der Aufklärung, das zivilisatorische Verfeinerung durch Kontrolle und Mäßigung der leiblich-emotionalen Sphäre zu erreichen suchte. Biographisch handelt es sich demnach zunächst um Anpassungsbewegungen, die das Individuum an der Schwelle zur erwachsenen Teilhabe an der Gesellschaft vornimmt. Mit Blick auf das zuvor als individuelle Problemlage ausgemachte Gleichgewicht lohnt sich allerdings eine nähere Betrachtung des Schwindels.[477] Als Ausdruck und Symptom dieses gestörten Selbstverhältnisses ist er für das Ich besonders angstbesetzt.[478] Auf körperlich-somatischer Ebene kündigt der Schwindel den drohenden Verlust der leibräumlichen Orientierung an

---

[477] Vgl. hierzu: Rolf-Peter Janz, Fabian Stoermer, Andreas Hiepko (Hgg.), *Schwindelerfahrungen, Zur kulturhistorischen Diagnose eines vieldeutigen Symptoms*, Amsterdam/New York 2003, darin insbes.: „Einleitung: Schwindel zwischen Taumel und Täuschung."; Jörn Steigerwald, „Schwindelgefühle, Das literarische Paradigma der ‚Darstellung' als Anthropologikum (Klopstock, Sulzer, Herz, Hoffmann)", in: Thomas Lang, Harald Neumeyer (Hgg.), *Kunst und Wissenschaft um 1800*, Würzburg 2000, 109-131; Fabian Stoermer, „Schein und Abgrund, Über den Schwindel", in: Hans Richard Brittnacher, Fabian Stoermer (Hgg.), *Der schöne Schein der Kunst und seine Schatten*, Bielefeld 2000, 281-313; Michael Hagner, „Psychophysiologie und Selbsterfahrung. Metamorphosen des Schwindels und der Aufmerksamkeit im 19. Jahrhundert", in: Aleida Assman, Jan Assmann (Hgg.), *Aufmerksamkeiten*, München 2001, 241-263.

[478] Diese individuelle Angst steht allerdings im Kontext einer gesellschaftlich indizierten Aufmerksamkeit auf das Phänomen ‚Schwindel' um 1800 im Zuge einer sich wandelnden Anthropologie. Vor diesem Hintergrund taucht der Schwindel „kaum zufällig genau in dem historischen Moment auf, da Selbsterfahrung, Selbstbeobachtung und Selbstexperiment für eine anthropologisch und psychophysiologisch zugeschnittene Konstruktion des modernen Selbst entscheidend wurden." Hagner, Michael, „Psychophysiologie und Selbsterfahrung. Metamorphosen des Schwindels und der Aufmerksamkeit im 19. Jahrhundert", in: Aleida Assman, Jan Assmann (Hgg.), *Aufmerksamkeiten*, München 2001, 241-263, hier 242. Für einen Ansatz, der explizit die medizinische und literarische Perspektive des Schwindels zusammenbringt, vgl. Caroline Jagella, „Bürgerlicher Schwindel und seine medizinische Fassung, Goethe und das Strassburger Münster", in: *Schweizer Medizinische Wochenschrift* 130 (2000), 209-221.

und impliziert so in der Folge ein tatsächliches Stürzen. Das Verhältnis des Individuums zu seiner Umwelt gerät damit aus dem Gleichgewicht. Ein solcher Schwindel kann sich bis zur Ohnmacht steigern, mit der das vorübergehende Erlöschen des Bewusstseins, also des bewussten Selbst verbunden ist. Im spezifischen Fall des Höhenschwindels, wie ihn das autobiographische Ich erlebt, potenzieren sich die möglichen letalen Folgen für das Individuum: der Sturz in die Tiefe enthält die Möglichkeit der eigenen Zerstörung, der psychischen wie körperlichen Desintegration. Damit besitzt der Schwindel auch weitreichende subjektphilosophische Implikationen. Als fundamentale Erschütterung des Ichs und Auflösung einer kohärenten Subjektposition figuriert er „eine Tendenz, die den Prozess der Moderne insgesamt begleitet".[479] Er stellt subjektgenetisch insofern „eine Erfahrung des Übergangs [dar], dass er sich auf der Grenze zwischen der Sicherung und dem Verlust von Subjektivität bewegt".[480] Insbesondere die Existenzialistische Philosophie hat den Schwindel als strukturellen Aspekt menschlichen in-der-Welt-Seins beschrieben. So versteht Kierkegaard den Schwindel als Phänomen, das gleichermaßen am Subjekt wie am umgebenden Raum hängt, sich also zwischen beiden konstituiert: „Wer in eine gähnende Tiefe hinunterschauen muß, dem wird schwindlig. Doch was ist die Ursache davon? Es ist in gleicher Weise sein Auge wie der Abgrund."[481] Der Schwindel markiert so einen Zwischenzustand zwischen Freiheit und Notwendigkeit, Unschuld und Sünde, den gedachten unendlichen Möglichkeiten der Existenz und ihrem tatsächlichen Ergreifen. In Kierkegaards Verständnis, das die theologische Thematik des Sündenfalls als individualpsychologische Problematik des Subjekts zu begreifen sucht, ist deshalb „die Angst jener Schwindel der Freiheit, der aufkommt, wenn der Geist die Synthese setzen will und die Freiheit nun hinunter in ihre eigene Möglichkeit schaut und dann die Endlichkeit ergreift um sich daran zu halten."[482] Angst und Schwindel definieren damit den Umschlagpunkt des Bewusstseins vom unschuldig „träumenden" hin zum bewussten, im theologischen Sinne schuldigen, aber zugleich auch handlungsfähigen Bewusstsein.

Für Sartre, der sich im Rahmen von *Das Sein und das Nichts*[483] mit dem Höhenschwindel auseinandersetzt, ist der Blick in die Tiefe immer auch der Blick in den Abgrund der eigenen Freiheit, der eigenen Möglich-

---

[479] „Einleitung, Schwindel zwischen Taumel und Täuschung", in: Rolf-Peter Janz, Fabian Stoermer, Andreas Hiepko (Hgg.), *Schwindelerfahrungen, Zur kulturhistorischen Diagnose eines vieldeutigen Symptoms*, Amsterdam/New York 2003, hier 8.
[480] Ebd., 16.
[481] Sören Kierkegaard, *Der Begriff Angst*, Stuttgart 1992, hier 72.
[482] Ebd.
[483] Jean-Paul Sartre, *Das Sein und das Nichts, Versuch einer phänomenologischen Ontologie*, Reinbek bei Hamburg 1993, insbesondere 93ff.

keiten.[484] Das Subjekt wird sich hier seiner bis zur eigenen Selbstzerstörung gehenden Freiheit bewusst und verspürt dabei ebenso die Angst vor der Auslöschung des Bewusstseins wie die Versuchung der Rückkehr zu einer vorbewusstlichen Einheit im Tod. Der Schwindel figuriert demnach ebenso die mögliche Auslöschung des Ichs wie dessen selbstbestimmtes Ergreifen des eigenen Potenzials. So nimmt es nicht Wunder, dass der Schwindel für das autobiographische Ich in *Dichtung und Wahrheit*, das sich sowohl in einer künstlerischen (Sturm und Drang) wie auch privaten (Friederike) Phase der Selbstfindung und Neuausrichtung befindet, eine existenzielle „Angst und Qual" verursacht. Es stellt sich der Herausforderung dieses Umbruchs allerdings bewusst und agiert seine Situation räumlich aus: auf dem „höchsten Gipfel des Münsterturms", dem Zentrum und Kreuzungspunkt seiner Straßburger Zeit. Mit der Wahl dieses Ortes, ebenso wie mit der bereits diskutierten Formierung der Landschaft öffnet der Text die konkrete Situation auf die eigene biographische Entwicklung und textuelle Verfasstheit autobiographischer Räumlichkeit hin. Durch diese Rahmung wird deutlich, dass es um die eigene Selbständigkeit und das bewusste Ergreifen der individuellen Möglichkeiten geht, um den eigenen Stand in der Welt. Letzterer, als freier und von stützenden Strukturen losgelöster Stand des Individuums, will aber erst erlernt werden. So verbringt das Ich zunächst „wohl eine Viertelstunde lang" im Sitzen. Erst dann wagt es sich vor auf die „Platte, die kaum eine Elle ins Gevierte haben wird" und von der aus es, „ohne sich sonderlich anhalten zu können, stehend das unendliche Land vor sich sieht". Auf diese Weise tastet es sich wortwörtlich an eine neue Perspektive heran, in deren Umsetzung es seine Selbstwahrnehmung transformiert. Die dabei entstehende Ich-Position „ist völlig als wenn man sich auf einer Montgolfiere in die Luft erhoben sähe". Solchermaßen bildet sich die – nun schwindelfreie – Grundlage für spätere „Wagstücke", wobei der Passus mit der Vorausschau auf die *Italienische Reise*, mithin der Wiedergeburt des Ichs als Künstler endet.

Wie sehr die neu erworbene Sichtweise eine literarische ist, zeigt eine Passage aus dem dreizehnten Buch. Dies steht ganz im Zeichen der Entstehung des *Götz von Berlichingen* und den *Leiden des jungen Werthers*, den Hauptwerken des Sturm und Drang. Dort heißt es:

> Die wahre Poesie kündigt sich dadurch an, daß sie, als ein weltliches Evangelium, durch innere Heiterkeit, durch äußeres Behagen,

---

[484] „Wenn *nichts* mich zwingt, mein Leben zu retten, hindert mich *nichts*, mich in den Abgrund zu stürzen. […] Ich nähere mich dem Abgrund, und ich bin es, den meine Blicke in seiner Tiefe suchen. Von diesem Augenblick an spiele ich mit meinen Möglichkeiten. Indem meine Augen den Abgrund von oben nach unten durchlaufen, mimen sie meinen möglichen Sturz und realisieren ihn symbolisch […]." Ebd., 96 (Hervorh. i. Orig.).

uns von den irdischen Lasten zu befreien weiß, die auf uns drücken. Wie ein Luftballon hebt sie uns mit dem Ballast der uns anhängt, in höhere Regionen, und lässt die verwirrten Irrgänge der Erde in Vogelperspektive vor uns entwickelt daliegen. Die muntersten wie die ernstesten Werke haben den gleichen Zweck, durch eine glückliche geistreiche Darstellung so Lust als Schmerz zu mäßigen. (DW 631)

Ähnlich wie in der zuvor zitierten Passage ist das Ziel auch hier eine Affektregulierung und Mäßigung. Diese wird allerdings nicht mehr durch waghalsige Klettermanöver in luftiger Höhe, sondern durch eine „glückliche geistreiche Darstellung", also sprachlich-literarische Mittel erreicht. Die erzielte Perspektive ist jedoch die gleiche: der Blick von oben ermöglicht die erleichternde Distanzierung von allzu drückenden „irdischen Lasten". Nur durch den richtigen Abstand zu den Gegenständen – seien es räumliche Eindrücke oder die eigenen Gedanken und Gefühle – kann eine angemessene und in der Folge auch künstlerisch bedeutende Einstellung entwickelt werden. Diese ermöglicht es dann zu handeln und die eigenen, künstlerischen Potenziale zu ergreifen. Auch hier greifen also konkretes Raumerleben und metaphorische Raumdimension ineinander. Über ihre strukturell gleiche Raumanordnung werden die beiden Szenen zum gegenseitigen, bedeutungsgenerierenden Spiegel. Zudem wird die singuläre Konstellation des Höhenschwindels in ein narratives Kontinuum gestellt, das die körperliche Rückkopplung von Ich und Raum als Verhältnis von Autor und Text inszeniert.

Dass die Schwindelerfahrung als Übergang zur eigenen literarischen Produktion zu lesen ist, macht zudem die Wahl des Straßburger Münsters als räumlicher Szenerie deutlich. An diesem Gebäude schult Goethe nicht nur seine ästhetische Wahrnehmung, die, wie die Analyse der Kirchen gezeigt hat, u.a. über ein zunehmendes in-Distanz-Gehen zum Münster verläuft. An ihm entwickelt er auch seine Idee von der Gotik als ‚deutscher Baukunst', die in der Publikation des gleichnamigen Artikels gipfelt und vom Gedanken des Künstlergenies getragen ist.[485] Insofern fungiert das Münster zugleich als ästhetisches Objekt bzw. Kunstwerk, als literarischer Gegenstand, als räumliches Zentrum der Straßburger Sturm und Drang-Zeit, als Symbol des genialen Künstlers und nicht zuletzt als Metapher für die bereits vielfach angesprochene Verschiebung des Religiösen ins Poetische. Was das autobiographische Ich auf dem Münster als einem Ort des christlichen Evangeliums noch räumlich ausagiert, geschieht

---

[485] Johann Wolfgang Goethe, *Von deutscher Baukunst*, in: Ders., *Sämtliche Werke, Briefe, Tagebücher und Gespräche*, Bd. 18, Ästhetische Schriften 1771-1805, hg. v. Friedmar Apel, Frankfurt a.M. 1998, 110-118.

durch die „wahre Poesie [...] als ein weltliches Evangelium" nur mehr auf symbolische Art und Weise.[486]

In der *Italienischen Reise* – auf welche die zitierte Passage ja am Ende verweist – ist von dem beklagten Höhenschwindel dann tatsächlich nicht mehr die Rede. Im Gegenteil, das Ich macht es sich zur Gewohnheit, in jeder neu erreichten Stadt zunächst den höchsten Turm zu besteigen, um sich einen Überblick zu verschaffen. So etwa in Cento, wenn es heißt: „Ich bestieg nach meiner Gewohnheit sogleich den Turm." (IR 101) Hier scheint die Verinnerlichung der neuen Subjektposition gelungen, der nötige Abstand hergestellt. Und doch gibt es auch in der *Italienischen Reise* Phasen des Übergangs, in denen das autobiographische Ich erneut vom Schwindel heimgesucht wird. Bezeichnenderweise sind es Passagen der mentalen Neuausrichtung während der Reise, die zugleich als räumlicher Orientierungsverlust erlebt werden.[487] Auf der Schiffsfahrt von Neapel nach Sizilien und später auch auf der Rückfahrt befällt Goethe, wie beschrieben, die Seekrankheit.[488] Ihr begegnet er dadurch, dass er sich ins Schiffsinnere zurückzieht und dort die gesamte Zeit der Überfahrt am Text des *Tasso* arbeitet, so dass er bei der Ankunft auf Sizilien „des ganzen Stücks so ziemlich Herr geworden [ist]" (IR 228). Auch hier steht der Schwindel also in direktem Zusammenhang mit der künstlerischen Produktion, transformiert das Ich die Orientierungslosigkeit in eine neue, literarische Position. Diese verweist zudem, mit der Figur des Torquato Tasso, auf das Verhältnis von Dichter und Fürstenhof, Individuum und

---

[486] Der so erreichte schwindelfreie Blick von oben, mithin die Ausrichtung auf die Überwindung des Schwindels, markiert einen strukturellen Unterschied zu romantischen Poetologien. Dort, etwa bei Tieck und Hoffmann, wird die Ambivalenz des Schwindels als Grenzphänomen des Subjektiven nicht aufgelöst, sondern für die Narration genutzt. So kommt neben der angstvoll-desintegrativen Seite auch die lustvolle Dimension des Schwindels zum Tragen. Bei Goethe lässt sich solch eine Position, wenn überhaupt, lediglich ansatzweise in der Figur der Mignon aus *Wilhelm Meisters Lehrjahre* finden. Vgl. dazu: Rolf-Peter Janz, „Schwindel – ein befremdlicher Zustand. Zu Goethes *Mignon*", in: Alexander Honold, Manuel Köppen (Hgg.), „*Die andere Stimme*", *Das Fremde in der Literatur der Moderne, Festschrift für Klaus R. Scherpe zum 60. Geburtstag*, Köln/Weimar/Wien 1999, 299-309. Zur „Poetik des Schwindels" bei Tieck vgl: Jörg Bong, *Texttaumel, Poetologische Inversionen von „Spätaufklärung" und „Frühromantik" bei Ludwig Tieck*, Heidelberg 2000; zu E.T.A. Hoffmann vgl. Jörn Steigerwald, „Schwindelgefühle, Das literarische Paradigma der ‚Darstellung' als Anthropologikum (Klopstock, Sulzer, Herz, Hoffmann)", in: Thomas Lang, Harald Neumeyer (Hgg.), *Kunst und Wissenschaft um 1800*, Würzburg 2000, 109-131.

[487] Für eine detailliertere Analyse der betreffenden Passagen vgl. Kap. 3.4.2 (Schiffsfahrten).

[488] Zum Verhältnis von Schwindel, Seekrankheit und Aufmerksamkeit vgl.: Michael Hagner, „Psychophysiologie und Selbsterfahrung, Metamorphosen des Schwindels und der Aufmerksamkeit im 19. Jahrhundert", in: Aleida Assman, Jan Assmann (Hgg.), *Aufmerksamkeiten*, München 2001, 241-263.

aristokratischer Gesellschaft und damit nicht zuletzt auf Goethes eigene Situation am Hof in Weimar.

Der landschaftliche Ausblick auf die Umgebung kann damit als räumliche wie literarisch-künstlerische Orientierungs- und Konsolidierungsbewegung beschrieben werden. Indem das Ich zugleich auf den überblickten Raumausschnitt bezogen und ihm enthoben ist, werden die räumlichen Strukturen in ihrer Abhängigkeit von der Konstruktionsleistung des Ichs erkennbar. Die so entstehende Landschaft ist dadurch stets auf das Ich hin semantisierter Bedeutungsraum, in dem dieses sich als Teil einer symbolischen Ordnung formiert. Was sich bei Petrarca anhand religiös-moralischer und mnemonischer Diskurse vollzieht, wird bei Goethe allerdings ins Ästhetische verschoben, wobei die retro- wie prospektive Dimension erhalten bleibt. Zu einer autobiographischen Topographie verschränken sich beide Aspekte über das Ich, das sich anhand der Narration selbst in die von ihm bezeichnete Überblicksposition einsetzt.

Eine zunächst offenbar gegenteilig gelagerte Raumerfahrung macht das Ich beim Gang in den Wald, dessen Analyse sich das nächste Kapitel zuwendet. Dabei zeigt sich jedoch, dass beide Räume sich in bestimmter Hinsicht funktional und strukturell gleichen. Dies insofern, als sie eine Topographie bereitstellen, die das Ich zur künstlerischen Selbstpositionierung nutzt.

> Waldeinsamkeit,
> Die mich erfreut,
> So morgen wie heut
> In ewger Zeit,
> O wie mich freut
> Waldeinsamkeit.[489]

3.5.2 Wald

Das hier angeführte Zitat zur „Waldeinsamkeit" findet sich in Tiecks Kunstmärchen *Der blonde Eckbert* von 1797, dessen Neologismus im folgenden zum „Schlagwort der Romantik" avancierte.[490] Es bezeichnet explizit einen Raum, zugleich aber auch die emotionale wie gesellschaftliche

---

[489] Ludwig Tieck, *Waldeinsamkeit*, in: Ders., Schriften, Bd. 12, *Schriften 1836-1852*, hg. v. Uwe Schweikert, Frankfurt a.M. 1986, 857-935.

[490] *Deutsches Wörterbuch von Jacob Grimm und Wilhelm Grimm*, 16 Bde. in 32 Teilbänden, Leipzig 1854-1961, Bd. 27, Spalte 1108, online: http://www.woerterbuchnetz.de/DWB?lemma=waldeinsamkeit (letzter Zugriff: 16.7.2014).

Disposition, die sich damit verbindet. Der Begriff formuliert somit eine Verschaltung von Innen- und Außenraum, die auch auf den folgenden Seiten zur Sprache kommen wird.[491]

Als Goethe 1811 mit der Publikation von *Dichtung und Wahrheit* beginnt, hat die semantische Stilisierung des Waldes als „Sehnsuchtslandschaft und Kollektivsymbol"[492] im deutschen Sprachraum demnach längst eingesetzt. Insbesondere in der romantischen – literarischen wie landschaftsmalerischen[493] – Perspektivierung fungiert der Wald gleichermaßen als zeitloses Idyll und gesellschaftsferner Rückzugsort des künstlerischen Individuums, als Raum erhabener und religiöser Naturerfahrung,[494] als unberechenbarer Ort der Transformation[495] und nicht zuletzt als Symbol einer

---

[491] Es ist jedoch nicht nur die Programmatik der Frühromantik, die sich mit der ‚Waldeinsamkeit' verbindet, auch die kritisch-retrospektive Auseinandersetzung mit romantischen Konzepten ab den 1830er Jahren verläuft u.a. über das erneute Aufgreifen des Begriffs. So entsteht 1834 Eichendorffs *Waldeinsamkeit!*, aber auch Heine nimmt in seinen *Romanzero* (1851) ein gleichnamiges Gedicht auf, das einem Abgesang auf die Romantik gleicht. Auch Tiecks letzte Novelle trägt den Titel *Waldeinsamkeit* (1841) und lässt sich als kritische Spiegelung der eigenen (frühromantischen) Texte lesen. Vgl.: Joseph von Eichendorff, „Waldeinsamkeit!", in: Ders., *Werke*, Bd.1, hg. v. Ansgar Hillach, München 1970, 275; Heinrich Heine, „Waldeinsamkeit", in: Ders., *Historisch-kritische Gesamtausgabe der Werke*, in Verbindung mit dem Heinrich Heine-Institut hg. v. Manfred Windfuhr, Bd. 3/1, Hamburg 1992, 79-83; Ludwig Tieck, *Der blonde Eckbert*, in: Ders., *Schriften*, Bd. 6, *Phantasus*, hg. v. Manfred Frank, Frankfurt a. M. 1985, 126-148; Ludwig Tieck, *Waldeinsamkeit*, in: Ders., *Schriften*, Bd. 12, *Schriften 1836-1852*, hg. v. Uwe Schweikert, Frankfurt a.M. 1986, 857-935; zur Auseinandersetzung Tiecks mit seinen frühen Texten anhand seiner späten Novelle vgl.: Wolfgang Lukas, „Abschied von der Romantik, Inszenierungen des Epochenwandels bei Tieck, Eichendorff und Büchner", in: *Recherches germaniques* 31 (2001), 49-83; zur Jugend als Reflexionsmedium vgl.: Heinz Brüggemann, „Entzauberte Frühe? Jugend als Medium literarischer Selbstreferenz in Ludwig Tiecks Novelle *Waldeinsamkeit*", in: Günter Oesterle, (Hg.), *Jugend – ein romantisches Konzept?*, Würzburg 1997, 103-133.
[492] Ann-Kathrin Thomm, „‚Mythos Wald' – der deutsche Wald als Sehnsuchtslandschaft und Kollektivsymbol", in: Landschaftsverband Westfalen-Lippe (Hg.), *Mythos Wald*, Münster 2009, 9-25.
[493] Vgl. hierzu: Eva Maringer, „Natur als Spiegelbild der Seele, Der Wald in der deutschen Malerei der Romantik (1790-1840)", in: Landschaftsverband Westfalen-Lippe (Hg.), *Mythos Wald*, Münster 2009, 27-33.
[494] So beispielsweise in den Gemälden Caspar David Friedrichs. Vgl.: Christina Krummt, „Der Wald bei Caspar David Friedrich, Kunst als religiöse Umdeutung der Natur?", in: Ute Jung-Kaiser (Hg.), *Der Wald als romantischer Topos*, Bern 2008.
[495] In dieser Funktion als Ort der Verwandlung, des Unbewussten und der Prüfung erscheint der Wald prominent in Grimms Märchen. Vgl. Brüder Grimm, hrsg. von Hans-Jörg Uther, *Grimms Kinder- und Hausmärchen*, Darmstadt 1996; Pia Mayer-Gampe, *Der Wald als Symbol in Märchen und Mythen*, München 1999; Albrecht Lehmann, „Wald, Die Volksliteratur und deren Weiterwirken im heutigen Be-

projizierten nationalen Einheit und Identität.[496] Die literarische Überhöhung von Natur und ‚natürlicher Landschaft'[497] beginnt allerdings schon wesentlich früher im Zeichen der Empfindsamkeit, die ab Mitte des 18. Jahrhunderts Natürlichkeit des Gefühls und Natürlichkeit der Landschaft analogisiert und sie der (höfischen) Kultur als Idealbild entgegenhält.[498] Die Konturierung des Raumes ‚Wald' in Goethes Text vollzieht sich daher immer auch vor dem Hintergrund dieser zeitgenössischen Bedeutungsfülle. Eingeführt wird der Wald im Kontext der Frankfurter Königskrönung von 1764, in deren Vorlauf Kaiser und altgedienter Fürst im Wald zusammenkommen:

> Wir hatten uns ganz in die Vergangenheit und Zukunft verloren, als einige hereintretende Freunde uns wieder in die Gegenwart zurückriefen. [...] Sie wußten auch einen schönen menschlichen Zug dieser hohen Personen zu erzählen, die wir so eben in dem größten Prunk vorbeiziehen gesehn. Es war nämlich verabredet worden, daß unterwegs, zwischen Heusenstamm und jenem großen Gezelte, Kaiser und König den Landgrafen von Darmstadt im Wald antreffen sollten. Dieser alte, dem Grabe sich nähernde Fürst wollte noch einmal den Herrn sehen, dem er in früherer Zeit sich gewidmet. [...] Diese hohen Personen standen in einem Tannicht, und Landgraf vor Alter schwach, hielt sich an eine Fichte, um das Gespräch noch länger fortsetzen zu können, das von beiden Teilen nicht ohne Rührung geschah. Der Platz ward nachher auf eine un-

---

wusstsein", in: Ute Jung-Kaiser (Hg.), *Der Wald als romantischer Topos*, Bern 2008, 37-52.

[496] Vgl.: Johannes Zechner, „Vom Naturideal zur Weltanschauung, Die Politisierung und Ideologisierung des deutschen Waldes zwischen Romantik und Nationalsozialismus", in: Landschaftsverband Westfalen-Lippe (Hg.), *Mythos Wald*, Münster 2009, 35-41.

[497] Der Wandel in der Landschaftsästhetik findet seinen Ausdruck u.a., wie in Kap. 3.2 (Gärten) erläutert, in der Ablösung des französischen Parks durch den englischen Landschaftspark, der eine ästhetisch geformte Natürlichkeit anstrebt. Vgl. hierzu: Erdmut Jost, „Blickwechsel, Die Entwicklung des beweglichen Auges im Landschaftsgarten", in: Dies., *Landschaftsblick und Landschaftsbild, Wahrnehmung und Ästhetik im Reisebericht 1780-1820, Sophie von La Roche – Friederike Brun – Johanna Schopenhauer*, Freiburg 2005, 89-111; Gerhard Hirschfeld, „Der Landschaftsgarten als Ausdruck des Spannungsfeldes zwischen Aufklärung und Romantik", in: Rainer Hering (Hg.), *Die Ordnung der Natur, Vorträge zu historischen Gärten und Parks in Schleswig-Holstein* [Veröffentlichungen des Landesarchivs Schleswig-Holstein Bd. 96], 95-119.

[498] Am einflussreichsten waren diesbezüglich die Schriften Jean-Jacques Rousseaus, der nicht nur in seinen theoretischen Schriften eine Rückkehr zur Natur forderte, sondern auch in seinem Briefroman *Julie oder die neue Heloise* (1761) mit den Alpen einen Handlungsort idealisierend ins Blickfeld rückt, der bis dahin als unwirtlich und menschenfeindlich galt. Vgl.: Petra Raymond, „Umwertungen, Die Entstehung eines neuen Naturgefühls", in: Dies., *Landschaft im Kopf*, 4-54.

schuldige Weise bezeichnet, und wir jungen Leute sind einige Mal hingewandert. (DW 214)

Der Wald taucht hier als Szenerie einer anekdotischen Binnenerzählung innerhalb des Krönungsprozedere auf. So wird er gleich zu Beginn nicht selbst erlebt, sondern als narrative Projektionsfläche markiert und dies bezeichnenderweise in doppelter Hinsicht: Vor dem Hintergrund des offiziellen Krönungsgeschehens geht es zunächst darum, „auch einen schönen menschlichen Zug dieser hohen Personen zu erzählen". Der Wald eröffnet demnach die Möglichkeit zu privater Zusammenkunft abseits gesellschaftlicher Konventionen. Er bildet einen geschützten Raum, in dem selbst der Kaiser „nicht ohne Rührung" bleibt, mithin die eigene Emotionalität zulassen kann. Damit erscheint der Wald hier als naturbelassener, empfindsamer Gegen-Ort zur Reichsstadt Frankfurt und dem politisch-kulturellen Spektakel der Krönungskrönung.

Diese vermeintliche Intimität wird jedoch zugleich wieder relativiert, indem die Begegnung der beiden Amtsträger sogleich als krönungsbegleitende Anekdote lanciert wird. Auch als Geschichte von persönlicher Loyalität und Freundschaft bleibt sie an die öffentliche Person des Kaisers gebunden und erhält dadurch kollektive Relevanz. Die Erzählung fügt so der sichtbaren Figur des Würdenträgers eine menschliche Facette hinzu, sie humanisiert gleichsam die überkommene Struktur der Ständegesellschaft. Der Wald gerät so zur Bühne einer inszenierten Harmonie, er ist von Beginn an erzählter und damit bewusst gestalteter Raum. Über die Begegnung der Monarchen wird die Nationalgeschichte aufgerufen, zugleich aber ins Anekdotische verschoben. Hierdurch wird sie szenisch greifbar, die Erzählung schafft ein Identifikationsangebot. Dass dies durchaus beabsichtigt ist zeigt der Umgang mit dem Platz des Treffens, der „nachher auf eine unschuldige Weise bezeichnet" wird. Die geographische Markierung macht die Stelle im Wald zu einem für jeden zugänglichen Erinnerungsort,[499] der im Sinne der Memoria den zu erinnernden Gehalt an das räumliche Abschreiten des Orts bindet. Folgerichtig erklärt das Ich, dass „wir jungen Leute [...] einige Mal hingewandert" seien. Die

---

[499] Zum Konzept der Erinnerungsorte vgl. Pierre Nora (Hg.), *Erinnerungsorte Frankreichs*, München 2005. Zum Unterschied von ‚Erinnerungsort' und ‚Gedächtnisort' sowie der Frage der deutschen Übersetzung der „Lieux de mémoire" vgl.: Contance Carcenac-Lecomte, „Auf den Spuren des kollektiven Gedächtnis, Gemeinsamkeiten und Unterschiede zwischen den ‚Lieux de mémoire' und den ‚Deutschen Erinnerungsorten'", in: Jan Motte, Rainer Ohliger (Hgg.), *Geschichte und Gedächtnis in der Einwanderungsgesellschaft. Migration zwischen historischer Rekonstruktion und Erinnerungspolitik*, Essen 2004, 121-131; zum Wald als spezifisch deutschem Erinnerungsort s. Albrecht Lehmann, „Der deutsche Wald", in: François/Schulze, *Deutsche Erinnerungsorte*, 187-200.

Bezeichnung des Ortes wandelt sich so von einer sprachlichen zu einer konkret räumlichen, der Platz erhält Zeichencharakter.

Diese Raumerschließung entlang einer aufbereiteten Geschichte verdeutlicht einen weiteren Aspekt der zeitgenössischen Waldbegeisterung: Zwar wird der Wald als unberührte Naturlandschaft imaginiert, die Wege in und durch den Wald werden aber allererst narrativ gebahnt, bevor sie realiter beschritten werden. Anders formuliert benötigt die Projektion eines urtümlichen und in sich geschlossenen Waldes gleichermaßen eine bestimmte räumliche Distanz wie einen gewissen narrativen Aufwand. So kann Lehmann von der „romantische[n] Natursehnsucht" sprechen als „Erfindung von Stadtbewohnern, von Dichtern und Malern, die zu den wirtschaftlich intensiv genutzten, schon damals sorgfältig hergerichteten Waldlandschaften räumlich und emotional auf Distanz gegangen waren."[500]

Diese Stadt-Wald-Differenz findet ihre Ausprägung auch in der ersten eigenen Walderfahrung des autobiographischen Ichs im sechsten Buch. Dort wird sie ebenfalls als Dynamik von Vergesellschaftung und individualisierender Abgrenzung beschrieben. Nachdem die Beziehung zu Gretchen und den in kriminelle Aktivitäten verstrickten Freunden bekannt geworden ist, erhält das Ich einen „besondern Aufseher" (DW 239) an die Seite gestellt. Mit ihm besucht es zunächst einige Ausflugsziele in der Umgebung, wo jedoch die anderen Menschen ebenso wie ein befürchtetes erneutes Zusammentreffen mit den Bekannten das Ich nicht zur Ruhe kommen lassen. Als Alternative wählt es den Wald:

> Ich zog daher meinen Freund in die Wälder, und, indem ich die einförmigen Fichten floh, sucht' ich jene schönen belaubten Haine, die sich zwar nicht weit und breit in der Gegend erstrecken, aber doch immer von solchem Umfange sind, daß ein armes verwundetes Herz sich darin verbergen kann. In der größten Tiefe des Waldes hatte ich mir einen ernsten Platz ausgesucht, wo die ältesten Eichen und Buchen einen herrlich großen, beschatteten Raum bildeten. Etwas abhängig war der Boden und machte das Verdienst der alten Stämme nur desto bemerkbarer. Rings an diesen freien Kreis schlossen sich die dichtesten Gebüsche, aus denen bemooste Felsen mächtig und würdig hervorblickten und einem wasserreichen Bach einen raschen Fall verschafften. (DW 244f.)

Mit Eintritt in den Wald ruft das Ich eine detaillierte Szenerie auf, die an spezifische zeitgenössische Waldbilder anknüpft. So möchte es sein von Liebeskummer und Verlust geplagtes Herz darin „verbergen". Auch hier wird der Wald also zum Raum des Rückzugs aus der Gesellschaft stilisiert, in dem das Individuum sich emotional zu öffnen vermag. Mit der expliziten Benennung des Herzens wechselt die Beschreibung von einer

---

[500] Lehmann, „Der deutsche Wald", 188.

materiell-geographischen zur bildlich-metaphorischen Sprache. Es wird eine metonymische Verschiebung entworfen, welche die emotionale Qualität des Herzens auf die Einsamkeit des Waldes und darin wiederum auf einen für die Selbstfindung geeigneten Ort überträgt. Die „einförmigen Fichten" werden vom Ich dabei gemieden, da sie der so etablierten Semantik in zweifacher Hinsicht widersprechen. Zum einen durch ihren gleichartigen Wuchs, welcher Gleichförmigkeit bis hin zu militärischer Ordnung impliziert.[501] Zum anderen durch die räumliche Dichte des Nadelwaldes, der keinen Platz zur Lagerung bietet. Es benötigt stattdessen einen Ort, der sich zur Bühne für das „verwundet[e] Herz" eignet und es findet ihn „in der größten Tiefe des Waldes", „wo die ältesten Eichen und Buchen einen herrlich großen, beschatteten Raum bildeten." In der zeichenhaften Perspektive, die das erzählende Ich zuvor eröffnet hat, erhält das Ich damit im Herzen des Waldes den nötigen Freiraum für die Entfaltung des eigenen Herzens. Komplettiert wird die wäldliche Idylle von „bemooste[n] Felsen" sowie einem „wasserreichen Bach", die in ihrer erkennbaren Stilisierung weniger als geographisch auffindbarer Ort angelegt sind denn als empfindsam-romantischer Topos der „Waldeinsamkeit".[502]

---

[501] Zwar wurde bei der politischen Vereinnahmung des Waldes überwiegend dessen ‚Natürlichkeit' betont und auf Eichen und Buchen als spezifisch ‚deutsche' Bäume verwiesen, doch wurde die Ordnung der Nadelbäume durchaus im politischen Sinne genutzt. So arbeitet beispielsweise der nationalsozialistische Propagandafilm *Ewiger Wald* (1936) mit Überblendungen von Baum- und Soldatenreihen. Elias Canetti hat 1960 vom Wald als „Symbol des Heeres" gesprochen, der zum deutschen Nationalsymbol wurde. Vgl.: Elias Canetti, *Masse und Macht*, Hamburg 1960, S. 195f.; zur politischen Funktionalisierung des Waldes während der NS-Zeit vgl.: Johannes Zechner, „Vom Naturideal zur Weltanschauung, Die Politisierung und Ideologisierung des deutschen Waldes zwischen Romantik und Nationalsozialismus", in: Landschaftsverband Westfalen-Lippe (Hg.), *Mythos Wald*, Münster 2009, 35-41; zur Forstästhetik vgl.: Albrecht Lehmann, „Der deutsche Wald", in: François/Schulze, *Deutsche Erinnerungsorte*, 187-200, insbes. 196ff.

[502] Vgl. hierzu: Ute Jung-Kaiser, „Der Wald als romantischer Topos, Eine Einführung", in: Dies. (Hg.), *Der Wald als romantischer Topos*, Bern 2008, 13-35, aber auch die Gemälde Adrian Ludwig Richters wie z.B. *Genoveva in der Waldeinsamkeit* oder seine Illustration zu Eichendorffs Gedicht *Waldeinsamkeit*. Wie sehr allerdings dieser Topos schon in der Empfindsamkeit vorgeprägt wird, zeigt ein Gedicht Friedrich Wilhelm Zachariäs, das dieser bereits 1749 in der Wochenschrift *Neue Beyträge zum Vergnügen des Verstandes und des Witzes* publizierte: „Beglücktes Tal, um das sich rund umher/Ein heil'ger Hain ehrwürd'ger Eichen zieht/ Der dich dem Blick des Wanderers verbirgt/Bis schnell und auf eimnal du vor ihm lachst./O Sitz der Einsamkeit! du Aufenthalt/Der ruhigen Betrachtung, an der Hand/Des stillen Ernstes, welcher oft hieher/Die Weisheit, seine Schwester, mit sich bringt;/O Du, mein Tempe, du, mein Tusculum/Und ein Tarent, ein Twidnam mir! wo ich/In mächtiger Begeisterung oft die Laut/Ergriff und in die frohen Saiten sang/Sei mir gegrüßt, du anmutsvolles Tal!" *Neue Beyträge zum Vergnügen des*

Der Wald wird somit in seiner ästhetischen Qualität als harmonische räumliche Struktur präsentiert. Damit tritt der Darstellungsmodus der Szene in den Vordergrund, ihr Kompositionscharakter, durch den der wahrgenommene Ausschnitt gleichsam als „natürliche[s] Kunstwerk"[503] inszeniert wird. Das erzählende Ich nimmt so eine semantische Rahmung vor. Neben der romantischen Ikonographie, welche den Wald zur Chiffre des Künstlerindividuums und seiner Seelenlandschaft stilisiert, ruft die Passage jedoch noch eine zweite Rezeptionslinie auf. Das Ich wählt „jene schönen belaubten Haine" von Buchen und Eichen, der Platz ist „erns[t] und „würdig". Damit liefert es Schlüsselworte für eine Lesart, die den Wald als kulturellen Ursprung einer deutschen Nation deutet.[504] Ausgehend von Tacitus, der in seiner *Germania* (98 n.Chr.) den Wald als den Lebensraum der Germanen bezeichnet[505] und vor dem Hintergrund der Varusschlacht im Teutoburger Wald,[506] wird dieser zunehmend zum Kol-

---

Verstandes und Witzes, hg. v. Karl Christian Gärtner, Reproduktion Hildesheim 1978 (1744-59), [Bibliothek der deutschen Sprache; Serie 2, Periodica].

[503] Lehmann, „Der deutsche Wald",196.

[504] Eine solche Stilisierung beginnt, wie erwähnt, in der zweiten Hälfte des 18. Jahrhunderts und verstärkt sich im Zuge der anti-napoleonischen Befreiungskriege. Dabei dient der Wald in Ermangelung eines einheitlichen Staatsgebietes als Projektionsfläche für nationale Identität, überzeitliche Werte und eine ‚natürlich gewachsene' Gemeinschaft. So steht der vermeintlich flächendeckende Ur-Wald für ein einheitliches Staatsterritorium, während ‚die Germanen' als homogene Volksgruppe verstanden werden. Zur nationalen Bedeutungsdimension des Waldes vgl.: Ann-Kathrin Thomm, „‚Mythos Wald' – der deutsche Wald als Sehnsuchtslandschaft und Kollektivsymbol", in: Landschaftsverband Westfalen-Lippe (Hg.), *Mythos Wald*, Münster 2009, 9-25.

[505] Tacitus spricht von den „weiten und furchterregenden Wäldern Germaniens" (silva horrida germaniae). Publius Cornelius Tacitus, *Germania*, hg. v. Eugen Fehrle, Heidelberg 1959, 20.

[506] Wie sehr die Varus- bzw. Hermannsschlacht im 19. Jahrhundert als Markstein deutscher Identität gesehen wurde, macht die betreffende Passage in Heines *Wintermärchen* (1844) deutlich, welche diese Sichtweise ironisch aufs Korn nimmt: „Das ist der Teutoburger Wald/Den Tacitus beschrieben/Das ist der klassische Morast/Wo Varus stecken geblieben.// Hier schlug ihn der Cheruskerfürst/Der Hermann, der edle Recke/Die deutsche Nationalität/Die siegte in diesem Drecke.// Wenn Hermann nicht die Schlacht gewann/Mit seinen blonden Horden/So gäb es deutsche Freiheit nicht mehr/Wir wären römisch geworden." Heinrich Heine, *Deutschland. Ein Wintermärchen*, in: Ders., *Historisch-Kritische Gesamtausgabe der Werke*, in Verbindung mit dem Heinrich-Heine-Insitut hg. v. Manfred Windfuhr, Hamburg 1985, 89-160. Vgl. auch Martina Wagner-Egelhaaf (Hg.), *Hermanns Schlachten, Zur Literaturgeschichte eines nationalen Mythos*, Bielefeld 2008, darin: Gesa von Essen, „‚Aber rathen Sie nur nicht den Arminius. Dieser ist mir zu sauvage': Hermannsschlachten des 18. Jahrhunderts und die Debatte um ein deutsches Nationalepos", 17-37.

lektivsymbol⁵⁰⁷ einer imaginierten deutsch-germanischen Identität erhoben.⁵⁰⁸ Diese ist damit von Beginn an literarisch konstituiert. Doch nicht nur das, denn der ‚Hain', in dem das Ich sich niederlässt, besitzt auch eine intertextuelle Dimension. Er dient nicht nur Klopstock als Titel seiner Ode *Der Hügel, und der Hain* (1767), in welcher der Hain als Ort antiker wie germanischer Götterverehrung zugleich eine nationale Gründungsfigur beschwört.⁵⁰⁹ Dieses Gedicht fungiert im Folgenden auch als namensgebender Bezugspunkt für den Göttinger Hainbund und lässt so die zeitgenössische literarische Inflation deutlich werden, welcher der Begriff unterliegt. So kann das Grimm'sche Wörterbuch feststellen, dass der Begriff bereits „länger als seit zweihundert jahren ein lieblingsausdruck unserer dichter [ist], in den ersten zeiten noch in mäsziger, im 18. jahrh. in überhäufiger anwendung"⁵¹⁰. Und nicht zuletzt verweist der Hain auch auf Goethes eigenes Werk, beginnt mit ihm doch der erste Monolog der *Iphigenie*.⁵¹¹

---

⁵⁰⁷ Zum Kollektivsymbol vgl. Jürgen Link, *Die Struktur des Symbols in der Sprache des Journalismus, Zum Verhältnis literarischer und pragmatischer Symbole*, München 1978 sowie Frank Becker, Ute Gerhard, Jürgen Link, „Moderne Kollektivsymbolik. Ein diskurstheoretisch orientierter Forschungsbericht mit Auswahlbibliographie (II)", in: *Internationales Archiv für Sozialgeschichte der deutschen Literatur (IASL)* 22/1 (1997), 70-154.

⁵⁰⁸ Diese Stilisierung setzt sich bis ins 20. Jahrhundert hinein in unterschiedlichen Kontexten und Formen fort. So erfährt der Wald eine politische Funktionalisierung in der NS-Zeit, kann aber ebenso im Anschluss daran als Symbol für die bundesrepublikanischen Geldmünzen Verwendung finden (hierbei zugleich die Wiederaufforstung in der Nachkriegszeit bezeichnend). Aus offensichtlichen Gründen erfährt der Wald eine vordergründige Entpolitisierung in den Heimatfilmen der 50er Jahre, kehrt aber in den 80er Jahren durch das ‚Waldsterben' als politisches Phänomen zurück. Zum Wald in der NS-Zeit vgl.: Erhard Schütz, „‚Ewiger Wald' oder die Unruhe im ‚Dritten Reich'", in: Julia Bertschik, Elisabeth Emter, Johannes Graf (Hgg.), *Produktivität des Gegensätzlichen, Studien zur Literatur des 19. und 20. Jahrhunderts, Festschrift für Horst Denker zum 65. Geburtstag*, Tübingen 2000, 193-207; zum Heimatfilm vgl.: Wolfgang Kaschuba, *Der deutsche Heimatfilm, Bildwelten als Weltbilder*, Tübingen 1989.

⁵⁰⁹ Darin lässt Klopstock einen Poeten der griechischen Antike, einen germanischen Barden und einen Dichter des 18. Jahrhunderts aufeinandertreffen. Der Grieche versucht den zeitgenössischen Dichter für seine Kunst zu begeistern, doch dieser wendet sich dem germanischen Barden in seinem Eichenhain zu. Vgl.: Friedrich Gottlieb Klopstock, „Der Hügel, und der Hain" (1767), in: Ders., *Werke und Briefe, Historisch-Kritische Ausgabe*, hg. v. Horst Gronemeyer und Klaus Hurlebusch, Abt. Werke: I/1, Berlin/New York 2010, 300-304.

⁵¹⁰ *Deutsches Wörterbuch von Jacob und Wilhelm Grimm*, 16 Bde in 32 Teilbänden, Leipzig 1854-1961, Quellenverzeichnis Leipzig 1971, Bd. 10, Sp. 173, online-Zugriff: http://www.woerterbuchnetz.de/DWB?lemma=hain (letzter Zugriff: 16.07.2014).

⁵¹¹ „Heraus in eure Schatten, rege Wipfel / Des alten, heil'gen, dichtbelaubten Haines, / Wie in der Göttin stilles Heiligthum / Tret' ich noch jetzt mit schauderndem Ge-

Der mit der ersten Erwähnung des Waldes aufgerufene, zeichenhaft-symbolischer Charakter des Wald-Raums als Textraum wird damit autobiographisch konkretisiert. Über die Inszenierung der eigenen Wald-Erfahrung kodiert diese die zeitlichen Abläufe der eigenen Autor-Biographie und schließt sie an andere Texte an. Diese intertextuelle Dimension wird aber erst durch die sprachliche Gestaltung der Szene, mithin durch das erzählende Ich möglich. So wird eine Bedeutungslinie entworfen, die das Ich als Statthalter einer räumlich begründeten, literarischen wie nationalen Identität einsetzt. Es geschieht daher nicht ohne Ironie, wenn Goethe dem begleitenden Freund lobende Worte für das jugendliche Ich in Bezug auf dessen Platzwahl in den Mund legt:

> Kaum hatte ich meinen Freund, der sich lieber in freier Landschaft am Strom unter Menschen befand, hierher genötiget, als er mich scherzend versicherte, ich erweise mich wie ein wahrer Deutscher. Umständlich erzählte er mir aus dem Tacitus, wie sich unsere Urväter an den Gefühlen begnügt, welche uns die Natur in solchen Einsamkeiten mit ungekünstelter Bauart so herrlich vorbereitet. Er hatte mir nicht lange davon erzählt, als ich ausrief: O! warum liegt dieser köstliche Platz nicht in tiefer Wildnis, warum dürfen wir nicht einen Zaun umher führen, ihn und uns zu heiligen und von der Welt abzusondern! Gewiß es ist keine schönere Gottesverehrung als die, zu der man kein Bild bedarf, die bloß aus dem Wechselgespräch mit der Natur in unserem Busen entspringt! (DW 245)

Der ältere Freund begründet das ‚Deutsch-Sein' mit einer spezifischen Beziehung des Individuums zum Wald. Indem er dessen „ungekünstelt[e] Bauart" hervorhebt, betont er nicht nur die ‚Natürlichkeit' von Wald und korrespondierendem Gefühl. Er impliziert zugleich eine Kulturkritik als Verfallsgeschichte ebendieser vermeintlichen Ursprünglichkeit. In jugendlicher Emphase stimmt das Ich zu und steigert den Gedanken zur Vision einer völligen Abschottung von Welt und Gesellschaft. War die Schaffung eines religiös markierten Wald-Raums bereits bei Tacitus angelegt, so wird sie hier nun mit einer Überhöhung der Natur als Spiegel der inneren Seelenlandschaft verbunden und individuell gewendet. Damit nimmt das Ich eine Trennung in sakralen (Wald-)Innenraum und profanen (Welt-)Außenraum vor. Innerhalb dieser solipsistisch anmutenden Weltabgewandtheit vollzieht sich das Wechselgespräch des Individuums mit der Natur als eine private Gottesverehrung, die nicht über ein Bild, also symbolhaft vermittelt wird, sondern direkt „unserem Busen entspringt".

---

fühl, / Als wenn ich sie zum erstenmal beträte, / Und es gewöhnt sich nicht mein Geist hierher." Johann Wolfgang Goethe, *Iphigenie auf Tauris*, in: Ders., *Sämtliche Werke. Briefe, Tagebücher und Gespräche*, Bd. 5, Dramen 1776-1790, hg. v. Dieter Borchmeyer, Frankfurt a.M. 1988, 553-619.

Autobiographisch gewendet skizziert das Ich hier einen individuellen Innenraum, der als emotionaler Herzensraum markiert und einem gesellschaftlichen Außenraum gegenübergestellt wird. Dort findet die Zwiesprache mit dem eigenen Herzen statt, dem die äußere Natur lediglich ein Spiegel ist. Die Herzenserkundung, angelegt als empfindsame Selbsterforschung,[512] ist so gleichermaßen religiöser wie autobiographischer Akt.[513] Bemerkenswerterweise werden die Aussagen des erinnerten Ichs direkt im Anschluss durch Reflexionen des erzählenden Ichs wie folgt kommentiert:

> – Was ich damals fühlte ist mir noch gegenwärtig; was ich sagte, wüßte ich nicht wieder zu finden. Soviel ist aber gewiß, daß die unbestimmten, sich weit ausdehnenden Gefühle der Jugend und ungebildeter Völker allein zum Erhabenen geeignet sind, das, wenn es durch äußere Dinge in uns erregt werden soll, formlos, oder zu unfaßlichen Formen gebildet, uns mit einer Größe umgeben muss, der wir nicht gewachsen sind. (DW 245)

Hier wird zunächst, durch Gedankenstrich und zeitliche Einordnung, die Distanz zwischen der Erfahrung des erinnerten Ichs und der Sprecherposition des erzählenden Ichs explizit. Kontinuität stiftet dabei das Gefühl, welches dem Ich „noch gegenwärtig" ist. Zugleich ordnet es die emotionale Qualität aus der Distanz heraus ein. Sie gehört zum „Erhabenen" und dies wird wiederum biographisch in der „Jugend" verortet. Die Dynamik des Erhabenen wird hierzu in räumliche Begriffe gebracht: Der Tendenz zur Ausdehnung wohnt die Gefahr der Formlosigkeit und der nicht zu bewältigenden Größe inne.[514] Es bedarf also einer Formgebung

---

[512] Goethe spricht davon im dreizehnten Buch, als das Ich sich einige Tage im Haus von Frau von La Roche aufhält, wo vertraute Briefwechsel im Freundeskreis vorgelesen werden: „Man spähte sein eigen Herz aus und das Herz der andern [...]." (DW 607) Hier wird die Erforschung und Offenlegung des eigenen Herzens explizit an die empfindsame Briefkultur geknüpft. Vgl. auch meine Ausführungen zur Begegnung zwischen dem Ich und Friederike in Sesenheim, die ebenfalls als Herzensbegegnung angelegt ist (Kap. 3.4.3 [Ausritte]).

[513] Hier ist deutlich die von Manfred Schneider konstatierte Figur der „Herzensschrift" erkennbar. Ursprünglich als göttliche, in die Herzen der Menschen geschriebene Schrift konzipiert, wandelt sich diese autobiographisch-absolute Wahrheit allerdings im 18. Jahrhundert zur Wahrheit der eigenen Individualität: „Was sich den Subjekten ausschreibt ist eine Schrift der Natur, der Subjektnatur". Im Spiegel der Natur liest das Ich hier seine ‚innere Wahrheit', die als autobiographisch-ästhetische zugleich die Dimension des Gebets besitzt. Schneider, *Herzensschrift*, 33.

[514] Parodistisch verdeutlicht Goethe diesen Gedanken bereits am Ende des zweiten Buchs. Dort erhalten Goethe und seine Schwester Klopstocks *Messias* (also ein Hauptwerk deutscher empfindsamer Literatur) heimlich von einem Hausfreund (der Vater selbst steht dem Werk ablehnend gegenüber) und zitieren daraus emphatisch, während der Vater sich rasieren lässt: „[...] meine Schwester packte mich

bzw. Rahmung, die als Effekt zunehmender Bildung beschrieben werden. In diesem Prozess wird das Gefühl allerdings – so die Ausführungen des erzählenden Ichs – durch die wachsende Differenzierungsfähigkeit „vernichtet", es sei denn, es ist „glücklich genug [...], sich zu dem Schönen zu flüchten und sich innig mit ihm zu vereinigen, wodurch denn beide gleich unsterblich und unverwüstlich sind." (DW 246) Um sich zu erhalten braucht das Erhabene demnach die Perspektive eines ästhetisch gebildeten Individuums, das es zum Schönen, zum Kunstwerk umzuformen vermag. Der Kommentar des erzählenden Ichs schafft somit eine narrative Kontinuität, indem es die einzelne Szene in eine biographische Bildungsperspektive stellt. Diese wird im Folgenden über den Umgang mit dem zuvor entworfenen Ort entfaltet:

> Ich hatte meinen Freund und Aufseher unvermerkt gewöhnt, ja genötiget, mich allein zu lassen; denn selbst in meinem heiligen Walde taten mir jene unbestimmten, riesenhaften Gefühle nicht genug. Das Auge war vor allen anderen das Organ, womit ich die Welt faßte. Ich hatte von Kindheit auf zwischen Malern gelebt, und mich gewöhnt, die Gegenstände wie sie, in Bezug auf die Kunst anzusehen. Jetzt, da ich mir selbst und der Einsamkeit überlassen war, trat diese Gabe, halb natürlich, halb erworben hervor; wo ich hinsah erblickte ich ein Bild, und was mir auffiel, was mich erfreute, wollte ich festhalten, und ich fing an auf die ungeschickteste Weise nach der Natur zu zeichnen. (DW 246)

Um zu einem produktiven Umgang mit „jene[n] unbestimmten, riesenhaften Gefühle[n]" zu gelangen, die sich gleichermaßen aus der Erhabenheit des Ortes wie dem Verlust Gretchens speisen, beginnt das Ich seine Wahrnehmung von der Innenschau weg und auf die visuelle Erfassung der äußeren Welt hin zu lenken. Dabei kommt die biographische Prägung zum Tragen, die das Ich seit seiner Kindheit an den künstlerischen, genauer malerischen Blick gewöhnt hat.[515] Es vermag nun „die Gegenstände

---

gewaltig an, und rezitierte, zwar leise genug, aber doch mit steigender Leidenschaft: Hilf mir! Ich flehe dich an, ich bete, wenn du es forderst, Ungeheuer! Dich an! Verworfener, schwarzer Verbrecher, Hilf mir! [...] Bisher war alles leidlich gegangen; aber laut, mit fürchterlicher Stimme, rief sie die folgenden Worte: O wie bin ich zermalmt!.. Der gute Chirurgus erschrak und goß dem Vater das Seifenbecken in die Brust. Da gab es einen großen Aufstand, und eine strenge Untersuchung ward gehalten [...]. Um allen Verdacht des Mutwillens von uns abzulenken, bekannten wir uns zu unsern teuflischen Rollen, und das Unglück, das die Hexameter angerichtet hatten, war zu offenbar, als daß man sie nicht aufs Neue hätte verrufen und verbannen sollen. So pflegen Kinder und Volk das Große, das Erhabene in ein Spiel, ja in eine Posse zu verwandeln; und wie sollten sie auch sonst im Stande sein es auszuhalten und zu ertragen." (DW 91f.)

[515] Dabei lernt das Ich im Elternhaus – gefördert durch den französischen Grafen Thorane – insbesondere die regionalen Landschaftsmaler aufs Genaueste kennen.

wie sie, in Bezug auf die Kunst anzusehen." Auf diese Weise wird die bereits zuvor sprachlich etablierte ästhetische Dimension des Waldes nun von erinnerten Ich anhand seiner Raumhandlungen nachvollzogen.

Die Umgebung wird unter ästhetischen Aspekten wahrgenommen, die sie für das Ich handhabbar machen, insofern sie die „unbestimmten […] Gefühle" in eine äußere Form überführen. Mit der Wahrnehmungsformung tritt somit zugleich eine Affektsteuerung ein, die eine Kanalisierung des Erlebten in Richtung auf die künstlerische Produktion ermöglicht.[516]

Dieser beginnende Schaffensprozess konkretisiert sich zunächst im „Bild". Hatte das erinnerte Ich zuvor noch von einer innerlichen „Gottesverehrung" gesprochen, „zu der man kein Bild bedarf", so gilt für die äußere, an künstlerischer Schönheit orientierte Naturerfahrung das Gegenteil: „wo ich hinsah, erblickte ich ein Bild". Dabei ist das Erblicken durchaus aktivisch zu verstehen, setzt es doch die bereits erwähnte Blickschule im elterlichen Haus voraus. Indem das Ich in der Folge anfängt „auf die ungeschickteste Weise nach der Natur zu zeichnen", setzen diese Bilder einen Prozess der Bildung in Gang, bei dem es vom rezipierenden, fühlenden zum poietisch tätigen wird. Der Wald figuriert dabei als eine Art Katalysator. Als Rückzugsraum wirft er das Individuum zwar auf sich selbst zurück, bietet aber zugleich die Möglichkeit, das Erlebte und Wahrgenommene künstlerisch zu transformieren. In diesem Prozess ist der Wald, wie gezeigt, immer schon beides: ungeordnetes Material und vollendetes Kunstwerk, Wahrnehmungsfolie und Projektionsfläche.

Wie sehr der Wald zeitgenössisch als künstlerische Chiffre, als „Dichter-Wald"[517] verstanden wird, zeigt ein Seitenblick auf zwei andere Texte. So publiziert Herder 1769 seine kunsttheoretischen Überlegungen unter dem Titel *Kritische Wälder*.[518] Damit nimmt er Bezug auf die antike Rhetorik, insbesondere Quintilian, denn „dort bedeutet *silva* soviel wie ein ‚reiches, noch unbenutztes Material', ‚Mannigfaltigkeit des Stoffes' oder aber auch noch ‚ungeordnete, ungeformte Masse'."[519] Wald ist in dieser Perspektive das Vorhandene, zu Bildende, dem der Künstler erst Form

---

Vgl. hierzu DW 99f., aber auch die Kapitel 3.1.1 (Elternhaus) und 3.1.2 (Kinderzimmer).

[516] Diesen Prozess habe ich auch im Zusammenhang mit dem Phänomen des Schwindels beschrieben, der Goethe auf dem Straßburger Münster erfasst. Vgl. Kap. 3.5.1. (Aussichtspunkte).

[517] Hubertus Fischer, „Dichter-Wald, Zeitsprünge in Silvanien", in: Bernd Weyergraf (Hg.), *Waldungen, Die Deutschen und ihr Wald, Ausstellung der Akademie der Künste vom 20. September bis 15. November 1987*, 13-25.

[518] Johann Gottfried von Herder, „Kritische Wälder, erstes bis drittes Wäldchen, viertes Wäldchen", in: Ders., *Schriften zur Literatur*, hg. von Regine Otto, Berlin 1990.

[519] Hubertus Fischer, „Dichter-Wald, Zeitsprünge in Silvanien", 13 (Hervorh. i. Orig.).

und Struktur gibt. Gleichzeitig erscheint der Wald aber auch als bereits in sich ästhetisches Gebilde, als vollendetes Kunstwerk und damit als Vorbild für den Künstler. Goethe selbst verwendet diesen Bezugsmodus in dem bereits erwähnten Aufsatz *Von deutscher Baukunst* (1773). Darin preist er Erwin von Steinbach, den Baumeister des Straßburger Münsters mit den Worten:

> Wohl! wenn uns der Genius nicht zu Hülfe käme, der *Erwinen von Steinbach* eingab: vermannigfaltige die ungeheure Mauer, die du gen Himmel führen sollst, daß sie aufsteige gleich einem hocherhabnen, weitverbreiteten Baume Gottes, der mit tausend Ästen, Millionen Zweigen und Blättern wie der Sand am Meer, rings um, der Gegend verkündet, die Herrlichkeit des Herrn, seines Meisters.[520]

Hier wird der Baum zum Exempel für die gotische Kathedrale und beide damit gleichermaßen zum sichtbaren Zeichen ihres genialen bzw. göttlichen Schöpfers. Im Umkehrschluss erscheinen die Bäume wie die Säulen einer natürlichen Kirche, damit wieder auf die heiligen Haine der Germanen verweisend.[521] Das Gefühl der Erhabenheit wird auch in diesem Bild erst durch die strukturierte Schönheit des Baumes bzw. des Münsters fassbar. Mit der Parallelisierung dieser drei Wald-Texte tritt auch die räumliche Verbindungslinie innerhalb von *Dichtung und Wahrheit* deutlich hervor. Sie organisiert die zeitlich auseinanderliegenden Szenen auf eine biographische Bedeutung hin. In diesem Sinne zieht sie sich von der privaten Walderfahrung des kindlichen Ichs hin zur öffentlichen Künstlerpersönlichkeit, die sich in der Straßburger Zeit – u.a. durch die Auseinandersetzung mit dem und die Publikation über das Münster – herausbildet.

Damit vermittelt der Wald auf spezifische Weise das Verhältnis zwischen Individuum und Gemeinschaft. So bietet der Aufenthalt im Wald dem Individuum einerseits die Möglichkeit, aus der Gesellschaft herauszutreten und sich der eigenen Innerlichkeit zuzuwenden. Andererseits bedarf es auch in der ‚Waldeinsamkeit' letztlich einer Bezugnahme auf das Kollektiv bzw. wird das Wahrgenommene erst in Bezug darauf bedeutungsvoll. Hier lässt sich eine Strukturähnlichkeit zu den bereits analysierten Schiffsfahrten konstatieren. Auch dort zieht sich das Ich zurück und richtet seine Aufmerksamkeit nach innen, um sich anschließend wieder der äußeren Welt zuzuwenden. Während dort jedoch in der Intro-

---

[520] Johann Wolfgang Goethe, *Von deutscher Baukunst*, in: Ders., *Sämtliche Werke, Briefe, Tagebücher und Gespräche*, Bd. 18, Ästhetische Schriften 1771-1805, hg. v. Friedmar Apel, Frankfurt a.M. 1998, 110-118, 113.

[521] Nicht umsonst spricht man von Buchenwäldern auch als Säulenwäldern. Diese Ikonographie hat Fritz Lang in seinem Film *Die Nibelungen* (1922/24) auf eindrückliche Weise in Szene gesetzt.

spektion der Raum der eigenen Imagination produktiv gemacht wird, geht es im Wald zunächst um die eigene Herzenserkundung. Damit richtet sich der Fokus weniger auf die literarische Produktion als vielmehr auf deren biographische Bedingungen, d.h. die autobiographische Genese des Ichs. Diese wird freilich wiederum in eine gesellschaftlich-nationale Perspektive gestellt, die den Weg des Ichs über das im Wald erblickte Bild und das Straßburger Münster letztlich bis zur klassisch-antiken Kunst vorzeichnet.

Die mit der Einsamkeit im Wald aufgeworfene Frage nach dem Verhältnis von Einzelnem und Gesellschaft wird in der Folge über die Begegnung mit Herrn Stauf verhandelt, einem „einsiedlerischen Chemike[r]" (DW 459), den Goethe und sein Begleiter während ihrer Elsassreise besuchen. Er wohnt in einem unwirtlichen Waldgebiet, das durch Kohleabbau und unterirdisch weiterglimmende Altvorkommen gezeichnet ist. Dort führt er das zurückgezogene Leben eines Alchemisten, das der Landschaft durchaus angemessen ist, wie Goethe bei seiner Ankunft bemerkt: „Ein Kohlenphilosoph – philosophus per ignem, wie man sonst sagte – hätte sich wohl nicht schicklicher ansiedeln können." (DW 459) Damit stellt der Text einen Bezug zu dem Theosophen Helmont her, der sich selbst als „Philosophus per ignem" bezeichnete.[522] Dessen Texte hatte Goethe bereits nach seiner Rückkehr aus Leipzig im Zuge seiner alchemistischen Studien kennengelernt. In diesem Kontext schreibt er im achten Buch:

> Wir wendeten uns nun an die Werke des Theophrastus Paracelsus und Basilius Valentinus; nicht weniger an Helmont, Starkey und andere, deren mehr oder weniger auf Natur und Einbildung beruhende Lehren und Vorschriften wir einzusehen und zu befolgen suchten. (DW 373)

Mit diesem Verweis auf die Alchemie ist zunächst ein innerer wie äußerer Transformationsprozess angedeutet, also genau jene Wechselbeziehung

---

[522] Vor diesem Hintergrund verwendet Kant den Begriff „Philosophus per Ignem" zur Abgrenzung gegen die verbreitete Verwendung des Begriffs ‚Philosophie': „Der Namen der Philosophie ist, nachdem er seine erste Bedeutung: einer wissenschaftlichen Lebensweisheit, verlassen hatte, schon sehr früh als Titel der Ausschmückung des Verstandes nicht gemeiner Denker in Nachfrage gekommen, für welche sie jetzt eine Art von Enthüllung eines Geheimnisses vorstellte. - Den Asceten in der Makarischen Wüste hieß ihr Mönchsthum die Philosophie. Der Alchemist nannte sich philosophus per ignem. Die Logen alter und neuer Zeiten sind Adepten eines Geheimnisses durch Tradition, von welchem sie uns mißgünstigerweise nichts aussagen wollen (philosophus per initiationem). Endlich sind die neuesten Besitzer desselben diejenigen, welche es in sich haben, aber unglücklicherweise es nicht aussagen und durch Sprache allgemein mittheilen können (philosophus per inspirationem)." Immanuel Kant, „Von einem neuerdings erhobenen vornehmen Ton in der Philosophie", in: Ders., *Werke in zehn Bänden*, Bd. 5, hg. v. Wilhelm Weischedel, Darmstadt 1983, 376ff., hier 389.

von Individuum und Gemeinschaft, individuellem und gesellschaftlichem Mehrwert, der auch für den Raum ‚Wald' charakteristisch ist. Zugleich ist so aber auch auf eine biographische Phase des physischen wie emotionalen Zusammenbruchs bezeichnet, eine Störung der individuellen Balance. So sieht der Vater den Sohn als „Kränkling [...], der noch mehr an der Seele als am Körper zu leiden schien." (DW 369) Über die Begegnung mit dem Chemiker im Wald wird dieses Verhältnis nun erneut verhandelt. Auch in der Figur des Herrn Stauf erweist sich die Balance als gestört, zeigt sich die Schattenseite der Waldeinsamkeit. Er hat sich von der Gesellschaft abgekoppelt und betreibt seine Studien mehr oder weniger zum Selbstzweck:

> Er gehörte unter die Chemiker jener Zeit, die, bei einem innigen Gefühl dessen was mit Naturprodukten alles zu leisten wäre, sich in einer abstrusen Betrachtung von Kleinigkeiten und Nebensachen gefielen, und bei unzulänglichen Kenntnissen, nicht fertig genug dasjenige zu leisten verstanden, woraus eigentlich ökonomischer und merkantiler Vorteil zu ziehn ist. So lag der Nutzen, den er sich von jenem Schaum versprach, sehr im Weiten; so zeigte er nichts als einen Kuchen Salmiak, den ihm der brennende Berg geliefert hatte. (DW 459)

Ohne Ausrichtung auf ein konkretes Ziel und ohne Bezug auf die gesellschaftlichen Zusammenhänge verkommt die Tätigkeit des Forschers zu einer „abstrusen Betrachtung von Kleinigkeiten und Nebensachen", verliert der Rückzug in den Wald seine produktive Kraft. Auf diese Weise läuft das Individuum Gefahr, einer langsamen Desintegration zu verfallen anstatt eine innere Klärung und Neuorientierung zu erlangen. Hier zeigt sich erneut die grundsätzliche Ambivalenz, die der Aufenthalt in der Natur mit sich bringt und die ich bereits im Kontext der Wanderungen diskutiert habe. Dort bleibt die Raumerfahrung jedoch stets über den Reiseweg an gesellschaftliche Strukturen angebunden, während der Chemiker diese Rückbindung aufgegeben hat. Die daraus resultierenden Symptome zeigen sich an Landschaft wie Individuum gleichermaßen. So ist der Wald um die Behausung von Stauf in seinem Fortbestand und seiner ästhetischen Qualität bedroht:

> Ein anmutiger Buchenwald umgab den Platz, der auf die Höhe folgte und sich ihr zu beiden Seiten verbreitete. Mehrere Bäume standen schon verdorrt, andere welkten in der Nähe von andern, die, noch ganz frisch, jene Glut nicht ahndeten, welche sich auch ihren Wurzeln bedrohend näherte. (DW 458f.).

Zwar ist der Baumbestand noch „anmutig", doch seine Schönheit schlägt zunehmend in Unfruchtbarkeit um. Diese fehlende Vitalität macht sich ebenso am Äußeren von Stauf bemerkbar:

> Bereitwillig und froh, seine Klagen einem menschlichen Ohre mitzuteilen, schleppte sich das hagere, abgelebte Männchen, in Einem Schuh und Einem Pantoffel, mit herabhängenden, vergebens wiederholt von ihm heraufgezogenen Strümpfen, den Berg hinauf, wo die Harzhütte steht, die er selbst errichtet und nun mit großem Leidwesen verfallen sieht. (DW 460)

Deutlich steht hier das Negativbild des an sich selbst und seinen Ideen gescheiterten, nicht mehr gesellschaftsfähigen Forschers bzw. Künstlers vor Augen. Mit dem Verlust der Anbindung an die Welt geraten auch Selbstwahrnehmung und Selbstfürsorge aus den Fugen. Hier scheint eine biographische Perspektive auf, die potentiell auch das Ich betrifft. Dass es jedoch entschlossen ist, den Wald nicht zur Selbstisolation, sondern als produktiven Kunstraum für sich zu nutzen, zeigt der weitere Verlauf der Elsassreise. So „überlassen" das Ich und sein Begleiter Herrn Stauf „seiner Einsamkeit", um „der *Friedrichsthaler* Glashütte zu[zueilen]" (DW 460, Hervorh. i. Orig.). Sie wenden sich damit direkt von den fruchtlosen Experimenten des Einsiedlers ab und der gesellschaftlich produktiven Nutzung der Bodenschätze zu. Die texträumliche Gegenüberstellung zeigt erneut, dass das vorhandene – geologische wie geistige – Material der gezielten Verarbeitung und handwerklichen Nutzbarmachung bedarf, um zum Kunstwerk zu werden.[523] Als Goethe am Abend des gleichen Tages „ungeachtet aller Mannigfaltigkeit und Unruhe des Tages […] noch keine Rast finden" kann, sucht er sich einen Platz, an dem er alleine die Landschaft betrachtet. Inmitten des Waldes verspürt er nun ebenfalls „Einsamkeit":

> Hier, mitten im Gebirg, über einer waldbewachsenen finsteren Erde, die gegen den heitern Horizont einer Sommernacht nur noch finsterer erschien, das brennende Sterngewölbe über mir, saß ich an der verlassenen Stätte lange mit mir selbst und glaubte niemals eine solche Einsamkeit empfunden zu haben. (DW 461)

Angesichts der nächtlichen Landschaft, die sich als erhaben und menschenleer präsentiert, wird das Ich auf sich selbst und seine relative Bedeutungslosigkeit zurückgeworfen. Hatte es sich zuvor im Wald als geborgen und geschützt erlebt, so wird die „waldbewachsen[e] finster[e] Erde" nun zu einem horizontfüllenden, abweisenden Gegenüber. Der Blick auf den Wald aus der Distanz positioniert das Ich außerhalb des vorherigen Schutzraums und bedingt eine Entfremdung gleichermaßen von der Natur wie der Gesellschaft. Bei dieser gefühlten Isolierung bleibt

---

[523] Literarisch umgesetzt wird diese Erkenntnis u.a. in den Texten der Romantik, die sich ausführlich des Motivs der Seelenerkundung unter Tage sowie der daraus geborgenen Schätze widmen. Vgl. hierzu beispielsweise Tiecks *Runenberg* sowie *Der getreue Eckart*, aber auch Hoffmanns *Die Bergwerke zu Falun*.

es jedoch nicht, denn kurz darauf hört es „aus der Ferne de[n] Ton von ein Paar Waldhörnern", der „wie ein Balsamduft die ruhige Atmosphäre belebte" (DW 461). Dieses Signal menschlicher Präsenz aus dem als unbelebt imaginierten Wald bringt das Ich aus der Erstarrung zurück zum Gefühl der eigenen Lebendigkeit. In Kontakt gebracht mit diesen Aspekten, wird das Ich sogleich aktiv:

> Da erwachte in mir das Bild eines holden Wesens, das vor den bunten Gestalten dieser Reisetage in den Hintergrund gewichen war, es enthüllte sich immer mehr und mehr, und trieb mich von meinem Platze nach der Herberge, wo ich Anstalten traf, mit dem frühsten abzureisen. (DW 461)

Wie schon bei seinem ersten Aufenthalt im Wald ist es auch hier ein „Bild", welches das Ich aus seiner krisenhaften Passivität reißt. Diesmal allerdings macht es sich nicht an der unmittelbaren Umgebung fest, sondern entwirft sich in das frei vor dem Betrachter liegende Blickfeld hinein. Der schwarze Raum des nächtlichen Waldes wird gleichsam zur Leinwand, auf die Friederikes Bild projiziert wird. Ausgehend von Sesenheim, das als unsichtbarer Punkt in der nächtlichen Landschaft liegt, entsteht so ein räumlicher Ankerpunkt, der den Aufbruch des Ichs motiviert. Auf diese Weise schafft sich das Ich, wie auch beim Blick auf die Landschaft vom Aussichtspunkt, eine autobiographische Topographie. Deren Struktur formt sich anhand von Erinnerung wie Imagination gleichermaßen und weist, indem sie das Ich raum-zeitlich positioniert, zugleich auf den weiteren biographischen Weg voraus.

In Sesenheim angekommen ist es dann erneut ein Wald, in dem sich die Beziehungsstruktur zwischen Goethe und Friederike semiotisch verdichtet ablesen lässt. Nachdem er als armer Theologiestudent verkleidet im Pfarrhaus angekommen ist, flieht er am folgenden Morgen aus Scham vor ebendieser „verwünschte[n] Hülle" (DW 476), kehrt aber kurz darauf als Wirtssohn in neuer Verkleidung zurück. Von der Pfarrersfrau erkannt, versteckt er sich in einem benachbarten Wald, um dort bis zum Mittagessen unentdeckt zu bleiben:

> Ich lenkte deshalb nach einem Wäldchen, das ganz nah eine Erderhöhung bekrönte, um mich darin bis zur bestimmten Zeit zu verbergen. Doch wie wunderlich ward mir zu Mute, als ich hineintrat: denn es zeigte sich mir ein reinlicher Platz mit Bänken, von deren jeder man eine hübsche Aussicht in die Gegend gewann. Hier war das Dorf und der Kirchturm, hier Drusenheim und dahinter die waldigen Rheininseln, gegenüber die Vogesischen Gebirge und zuletzt das Straßburger Münster. Diese verschiedenen himmelhellen Gemälde waren durch buschige Rahmen eingefaßt, so daß man nichts Erfreulicheres und Angenehmeres sehen konnte. Ich setzte mich auf eine der Bänke und bemerkte an dem stärksten Baum ein kleines längliches Brett mit der Inschrift: Friedrickens Ruhe. Es fiel

> mir nicht ein, daß ich gekommen sein könnte, diese Ruhe zu stören: denn eine aufkeimende Leidenschaft hat das Schöne, daß, wie sie sich ihres Ursprungs unbewußt ist, sie auch keinen Gedanken eines Endes haben, und wie sie sich froh und heiter fühlt, nicht ahnden kann, daß sie wohl auch Unheil stiften dürfte. (DW 480f.)

Wie schon zu Beginn ist auch hier der Wald ein Ort der Ruhe und des Schutzes, in dem man sich „verbergen" kann. War der Hain zuvor der Symbolraum des eigenen Herzens, so betritt das Ich hier nun einen „reinliche[n] Platz", der explizit als „Friedrickens Ruhe" gekennzeichnet ist. Damit hat es räumlich wie semiotisch die Grenze zu Friederikes emotionalem Innenraum überschritten. Dies ist dem erzählenden Ich auch bewusst, indem es darauf reflektiert, dass es eventuell „gekommen sein könnte, diese Ruhe zu stören". Das erlebende Ich hingegen genießt den Ort und die Aussicht. Dabei markiert der Blick, der sich ihm eröffnet, recht genau Friederikes Horizont. Er umfasst die Grenzen ihrer Welt, die sich vom Dorf bis zum Straßburger Münster erstreckt. Zugleich lässt sich an den „verschiedenen himmelhellen Gemälden" auch der Beziehungsverlauf zwischen dem Ich und Friederike räumlich ablesen. Die Aussichten beginnen mit Dorf und Kirchturm und enden mit dem Straßburger Münster: Zwei Kirchen, denen aber ungleich verschiedene Bedeutung zukommt. Am Anfang steht die Dorfkirche, Wirkstätte des Vaters und Zeichen für die ‚Kirche im Dorf', für festgefügte soziale Strukturen und eine Perspektive, die höchstens in der dortigen Heirat mit Friederike gipfeln könnte. Am Ende hingegen das Straßburger Münster, das als Ort der Kunst, der nationalen Bedeutung und der eigenen literarischen Perspektivfindung einen biographischen Werdegang als Künstler in Aussicht stellt und so über den sichtbaren Horizont hinausweist.

Die Waldlichtung erweist sich somit als autobiographische Bühne, auf der die Verlaufsdynamik der Beziehung und deren zugrundeliegende Motivationen verhandelt werden. Die gerahmten Ausblicke bilden dabei biographische Stationen, sie verräumlichen schlaglichtartig zeitliche Phasen. Die Beziehungen zwischen ihnen werden durch ihre sprachliche Staffelung ebenso wie durch die vom erinnerten Ich ausgehenden Blickachsen etabliert. Anhand der räumlichen Komposition der Szene werden sie als zeitliche Verbindungslinien deutlich, die verschiedene räumliche Semantiken in einen Bedeutungszusammenhang stellen. Indem die Aussichten nun als „Gemälde", mithin als Kunstwerke bezeichnet werden, ist die Richtung vorgegeben: Der Wald als Gefühls- und Erfahrungsraum erfährt eine Umwandlung in Kunst, wird unter ästhetischen Kriterien geformt. Es ist diese Arbeitsweise, die es erlaubt, „dasjenige was mich erfreute oder quälte, oder sonst beschäftigte, in ein Bild, ein Gedicht zu verwandeln und darüber mit mir selbst abzuschließen" (DW 309). Zugleich verweisen die Gemälde auch auf die bewusste literarische Komposition und Gliederung der eigenen Erfahrung in der autobiographischen Narration.

Aus Wald wird Kunst, aus Trennungsschmerz wird ästhetische Produktivität. Diese Alchemie wird im Anschluss an die Trennung von Friederike noch einmal pointiert, wenn das Ich bei seiner Abreise aus dem Elsass im Mannheimer Antikensaal Station macht.[524] Dabei wird ein weiteres Mal die Funktion des Waldes als eines Kunst-Ortes festgeschrieben, der über die antike Kunst auf den zukünftigen Bildungsweg des autobiographischen Ichs verweist:

> In Mannheim angelangt, eilte ich mit größter Begierde, den Antikensaal zu sehn, von dem man viel Rühmens machte. [...] Hier stand ich nun, den wundersamsten Eindrücken ausgesetzt, in einem geräumigen, viereckten, bei außerordentlicher Höhe fast kubischen Saal, in einem durch Fenster unter dem Gesims von oben wohl erleuchteten Raum: die herrlichsten Statuen des Altertums nicht allein an den Wänden gereiht, sondern auch innerhalb der ganzen Fläche durch einander aufgestellt; ein Wald von Statuen, durch den man sich durchwinden, eine große ideale Volksgesellschaft, zwischen der man sich durchdrängen mußte. (DW 545f.)

Hier ist der Wald nun tatsächlich zur Kunst geworden. Dabei erhält er zugleich eine gesellschaftliche Relevanz, womit die Eckpfeiler der angestrebten Kunstproduktion bezeichnet sind: Aus seinem persönlichen Erleben heraus schafft der Künstler überzeitliche und gesellschaftsprägende Kunstwerke. Dazu bedarf es – wie anhand des Waldes deutlich wird – der Balance zwischen Individuum und Gesellschaft, also gleichermaßen des Rückzugs wie der Bezugnahme.

Wird der Wald auf diese Weise umgeformt und für die künstlerische Perspektivbildung in Dienst genommen, so figurieren die Berge, die im Folgenden als dritte Landschaft im Fokus der Analyse stehen, den Weg des Autors. Dabei ähneln sie in ihrer Grundstruktur den Aussichtspunkten, jedoch bringt die Dimensionalität der Berge und die daraus entstehende, raum-zeitliche Erfahrung des Aufstiegs eine durchaus eigene Dynamik mit sich.

3.5.3 Berge

> Man weiß ja, was ich unter einer schönen Landschaft verstehe. Niemals erschien mir ebenes Land so, mochte es an sich noch so schön sein. Ich brauche Gießbäche, Felsen, Tannen, dunkle Wäl-

---

[524] Vergleiche hierzu auch meine Ausführungen in Kap. 3.3.3 (Galerien).

der, Berge, bergauf und bergab holpernde Wege, Abgründe neben mir, daß ich Angst bekomme.[525]

Gebirgslandschaften sind schön – diese relativ neue Perspektive auf die Berge kann Rousseau in seiner Autobiographie bereits als bekannt voraussetzen. Er selbst hatte maßgeblichen Anteil an der Formung dieses neuen Landschaftsideals, das sich in Absetzung zum rationalistischen Naturverständnis der Aufklärung herausbildete. Indem nun statt der vom Menschen unter vernünftigen Gesichtspunkten organisierten Landschaft „die vom Menschen unberührte Natur in den Mittelpunkt [rückte]"[526], gerieten „die bislang gefürchteten und gemiedenen Berge zunehmend ins Blickfeld und damit Landstriche, die wilder und rauher, drohender und schauerlicher, düsterer und öder und vor allem erhabener als die klassischen lieblichen Landschaften Italiens waren".[527] Spätestens mit *Julie oder die neue Heloise* (1761) wurde die Bergwelt der Schweizer Alpen zu einem bevorzugten Sujet empfindsamer Reisebeschreibungen und einem Paradigma romantisch-erhabener Landschaft. Auf diese Weise geriet die Schweiz zum ästhetischen Gegenstück Italiens, indem sie dem transmontanen „Land der Wunder der Kunst" als Land der „Wunder der Natur" gegenübergestellt wurde.

Entscheidend ist hierbei, dass der Blick auf die Schweiz und ihre Natur wesentlich literarisch geprägt ist.[528] Dabei vermischen sich ästhetische Stilisierungen mit Kulturkritik und der Projektion politischer Wunschvorstellungen. So benennt Uwe Hentschel vier verfestigte Bestandteile des deutschen Schweizbildes in der zweiten Hälfte des 18. Jahrhunderts: „das Naturerhabene, das Patriarchalische, die ländliche Idylle und die bürgerliche Freiheit".[529] Diese Aspekte einer positiven Darstellung der Schweiz finden sich erneut bekräftigt in Schillers Drama *Wilhelm Tell*

---

[525] Jean-Jacques Rousseau, *Die Bekenntnisse*, übers. v. Alfred Semerau, München 1978, 172.
[526] Raymond, *Landschaft im Kopf*, 1.
[527] Ebd., 6.
[528] So konstatiert Raymond diesbezüglich:„Literarische Werke, besonders die, die das Interesse für die Schweizer Landschaft geweckt und das Bedürfnis nach Empfindsamkeit und Schwärmerei unterstützt hatten, wurden geradezu zu Vermittlern zwischen der Landschaft und ihrem Betrachter sowie der Landschaftsbeschreibung und ihrem Leser." Raymond, *Landschaft im Kopf*, 90. Vgl. insbesondere den Abschnitt „Literatur als Maßstab und Vergleich: Erlebnisfolie für Alpenreisende und Assoziationssignal für Leser", 89-110.
[529] Vgl.: Uwe Hentschel, „Faszination Schweiz, Zum deutschen literarischen Philhelvetismus des 18. Jahrhunderts", in: *Schweizerisches Archiv für Volkskunde/Archives suisses des traditions populaires* 96 (2000), 29-53, hier 29.

(1804), das „nachgerade eine Reisewelle auslöste"[530] und die geographischen Orte der Befreiungsgeschichte zu populären Zielen machte. Ebenso wie der im vorigen Kapitel behandelte Wald sind somit auch die Berge vor dem Hintergrund ihrer zeitgenössischen, literarisch-gesellschaftlichen Kodierung zu betrachten.

Zugleich geht es der topographischen Perspektive jedoch darum, die tatsächlich beschriebenen räumlichen Strukturen in ihrer Beziehung zum autobiographischen Ich in den Blick zu nehmen. In diesem Kontext ist zunächst die kontinuierlich ausgestaltete Differenz zwischen dem erzählenden und dem erinnerten, erlebenden Ich bemerkenswert. Dabei werden, wie noch genauer zu zeigen ist, zwei unterschiedliche Raumwahrnehmungen parallel geführt, diejenige des die Schweizer Berge durchwandernden Ichs und die des retrospektiv die Reise erzählenden. Hierdurch wird der Raumerfahrung des jugendlichen Ichs eine zeitliche Dimension eingeschrieben, die über die tatsächliche Reise hinausweist auf die gesamte Biographie. Indem sich Goethe dabei als Autor des *Werther* in den Blick rückt, ist es insbesondere die Autor-Genese, die über die räumliche Figur des Bergs verhandelt wird. Dessen vertikale Dimensionalität stellt eine ebenso konkrete wie allegorische Herausforderung für die autobiographische Erfahrung dar. So liest schon Petrarca die Besteigung des Mont Ventoux allegorisch als Lebensweg, den es aber zugleich auch Schritt für Schritt physisch zu beschreiben gilt.[531] Der Aufstieg, den das autobiographische Ich so unternimmt, bedarf der Anstrengung, er ist mit Umwegen und Gefahren verbunden und muss dementsprechend erarbeitet werden. Das gilt für den tatsächlichen Weg ebenso wie für den sukzessiven Aufstieg als Autor. Stärker als bei anderen räumlichen Settings wird daher der autobiographische Text selbst als Kunstwerk relevant. Er vermittelt zwischen der biographisch erarbeiteten und sich in *Dichtung und Wahrheit* manifestierenden Autorposition einerseits und den zuallererst dorthin führenden Bemühungen und Etappen andererseits.

In diesem Sinne werden die Berge programmatisch in eine lebensgeschichtliche Perspektive gestellt. So nutzt das Ich bereits im achten Buch, während seiner Leipziger Studienzeit, die Berge als Metapher für die antiken Autoren:

> Die deutsche Literatur und mit ihr meine eigenen poetischen Unternehmungen waren mir schon seit einiger Zeit fremd geworden, und ich wendete mich wieder, wie es bei einem solchen autodidaktischen Kreisgange zu erfolgen pflegt, gegen die geliebten Alten, die noch immer, wie ferne blaue Berge, deutlich in ihren Umrissen und Massen, aber unkenntlich in ihren Teilen und inneren Bezie-

---

[530] Uwe Hentschel, „Schillers Wilhelm Tell – ein Beitrag zum Philhelvetismus", in: *literatur für leser* 23/1 (2000), 61-78, hier 75.
[531] Vgl. hierzu meine Ausführungen in Kap. 3.5.1 (Aussichtspunkte).

hungen, den Horizont meiner geistigen Wünsche begrenzten.
(DW 364)

Im räumlichen Bild werden die Autorengrößen zu Bergen, das Gebirge so zum Gebiet der Literatur, das den Horizont des heranwachsenden Ichs bezeichnet. Auf diese Weise werden die Berge als biographische Parameter eingeführt. Über sie öffnet der Text einen metaphorischen Raum der Literatur, der zugleich Zielorientierung und Motivation auf dem eigenen Bildungsweg bereitstellt. Die so etablierte Semantik bleibt aber keineswegs bei einer metaphorischen Räumlichkeit stehen. Sie bildet im Gegenteil den Ausgangspunkt für die genannte Mehrfachkodierung des Gebirgsraums, welche die biographisch-allegorische Dimension der Bergbesteigung mit der konkreten Raumpraxis parallelführt.

Dies geschieht im Verlauf der im achtzehnten und neunzehnten Buch geschilderten Schweizreise, bei der sich der mittlerweile selbst zum Schriftsteller gereifte Goethe ins Gebirge hinein und damit, bildlich gesprochen, als Autor unter andere Autoren begibt. Zu Beginn seiner Schweizreise wird das Motiv der „blaue[n] Berge" erneut aufgegriffen, diesmal jedoch ins konkret Geographische der Schweizer Alpen gewendet. Die jugendlichen Reisenden besuchen den greisen Bodmer, dessen Haus auf einer Anhöhe über dem Zürichsee steht.[532] Von dort blicken sie aus dessen Fenster sehnsüchtig auf die Alpen: „worauf man denn geblendet von allem diesem in der Ferne die blaue Reihe der höheren Gebirgsrücken, deren Gipfel zu benamsen man sich getraute, mit größter Sehnsucht zu schauen hatte." (DW 797) Die Berge werden in dieser Szene als Elemente einer konkret geographischen Landschaftsanordnung beschrieben. Als solche begrenzen und organisieren sie das momentane Blickfeld des erlebenden Ichs. Ihre namentliche Bezeichnung macht sie zu lokalisierbaren Orten, denen gegenüber sich das Ich positioniert. Dass der Blick aus dem Fenster auf die Horizontlinie der Berge hier aber auch eine biographische Zeitlichkeit transportiert und so den anschließenden Verlauf der Erzählung figuriert, habe ich bereits im Kontext der Fenster diskutiert. Es ist genau diese Position des erinnerten Ichs innerhalb des räumlichen Settings in Bodmers Haus, welche die biographische Perspektive initiiert und die räumliche Konstellation erneut ins Allegorische verschiebt. Das Panorama, das dem alten Mann und bekannten Autor am Ende seines Lebens jeden Tag vor Augen steht, ist den jungen Besuchern nur einen Augenblick vergönnt. Sie müssen sich diese Position erst erarbeiten und folgerichtig bricht das autobiographische Ich im Anschluss zu seiner Gebirgswanderung auf.[533] Damit wechselt der Modus erneut von der vor-

---

[532] Ich habe diese Szene ausführlich in Kap. 3.1.4 (Fenster) diskutiert.
[533] Die Perspektivierung der Berge im Sinne des biographischen Werdegangs lässt sich auch im Kontext einer zeitgenössischen „Verschiebung der Wertigkeit von Land-

herigen Statik der Ortsbeziehung zur raumbildenden Praxis des Gehens. Diese Fußwanderung durch die Schweizer Alpen beginnt mit einer doppelten Perspektivierung des Gebirgsraums, der sowohl eine literarisch-ästhetische als auch eine religiöse Rahmung erhält. Zunächst werden der erste Anstieg und der damit verbundene letzte Blick auf den Zürichsee von oben als emotionales Blickerlebnis gestaltet:[534]

> Aufs beste bewirtet aufs anmutigste und nützlichste auch über die nächsten Stationen unsrer Wanderung unterhalten, erstiegen wir die dahinter liegenden Berge. Als wir in das Tal von Schindelegge wieder hinabsteigen sollten, kehrten wir nochmals um, die entzückende Aussicht über den Zürcher See in uns aufzunehmen. Wie mir zu Mute gewesen deuten folgende Zeilen an, wie sie damals geschrieben noch in einem Gedenkheftchen aufbewahrt sind:
>
> Wenn ich liebe Lili dich nicht liebte,
> Welche Wonne gäb' mir der Blick!
> Und doch wenn ich liebe Lili dich nicht liebte,
> Wär, was wär mein Glück?
>
> Ausdrucksvoller find ich hier diese kleine Interjektion als wie sie in der Sammlung meiner Gedichte abgedruckt ist. (DW 800)

In dieser Passage schaltet sich explizit die Stimme des erzählenden Ichs ein. Nicht nur wird das Erlebte durch die zeitliche Bestimmung „damals" in die Distanz gerückt. Auch der sich an das Gedicht anschließende Satz markiert die Sprecherposition als die des zurückblickenden Autor-Ichs. Die Wanderung wird hier mit einer literarisch gestalteten Sequenz begonnen. Durch die solchermaßen prominent platzierte Darstellung des eigenen lyrischen Vermögens greift der Text die zuvor getroffene Semantisierung der Berge als Raum des Autors bestätigend wieder auf. Zugleich werden Raumwahrnehmung und Kunstproduktion in ein spezifisches Verhältnis gebracht. Hierzu entwirft der Text des Gedichts, wie schon in der lyrischen Ausarbeitung der Bootsfahrt über den Zürichsee, wiederum eine Dialektik von räumlicher An- und Abwesenheit, äußerem und inneren Raum. Die Klammer hierfür bildet die erfahrungsräumliche

---

schaftstypen" verorten, die im sich wandelnden Naturverständnis gründete. Raymond beschreibt dieses Muster u.a. bei Jean Paul: „Höhepunkte des Werdegangs eines Helden heben sich als Berge aus der ‚plattgedrückten Ebene seines Lebens' oder er muss diese nach Rückschlägen gar ‚selber hervorheben'. Im Gegensatz zu den Bergen des Lebens ‚gehen die flachen Gegenden des Lebens ohne Merkmal vorüber', sie bleiben nicht in der Erinnerung haften, aus ihrer ‚langen Vergangenheit schlägt kein Echo zurück, weil kein Berg die breite Fläche stört!'" Raymond, *Landschaft im Kopf*, 271.

[534] Die Fahrt über den Zürichsee habe ich bereits in Kapitel 3.4.2 (Schiffsfahrten) detailliert behandelt.

Perspektive des autobiographischen Ichs. Sie ermöglicht eine synthetisierende Wahrnehmung, in der das Erblickte, das Gefühlte und das Imaginierte in der Produktionstätigkeit des Autors zusammenfließen. So wird der Panoramablick über den See zwar als eigenständiges ästhetisches Ereignis wahrgenommen. Zugleich erhält das vor Augen Stehende Wert und Bedeutung aber erst durch das räumlich Entfernte. Beides überlagert sich, die Gefühle zur abwesenden Geliebten und der ästhetische Genuss der vor Augen stehenden Landschaft. Das erinnerte Abwesende wird so zur Organisationsfolie der aktuellen Raumwahrnehmung, es schafft diejenige Form der autobiographischen Räumlichkeit, die zur Grundlage der literarischen Produktion wird. Mehr noch, letzteres ersetzt in der Erzählung die Beschreibung des Erblickten, erst die schriftliche Komposition gibt der Raumerfahrung ihre Struktur und ihren Sinn. Dies wird desto stärker betont, als direkt vor dem Beginn des Gedichts auf dessen Entnahme aus einem „Gedenkheftchen" hingewiesen wird. Der autobiographische Raum ist demnach nicht nur ein sprachliches Gefüge, er ist immer auch erinnerter Raum.

Diese Technik der Substituierung von wahrgenommenem Raum durch Kunst anhand lyrischer Verdichtung findet während der Beschreibung der Bergwanderung mehrfach Verwendung und erfüllt spezifische Funktionen. Zunächst führt sie durch ihre explizite sprachliche Stilisierung zu einer Distanzierung von der Raumwahrnehmung des erlebenden Ichs zugunsten des erzählenden. So berichtet der Text angesichts der erhabenen Szenerie nicht von Überwältigung oder Ergriffenheit des Wanderers, sondern das Wahrgenommene wird als bereits ästhetisch Bewältigtes und Geformtes präsentiert. Indem das erzählende Ich die lyrischen Zeilen im Anschluss in das Korpus des eigenen Werks einordnet, bewirkt es zudem eine Verzeitlichung: Die räumliche Konstellation wird als Zeitpunkt innerhalb der Autorbiographie erkennbar. Auf diese Weise stellt der Text die beginnende Bergwanderung explizit unter die Perspektive der Autorschaft. Der Aufstieg erhält dadurch eine zusätzliche Bedeutungsdimension, die – wie schon im Kontext der Aussichtspunkte – auf Petrarcas Besteigung des Mont Ventoux verweist. Dies nicht nur in der Verbindung von dichterischem Ruhm und vergeblicher Liebe,[535] sondern auch in der Doppelung von körperlicher und moralischer Erhebung. Eine solche Ver-

---

[535] Auch bei Petrarca sind die Liebeserfahrung und die literarischen Ambitionen aufs Engste verknüpft. Ausformuliert wird dies in Petrarcas Text *Secretum*, der als Dialog mit Augustinus angelegt ist. Dort weist ihn Augustinus auf die Verbindung von ‚Laura' (der Angebeteten) und ‚Laurus', also dem (dichterischen) Lorbeer, mithin seine Ruhmsucht hin, die ihm zufolge seiner Heilssorge im Weg steht. Über Augustinus tritt somit ein weiterer autobiographischer Gewährstext in die intertextuelle Verweiskette. Vgl.: Francesco Petrarca, *Secretum meum/Mein Geheimnis*, lat./dt., hg. von Gerhard Regn, Mainz 2004.

knüpfung wird direkt im Anschluss an den Blick auf den Zürichsee vorgenommen:

> Die rauhen Wege die von da nach Maria Einsiedeln führten konnten unserm guten Mut nichts anhaben. Eine Anzahl von Wallfahrern, die schon unten am See von uns bemerkt mit Gebet und Gesang regelmäßig fortschritten, hatten uns eingeholt; wir ließen sie begrüßend vorbei und sie belebten, indem sie uns zur Einstimmung in ihre frommen Zwecke beriefen diese öden Höhen anmutig charakteristisch. Wir sahen lebendig den schlängelnden Pfad bezeichnet, den auch wir zu wandern hatten und schienen freudiger zu folgen; wie denn die Gebräuche der römischen Kirche dem Protestanten durchaus bedeutend und imposant sind, indem er nur das Erste, Innere, wodurch sie hervorgerufen, das Menschliche wodurch sie sich von Geschlecht zu Geschlecht fortpflanzen, und also auf den Kern dringend, anerkennt, ohne sich gerade in dem Augenblick mit der Schale, der Frucht-Hülle, ja dem Baume selbst, seinen Zweigen, Blättern, seiner Rinde uns seinen Wurzeln zu befassen. (DW 801)

Der Gebirgsraum, den die beiden Wanderer zu betreten im Begriff sind, wird durch die Gruppe von Wallfahrern explizit religiös markiert. Indem diese den Raum durchqueren, sehen das Ich und sein Begleiter wortwörtlich „den schlängelnden Pfad bezeichnet, den auch wir zu wandern hatten". Damit machen sich die beiden zunächst die innere Ausrichtung der äußeren Bewegung zu eigen und verspüren auch sogleich die damit verbundene, erhebende Wirkung: sie „schienen freudiger zu folgen". Diese Affektsteigerung spiegelt sich in der Wahrnehmung der „öden Höhen", die nun „anmutig charakteristisch [belebt]" erscheinen. Hier konvergieren religiöse und ästhetische Dimensionen in der Erfahrung und Raumaneignung des Ichs. Dass dies im Zuge der Besteigung eines Berggipfels geschieht, parallelisiert die Erfahrung des Ichs mit dem berühmten Vorgängertext Petrarcas. Auch in diesem reflektiert das Ich, während es den Berg erklimmt, über den Zusammenhang von körperlichem Aufstieg und seelischer Erhebung. Beide, die innere wie äußere Bewegung, werden dabei eingebunden in die autobiographische Perspektive des Lebenswegs, der sich bei Goethe allerdings nicht in der Provence findet, sondern sich als „schlängelnde[r] Pfad" zum Gotthard hinaufwindet. Auch hier geht es demnach – das macht das räumliche Setting deutlich – um eine Bestandsaufnahme des bisherigen und eine Perspektivierung des zukünftigen Lebenswegs, die über die Raumerfahrung in den Blick gebracht werden.

Diese Kombination aus Reiseerfahrung und künstlerischer Ich-Bildung verweist, in Verbindung mit der zuvor konstatierten Autorschaftsperspektive, auf eine weitere, ebenso autobiographisch wie ästhetisch bedeutsame Raumdurchquerung in Goethes Leben, die *Italienische Reise*. Dort begegnet das autobiographische Ich auf seinem Weg zur italienischen Hauptstadt nicht nur ebenfalls einer Gruppe von Pilgern. Es stilisiert sich zugleich in seiner vordringlichen Ausrichtung auf Rom – als Zentrum der römischen Antike ebenso wie der römisch-katholischen Kirche – selbst zu einem, wenn auch ästhetischen Wallfahrer, der dort auf seine künstlerische „Wiedergeburt" (IR 125) hofft.

In vergleichbarem Gestus grenzt sich Goethe am Beginn seiner Bergwanderung gegen ein christlich-institutionelles Verständnis seiner persönlichen Wallfahrt ab.[536] Ihm geht es nicht um den kirchlich-dogmatischen Bedeutungsgehalt der Riten, sondern um „das Menschliche wodurch sie sich von Geschlecht zu Geschlecht fortpflanzen", mithin ihre biographische Relevanz für Gesellschaft und Individuum. Diese wird dem Wanderer in diesem Fall durch die raumstrukturierende und orientierende Praxis der Wallfahrt zugänglich. Die damit notwendig verbundene Anstrengung bei der Bewältigung des Weges zielt allerdings, wie bald deutlich wird, nicht auf geistlich-moralische, sondern geistig-ästhetische Früchte. Das zeigt sich zunächst bei der Besichtigung der Schatzkammer im Kloster Einsiedeln, die anhand der sprachlichen Gestaltung durch das erzählende Ich für eine erneute Positionsbestimmung der eigenen künstlerischen Ambitionen nutzt.[537] Im Anschluss werden detailliert einige Etappen der Reise geschildert, die entlang bekannter zeitgenössischer Wegmarken führt. Dabei greift die Passage auf das Register erhabener Naturbeschreibung zurück:

> Am 16. Juni 1775, denn hier find ich zuerst das Datum verzeichnet, traten wir einen beschwerlichen Weg an; wilde steinige Höhen mußten überstiegen werden und zwar in vollkommener Einsamkeit und Öde. Abends 3/4 auf Achte standen wir den Schwytzer hoken gegenüber, zweien Berggipfeln, die nebeneinander mächtig in die Luft ragen. Wir fanden auf unsern Wegen zum erstenmal Schnee, und an jenen zackigen Felsgipfeln hing er noch vom Winter her. Ernsthaft und fürchterlich hüllte ein uralter Fichtenwald die unabsehlichen Schluchten in die wir hinab sollten. (DW 803)

Indem sich der Text an dieser Stelle zeitgenössischer Vorstellungen des Naturerhabenen bedient, weist er die durchwanderte Bergwelt als ästhetischen Raum aus. Die so evozierten Landschaftsbilder werden aber erst in-

---

[536] Zugleich schließt Goethe damit allerdings auch an die literarisch verfestigte Perspektivierung der zeitgenössischen Schweizreisen an. Diese werden häufig als säkularisierte Pilgerreisen beschrieben, die der Verehrung der Natur dienen. In diesem Sinne spricht etwa Wilhelm Heinse in den Briefen über seine Schweizreise davon ein „Pilgrimm in die Heiligthümer der Natur" zu sein. Wilhelm Heinse, Briefe, 2. Bd., „Von der italiänischen Reise bis zum Tode", in: Ders., *Sämmtliche Werke*, hg. von Carl Schüddekopf, Bd. 10, Leipzig 1910, 39.

[537] Ausführlich habe ich diese stilisierte Krönungsszene in Kapitel 3.3.4 (Kirchen) diskutiert.

sofern bedeutsam, als sie die Ermöglichungsbedingung für die geschilderte Raum- und Selbsterfahrung bereitstellen. Diese wird von Beginn an explizit als autobiographische gefasst: Über die Nennung konkreter Daten, Tageszeiten und der Referenz darauf, wann das Ich „zuerst das Datum verzeichnet [findet]", wird die Darstellung dem Eintrag eines Reisetagebuchs angenähert und erhält so quasi-dokumentarischen Charakter. Paradoxerweise sind es jedoch genau diese Referenzen auf die Aufzeich-Aufzeichnungen des erlebenden Ichs, die das Geschilderte in die Distanz rücken. Eindeutig spricht hier das erzählende Ich, das sich an Ereignisse erinnert, die zum Zeitpunkt der Publikation von *Dichtung und Wahrheit* bereits mehrere Jahrzehnte zurückliegen. Das Spiel mit der autobiographischen Schreibsituation wird in den darauffolgenden Zeilen noch verstärkt:

> Nach kurzer Rast, frisch und mit mutwilliger Behendigkeit, sprangen wir den von Klippe zu Klippe, von Platte zu Platte in die Tiefe sich stürzenden Fußpfad hinab und gelangten um 10. Uhr nach Schwytz. Wir waren zugleich müde und munter geworden, hinfällig und aufgeregt, wir löschten gähling unsern heftigen Durst und fühlten uns noch mehr begeistert. Man denke sich den jungen Mann, der etwa vor zwei Jahren den Werther schrieb, einen jüngeren Freund der sich schon an dem Manuskript jenes wunderbaren Werks entzündet hatte, beide ohne Wissen und Wollen gewissermaßen in einen Naturzustand versetzt, lebhaft gedenkend vorübergegangener Leidenschaften, nachhängend den gegenwärtigen, folgelose Plane bildend, im Gefühl behaglicher Kraft das Reich der Phantasie durchschwelgend, – dann nähert man sich der Vorstellung jenes Zustandes, den ich nicht zu schildern wüßte stünde nicht im Tagebuche: „Lachen und Jauchzen dauerte bis um Mitternacht." (DW 803f.)

Der zitierte Abschnitt führt die doppelte Perspektivierung fort. Zunächst wird der Weg der zwei jungen Wanderer beschrieben, die, wenn auch körperlich erschöpft, so doch zugleich voller Begeisterung den Berg bis nach Schwytz hinabsteigen. Dem wird direkt darauf ein erklärendes und kommentierendes Ich an die Seite gestellt, das aus der Retrospektive des bereits gelebten Lebens die Situation verortet. Wie schon zuvor beim Blick auf den Zürichsee wird eine für das Ich emotional aufwühlende Raumerfahrung durch Wechsel der autobiographischen Narrationsperspektive handhabbar gemacht. Auch hier erfolgt die Affektregulierung durch ein zeitliches Sich-in-Distanz-Bringen zum Geschehen. Und wiederum ist es die bereits etablierte Autorperspektive, die einen Bedeutungsrahmen liefert, in dem die Erfahrung biographisch sinnvoll gedeutet werden kann. Erst hierdurch erklärt sich die Intensität des Wegabschnitts, die nur vordergründig der Natur der Bergwelt geschuldet ist und ebenso sehr eine geographische wie eine literarische Erfahrung darstellt. Goethe präsentiert hier sein jugendliches Ich selbst als „den jungen Mann, der etwa vor zwei Jahren den Werther schrieb". Es ist also nicht nur ein begeisterter Wanderer und Natur Suchender, es ist ebenso der Autor am Beginn seiner literarischen Karriere, der Richtung Berggipfel strebt. Dass diese Zuschreibung vom erinnernden Ich selbst getroffen wird, ruft nicht nur die Autorität von Goethes literarischer Biographie auf, die von *Werther* bis hin zu *Dichtung und Wahrheit* führt. Der Bezug auf den berühmten Debütroman macht auch die doppelte Bedeutungsdimension des Weges deutlich. Das „Gefühl behaglicher Kraft", das der Wanderer verspürt, resultiert sowohl aus der physischen Bewältigung des Streckenabschnitts als auch aus der bereits vollzogenen Anstrengung auf dem Weg zum Autor. Erst letztere sorgt für das eigentliche Hochgefühl und lässt das Ich, neben den Fichtenwäldern, auch „das Reich der Phantasie durchschwelge[n]" – die realräumliche und die imaginierte Bewegung verlaufen parallel. Die Topographie, die sich dergestalt formiert, ruft mit der Einbildungskraft des erlebenden zugleich die des erzählenden Ichs auf, das über den erzählten Moment hinaus in der Narration vor- und zurückverweist.

Auf diese Weise wird die Raumerfahrung auch zur Ich-Erfahrung. Wie schon bei den Wanderungen, die das Ich zuvor unternommen hatte, ermöglicht die körperliche Raumdurchquerung dem Ich parallel eine Denkbewegung.[538] Im Fall der Bergwanderung ist diese allerdings umfassender angelegt, sie gleicht einer biographischen Umschau und umfasst Vergangenheit („lebhaft gedenkend vorübergegangener Leidenschaften"), Gegenwart („nachhängend den gegenwärtigen") und Zukunft („folgelose Plane bildend"). Die Dimensionalität der Berges als vertikal wie horizontal durchschrittener Raum wird dabei mit den drei zeitlichen Dimensionen des menschlichen Lebens verschränkt. Auf diese Weise zeigt sich erneut die doppelte Semantik des Bergs: Zum einen ist er konkret durchmessener Raum und ermöglicht entsprechende körperliche Erfahrungen, wie Auf-/Abstieg, physische Anstrengung, Erleben von Gefahr, Wegbewältigung und Wahrnehmen der eigenen Kraft. Diese strukturieren sich anhand der montanen Raumerfahrung von Weite, Erhabenheit, dem sukzessiven Ablaufen von Stationen und einem gelegentlichen Überblick. Genau diese Merkmale der zunächst physisch-realräumlichen Erfahrung erhalten aber zum anderen in autobiographischer Perspektive eine allegorische Verdichtung. So werden sie zur mise en abyme gelebten Lebens, das in der kommentierenden Rahmung des sich erinnernden (Autor-)Ichs seine Ausrichtung erhält.

Vor diesem Hintergrund wird auch verständlich, inwiefern die beiden Wanderer sich „gewissermaßen in einen Naturzustand versetzt" finden. Zwar wird mit der Vorstellung der unberührten Bergwelt Rousseaus kul-

---

[538] Vgl. Kapitel 3.4.1 (Wanderungen).

turkritischer Impuls aufgerufen, eine Sehnsucht nach Zivilisationsferne, die auch Goethes Werther teilt. Dass ein solcher Zustand jedoch nur ein imaginierter sein kann, macht wiederum das erinnernde Ich deutlich, das die Empfindungen der Reisenden relativierend kommentiert. Bereits zu Beginn der Schweizreise berichtet es von den „damaligen Verrücktheiten" wie dem „Baden im freien Wasser, unter offnem Himmel", die aus der Idee entstanden „man müsse sich in einen Naturzustand zu versetzen suchen" (DW 787). Auch bei seiner Rückkehr nach Zürich kritisiert der retrospektive Kommentar „jene unbedingte Richtung nach einer verwirklichten Naturfreiheit" als „Wahn" (DW 814). Dass damit ein Abrücken von der jugendlichen Sturm-und-Drang-Attitüde der ersten Schweizreise aus der Perspektive des gereiften Schriftstellers erfolgt, liegt auf der Hand.[539] Die kritische Einklammerung des zeitgenössischen Leitbegriffs leistet aber für den autobiographischen Text an dieser Stelle noch mehr. Sie weist, in Verbindung mit der eigenen Autor-Biographie, auf eine von Goethes künstlerischen Maximen und damit auf die produktive individuelle Wendung der zeitgenössischen Vorstellung. So wie der Berg mit dem Lebensweg insgesamt verknüpft ist, verdeutlicht der Bezug auf *Werther* am Beginn des Aufstiegs eine grundsätzliche künstlerische Maxime, die Goethe von Anderen – wie etwa den mitreisenden Brüdern Stolberg – bereits am Beginn seiner literarischen Karriere unterscheidet. Sie wird von Merck zu Beginn der Reise formuliert, wenn er dem Ich mit auf den Weg gibt, dass sein Bestreben in die Richtung geht „dem Wirklichen eine poetische Gestalt zu geben" während Andere versuchen „das sogenannte Poetische, das Imaginative, zu verwirklichen und das gibt nichts wie dummes Zeug." (DW 787) Damit wird deutlich: Der Naturzustand, in den die beiden Wanderer sich „gewissermaßen [...] versetzt" finden, ist

---

[539] Diese Relativierung früherer Positionen verläuft u.a. explizit über die Werther-Figur. So verweist das erinnernde Ich selbst im Kontext der Schweizreise auf seinen späteren Werther-Text von 1796: „In dem Fragment von Werthers Reisen, welches in dem XVI. Bande meiner Werke neuerlich wieder mit abgedruckt ist, habe ich diesen Gegensatz der schweizerischen löblichen Ordnung und gesetzlichen Beschränkung mit einem solchen im jugendlichen Wahn geforderten Naturleben zu schildern gesucht."(DW 815f.) Der Text wurde 1796 für die *Horen* unter Rückgriff auf die Reiseaufzeichnungen seiner zweiten Schweizreise von 1779 geschrieben, allerdings erst 1808 in der Werkausgabe unter dem Titel *Briefe aus der Schweiz. Erste Abteilung* veröffentlicht. Darin befindet sich Werther tatsächlich in der Schweiz, die er aber, wie Hentschel ausführt, „überaus kritisch betrachtet" (23) und weder die viel beschworene Schweizer Freiheit noch die Natur positiv bewertet. Auch die Schweiz, so zeigt der Text, bietet letztlich „keine Lebensalternative" (24). Uwe Hentschel, „Goethes *Werther* und die Schweiz", in: *Recherche Germaniques* 29 (1999), 15-25; zu den *Briefen aus der Schweiz* vgl. auch: Klaus-Detlef Müller, „Briefe aus der Schweiz", in: *Goethe-Handbuch*, hg. von Bernd Witte, Theo Buck, Hans-Dietrich Dahnke, Regine Otto und Peter Schmidt, Bd. 3, Stuttgart/Weimar 1997, 271-278.

ein bereits literarisch transformierter. Und mehr noch, seine produktive Aneignung im Durchgang durch die literarische Produktion markiert zugleich biographisch die Etablierung der eigenen Autorpersönlichkeit und ihrer ästhetischen Arbeitsweise.[540]

Diese doppelte autobiographische Perspektivierung wird im weiteren Verlauf des Anstiegs fortgesetzt. Dabei strukturiert sich die Reiseroute anhand der literarischen Topographie Wilhelm Tells:

> Am 19. früh halb Sieben erst aufwärts, dann hinab an den Waldstätter See, nach Itznach, von da zu Wasser nach Gersau. Mittags im Wirtshaus am See. Gegen 2. Uhr dem Grüdli gegenüber, wo die drei Tellen schwuren, darauf an der Platte, wo der Held aussprang und wo ihm zu Ehren die Legende seines Daseins und seiner Taten durch Malerei verewigt ist. Um 3. Uhr in Flüelle, wo er eingeschifft ward um 4. Uhr in Altorf, wo er den Apfel abschoß. An diesem poetischen Faden schlingt man sich billig durch das Labyrinth dieser Felsenwände, die steil bis in das Wasser hinabreichend uns nichts zu sagen haben. Sie, die unerschütterlichen stehen so ruhig da, wie die Coulissen eines Theaters; Glück oder Unglück Lust oder Trauer ist bloß den Personen zugedacht die heute auf dem Zettel stehen. Dergleichen Betrachtungen jedoch waren gänzlich außer dem Gesichtskreis jener Jünglinge, das Kurzvergangene hatten sie aus dem Sinn geschlagen und die Zukunft lag so wunderbar unerforschlich vor ihnen wie das Gebirg in das sie hineinstrebten. (DW 805f.)

Das erinnernde Ich ordnet hier die Stationen entlang des Tell-Mythos, der zum Zeitpunkt der Publikation von *Dichtung und Wahrheit* dem deutschen Publikum insbesondere durch Schillers Drama (1804) wohlbekannt war. Er bildet den „poetischen Faden", den die Wanderer abschreiten, und sorgt für Orientierung und Sinn im „Labyrinth dieser Felswände, die [...]

---

[540] Dies wird umso deutlicher, wenn man die Aufenthalte in der Natur mit Goethes *Werther* vergleicht. Dort äußert sich die Verbundenheit mit der Umgebung in einer – als Glückszustand erlebten – Unfähigkeit, das Erlebte sprachlich oder malerisch zu fassen. So etwa im Eintrag vom 10. Mai: „Ich bin so allein und freue mich so meines Lebens, in dieser Gegend, die für solche Seelen geschaffen ist, wie die meine. Ich bin so glücklich, mein Bester, so ganz in dem Gefühl von ruhigem Daseyn versunken, daß meine Kunst darunter leidet. Ich könnte jetzo nicht zeichnen, nicht einen Strich, und ich bin nie ein größerer Maler gewesen als in diesen Augenblicken. [...] ich [...] denke: ach könntest das wieder ausdrücken, könntest dem Papier das einhauchen, was so voll, so warm in dir lebt, daß es würde der Spiegel deiner Seele, wie deine Seele ist der Spiegel des unendlichen Gottes." Im Verlauf der hier diskutierten Bergwanderung sind es dagegen immer wieder eingeschaltete Gedichte, welche den Status des Autors signalisieren, dessen Fähigkeit gerade in der künstlerischen Verarbeitung des Erlebten liegt. Vgl.: Johann Wolfgang Goethe, *Die Leiden des jungen Werthers*, in: Ders., Sämtliche Werke, Briefe, Tagebücher und Gespräche, Bd. 8, *Die Leiden des jungen Werthers, Die Wahlverwandtschaften, Kleine Prosa, Epen*, hg. v. Waltraud Wiethölter, Frankfurt a.M. 1994, 11-267, 14.

uns nichts zu sagen haben". Aus den ansonsten unwirtlichen Steinmassen des Gebirges entsteht so durch die Narration eine Topographie, also eine bedeutungsgebende Raumrepräsentation. Dass es sich dabei um Wilhelm Tells Biographie handelt, in der sich Landschaft und Nationalmythos aufs Engste miteinander verwoben finden, ist gerade unter autobiographischer Perspektive bemerkenswert. Nicht nur greift der Text damit das Motiv des Lebenswegs wieder auf, der hier ganz konkret entlang der bekannten Stationen der Heldensage nachvollzogen wird. Es ist zudem die bewusste nachträgliche Stilisierung, welche den eigenen biographischen Weg mit dem der literarischen Figur vorübergehend kurzschließt. Dabei ist der Verlauf des „poetischen Faden[s]" erst dem schreibenden, erinnernden Ich ersichtlich. Es entwirft damit zugleich die im doppelten Sinne dramatischen „Coulissen" einer Bergwelt, vor denen das Ich nun als Figur auftritt. Die Einnahme dieser theatralen Perspektive sich selbst gegenüber hat einen doppelten Distanzierungseffekt: Zum einen fokussiert der Text so den Blick des erinnernden Ichs, das sich selbst die geeignete Autor-Bühne verschafft, indem es die Ereignisse mit retrospektivem Überblick ordnet und arrangiert. Hierbei steht wiederum das Modell des Labyrinths im Hintergrund.[541] Zum anderen erlaubt der Kulissenbegriff eine Versachlichung der wahrgenommenen Natur. Das Ich und seine Umgebung treten auseinander, womit eine deutliche Abgrenzung zum empathisch-empfindsamen Naturbegriff Rousseau'scher Prägung markiert wird.[542]

Die autobiographische Situation des auf sich selbst reflektierenden Ichs schafft so auch eine zweifache Raumsemantik. Das erinnernde Ich verortet sein jugendliches Selbst allererst in literarischen Bezügen, welche den Raum überindividuell bedeutsam werden lassen. Dabei wird es auch an einen bestimmten raum-zeitlichen Punkt der eigenen, retrospektiv mitgedachten Lebensgeschichte gesetzt. Indem die Artifizialität des Raumes ebenso wie der eigenen Ich-Figur hervorgehoben wird, tritt das Ich

---

[541] Dass diese Vorstellung literarisch zu verstehen ist, habe ich in den Kapiteln 3.4.1 (Balkons und Fenster) und 3.5.1 (Aussichtspunkte) dargelegt. Goethe spricht im Kontext seiner ersten Werke *Götz* und *Werther* davon, dass „die wahre Poesie [...] uns mit dem Ballast der uns anhängt, in höhere Regionen [hebt], und [...] die verwirrten Irrgänge der Erde in Vogelperspektive vor uns entwickelt daliegen [lässt]" (DW 631).

[542] Goethe bedient sich hier der Theatermetapher, die insbesondere in ihrer Zuspitzung als Amphitheater „zu den festen Topoi der Romantisierung wilder Gebirgslandschaften" gehört (Raymond, *Landschaften im Kopf*, 153), er verschiebt jedoch ihre Semantik. So geht es in der zeitgenössischen Verwendung darum, die Natur als Künstlerin zu portraitieren, welche die Bühne für Schauspiele wie Wetterphänomene oder erhabene Szenerien bereitet. Für Goethe hingegen sind die Berge Sinnbild unbeteiligter Dauerhaftigkeit, die so die Kontrastfolie zum Theater selbst bilden, das sich als Drama menschlicher bzw. autobiographischer Gefühle und Beziehungen abspielt.

zudem wortwörtlich als Autor seiner Biographie auf. Daneben behält aber die Raumwahrnehmung des erlebenden Ichs gleichfalls ihre Relevanz. Diese geht vom Moment des Erlebens selbst aus und ist prospektiv auf die Zukunft gerichtet. Der Gebirgsraum wird punktuell erfahren und ist an die jeweils aktuelle räumliche Perspektive gebunden. Dementsprechend kann er sich erst im fortschreitenden Durchqueren strukturieren, wobei er als verheißungsvolle biographische Projektionsfläche fungiert: „die Zukunft lag so wunderbar unerforschlich vor ihnen wie das Gebirg in das sie hineinstrebten."

Diese Standortgebundenheit des erlebenden Ichs setzt sich in der weiteren Bewältigung des Aufstiegs fort.[543] Dabei versucht es immer wieder die gesamte Gebirgslandschaft auch ästhetisch zu fassen, ein Unterfangen, das sich mehrfach als Herausforderung erweist:

> Ein Viertel nach Zwei hatten wir die Höhe erstiegen; wir fanden uns in Wolken, diesmal uns doppelt unangenehm, als die Aussicht hindernd und als niedergehender Nebel netzend. Aber als sie hie und da auseinander rissen und uns von wallenden Rahmen umgeben eine klare herrliche Sonnenbeschienene Welt als vortretende und wechselnde Bilder sehen ließen, bedauerten wir nicht mehr diese Zufälligkeiten, denn es war ein niegesehner, nie wieder zu schauender Anblick, und wir verharrten lange in dieser gewissermaßen unbequemen Lage um durch die Ritzen und Klüfte, der immer bewegten Wolkenballen einen kleinen Zipfel besonnter Erde, einen schmalen Uferzug und ein Endchen See zu gewinnen. (DW 804f.)

Trotz zunehmender Höhe gelingt dem Ich der Blick auf die Landschaft nicht als Panorama. Nachdem die Sicht zunächst komplett versperrt ist, reißt die Wolkendecke schließlich auf und gibt den Blick frei auf „wechselnde Bilder" in „wallenden Rahmen". Auf diese Weise nimmt das Ich begrenzte Ausschnitte des bislang zurückgelegten Weges wahr. Diese Beschränkung erweist sich aber als durchaus förderlich, denn es ist genau

---

[543] Dieser verläuft über die Teufelsbrücke, das Urnerloch und das Urserertal bis hin zum Gotthard und führt damit exakt entlang der kanonisierten Stationen zeitgenössischer Schweizreisen: „Zu den beliebtesten Sehenswürdigkeiten gehörte ebenso, neben dem Weg auf den Rigi und der Via Mala, ,der berühmte und so verschriene Paß' auf und über den Gotthard, d.h. vor allem durch die Schöllenen genannte Schlucht der Reuß über ,die verschriene Teufelsbrücke' und dann durch das in den Felsen gehauene ,berühmte Urserloch' oder Urnerloch ins Urserertal." „Diese Gegend gehörte zu den am meisten besuchten, am höchsten gelobten und am häufigsten beschriebenen Landschaften der Schweiz." (Raymond, *Landschaft im Kopf*, 120 und 180). Insofern konnte Goethe auf ein breites Vorverständnis seiner Leserschaft zurückgreifen. Für die vorliegende Studie ist allerdings weniger das stereotype Abschreiten bekannter Landschaftsmarken von Interesse als vielmehr deren autobiographische Aneignung.

diese sich beständig wandelnde Rahmung, welche den Raum ästhetisch erfahrbar werden lässt. Waren die Momente unbegrenzter Landschaftswahrnehmung, wie gezeigt, bislang genau jene, in denen die Überwältigung des erlebenden Ichs durch den distanzierenden Blick des erinnernden Ichs aufgehoben wurden, so ermöglicht die ausschnitthafte Sicht nun ein befriedigendes und zu bewältigendes sinnliches Erlebnis. Wie schon bei der ästhetischen Blickschule im Elternhaus[544] sowie später in Museen und Galerien[545] dient die Rahmung des Wahrgenommenen zugleich der Welterfassung und Selbstpositionierung. Gerade die beständige Wandlung macht die Einmaligkeit des „nie gesehne[n], wieder zu schauende[n] Anblick[s]" bewusst, verortet das Ich also an einem spezifischen raum-zeitlichen Punkt.[546]

Hier zeigt sich der Unterschied zur Raumsemantik der Aussichtspunkte. Deren ebenfalls vertikale Dimensionalität ist für das Ich stets mit der Etablierung einer neuen, biographisch-künstlerischen Ich-Position in Bezug auf einen bestimmten Lebensabschnitt verknüpft. Indem dieser

---

[544] Diese beginnt bereits mit den römischen Prospekten des Vaters und setzt sich dann mit den zahlreichen Gemälden, deren Anfertigung im Haus und ihrer Anordnung im Gemäldezimmer fort. Vgl. Kap. 3.1.1.

[545] Vgl. Kap. 3.3.3.

[546] Christian Moser danke ich für den Hinweis, dass Goethes veränderliche Segmentierung der Raumwahrnehmung signifikante Übereinstimmungen mit Verfahren aufweist, die sich in Wordsworths autobiographischen Texten beobachten lassen. Dessen Konzept der „spots of time" markiert ebenfalls bestimmte, raum-zeitliche Punkte, ohne sie aus ihrem Kontext zu isolieren. Hierzu wendet er, vergleichbar mit Goethes „wallenden Rahmen", das Verfahren der fließenden oder sanften Rahmung an. Hier könnte eine komparatistische Studie autobiographischer Topographien und narrativer Verfahren ansetzen. So konstatiert Moser: „Wordsworth plädiert somit für die Synthetisierung von Sehen und Lesen mittels des ortsgebundenen symbolischen Bildes. Es erscheint ihm notwendig, den Ort in der Landschaft zu markieren, ihn zu rahmen und somit als bedeutenden *spot* kenntlich zu machen, aber der Rahmen darf das Bild nicht isolieren und aus seinem Kontext herausreißen. Scharf gerahmte Bilder mortifizieren ihren Gegenstand und bewirken zugleich den tödlichen Stillstand des Betrachters. Wordsworth verficht das Prinzip der sanften Rahmung, die den Wanderer zum Innehalten einlädt, ohne ihn jedoch zu immobilisieren. Er kombiniert die Ortsgebundenheit des Bildes mit der Beweglichkeit des Betrachters. Bild und Betrachter werden dynamisiert [...], aber nicht aus ihrer Verankerung im Raum gelöst und der Zirkulation der Repräsentationen anheimgegeben." Christian Moser, „Maps vs. Picture, Techniken der Visualisierung in der englischen Großstadtliteratur des frühen 19. Jahrhunderts", in: Gertrud Lehnert, Monika Schmitz-Emans (Hgg.), *Visual Culture, Beiträge zur XIII. Tagung der Deutschen Gesellschaft für Allgemeine und Vergleichende Literaturwissenschaft, Potsdam, 18. - 21. Mai 2005*, Heidelberg 2008, 151-166, hier 161; zu den „spots of time" vgl. auch: Christian Moser, „Die delokalisierte Metropole, London in William Wordsworths autobiographischer Dichtung *The Prelude*", in: Ders. et al. (Hgg.), *Zwischen Zentrum und Peripherie, Die Metropole als kultureller und ästhetischer Erfahrungsraum*, Bielefeld 2005, 301-326.

räumlich als Einheit erfasst wird,[547] kann sich das Ich als sinnstiftendes Zentrum erleben und die verschiedenen Aspekte räumlich wie biographisch unter einer einigenden Perspektive ordnen. Der Berg hingegen ist weniger von einem bloßen Distanzierungs- und Subsumptionsbegehren bestimmt als vielmehr durch die schrittweise Bewältigung des Weges selbst. Wie schon die Wallfahrer am Beginn des Aufstiegs in den Blick rücken, steht die Erfahrung der (Lebens-)Reise selbst im Mittelpunkt, wodurch ein stärkeres emotionales wie sinnliches Affiziertsein von Schritt zu Schritt bedingt wird. Das Moment des Überblicks kommt daher erst über das verstärkte Einbringen der autobiographischen Schreibsituation in die Narration zustande. Nur in der selbstreflexiven Rückschau des schreibenden Ichs erhält die räumliche Erfahrung so ihren autobiographischen Bedeutungsgehalt.

Für die Bergwanderung des Ichs ist der solchermaßen portionierte Fernblick daher symptomatisch, ermöglicht er doch eine momentane Standortbestimmung. Die künstlerische Aneignung der näheren Umgebung bleibt dagegen größtenteils erfolglos:

> Den 21. halb 7. Uhr aufwärts; die Felsen wurden immer mächtiger und schrecklicher, der Weg bis zum Teufelsstein, bis zum Anblick der Teufelsbrücke immer mühseliger. Meinem Gefährten beliebte es hier auszuruhen; er munterte mich auf, die bedeutenden Gegenstände zu zeichnen. Die Umrisse mochten mir gelingen, aber es trat nichts hervor, nichts zurück; für dergleichen Gegenstände hatte ich keine Sprache. Wir mühten uns weiter, das ungeheure Wilde schien sich immer zu steigern, Platten wurden zu Gebirgen, und Vertiefungen zu Abgründen. (DW 806f.)

Dem Ich ergeht es hier ähnlich wie beim Anblick des Straßburger Münsters. Das unmittelbare Erleben der erhabenen Landschaft lässt sich, ebenso wie die mächtige Kirche, nicht direkt in ihren Zusammenhängen erfassen und in künstlerische Strukturen überführen. Nicht nur fehlen dem Ich Distanz und Zeit, auch seine zeichnerische Fertigkeit ist noch nicht genügend ausgebildet. Dies wird erst Jahre später auf der anderen Seite der Alpen, während der *Italienischen Reise* geschehen. Zum gegenwärtigen Zeitpunkt besitzt es jedoch „für dergleichen Gegenstände [...] keine Sprache". Goethe greift damit auf den „Unfähigkeits-Topos"[548] zurück, der im Diskurs erhabener Naturdarstellung auf ästhetisch besonders wertvolle Szenerien verweist.[549] Gerade die Unmöglichkeit künstlerischer Darstellung verbürgt dabei die Einzigartigkeit der wahrgenommenen

---

[547] Vgl. hierzu meine Ausführungen zum Blick vom Straßburger Münster auf das Elsass als einer nach allen Himmelsrichtungen geschlossenen Fläche in Kap. 3.5.1.
[548] Helga Schulte Watt, *Deutsche Reisebeschreibungen von Kaempfer bis Stolberg, Vielfalt und Tradition des Genres im 18. Jahrhundert*, Massachusetts 1978, 156.
[549] Vgl.: Raymond, *Landschaft im Kopf*, 162ff.

Landschaft. Im autobiographischen Kontext der Bergwanderung wird dieser Sprachlosigkeit angesichts des äußeren Raums jedoch, wie gezeigt, die poetische Strukturierung des emotionalen Innenraums entgegengesetzt. Die zeichnerischen Bemühungen hingegen misslingen im Weiteren auch auf dem Gipfel des Gotthard-Massives, wo Goethe im dortigen Hospiz Station macht:

> Früh aufgestanden befand ich mich bald zwar unter freiem Himmel jedoch in engen von hohen Gebirgskuppen umschlossenen Räumen. Ich hatte mich an den Fußpfad, der nach Italien hinunterging, niedergelassen und zeichnete, nach Art der Dilettanten, was nicht zu zeichnen war und was noch weniger ein Bild geben konnte: die nächsten Gebirgskuppen, deren Seiten der herabschmelzende Schnee mit weißen Furchen und schwarzen Rücken sehen ließ; indessen ist mir durch diese fruchtlose Bemühung jenes Bild im Gedächtnis unauslöschlich geblieben. (DW 810)

Auch hier, am höchsten Punkt seiner Wanderung, erlangt das Ich keinen Panoramablick. Stattdessen findet es sich „in engen von hohen Gebirgskuppen umschlossenen Räumen". Anders als bei Petrarca, dessen Sicht vom Gipfel ihm die Räume und Stationen seines bisher gelebten Lebens eröffnet, bleibt dem autobiographischen Ich hier der geo- wie biographische Überblick verwehrt. Auf dem Mont Ventoux war allerdings, wie gezeigt, die initiale Wendung nach außen auch strukturell nötig, um im Anschluss die Conversio als innere Einkehr im Sinne von Augustinus inszenieren zu können. Die Situation von Goethes autobiographischem Ich ist dagegen signifikant anders gelagert. Zwar befindet es sich ebenfalls an einem biographischen „Scheidepunkt" (DW 809). Dennoch muss es situativ entscheiden, kann sich auf keine weitergehenden räumlichen Bezüge stützen. Damit liest sich die Goethe'sche Gipfelerfahrung als moderne Umkehrfigur von Petrarcas Schilderung. Im Sinne der über den Berg verhandelten Autor-Genese ist die Szene auf dem Gotthard bezeichnend: Es ist die räumliche Situation selbst, die das Ich auf sich zurück verweist. Handlungsleitende Ordnungsstrukturen werden nicht mehr, wie noch bei Petrarca, durch die identifizierbare und biographisch geprägte Landschaft oder eine religiöse bzw. literarische Autorität gebildet, sondern das Ich selbst ist der einzige mögliche Bezugspunkt. Allerdings kann das Ich auch an dieser Stelle auf seine bürgerliche Agenda vertrauen: Es übt sich im Zeichnen und müht sich so um die eigene Ich-Bildung. Dabei muss es jedoch erkennen, dass es zwar physisch auf dem höchstmöglichen Punkt angekommen ist, nicht aber künstlerisch. Als „Dilettant" bleibt der ästhetische Zugriff auf die Berglandschaft mangelhaft, es entsteht kein angemessenes „Bild". Ergebnis der Bemühungen ist jedoch die Aktivierung der autobiographischen Erinnerungsdimension. Sie ist das, was „unauslöschlich" im Gedächtnis bleibt. Der Raumerfahrung wird damit eine zeitliche

Komponente eingeschrieben, die nicht aus der äußeren Umschau herrührt, sondern aus dem, mit Kant gesprochen, inneren, zeitlichen Sinn. Dieser wird auch im weiteren Verlauf bedeutsam, als der Freund Passavant Goethe den Vorschlag macht, spontan weiter nach Italien zu wandern. So ist es vor die Entscheidung gestellt, zwischen den Wegen nach Deutschland und Italien wählen zu müssen:

> Mir kommt vor als wenn der Mensch, in solchen Augenblicken, keine Entschiedenheit in sich fühlte, vielmehr von früheren Eindrücken regiert und bestimmt werde. Die Lombardie und Italien lag als ein ganz Fremdes vor mir; Deutschland als ein Bekanntes Liebwertes, voller freundlichen einheimischen Aussichten und, sei es nur gestanden: das was mich so lange ganz umfangen, meine Existenz getragen hatte, blieb auch jetzt das unentbehrlichste Element, aus dessen Grenzen zu treten ich mich nicht getraute. Ein goldnes Herzchen, das ich in schönsten Stunden von ihr erhalten hatte, hing noch an demselben Bändchen, an welchem sie es umknüpfte, lieberwarmt an meinem Halse. Ich faßte es an und küßte es; mag ein dadurch veranlaßtes Gedicht auch hier eingeschaltet sein [...]. (DW 811)

Das Ich ist sich seiner geographischen Lage auf der Grenze zwischen Nord- und Südeuropa und der damit verbundenen Möglichkeiten durchaus bewusst. Die betreffenden Räume, namentlich Italien und Deutschland, stehen allerdings nicht der Wahrnehmung zur Verfügung, sondern werden vom Ich gleichsam autobiographisch konstruiert. Dabei sind die zeitliche und die räumliche Dimension nicht mehr zu trennen: Wenn es davon spricht, dass Italien vor ihm liegt (und Deutschland hinter ihm), dann ist das zugleich räumlich und zeitlich gesprochen. Wie schon zuvor – und in der Semantik des Berges als Lebensweg verbleibend – werden auch hier Vergangenheit und Zukunft vom individuellen Standpunkt des Ichs ausgehend verräumlicht. Dabei steht dem erlebenden Ich zur Orientierung lediglich die Erinnerung zur Verfügung, so dass es „von früheren Eindrücken regiert und bestimmt wird". Das erinnernde Ich besitzt dagegen die Möglichkeit, die autobiographische Perspektive in die Zukunft hinein zu verlängern. Es schaltet genau an dieser Stelle im Text ein Gedicht ein, das inhaltlich eben jene Unfreiheit thematisiert, die es aber in der künstlerischen Bearbeitung schon hinter sich lässt. Damit ist zwar die Rückkehr nach Deutschland eingeläutet, die der entscheidungsleitenden Kraft der Erinnerung Rechnung trägt. Zugleich wird dieses innere Erleben aber poetisch verdichtet und in Lyrik transformiert, es erhält eine äußere Form. Die Textstelle in der autobiographischen Narration, in der die Entscheidung stattfindet, wird dadurch mit Kunst ausgefüllt oder anders ausgedrückt, die Entscheidung fällt für die Kunst und das eigene „produktiv[e] Talent" (DW 695). So kehrt das Ich nicht in erster Linie als Liebender nach Deutschland zurück, sondern als Autor. Damit ist, auch wenn das Ich zunächst nach Frankfurt zurückkehrt, letztlich die Entscheidung gegen Lili und für Weimar vorgezeichnet, die am Ende von *Dichtung und Wahrheit* den Text mit dem Sonnenwagen-Zitat aus *Egmont* und damit symbolisch zugleich mit seiner Entscheidung für die Autorenlaufbahn beschließt. Dass an diesem biographischen Scheideweg das gelungene Gedicht neben den erfolglosen Malversuchen steht, weist zudem voraus auf Goethes Erkenntnis, letztlich nicht zur Malerei, sondern „eigentlich zur Dichtkunst geboren" zu sein (IR 556). Diese Einsicht in das Verhältnis seiner künstlerischen Talente, die ihm die elf Jahre später tatsächlich unternommene Reise nach Italien beschert, wird zu Beginn des Rückwegs in ihrer grundsätzlichen Struktur bereits vorweggenommen:

> Ehe wir aber von diesen herrlichen Höhen wieder zum See und zur freundlich liegenden Stadt hinabsteigen, muß ich noch eine Bemerkung machen über meine Versuche durch Zeichnen und Skizzieren der Gegend etwas abzugewinnen. Die Gewohnheit von Jugend auf die Landschaft als Bild zu sehen, verführte mich zu dem Unternehmen, wenn ich in der Natur die Gegend als Bild erblickte, sie fixieren, mir ein sichres Andenken von solchen Augenblicken festhalten zu wollen. Sonst nur an beschränkten Gegenständen mich einigermaßen übend fühlt' ich in einer solchen Welt gar bald meine Unzulänglichkeit. Drang und Eile zugleich nötigten mich zu einem wunderbaren Hilfsmittel: kaum hatte ich einen interessanten Gegenstand gefaßt, und ihn mit wenigen Strichen im Allgemeinsten auf dem Papier angedeutet, so führte ich das Detail, das ich mit dem Bleistift nicht erreichen noch durchführen konnte, in Worten gleich darneben aus und gewann mir auf diese Weise eine solche innere Gegenwart von dergleichen Ansichten, daß eine jede Lokalität wie ich sie nachher in Gedicht oder Erzählung nur etwa brauchen mochte, mir alsobald vorschwebte und zu Gebote stand. (DW 813)

Damit ist auch eine treffende Beschreibung der autobiographischen Tätigkeit gegeben. Die Orte der Autobiographie gewinnen Kontur anhand ihrer sprachlichen Verfasstheit. Erst sie strukturiert die Erinnerung, so dass „eine solche innere Gegenwart von dergleichen Ansichten" erzeugt wird. Mit dieser Formierung zum sprachlichen Bild stehen sie auch der Einbildungskraft und der biographischen Narration zur Verfügung, indem „eine jede Lokalität wie ich sie nachher in Gedicht oder Erzählung nur etwa brauchen mochte, mir alsobald vorschwebte und zu Gebote stand."

3.5.4 Zusammenfassung

Die Fokussierung der Landschaften hat die bisherigen Analyseergebnisse noch einmal um eine wesentliche Dimension erweitert. Bereits im diskursgeschichtlich prägenden Vorgängertext von Petrarca kommt dem Blick auf die Landschaft eine Ich-konstituierende Funktion zu. Dies gilt, wie die Lektüre gezeigt hat, auch für die autobiographischen Aussichtspunkte, wenngleich sich die räumlichen wie literarischen Parameter verschieben. So figuriert der Blick von oben die Verräumlichung eines biographischen Abschnitts und ermöglicht dadurch eine geo- ebenso wie autobiographische Standortbestimmung. Auf diese Weise ist er beides, Lebensschau und Autormetapher, und lässt sich damit als autobiographische Grundfigur fassen. Deren Funktionsweise wird wesentlich durch die Momente der Komposition und der Ausschnitthaftigkeit bzw. Rahmung bestimmt. Indem diese den wahrgenommenen Raum als Landschaft begreif- und beschreibbar machen, organisieren sie den Bezugsmodus des Ichs nicht nur für die Aussichtspunkte, sondern für alle drei, in diesem Kapitel analysierten Landschaftstypen. Durch sie formiert sich die autobiographische Instanz insofern über ästhetisch geformte Räume, als das auf sich selbst reflektierende Ich erst über die geordnete und begrenzte Räumlichkeit zu einer artikulierbaren Struktur seiner Biographie gelangt. Bedeutung etabliert sich in diesem Prozess als Einschreibung von Erfahrungen in den Raum. Diese organisieren als ebenso erinnerte wie in der Landschaft verortete Sehepunkte den aktuellen Wahrnehmungsraum des Ichs und bringen so auch die autobiographische Zeitlichkeit zur räumlichen Anschauung. Auf diese Weise entsteht eine Topographie, die zwar über die konkrete Raumpraxis erschlossen, jedoch erst über deren narrativ vermittelte Erinnerung als Bedeutungsraum installiert wird. In ihm gewinnt die Landschaft ihre Konturen mit den Erfahrungen des Ichs, während zugleich auch dessen Biographie ihre Prägung vom Charakter der Gegend erhält.

Die Einnahme der Überblicksposition lässt sich vor diesem Hintergrund als eine Re-Organisation des Ich- ebenso wie des Raumbezugs beschreiben. Dieser Prozess erfordert Anstrengung und Einübung, wobei das Ich – balancierend zwischen möglicher Desintegration und dem Ergreifen des eigenen Potenzials – den freien Stand erprobt. Vollzogen wird der dazugehörige Vorgang zunächst als tatsächliche leibliche Rückkopplung von Raumwahrnehmung und Ich-Erfahrung in der Körperhaltung. Im weiteren Verlauf der Analyse erweist sich die so eingenommene Position als eine durchaus literarische, indem die distanzierende, ausgewogene Haltung als Effekt gelungener Literatur beschrieben wird. Das Straßburger Münster dient in diesem Zusammenhang als Kreuzungspunkt mehrerer biographischer Diskurse und als Katalysator der eigenen literarischen

Laufbahn. Nicht zufällig geschieht es auf dem Turm des Münsters, dass das Ich sich selbst in die Position dessen einsetzt, der im Modus der Narration auf die Topographie seines Lebens blickt. So wird eine räumliche Bühne geschaffen, auf der das erzählende Ich gegenüber dem erinnerten eine Position der Autorschaft einnimmt. Dadurch treten religiöse oder literarische Letztbegründungen und Autoritäten, wie sie für Petrarcas Landschaftskonstituierung wahrnehmungsleitend sind, in den Hintergrund. An ihre Stelle rückt die vom Ich selbst vorgenommene ästhetische Rahmung, die eine Verräumlichung zeitlich auseinander liegender Erfahrungen ermöglicht. Die dadurch eröffneten raum-zeitlichen Bedeutungslinien bedingen dann wiederum die autobiographische Raumpraxis. So stellen körperliche und sprachliche Raumerschließung zwei Seiten derselben autobiographischen Sinnproduktion dar, deren Knotenpunkt das Selbstverhältnis des Ichs bildet.

Mit dem Gang in den Wald schränkt sich nicht nur die tatsächliche Perspektive des Ichs auf den umgebenden Raum ein, es begibt sich auch in ein semiotisches Dickicht. So dient der Wald als Symbol unberührter Natur und empfindsamer Rückzugsort ebenso wie als imaginierte Gründungsstätte und Fluchtpunkt einer erhofften nationalen Einheit. Damit positioniert er das Ich an der Schnittstelle sowohl ästhetischer als auch politischer Diskurse, deren Verhältnis über die räumliche Bezugnahme verhandelt wird. Dabei zeigt bereits die Königsanekdote, dass auch die vermeintliche Intimität des Waldes immer schon von der Erzählung eingeholt ist, die sie allererst kreiert. Vor diesem Hintergrund ist auch die Suche des Ichs nach einem gesellschaftsfernen Ort der Selbstbesinnung schon narrativ gebahnt. Gerade indem das Ich seine persönliche Innenschau inmitten des Waldes hält, erweist es seine Teilhabe an den nationalen Erzählungen. Damit rückt auch die individuelle Praxis der Autobiographie in die Perspektive nationaler als ästhetischer Geschichtsschreibung. Dies umso mehr, als der Text eine Szenerie entwirft, die nicht nur an die zeitgenössisch-literarischen Wald-Diskurse anschließt, sondern auch Bezüge zum eigenen Werk herstellt. Dazu wird, im Sinne der Künstlerautobiographie, die politische Überhöhung des Waldes in eine ästhetische Sakralisierung als symbolischer Innenraum umgedeutet. Er gerät so zur Chiffre für das künstlerische Material, das über ein räumliches In-Bezug-setzen zum Bild umgeformt wird und dadurch die eigene künstlerische Produktion initiiert.

Zugleich wird anhand der Begegnung mit dem Chemiker Stauf aber auch deutlich, dass die Beschäftigung mit den inneren Prozessen auf die gesellschaftlichen Zusammenhänge bezogen bleiben muss. Dies wird über eine weitere autobiographische Konstellation anschaulich, welche die Beziehung des Ichs zu Friederike räumlich ausbuchstabiert. Über die bildhafte Rahmung bedeutsamer Räume und Stationen perspektiviert der

Wald dabei die verschiedenen biographischen Optionen des Ichs. Zudem führt die Einfassung, die unterscheidbare räumliche Einheiten konstituiert, die notwendige literarische Aufbereitung des Erlebten vor. Mit der Fokussierung des Straßburger Münsters weist sie darüber hinaus auf die gesellschaftliche Aufgabe des Künstlers und damit auch auf die literarische Laufbahn. Auf diese Weise kodiert die räumliche Bühne der Waldlichtung auch die zeitlichen Abläufe und Begründungszusammenhänge. Durch sie gibt das erzählende Ich den Prozess der autobiographischen Bedeutungsgebung als Rahmung und Abfolge von (narrativen) Bildern zu lesen, die über die jeweilige sprachliche Inszenierung des Wahrnehmungsraums in Bezug gesetzt werden.

Die Berge bringen eine weitere Landschaft in den Blick, die von der zeitgenössischen Ästhetik stark in Anspruch genommen wurde. Als neues, in Abgrenzung zur Aufklärung formuliertes Ideal der Erhabenheit und einer das subjektive Empfinden zum Maßstab nehmenden Naturerfahrung stellen insbesondere die Schweizer Alpen eine ausformulierte Wahrnehmungs- und Rezeptionsfolie für die Erfahrungen des Ichs bereit. Noch bevor es die Berge selbst betritt, werden diese in eine literarische ebenso wie biographische Perspektive gestellt: Ersteres durch die Gleichsetzung antiker Autoren mit Berggipfeln, letzteres durch den als lebensgeschichtliches Panorama lesbar werdenden Blick aus Bodmers Fenster. Diese doppelte Semantisierung setzt der Text dann während des Aufstiegs zum Gipfel des Gotthards als autobiographische Differenzierung der Raumerfahrung um. Hierzu schaltet der Text zwischen zwei parallel geführten Raumwahrnehmungen hin und her, derjenigen des erlebenden und der des erinnernden Ichs. Dieses Verfahren bewirkt erstens eine Verzeitlichung der Raumerfahrung, die den Blick auf die gesamte Autor-Biographie lenkt und das erlebende Ich darin verortet. Zweitens vollzieht sich der Wechsel jeweils an spezifischen Punkten der Bergerfahrung. Dabei ersetzt das erinnernde Ich bestimmte Raumwahrnehmungen und Ansichten des erlebenden Ichs durch lyrische Passagen. An die Stelle einer möglichen kognitiven oder affektiven Überforderung tritt so die künstlerisch bewältigte und gestaltete Perspektive auf das eigene Leben, das Bild. Durch diese narrative Doppelung durchquert das Ich den Raum immer auch als Autor, figuriert der Aufstieg auch die literarische Karriere. Der Berg gerät so zur Allegorese des Autorlebens, das sich anhand des „poetischen Faden[s]" (DW 805) strukturiert. Mit diesem sind nicht nur die Stationen von Wilhelm Tells Biographie bezeichnet, die das Ich während der Wanderung abläuft. Er verbildlicht auch gleichermaßen den Erzählfaden der autobiographischen Narration und den Faden der Ariadne, mithin die räumliche Organisation der Erinnerung. Die konkrete, schrittweise Raumpraxis der Wanderung durch die alpine Landschaft ist so gleichermaßen prospektive Raumerschließung des erinnerten Ichs wie retrospektive Gestaltung der Narration durch das erzählende Ich.

Die solchermaßen etablierte Ausfaltung der autobiographischen Schreibsituation erlaubt es dem erzählenden Ich in der Folge, die artifizielle, theatrale Dimension der Räume auszustellen, die das erlebende Ich durchschreitet. Während es dergestalt die Autorschaft über die eigene Biographie demonstriert, behält doch gleichzeitig auch die Perspektive des erlebenden Ichs ihre Berechtigung. Mit dieser geht eine eingeschränkte, raum-zeitliche Wahrnehmung einher. Hier wird auch ein wesentlicher Unterschied zu den eher statisch angelegten Aussichtspunkten deutlich. Während es bei letzteren um die grundsätzliche Erarbeitung und Etablierung einer spezifischen Perspektive geht, liegt das Spezifikum der alpinen Raumerfahrung in der schrittweisen Bewältigung des (Autor-)Wegs mit seinen je spezifischen Ich-Positionen. Aus diesem Grund misslingt dem erlebenden Ich der Panoramablick nicht nur unterwegs, sondern auch auf dem Gipfel. An seine Stelle wird erneut die künstlerische Formung des eigenen Innenraums gesetzt. Mit dieser Konstellation verbinden sich zwei biographisch relevante Erkenntnisse. Zum einen ist das Ich hier, in Umkehrung des petrarcischen Gipfelerlebnisses auf dem Mont Ventoux, über die räumliche Situation direkt auf sich selbst verwiesen. Statt äußerer Autoritäten verbleibt ihm lediglich sein eigenes poetisches Vermögen. Zum anderen ist die Entscheidung, die auf dem Gipfel fällt, die für die eigene Kunst. Auf diese Weise kehrt das Ich in erster Linie als Autor nach Deutschland zurück. Literarisch hat damit der Aufstieg erst begonnen.

4. Ausgang

So wie *Dichtung und Wahrheit* beginnt, endet es auch – mit einem Blick in die Sterne:

> Kind, Kind! nicht weiter! Wie von unsichtbaren Geistern gepeitscht gehen die Sonnenpferde der Zeit mit unseres Schicksals leichtem Wagen durch, und uns bleibt nichts, als mutig gefasst, die Zügel festzuhalten, und bald rechts, bald links, vom Steine hier, vom Sturze da die Räder abzulenken. Wohin es geht, wer weiß es? Erinnert er sich doch kaum, woher er kam. (DW 852)

Die Worte, die das berühmte Bild vom Sonnenwagen und dessen Lenker aufrufen, legt sich Goethe beim Aufbruch nach Weimar selbst in den Mund. Damit mündet die Autobiographie zuletzt in die Autor-Biographie, handelt es sich bei dem Ausspruch doch, wie bereits in der Analyse erwähnt, um ein Zitat aus dem *Egmont*.[550] Das Bild weist jedoch literarisch wie biographisch noch weiter. Auch in *Faust II* taucht eine Knaben-Figur als Wagenlenker auf, die im Textverlauf als allegorische Figur, als Poesie selbst erkennbar wird: „Bin die Verschwendung, bin die Poesie. / Bin der Poet, der sich vollendet / Wenn er sein eigenst Gut verschwendet." [551] Mit dem 1831 fertiggestellten und erst postum veröffentlichten Text spannt sich der Bogen also bis zum Alterswerk und darüber hinaus. Gleichzeitig bekräftigt das Bild die Entscheidung für die Literatur als biographischem Weg, in dessen Verlauf der Autor „sich vollendet".

Anders als zu Beginn von *Dichtung und Wahrheit* ist hier allerdings insofern von einem metaphorischen Blick in den Himmel die Rede, als die astrologische Konstellation im biographischen Verlauf dem Kosmos der eigenen Literatur gewichen ist. Gleichwohl verlaufen auch hier die biographische Orientierung und Bedeutungsgebung über ein explizit räumli-

---

[550] Johann Wolfgang Goethe, *Egmont*, in: Ders., *Sämtliche Werke. Briefe, Tagebücher und Gespräche*, I. Abt., Bd. 5, *Dramen 1776-1790*, hg. von. Dieter Borchmeyer, Frankfurt a.M. 1988, 459-551, 493. Aus der Antike ist das Wagenlenker-Motiv vor allem durch Platon und Ovid bekannt, vgl.: Publius Ovidius Naso, *Metamorphosen*, hg. und übers. von Erich Rösch, zweisprachige Ausg., München 1979; Platon, *Phaidros oder Vom Schönen*, Stuttgart 1998, 44f. und 53f.

[551] Johann Wolfgang Goethe, *Faust, Der Tragödie zweiter Teil*, in: Ders., *Sämtliche Werke. Briefe, Tagebücher und Gespräche*, Bd. 7/1, *Faust, Texte*, hg. von Albrecht Schöne, Frankfurt a.M. 1994, 201-464, 234. Auch in einem Brief an Herder vom Juli 1772 spricht Goethe vom Wagenlenker als „Symbol künstlerischer Meisterschaft". Johann Wolfgang Goethe, *Sämtliche Werke. Briefe, Tagebücher und Gespräche*, II. Abt., Bd. 1 (28), *Briefe, Tagebücher und Gespräche vom 23. Mai 1764 bis 30. Oktober 1775*, Frankfurt a.M. 1997, 256; zur Figur des Knaben in *Faust II* vgl.: Johannes Anderegg, „Knabe Lenker", in: Anselm Maler, (Hg.), *J.W. Goethe – fünf Studien zum Werk*, Frankfurt a.M./Bern/New York 1983 [Kasseler Arbeiten zur Sprache und Literatur; 15], 85-115.

ches Bild. Sie werden als Raumdurchquerung gefasst, die Lebensweg und Lauf der Gestirne erneut in Eins setzen. Während jedoch die Geburtskonstellation einen biographisch ersten raum-zeitlichen Punkt markiert, ist das Ende des Texts auf seine Transzendierung hin angelegt. Es weist, wie dargelegt, räumlich und zeitlich über sich hinaus auf die Zukunft in Weimar bzw. als Autor. Zusammengebunden werden diese Bedeutungsstränge durch eine konkrete Reisesituation: „Der Wagen stand vor der Tür, aufgepackt war, der Postillion ließ das gewöhnliche Zeichen der Ungeduld erschallen [...]." (DW 852) Indem das Ich nun tatsächlich einen Wagen besteigt, überlagern sich körperlich-praktische Raumerschließung, intertextuelle und metaphorische Dimension in der Gestaltung der Szene. Damit bildet der textuelle Moment zugleich auch den Koordinationspunkt zeitlicher Abfolgen.

Auf diese Weise erhält der Text eine Rahmung und eine, zumindest formale, Geschlossenheit, welche die zu Beginn entworfene Konstellation erneut aufnimmt und weiter führt. An den gleichen Punkt gelangt, möchte auch ich auf den folgenden Seiten die in meiner Arbeit entworfenen Fäden noch einmal aufgreifen und zusammenbringen. Zu diesem Zweck werde ich zunächst einige wesentliche Ergebnisse meiner Analysen umreißen, wobei ich noch einmal auf die Strukturmerkmale autobiographischer Räumlichkeit eingehe. Wie diese mit den jeweiligen Räumen und Orten in Zusammenhang stehen, zeigt der anschließende Durchgang durch die einzelnen Kapitel. Hieraus ergeben sich einige Überlegungen zur generellen Relevanz der Ergebnisse für die Autobiographie- bzw. Auto(r)fiktionsdebatte.

Die Grundlage meiner Arbeit bildeten die detaillierten Textlektüren, die sich für mein Vorhaben als ebenso notwendig wie produktiv erwiesen haben. Die kleinschrittige Analyse der beschriebenen Raumstrukturen hat es ermöglicht, die narrativen Verfahren der Raum-Konstituierung in mehrfacher Hinsicht als Strategien der autobiographischen Ich-Bildung zu beschreiben. So wurde deutlich, dass sich die Bedeutung der Räume und Orte unter anderem über eine Anzahl von Raumfiguren etabliert, die als solche erst mit dem Ich zusammen entstehen. Hierzu gehören die räumlichen Parameter der Nähe bzw. Distanz, Perspektive und Komposition, Rahmung bzw. Panorama, Überblick vs. Beschränkung des Sichtfelds, der Wechsel von innen und außen sowie die Figuren der Grenze bzw. Schwelle. Über die jeweiligen Raumfiguren wird das Ich nicht nur in eine bestimmte Position allererst eingesetzt. Der so bezeichnete räumliche Bezugsmodus wird auch mit einer autobiographischen Semantik versehen, die sich aus gesellschaftlichen Kodierungen ebenso wie dem individuellen Umgang mit dem Raum herschreibt.

Damit ist die grundlegende Doppelstruktur autobiographischer Räume und Orte bezeichnet. Räumlichkeit konstituiert sich dabei durch raumerschließende Praktiken und Positionierungen, die zugleich immer schon eine metaphorisch-bildliche Perspektive etablieren. Die Analysen haben gezeigt, dass sich die materiell-physikalische und die rhetorisch-tropische Dimension zwar in der Beschreibung, nicht aber in der Bedeutungsorganisation des Texts trennen lassen. Ihre vorgängige Überlagerung bildet im Gegenteil ein Konstituens autobiographischer Räumlichkeit. Diese Mehrfachkodierung liegt strukturell im Selbst-Verhältnis des Ichs begründet. Hierdurch unterliegt die Vermittlung zwischen erzählendem und erinnertem Ich einer kontinuierlichen bedeutungsleitenden Gestaltung. In diesem Sinn konstituiert die autobiographische Schreibsituation auch eine genuin eigene Räumlichkeit. Es ist das Zusammenspiel der beiden Ich-Figuren, das einen narratologischen Raum aufspannt, in dem das autobiographische Ich allererst ein Verhältnis zu sich selbst gewinnt. Seine notwendige und konkrete Ausgestaltung erhält diese Konstellation durch die jeweiligen Räume und Orte. Diese bilden die Wahrnehmungs- und Erfahrungsräume des erinnerten Ichs. Zugleich entstehen sie aber erst in ihrer sprachlichen Gestaltung durch das erzählende Ich. Damit sind sie per se immer auch inszenierte, imaginierte Räume der Erinnerung. Auf diese Weise begründen sie auch das Verhältnis von räumlicher und zeitlicher Dimension für die Organisation des Texts. Die jeweils konkreten Räume stehen in dem beschriebenen doppelten Bezug, sie weisen über sich selbst hinaus und fächern so die räumliche Ordnung des Textes auf. Über den momentan wahrnehmbaren Raum hinaus wird das erinnerte Ich zu verschiedenen biographischen Phasen und Räumen in Bezug gesetzt, es entstehen Bedeutungskontinuitäten. Dementsprechend erhalten die so entworfenen Räume zunächst eine erste biographische Kodierung, die dann durch die Raumnutzungen des erinnerten Ichs in unterschiedlicher Weise ausbuchstabiert und relativiert wird.

Ins Werk gesetzt wird dieses konstruktive Spiel mit dem Selbstbezug unter anderem durch die fortlaufende Neu-Bestimmung der beiden Ich-Positionen zueinander und im Verhältnis zum Raum. Der kontinuierliche Selbst-Bezug wird so aber nicht nur als räumliche Praxis, sondern auch als Feld der Inszenierung deutlich. Diese vollzieht sich in je spezifischer Weise sowohl über das erlebende als auch über das erzählende Ich. Die Inszenierungsmomente des erlebenden Ichs verlaufen über die Bezeichnungen bzw. die Nutzung der räumlichen Strukturen und der damit verbundenen Wahrnehmungspositionen und Raumhandlungen. Ihre Funktion als Inszenierungsmarker erhalten sie allerdings z.T. – hier wird noch einmal die Überlagerung in der Raumkonstituierung deutlich – im Zusammenspiel mit den Verfahren des erzählenden Ichs. Letzteres entwirft fortwährend die narrative wie auch semantische Organisation des Texts anhand von Übergängen und Anschlüssen, narrativen Kommentaren und Reflexionen, Begriffswahl und Metaphorisierung. Damit sind die räumlichen Bühnen in ständiger Veränderung begriffen, ihre semantischen Rahmungen erweitern, verschieben und überlagern sich. Auf diese Weise verhandelt die Ich-Figur den eigenen räumlichen wie auch biographischen Status, wobei die konkrete räumliche Konstellation und deren sprachlich-rhetorische Gestaltung ineinander greifen.

Damit weben sie zudem die verschiedenen Formen pro- und retrospektiver biographischer Zeitlichkeit in die räumlichen Arrangements. So wird über die räumliche Perspektive die chronologisch ablaufende Zeit ebenso wie die damit einhergehende syntagmatische Reihung der Narration als Organisationsprinzip der lebensgeschichtlichen Bedeutung relativiert. An ihrer Stelle wird die der autobiographischen Situation eingeschriebene Zeitlichkeit als Mittel der Inszenierung räumlicher Szenen in Dienst genommen. Nicht nur Zeitraffungen und -dehnungen, auch die Verknüpfung verschiedener Räume über die Zeit hinweg machen die zeitliche Dimension als Gestaltungsmittel autobiographischer Bedeutungslenkung einsichtig. Anhand der räumlichen Strukturen werden so die Produktionsmechanismen des narrativen Ich-Entwurfs beschreibbar.

Damit haben die Analysen ein weiteres Funktionsmerkmal autobiographischer Räumlichkeit ausgewiesen: die poetologische Selbstreferenzialität. In der doppelten Perspektive des Ich-Bezugs werden die räumlichen Arrangements als poetologische Szenarien lesbar. In ihnen werden sowohl die Konstituierung des Künstler-Ichs und seiner ästhetischen Maximen als auch der autobiographische Schreibprozess und die damit verbundenen Konzepte räumlich ausagiert. Vorstellungen von autobiographischer Innerlichkeit und Authentizität sind damit, so konnte gezeigt werden, nicht nur grundlegend an eine räumliche Metaphorik geknüpft. Mittels im Textverlauf entworfener Bühnen und Konstellationen gestalten sie auch beständig die konkret beschriebenen Raumhandlungen der Ich-Figur und deren Bedeutung mit. Über die räumliche Dimension des Selbstbezugs lassen sich so auch dessen auktoriale Prämissen zur Anschauung bringen.

Das Gleiche gilt für die Formierung des Autor-Ichs und dessen ästhetisch-gesellschaftlichen Anspruch. So kann für *Dichtung und Wahrheit* die systematische Funktionalisierung der beschriebenen Räume und Orte für die Legitimierung der eigenen Autorposition und der dieser vorausgehenden künstlerischen Entwicklung konstatiert werden. Diese wird unter anderem über einen Perspektivwechsel in der Raumwahrnehmung ins Werk gesetzt, der einen ästhetischen Bezugsmodus begründet. Insbesondere religiös kodierte Räume erhalten ihren Wert nun vermittels der künstlerischen Autorschaft, auf die so deren gesellschaftliche Funktionen übergehen. Diese literarisch-gesellschaftliche Autorität ist somit selbst gegeben, sie besitzt die Form einer räumlich begründeten Selbstzuschreibung. Über die Darlegung der räumlichen Funktionszusammenhänge lässt sich – dies eine weitere Erkenntnis der Analysen – der Inszenierungscharakter des autobiographischen Autor-Bilds nachvollziehen. Dadurch wird nicht nur einem Anspruch auf autobiographische ‚Wahrheit' der Boden entzogen. In der Geste der Selbst-Inszenierung gründet auch eine auto(r)fiktionale Qualität des Ich-Bezugs. Es sind die vom erinnernden Ich durch die Narration aufgespannten und beständig modifizierten Räume, welche die Selbstbegegnung ermöglichen, gestalten und mit Bedeutungsrahmen versehen.

Dies zeigt sich bereits im Verlauf des ersten Kapitels, das mit dem Haus eine Grundstruktur der autobiographischen Erinnerungstätigkeit in den Blick genommen hat. Dessen architektonische Arrangements figurieren, wie im Verlauf der anschließenden Kapitel deutlich wird, wesentlich die späteren biographischen Entwicklungen und Dynamiken. Entsprechend verläuft die biographische Auseinandersetzung mit dem Vater, die sich als ein Grundkonflikt durch den gesamten Text zieht, über die räumliche Ordnungsfigur der Treppe. Diese fungiert als räumliche Konkretisierung des väterlichen und auch für das Ich gewünschten Lebensmodells. Vor diesem Hintergrund werden auch Fragen der Teilhabe und der Generationenfolge über bauliche Veränderungen am Haus verhandelt. Zwar führen die unterschiedlichen biographischen Vorstellungen letztlich mit zum Auszug des Ichs, doch gelingt es ihm im Verlauf der Narration die Semantik der Treppe im Sinne der eigenen literarischen Ambitionen umzudeuten. Damit ist auch ein wichtiges Merkmal der erwähnten Raumfiguren bezeichnet. Sie setzen einen Bedeutungszusammenhang ins Werk, der jedoch nicht statisch bleibt. Stattdessen erhalten sie ihre autobiographische Relevanz in Abhängigkeit von der jeweiligen Szenerie und deren Raumnutzung. So schreiben sich die Bezugsmodi durch Spiegelungen und Variationen fort, werden immer wieder in neue autobiographische Konstellationen gefasst und gewinnen so ein spezifisches Referenzspektrum. In diesem Kontext sei noch einmal auf das Goethe'sche Konzept der wiederholten Spiegelungen verwiesen, das bereits in der Geburtsszene seinen Ausgang nimmt. Sowohl räumliche Strukturen als auch Ich-Figuren werden dabei aufeinander abgespiegelt, einander gegenüber gestellt und in neue Kontexte verschoben. Über die gesamte Narration erfolgt dadurch eine Bedeutungsanreicherung, die aufeinander bezogenen Spiegel dienen als semantische Multiplikatoren.

Eine räumlich organisierte Bedeutungsüberlagerung lässt sich auch beim Kinderzimmer beobachten, das mit der Figur des Ein- und Ausschlusses verbunden ist. Einerseits wird das erinnerte Ich im Stubenarrest auf den begrenzten Raum des Zimmers zurückgeworfen und von der restlichen Welt ausgeschlossen. Andererseits tritt es als Regisseur des Puppentheaters selbst aus dem eigenen Raum zurück, der so für die ästhetische Gestaltung frei wird. Diese Strategie der autobiographischen Umkodierung, die den jeweiligen Raum explizit zum ästhetischen Gestaltungsobjekt macht und damit den autorschaftlichen Aspekt markiert, zieht sich als Struktur bis auf den Gipfel des Gotthard durch. Darüber hinaus nimmt hier die erste einer Reihe von poetologisch analysierbaren Szenen ihren Anfang, die Innerlichkeit bzw. Privatheit räumlich als autobiographische Geste markieren.

Über das Fenster wird zudem die Raumfigur der Grenze eingeführt. Deren Dynamik aus Trennung bzw. Rückzug und (imaginierter bzw. tatsächlicher) Überschreitung erweist sich als maßgeblich für die künstlerische Entwicklung des Ichs. Damit verbinden sich auch grundsätzliche Fragen der künstlerischen Darstellung und ästhetischer Maßstäbe. Diese sucht das Ich in der Erprobung religiös-symbolischer Handlungen sowie bei den Aufenthalten in anderen Häusern zu finden.

Die Gärten, denen das zweite Kapitel gewidmet war, schließen sich räumlich an die Häuser an und bilden damit einen Übergangsraum zur öffentlichen Sphäre. Biographisch vermitteln sie so die Phasen der Kindheit und Jugend sowie die Dynamik von Individuation und Vergesellschaftung. Als Paradiesgarten immer schon Teil einer Erzählung und ästhetisch geformter Raum, werden diese Qualitäten in *Dichtung und Wahrheit* für die individuelle Genese des Künstler-Ichs erschlossen. Hierzu dienen die unterschiedlichen Positionen des Ichs in Bezug auf den Garten: außerhalb, innerhalb und auf der Grenze. Sie figurieren jeweils eine bestimmte Autorposition sowie eine gesellschaftliche Stellung. Dabei wird das Moment der Distanz, das die erste Garten-Szene etabliert, als Bedingung der Möglichkeit künstlerischer Perspektivbildung und eigener Produktion ersichtlich. Es wird in der Folge in unterschiedlichen Kontexten und Konstellationen die Entwicklung des Ichs zum Künstler mitgestalten.

Inszeniert über das Betreten und Verlassen des großväterlichen Gartens, wird zudem die beginnende Auseinandersetzung des Ichs mit der gesellschaftlichen Sphäre und der eigene Platz darin verhandelt. Hierbei markiert der familiäre Sündenfall den Übergang von der Kindheit zur Jugend, zeigt aber zugleich auch an, dass es dem Ich an Erfahrung und Kompetenzen mangelt. In ästhetischer Hinsicht eignet es sich diese programmatisch im *Knabenmärchen* an, das den Garten als Bereich der künstlerischen Einbildungskraft einsetzt. Es ermöglicht nicht nur die Bildung der Imagination, sondern zugleich damit auch die prospektive Einnahme der Autorposition. Diese wird explizit als räumliche Konstellation eingeführt, die den Zugang zum Garten an eine ästhetisch stimmige bzw. glaubwürdige Komposition bindet. In der Folge wird die Figur der Grenze wieder aufgenommen und als Grenzgang aktualisiert, der einen notwendigen Schritt auf dem Weg zum Künstler bezeichnet: die Vermittlung unterschiedlicher Sphären, sowohl gesellschaftlich als auch individuell zwischen tätiger Erfahrung und Introspektion. Die Umsetzung dieser Erkenntnis mündet in der Nutzung des Gartens als Inszenierungsraum. Hier tritt das Ich nun auch realiter als Autor auf, der mit der Publikation des *Götz* seinen Platz als literarischer Kunstgärtner einnimmt.

Gegenüber den Gärten erweitern die öffentlichen Räume, die ich im dritten Kapitel analysiert habe, den Aktionsradius des Ichs erheblich. In ihnen geht es wesentlich um seine beruflich-künstlerische Etablierung. Dabei macht die Straße zunächst die grundsätzliche Ambivalenz des öffentlichen Raums erfahrbar: Er ermöglicht die Erweiterung von Wissen und Erfahrung, bringt aber auch die Gefahr der Desintegration und Regellosigkeit mit sich. Die räumliche Überschreitung dieser Grenze öffnet dem Ich zugleich neue kulturelle und religiöse Sphären. Hierdurch kann es, in Fortführung der Konstellation in den Gärten, eine vermittelnde Position auf der Grenze einnehmen. Diese ist nun allerdings keine rein ästhetische mehr, sondern eine aktiv handelnde. In diesem Sinne ist auch das Hinaustreten auf die Straße nicht nur durch die Ansprache als Autor geprägt, sondern auch durch die tatsächliche Textproduktion.

Die Gasthöfe werden zunächst als Teil der väterlichen Lebensgeschichte eingeführt, die sie zugleich mit einem Bann belegt. Vor diesem Hintergrund besitzt die Integrierung in die eigene biographische Sphäre für das Ich eine zweifache Funktion: mit der Abgrenzung von väterlichen Vorstellungen geht auch eine berufliche Orientierung einher. So nutzt es die Gasthöfe zur Erprobung seiner künstlerischen Wahrnehmung und gestaltet sie damit zu ästhetischen Räumen um. Der dadurch erworbene Zugang erschließt die Gasthöfe als Kreuzungspunkte der bürgerlichen und adeligen Schicht und erlaubt es dem Ich, seine beruflichen Ambitionen in Absetzung vom Vater zu verfolgen.

Museen und Galerien sind dagegen bereits im Elternhaus präsent. Sie figurieren die frühkindliche Ausrichtung auf klassische Kunst und darüber auch die Perspektive der späteren Autor-Genese. Zugleich begründen sie ein bürgerliches Selbstverständnis, das Bildung zum gesellschaftlichen Gradmesser erhebt. Für das Ich macht sich daher an den Galerien die Frage nach der Rolle des Künstlers in der Gesellschaft fest. Dessen Position wird nicht nur über die Sakralisierung von Kunstwerken und Kunst-Orten aufgewertet. In der Konsequenz tritt der Künstler auch als Vermittler dieser ästhetisch begründeten Werte auf. Dem entspricht eine Verabsolutierung des künstlerischen Blicks, die räumlich als beständige Positionsbestimmung inszeniert wird. Aus ihr resultiert eine Verflechtung von Kunst und Leben, die auch programmatisch für *Dichtung und Wahrheit* steht.

Im Gegensatz zu den Museen und Galerien erfahren die Kirchen eine Entsakralisierung. Ihr Wert bestimmt sich, in der Umdeutung des Ichs, stattdessen durch ihre ästhetisch-materiellen Qualitäten. Symbolischen

Ausdruck erhält die Perspektive im Bild der Dichter-Krönung als Subsumierung von religiöser und politischer unter die ästhetische Dimension. Im Übergang von Transzendenz zu Anschauung wendet sich das Ich vom kirchlichen Innenraum zu dessen Außen und nimmt die Gebäude nur mehr als architektonische Kunstwerke wahr. Dabei kommt erneut das Moment der Distanz als räumliche Grundfigur eines künstlerischen Sich-In-Bezug-Setzens zum Tragen. Durch die Einnahme einer angemessenen Position wird es dem Künstler-Ich möglich, nationale, nun ästhetisch begründete, Symbole zu schaffen.

Im vierten Kapitel verschob sich der Fokus der Analyse von fixierbaren Raum- und Ortsstrukturen zur räumlichen Bewegung selbst sowie den damit verbundenen Raum- und Ich-Erfahrungen. Die Reisewege stellen insofern eine wesentliche Komponente der autobiographischen Ich-Bildung dar, als sie die grundsätzliche Verknüpfung von Raumdurchquerung und Formierung der Biographie bzw. deren Anordnung in der Narration zur Anschauung bringen. Dabei besitzen die Reisen eine grundsätzliche Ambivalenz. Begründet der Modus des Nomadischen eine u.U. gefährliche Distanzierung und Abwendung von den gesellschaftlichen Zusammenhängen, so gewährt er doch zugleich auch die nötigen Freiräume, um eigene Positionen und Maßstäbe zu entwickeln.

Die Wanderung als Grundfigur des Reisens stellt dabei, im Sinne Odysseus', auch eine narrative Schablone für die biographische Reflexion des eigenen künstlerischen Werdegangs. Indem das Ich seine Aufmerksamkeit auf die Praxis des Gehens selbst lenkt, gerät die Natur als Landschaft, d.h. als ästhetisch geformter Raum, in den Fokus. Dessen Aneignung geschieht durch eine Schulung des Blicks, die sich als rahmende und perspektivgebende Einübung des räumlichen In-Bezug-Setzens vollzieht. Durch sie gewinnen Selbst- und Weltwahrnehmung des Ichs an Kontur, es erkennt jedoch auch, dass es letztlich auf sich selbst als sinngebende Instanz verwiesen ist.

Die Dynamik der Schiffsfahrten ist anders gelagert. Sie kreieren einen abgerückten Raum, der ein Spiel mit gesellschaftlichen Regeln, aber auch Introspektion ermöglicht. Das christliche Biographiemodell der Lebensreise wird vom Ich hierzu als Schiffsreise gefasst und im gleichen Zug vom Religiösen in eine ästhetische Semantik übertragen. Ein Blick auf die *Italienische Reise* konnte die textübergreifende Relevanz des Schiffs als Ort der künstlerischen Transformation deutlich machen. Diese vollzieht sich im Sinne eines ‚rite de passage' als Abwendung von der Welt, der aber die erneute Zuwendung aus der gewandelten Perspektive des Künstlers folgt. Wiederum ist es damit die spezifische Dimensionalität eines Ortes, die eine Raumerfahrung vermittelt, durch die sich das Ich allererst als autobiographisch bedeutsame Instanz formiert. Die Zeit erscheint dabei im Verlauf dieses Prozesses verlangsamt.

Darin unterscheiden sich die Schiffsfahrten von den Ausritten, die mit einer beschleunigten Raumwahrnehmung und einer dezidierten Wendung nach außen einhergehen. Sie ermöglichen so eine aktive Raumerschließung und die gezielte Aneignung von Kenntnissen über die gesellschaftlichen Lebens- und Produktionszusammenhänge. Als grundlegend für die Praxis des Reitens hat sich zudem ihre transgressive Dynamik erwiesen. Sie ist auf ein beständiges Überschreiten der erfahrenen Räume ebenso wie der emotional-kognitiven Zustände hin angelegt. Dies wird unter anderem durch die Figur der Projektion umgesetzt, die eine Verräumlichung der autobiographischen Zeit bewirkt. Zugleich führen die Ausritte die beständigen Rollenwechsel vor, die das Ich im Verlauf der Narration vollzieht.

Das fünfte und letzte Kapitel rückte die Landschaften in den Mittelpunkt. Jeder der drei analysierten Räume akzentuiert dabei ein anderes Moment der künstlerischen Ich-Bildung in ihrem Verhältnis zur Gesellschaft. Den Aussichtspunkten kommt bereits spätestens seit Petrarcas Ventoux-Erfahrung eine Ich-konstituierende Funktion zu, die aber im Kontext von *Dichtung und Wahrheit* neu formuliert wird. Hier dienen sie zunächst ebenfalls zur Verräumlichung eines biographischen Abschnitts. In diesem Sinn markieren sie grundsätzlich die Position des Autors, aber auch die des Autobiographen. Aus der Perspektive des Überblicks wird die wahrgenommene Natur als Landschaft begreif- und beschreibbar. Hierbei erweisen sich, wie schon beim Wandern, die Verfahren der Komposition und der Rahmung als konstitutiv. Das Ich nimmt so über die räumlich ausgelegte Biographie auch selbst Gestalt an. Beide werden anhand der ästhetisch geformten Räume beschreibbar, sie erhalten eine Struktur. Auf diese Weise entsteht eine autobiographische Topographie, die jedoch erfahrungsgebunden und damit immer wieder neu zu (be)schreiben ist. Die Aussichtspunkte figurieren damit die Einnahme einer neuartigen Ich-Position, die allerdings erst eingeübt werden muss. Sie bildet die Voraussetzung für das literarische Arbeiten, insofern, als die durch sie räumlich erworbene, distanzierte und ausgewogene Haltung auch durch gelungene Literatur vermittelt wird.

Der Wald schränkt im Gegensatz zu den Aussichtspunkten das Blickfeld des Ichs ein, schirmt es aber auch von der Umgebung ab. Über ihn werden sowohl ästhetisch-literarische als auch politische Diskurse verhandelt, zu denen sich das Ich durch seine Raumnutzung verhält. So wird die dort von ihm betriebene Innenschau als Teil ebendieser Kodierungen erkennbar. Über sie partizipiert das Ich an literarischen und nationalen Erzählungen, denen es auch das eigene Œuvre einschreibt. Autobiographie als individuelle Praxis wird unter diesen Bedingungen in eine Perspektive gerückt, in der sie als eine Form der ästhetischen Geschichtsschreibung gemeinschaftsstiftende Relevanz erhält. Auf diese

Weise wird der Wald als symbolischer Innenraum inszeniert. Als solcher stellt er das räumliche wie mnemonische Material, das vom Künstler-Ich zum Bild umgeformt wird.

Auch die Berge sind bereits durch zahlreiche Texte, in denen sie zum zeitgenössisch-erhabenen Naturideal stilisiert werden, als ästhetisch bedeutsame Landschaft bezeichnet. In *Dichtung und Wahrheit* erhalten sie sowohl eine literarische als auch eine biographische Rahmung. Demnach werden die Schweizer Alpen zum Raum der antiken Autoren umgedeutet, während die Dimensionalität der Berge zugleich den biographischen Werdegang in die räumliche Praxis des Aufstiegs umsetzt. Dieser doppelten Semantik entsprechend, werden bei der Wanderung des Ichs zum Gotthard, mehr noch als bei anderen Räumen, zwei Raumwahrnehmungen parallel geführt: die des erinnernden und die des erlebenden Ichs. Hierdurch wird eine Verzeitlichung des durchquerten Raums bewirkt, welche die gesamte Autor-Biographie in den Blick rückt und das erlebende Ich darin verortet. Der Aufstieg ist somit zugleich ein räumlicher als auch ein literarischer. Diese Perspektive wird dadurch verstärkt, dass bestimmte Aussichten durch lyrische Passagen ersetzt werden und so der künstlerisch gestaltete Zugang zum eigenen Leben in den Vordergrund rückt. Dabei bleibt aber die Wanderung zum Gipfel an die schrittweise Bewältigung des Autor-Weges gebunden, wodurch sich signifikante Abweichungen zu Petrarcas Gipfelerlebnis ergeben. Anders als bei letzterem bleibt dem Goethe'schen Ich der Panoramablick versagt. An dessen Stelle tritt die künstlerische Formung des eigenen Innenraums. Über die räumliche Konstellation ist das moderne Künstler-Ich, in Absetzung vom Vorgängertext, nun ausschließlich auf sein eigenes poetisches Vermögen verwiesen. Mit der lyrischen Gestaltung der Entscheidung zur Umkehr auf der Grenze zwischen der Schweiz und Italien ist aber noch eine weitere biographische Richtung vorgegeben: Das Ich kehrt zwar zurück, doch es tut dies als Autor.

Damit spannt sich der Bogen zurück zum Beginn dieses Resümees und zum Sonnenwagen-Zitat, das die autobiographische und die literarische Narration ineinander münden lässt. Die Konstituierung des autobiographischen Ichs, das hat der Blick auf die Ergebnisse dieser Arbeit gezeigt, vollzieht sich ebenfalls im Zusammenspiel von Imagination und Erinnerung, räumlicher Konstellation und korrespondierender Positionierung. Gleichwohl bleiben die Analysen, die in diesem Rahmen geleistet werden konnten, zunächst exemplarisch. Sie werfen damit die Frage nach möglichen Anschlussstellen für die Goetheforschung, aber auch nach ihrer textübergreifenden Relevanz für die Autobiographie auf. Wie bereits bei der Betrachtung der wesentlichen Strukturmomente deutlich geworden ist, wird die autobiographische Räumlichkeit über das doppelte Selbstverhältnis ins Werk gesetzt. So ist es zunächst die Erarbeitung dieses konstitutiven Funktionszusammenhangs, der ein grundlegendes Analyseinstrument für die Autobiographieforschung bereitstellt. Anhand der hier exemplarisch untersuchten Verfahren des Selbst-Bezugs lässt sich die narrative Praxis beschreiben, durch die autobiographische Texte sich zeiträumlich organisieren. Ebenso werden die Strategien der Mehrfachkodierung und Bedeutungsüberlagerung von Räumen und Orten als Bausteine der Auto(r)genese einsichtig. Über die Inszenierung seiner Räumlichkeit wird der autobiographische Text damit selbstreferentiell. In der Dimensionalität des Raums lässt sich das poetologisch-narrative Werkzeug der Ich-Figur als räumlich gestaltetes Selbst-Verhältnis analysieren. Die strukturell in dieser Konstellation angelegte Autor-Position erhält solchermaßen über ihre räumliche Ausgestaltung eine auto(r)fiktionale Wendung. Dies insofern, als hier die autobiographische Geste des sich-selbst-Schreibens als bedeutungsgebendes Arrangement räumlicher Szenen und Abläufe greifbar wird. Indem damit zugleich die zweifache Ich-Figur Gestalt annimmt, wird das Verhältnis von biographischem und Autor-Ich als Setzung, als Inszenierung deutlich. So stellt sich die eigene Autorschaft als narrationsvermitteltes wie -vermittelndes Zusammenspiel von tatsächlich gelebtem Leben, Erinnerung und Imagination in der beständigen Formierung des Raums her.

Hierfür schafft der Text räumliche Bühnen, d.h. Räume und Szenen von theatraler Qualität. Dabei handelt es sich z.T. um tatsächliche Bühnen, wie etwa das Puppentheater, bzw. als Schauspiel markierte Szenen, wie das öffentliche Prozedere der Königskrönung oder das literarische Maskentheater in Sesenheim. In diesen wird die mediale Qualität, aber auch der Inszenierungscharakter der räumlichen Arrangements explizit. Sie führen die Autorschaft über das eigene Leben als Abfolge theatraler Szenen vor. Dieser selbstreferentielle Gestus gestaltet nun zu einem bestimmten Teil jede räumliche Konstellation mit. Das geschieht über die beschriebenen Verfahren der Positionierung und des In-Bezug-Setzens zu den beschriebenen Raumelementen. Aber auch durch deren sprachliche Gestaltung sowie das Verhältnis zu strukturgleichen Räumen werden sie als Verräumlichung von Autorschaftsszenarien beschreibbar. Zudem wird in manchen Szenen über die Markierung des erzählenden Ichs und seiner Position eine autobiographische Distanz geschaffen, die das erinnerte Ich gleichsam als Figur auf der Bühne des eigenen Lebens auftreten lässt. Über die Perspektive der Räumlichkeit lässt sich so das Beziehungsgefüge von Autobiographie, Autorschaft und deren Konstitutionsbedingungen studieren. Hier erschließt sich ein über die vorliegende Analyse hinausgehendes, für die Autobiographie- wie die Auto(r)fiktionsforschung gleichermaßen relevantes Feld.

Dabei ließe sich insbesondere die beschriebene theatrale Perspektive konzeptionell ausweiten. Im Anschluss an die Theaterwissenschaften und den durch sie profilierten ‚performative turn'[552] kann die Frage nach dem Zusammenhang von „Theatralität und Räumlichkeit"[553] auch auf die Autobiographie bezogen werden. Die hierdurch eröffnete Erkenntnisperspektive hätte zu klären, inwiefern man der Lebenserzählung und der damit verknüpften Autorschaft insgesamt einen performativen bzw. Inszenierungscharakter zugrunde legen kann und wie dieser zugleich anhand der „Raumordnung und Raumpraxis"[554] ins Werk gesetzt wird. Dementsprechend wäre es nur ein erster Schritt zu untersuchen, ob individuelle Bildungs-, Sozialisations- und Entwicklungsprozesse auch in ihrer sprachlichen Gestaltung gesellschaftlichen Ritualisierungsmustern folgen.[555] Ausgehend von einer Perspektivierung der Autobiographie als Abfolge von theatralen Szenen sowie deren Verknüpfungen und Übergängen müsste Performanz in diesem Zusammenhang als raumkonstituierendes bzw. liminales Phänomen aufgefasst werden.[556] Im Anschluss an

---

[552] Vgl. hierzu grundlegend: Erika Fischer-Lichte, „Vom ‚Text' zur ‚Performance', Der »performative turn« in den Kulturwissenschaften", in: Georg Stanitzek, Wilhelm Voßkamp (Hgg.), *Schnittstelle, Medien und kulturelle Kommunikation*, Köln 2001, 111-115; Christoph Wulf, Michael Göhlich, Jörg Zirfas (Hgg.), *Grundlagen des Performativen, Eine Einführung in die Zusammenhänge von Sprache, Macht und Handeln*, Weinheim/München 2001; Uwe Wirth (Hg.), *Performanz, Zwischen Sprachphilosophie und Kulturwissenschaften*, Frankfurt a.M. 2002; Jens Kertscher, Dieter Mersch (Hgg.), *Performativität und Praxis*, München 2003; Doris Bachmann-Medick, „Performative Turn", in: Dies., *Cultural Turns, Neuorientierungen in den Kulturwissenschaften*, Reinbek bei Hamburg 2006, 104-143.

[553] So der Titel des von Jörg Dünne, Sabine Friedrich und Kirsten Kramer herausgegebenen Sammelbandes: *Theatralität und Räumlichkeit, Raumordnungen und Raumpraktiken im theatralen Mediendispositiv*, Würzburg 2009. Zum Begriff der Theatralität vgl.: Erika Fischer-Lichte et al. (Hgg.), *Theatralität als Modell in den Kulturwissenschaften*, Tübingen/Basel 2004.

[554] Dieses Begriffsdoppel nehmen Dünne, Friedrich und Kramer zum Ausgangspunkt ihrer theoretischen Überlegungen. Es beruht auf der historischen Opposition von absoluter (Newton) und relationaler (Leibnitz) Beschaffenheit des Raums, aus der sie den Fokus auf Ordnung bzw. die Praxis des Raums ableiten. Jörg Dünne et al., *Theatralität und Räumlichkeit*, 19.

[555] Dies lässt sich bereits bei Friedrich Kittler nachlesen, „Über die Sozialisation Wilhelm Meisters", in: Ders., Gerhard Kaiser (Hgg.), *Dichtung als Sozialisationsspiel, Studien zu Goethe und Gottfried Keller*, Göttingen 1978, 13-124.

[556] Hierzu Bachmann-Medick: „Die enge Verknüpfung von Ritual, Liminalität und Grenzerhaltung, aber auch Grenzüberschreitung bietet ein begriffliches und konzeptuelles Terrain, von dem aus Performanz auch als räumliches Phänomen erkannt werden kann." Bachmann-Medick, „Performative Turn", 133; vgl. auch: Erika Fischer-Lichte et al. (Hgg.), *Ritualität und Grenze*, Tübingen/Basel 2003; dazu ebenfalls Dünne, Friedrich, Kramer: „Gesteuert wird die Wahrnehmung des Betrachters wesentlich durch die Form der *Rahmung* oder *Grenzziehung*, die die übergreifende Raumordnung des Theaters kennzeichnet, indem sie eine je spezifische Relationierung von Spielfläche und Zuschauerraum vornimmt, die maßgeblich die unterschiedlichen kulturellen und sozialen Funktionalisierungen des dispositi-

Neumann ließe sich der autobiographische Text, so könnte man hypothetisch formulieren, als „Bühne sprachlicher Performanz"[557] analysieren. Zu fragen wäre hierbei, wie die Aspekte der Theatralität[558] unter den Bedingungen der spezifischen Selbstreflexivität bzw. -referentialität von Autobiographie zusammenspielen und ob man von einer theatral begründeten, „ästhetisch-epistemischen Selbstvermittlung"[559] sprechen kann.

Was die Impulse und Anschlussmöglichkeiten meiner Arbeit für die Goethe-Forschung betrifft, so sehe ich im Wesentlichen zwei Bereiche. Zunächst ist offensichtlich, dass meine Analysen nur einen geringen, wenn auch bedeutsamen, Teil des Goethe'schen autobiographischen Werks in Augenschein nehmen konnten. Hier hätten weitere Arbeiten zuerst anzusetzen, um die erarbeiteten Topographien für das gesamte autobiographische Œuvre nutzbar zu machen. Bereits der Seitenblick auf die *Italienische Reise* im Kontext der Schiffsfahrten hat gezeigt, dass die verschiedenen autobiographischen Texte eng aufeinander bezogen sind und einmal entworfene Raumfiguren weiter entwickeln.[560] Hier ist ein Feld zu erschließen, das meine Ergebnisse differenzieren und auf eine breitere Grundlage stellen kann.

Das Gleiche gilt für Forschungen, die in historisch vergleichender Perspektive an meine exemplarischen Analysen anschließen. Ich habe bewusst einen Text gewählt, der am Beginn des modernen autobiographischen Diskurses im deutschen Sprachraum steht. Ein nächster autobiographietheoretisch wie -historisch relevanter Schritt würde daher die Entwicklung autobiographischer Räumlichkeit bis in die Gegenwart

---

ven Raumgefüges bestimmt." Jörg Dünne, Kirsten Kramer, „Einleitung", in: Dies. (Hgg.), *Theatralität und Räumlichkeit*, 15-32, 23 (Hervorh. i.Orig.).

[557] Gerhard Neumann, „Einleitung", in: Ders., Caroline Pross, Gerald Wildgruber (Hgg.), *Szenographien, Theatralität als Kategorie der Literaturwissenschaft*, Freiburg i.Br. 2000, 11-32, 12.

[558] Erika Fischer-Lichte hat die folgenden vier zentralen Aspekte der Theatralität herausgearbeitet: 1. Inszenierung, 2. Körperlichkeit/Verkörperung, 3. Wahrnehmung und 4. Performanz, wobei letztere als Oberbegriff der drei ersten fungiert. Vgl. hierzu: Erika Fischer-Lichte, *Ästhetische Erfahrung, Das Semiotische und das Performative*, Tübingen/Basel 2001, insbes. 291-343.

[559] Jörg Dünne, Sabine Friedrich, Kirsten Kramer, „Vorwort", in: Dies. (Hgg.), *Theatralität und Räumlichkeit*, 9-14, 11; zum Selbstbezug im Modus des Theatralen vgl. auch: Kai Merten, „,As Lear reproached the winds I could almost / Have quarrelled with that blameless spectacle'. Zur Raumkrise des Theaters in der romantischen Literatur – und zu ihrer Lösung", in: Dünne et al., *Theatralität und Räumlichkeit*, 105-122.

[560] Diesbezüglich hat Martina Wagner-Egelhaaf erste systematische Überlegungen angestellt: „Goethes *Italienische Reise* und ihre topographische Konfrontation von Deutschen und Italienern", in: Carla Dauven-van Knippenberg/Christian Moser/Rolf Parr (Hgg.), *Räumliche Darstellung kultureller Begegnungen*, Heidelberg 2014 [Amsterdam German Studies, Bd. 6], o.S. [im Erscheinen].

nachzeichnen. Auf diese Weise ließen sich sowohl die Topographien etwa der Texte um 1900 oder 2000 bestimmen als auch diskursgeschichtlich durchgängige Räume und Orte beschreiben.[561] Auch Äquivalenzen in funktionaler Hinsicht, wie möglicherweise zwischen den Ausritten im 18. und den Autofahrten im 20. Jahrhundert, könnten so greifbar werden. Für das 21. Jahrhundert ließe sich nach den autobiographischen Topographien der digitalen Räume fragen, die sprachlich wesentlich über räumliche Metaphern wie ‚Cyberspace' oder ‚Internet' gefasst werden.[562] Auf diese Weise wäre der Bogen vom Beginn des modernen deutschsprachigen Autobiographiediskurses hin zu den autobiographischen und selbstreferentiellen Formaten der zeitgenössischen elektronischen und sozialen Medien gespannt.

---

[561] Vgl. für die Zeit um 1900 den Artikel von Pabst und Wilhelm zu den topographischen Anordnungen in Benjamins *Berliner Kindheit um neunzehnhundert*: Philipp Pabst, Kerstin Wilhelms, „Lebensraum und Bürgerklasse, Walter Benjamins mythische Topographien", in: *Weimarer Beiträge* 1 (2014), o.S. [im Erscheinen]; zu den autobiographischen bzw. autofiktionalen Topographien der Gegenwart vgl. Berghaus, Stephan, „Grenzgänge des Ich – Wanderungen zwischen Autobiographie und Autofiktion in W.G. Sebalds *Die Ringe des Saturn*", in: Wagner-Egelhaaf, Martina (Hg.), *Auto(r)fiktion, literarische Verfahren der Selbstkonstruktion*, Bielefeld 2013, 207-233.

[562] Vgl. hierzu grundlegend: Margaret Wertheim, *Die Himmelstür zum Cyberspace, Eine Geschichte des Raums von Dante zum Internet*, Zürich 2000; Christiane Funken, Martina Löw (Hgg.), *Raum - Zeit – Medialität, Interdisziplinäre Studien zu neuen Kommunikationstechnologien*, Opladen 2003, darin vor allem der Beitrag von Markus Schroer: „Raumgrenzen in Bewegung. Zur Interpenetration realer und virtueller Räume" (217-236). Schroer versteht den Cyberspace als einen vom realen Leben abgegrenzten Raum und sieht in der Art, wie wir das Internet entwerfen, eine Fortsetzung von Kartierungs- und Kolonisierungsbewegungen des 19 Jhds. Vgl. dazu auch: Martin Dodge, *The Atlas of Cyberspace*, als Volltext abrufbar unter: http://www.kitchin.org/atlas/index.html (letzter Zugriff 28.06.2014); Alexandra Budke, Detlef Kanwischer, Andreas Pott (Hgg.), *Internetgeographien, Beobachtungen zum Verhältnis von Internet, Raum und Gesellschaft*, Stuttgart 2001, darin u.a. der Überblicksartikel zur Internetkartographie von Inga Heize: „Methoden und Anwendungsgebiete der Internetkartographie" (41-55), zur Raummetaphorik der Beitrag von Cornelia Becker: „Raum-Metaphern als Brücke zwischen Internetwahrnehmung und Internetkommunikation" (109-122); Zur Räumlichkeit von Hyperlinks vgl. Rob Shields, „Hypertext Links, The Ethic of the Index and its Space-Time-Effects", in: Andrew Herman, Thomas Swiss (Hgg.), *The World Wide Web and Contemporary Cultural Theory*, London/New York 2000, 145-160; Die Rhizomform des Netzwerks beschreibt Kristin Veel: „The Irreducibility of Space: Labyrinths, Cities, Cyberspace", in: *Diacritics* 33/3+4 (2003), 151-172 und schließlich der bereits in der Einleitung erwähnte Band von Jörg Dünne und Christian Moser (Hgg.): *Automedialität, Subjektkonstitution in Schrift, Bild und neuen Medien*, München 2008, darin insbes. die Beiträge von Robert Folger, „New kids on the blog? Subjektkonstitution im Internet" (283-304) sowie Bettina Schlüter, „›Avatarial Operations‹ – mediale Selbstkonstitution an den Schnittstellen von Realität und Virtualität" (305-322).

5. Literatur

Adler, Hans, „Einbildungskraft", in: *Goethe-Wörterbuch*, hg. von der Berlin-Brandenburgischen Akademie der Wissenschaften, der Akademie der Wissenschaften in Göttingen und der Heidelberger Akademie der Wissenschaften, Bd.2, Stuttgart 1989, 239-242.

Alt, Peter-André, *Der Schlaf der Vernunft: Literatur und Traum in der Kulturgeschichte der Neuzeit*, München 2002.

Ammerlahn, Hellmut, „'Key' and 'Treasure Chest' Configurations in Goethe's Works: A Comparative Overview in Poetological Perspective", in: *Monatshefte für deutschsprachige Literatur und Kultur*, Vol. 101, 1 (2009), 1-18.

Anderegg, Johannes, „Knabe Lenker", in: Maler, Anselm (Hg.), *J.W. Goethe – fünf Studien zum Werk*, Frankfurt a.M./Bern/New York 1983 [Kasseler Arbeiten zur Sprache und Literatur; 15], 85-115.

Anemüller, Ernst, „Günther XXI.", in: *Allgemeine Deutsche Biographie* 10 (1879), S. 133-137, online: http://www.deutsche-biographie.de/pnd118698885.html?anchor=adb (letzter Zugriff: 28.06.2014).

Apel, Friedmar, *Die Kunst als Garten, Zur Sprachlichkeit der Welt in der deutschen Romantik und im Ästhetizismus des 19. Jahrhunderts*, Heidelberg 1983 [Beihefte zum Euphorion; H. 20].

Aristoteles, *Nikomachische Ethik*, auf der Grundlage der Übers. von Eugen Rolfes hg. von Günther Bien, Hamburg 2008.

Assmann, Aleida, „Raummetaphern" und „Orte", in: Dies., *Erinnerungsräume, Formen und Wandlungen des kulturellen Gedächtnisses*, München ³2006, 158-164 und 298-339.

Assmann, Aleida, „Zur Metaphorik der Erinnerung", in: Dies., Dietrich Harth (Hgg.), *Mnemosyne, Formen und Funktionen der kulturellen Erinnerung*, Frankfurt a.M. 1991, 13-31.

Auerochs, Bernd, „Das Bedürfnis nach Sinnlichkeit, Möglichkeiten funktionaler Äquivalenz von Religion und Poesie im 18. Jahrhundert", in: Meier, Albert, Alessandro Costazza, Gérard Laudin (Hgg.), *Kunstreligion, Ein ästhetisches Konzept der Moderne in seiner historischen Entfaltung*, Bd. 1, *Der Ursprung des Konzepts um 1800*, 30-43.

Augustinus, *Bekenntnisse*, hg. von Kurt Flasch und Burkhard Mojsisch, Stuttgart 1989.

Bachmann-Medick, Doris, „Spatial Turn", in: Dies., *Cultural Turns, Neuorientierungen in den Kulturwissenschaften*, Reinbek bei Hamburg 2006, 284-328.

Bachmann-Medick, Doris, „Performative Turn", in: Dies., *Cultural Turns, Neuorientierungen in den Kulturwissenschaften*, Reinbek bei Hamburg 2006, 104-143.

Baeumer, Max L., „Vorwort", in: Ders. (Hg.), *Toposforschung*, Darmstadt 1973, VII-XVII.

Bähr, Andreas, Peter Burschel, Gabriele Jancke (Hgg.), *Räume des Selbst, Selbstzeugnisforschung transkulturell*, Weimar/Wien 2007 [Selbstzeugnisse der Neuzeit; Bd. 19].

Barthes, Roland, „Der Tod des Autors", in: Jannidis, Fotis, Gerhard Lauer, Matias Martinez, Simone Winko (Hgg.), *Texte zur Theorie der Autorschaft*, Stuttgart 2000, 185-193.

Barthes, Roland, *Die Lust am Text*, Frankfurt a.M. 1986.

Barthes, Roland, *Fragmente einer Sprache der Liebe*, Frankfurt a.M. 1984.

Bartsch, Eva, „Dekonstruktion der Beziehung, Realitätskonzepte bei Johann Wolfgang von Goethe und Heinrich von Kleist", in: *RRR* 4 (1998), S. 327-344.

Baumgart, Wolfgang, „Der Garten im Theater – Theater im Garten des 18. Jahrhunderts", in: *Park und Garten im 18. Jahrhundert, Colloquium der Arbeitsstelle 18. Jahrhundert, Gesamthochschule Wuppertal*, Heidelberg 1978 [Beiträge zur Geschichte der Literatur und Kunst des 18. Jahrhunderts; Bd. 2], 78-82.

Baumgarten, Alexander Gottlieb, *Metaphysica*, Nachdruck der 7. Aufl. Halle 1779, Hildesheim 1963.

Becker, Cornelia, „Raum-Metaphern als Brücke zwischen Internetwahrnehmung und Internetkommunikation", in: Budke, Alexandra, Detlef Kanwischer, Andreas Pott (Hgg.), *Internetgeographien, Beobachtungen zum Verhältnis von Internet, Raum und Gesellschaft*, Stuttgart 2001, 109-122.

Becker, Frank, Ute Gerhard, Jürgen Link, „Moderne Kollektivsymbolik. Ein diskurstheoretisch orientierter Forschungsbericht mit Auswahlbibliographie (II)", in: *Internationales Archiv für Sozialgeschichte der deutschen Literatur (IASL)* 22/1 (1997), 70-154.

Behrens, Rudolf, „Räumliche Dimensionen imaginativer Subjektkonstitution um 1800 (Rousseau, Senancour, Chateaubriand)", in: Mülder-Bach, Inka, Gerhard Neumann (Hgg.), *Räume der Romantik*, Würzburg 2007, 27-63.

Behrens, Rudolf, Jörn Steigerwald, „Raum – Subjekt – Imagination um 1800. Einleitende Überlegungen", in: Dies. (Hgg.), *Räume des Subjekts um 1800, Zur imaginativen Selbstverortung des Individuums zwischen Spätaufklärung und Romantik*, Wiesbaden 2010 [culturae, Intermedialität und historische Anthropologie; Bd. 2], 1-14.

Benjamin, Walter, „Berliner Chronik", in: Ders., *Gesammelte Schriften*, hg. von Rolf Tiedemann, Bd. VI, Frankfurt a. M. 1985, 465-519.

Benjamin, Walter, „Berliner Kindheit um neunzehnhundert", Fassung letzter Hand, in: Ders., *Gesammelte Schriften*, hg. von Rolf Tiedemann und Hermann Schweppenhäuser, Bd. VII,1, Frankfurt a.M. 1989, 385-432.

Benker, Gertrude, *Der Gasthof. Von der Karawanserei zum Motel, vom Gastfreund zum Hotelgast*, München 1974.

Berghaus, Stephan, „Grenzgänge des Ich – Wanderungen zwischen Autobiographie und Autofiktion in W.G. Sebalds *Die Ringe des Saturn*", in: Wagner-Egelhaaf, Martina (Hg.), *Auto(r)fiktion, literarische Verfahren der Selbstkonstruktion*, Bielefeld 2013, 207-233.

Berndt, Frauke, „Die Topik der Erinnerung ‚um neunzehnhundert': Walter Benjamins ‚Berliner Kindheit'", in: Dies., *Anamnesis, Studien zur Topik der Erinnerung in der erzählenden Literatur zwischen 1800 und 1900 (Moritz – Keller – Raabe)*, Tübingen 1999, 413-426.

Berndt, Frauke, „Topik-Forschung", in: Erll, Astrid, Ansgar Nünning (Hgg.), *Gedächtniskonzepte der Literaturwissenschaft, Theoretische Grundlegung und Anwendungsperspektiven*, Berlin 2005, 31-52.

Berndt, Frauke, *Anamnesis, Studien zur Topik der Erinnerung in der erzählenden Literatur zwischen 1800 und 1900 (Moritz – Keller – Raabe)*, Tübingen 1999.

Bhabha, Homi K., *The Location of Culture*, London 1994.

Bilanovich, Guiseppe, „Petrarca e il Ventoso", in: *Italia mediovale e umanistica* 9 (1966), 389-401.

Bisky, Jens, *Poesie der Baukunst, Architekturästhetik von Winckelmann bis Boisserée*, Weimar 2000.

Blod, Gabriele, „Das Knabenmärchen", in: Dies., *„Lebensmärchen", Goethes Dichtung und Wahrheit als poetischer und poetologischer Text*, Würzburg 2003 [Stiftung für Romantikforschung; Bd. 25], 101-149.

Blod, Gabriele, „Die neue Melusine", in: Dies., *„Lebensmärchen", Goethes Dichtung und Wahrheit als poetischer und poetologischer Text*, Würzburg 2003 [Stiftung für Romantikforschung; Bd. 25], 224-244.

Blod, Gabriele, *„Lebensmärchen", Goethes Dichtung und Wahrheit als poetischer und poetologischer Text*, Würzburg 2003 [Stiftung für Romantikforschung; Bd. 25].

Blum, Gerd, *Vasari, der Erfinder der Renaissance*, München 2011.

Blumenberg, Hans, *Der Prozeß der theoretischen Neugierde*, Frankfurt a.M. 1973.

Bodmer, Johann Jakob, *Critische Betrachtungen über die Poetischen Gemählde der Dichter*, Faksimiledruck d. Ausg. Zürich 1741, Frankfurt a.M. 1971.

Böhme, Gernot, „Atmosphären kirchlicher Räume", in: Ders., *Architektur und Atmosphäre*, München 2006, 139-150.

Böhme, Hartmut (Hg.), *Topographien der Literatur, Deutsche Literatur im transnationalen Kontext, DFG-Symposion 2004*, Stuttgart/Weimar 2005.

Bolzoni, Lina, *Il teatro della memoria, Studi su Giulio Camillo*, Padua 1984.

Bong, Jörg, Texttaumel. Poetologische Inversionen von „Spätaufklärung" und „Frühromantik" bei Ludwig Tieck, Heidelberg 2000.

Böning, Thomas, „Fiktionalisierung des Faktischen und Faktifizierung der Fiktion: Anmerkungen zur Autobiographie im Hinblick auf Goethe, Stendhal und Nietzsche", in: Ders., *Alterität und Identität in literarischen Texten von Rousseau und Goethe bis Celan und Handke*, Freiburg 2001, 309-341.

Bracht, Edgar, „Wakefield in Sesenheim, Zur Interpretation des 10. und 11. Buches von Goethes ‚Aus meinem Leben. Dichtung und Wahrheit'", in: *Euphorion* 83 (1989), 261-280.

Brandt, Reinhard, *Arkadien in Kunst, Philosophie und Dichtung*, Freiburg i.Br./Berlin 2006.

Brant, Sebastian, *Das Narrenschiff*, nach der Erstausgabe (Basel 1494) mit den Zusätzen der Ausgabe v. 1495 und 1499 sowie den Holzschnitten der dt. Originalausgaben. hg. v. Manfred Lemmer. 4., erw. Aufl., Tübingen 2004.

Brednow, Walter, „Spiegel, Doppelspiegel und Spiegelungen – eine »wunderliche Symbolik« Goethes", in: *Sitzungsberichte der sächsischen Akademie der Wissenschaften zu Leipzig, Mathematisch-Naturwissenschaftliche Klasse 112* (1976), 1-26.

Breitinger, Johann Jakob, *Critische Dichtkunst*, Faksimiledruck d. Ausg. Von 1740, hg. von Wolfgang Bender, Stuttgart 1966.

Breitkopf, Bernhard Theodor, *Neue Lieder, in Melodien gesetzt*, Leipzig 1770.

Bronfen, Elisabeth, *Der Literarische Raum, Eine Untersuchung am Beispiel von Dorothy M. Richardsons Romanzyklus Pilgrimage*, Tübingen 1986.

Brüder Grimm, *Grimms Kinder- und Hausmärchen*, hg. von Hans-Jörg Uther, Darmstadt 1996.

Brüggemann, Heinz, „Entzauberte Frühe? Jugend als Medium literarischer Selbstreferenz in Ludwig Tiecks Novelle *Waldeinsamkeit*", in: Oesterle, Günter (Hg.), *Jugend – ein romantisches Konzept?*, Würzburg 1997, 103-133.

Budke, Alexandra, Detlef Kanwischer, Andreas Pott (Hgg.), *Internetgeographien, Beobachtungen zum Verhältnis von Internet, Raum und Gesellschaft*, Stuttgart 2001.

Burckhardt, Jacob, *Die Kultur der Renaissance in Italien*, hg. von Werner Kaegi, Bd. 5, Basel 1930 [^{1}1860].

Butzer, Günter, „Gedächtnismetaphorik", in: Erll, Astrid, Ansgar Nünning, *Gedächtniskonzepte der Literaturwissenschaft, Theoretische Grundlegung und Anwendungsperspektiven*, Berlin 2005, 11-30.

Canetti, Elias, *Masse und Macht*, Hamburg 1960.

Carcenac-Lecomte, Constance, „Auf den Spuren des kollektiven Gedächtnis. Gemeinsamkeiten und Unterschiede zwischen den ‚Lieux de mémoire' und den ‚Deutschen Erinnerungsorten'", in: Motte, Jan, Rainer Ohliger (Hgg.), *Geschichte und Gedächtnis in der Einwanderungsgesellschaft, Migration zwischen historischer Rekonstruktion und Erinnerungspolitik*, Essen 2004, S. 121-131.

Christen, Matthias, *to the end of the line, Zu Formgeschichte und Semantik der Lebensreise*, München 1999.

Christian, Lynda G., *Theatrum Mundi, The History of an Idea*, New York 1987

Coelsch-Foisner, Sabine (Hg.), *Fiction and Autobiography, Modes and Models of Interaction*, Frankfurt a.M. 2006.

Crang, Mike, Nigel Thrift (Hgg.), *Thinking Space*, London 2000.

Curtius, Ernst Robert, „Begriff einer historischen Topik" (1938), in: Baeumer, Max L. (Hg.), *Toposforschung*, Darmstadt 1973, 1-18.

Cusack, Andrew, *The Wanderer in 19th Century German Literature, Intellectual History and Cultural Criticism*, Rochester (NY) 2008.

Dann, Otto (Hg.), *Religion – Kunst – Vaterland, Der Kölner Dom im 19. Jahrhundert*, Köln 1983.

Darby, David, „Landscape and Memory: Sebald's Redemption of History", in: Denham, Scott, Mark McCulloh (Hgg.), *W.G. Sebald, History, Memory, Trauma*, Berlin 2006.

de Certeau, Michel, „Praktiken im Raum", in: Dünne, Jörg, Stephan Günzel (Hgg.), *Raumtheorie, Grundlagentexte aus Philosophie und Kulturwissenschaften*, Frankfurt a.M. 2006, 343-353.

de Certeau, Michel, *Kunst des Handelns*, Berlin 1988.

de Man, Paul, „Autobiography as De-Facement", in: *Modern Language Notes* 94/5 (1979), 919-930.

Dennerlein, Katrin, *Narratologie des Raumes*, Berlin 2009.

Deleuze, Gilles, Claire Parnet, *Dialogues*, New York 1987; Deleuze, Gilles, Félix Guattari, *What is Philosophy?*, New York 1994.

Derrida, Jacques, *Grammatologie*, Frankfurt a.M. 1983.

de Sélincourt, Aubrey, *Odysseus the Wanderer*, London 1950.

Detering, Heinrich, „Was ist Kunstreligion? Systematische und historische Bemerkungen", in: Meier, Albert, Alessandro Costazza, Gérard Laudin (Hgg.), *Kunstreligion, Ein ästhetisches Konzept der Moderne in seiner historischen Entfaltung*, Bd. 1, *Der Ursprung des Konzepts um 1800*, 11-27.

Deutsches Wörterbuch von Jacob Grimm und Wilhelm Grimm, 16 Bde. in 32 Teilbänden, Leipzig 1854-1961, Bd. 27, Spalte 1108 (=Lemma „Waldeinsamkeit"), online: http://www.woerterbuchnetz.de/DWB?lemma=waldeinsamkeit (letzter Zugriff: 28.06.2014).

Deutsches Wörterbuch von Jacob Grimm und Wilhelm Grimm, 16 Bde. in 32 Teilbänden, Leipzig 1854-1960, Bd. 3, Spalten 1851 - 1853 (= Lemma „Flur"), online: http://woerterbuchnetz.de/DWB/?sigle=DWB&mode=Vernetzung&lemid=GF06558 (letzter Zugriff: 28.06.2014).

Deutsches Wörterbuch von Jacob Grimm und Wilhelm Grimm, 16 Bde. in 32 Teilbänden, Leipzig 1854-1960, Bd. 13, 1561-1565 (=Lemma „Person"), online: http://woerterbuchnetz.de/DWB/?sigle=DWB&mode=Vernetzung&lemid=GP01991 (letzter Zugriff 28.06.2014).

Deutsches Wörterbuch von Jacob Grimm und Wilhelm Grimm, 16 Bde. in 32 Teilbänden, Leipzig 1854-1960, Bd. 4, Spalte 1481-1482 (=Lemma „Gasthof"), online: http://woerterbuchnetz.de/DWB/?sigle=DWB&mode=Vernetzung&lemid=GG01983 (letzter Zugriff: 28.06.2014)

Deutsches Wörterbuch von Jacob und Wilhelm Grimm, 16 Bde. in 32 Teilbänden, Leipzig 1854-1961, Bd. 10, Spalte 173 (= Lemma „Hain"), online: http://www.woerterbuchnetz.de/DWB?lemma=hain (letzter Zugriff: 28.06.2014).

Deutsches Wörterbuch von Jacob und Wilhelm Grimm, 16 Bde. in 32 Teilbänden, Leipzig 1854-1961,Bd. 4, Sp. 1163-1166 (= Lemma „Galerie"), online: http://woerterbuchnetz.de/DWB/?sigle=DWB&mode=Vernetzung&lemid=GG00306 (letzter Zugriff: 28.06.2014).

Dickson, Keith A., „Raumverdichtung in den *Wahlverwandtschaften*", in: Rösch, Ewald (Hg.), *Goethes Roman „Die Wahlverwandtschaften"*, Darmstadt 1975, 325-349.

Die Bibel, Altes und Neues Testament, Einheitsübersetzung, Katholische Bibelanstalt, Stuttgart 1980.

Dilthey, Wilhelm, „Das Erleben und die Selbstbiographie", in: Niggl, Günter (Hg.), *Die Autobiographie, Zu Form und Geschichte einer literarischen Gattung*, Darmstadt ²1998, 21-32.

Dodge, Martin, *The Atlas of Cyberspace*, abrufbar unter: http://www.kitchin.org/atlas/index.html (letzter Zugriff: 28.06.2014).

Dönike, Martin, „Goethes Winckelmann, Zur Bedeutung der altertumswissenschaftlichen Studien Johann Heinrich Meyers für das Antikebild des Weimarer Klassizismus", in: Naumann, Barbara, Margrit

Wyder (Hgg.), *Ein Unendliches in Bewegung, Künste und Wissenschaften im medialen Wechselspiel bei Goethe*, Bielefeld 2012, 69-84.

Döring, Jörg, Tristan Thielmann (Hgg.), *Spatial Turn, Das Raumparadigma in den Kultur- und Sozialwissenschaften*, Bielefeld 2008.

Duden, Herkunftswörterbuch, Etymologie der deutschen Sprache, 3., völlig neu bearbeitete und erweiterte Auflage, Mannheim 2001.

Dünne, Jörg, Stephan Günzel (Hgg.), *Raumtheorie, Grundlagentexte aus Philosophie und Kulturwissenschaften*, Frankfurt a. M. 2006.

Dünne, Jörg, Christian Moser (Hgg.), *Automedialität, Subjektkonstitution in Schrift, Bild und neuen Medien*, München 2008.

Dünne, Jörg, Sabine Friedrich, Kirsten Kramer (Hgg.), *Theatralität und Räumlichkeit, Raumordnungen und Raumpraktiken im theatralen Mediendispositiv*, Würzburg 2009.

Düntzer, Heinrich, *Friederike von Sesenheim im Lichte der Wahrheit*, Stuttgart 1893.

Düntzer, Heinrich, *Goethes Leben*, Leipzig 1880.

Gabriele Dürbeck, *Einbildungskraft und Aufklärung, Perspektiven der Philosophie, Anthropologie und Ästhetik um 1750*, Tübingen 1998 [Studien zur deutschen Literatur; Bd. 148].

Effe, Bernd, Gerhard Binder, *Antike Hirtendichtung, Eine Einführung*, München/Zürich ²2001.

Eichendorff, Joseph von, „Waldeinsamkeit!", in: Ders., *Werke*, Bd.1, hg. von Ansgar Hillach, München 1970, 275.

Elliger, Winfried, „Theokrit", in: Ders., *Die Darstellung der Landschaft in der griechischen Dichtung*, Berlin/New York 1975 [Untersuchungen zur antiken Literatur und Geschichte; Bd. 15], 318-364.

Erll, Astrid (Hg.), *Gedächtniskonzepte der Literaturwissenschaft, Theoretische Grundlegung und Anwendungsperspektiven*, Berlin 2005.

Evans, Robin, Menschen, Türen, Korridore, in *Arch+* 134-135 (1996).

Fabiani, Paolo, *The Philosophy of Imagination in Vico and Malebranche*, Florenz 2009.

Fetz, Reto Luzius, Roland Hagenbüchle, Peter Schulz (Hgg.), *Geschichte und Vorgeschichte der modernen Subjektivität*, 2 Bde., Berlin/New York 1998.

Finck, Almut, „Subjektbegriff und Autorschaft, Zur Theorie und Geschichte der Autobiographie", in: Pechlivanos, Miltos et al. (Hgg.), *Einführung in die Literaturwissenschaft*, Stuttgart/Weimar 1995, 283-294.

Finck, Almut, „Textualität und/oder Referentialität? Überlegungen zum postmodernen Denken" sowie „Realität und Fiktion der Erinnerung: zu Freuds Begriff der »Nachträglichkeit«", in: Dies. *Autobiographisches Schreiben nach dem Ende der Autobiographie*, Berlin 1999, 37-56 und 57-76.

Finck, Almut, „Vom Diskurs der Autorität zur Autorität der Diskurse? Der Wandel des Autobiographieverständnisses im Kontext einer nachhermeneutischen Metaphysikkritik", in: Dies., *Autobiographisches Schreiben nach dem Ende der Autobiographie*, Berlin 1999, 23-35.

Finck, Almut, *Autobiographisches Schreiben nach dem Ende der Autobiographie*, Berlin 1999.

Fischer, Hubertus, „Dichter-Wald, Zeitsprünge in Silvanien", in: Weyergraf, Bernd (Hg.), *Waldungen. Die Deutschen und ihr Wald, Ausstellung der Akademie der Künste vom 20. September bis 15. November 1987*, 13-25.

Fischer-Lichte, Erika „Vom ‚Text' zur ‚Performance', Der »performative turn« in den Kulturwissenschaften", in: Georg Stanitzek, Wilhelm Voßkamp (Hgg.), *Schnittstelle, Medien und kulturelle Kommunikation*, Köln 2001, 111-115.

Fischer-Lichte, Erika, *Ästhetische Erfahrung, Das Semiotische und das Performative*, Tübingen/Basel 2001.

Fischer-Lichte, Erika, et al. (Hgg.), *Ritualität und Grenze*, Tübingen/Basel 2003.

Fischer-Lichte, Erika, et al. (Hgg.), *Theatralität als Modell in den Kulturwissenschaften*, Tübingen/Basel 2004.

Folger, Robert, „New kids on the blog? Subjektkonstitution im Internet", in: Dünne, Jörg, Christian Moser (Hg.): *Automedialität, Subjektkonstitution in Schrift, Bild und neuen Medien*, München 2008, 283-304.

Forssmann, Erik, „Von deutscher Baukunst, Goethe und Schinkel", in: Wegner, Reinhard (Hg.), *Deutsche Baukunst um 1800*, Köln/Weimar/Wien 2000, 7-26.

Foucault, Michel, „Von anderen Räumen", in: Dünne, Jörg, Stephan Günzel (Hgg.), *Raumtheorie, Grundlagentexte aus Philosophie und Kulturwissenschaft*, Frankfurt a.M. 2006, 317-329.

Foucault, Michel, „Was ist ein Autor?", in: Ders., *Schriften zur Literatur*, Frankfurt a. M. 1988, 7-31.

Foucault, Michel, *Die Ordnung der Dinge, Eine Archäologie der Humanwissenschaften*, Frankfurt am Main 1971.

Frank, Manfred, Gérard Raulet, Willem van Reijen (Hgg.), *Die Frage nach dem Subjekt*, Frankfurt a. M. 1988.

Frank, Michael C., Bettina Gockel, Thomas Hauschild, Dorothee Kimmich, Kirsten Mahlke, (Hgg.), *Zeitschrift für Kulturwissenschaften 2/2008: Räume*, Bielefeld 2008.

Freccero, John, „Autobiography and Narrative", in: Heller Thomas C., Morton Sosna, David E. Wellberry (Hgg.), *Reconstructing Individ-*

ualism, Autonomy, Individuality, and the Self in Western Thought, Stanford 1986, 16-29.

Funken, Christiane, Martina Löw (Hgg.), *Raum – Zeit – Medialität, Interdisziplinäre Studien zu neuen Kommunikationstechnologien*, Opladen 2003.

Garber, Klaus, *Arkadien, Ein Wunschbild der europäischen Literatur*, München 2009.

Geissmann, Georg, Karlfriedrich Herb (Hgg.), *Hobbes über die Freiheit, Widmungsschreiben, Vorwort an die Leser und Kapitel I-III aus „De Cive"*, Würzburg 1988.

Gellhaus, Axel, Christian Moser, Helmut J. Schneider (Hgg.), *Kopflandschaften – Landschaftsgänge, Kulturgeschichte und Poetik des Spaziergangs*, Köln/Weimar/Wien 2007.

Genette, Gérard, *Die Erzählung*, München ³2010.

Goethe-Wörterbuch, hg. von der Berliner Akademie der Wissenschaften, der Akademie der Wissenschaften in Göttingen und der Heidelberger Akademie der Wissenschaften, Bd. 4, Stuttgart 2004.

Goethe, Johann Wolfgang, „Baukunst", in: Ders., *Sämtliche Werke, Briefe, Tagebücher und Gespräche*, Bd. 18, *Ästhetische Schriften 1771-1805*, hg. von Friedmar Apel, Frankfurt a.M. 1998, 367-374.

Goethe, Johann Wolfgang, *Italienische Reise*, in: Ders. *Goethes Werke*, Hamburger Ausgabe, hg. und kommentiert von Herbert von Einem, Bd. XI, München 1981.

Goethe, Johann Wolfgang, „Über Laokoon", in: Ders., *Sämtliche Werke, Briefe, Tagebücher und Gespräche*, Bd. 18, *Ästhetische Schriften 1771-1805*, hg. von Friedmar Apel, Frankfurt a.M. 1998, 489-500.

Goethe, Johann Wolfgang, *Achilleis*, in: Ders., *Sämtliche Werke nach Epochen seines Schaffens*, Bd. 6/1, Weimarer Klassik 1798-1806, hg. von Viktor Lange, München 1986, 793-815.

Goethe, Johann Wolfgang, *Brief an König Ludwig I. von Bayern*, in: Ders., *Sämtliche Werke. Briefe, Tagebücher und Gespräche*, II. Abt., Bd. 11 (38), *Die letzten Jahre, Briefe, Tagebücher und Gespräche von 1823 bis zu Goethes Tod*, hg. von Horst Fleig, Frankfurt a.M. 1993, 208-212.

Goethe, Johann Wolfgang, *Campagne in Frankreich, Belagerung von Mainz, Reiseschriften*, in: Ders., *Sämtliche Werke, Briefe, Tagebücher und Gespräche*, hg. von Friedmar Apel u.a., I. Abteilung: *Sämtliche Werke*, Bd. 16, hg. von Klaus-Detlef Müller, Frankfurt a. M. 1994, 386-572.

Goethe, Johann Wolfgang, *Die Leiden des jungen Werthers*, in: Ders., *Sämtliche Werke, Briefe, Tagebücher und Gespräche*, Bd. 8, *Die Leiden des jungen Werthers, Die Wahlverwandtschaften, Kleine Prosa, Epen*, hg. von Waltraud Wiethölter, Frankfurt a.M., 1994, 11-267.

Goethe, Johann Wolfgang, *Die Wahlverwandtschaften*, in: Ders., *Sämtliche Werke, Briefe, Tagebücher und Gespräche*, Bd. 8, *Die Leiden des jungen Werthers, Die Wahlverwandtschaften, Kleine Prosa, Epen*, hg. von Waltraud Wiethölter, Frankfurt a.M. 1994, 269-556.

Goethe, Johann Wolfgang, *Egmont*, in: Ders., *Sämtliche Werke, Briefe, Tagebücher und Gespräche*, Bd.5, *Dramen 1776-1790*, hg. von Dieter Borchmeyer, Frankfurt a.M. 1988, 459-551.

Goethe, Johann Wolfgang, *Elegie*, in: Ders., *Sämtliche Werke, Briefe, Tagebücher und Gespräche*, Bd. 2, *Gedichte 1800-1832*, hg. von Karl Eibl, Frankfurt a.M. 1988, 457-462.

Goethe, Johann Wolfgang, *Iphigenie auf Tauris*, in: Ders., *Sämtliche Werke, Briefe, Tagebücher und Gespräche*, Bd. 5, *Dramen 1776-1790*, hg. von Dieter Borchmeyer, Frankfurt a.M. 1988, 553-619.

Goethe, Johann Wolfgang, *Sämtliche Werke, Briefe, Tagebücher und Gespräche*, Bd. 14, *Autobiographische Schriften I: Dichtung und Wahrheit*, hg. von Klaus-Detlef Müller, Frankfurt a.M. 1985.

Goethe, Johann Wolfgang, *Torquato Tasso*, in: Ders., *Sämtliche Werke, Briefe, Tagebücher und Gespräche*, Bd. 5, *Dramen 1776-1790*, hg. von Dieter Borchmeyer, Frankfurt a.M. 1988, 731-834.

Goethe, Johann Wolfgang, *Faust, Der Tragödie zweiter Teil*, in: Ders., *Sämtliche Werke, Briefe, Tagebücher und Gespräche*, Bd. 7/1, *Faust, Texte*, hg. von Albrecht Schöne, Frankfurt a.M. 1994, 201-464.

Goethe, Johann Wolfgang, *Brief an Herder*, in: Ders., *Sämtliche Werke, Briefe, Tagebücher und Gespräche*, II. Abt., Bd. 1 (28), *Briefe, Tagebücher und Gespräche vom 23. Mai 1764 bis 30. Oktober 1775*, Frankfurt a.M. 1997, 256.

Goethe, Johann Wolfgang, *Von deutscher Baukunst*, in: Ders., *Sämtliche Werke, Briefe, Tagebücher und Gespräche*, Bd. 18, *Ästhetische Schriften 1771-1805*, hg. von Friedmar Apel, Frankfurt a.M. 1998, 110-118.

Goldmann, Stefan, „Topos und Erinnerung, Rahmenbedingungen der Autobiographie", in: *Der ganze Mensch: Anthropologie und Literatur im 18. Jahrhundert, DFG-Symposium 1992*, hg. von Hans-Jürgen Schings, Stuttgart/Weimar 1994, [Germanistische Symposien, Berichtsbände XV], 660-675.

Gonzáles García, José M., „Zwischen Literatur, Philosophie und Soziologie: Die Metapher des ‚Theatrum Mundi'", in: Schildknecht, Christiane, Dieter Teichert (Hgg.), *Philosophie in Literatur*, Frankfurt a.M. 1996, 87-108.

Gonzáles García, José M, Ralf Konersmann, „Theatrum Mundi", in: *Historisches Wörterbuch der Philosophie*, Bd. 10, Darmstadt 1998, 1051-1054.

Göttert, Karl-Heinz, *Einführung in die Geschichte der Rhetorik: Grundbegriffe – Geschichte – Rezeption*, Paderborn ⁴2009.

Gottsched, Johann Christoph, *Versuch einer Critischen Dichtkunst* (1730), Nachdruck Darmstadt 1962.

Graevenitz, Gerhart von (Hg.), *Konzepte der Moderne*, Stuttgart 1999.

Graevenitz, Gerhart von, „Geschichte aus dem Geist des Nekrologs, Zur Begründung der Biographie im 19. Jahrhundert", in: *DVjS* 54 (1980), 105-170.

Groh, Ruth, Dieter Groh, „Petrarca und der Mont Ventoux", in: *Merkur, Deutsche Zeitschrift für europäisches Denken*, 46 (1992), H.517, 290-307.

Gronemann, Claudia, „,Autofiction' und das Ich in der Signifikantenkette, Zur literarischen Konstitution des autobiographischen Subjekts bei Serge Doubrovsky", in: *Poetica* 31 (1999), 237-262.

Günzel, Stephan (Hg.), *Raum, Ein interdisziplinäres Handbuch*, Stuttgart/Weimar 2010.

Günzel, Stephan (Hg.), *Raumwissenschaften*, Frankfurt a.M. 2009.

Günzel, Stephan (Hg.), *Topologie, Zur Raumbeschreibung in den Kulturwissenschaften*, Bielefeld 2007.

Güse, Ernst/Margarete Oppel (Hgg.), *Goethes Gartenhaus*, Weimar 2008.

Gymnich, Marion, „Individuelle Identität und Erinnerung aus Sicht von Identitätstheorie und Gedächtnisforschung sowie als Gegenstand literarischer Inszenierung", in: Erll, Astrid (Hg.), *Literatur, Erinnerung, Identität, Theoriekonzeptionen und Fallstudien*, Trier 2003, 29-48.

Habermas, Jürgen, „Konzeptionen der Moderne, Ein Rückblick auf zwei Traditionen", in: Ders., *Die postnationale Konstellation, Politische Essays*, Frankfurt a.M. 1998, 195-231.

Habermas, Jürgen, *Der philosophische Diskurs der Moderne*, Frankfurt a.M. 1985.

Hagner, Michael, „Psychophysiologie und Selbsterfahrung. Metamorphosen des Schwindels und der Aufmerksamkeit im 19. Jahrhundert", in: Assman, Aleida, Jan Assmann (Hgg.), *Aufmerksamkeiten*, München 2001, 241-263.

Hallet, Wolfgang, Birgit Neumann (Hgg.), *Raum und Bewegung in der Literatur, Die Literaturwissenschaften und der Spatial Turn*, Bielefeld 2009.

Heidelberger-Leonard, Irene, Mireille Tabah (Hgg.), *W.G. Sebald, Intertextualität und Topographie*, Berlin 2008 [Literatur: Forschung und Wissenschaft; Bd. 12].

Heine, Heinrich, „Waldeinsamkeit", in: Ders., *Historisch-kritische Gesamtausgabe der Werke*, in Verbindung mit dem Heinrich Heine-

Institut hg. von Manfred Windfuhr, Bd. 3/1, Hamburg 1992, 79-83.

Heine, Heinrich, *Deutschland. Ein Wintermärchen*, in: Ders., *Historisch-Kritische Gesamtausgabe der Werke*, in Verbindung mit dem Heinrich-Heine-Insitut hg. von Manfred Windfuhr, Hamburg 1985, 89-160.

Heinse, Wilhelm, Briefe, 2. Bd., „Von der italiänischen Reise bis zum Tode", in: Ders., *Sämmtliche Werke*, hg. von Carl Schüddekopf, Bd. 10, Leipzig 1910, S. 39.

Heize, Inga, „Methoden und Anwendungsgebiete der Internetkartographie", in: Budke, Alexandra, Detlef Kanwischer, Andreas Pott (Hgg.), *Internetgeographien, Beobachtungen zum Verhältnis von Internet, Raum und Gesellschaft*, Stuttgart 2001, 41-55.

Hentschel, Uwe, „Faszination Schweiz: zum deutschen literarischen Philhelvetismus des 18. Jahrhunderts", in: *Schweizerisches Archiv für Volkskunde/Archives suisses des traditions populaires* 96 (2000), 29-53.

Hentschel, Uwe, „Goethes *Werther* und die Schweiz", in: *Recherche Germaniques* 29 (1999), 15-25.

Hentschel, Uwe, „Schillers Wilhelm Tell – ein Beitrag zum Philhelvetismus", in: *literatur für leser* 23/1 (2000), 61-78.

Herder, Johann Gottfried von, „Kritische Wälder, erstes bis drittes Wäldchen, viertes Wäldchen", in: Ders., *Schriften zur Literatur*, hg. von Regine Otto, Berlin 1990.

Herder, Johann Gottfried, „Bekenntnisse merkwürdiger Männer von sich selbst, Einleitende Briefe", in: Ders., *Werke*, hg. von Jürgen Brummack und Martin Bollacher, Bd. 8, Frankfurt a.M. 1998, 11-28.

Herder, Johann Gottfried, „Vom Erkennen und Empfinden der menschlichen Seele, Bemerkungen und Träume", in: Ders., *Werke*, hg. von Jürgen Brummack und Martin Bollacher, Bd. 4, Frankfurt a.M. 1994, 327-393.

Herrmann, Britta, Barbara Thums, „Einleitung", in: Dies. (Hgg.), *Ästhetische Erfindung der Moderne? Perspektiven und Modelle 1750 – 1850*, Würzburg 2003, 7-25.

Hilgers, Klaudia, „,…bis aufs geringste Zäserchen, alles Gestalt, und alles zweckend zum Ganzen…', Natur und Kunst in Goethes *Von deutscher Baukunst*", in: Pabisch, Peter (Hg.), *Mit Goethe Schule machen? Akten zum internationalen Goethe-Symposium Griechenland – Neumexiko – Deutschland 1999*, Frankfurt a.M. 2002, 93-116.

Hirschfeld, Gerhard, „Der Landschaftsgarten als Ausdruck des Spannungsfeldes zwischen Aufklärung und Romantik", in: Hering, Rainer (Hg.), *Die Ordnung der Natur, Vorträge zu historischen Gärten und Parks in Schleswig-Holstein* [Veröffentlichungen des Landesarchivs Schleswig-Holstein Bd. 96], S. 95–119.

Ho, Shu Ching, *Über die Einbildungskraft bei Goethe, System und Systemlosigkeit*, Freiburg i.Br. 1998.

Hoffmeister, Gerhart, „Mont Ventoux und Secretum", in: Ders., *Petrarca*, Stuttgart 1997, S. 41-48.

Hofmann, Kim, *Goethe und Winckelmann, Ausgewählte Aspekte von Goethes Winckelmann-Rezeption*, München 2011.

Hoheisel, Wiebke, *Goethes Geschichtsdenken in seinen autobiographischen Schriften*, Berlin/Boston 2013.

Holdenried, Michaela, „Zwischen Pietismus und Säkularisation, Auf dem Weg zur literarischen Emanzipation der Autibiographik zwischen 1780 und 1830", in: Dies. *Autobiographie*, Stuttgart 2000, 127-139.

Holdenried, Michaela, *Autobiographie*, Stuttgart 2000.

Hölscher-Lohmeyer, Dorothea, „› Entoptische Farben‹ – Gedicht zwischen Biographie und Experiment", in: *Études Germaniques* 1983, H.1, 56-72.

http://www.judengasse.de/dhtml/page817.htm (letzter Zugriff 28.06.2014).

Huber, Martin, Christine Lubkoll, Steffen Martus, Yvonne Wübben (Hgg.), *Literarische Räume, Architekturen – Ordnungen – Medien*, Berlin 2012.

Huschke, Wolfgang, *Die Geschichte des Parkes von Weimar*, Weimar 1951.

Hutten, Ulrich von, *Gedichte, Aus der Türkenrede, Arminius*, hg. von Otto Clemen, Leipzig 1938.

Huyssen, Andreas, *Twilight Memories: Marking Time in a Culture of Amnesia*, New York 1995.

Intelmann, Claudia, *Der Raum in der Psychoanalyse, Zur Wirkung des Raumes auf den psychoanalytischen Prozess*, (2003), Volltextversion abrufbar auf den Seiten der LMU unter: http://edoc.ub.uni-muenchen.de/1794/ (letzter Zugriff 28.06.2014).

Jagella, Caroline, „Bürgerlicher Schwindel und seine medizinische Fassung: Goethe und das Strassburger Münster", in: *Schweizer Medizinische Wochenschrift* 130 (2000), 209-221.

Jäger, Jürgen, „Parkkunstwerk – Erinnerungsstäte – Naturraum, 150 Jahre Auseinandersetzung um das Bild der Weimarer Parkanlagen", in: *Weimar, Archäologie eines Ortes*, im Auftrag der Stiftung Weimarer Klassik hg. v. Bollenbeck, Georg et. al., Weimar 2001, 176-184.

Janz, Rolf-Peter, „Schwindel – ein befremdlicher Zustand. Zu Goethes *Mignon*", in: Honold, Alexander, Manuel Köppen (Hgg.), *„Die andere Stimme", Das Fremde in der Literatur der Moderne, Festschrift für Klaus R. Scherpe zum 60. Geburtstag*, Köln/Weimar/Wien 1999, 299-309.

Janz, Rolf-Peter, Fabian Stoermer, Andreas Hiepko (Hgg.), *Schwindelerfahrungen, Zur kulturhistorischen Diagnose eines vieldeutigen Symptoms*, Amsterdam/New York 2003.

Joachimsthaler, Jürgen, „Die memoriale Differenz, Erinnertes und sich erinnerndes Ich", in: Klinger, Judith, Gerhard Wolf (Hgg.), *Gedächtnis und kultureller Wandel, Erinnerndes Schreiben – Perspektiven und Kontroversen*, Tübingen 2009, 33-52.

Johannsen, Anja K., „W.G. Sebald", in: Dies., *Kisten, Krypten, Labyrinthe, Raumfigurationen in der Gegenwartsliteratur: W.G. Sebald, Anne Duden, Herta Müller*, Bielefeld 2008, 25-108.

Jost, Erdmut, „Blickwechsel: Die Entwicklung des beweglichen Auges im Landschaftsgarten", in: Dies., *Landschaftsblick und Landschaftsbild, Wahrnehmung und Ästhetik im Reisebericht 1780-1820, Sophie von La Roche – Friederike Brun – Johanna Schopenhauer*, Freiburg 2005, 89-111.

Jost, Erdmut, *Landschaftsblick und Landschaftsbild, Wahrnehmung und Ästhetik im Reisebericht 1780-1820, Sophie von La Roche – Friederike Brun – Johanna Schopenhauer*, Berlin 2005.

Jung-Kaiser, Ute, „Der Wald als romantischer Topos, Ein Einführung", in: Dies. (Hg.), *Der Wald als romantischer Topos*, Bern 2008, 13-35.

Jung-Stilling, Johann Heinrich, *Heinrich Stillings Jugend, Jünglingsjahre, Wanderschaft und häusliches Leben*, Stuttgart 1982; Erstpublikation des ersten Bandes 1777.

Kablitz, Andreas, „Petrarcas Augustinismus und die Ecriture der Ventoux-Epistel", in: *Poetica* 26 (1994), 31-69.

Kaiser, Gerhard, *Wandrer und Idylle, Goethe und die Phänomenologie der Natur in der deutschen Dichtung von Geßner bis Gottfried Keller*, Göttingen 1977.

Kant, Immanuel, „Von einem neuerdings erhobenen vornehmen Ton in der Philosophie", in: Ders., *Werke in zehn Bänden*, Bd. 5, hg. von Wilhelm Weischedel, Darmstadt 1983.

Kant, Immanuel, *Kritik der reinen Vernunft*, nach der 1. und 2. Orig.-Ausg. hg. von Jens Timmermann, Hamburg 1998 [Philosophische Bibliothek; Bd. 505].

Kant, Immanuel, *Kritik der Urteilskraft*, hg. von Karl Vorländer, Hamburg 1990.

Karahasan, Dževad, *Das Buch der Gärten, Grenzgänge zwischen Islam und Christentum*, Frankfurt a.M./Leipzig 2002.

Kaschuba, Wolgang, *Der deutsche Heimatfilm, Bildwelten als Weltbilder*, Tübingen 1989.

Kausch, Karl-Heinz, „Goethes Knabenmärchen *Der Neue Paris* – oder Biographica und Aesthetica", in: *Jahrbuch der deutschen Schillergesellschaft* 24 (1980), 102-122.

Kertscher, Jens, Dieter Mersch (Hgg.), *Performativität und Praxis*, München 2003.
Kierkegaard, Søren, *Der Begriff Angst*, Stuttgart 1992.
Kittler, Friedrich, „Über die Sozialisation Wilhelm Meisters", in: Ders., Gerhard Kaiser (Hgg.), *Dichtung als Sozialisationsspiel, Studien zu Goethe und Gottfried Keller*, Göttingen 1978, 13-124.
Klein, Bruno, „Beginn und Ausformung der gotischen Architektur in Frankreich und seinen Nachbarländern", in: Toman, Rolf (Hg.), *Die Kunst der Gotik, Architektur, Skulptur, Malerei*, Königswinter 2007, 28-115.
Klopstock, Friedrich Gottlieb, „Der Hügel, und der Hain" (1767), in: Ders., *Werke und Briefe, Historisch-Kritische Ausgabe*, hg. von Horst Gronemeyer und Klaus Hurlebusch, Abt. Werke: I/1, Berlin/New York 2010, 300-304.
Koch, Georg Friedrich, „Goethe und die Baukunst", in: Böhme, Helmut, Hans-Jochen Gamm (Hgg.), *Johann Wolfgang Goethe: Versuch einer Annäherung, Ringvorlesung an der Technischen Hochschule Darmstadt im Sommersemester 1982 zum 150. Todestag von Johann Wolfgang Goethe*, Darmstadt 1984, 231-288.
Koschorke, Albrecht, *Die Geschichte des Horizonts, Grenze und Grenzüberschreitung in literarischen Landschaftsbildern*, Frankfurt a.M. 1990.
Kritschil, Larissa, *Zwischen „schöpferischer Kraft" und „selbstgeschaffnem Wahn", Die Imagination in Goethes Romanen*, Würzburg 1999 [Epistemata: Reihe Literaturwissenschaft; Bd. 293].
Krummt, Christina, „Der Wald bei Caspar David Friedrich, Kunst als religiöse Umdeutung der Natur?", in: Jung-Kaiser, Ute (Hg.), *Der Wald als romantischer Topos*, Bern 2008.
Lacan, Jacques, „Das Spiegelstadium als Bildner der Ich-Funktion wie sie uns in der psychoanalytischen Erfahrung erscheint." Bericht für den 16. Internationalen Kongreß für Psychoanalyse in Zürich am 17. Juli 1949", in: Ders., *Schriften I*, ausgew. und hg. von Norbert Haas, übersetzt von Rodolphe Gasché et al., Weinheim/Berlin ³1991, 61-70.
Lacan, Jacques, „Die Topik des Imaginären", in: *Das Seminar von Jacques Lacan*, nach dem von Jacques-Alain Miller hergestellten französischen Text in dt. Sprache hg. von Norbert Haas, Buch I (1953-54), Freiburg 1978, 97-104.
Landfester, Ulrike, „,Die ganze entstellte Welt der Kindheit', Walter Benjamins Berliner Labyrinthe", in: Brüggemann, Heinz, Günter Oesterle (Hgg.), *Walter Benjamin und die romantische Moderne*, Würzburg 2009, 263-297.

Landfester, Ulrike, „»Ist fortzusetzen.)«, Goethes Poetik des Paratextes", in: von Ammon, Frieder, Herfried Vögel (Hgg.), *Die Pluralisierung des Paratextes in der Frühen Neuzeit*, Münster 2008, 375-397.

Landwehr, Jürgen, „Von verlorenen und nachgeschaffenen Paradiesen, Kulturwissenschaftliche Anmerkungen zu Gartenbildern und Gartensymbolik", in: Ecker, Hans-Peter (Hg.), *Gärten als Spiegel der Seele*, Würzburg 2007, 13-38.

Lange, Sigrid (Hg.), *Raumkonstruktionen in der Moderne – Kultur, Literatur, Film*, Bielefeld 2001.

Lay, Maxwell G., *Die Geschichte der Straße, Vom Trampelpfad zur Autobahn*, Frankfurt/New York 1994.

Lazzaro, Claudia, *The Italian Renaissance Garden, from the conventions of planting, design and ornament to the grand gardens of sixteenth century central Italy*, New Haven, 1990.

Lefebvre, Henri, *The Production of Space*, Oxford 1991.

Lehmann, Albrecht, „Der deutsche Wald", in: François, Etienne/Hagen Schulze (Hgg.), *Deutsche Erinnerungsorte*, Bd. 3, München 2001, 187-200.

Lehmann, Albrecht, „Wald, Die Volksliteratur und deren Weiterwirken im heutigen Bewusstsein", in: Jung-Kaiser, Ute (Hg.), *Der Wald als romantischer Topos*, Bern 2008, 37-52.

Lejeune, Philippe, *Der autobiographische Pakt*, Frankfurt a.M. 1994, 13-51.

Lemke, Anja, *Gedächtnisräume des Selbst, Walter Benjamins „Berliner Kindheit um neunzehnhundert"*, Würzburg 2005.

Lesage, Alain René, *Der hinkende Teufel*, Frankfurt a.M. 1978.

Lessing, Gotthold Ephraim, *Laokoon: oder über die Grenzen der Malerei und Poesie*, in: Ders., *Werke und Briefe*, hg. von Wilfried Barner et al., Bd. 5/2, Frankfurt a.M. 1990, 11-206.

Lessing, Hans-Ulrich, *Die Idee einer Kritik der historischen Vernunft, Wilhelm Diltheys erkenntnistheoretisch-logisch-methodologische Grundlegung der Geisteswissenschaften*, Freiburg 1984.

Link, Jürgen, *Die Struktur des Symbols in der Sprache des Journalismus, Zum Verhältnis literarischer und pragmatischer Symbole*, München 1978.

Lipp, Wilfried, „Der Wanderer, Metamorphosen der Ferne", in: Ders., *Kultur des Bewahrens, Schrägansichten zur Denkmalpflege*, Wien/Köln/Weimar 2008, 69-85.

Locke, John, *Versuch über den menschlichen Verstand*, Buch I und II, Hamburg ^{5}2000.

Lotmann, Jurij, *Die Struktur des künstlerischen Textes*, Frankfurt a.M. 1973.

Löw, Martina, *Raumsoziologie*, Frankfurt a.M. 2001.

Lukas, Wolfgang, „Abschied von der Romantik, Inszenierungen des Epochenwandels bei Tieck, Eichendorff und Büchner", in: *Recherches germaniques* 31 (2001), 49-83.

Maisak, Petra, „Die Sammlungen Johann Caspar Goethes im ‚Haus zu den drei Leyern', Goethes frühe Frankfurter Erfahrungen", in: Bertsch, Markus, Johannes Grave (Hgg.), *Räume der Kunst, Blicke auf Goethes Sammlungen*, Göttingen 2005, 23-46.

Maringer, Eva, „Natur als Spiegelbild der Seele. Der Wald in der deutschen Malerei der Romantik (1790-1840)", in: *Mythos Wald*, hg. vom Landschaftsverband Westfalen-Lippe, Münster 2009, 27-33.

Martin, James P., „Melancholic Wanderings: W.G. Sebald's Die Ringe des Saturn", in: *Gegenwartsliteratur, Ein Germanistisches Jahrbuch*, Bd. 6, hg. von Paul Michael Lützeler und Stephan K. Schindler, Tübingen 2007, 118-140.

Matussek, Peter, „Goethes Lebenserinnerungen", in: Ingensiep, Hans Werner, Richard Hoppe-Sailer (Hgg.), *NaturStücke, Zur Kulturgeschichte der Natur*, Ostfildern 1996, 135–167.

Mayer-Gampe, Pia, *Der Wald als Symbol in Märchen und Mythen*, München 1999.

Merten, Kai, „‚As Lear reproached the winds I could almost / Have quarrelled with that blameless spectacle'. Zur Raumkrise des Theaters in der romantischen Literatur – und zu ihrer Lösung", in: Dünne, Jörg, Sabine Friedrich, Kirsten Kramer (Hgg.), *Theatralität und Räumlichkeit, Raumordnungen und Raumpraktiken im theatralen Mediendispositiv*, Würzburg 2009, 105-122.

Meurer, Ulrich, *Topographien, Raumkonzepte in Literatur und Film der Postmoderne*, München 2007.

Michel, Christoph, „Cornelia in »Dichtung und Wahrheit«, Kritisches zu einem ‚Spiegelbild'", in: *Jahrbuch des Freien Deutschen Hochstifts* 1979, 40-70.

Michel Foucault, *Die Ordnung der Dinge, Eine Archäologie der Humanwissenschaften*, Frankfurt a.M. [14]1997.

Miller, Norbert, „Die beseelte Natur, Der literarische Garten und die Theorie der Landschaft nach 1800", in: Pfotenhauer, Helmut (Hg.), *Kunstliteratur als Italienerfahrung*, Tübingen 1991 [Reihe der Villa Vigoni; Bd. 5], 112-191.

Milton, John, *Paradise Lost*, Oxford 2005.

Misch, Georg, „Begriff und Ursprung der Autobiographie" (1907/1949), in: Niggl, Günter (Hg.), *Die Autobiographie, Zu Form und Geschichte einer literarischen Gattung*, Darmstadt 1989, 33-55.

Misch, Georg, *Geschichte der Autobiographie*, Bd. I.1, *Das Altertum, 1. Hälfte*, Frankfurt a.M. [3]1949.

Misch, Georg, *Geschichte der Autobiographie*, Bd. IV 2, *Von der Renaissance bis zu den autobiografischen Hauptwerken des 18. Und 19. Jahrhunderts*, bearb. von Bernd Neumann, Frankfurt a.M. 1969.

Moser, Christian, „Die delokalisierte Metropole: London in William Wordsworths autobiographischer Dichtung *The Prelude*", in: Ders. et al. (Hgg.), *Zwischen Zentrum und Peripherie, Die Metropole als kultureller und ästhetischer Erfahrungsraum*, Bielefeld 2005, 301-326.

Moser, Christian, „Maps vs. Picture, Techniken der Visualisierung in der englischen Großstadtliteratur des frühen 19. Jahrhunderts", in: *Visual Culture, Beiträge zur XIII. Tagung der Deutschen Gesellschaft für Allgemeine und Vergleichende Literaturwissenschaft, Potsdam, 18. - 21. Mai 2005*, hg. von Monika Schmitz-Emans und Gertrud Lehnert, Heidelberg 2008, 151-166.

Moser, Christian, Helmut J. Schneider, „Einleitung, Zur Kulturgeschichte und Poetik des Spaziergangs", in: Gellhaus, Axel, Christian Moser, Helmut J. Schneider (Hgg.), *Kopflandschaften – Landschaftsgänge, Kulturgeschichte und Poetik des Spaziergangs*, Köln/Weimar/Wien 2007, 7-27.

Moser, Christian, Helmut J. Schneider, Axel Gellhaus (Hgg.), *Kopflandschaften – Landschaftsgänge, Kulturgeschichte und Poetik des Spaziergangs*, Köln/Weimar/Wien 2007.

Moser, Christian, Jürgen Nelles (Hgg.), *Autofiktion, Konstruierte Identitäten in Kunst, Literatur und Philosophie*, Bielefeld 2006.

Mücke, Dorothea von, „Architektur als Kunst und Fiktion, Baukunst und ästhetische Theorie bei Goethe", in: Steigerwald, Jörn, Rudolf Behrens (Hgg.), *Räume des Subjekts um 1800, Zur imaginativen Selbstverortung des Individuums zwischen Spätaufklärung und Romantik*, Wiesbaden 2010, 16-35.

Mülder-Bach, Inka, „Bild und Bewegung, Zur Theorie bildnerischer Illusion in Lessings *Laokoon*", in: *DVjs* 66 (1992), 1-30.

Mülder-Bach, Inka, Gerhard Neumann (Hgg.), *Räume der Romantik*, Würzburg 2007.

Müller, Ernst, *Ästhetische Religiosität und Kunstreligion, In den Philosophien von der Aufklärung bis zum Ausgang des deutschen Idealismus*, Berlin 2004.

Müller, Götz, „Die Einbildungskraft im Wechsel der Diskurse", in: Schings, Hans-Jürgen (Hg.), *Der ganze Mensch, Anthropologie und Literatur im 18. Jahrhundert*, Stuttgart 1994, [Germanistische Symposien-Berichtsbände 15], 697-723.

Müller, Klaus-Detlef, „Briefe aus der Schweiz", in: *Goethe-Handbuch*, hg. von Bernd Witte, Theo Buck, Hans-Dietrich Dahnke, Regine Otto und Peter Schmidt, Bd. 3, Stuttgart/Weimar 1997, 271-278.

Müller-Wolff, Susanne, *Ein Landschaftsgarten im Ilmtal, Die Geschichte des herzoglichen Parks in Weimar*, Köln/Weimar/Wien 2007.

Niedermeier, Michael, *Das Ende der Idylle, Symbolik, Zeitbezug, ‚Gartenrevolution' in Goethes Roman „Die Wahlverwandtschaften"*, Berlin/Bern 1992.

Neue Beyträge zum Vergnügen des Verstandes und Witzes, hg. von Karl Christian Gärtner, Reproduktion Hildesheim 1978 (1744-59), [Bibliothek der deutschen Sprache; Serie 2, Periodica].

Neumann, Bernd, *Identität und Rollenzwang, Zur Theorie der Autobiographie*, Frankfurt a.M. 1970.

Neumann, Gerhard, „Einleitung", in: Ders., Caroline Pross, Gerald Wildgruber (Hgg.), *Szenographien, Theatralität als Kategorie der Literaturwissenschaft*, Freiburg i.Br. 2000, 11-32.

Nicolai, Bernd, *Gotik*, Stuttgart 2007.

Niggl, Günter, *Geschichte der deutschen Autobiographie im 18. Jahrhundert, Theoretische Grundlegung und literarische Entfaltung*, Stuttgart 1977.

Nora, Pierre (Hg.), *Erinnerungsorte Frankreichs*, München 2005.

O'Connell, Michael, „Authority and the Truth of Experience in Petrarch's ‚Ascent of the Mount Ventoux'", in: *Philological Quarterly* 62/1 (1983), 507-520.

Oelkers, Jürgen, „Die Beschränkung des Prometheus: Zur Bildungstheorie in Goethes »Dichtung und Wahrheit«", in: Ders., *Die Herausforderung der Wirklichkeit durch das Subjekt, literarische Reflexionen in pädagogischer Absicht*, Weinheim/München 1985, 138-170.

Oesterle, Günter, Harald Tausch, „Einleitung", in: Dies. (Hgg.), *Der imaginierte Garten*, Göttingen 2001 [Formen der Erinnerung; Bd. 9], 9-20.

Ottmann, Dagmar, „Gebändigte Natur, Gärten und Wildnis in Goethes *Wahlverwandtschaften* und Eichendorffs *Ahnung und Gegenwart*", in: Hinderer, Walter (Hg.), *Goethe und das Zeitalter der Romantik*, Würzburg 2002, 345-395.

Ovidius Naso, Publius, *Metamorphosen*, hg. und übers. von Erich Rösch, zweisprachige Ausg., München 1979.

Pabst, Philipp, Kerstin Wilhelms, „Lebensraum und Bürgerklasse, Walter Benjamins mythische Topographien", in: *Weimarer Beiträge* 1 (2014), o.S. [im Erscheinen].

Pamuk, Orhan, *Istanbul, Erinnerungen an eine Stadt*, München 2006.

Panofsky, Erwin, *Et in Arcadia ego, Poussin und die Tradition des Elegischen*, hg. von Volker Breidecker, Berlin 2002.

Pascal, Roy, *Die Autobiographie, Gehalt und Gestalt*, Stuttgart/Berlin/Köln/Mainz 1965.

Paul, Jean, „Selberlebensbeschreibung", in: Paul, Jean, *Werke*, Bd. 6, hg. von Walter Höllerer, München 1963, 1037-1103.

Pethes, Nicolas, *Mnemographie, Poetiken der Erinnerung und Destruktion nach Walter Benjamin*, Tübingen 1999.

Petrarca, Francesco, *Die Besteigung des Mont Ventoux*, Stuttgart 1995.

Petrarca, Francesco, *Secretum meum/Mein Geheimnis*, lat./dt., hg. von Gerhard Regn, Mainz 2004.

Pilger, Kathrin, *Der Kölner Zentral-Dombauverein im 19. Jahrhundert. Konstituierung des Bürgertums durch formale Organisation*, Köln 2004.

Pizzoni, Filippo, „Das 18. Jahrhundert, Die Rückkehr nach Arkadien", in: Ders., *Kunst und Geschichte des Gartens, Vom Mittelalter bis zur Gegenwart*, Stuttgart 1999, 132-183.

Platon, *Menon*, Stuttgart 1994.

Platon, *Phaidon*, Stuttgart 1986.

Platon, *Phaidros oder Vom Schönen*, Stuttgart 1998.

Przybilka, Christoph, *Leben als Bildungsprozess, eine Untersuchung über die Wandermetapher in Goethes Bildungsdenken*, Köln 1984.

Raymond, Petra, *Von der Landschaft im Kopf zur Landschaft aus Sprache, Die Romantisierung der Alpen in den Reiseschilderungen und die Literarisierung des Gebirges in der Erzählprosa der Goethezeit*, Tübingen 1993 [Studien zur deutschen Literatur; Bd. 123].

Recht, Roland, *Believing and Seeing, the Art of Gothic Cathedrals*, Chicago 2008.

Regard, Frédéric (Hg.), *Mapping the Self: Space, Identity, Discourse in British Auto/Biography*, Saint-Etiénne 2003.

Regard, Frédéric, „Topologies of the Self: Space and Life-Writing", in: Ders. (Hg.), *Mapping the Self: Space, Identity, Discourse in British Auto/Biography*, Saint-Etiénne 2003, 15-30.

Reiser, Anton, „Ein psychologischer Roman in vier Teilen", in: Reiser, Anton, *Ein psychologischer Roman in vier Teilen*, Hartknopf, Andreas, *Eine Allegorie, Andreas Hartknopfs Predigerjahre*, Düsseldorf/Zürich 1996.

Relph, Edward, *Place and Placelessness*. London 1976.

Richter, Karl, „Wiederholte Spiegelungen im »West-östlichen Divan«, Die Entoptik als poetologisches Paradigma in Goethes Alterswerk", in: *Scientia poetica, Jahrbuch für Geschichte der Literatur und der Wissenschaften* 4 (2000), 115-130.

Ritter, Joachim, „Landschaft, Zur Funktion des Ästhetischen in der modernen Gesellschaft", in: Ders., *Subjektivität*, Frankfurt a.M. 1974.

Rohde, Carsten, *Spiegeln und Schweben, Goethes autobiographisches Schreiben*, Göttingen 2006.

Rorty, Richard, *Der Spiegel der Natur: Eine Kritik der Philosophie*, Frankfurt a.M. ³1994.

Rousseau, Jean-Jacques, *Les confessions. Rêveries du promeneur solitaire*, hg. von Louis Martin-Chauffier, Paris 1951.

Rousseau, Jean-Jacques, *Die Bekenntnisse*, übers. von Alfred Semerau, München 1978.

Said, Edward, *Am falschen Ort*, Berlin 2000.

Sampaolo, Giovanni, „Raum-Ordnung und Zeit-Bewegung, Gespaltene Naturerkenntnis in »Wilhelm Meisters Wanderjahren«", in: *Goethe-Jahrbuch* 124 (2007), 153-160.

Sartre, Jean-Paul, *Das Sein und das Nichts, Versuch einer phänomenologischen Ontologie*, Reinbek bei Hamburg 1993.

Sasaki, Junichi, „'Des alten Fasanentraums gedacht', Ein metaphorischer Traum in der Italienischen Reise im autobiographischen Kontext", in: *Goethe-Jahrbuch* 45 (2003), 53-70.

Sasse, Sylvia, „Literaturwissenschaft", in: Günzel, Stephan (Hg.), *Raumwissenschaften*, Frankfurt a.M. 2009, 208-224.

Schabacher, Gabriele, *Topik der Referenz, Theorie der Autobiographie, die Funktion „Gattung" und Roland Barthes' Über mich selbst*, Würzburg 2007.

Schings, Hans-Jürgen (Hg.), *Der ganze Mensch, Anthropologie und Literatur im 18. Jahrhundert*, Stuttgart 1994, [Germanistische Symposien-Berichtsbände 15].

Schlögel, Karl, *Im Raume lesen wir die Zeit: Über Zivilisationsgeschichte und Geopolitik*, München/Wien 2003.

Schlüter, Bettina, „›Avatarial Operations‹ – mediale Selbstkonstitution an den Schnittstellen von Realität und Virtualität", in: Dünne, Jörg, Christian Moser (Hgg.): *Automedialität, Subjektkonstitution in Schrift, Bild und neuen Medien*, München 2008, 305-322.

Schmidt, Siegfrid J., „Gedächtnis – Erzählen – Identität", in: Assmann, Aleida (Hg.), *Mnemosyne, Formen und Funktionen der kulturellen Erinnerung*, Frankfurt a.M. 1993, 378-397.

Schnack, Friedrich, *Traum vom Paradies, Eine Kulturgeschichte des Gartens*, Hamburg 1962.

Schneider, Manfred, „Das Geschenk der Lebensgeschichte: die Norm, Der autobiographische Text/Test um Neunzehnhundert", in: Wetzel, Michael, Jean-Michel Rabaté (Hgg.), *Ethik der Gabe, Denken nach Jacques Derrida*, Berlin 1993, 249-265.

Schneider, Manfred, „Die Poetik der Räume", in: Ders., *Die erkaltete Herzensschrift, Der autobiographische Text im 20. Jahrhundert*, München/Wien 1986, 134-142.

Schneider, Manfred, „Walter Benjamins Berliner Kindheit um Neunzehnhundert: Das autobiographische Inkognito", in: Ders., *Die erkaltete*

Herzensschrift, Der autobiographische Text im 20. Jahrhundert, München/Wien 1986, 107-149.

Schneider, Manfred, *Die erkaltete Herzensschrift, Der autobiographische Text im 20. Jahrhundert*, München/Wien 1986.

Schönbeck, Gerhard, *Der Locus Amoenus von Homer bis Horaz*, Heidelberg 1962.

Schönert, Jörg, „Gesellschaftliche Modernisierung und Literatur der Moderne", in: Wagenknecht, Christian (Hg.), *Zur Terminologie der Literaturwissenschaft, Akten des IX. Germanistischen Symposions der Deutschen Forschungsgemeinschaft, Würzburg 1986*, Stuttgart 1988, 293-413.

Schössler, Franziska „Aufbrechende Geschlechterrivalitäten und die ‚Verzwergung' der Frau – Zu Goethes Märchen *Die neue Melusine*", in: *Bei Gefahr des Untergangs, Phantasien des Aufbrechens, Festschrift für Irmgard Roebling*, hg. von Ina Brueckel, Dörte Fuchs, Rita Morrien, Margarete Sander, Würzburg 2000, S. 77-90.

Schrader, Monika, *Laokoon – „eine vollkommene Regel der Kunst", Ästhetische Theorien der Heuristik in der zweiten Hälfte des 18. Jahrhunderts: Winckelmann, (Mendelssohn), Lessing, Herder, Schiller, Goethe*, Hildesheim/Zürich/New York 2005.

Schröder, Nicole, *Spaces and Places in Motion, Spatial Concepts in Contemporary American Literature*, Tübingen 2006.

Schroer, Markus, „Raumgrenzen in Bewegung. Zur Interpenetration realer und virtueller Räume", in: Funken, Christiane, Martina Löw (Hgg.), *Raum – Zeit – Medialität, Interdisziplinäre Studien zu neuen Kommunikationstechnologien*, Opladen 2003, 217-236.

Schulte-Sasse, Jochen, „Einbildungskraft/Imagination", in: *Ästhetische Grundbegriffe, Historisches in sieben Bänden*, Bd. 2, hg. von Karl-Heinz Barck et al., Stuttgart/Weimar 2001, 88-120.

Schütz, Erhard, „‚Ewiger Wald' oder die Unruhe im ‚Dritten Reich'", in: Bertschik, Julia, Elisabeth Emter, Johannes Graf, (Hgg.), *Produktivität des Gegensätzlichen, Studien zur Literatur des 19. Und 20. Jahrhunderts, Festschrift für Horst Denker zum 65. Geburtstag*, Tübingen 2000, S.193-207.

Schweizer, Stefan, „› Funktion‹ und › Nutzung‹ als sozialgeschichtliche Deutungsperspektive der Gartenkunstgeschichte", in: Ders. (Hg.), *Gärten und Parks als Lebens- und Erlebnisraum, Funktions- und Nutzungsgeschichtliche Aspekte der Gartenkunst in Früher Neuzeit und Moderne*, Worms 2008, 9-20.

Schwillus, Harald, „Hirtenidylle und hortus conclusus, Gartenkonzepte christlicher Spiritualität und Theologie", in: Moritz, Arne, Harald Schwillus (Hgg.), *Gartendiskurse, Mensch und Garten in Philoso-*

phie und Theologie, Frankfurt a.M. 2007 [Treffpunkt Philosophie; Bd. 7], 63-73.

Seele, Katrin, „Positionen der Poetik im 18. Jahrhundert", in: Dies., *Goethes poetische Poetik*, Würzburg 2004, 23-46.

Shields, Rob, „Hypertext Links, The Ethic of the Index and its Space-Time-Effects", in: Herman, Andrew, Thomas Swiss (Hgg.), *The World Wide Web and Contemporary Cultural Theory*, London/New York 2000, 145-160.

Shumaker, Wayne, „Die englische Autobiographie, Gestalt und Aufbau", in: Niggl, Günther (Hg.), *Die Autobiographie, Zu Form und Geschichte einer literarischen Gattung*, Darmstadt ²1998, 75-120.

Sigmund Freud, „Eine Kindheitserinnerung aus *Dichtung und Wahrheit*" (1917), in: Freud, Sigmund, *Studienausgabe*, hg. von Alexander Mitscherlich, Bd. 10: *Bildende Kunst und Literatur*, Frankfurt a.M. 1994, 255-266.

Sill, Oliver, „Von den ‚unbewußten Seelenkräften' zur ‚klaren Selbsterkenntnis': Menschenbild und Autobiographiekonzeption im Denken Herders zwischen 1768 und 1801", in: Ders., *Zerbrochene Spiegel, Studien zur Theorie und Praxis modernen autobiographischen Erzählens*, Berlin/New York 1991, 112-120.

Simons, Oliver, *Raumgeschichten, Topographien der Moderne in Philosophie, Wissenschaft und Literatur*, München 2007.

Skorna, Hans Jürgen, *Das Wandermotiv im Roman der Goethezeit*, Köln 1961.

Smith, Sidonie, Julia Watson, *Reading Autobiography, A Guide for interpreting Life Narratives*, Minneapolis/London 2001.

Smuda, Manfred (Hg.), *Landschaft*, Frankfurt a.M. 1986.

Soja, Edward W., *Postmodern Geographies, The Reassertion of Space in Critical Social Theory*, London/New York 1989.

Soja, Edward W., *Thirdspace, Journeys to Los Angeles and Other Real-and-Imagined Places*, Oxford 1996.

Spence, Joseph, *Anecdotes, Observations, and Characters of Books and Men, Collected from the Conversation of Mr. Pope, and other Eminent Persons of his Time*, hg. von Samuel Weller Singer, Bd. I, London 1820.

Starobinski, Jean, „Der Stil der Autobiographie", in: Niggl, Günther (Hg.), *Die Autobiographie, Zu Form und Geschichte einer literarischen Gattung*, Darmstadt ²1998, 200-213.

Steigerwald, Jörn, „Schwindelgefühle, Das literarische Paradigma der ‚Darstellung' als Anthropologikum (Klopstock, Sulzer, Herz, Hoffmann)", in: Lang, Thomas, Harald Neumeyer (Hgg.), *Kunst und Wissenschaft um 1800*, Würzburg 2000.

Steigerwald, Jörn, Rudolf Behrens (Hgg.), *Räume des Subjekts um 1800, Zur imaginativen Selbstverortung des Individuums zwischen Spätaufklärung und Romantik*, Wiesbaden 2010.

Steinmayr, Markus, *Mnemotechnik und Medialität, Walter Benjamins Poetik des Autobiographischen*, Frankfurt a.M. 2001.

Stierle, Karlheinz, *Petrarcas Landschaften, Zur Geschichte ästhetischer Landschaftserfahrung*, Krefeld 1979.

Stockhammer, Robert (Hg.), *TopoGraphien der Moderne, Medien zur Repräsentation und Konstruktion von Räumen*, München 2005.

Stoermer, Fabian, „Schein und Abgrund. Über den Schwindel", in: Brittnacher, Hans Richard, Fabian Stoermer (Hgg.), *Der schöne Schein der Kunst und seine Schatten*, Bielefeld 2000, 281-313.

Stolt, Birgit, „Rhetorikkonzeptionen in der Geschichte der deutschen Sprache", in: *Ein Handbuch zur Geschichte der deutschen Sprache und ihrer Erforschung*, hg. von Werner Besch et al., 2. vollständig neu bearbeitete und erweiterte Auflage, Berlin/ New York 2003, 2582-2599.

Summers-Bremner, Eluned, „Reading, Walking, Mourning: W.G. Sebald's Peripatetic Fictions", in: *Journal of Narrative Theory* 34/3 (2004), 304-334.

Tabarasi, Ana-Stanca, „Der Garten als poetologisches Modell", in: Dies., *Der Landschaftsgarten als Lebensmodell, Zur Symbolik der „Gartenrevolution" in Europa*, Würzburg 2007, 369-393.

Tabarasi, Ana-Stanca, „Zeit- und Todesgedanken im Garten", in: Dies., *Der Landschaftsgarten als Lebensmodell, Zur Symbolik der „Gartenrevolution" in Europa*, Würzburg 2007, 448-460.

Tacitus, Publius Cornelius, *Germania*, hg. von Eugen Fehrle, Heidelberg 1959.

Tausch, Harald, „Das unsichtbare Labyrinth", Zur Parkgestaltung und Architektur in Goethes *Wahlverwandtschaften*", in: Hühn, Helmut (Hg.), *Goethes Wahlverwandtschaften, Werk und Forschung*, Berlin/New York 2010, 89-136.

Thomä, Dieter, *Erzähle dich selbst, Lebensgeschichte als philosophisches Problem*, Frankfurt a.M. ²2007.

Thomm, Ann-Kathrin, „»Mythos Wald« - Der deutsche Wald als Sehnsuchtslandschaft und Kollektivsymbol", in: *Mythos Wald*, hg. vom Landschaftsverband Westfalen-Lippe, Münster 2009, 9-25.

Tieck, Ludwig, *Der blonde Eckbert*, in: Ders., *Schriften*, Bd. 6, *Phantasus*, hg. von Manfred Frank, Frankfurt a. M. 1985, 126-148.

Tieck, *Waldeinsamkeit*, in: Ders., *Schriften*, Bd. 12, *Schriften 1836-1852*, hg. von Uwe Schweikert, Frankfurt a.M. 1986, 857-935.

van Dülmen, Andrea, „Der Garten als Ort der Besinnung; Einsamkeit und stille Beschäftigung", in: Dies., *Das irdische Paradies, Bürgerliche Gartenkultur der Goethezeit*, Köln/Weimar 1999, 219-228.

Veel, Kristin, „The Irreducibility of Space: Labyrinths, Cities, Cyberspace", in: *Diacritics* 33/ 3+4 (2003), 151-172.

Vercelloni, Matteo, Virgilio Vercelloni, „Einführung: Jenseits des Zauns", in: Dies., *Geschichte der Gartenkultur, Von der Antike bis heute*, Darmstadt 2010, 7-12.

Verene, Donald Phillip, *Vico's Science of Imagination*, Ithaka 1981.

Vetter, Hellmuth, „Welches Subjekt stirbt? Zur Vorgeschichte der Kritik an der These: Der Mensch ist Subjekt", in: Nagl-Docekal, Herta, Hellmuth Vetter (Hgg.), *Tod des Subjekts?* Wien/München 1987, 22-42.

Vico, Giovanni Battista, *Prinzipien einer neuen Wissenschaft über die gemeinsame Natur der Völker*, Teilbd. II, übers. von Vittorio Hösle, Hamburg 1990.

Volkmann, Helga, *Unterwegs nach Eden, Von Gärtnern und Gärten in der Literatur*, Göttingen 2000.

von Butlar, Adrian, „Das Grab im Garten, Zur naturreligiösen Deutung eines arkadischen Gartenmotivs", in: Wunderlich, Heinke (Hg.), *„Landschaft" und Landschaften im achtzehnten Jahrhundert*, Tagung der deutschen Gesellschaft für die Erforschung des 18. Jahrhunderts, Herzog August Bibliothek Wolfenbüttel, 20.-23. November 1991, Heidelberg 1995 [Beiträge zur Geschichte der Literatur und Kunst des 18. Jahrhunderts; Bd. 13], 79-119.

Wagner-Egelhaaf, Martina, „Goethes *Italienische Reise* und ihre topographische Konfrontation von Deutschen und Italienern", in: Dauven-van Knippenberg, Carla, Christian Moser, Rolf Parr (Hgg.), *Räumliche Darstellung kultureller Begegnungen*, Heidelberg 2014 [Amsterdam German Studies, Bd. 6], o.S. [im Erscheinen].

Wagner-Egelhaaf, Martina, „Goethes Einquartierungen, Zur autobiographischen Dimensionalität besetzter Räume", in: Salvatore Pisani, Elisabeth O'Marra (Hgg.), *Ein Haus wie ich, Die gebaute Autobiographie in der Moderne*, Bielefeld 2014, 103-128.

Wagner-Egelhaaf, Martina (Hg.), *Auto(r)fiktion, Literarische Verfahren der Selbstkonstruktion*, Bielefeld 2013.

Wagner-Egelhaaf, Martina (Hg.), *Hermanns Schlachten, Zur Literaturgeschichte eines nationalen Mythos*, Bielefeld 2008.

Wagner-Egelhaaf, Martina, „Autofiktion – Theorie und Praxis autobiographischen Schreibens", in: Berning, Johannes, Nicola Keßler, Helmut H. Koch (Hgg.), *Schreiben im Kontext von Schule, Universität, Beruf und Lebensalltag*, Berlin 2006, 80-101.

Wagner-Egelhaaf, Martina, „Autofiktion oder: Autobiographie nach der Autobiographie. Goethe – Barthes – Özdamar", in: Breuer, Ulrich,

Beatrice Sandberg (Hgg.), *Autobiographisches Schreiben in der deutschsprachigen Gegenwartsliteratur*, Bd. 1: *Grenzen der Identität und der Fiktionalität*, München 2006, 353-368.

Wagner-Egelhaaf, Martina, *Autobiographie*, Stuttgart/Weimar ²2005.

Waschke, Ernst-Joachim, „Die Funktion des Gartens im Alten Testament, Die Bedeutung seiner Metaphorik für die alttestamentliche Anthropologie", in: Moritz, Arne, Harald Schwillus (Hgg.), *Gartendiskurse, Mensch und Garten in Philosophie und Theologie*, Frankfurt a.M. 2007 [Treffpunkt Philosophie; Bd. 7], 13-19.

Watson, Julia, „The Spaces of Autobiographical Narrative", in: Bähr, Andreas, Peter Burschel, Gabriele Jancke (Hgg.), *Räume des Selbst, Selbstzeugnisforschung transkulturell*, Weimar/Wien 2007 [Selbstzeugnisse der Neuzeit; Bd. 19], 13-25.

Watt, Helga Schulte, *Deutsche Reisebeschreibungen von Kaempfer bis Stolberg, Vielfalt und Tradition des Genres im 18. Jahrhundert*, Massachusetts 1978.

Weber, Christian, „Theatrum Mundi, Zur Konjunktur des Theatrum-Metapher im 16. und 17. Jahrhundert als Ort der Wissenskompilation und zu ihrer literarischen Umsetzung im *Großen Welttheater*", in: Schock, Flemming (Hg.), *Dimensionen der Theatrum-Metapher in der frühen Neuzeit, Ordnung und Repräsentationen von Wissen*, Hannover 2008, 341-368.

Wegen, Rainer, *Naturzustand und Staat bei Thomas Hobbes*, Bonn 1984.

Weigel, Sigrid, „Zum ‚topographical turn', Kartographie, Topographie und Raumkonzepte in den Kulturwissenschaften", in: *Kulturpoetik* 2/2 (2002), 151-165.

Weiß, Johannes (Hg.), *Mehrdeutigkeiten der Moderne*, Kassel 1998.

Wellbery, David E., *Lessing's Laocoon, Semiotics and Aesthetics in the Age of Reason*, Cambridge 1984.

Wellmann, Angelika, *Der Spaziergang, Stationen eines poetischen Codes*, Würzburg 1991.

Welsch, Wolfgang, *Unsere postmoderne Moderne*, Weinheim ³1991.

Welzer, Harald, „Gedächtnis und Erinnerung", in: Jaeger, Friedrich, Jörn Rüsen (Hgg.), *Handbuch der Kulturwissenschaften, Themen und Tendenzen*, Stuttgart/Weimar 2004, 155-174.

Werber, Niels, Rudolf Maresch (Hgg.), *Raum – Wissen – Macht*, Frankfurt a.M. 2002.

Wertheim, Margaret, *Die Himmelstür zum Cyberspace, Eine Geschichte des Raums von Dante zum Internet*, Zürich 2000.

Wettig, Sabine, *Imagination im Erkenntnisprozess, Chancen und Herausforderungen im Zeitalter der Bildmedien, Eine anthropologische Perspektive*, Bielefeld 2009.

Willems, Ulrich et al. (Hgg.), *Moderne und Religion, Kontroversen um Modernität und Säkularisierung*, Bielefeld 2013.

Winckelmann, Johann Joachim, *Gedanken über die Nachahmung der griechischen Werke in der Malerei und Bildhauerkunst, erste Ausgabe 1755 mit Oesers Vignetten*, Repr. Berlin/Nendeln/Liechtenstein 1968 [Deutsche Literaturdenkmale des 18. Und 19. Jahrhunderts; Bd. 20].

Winckelmann, Johann Joachim, *Geschichte der Kunst des Altertums*, unveränderter reprographischer Nachdruck der Ausgabe Wien 1934, Darmstadt 1993.

Wirth, Uwe (Hg.), *Performanz, Zwischen Sprachphilosophie und Kulturwissenschaften*, Frankfurt a.M. 2002.

Witte, Bernd, „Autobiographie als Poetik, Zur Kunstgestalt von Goethes ›Dichtung und Wahrheit‹", in: *Neue Rundschau* 89 (1978), 384-401.

Wulf, Christoph, Michael Göhlich, Jörg Zirfas (Hgg.), *Grundlagen des Performativen, Eine Einführung in die Zusammenhänge von Sprache, Macht und Handeln*, Weinheim/München 2001.

Wunsch, Matthias, *Einbildungskraft und Erfahrung bei Kant*, Berlin 2007, [Kantstudien; Bd. 155].

Yates, Frances, „Memoria in der Literatur", Themenband der *Zeitschrift für Literaturwissenschaft und Linguistik* 105/27 (1997).

Yates, Frances, *Gedächtnis und Erinnern, Mnemonik von Aristoteles bis Shakespeare*, Weinheim 1990.

Zechner, Johannes, „Vom Naturideal zur Weltanschauung: Die Politisierung und Ideologisierung des deutschen Waldes zwischen Romantik und Nationalsozialismus", in: *Mythos Wald*, hg. vom Landschaftsverband Westfalen-Lippe, Münster 2009, 35-41.

Ziegler, Ulf Erdmann, *Wilde Wiesen, Autogeographie*, Göttingen 2007.

Zima, Peter V., *Theorie des Subjekts, Subjektivität und Identität zwischen Moderne und Postmoderne*, Tübingen ²2007.

Zipfel, Frank, „Autofiktion. Zwischen den Grenzen von Faktualität, Fiktionalität und Literatur?", in: Winko, Simone, Fotis Jannidis, Gerhard Lauer (Hgg.), *Grenzen der Literatur, Zu Begriff und Phänomen des Literarischen*, Berlin 2009, 223-314.

Zipfel, Frank, *Fiktion, Fiktivität, Fiktionalität, Analysen zur Fiktion in der Literatur und zum Fiktionsbegriff in der Literaturwissenschaft*, Berlin 2001.